JN046864

Deutschland ドイツ

COVER STORY

表紙の城は、南西ドイツの名城ホーエンツォレルン城です。山上にそびえるその姿は天空の城、あるいは孤高の城と讃えられます。日本での知名度はノイシュヴァンシュタイン城のほうが高いものの、ドイツの歴史においては、より重要な舞台となってきました。現在はドイツ最後の皇帝ヴィルヘルム2世の直系の子孫が所有しており、城主が滞在中は中央塔に旗が掲げられます。ドイツには多くの名城があり、城の訪問は旅の大きな目的のひとつ。日本の城と違うところや似ているところを探して歩くのも楽しいものです。

地球の歩き方 編集室

DEUTSCHLAND CONTENTS

出発前に必ずお読みください！　旅のトラブルと安全情報…11、541〜543
緊急時の医療会話…547

505 ドイツを旅する 準備と技術

出発前に必ずお読みください！
旅のトラブルと安全情報…11、541〜543
緊急時の医療会話…547

■渡航前に必ず外務省のウェブサイトにて最新情報をご確認ください。
◎外務省 海外安全ホームページ・ドイツ危険情報
🔗www.anzen.mofa.go.jp/info/pcinfection spothazardinfo_165.html#ad-image-0

旅のキーワード

ドイツへ行く前にこれだけ覚えておけば、旅がずっとスムーズにいくこと間違いなし。

バーンホーフ Bahnhof

駅のこと。大都市のメインステーションは、ハウプトバーンホーフ Hauptbahnhof といい、Hbf. と略記される。

ウーバーンとエスバーン U-Bahn & S-Bahn

U-Bahnは地下鉄(部分的に地上を走ることもある)、S-Bahn は都市近郊電車で、大都市公共交通の中心となる。

マルクトプラッツ Marktplatz

町の中心となる広場 Platz のこと。マルクトとは市場の意味で、現在も朝市やクリスマスマーケットの会場になる場合が多い。

ラートハウス Rathaus

市庁舎のこと。歴史的建築物である町が多く、ラーツケラー Ratskeller というレストランを併設している町もある。

キルヒェ Kirche

キリスト教の教会。プファーキルヒェ Pfarrkirche は教区の中心となる教会、ドーム Dom は司教座大聖堂のこと。

道と住所について

ドイツ語で道を示す言葉には、英語のStreet に当たる「シュトラーセ Straße (Str. と略記)」、細い路地を表す「ガッセ Gasse (G.)」がある。住所は通り名または広場名と、そのあとに続く住居番号 Hausnummer で表す。住居番号は、通りの一方の側に奇数、反対側に偶数が並んでいる町が多いが、ベルリンのように例外の町もあるので注意。

歩き方の使い方

本書で用いられる記号・略号

本文中および地図中に出てくる記号で、ⓘはツーリストインフォメーション（観光案内所）を表します。そのほかのマークは、以下のとおりです。

紹介している町の場所を指します。

[ACCESS] 目的地への行き方

[住] **住所**
D-のあとの5ケタの数字は郵便番号を表す

☎ **電話番号**

[URL] **ホームページアドレス**
(http:// は省略)

[交] **行き方**

[U] **Uバーン（地下鉄）**

Ⓢ **Sバーン（近郊電車）**

[開] **開館時間**

[営] **営業時間**

[休] **閉館日、休業日**
クリスマスや年末年始などの休みは一部省略

[料] **入場料金**
学生料金で入場するには国際学生証(→P.506)、年齢割引の場合はパスポートの提示が必要

★★★ 見どころの重要度を、編集室でランクづけ。見学時間が少ないときのプランの目安として。3つ星が最重要

お揃いのヘルメットで宝石鉱山を見学しよう

ドイツ宝石街道の中心地

イーダー・オーバーシュタイン
Idar-Oberstein

MAP ◆ P.50-B2
人口 2万9000人
市外局番 06781

[ACCESS]
鉄道：マインツ～ザールブリュッケン間を走る路線上にあり、フランクフルトからの直通もある。RE快速でフランクフルトから約1時間55分、マインツから約1時間10分。

ⓘイーダー・オーバーシュタインの観光案内所
[住]Hauptstr. 419 D-55743 Idar-Oberstein
☎(06781)646040
[URL]www.edelsteinland.de
[開]3/15～11/15
月～金 9：00～17：00
土 10：00～15：00
11/16～3/14
月～金 10：00～12：00
13：00～16：00

●旧宝石鉱山
[住]Im Stäbel
駅から北西へ約4kmにあり、803番のバスでStrutwies下車、見学用坑道入口まではさらに徒歩約30分。バスは1時間に1本の運行なので、駅前からタクシー利用が便利。
[URL]weiherschleife-steinkaulenbergwerk.de
☎(06781)47400
ガイドツアー、原石掘りとも電話または上記サイトで要事前予約（土・日・祝は2日前までに）
[開]3/15～11/15の10：00～17：00（最終ツアーは16：00発）
[料]坑道ガイドツアーは€8。原石掘り料金は€11で、10：00～12：00、12：30～14：30、15：00～17：00のいずれか2時間チャレンジできる。
[休]11/16～3/14

岩山の中にめり込んだように建つ岩盤教会

その昔この地方ではメノウやアメジストといった宝石が豊富に産出されており、商業目的の採掘が停止されたあとも、その遺産である高度な研磨技術の世界的な地位は今も揺るがない。市中心にある「ダイヤモンド・宝石取引所」には全世界のバイヤーが集い、専門学校もあり、世界の宝石産業をリードする。

駅を出たら道路を渡り、ショッピングセンターの間の道を進む。デパート前の広場から東側(右側)へ延びる歩行者天国のHauptstr.がこの町のメインストリート。緩やかな下りの道を10分ほど行くと**マルクト広場Marktplatz**に出る。

地球上で産出される宝石の種類をすべて集めた**ドイツ宝石博物館Deutsches Edelsteinmuseum**や、背後にそそり立つ岩壁をくり抜いて建てた**岩盤教会Felsenkirche**は必見。

おもな見どころ

旧宝石鉱山
Edelsteinminen Steinkaulenberg ★★★

自然保護区域内に位置し、見学可能な宝石鉱山としてはヨーロッパ唯一の施設。1870年頃に伝統の鉱山業が衰退し、商業目的の採掘が停止されて以来、この鉱山は趣味の鉱山学者や宝石ファンの聖地となっている。内部は、**見学用坑道Besucherstollen**を所要約30分のガイドツアー（ドイツ語のみ）で。**試掘エリアEdelsteincamp**もあり、原石掘りに挑戦できる。ハンマーなどの用具は各自持参。

坑道を進むガイドツアー

86 [MEMO] ホテルの数は少なく、駅周辺にホテルはない。名所の岩盤教会のすぐ近くにあるHotel Schlossschenke([住]Hauptstraße 442 [URL]schlossschenke.wixsite.com/schlossschenke)は1階がレストラン。レセプションは15:00からオープン。

レストラン

[R] アドルフ・ヴァーグナー Adolf Wagner

気取らない料理とリンゴ酒の店
1931年創業で家族経営を続ける老舗店。名物のリンゴ酒Apfelwein€2.90と一緒に庶民的なドイツ料理を楽しめる。写真のハン バーグステーキ… ルしたリップヒェ… Sauerkraut und Ka…

ドイツ料理 MAP ◆ P.61-B3 外
[住]Schweizer Str. 71
☎(069)612565
[URL]www.apfelwein-wagner.com
[営]11：00～24：00(料理～20：30)

ショップ

[S] マヌファクトゥム Manufactum

世界中から集めた名品雑貨
高品質のキッチン用品や文具、掃除用具などを世界から集めたドイツのハンズ的ショップ。… 店内併設のカ… 土10：00～1… ンや新鮮なサ…

キッチン・雑貨 MAP ◆ P.60-A2
[住]Bockenheimer Anlage 49-50
☎(069)976931399
[URL]www.manufactum.de

ホテル

[H] インターシティーホテル Inter City Hotel Frankfurt Hauptbahnhof Süd

駅のすぐ向かいの大型ビジネスホテル
中央駅の1番線側のすぐ向かいでとにかく便利。同ホテルチェーンのなかでもやや高級な雰囲気がある。玄関から入ってすぐのところにあるおしゃれなバーラウンジ（日曜休業）が印象的。

中級ホテル MAP ◆ P.60-B1
[住]Mannheimer Str. 21 D-60329
☎(069)6599920
[URL]hrewards.com
[料]Ⓢ€129～ Ⓣ€139～ 朝食別€22
[カード][A][D][J][M][V] [Wi-Fi] 無料
[交]中央駅から徒歩約1分。

Ⓢシングルルーム
Ⓣダブルまたはツインルーム

※ホテルの料金は、特に記してある以外はトイレ、シャワーまたはバス、朝食、消費税、サービス料込みのひと部屋当たりのもの。

地　図

──Ⓤ──	Uバーン（地下鉄）
──Ⓢ──	Sバーン（近郊電車）
Ⓗ	ホテル
ⓎH	ユースホステル、ユースアコモデーション
Ⓢ	ショップ
Ⓡ	レストラン（含ビアホール）
Ⓒ	カフェ
❶	ツーリストインフォメーション
	（観光案内所）

（ベルリンの地図は一部異なる）

旅が深まるコラムも充実

知っていれば、旅がより深く楽しくなるコラムをテーマ別にまとめました。

関連情報

歴　史

名物と名産品

FESTIVAL

祭りと
フェスティバル

近郊の見どころ

 旅に役立つお得な情報

 読者からの投稿

住	住所
交	行き方
☎	電話番号
URL	ホームページアドレス
eメール	eメールアドレス
営	営業時間
休	休業日
カード	クレジットカード
Ⓐ	アメリカン・エキスプレス
Ⓓ	ダイナースカード
Ⓙ	JCBカード
Ⓜ	マスターカード
Ⓥ	ビザカード
Wi-Fi	Wi-Fi接続サービス

■本書の特徴

本書は、ドイツを旅行される方を対象に、個人旅行者が現地でいろいろな旅行を楽しめるように、各都市のアクセス、ホテル、レストラン、ショッピングなどの情報を掲載しています。もちろんツアーで旅行される際にも十分活用できるようになっています。

■掲載情報のご利用にあたって

編集部では、できるだけ最新で正確な情報を掲載するよう努めていますが、現地の規則や手続きなどがしばしば変更されたり、またその解釈に見解の相違が生じることもあります。このような理由に基づく場合、また弊社に重大な過失がない場合は、本書を利用して生じた損失や不都合について、弊社は責任を負いかねますのでご了承ください。また、本書をお使いいただく際は、掲載されている情報やアドバイスがご自身の状況や立場に適しているか、すべてご自身の責任でご判断のうえでご利用ください。

■現地取材および調査時期

本書は2023年9月〜2024年4月の現地取材および調査データをもとに編集されています。また、一部の情報は追跡調査を2024年6月まで行いました。しかしながら時間の経過とともにデータの変更が生じることがあります。特にホテルやレストランなどの料金は、旅行時点では変更されていることも多くあります。したがって、本書のデータはひとつの目安としてお考えいただき、現地では観光案内所などでできるだけ新しい情報を入手してご旅行ください。

■発行後の情報の更新と訂正について

本書発行後に変更された掲載情報や訂正箇所は、『地球の歩き方』ホームページの本書紹介ページ内に「更新・訂正情報」として可能なかぎり最新のデータに更新しています（ホテル、レストラン料金の変更などは除く）。下記URLよりご確認いただき、ご旅行前にお役立てください。

URL www.arukikata.co.jp/travel-support

■投稿記事について

投稿記事は、多少主観的になっても原文にできるだけ忠実に掲載しておりますが、データに関しては編集部で追跡調査を行っています。投稿記事のあとに（東京都　○○　'23）とあるのは、寄稿者と旅行年度を表しています。ただし、ホテルなどの料金を追跡調査で新しいデータに変更している場合には、寄稿者データのあとに調査年度を入れ['24]としています。

※皆さんの投稿を募集しています（→ P.559）

基本情報

▶旅の言葉→ P.544

国 旗
上から黒、赤、黄金の三色旗。

正式国名
ドイツ連邦共和国
Bundesrepublik Deutschland

国 歌
ドイツ人の歌　Deutschland-Lied

面 積
約35万7000km²（日本の約94%）

人 口
約8482万人（'23）

首 都
ベルリン Berlin。人口約387万人

元 首
フランク・ヴァルター・シュタイン
マイアー大統領

政 体
連邦共和制。16の連邦州からなり、それぞれ州政府をもち、学校、警察、土地利用計画などの権限をもつ。EU加盟。

民族構成
ドイツ系がほとんど。ソルブ人、フリース人など少数民族も。人口の約27%は移民の背景を持つ人々。

宗 教
キリスト教が約50%（カトリックとプロテスタントがほぼ半数ずつ）、ほかイスラム教、ユダヤ教。信仰なし約40%。

言 語
ドイツ語

通貨と為替レート

▶お金の持っていき方
→ P.510

▶上手な両替
→ P.511

▶旅の予算
→ P.511

通貨単位はユーロ（€、EURO、EURとも略す）、補助通貨単位はセント（CENT）。それぞれのドイツ語読みは「オイロ」と「ツェント」となる。**€1 = 100 セント＝**約170円（2024年6月1日現在）。紙幣の種類は 5、10、20、50、100、200 ユーロ。硬貨の種類は 1、2、5、10、20、50 セント、1、2 ユーロ。

1ユーロ

2ユーロ

5ユーロ

10ユーロ

20ユーロ

50ユーロ

100 ユーロ

200ユーロ

1セント　2セント　5セント　10セント　20セント　50セント

駅の両替所

電話のかけ方

▶電話
→ P.536

▶インターネット
→ P.536

▶日本からドイツへかける場合

事業者識別番号 **0033**（NTTコミュニケーションズ） **0061**（ソフトバンク） 携帯電話の場合は不要	＋	国際電話 識別番号 **010** ※	＋	ドイツの 国番号 **49**	＋	相手先の 電話番号 （最初の0は除く）

※携帯電話の場合は 010 のかわりに「0」を長押しして「＋」を表示させると、国番号からかけられる
※ NTT ドコモ（携帯電話）は事前に WORLD CALL の登録が必要

出入国

ビザ
　最長90日以内の観光目的の滞在なら不要（→MEMO）。

パスポート
　残存有効期間は、ドイツを含むシェンゲン協定加盟国を出国する日から3ヵ月以上必要。

▶ドイツ入国、出国
→ P.516

　日本（羽田、成田、関空）からドイツまでのフライトは、フランクフルト、ミュンヘンまで直行便で約12〜14時間。2024年6月現在3社の直行便が運航。

日本からのフライト時間

▶ドイツへのアクセス
→ P.513

気　候

　ドイツは冬の寒さが厳しい。南のミュンヘンでさえ、まだ札幌よりも北に位置する。したがって服装を考えるときは、北海道よりもやや寒いくらいのつもりで用意するといい。夏は、猛暑の年もあるが、雨が降るとかなり冷え込む日もあるので、カーディガン等の防寒着は必携。

▶旅のシーズン
→ P.508

ベルリンと東京の気温と降水量

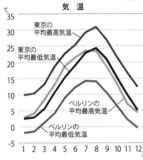

気温

東京の平均最高気温
東京の平均最低気温
ベルリンの平均最高気温
ベルリンの平均最低気温

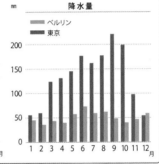

降水量

ベルリン
東京

クリスマスマーケットでは防寒対策をしっかりと！

時差とサマータイム

　日本との時差は8時間で、日本時間から8時間引けばよい。つまり日本のAM7：00が、ドイツでは前日のPM11：00となる。これがサマータイム実施中は7時間の時差になる。
　サマータイム実施期間は3月の最終日曜AM2：00（＝AM3：00）〜10月の最終日曜AM3：00（＝AM2：00）。

ビジネスアワー

　以下は一般的な営業時間の目安。店舗により30分〜2時間前後の違いがある。

銀　行
　銀行、支店により異なるが、月〜金曜の平日9：00〜16：00頃（昼休みを取る支店もある）が一般的。土・日曜、祝日は休業。

デパートやショップ
　月〜金曜の平日10：00〜19：00、土曜9：00〜16：00（大都市やクリスマスシーズンは〜18：00）。

レストラン
　昼食11：30〜14：00、夕食17：30〜23：00頃。

ドイツから日本へかける場合

| 国際電話識別番号 00 | ＋ | 日本の国番号 81 | ＋ | 相手先の電話番号（市外局番、携帯番号の最初の0は除く） |

▶**ドイツ国内通話**
市内へかける場合は市外局番は不要。市外へかける場合は市外局番からダイヤルする

2025年より、日本国民がビザなしでEUシェンゲン協定加盟国（→P.517）に入国する際、ETIAS電子認証システムへの申請が必須となる予定。

祝祭日（おもな祝祭日）

▶ おもなイベント
スケジュール
→ P.43

●祝祭日に準じる日

12/24 と 12/31 は、多くの商店や博物館、美術館では昼頃までの短縮営業あるいは休業となる。また、ケルン、デュッセルドルフなどカーニバルを盛大に祝う都市では、期間中ほとんどの美術館、博物館は休業する。2025 年のカーニバル期間は 2/27 ～ 3/4(ケルン)で、この期間中は休業する場合もある。

キリスト教に関わる祝日が多く、年によって異なる移動祝祭日（※印）に注意。一部の州のみの祝日（★印）もある。

1/1		元日　Neujahr
1/6	★	三王来朝　Heilige Drei Könige
4/18 ('25)	※	聖金曜日　Karfreitag
4/20 ('25)	※	復活祭　Ostern
4/21 ('25)	※	復活祭翌日の月曜日　Ostermontag
5/1		メーデー　Maifeiertag
5/29 ('25)	※	キリスト昇天祭　Christi Himmelfahrt
6/8 ('25)	※	聖霊降臨祭　Pfingsten
6/9 ('25)	※	聖霊降臨祭翌日の月曜日　Pfingstmontag
6/19 ('25)	※★	聖体節　Fronleichnam
8/15	★	聖母マリア被昇天祭　Mariä Himmelfahrt
10/3		ドイツ統一の日　Tag der Deutschen Einheit
10/31	★	宗教改革記念日　Reformationstag
11/1	★	諸聖人の日　Allerheiligen
11/20 ('24)、11/19 ('25)	※★	贖罪の日　Buß- und Bettag
12/25、12/26		クリスマス　Weihnachtstag

電圧とプラグ

電圧は230Vで、周波数は50Hz。プラグはCタイプが一般的、一部にSE タイプもある。日本国内用の電化製品はそのままでは使えないものが多く、変圧器が必要。

Cタイプ　　差し込み口

映像方式

ドイツで販売されているブルーレイと DVD ソフトは日本と映像方式等が異なるので、一般的な日本国内用の再生デッキでは再生できない。DVD ドライブ内蔵または DVD ドライブに接続可能なパソコンあるいはリージョンフリーの DVD、ブルーレイプレーヤーであれば再生できる。

チップ

レストランやホテルなどの料金には、サービス料が含まれているので、必ずしもチップ（ドイツ語ではトリンクゲルトという）は必要ない。ただし、サービスをしてくれた人に対する感謝の意を表す心づけとして渡す習慣がある。額は、特別なことを頼んだ場合や満足度によっても異なるが、以下の相場を参考に。

タクシー
料金の 10％程度。トランクに入れる荷物が多いときはやや多めに。

レストラン
店の格にもよるが、一般には 10％ぐらいの額を、テーブルでの支払い時にきりのいい金額に切り上げて渡すか、おつりの小銭をテーブルに残す。

ホテル
ベルボーイやルームサービスを頼んだとき €1 ～ 5(ホテルの格に応じて)程度。

トイレ
係員がお皿を前に置いて座っていたら €0.20 ～ 0.50 程度。

飲料水

水道水は飲用できるが、水が変わると体調を崩すこともあるので、敏感な人はミネラルウオーターを飲用したほうが安心。
レストランやスーパーなどで売っているミネラルウオーターは、炭酸入り（ミット・コーレンゾイレ mit Kohlensäure)と、炭酸なし（オーネ・コーレンゾイレ ohne Kohlensäure または still）がある。500㎖入りはスーパーマーケットで買うと約 €1、駅の売店などでは €2 程度。

※本項目のデータはドイツ大使館、ドイツ観光局、外務省などの資料をもとにしています。

郵便

ドイツの郵便は民営化されDeutsche Post AGという。郵便業務に加えて、文具などを販売しているところも多い。駅やショッピングセンターの一角にカウンターを出しているところもある。一般的な営業時間は平日8：00～18：00、土曜は～12：00、日曜、祝日は休み。ただし、小さな郵便局では昼休みを取ったり、大都市の中央駅の郵便局は夜遅くまで営業するなど、さまざま。

郵便料金
日本への航空便は、はがき €0.95、封書が50gまで €1.70。2kgまでの小型包装物（書類）Päckchen €19.49。小包Paketは5kgまで €48.99。

左／ポストは黄色
上／小包のボックスも販売されている

▶郵便
→ P.538

税金

フランクフルト空港の税関窓口。免税対象商品を機内預けにする場合はここでスタンプをもらう

ドイツではほとんどの商品に付加価値税 Mehrwertsteuer（MwSt.と略す）が19%かかっている（書籍と食料品は7%）。旅行者は手続きをすればこの税金は戻ってくる（10%程度）。ちなみに戻ってくるのは買い物で支払った税金。ホテル代や飲食代は対象外。

TAX

▶免税手続きについて
→ P.540

安全とトラブル

パトカーの基本カラーは青とシルバー。高速走行時などに目立つようイエロー入りの車もある

フランクフルトやベルリンなどの空港や駅周辺では、スリの被害が出ている。グループツアーが利用するような大型ホテルでは、ロビーやレストランでの置き引きも起きている。

警察 ☎**110**
消防・救急 ☎**112**

▶旅のトラブル対策
→ P.541 ～ 543

▶ドイツの日本大使館、総領事館→ P.541

年齢制限

ドイツでは16歳未満の飲酒（蒸留酒は18歳未満）と18歳未満の喫煙は禁止。
レンタカーは、レンタカー会社や車種によって年齢制限がある。

▶レンタカーの旅
→ P.529

度量衡

日本の度量衡と同じで距離はメートル法。重さはグラム、キロ、液体はリットル。なお、量り売り食品の場合は、500gをアイン・プフント ein Pfund、250gをアイン・ハルベス・プフント ein halbes Pfund ということもある。

その他

トイレ
トイレはトアレッテ Toilette またはヴェー・ツェー WC でも通じる。扉に「00」と表示しているところもある。**女性用は Damen または Frauen、男性用は Herren または Männer**、あるいはそれぞれの頭文字のDとHだけの表示の場合もある。使用中の表示は**ベゼツト besetzt**、空きは**フライ frei**。デパートではレストランフロアだけにある。博物館などのトイレはきれいなので、立ち寄るように心がけておくといい。大型駅構内やサービスエリアのトイレは有料（€0.50 ～ 1程度。硬貨が必要）で、クーポン方式が多い。クーポンは構内の協賛店での買い物に利用できる（最低購入額規定あり）。

マナー
ドイツではあいさつが大切。店に入ったら店員やサービス係に「こんにちは ハロー Hallo、または グーテン・タークGuten Tag」、サービスを受けたら「ありがとう ダンケ Danke」、出るときは「さようなら チュス Tschüß」と言おう。これだけで応対してくれる人の態度も変わってくる。

トイレの複数形表示は Toiletten

Orientation
ドイツのオリエンテーション

ドイツの大きな特徴は、ロンドンやパリのような一極集中の都市をもたないこと。自由都市や小さな領邦国家の集まりだった中世からの歴史が、個性的な地方文化をもたらした。どこを回るかで、まったく違ったドイツの顔に出合う楽しみがある。

ローテンブルクの中心、
マルクト広場
(→ P.219)

ハンザ都市の歴史を伝える
港町と北ドイツ

ハンブルク、ブレーメン、リューベックなど、ハンザ同盟都市としての誇りと伝統を感じさせる町が多い。れんがを多用したどっしりとした建築物が印象的。海に近いので、新鮮な魚介料理も味わえる。

ブレーメンのマルクト広場に
立つローラント像
(→ P.440、P.441)

ライン川に面して広がる
ケルン市街
(→ P.112)

ライン川に沿った
ヘッセン、
ラインラント・プファルツ地方

ローレライ伝説や数々の古城に彩られたロマンティック・ラインの船旅は、ドイツ旅行のハイライトのひとつ。ワインの産地であるが、ケルンやデュッセルドルフ、ドルトムントは、ビールもうまい。

ドナウ川の源泉がある
ドナウエッシンゲン
(→ P.196)

豊かな自然の
黒い森地方

バーデン・バーデンをはじめとする温泉保養地が多い。黒い森(シュヴァルツヴァルト)の奥深くへ入ると、日本の山あいの村に似た風景に出合える。ドイツ最大のボーデン湖遊覧や、ドナウの源泉を訪ねる旅も楽しい。

ドイツの州

デンマー

北海

シュレスヴィ
ホルシュタイ
Schleswig-Ho

ブレーマーハーフ

ハンブルク
Freie und Hans

ブレー
Freie Hans

オランダ

ニーダーザクセン州
Niedersachsen

ハノー

ノルトライン・ヴェストファーレン州
Nordrhein-Westfalen

■ デュッセルドルフ

ケルン

ボン

ヘッセン州
Hessen

ベルギー

ルクセンブルク

ヴィースバーデン ■ フランクフルト

ラインラント・
プファルツ州
Rheinland-Pfalz

マインツ

ザールラント州
Saarland

ザールブリュッケン

シュトゥットガルト

フランス

バーデン・ヴュルテンベル
Baden-Württemberg

スイス

首都ベルリン

激動の現代史の舞台となったベルリンは、東西ドイツ再統一から30年以上が過ぎた今もなお建設途上にあり、訪れるたびに新しい姿を見せてくれる。世界屈指のオーケストラやオペラから、最新のクラブカルチャーまで、好奇心を満足させてくれる刺激に満ちた都市。

ベルリンのブランデンブルク門前（→ P.305）

ドイツ文化の源流
ザクセンとテューリンゲン

ゲーテが住んだヴァイマールや、バッハが活躍したライプツィヒなど、珠玉の都市が連なる。百塔の都とたたえられた古都ドレスデンや高級磁器で有名なマイセン、木のおもちゃの産地エルツ山地の町なども訪ねてみたい。

エルベ河畔の古都ドレスデン。
周辺の見どころも多い
（→ P.390）

バルト海

メクレンブルク・
フォアポンメルン州
Mecklenburg-Vorpommern

ポーランド

■ベルリン州
Berlin

■マクデブルク

ブランデンブルク州
Brandenburg

セン・アンハルト州
sen-Anhalt

ザクセン州
Freistaat Sachsen

■ドレスデン

ーリンゲン州
ngen

チェコ

イエルン州
eistaat Bayern

■ミュンヘン

オーストリア

ドイツのイメージを代表する
バイエルン地方

ビールとソーセージを手に、にぎやかに歌うドイツ人のイメージがいちばん似合うのがバイエルン。人気の観光地ミュンヘンやノイシュヴァンシュタイン城、ロマンティック街道の大部分もバイエルンにある。

バイエルン地方の南端にそびえる
ノイシュヴァンシュタイン城
（→ P.238）

ミュンヘンのオクトーバーフェストは世界最大のビール祭り（→ P.41）

13

ドイツの世界遺産

2024年4月現在、ドイツには52件の世界遺産が登録されている。
中世の面影を伝える町並みや、荘厳な大聖堂や修道院、
産業文化遺産としての鉱山や製鉄所など、
さまざまな形態の「人類の遺産」がある。
ドイツ史のポイントも世界遺産でたどることができる。

㉙博物館が集まるベルリンの博物館
の島。そのひとつ旧博物館前

㉚ドイツの重要な歴史の舞台となった
ヴァルトブルク城

❽アーヘン大聖堂は
ドイツの世界遺産第1号

⓱華麗なロココの装飾に
息をのむヴィース教会

⓰スイスとの国境に近いボーデン湖に
浮かぶライヒェナウ島。小さな島に
3つの歴史的に重要な教会が残る

❾ボッパルト郊外で大蛇行するライン川

14

世界遺産とは、未来に引き継いでいくべき人類共通の宝物のこと。
日本ユネスコ協会連盟のサイト 🖳www.unesco.jp

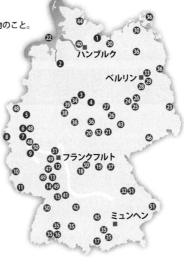

❻ドイツ最大規模のゴシック大聖堂

15

旅のモデルコース

哲学者の道から見たハイデルベルクの町

初めてのドイツ旅行向き
ロマンティック街道とミュンヘン8日間

モデルルート①

スケジュール

1日目	午前：日本発	午後：フランクフルト空港着 鉄道でヴュルツブルクへ
2日目	午前：ヴュルツブルク観光	午後：鉄道でローテンブルクへ
3日目	午前：ローテンブルク観光	午後：鉄道でミュンヘンへ
4日目	ミュンヘンから鉄道または観光バスでノイシュヴァンシュタイン城観光へ	
5日目	ミュンヘン観光	夜：ホーフブロイハウス
6日目	ミュンヘン観光	
7日目	ミュンヘン発	
8日目	午前：日本着	

ルート解説

ロマンティック街道を観光バスで旅する場合は、運行期間、曜日に注意（→P.210）。6日目はミュンヘンのカフェ巡りを楽しんでもいいし、ドイツ最高峰ツークシュピッツェへの日帰りも可能。自由な1日を楽しみたい。

リピーター向き
古城街道と温泉体験&ミュンヘン8日間

モデルルート②

スケジュール

1日目	午前：日本発	午後：フランクフルト空港着 鉄道でハイデルベルクへ
2日目	鉄道でバーデン・バーデンへ日帰り観光	
3日目	朝：シュトゥットガルト経由の鉄道で移動	午後：ローテンブルク着
4日目	ローテンブルクから鉄道でニュルンベルクへ	
5日目	午前：ニュルンベルクから鉄道でミュンヘンへ	
6日目	ミュンヘン観光	
7日目	ミュンヘン発	
8日目	午前：日本着	

ローテンブルク

ルート解説

ハイデルベルクで2泊して、ドイツの温泉地として有名なバーデン・バーデンへ足を延ばす。カジノに入るならジャケット持参で。バーデン・バーデンで1泊してもよい。

3日目の移動は、シュトゥットガルトとアンスバッハ、シュタイナッハで乗り換え。シュトゥットガルト観光を加えてもよい。

初めてのドイツ旅行、またはリピーター向き
メルヘン街道と北ドイツ&ベルリン12日間

モデルルート③

スケジュール

（ドイツ国内の移動はすべて鉄道）

1日目	午前：日本発 午後：フランクフルト空港着 鉄道でカッセルへ
2日目	カッセル観光（グリムワールドなど） 午後：ゲッティンゲンへ
3日目	ゲッティンゲンからブレーメンへ
4日目	ブレーメン観光 午後：ハンブルクへ
5日目	ハンブルク観光
6日目	鉄道でハンブルクからベルリンへ
7日目	ベルリン観光
8日目	ベルリン観光、ポツダムへ日帰り観光
9日目	鉄道でベルリンからハノーファー経由ケルンへ
10日目	ケルン観光
11日目	フランクフルト発
12日目	午前：日本着

ハンブルクの市庁舎前

ルート解説

ロマンティック街道とは別のドイツの顔に出会う。都市よりも、田舎町が好きな人は、カッセルの代わりにシュタイナウ、ブレーメンの代わりにハーメルンやツェレにしてもよい。

ハンブルクとベルリン、どちらかをカットすれば2日程度の短縮が可能。

ドイツは地方ごとに魅力的な町が点在していて、一度にいくつもの町を見て回るのは大変だ。10日間前後の日程なら、街道ごとに絞るか、自分の興味があるテーマで絞るといい。ワイン&ビールの飲み歩きやソーセージの食べ歩き、オペラ&コンサート鑑賞、あるいはお祭りに日程を合わせるのもおすすめだ。以下のルートはあくまで一般的なモデル。自分なりにアレンジして、自由な旅を作ろう。

[モデルルート④]

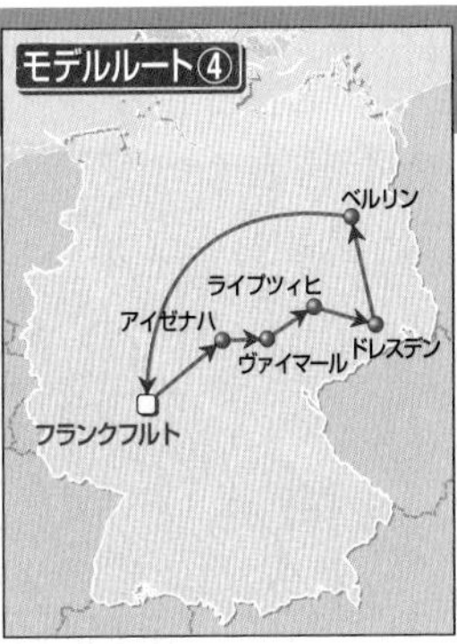

初めてのドイツ旅行、またはリピーター向き

ゲーテ街道とドレスデン&ベルリン11日間

スケジュール

1日目	午前：日本発　午後：フランクフルト空港着　鉄道でアイゼナハへ
2日目	アイゼナハ1日観光&ヴァルトブルク城観光
3日目	鉄道でヴァイマールへ
4日目	鉄道でライプツィヒへ
5日目	鉄道でドレスデンへ
6日目	午前：鉄道でベルリンへ移動
7日目	ベルリン観光
8日目	ポツダム日帰り観光
9日目	午前：鉄道でフランクフルトへ
10日目	フランクフルト発
11日目	午前：日本着

ベルリンのブランデンブルク門前

ルート解説

東部ドイツには、ドイツ文化の源流ともいうべき名所がたくさんある。ゲーテ街道は交通の便もよく、旅行スケジュールが組みやすい。年間を通じておすすめできるルート。

[モデルルート⑤]

夏のドイツ旅行限定

アルペン街道とファンタスティック街道10日間

スケジュール

1日目	午前：日本発　午後：フランクフルト空港着　鉄道でシュトゥットガルトへ
2日目	シュトゥットガルト観光　午後：鉄道でコンスタンツへ移動
3日目	ボーデン湖フェリーでメーアスブルクへ
4日目	朝：コンスタンツ発　午後：ミュンヘン着(鉄道)
5日目	ミュンヘン観光
6日目	午前：鉄道でガルミッシュ・パルテンキルヒェンへ移動
7日目	ツークシュピッツェ1日観光&ハイキング
8日目	午前：鉄道でミュンヘンへ移動
9日目	ミュンヘン発
10日目	午前：日本着

ルート解説

夏休みの旅にぴったり。ボーデン湖とツークシュピッツェといったドイツの雄大な自然を満喫できる旅。

[モデルルート⑥]

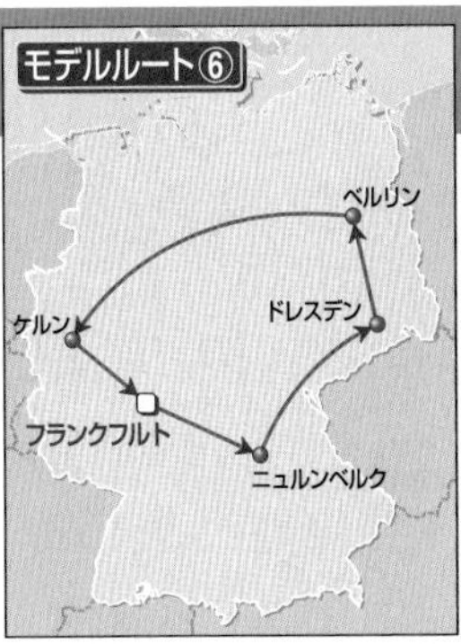

クリスマスシーズン限定

クリスマスのドイツを体験する10日間

スケジュール

1日目	午前：日本発　午後：フランクフルト着
2日目	鉄道でニュルンベルクへ
3日目	鉄道でドレスデンへ
4日目	ドレスデン観光
5日目	鉄道でベルリンへ
6日目	ベルリン観光
7日目	鉄道でケルンへ
8日目	ケルン観光
9日目	フランクフルト発
10日目	午前：日本着

ドレスデンのクリスマスマーケット

ルート解説

ドイツのクリスマスは12月24日の約4週間前から始まる。この間、各地で開かれているクリスマスマーケットを訪ねる、ロマンティックな旅。

ドイツで注目の新名所

ヴィリンゲン 🚃 Willingen

ドイツ最長の歩行者用つり橋
スカイウォーク登場!

2023年7月、ドイツ中部の町ヴィリンゲンに、圧倒的な絶景ポイントとなるつり橋スカイウォークが誕生した。ここではつり橋を渡るだけではなく変化に富んだハイキングも合わせて楽しめる。ロープウエイに乗って山上に着いたら、標識に従ってスカイウォークを目指して歩く。絶景を味わいながらスリル満点のつり橋を渡ったあとは、橋の駐車場方面へ向かって下りてバス停まで歩く。ここからバスで駅に戻ることができる。

行き方& DATA→P.429

上／緑の谷間に架かる全長665 mのスカイウォーク　下／橋のすぐ隣にはスキージャンプ台がある

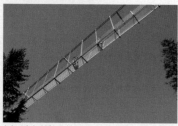

かなり大きく揺れるだけでなく、下が透けて見えるのでスリル満点!

ヴィリンゲン
WILLINGEN

ブリローナー・シュトラーセ
Briloner Str.
ヴィリンゲン駅
Zur Hoppecke
Vor den Weiden ℹ️ Am Hagen
Waldecker Str.
Stryckweg
コアバッハ、カッセル方面へ→
エッテルスベルク・ロープウエイ
Ettelsberg-Seilbahn
Am Dicken Stein
Abzweig Stryck
ベルクゼーからスカイウォークへは、なだらかな下り坂が約1.4km続く
ベルクゼー
Bergsee
ホーホハイデ塔
Hochheideturm
スキージャンプ台
スタンドリフト
スカイウォーク
Skywalk
0　200　400m
N

セルフ方式だが食後の食器返却は不要

ベルリン 🇩🇪 Berlin

ヨーロッパ最大級のフードコートがベルリンにオープン

さまざまな雰囲気のエリアがあり好きな場所を選べる

ポツダム広場のショッピングモール内に、4600㎡という広大な空間に欧州最大級のフードコート「マニフェストManifesto」がオープンした。ドイツ料理だけでなく、アジアやエスニック料理の店が多いのが特徴で、日本料理も3店ある。支払いはクレジットカードやモバイル決済アプリなどのキャッシュレス決済のみ。

詳細DATA→P.327

ベルリン 🇩🇪 Berlin

ドイツ人によるサムライの世界に浸る

鎧、甲冑から茶道具まで1000点を超えるコレクションが、能舞台や茶室まである広いスペースに展示されている「サムライ・ミュージアム」。マルチメディアを駆使した現代的な展示方法を取り入れており、日本人にも新たな発見がある。

詳細DATA→P.310

私設博物館とは思えない充実度で見応えがある

ベルリン 🇩🇪 Berlin

グミといえばハリボー！直営ショップがベルリンにオープン

世界中で愛されるグミ、ハリボー。自分の好きなグミを好きなだけ買えるコーナーや、限定のグッズもいろいろあり、自分用やバラマキ用のおみやげを選ぶのにも、楽しい時間が過ごせる。

詳細DATA→P.332

ハリボーのかわいいマスコットベア

お気に入りを好きなだけ詰めて

エアフルト 🇩🇪 Erfurt

ドイツで53番目の世界遺産

2023年に新規登録されたエアフルトの「中世ユダヤ人関連遺跡」。11世紀からエアフルトにはユダヤ人街が存在し、旧シナゴーグをはじめ中世のユダヤ人文化を伝える貴重な建築や遺構が残っている。 **詳細DATA→P.368**

博物館になっている旧シナゴーグ

一生に一度は体感したい！
ドイツの知られざる絶景スポット

六角形の柱状の岩も見られる橋

クロムラウ 🚗 Kromlau

「悪魔の橋」の別名で知られる
ラコッツ橋 Rakotzbrücke

ポーランド国境近く、クロムラウにある広大なシャクナゲ公園内に架かるラコッツ橋は19世紀後半に造られたアーチ橋。水面に映る姿が完璧なまでの円を描いていることから、魔力によって築かれたのでは、ともいわれた。橋を渡ることはできないが、池に映る姿を堪能できるスポットが橋の両側にある。　**行き方& DATA→P.401**

紅葉の木々に囲まれた姿はいっそう幻想的

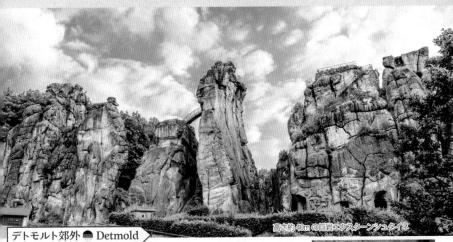

高さ約40mの巨岩エクスターンシュタイネ

デトモルト郊外 🚌 Detmold

ゲルマンのスピリチュアルスポット
エクスターンシュタイネ
Externsteine

ドイツ北西部に広がるトイトブルクの森に、突然現れる巨岩群。岩に刻まれたレリーフや内部の洞窟、夏至に太陽が昇る丸窓など、これらが何のために造られたのかは、現在も謎に包まれている。巨岩の頂上まで登れるので、ぜひそのパワーを体感してみたい。　**行き方＆ DATA→P.439**

左上／岩の頂上まで登れる　左下／祭壇と推測される場所。小さな丸窓には夏至に昇る太陽がぴったりと一致する　右／12世紀頃の作といわれる「キリスト降架」の見事なレリーフ

ミュンヘン 🚇 München

濃密なバロックの異空間
アザム教会　Asamkirche

間口は狭く小さな教会だが、内部に足を踏み入れた瞬間、凝縮されたバロック装飾の美しさに目を見張る。ここは南ドイツ各地で腕を振るった建築家、画家のアザム兄弟が自らの所有する土地に建てた私設の教会。光の効果も考え抜いたという内部にいると、天井画や数々の彫刻が幻想世界にいるかのように浮かび上がってくる。　**行き方＆ DATA→P.259**

右／絢爛たるバロックの世界に包まれる　左／隅々まで覆い尽くされた装飾を、読み解きたくなる

特集2 本場でしか味わえない極上の音色を求めて

クラシック音楽鑑賞ガイド

世界でもトップクラスの指揮者やオーケストラが活躍しているドイツ。
歴史あるオペラ劇場やコンサートホールで最上の音楽に包まれる一夜は、
忘れられない思い出になるだろう。幕間には、おしゃれをした観客を眺めたり、
シャンパンやワイン片手におしゃべりするのも楽しみのひとつ。

Elbphilharmonie © Michael Zapf

Elbphilharmonie © Maxim Schulz

ハンブルク

エルプ フィルハーモニー
Elbphilharmonie

♪ Map P.457-B3
♪ 詳細DATA→P.462

どっしりとしたれんが構造と波打つようなガラス張りの上部構造からなる
美しい建物。展望テラスからの絶景パノラマが自慢。

左／港町ハンブルクの新しいラ
ンドマークとなった
右／ホールの音響設計は豊田泰
久氏が担当

左／ギリシア神殿様式の列柱が壮麗な正面入口　上／赤と金を基調にした客席

シャンデリアが輝く豪華なロビー

チケットを手に入れる

❶プログラムをチェック
各劇場の公式サイト（英語ページもあり）でプログラムをチェック。

❷インターネットで購入する
公式サイトからクレジットカードで購入する方法が簡単。購入したチケットは郵送（送料要）、劇場窓口で受け取る、メールで届いたチケットを自分でプリントアウト、携帯端末に届いたQRコードを受領、といった方法（劇場により一部異なる）のなかから選ぶ。

❸現地の窓口で購入する
残席がある場合、当日券は通常開演の1時間前から劇場の当日券売り場（Abendkasseと表示）で販売される。

バイエルン州立歌劇場チケット前売り窓口

ミュンヘン
バイエルン州立歌劇場
Bayerische Staatsoper
♪ Map P.253-A3
♪詳細DATA→P.261

ワーグナーのオペラ『トリスタンとイゾルデ』や『ニュルンベルクのマイスタージンガー』などが初演された伝統を誇る。オペラとバレエを上演。

ベルリン
フィルハーモニー
Philharmonie
♪ Map P.312
♪詳細DATA→P.323

本拠地としているベルリン・フィルをはじめ、国内外のさまざまな演奏団体によるコンサートが聴ける。音響のすばらしさを自分の耳で確認したい。

上／音響のすばらしさで知られるホール　下／ポツダム広場や絵画館など周辺に見どころも多い

ベルリン
ベルリン国立歌劇場
Berlin Staatsoper
♪ Map P.304
♪詳細DATA→P.322

ドイツを代表するオペラハウス。東西統一直後の1992年に音楽監督に就任したクリスティアン・ティーレマン率いるシュターツカペレ・ベルリンの音色がすばらしい。ロココ調の馬蹄形型の客席に、最新の音響技術が駆使されている。

左／クラシックとモダンが融合する内部
右／ウンターデン・リンデンに面したオペラハウス

観客動員世界一の熱気を体感せよ！
ブンデスリーガ観戦ガイド

ドイツのプロサッカーリーグ「ブンデスリーガ」は、日本代表選手や国際的なスター選手も多く所属し、地元密着型で観客動員数が高いことでも知られる。スタジアムやファンショップで売っているマフラーやユニホームなどの応援グッズを身につけて、地元のファンと一緒に熱く応援しよう！

子供のファンも多いよ！

ケルンのマスコットと

上／1936年ベルリンオリンピックが開催された歴史あるオリンピア・シュタディオン　右／立見席の迫力ある応援

ブンデスリーガの迫力を体験！

ブンデスリーガの基礎知識

ドイツのプロサッカーリーグ。1部と2部は、それぞれ18クラブで構成。ホームとアウェイで戦い、最終順位が1部の下位2クラブ（17、18位）は翌年2部に降格する。最終順位16位のクラブは、2部で3位のクラブと入れ替え戦を行う。

開催シーズンと試合日はいつ？

1シーズンは8月中旬から翌年5月まで、12月中旬から1月中旬に冬休みが入る。
試合は基本的に金曜、土曜、日曜に行われるが、一部変則日程になる場合もある。詳細日程はブンデスリーガ公式サイト URL www.bundesliga.com/jp に数節分ずつまとめて発表される。

応援マナーはいいの？危険はない？

一部にかなり熱狂的なファンもいるが、そういう人は服装などで一見してわかるので、そばに近寄らなければ問題ないし、警備も実にしっかりしている。家族連れや女性ファンの姿も多く、安心して観戦できる。

チケットの入手方法は？

メンバーシップMitgliedschaftに加入している熱心なファンが多いので、チケットは年々入手困難になってきている。とにかく早めの手配が必要。
販売開始時期や販売方法は各クラブによって異なるが、一般的には、各クラブの公式サイトでアカウントを登録し、チケットを選択、購入する。登録したEメールに添付ファイル（PDF）で届くEチケットを自分でプリントアウト（Print@Home）するか、モバイルチケットのQRコード（入場時に提示）で受け取るかを選択する。支払いはクレジットカードでできる。

スタジアムへ行くときの注意！

試合当日は、時間に余裕をもって行こう。スタジアムに入場するときは、ゲートで一人ひとり荷物＆ボディチェックを受ける。最近はテロ警戒のため、A4サイズ以上の荷物は持って入れないスタジアムがほとんど。身軽な格好で観戦しよう。

MEMO 飲食店、売店は現金使用不可のスタジアムがほとんど。以前は専用プリペイドカードを係員や販売窓口から購入して支払う方式が多かったが、現在はクレジットカードやApple/Google Payなどで支払うようになってきている。

前からハイテンション

ブンデスリーガ1部18チームの紹介と公式サイト集

2024/2025シーズンのブンデスリーガ1部所属のチーム。各チームの公式サイトにはチケットの入手方法の情報も掲載されている。

FCバイエルン・ミュンヘン
FC Bayern München →P.261
本拠地 ミュンヘン
スタジアム名 アリアンツ・アレーナ
URL fcbayern.com

アイントラハト・フランクフルト
Eintracht Frankfurt →P.67
本拠地 フランクフルト
スタジアム名 ドイチェ・バンク・パルク
URL www.eintracht.de

1. FC ハイデンハイム 1846
1. FC Heidenheim 1846
本拠地 ハイデンハイム
スタジアム名 フォイト・アレーナ
URL www.fc-heidenheim.de

VfBシュトゥットガルト
VfB Stuttgart →P.176
本拠地 シュトゥットガルト
スタジアム名 MHPアレーナ
URL www.vfb.de

ヴェルダー・ブレーメン
SV Werder Bremen →P.443
本拠地 ブレーメン
スタジアム名 ヴェーザーシュタディオン
URL www.werder.de

SC フライブルク
SC Freiburg →P.199
本拠地 フライブルク
スタジアム名 オイローパ・パルク・シュタディオン
URL www.scfreiburg.com

バイヤー04レバークーゼン
Bayer 04 Leverkusen →P.116
本拠地 レバークーゼン
スタジアム名 バイアレーナ
URL www.bayer04.de

ホルシュタイン・キール
Holstein Kiel
本拠地 キール
スタジアム名 ホルシュタイン・シュタディオン
URL www.holstein-kiel.de

FCアウクスブルク
FC Augsburg →P.234
本拠地 アウクスブルク

スタジアム名 WWKアレーナ
URL www.fcaugsburg.de

VFL ヴォルフスブルク
VFL Wolfsburg →P.488
本拠地 ヴォルフスブルク
スタジアム名 フォルクスワーゲンアレーナ
URL www.vfl-wolfsburg.de

RB ライプツィヒ
RB Leipzig →P.346
本拠地 ライプツィヒ
スタジアム名 レッドブル・アレーナ
URL rbleipzig.com

FC ザンクト・パウリ
FC St.Pauli →P.454
本拠地 ハンブルク
スタジアム名 ミレルントーア・シュタディオン
URL www.fcstpauli.com

1.FC ウニオン・ベルリン
1.FC Union Berlin →P.317
本拠地 ベルリン
スタジアム名 アン・デア・アルテン・フェルステライ
URL www.fc-union-berlin.de

ボルシア・メンヒェングラートバッハ
Borussia Mönchengladbach →P.127
本拠地 メンヒェングラートバッハ
スタジアム名 ボルシアパーク
URL www.borussia.de

TSG1899ホッフェンハイム
TSG 1899 Hoffenheim →P.146
本拠地 ジンスハイム
スタジアム名 プレゼロ・アレーナ
URL www.tsg-hoffenheim.de

ボルシア・ドルトムント
Borussia Dortmund →P.135
本拠地 ドルトムント
スタジアム名 ジクナル・イドゥナ・パーク
URL www.bvb.de

1. FSVマインツ05
1. FSV Mainz 05 →P.83
本拠地 マインツ
スタジアム名 メーヴァ・アレーナ
URL www.mainz05.de

VfLボーフム1848
VfL Bochum 1848 →P.134
本拠地 ボーフム
スタジアム名 ヴォノヴィア・ルーアシュタディオン
URL www.vfl-bochum.de

2024/2025ブンデスリーガ1部 試合開催都市

- キール
- ハンブルク (→P.454)
- ブレーメン (→P.443)
- ヴォルフスブルク (→P.488)
- ベルリン (→P.317)
- ボーフム (→P.134)
- ドルトムント (→P.135)
- ライプツィヒ (→P.346)
- メンヒェングラートバッハ (→P.127)
- レバークーゼン (→P.116)
- フランクフルト (→P.67)
- マインツ (→P.83)
- ジンスハイム (→P.146)
- シュトゥットガルト (→P.176)
- ハイデンハイム (→P.234)
- アウクスブルク (→P.234)
- フライブルク (→P.199)
- ミュンヘン (→P.261)

ブンデスの迫力はすごいんだ！

左／ベルリンのマスコットのベア
下／アツい試合にくぎづけ！

ピッチの下に融雪装置（ヒーター）があり、雪の日でも試合可能

ベルリンのスタジアム前

MEMO 試合当日のチケットが手元にあれば、スタジアムまでの市内交通機関を無料で利用できる町が多い。チケット券面にKombiticketとあり、利用できる交通機関（交通連盟）や利用範囲が記載されているので、確認してみよう。

特集4

ドイツはこんなにおいしい！
ドイツグルメの世界を極める

ボリュームたっぷりの肉料理や
ソーセージで知られるドイツ料理だが、
パスタ料理や、アスパラガスやキノコなどの
季節の素材を中心にしたヘルシーメニューも実はポピュラー。
郷土色豊かなビールやワイン、スイーツまで
本場でしか味わえない料理を、心ゆくまで堪能しよう。

レストランの利用法 （入店から会計まで）

1 ›› あいさつ、着席

入店したら、昼は「**グーテン・ターク**」、夜は「**グーテン・アーベント**」とあいさつ。店のスタッフが来て席に案内してくれる。比較的高級なレストランでは、勝手に席に着かず、案内を待つ。ビアレストランやカフェレストランなど、気軽な店でスタッフが案内に来ない店なら空いている席に着いてよい。ただし「**予約席reserviert/Reserved**」や、一部のビアホールなどでは「**常連席シュタムティッシュ Stammtisch**」もあるので気をつけたい。

白いテーブルクロスがかかっている店はやや高級。係の人の案内に従って席に着こう

2 ›› 飲み物をオーダー

席に着いてメニュー、**シュパイゼカルテSpeisekarte**を渡されると、すぐに「お飲み物は？　**ツム・トリンケンZum Trinken?**」と聞かれることが多い。ビールやジュース、食前酒などを先に注文して、食べ物のメニューはそれからじっくり検討する人が多い。水は有料で、注文しないと出てこない。

まずは飲み物を
オーダー

3 ›› 料理をオーダー

観光客が多い店では、英語や日本語のメニューを用意しているところも一部にあるが、ドイツ語しかなくて、さっぱりわからなかったら、その日の定食**ターゲスメニューTagesmenü**を頼むといい。割安の料金になっているし、料理が出てくるのも早い。

ドイツ料理はボリュームがあるので、品数を頼み過ぎないように注意

スープは音を立ててすすらないのが基本のテーブルマナー

シュニッツェル（カツレツ）とポテト、そしてアスパラガス（春期限定）は人気メニュー

4 »» デザート

食後のデザートやコーヒーは、メイン料理を食べ終わる頃に、担当の係の人があらためてすすめてくれる。注文してもしなくてもかまわない。

1ユーロ以下（＝セント）のおつりの端数はチップとして渡そう

5 »» 会計はテーブルで

担当の係の人に「お勘定お願いします。**ツァーレン・ビッテZahlen, bitte**」と呼びかけて、テーブルで支払う。数人で食事して、ワリカンで払う場合は「**ゲトレントgetrennt**」、誰かが代表してまとめて払う場合は「**ツザメンzusammen**」と言えばよい。代金には税金とサービス料も含まれているが、チップを渡すのが一般的。おつりの端数や合計額の10%程度を上乗せして払う。**カードで払う場合も、チップは現金で**。ただ、チップはあくまでもサービスしてくれた人に感謝の意味で渡すものだから、明らかにサービスが悪かったときに渡す必要はない。

■レストランは禁煙！
ドイツでは禁煙法が施行され、飲食店内は原則禁煙。なお、屋外のテラス席やビアガーデンでの喫煙は可能。禁止の場所で喫煙し、店の責任者の指示に従わない場合は警察に通報され、罰金を徴収される場合もあるので要注意。

■メニューの取り扱い
レストランでは、いつまでもメニューを広げて見ていると、まだ食べたいものが決まっていないと思われ、なかなか注文を取りに来てくれないことがある。食べたいものが決まったらいったんメニューを閉じてまず注文し、引き続き見たければ、「見せてくださいねDarf ich diese Speisekarte behalten?（ダルフ・イッヒ・ディーゼ・シュパイゼカルテ・ベハルテン）」と言ってると、あとでゆっくり見るほうがよい。

英語併記のメニューを用意している店もある

バラエティ豊かな郷土料理の数々 ドイツ料理図鑑

ドイツ語の難解なメニューに頭を悩ませる前に、
代表的な料理を見ておこう。いざとなったら写真を指させば、なんとかなる！
ただしその際、地方ごとに名物料理が異なることを頭に入れておきたい。
ドイツのレストランの入口には、必ずメニューが貼り出してあって、
どんな料理がいくらぐらいで食べられるか確認できるので、チェックしてから中に入ろう。

スープ Suppen

しっかりとした味と量なので
スープとパンだけでおなかがいっぱいになってしまうかも。

エアプセンズッペ Erbsensuppe
グリーンが鮮やかなエンドウ豆のスープ。フランクフルトソーセージ入りの店もある

リンゼンズッペ Linsensuppe
レンズ豆のスープ。ニンジンやジャガイモ、ベーコンも入ってこってりしたスープ

カルトッフェルズッペ Kartoffelsuppe
ジャガイモのポタージュスープ。店によって、細切れのソーセージやベーコンなども入ってボリュームたっぷり

レバークネーデルズッペ Leberknödelsuppe
レバー団子が入ったクリアなコンソメスープ

季節の味覚、その他

5月～6月中旬に出回る春の味覚、
シュパーゲルSpargel（ホワイトアスパラガス）はドイツ人が夢中で食べる食材。
夏にはキノコの一種プフィッファリンゲ（アンズダケ）が登場する。
南部ドイツで食べられるパスタを使ったマウルタッシェンは日本人の口に合う。

プフィッファリンゲ・ザラート Pfifferlinge Salat
ソテーしたアンズダケをたっぷりのせたサラダ

マウルタッシェン Maultaschen
ひき肉やホウレン草などを刻んで混ぜた具を小麦粉の皮で包んだもの。さまざまな料理法がある。おもに南ドイツで食べられる

シュパーゲル・ミット・オムレット Spargel mit Omelette
オムレツ添えのアスパラガス。主役はアスパラガス

ケーゼシュペッツレ Käsespätzle
耳たぶのような形のパスタをゆでて、チーズをかけて焼いた一品。南ドイツ名物

魚料理 Fisch

肉料理と比べると種類も少なめで、値段もやや高い。海に近いリューベックやハンブルクなど北ドイツでは前菜にニシンのマリネなども好まれる。
ハンブルクはウナギ料理も名物。

レーゲンボーゲン・フォレレ Regenbogen Forelle
ニジマスのソテー

ショレンフィレ Schollenfilet
ヒラメのフライ

ツァンダーフィレ Zanderfilet
ツァンダーはスズキの一種の白身魚

肉料理
Fleisch

ドイツ料理の神髄は肉料理。ソースに凝るよりも、
肉のうま味を引き出す料理法が多い。どれもボリュームたっぷり。

ヴィーナー・シュニッツェル
Wiener Schnitzel
仔牛肉のカツレツ。子供から大人までドイツ人の大好きな料理

シュヴァインスハクセ
Schweinshaxe
豚のスネ肉をこんがりとグリル。シュヴァイネハクセともいう

ライニッシャー・ザウアーブラーテン
Rhienischer Sauerbraten
赤ワインと酢に漬け込んで煮込んだ牛肉料理

レバーケーゼ
Leberkäse
ケーゼフライシュともいう。蒸し焼きにしたドイツ風ミートローフで、味はほとんどソーセージ。南ドイツのビアレストランなどで食べられる大衆的な料理

コールルーラーデ
Kohlroulade
ロールキャベツのこと。じっくりと煮込んであり味わい深い。たっぷりのマッシュポテトを添えて

シュヴァイネブラーテン
Schweinebraten
バイエルンの代表的な豚肉料理。コクのあるソースが決め手

ケーニヒスベルガー・クロプセ
Königsberger Klopse
大きめの肉団子のクリームソースがけ。ベルリン地方の名物

ターフェルシュピッツ
Tafelspitz
牛胸肉のコンソメ煮込み。ホースラディッシュを付けて

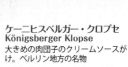

ブラートヴルスト
Bratwurst
本場の焼きソーセージ。ビアホールや気軽な店のメニュー

ハックステーク
Hacksteak
ドイツ風ハンバーグのこと。かなりの厚みと大きさでボリュームあり

名物ソーセージ食べ歩き

ドイツには各地に、サイズや味、料理法も異なる名物ソーセージがある。
おすすめソーセージを紹介しよう！

テューリンゲン地方

❷テューリンガー・ヴルスト
Thüringer Wurst
テューリンゲン地方発祥だが、現在はドイツ各地に普及しており、安定した味わい。

ベルリン

❶カリーヴルスト
Currywurst
ソーセージの上にオリジナルブレンドのケチャップソースとカレーパウダーをかけた一品。

フランクフルト

❸フランクフルター・ヴルスト
Frankfurter Wurst
フランクフルト発祥だが、ドイツ各地にも普及。ゆでて食べることが多いソーセージ。

ベルリン ❶

テューリンゲン地方 ❷

フランクフルト ❸
　　　　　　❹
ヴュルツブルク　❺
　　　　　　ニュルンベルク
ミュンヘン ❻

ニュルンベルク

❺ニュルンベルガー・ヴルスト
Nürnberger Wurst
長さ7〜9cm、直径1.5cmの小ぶりなソーセージ。炭火で焼き上げるので、カリッとした食感。

ヴュルツブルク

❹ヴュルツブルガー・ヴルスト
Würzburger Wurst
長さが20cm近くありローストして食べる。ヴュルツブルク産の白ワインとよく合う。

❻ヴァイスヴルスト　**ミュンヘン**
Weißwurst
ふわっとした軟らかい食感の白ソーセージ。甘いマスタードを付けて食べる。

ドイツ人御用達の軽食スタンド

インビス完全ガイド

インビスImbissとは

ソーセージやトルコからやってきた**デナーケバブDöner Kebab**という肉のサンドイッチなどを売る店は**インビス**と呼ばれ、いわばドイツのファストフードショップ。トレーラーを利用した店や商店の一角を利用した店などがあるが、基本はすべて立ち食い。レストランに入る時間がないときや、ひとり旅で手早く食べたいとき、安く済ませたいときに助かる存在。

はい、どうぞ！

デナーケバブのインビス

焼けた肉を削いで

野菜がたっぷり入ったパンに詰めて

ソーセージの注文の仕方

この店は
お気に入りだよ！

注文は簡単。ジュウジュウ焼けているソーセージを指さして、「**焼きソーセージください Bratwurst, bitte.**」と言えばいい。2～3種類のソーセージが並んで焼かれている場合は「どれにする？」と聞かれたりすることもあるが、店や地方によって扱っているソーセージは異なるから、名前まで覚える必要はなく、指させばよい。焼きソーセージは、**丸いパンBrötchen**に挟んでくれるが、パンはいらないなら「ohne Brot」と言えばいい。パン付きは「mit Brot」。カウンターにマスタードが置いてあるので、好みに応じてどうぞ。ケチャップまで用意しているところは、あまりない。

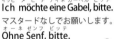

インビスで使える簡単会話

テイクアウト（持ち帰り）で
お願いします。
ツム ミットネーメン ビッテ
Zum Mitnehmen, bitte.

ここで食べます。
イッヒ エッセ ヒーア
Ich esse hier.

フォークをください。
イッヒ メ ヒテ アイネ ガーベル ビッテ
Ich möchte eine Gabel, bitte.

マスタードなしでお願いします。
オーネ ゼンフ ビッテ
Ohne Senf, bitte.

トマトを抜いてください。
オーネ トマーテン ビッテ
Ohne Tomaten, bitte.

ケチャップをください。
ケチャップ ビッテ
Ketchup, bitte.

一度は食べたい、ベルリン名物のカリーヴルスト（→詳細ガイド P.326）

焼きソーセージと山盛りのフライドポテトは最強のコンビ

Harzer Bratwurst

行列ができている人気店を探そう

MEMO 最近はアジア系のインビスがかなり勢力を増している。いちばん安い中国風焼きそばChinanudelnは€3ぐらいからで、持ち帰りも可能。店によって味の当たり外れがあり、見た目の第一印象で判断するしかない。

31

ドイツ
地ビールガイド

日本の約2倍もビールを飲んでいる国ドイツは、まさにビール天国。
全国的なビールメーカーはなく、
ローカルのビールが中心だから、飲み歩きの旅を楽しむ
ビール紀行 Bier-Reise というドイツ語もあるほど。
お気に入りのビールを見つけよう。

純粋な ドイツビール

ドイツには16世紀から今も守られている「ビール純粋法」がある。1516年、バイエルン公ヴィルヘルム4世は、悪質なビール業者がいろいろな添加物を入れて質の悪いビールを製造するのを禁止するために、ビールには大麦、ホップ、水以外を使用してはならないという法令を出した（16世紀半ばに酵母が加わる）。コクのある味は、歴史に支えられている。

ビールの 種類

冷やし過ぎず、味わいがわかる温度で飲むのがドイツ流

ヘレス Helles	一般的に飲まれているビール。ラガー Lager、エクスポルトExportと呼ばれるものも同じ。
ピルスナー Pilsner	略してピルスPilsともいう。北ドイツで好まれる淡色系のビール。
ドゥンケル Dunkeles	モルトの風味が効いた黒褐色のビール。
シュヴァルツ Schwarzbier	黒ビール。
ヴァイスビーア Weissbier	バイエルンで人気がある小麦麦芽を主原料としたビール。ヴァイツェンビールWeizenbierともいう。
ヘーフェヴァイス Hefeweiße	ヴァイスビーアに酵母を加えたビールで白濁している。ヘーフェ（酵母）特有の香りがあり、レモンを浮かべて飲む人も多い。
クリスタルヴァイス Kristalweiße	ヴァイスビーアの酵母をろ過したクリアな淡色ビール。
フォム・ファス vom Fass	生ビール。
フラッシェンビーア Flaschenbier	瓶ビール。
ドーゼンビーア Dosenbier	缶ビール。

ビールの 注文の仕方

ビアガーデンはセルフサービスの店が多い

1. 種類を選ぶ
「ビールください　ビーア・ビッテ Bier, bitte.」と言って出てくるのは、多くの場合ピルス（ピルスナーの略）かヘレス。ほかはビールの種類を参照。

2. 大きさを選ぶ
一般のレストランは0.3ℓ入りの**クライネス・ビーア Kleines Bier**か、0.5ℓ入りの**グローセス・ビーア Grosses Bier**があるのが普通。ビアホールなら1ℓジョッキ入りの**アイン・リッター・ビーア 1 Liter Bier**（バイエルンでは**マース Maß**という）もある。

3. それでは、乾杯!!
「乾杯！」の言葉は**「プロースト Prost!」**または**「ツム・ヴォール Zum Wohl!」**。相席の人や、地元の人と仲よくなるチャンス。

「乾杯の歌」を歌おう！

アイン・プロージット、アイン・プロージット、デア・ゲミュートリッヒカイト

Ein Prosit, ein Prosit, der Gemütlichkeit

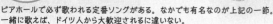

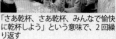

「さあ乾杯、さあ乾杯、みんなで愉快に乾杯しよう」という意味で、2回繰り返す

ビアホールで必ず歌われる定番ソングがある。なかでも有名なのが上記の一節。一緒に歌えば、ドイツ人から大歓迎されるに違いない。

人気のビールリスト

ドイツで中世以前から飲まれていたビールは、液体のパンとも呼ばれ、重要な栄養源でもあった。製法によって、各地にさまざまな味、香り、色のビールがある。

① [ミュンヘン]
フランツィスカーナー Franziskaner
修道僧のマークで知られる1363年創業の老舗醸造所。さわやかなのど越しの酵母入りヴァイスビーアが人気

② [ミュンヘン]
レーヴェンブロイ LÖWENBRÄU
0.5ℓ入りのヴァイスビーア。芳醇な香りとコクがある。ドイツでも大手の醸造所で、1383年創業

③ [ミュンヘン]
シュパーテン SPATEN
オクトーバーフェストの期間だけ飲めるアルコール度数5.9%のオクトーバーフェストビール。できたてのおいしさを実感

④ [ケールハイム]
シュナイダー Schneider
ヴァイスビーアだけを造るこだわりの醸造所。ミュンヘンの直営店シュナイダー・ブロイハウス（→P.263）で飲める

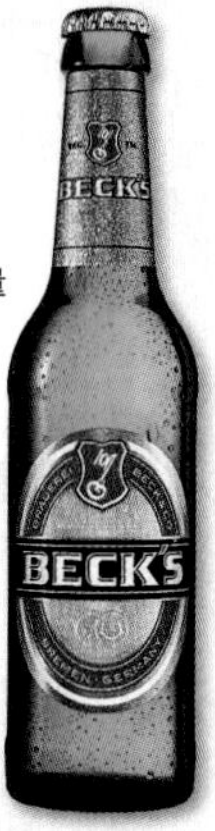

⑥ [ブレーメン]
ベックス BECK'S
ドイツビールで輸出量No.1。クセのないすっきりした味わいで、どんな料理にも合う。緑色の瓶が特徴

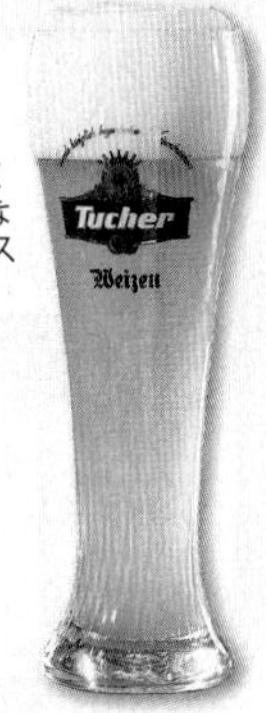

⑤ [ニュルンベルク]
トゥーハー Tucher
地元の大商人の名前を取った醸造所。フルーティな香りと濃厚な味のヴァイスビーアがいち押し

⑦ [ハンブルク]
ホルステン HOLSTEN
ハンブルクを代表する銘柄。雑味のないすっきりとしたピルスナーで人気。輸出にも力を入れている

⑧ [ドレスデン]
ラーデベルガー Radeberger
ドレスデン郊外のラーデベルガーで造られるピルスナーは琥珀色をしたビールで、円熟した苦味が特徴

ご当地ビール

⑨ [ケルン]
ケルシュ Kölsch
200mℓの細長いグラスで飲む黄金色のフルーティなビール。アルコール度は約5%

⑩ [デュッセルドルフ]
アルトビーア Altbier
上面発酵で黒褐色をしたビール。隣町のケルシュと競争関係にあることでも知られる

⑪ [バンベルク]
ラオホビーア Rauchbier
煙でいぶした麦芽で造った珍しいビール。特にシュレンケルラ（→P.166）が有名

⑫ [ベルリン]
ベルリーナー・ヴァイセ Berliner Weisse
ヴァイスビーアを赤または緑のシロップで割ったビールのカクテル。ストローで飲む

ヨーロッパ屈指の実力派

ドイツ
ワインガイド

ドイツワインの魅力は、口当たりがよく、
深い味わいがあること。
特に白ワインは世界でも高く評価されている。
品質のよさと手頃な値段も大きな魅力。
ドイツ料理とともに味わうワインは最高だ。

ドイツワインのおもな産地

ドイツワインには13の生産地域があるが、
以下の代表的な4つの地域を覚えておけば十分。

ラインワイン

ライン川流域はドイツ最大のワイン生産地。さらにライン右岸
のラインガウと左岸のラインヘッセン、ラインプファルツなどに
区分される。豊かな香りと風味があるリースリングの白ワインは
多くの人に好まれる。

 リューデスハイム（→P.87）やマインツ（→P.83）などライン川沿
いの町

●ハンブルク
●ベルリン
●ケルン　**ラインワイン**
　モーゼル　●フランクフルト
　ワイン　　　　　**フランケン**
　　　　　　　　　　　ワイン
　　　　　●シュトゥットガルト
バーデンワイン　　ミュンヘン

モーゼルワイン

風光明媚なモーゼル川の斜面を利用して造られる。フルーティで
さっぱりとしていて、ワインに慣れていない人でも飲みやすい。

 コッヘムやベルンカステル・クース（ともに→P.102）には町のあ
ちこちにワイン酒場がある

フランケンワイン

ボックスボイテルという独特の丸い瓶に
入っており、ひとめでわかる。力強いコク
があり、辛口は通好みのワインとして知ら
れている。

 ヴュルツブルクのビュルガーシュピ
タールやユリウスシュピタール（ともに
→P.216）など

バーデンワイン

ライン川上流のフランスと国境を
接した地域にあり、ドイツでは珍し
い赤ワインの生産地として有名。温
暖な地域で多くのブドウの種類が栽
培され、評価が高いワイナリーが多
い。

 バーデン・バーデン（→P.182）
やフライブルク（→P.198）とそ
の周辺

ドイツでよく使用される
レーマーグラス

34

ドイツワインの品質と等級

ドイツのワインは、おもにそのワインの産地と果汁糖度によって品質等級が分かれる。下の図のように、大きく4段階に分類されており、最上品質のプレディカーツヴァインは、さらに6つの等級に分かれる。等級のランクが高いほど甘いワインと思われがちだが、等級は収穫時の糖度が基準であり、アウスレーゼやシュペートレーゼにも辛口がある。品質等級はあくまでも目安と考えて、さまざまなワインを試してみたい。

おみやげのワインを選ぶ目安

高級品質ワイン醸造協会VDPの会員が生産するワインには、栓のカバーにワシの認証ロゴが付いているので、選ぶ際の目印になる。

●品質等級

高級ワイン ↑ ↓ 日常用のワイン

- プレディカーツヴァイン **Prädikatswein**（生産地限定最上質ワイン）
- クヴァリテーツヴァイン **Qualitätswein**（生産地限定上質ワイン）
- ラントヴァイン **Landwein**（地酒）
- ドイチャーヴァイン **Deutscher Wein**（テーブルワイン）

※ほかに上質辛口ワインの新たなランクとしてクラシック Classic、セレクション Selection もある。

●プレディカーツヴァインの等級

- トロッケンベーレンアウスレーゼ **Trockenbeerenauslese**
貴腐の影響を受けた干しブドウから造る最高級ワイン。
- アイスワイン **Eiswein**
氷結したブドウを濃縮。クリーンな甘さのワイン。
- ベーレンアウスレーゼ **Beerenauslese**
粒選りの超完熟ブドウを使用。豊潤な甘味が広がる。
- アウスレーゼ **Auslese**
完熟ブドウを使用し、コクと深みのある味わい。
- シュペートレーゼ **Spätlese**
遅摘みのブドウを使用。マイルドながら深みもある。
- カビネット **Kabinett**
甘味が少なめで、軽やかな口当たり。低アルコール。

ワインのオーダーの仕方

普通のレストランでも、ワインバーでも、注文はまず飲み物から。この順番で希望を言えば、好みに合ったワインを選べる

1 ››› グラス or ボトル?

ひとりならグラスで、数人ならボトルで。少量のグラスワインをいろいろテイスティングするのも楽しい。

ボトルワイン **Flaschenwein** フラッシェンヴァイン

グラスワイン **Glaswein** グラースヴァイン

料理に合うワインは好みで選ぼう

2 ››› 白 or 赤ワイン?

ワインリストは赤、白、ロゼ（ない店もある）に分かれている。ドイツでは、合わせる料理（肉か魚か）には、あまりこだわらなくてOK。

白 **Weisswein** ヴァイスヴァイン

赤 **Rotwein** ロートヴァイン

ロゼ **Rosé** ロゼ

3 ››› 甘口 or 中辛口 or 辛口?

ワインの味わいによって分かれているので、好みで選ぼう。

甘口 **Süß** ズース

中辛口 **Halbtrocken** ハルプトロッケン

辛口 **Trocken** トロッケン

MEMO ドイツワインは総生産量の約63%が白ワインで、赤ワインが37%を占める。白ワインのブドウの品種はリースリングが最も多く、ミュラー・トゥルガウ、シルヴァーナーと続く。赤ワインはシュペートブルグンダーが主流。

かむほどに味わい深い
ドイツパンの世界

ドイツのベーカリーは旅行者の味方！例えばホテルで高い朝食を取るより、町や駅のベーカリーへ行けば焼きたてのパンが、併設のセルフカフェで味わえてかなり安い。節約旅行の強い味方だ。バリエーションも豊富！

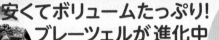

安くてボリュームたっぷり！ブレーツェルが進化中

プレーツェルとは？
ドイツではパン屋の看板にも用いられるプレーツェルは、「両腕をクロスした形」といわれる独特の形のパン。こんがりとおいしそうな焼き色に、外はカリッと、中はもっちりとした食感は、ラウゲン液（苛性ソーダ）に浸してから焼く過程から生まれる。プレーツェ、プレーツェンとも呼ばれる。

ニュルンベルク
ブレーツェン・コルブ
Brezen Kolb

ニュルンベルクに多くの支店があるプレーツェル専門店。朝の通勤時間帯は行列になる。約25種類もあって選ぶのに迷うほど。プレーツェル生地のおいしさが抜群！

ニュルンベルク中央駅構内店
➡Map P.158-B2（ニュルンベルク中央駅）
🕐5：00〜20：00（土5：30〜、日・祝7：30〜）

Gelbwurst Breze
€2.80

Butter-Schnittlauch Breze
€2.20

Salami Breze
€3.20

ゲルブヴルスト（軟らかくゆでたスライスソーセージ）

サラミ

バターと西洋アサツキ

ミュンヘン
ブレーツェリーナ Brezelina

ピンク色のポップな店で、若い人に人気。カレー味の七面鳥、ルッコラ＆クリームチーズなど約10種類を用意。

地下鉄マリエンプラッツ駅構内店
➡Map P.253-B3（Ⓤ Marienplatz）
🕐7：00〜20：00（土9：30〜）
🈺日・祝

Breze Leberkäs
€3.20

Breze Obatzda
€3.20

オバツダはバイエルン名物のチーズディップ

薄切りのレバーケーゼとピクルスとバター

ドイツパン入門

世界随一といわれる豊富な種類と、全粒粉を使った
ヘルシーなパンが多いのがドイツパンの特徴。

大型パン
Brot

ナイフで薄くスライスして食べる食事パン。全粒粉や
ライ麦を混ぜた黒パンタイプが多い。ヒマワリの種や
ゴマなどさまざまな雑穀入りも。

Mischbrot

小麦とライ麦を
ミックスした
ミッシュブロート

Schwarzbrot

ゴマをまぶした黒パン
シュヴァルツブロート

小型パン
Klein Gebäck

朝食の定番
ブレートヒェン

Brötchen

Laugenstange

スティック形の
ブレーツェル
ラウゲンシュタンゲ

朝食の定番ブレートヒェンは横か
らナイフを入れてふたつにスライ
スして、ジャムやバターを塗った
り、ハムやチーズをのせて食べる。

菓子パン
Feingebäck

バターたっぷりのブリ
オッシュやデニッシュ
のほか、マフィン、ドー
ナツ、ケーキタイプなど
さまざまな種類がある。

Rosinenschnecke

Rhabarberplunder

ーズンとクリーム入りの
ジーネンシュネッケ

甘いルバーブ
入りデニッシュ
レバーブプルンダー

サンドイッチ
Sandwich

バゲットや穀物入り
のブレートヒェンな
ど、ハードなパンで
ハムやチーズなどを
サンドしたものが主
流。食パンはあまり
使わない。

Sandwich mit Brie

ブリーチーズのサンドイッチ

指さしで注文すれば大丈夫

ドイツの ベーカリー

ドイツの一般的なベーカリー（ドイツ語でベッケライBäckerei）は7：00頃～
18：00頃まで営業。イートイン・コーナーを設けている店が多い。

最近はBIO食材を使ったこだ
わりの店と、チェーンのディ
スカウント店が増えてきてい
る。食べ比べてみると楽しい。

大きな駅構内などに多いディスカウ
ントベーカリーはセルフサービス

早朝から営業している町のベーカリー

投稿 ベルリン中央駅のスーパー、レーヴェ REWEのベーカリーは種類が豊富で楽しい。朝6時から開いていて、鉄道旅行
者の強い味方。中でもマシュマロドーナツはかわいくておいしくて、超おすすめです。（千葉県　コペラ　'23）['24]

至福の口どけを味わう

スイーツ&伝統菓子図鑑

フレッシュな生クリームと
色鮮やかなフルーツで彩られたドイツのケーキは、
日本では味わえない種類もいっぱい。
ぜひ街角のカフェに立ち寄って、
おいしいスイーツで至福のひとときを過ごしたい。

ドイツで人気のケーキ

シュヴァルツヴェルダー・キルシュトルテ
Schwarzwälder Kirschtorte
黒い森(=シュヴァルツヴァルト)を表現した、
ドイツでいちばん人気のケーキ。お酒に
漬け込んだチェリー(=キルシュ)
が大人の味。

アプフェルシュトゥルーデル
Apfelstrudel
リンゴがぎっしり入ったアップルパ
イ。夏はバニラアイス、冬は温かいバ
ニラソースを添えて食べることも。

アプリコーゼン・クーヘン
Aprikosenkuchen
甘酸っぱいアプリコ
ットとカスタードク
リームが絶妙なマッ
チングの定番ケーキ。

ヌスザーネトルテ
Nuss-Sahne-Torte
細かく砕いたヘーゼルナッツを
生クリームに混ぜ込んだ香ばし
いケーキ。

キルシュ・ケーゼ・トルテ
Kirsch-Käse Torte
ふんわりしたチーズケーキの中に入
ったシロップ漬けのサクランボがア
クセント。

カフェでのケーキのオーダーの仕方

1 ›› ケーキを選ぶ

店のショーケースで好きなケ
ーキを選んで指さす。カフェ
で食べたいときは「ここで食
べます。**ヒーア・エッセン
Hier essen。**」と言うと、店員
が番号などを書いた小さな注
文票Zettelをくれる。

2 ›› テーブルに着く

席に着いて、先ほどの注文票
をテーブルに置いておく。担
当の人が来たらコーヒーなど
を注文。ケーキ名がわかって
いれば、テーブルで注文して
もよい店もある。

3 ›› 支払い

注文を取った担当の人に「支
払いをお願いします。ツァー
レン・ビッテ Zahlen, bitte。」
と言って、テーブルで精算。
サービスに満足したら、€1
以下の端数(合計金額の5〜
10%)は、チップとして渡す
のが一般的。

ラバルバー・クーヘン
Rhabarberkuchen
ルバーブという酸味のある野菜の茎をジャム状にして生地に混ぜて焼いたトルテ。

ヴィントボイテル
Windbeutel
シュークリームはドイツ語で風（ヴィント）の袋（ボイテル）という。上下にカットした間に生クリームがたっぷり。

エアトベア・クヴァーク・トルテ
Erdbeer-Quark-Torte
イチゴをのせたチーズケーキ。クヴァークはカッテージチーズに似たフレッシュチーズでよく使われる。

モーントルテ
Mohntorte
黒いケシの実を甘くペースト状にしたモーンは、黒ゴマペーストにやや近い食感。

ケーゼトルテ Käsetorte
しっとりしてコクがあるチーズケーキのおいしさは、良質の乳製品を使っているから。

ドイツの伝統菓子

シュネーバル
Schneeball
ローテンブルクの名物で、「雪の球」という意味。ソフトボールぐらいの大きさで、白い粉砂糖がけが基本だが、チョコレートやナッツなどの種類がある（→P.224）。

「坑道」という意味のシュトレンは、鉱山の坑道のような形で焼き上がる。また、幼子イエスを白い産着で包んだ姿にもたとえられる

クリスマス限定のシュトレン
Stollen
クリスマスの4週間前ぐらいになると、ケーキ屋やパン屋、スーパーにも登場する伝統的なお菓子。レーズンなどのドライフルーツやナッツなどがたっぷりと入っていて濃厚な甘さがある。ドレスデンのシュトレンが最も有名。

❷

❸

バウムクーヘン
Baumkuchen
日本では人気があるバウムクーヘンだが、焼くのに手間がかかるため、本場ドイツでは意外にお目にかからない。発祥地は諸説あるが、原産地名称保護制度を制定したザルツヴェーデル（→P.464）が、バウムクーヘンの町として知られている。

❶1mぐらいある芯に何回も生地を塗り重ねながら焼いていく　❷芯を外したものからスライスして食べる　❸店では薄くスライスして提供される。チョココーティングしたひと口大のバウムクーヘンシュピッツェンもある

 ケーキの価格は、店内で食べる場合と持ち帰りで異なり、店内価格のほうが€0.30〜0.50程度高い。

季節を彩るイベントで盛り上がる

ドイツの**お祭りガイド**

お祭り好きのドイツでは、1年中各地でさまざまなお祭りがある。
中世の歴史絵巻やメルヘンの世界が繰り広げられるお祭りや、
ビールやワイン片手に盛り上がるお祭りなど、
ドイツ人の熱気を体験できる。
地元の人と一緒になって、陽気な祭りを楽しもう。

見物人に春の花をプレゼント
する人たちも

子供たちも大活躍！

2/27 ～3/4 ('25)

ケルン周辺の
カーニバル *Karneval*

キリスト教の行事であるカーニバルは、昔から
断食前の無礼講が許された。仮装姿で飲んで歌っ
て町中が朝まで大騒ぎ。クライマックスはバラの
月曜日のパレードで、山車
の上から観客にお菓子が大
量にばらまかれる。ケルン、
デュッセルドルフ、マイン
ツは特に大規模。

左上／「ケレ・アラーフ（ケルン
万歳）」の掛け声が響く　右上／
いつもは渋い顔のおじさんたちも
この笑顔　下／バラの月曜日のパ
レードには200台以上の山車と仮
装グループが登場する
P.400Foto: Festkomitee Kölner Karneval

ローテンブルクの
マイスタートルンクの祭り
Der Meistertrunk

詳細ガイド→P.221

6/6
〜6/9
('25)

マイスタートルンクこと大酒飲みのヌッシュ市長が町を救ったという伝説にちなむ祭り。豪華な時代衣装を着た人たちのパレードや、歴史マーケット、兵士の野営会場など、町中が舞台となって盛り上がる。

上／市庁舎で上演される歴史劇。市長は町を救えるのか？
下／劇やマーケット、ダンスなどさまざまなイベント会場になるマルクト広場

上／町の人たちが総出で祭りを盛り上げる
下／百年戦争当時の故事にちなむ祭りなので兵士役が多い

ジョッキ片手に
おおいに楽しもう

9/21
〜10/6
('24)

ミュンヘンの
オクトーバーフェスト *Oktoberfest*

世界最大のビール祭りとして有名。毎年9月半ばから10月上旬に開催され、約600万人が訪れる。広大な会場にはビール会社ごとに数千人を収容できる巨大テントが並び、大規模な移動遊園地も設置されて大人も子供も楽しめる。

会場のテレージエンヴィーゼ（●Map P.250-B2）へは、中央駅から**U**4か5に乗って1駅目のTheresienwieseで降りるとすぐ。

左／1810年にルートヴィヒ1世の成婚の祝典として始まった祭りはすごい熱気！　右／スケールの大きさと人の多さにびっくり！

MEMO オクトーバーフェスト会場は入場の際に荷物チェックがあり、持ち込める手荷物は10×15×20cm以下とかなり小さい。それ以上は荷物預かり（有料）に預けなければならないので、必要最小限の荷物で行こう。

41

メルヘンの国の
クリスマスマーケット

クリスマスの約4週間開催
（町により異なる）

クリスマスはドイツ人にとって1年を締めくくる最も大切な行事。とりわけ楽しみなのが、クリスマスに向かって約4週間開かれるクリスマスマーケット。広場には、色とりどりのイルミネーションが輝き、焼きソーセージやツリーの飾りを売る屋台が並ぶ。

グリューワインであたたまって！

クリスマスマーケットで
食べたい＆
買いたいものは
コレ！

🎄 グリューワイン
Glühwein

温めた赤ワインにフルーツシロップや香料をミックスした飲み物。ノンアルコールタイプはKinderpunsch。飲み終わったマグカップは記念に持ち帰ってもいいし、店に返せばカップ代が返却される。

🎄 レープクーヘン
Lebkuchen

ジンジャーやスパイス入りの大型クッキー。カラフルにデコレーションしてあるものは食用ではなくて装飾用。

🎄 焼きソーセージ
Bratwurst

地方ごとに異なる大きさや味。パンに挟んで、マスタードを塗って食べる。

🎄 木工人形
Holzkunstfiguren

エルツ地方で作られる伝統的な工芸品。天使と炭鉱夫の組み合わせは伝統的なクリスマスのモチーフ。クルミ割り人形やスモーカー人形も定番。

焼きソーセージは最高だね！

🎄 オーナメント
Ornament

ガラス玉や、錫製や木製、藁（ワラ）でできたものなどさまざま。ツリーや窓、壁をデコレーションして楽しむ。

【開催期間と注意】
規模の大小はあるが、ドイツ各地の多くの町で開催。ニュルンベルクとドレスデンは特に歴史が古く、規模も大きい。期間はクリスマスの約4週間前からイブの前日ぐらいまで（開始日と最終日は多少ずれる場合もある。おもな町の日程はP.43参照）。大きな町では、夕方以降はかなり混雑するので貴重品には注意を払うこと。寒さ対策も万全に。

Weihnachtsmarkt

盛大なドレスデンのクリスマスマーケット

マーケットの
かわいいゴミ箱

プレゼント
買いまくり～

2024～2025年のおもなイベントスケジュール
('24)は2024年、('25)は2025年の予定日

月	日程	イベント
1月	1/6(毎年)	三王来朝の子供たちの行列(ドイツ各地)
2月	2/13～23('25)	ベルリン国際映画祭(ベルリン)→P.312
	2/27～3/4('25)	カーニバルパレード(ケルン、マインツなど)→P.40、P.83
3月	3月下旬～4月下旬('25)	ハンブルガー・ドーム(ハンブルク)→P.469
4月	未定('25)	のみの市アウアードゥルト(ミュンヘン)
	4/30(毎年)	ヴァルプルギスの夜(ゴスラーなどハルツ山地地方)→P.375
6月	6/6～9('25)	ケーキと泉の祭り(シュヴェービッシュ・ハル)→P.154
	6/6～9('25)	マイスタートルンクの祭り(ローテンブルク)→P.41、P.221
	6/7～16('24)	バッハ音楽祭(ライプツィヒ)→P.346
	6/22～30('24)	キール週間
	6/21～24('24)	マインツァー・ヨハニスナハト(マインツ)
	6/28～7/31('24)	ミュンヘン・オペラ・フェスティバル(ミュンヘン)
7月	7/5～7('24)	ロードレース世界選手権MotoGP(ザクセンリンク)
	7/12～21('24)	子供祭りキンダーツェッヘ(ディンケルスビュール)→P.228
	7/26～8/25('24)	ハンブルガー・ドーム(ハンブルク)→P.469
	7/27～8/4('24)	のみの市アウアードゥルト(ミュンヘン)
	7/25～8/27('24)	バイロイト音楽祭(バイロイト)→P.167
8月	8/2～5('24)	マイン川祭り(フランクフルト)
	8/15～19('24)	ワイン祭り(リューデスハイム)
9月	9/5～10/3('24)	ベートーベン音楽祭(ボン)
	9/21～10/6('24)	オクトーバーフェスト(ミュンヘン)→P.41
	9/27～10/13('24)	カンシュタット民族祭(シュトゥットガルト)
	9/29('24)	ベルリンマラソン(ベルリン)→P.314
10月	10/11～13('24)	たまねぎ祭り(ヴァイマール)
	10/4～13('24)	フェスティバル・オブ・ライト(ベルリン)
	10/19～27('24)	のみの市アウアードゥルト(ミュンヘン)
11月	11/8～12/8('24)	ハンブルガー・ドーム(ハンブルク)→P.469
～	11/25～12/22('24)	クリスマスマーケット(フランクフルト)以下代表的なもののみ
12月	11/26～12/23('24)	クリスマスマーケット(ライプツィヒ)
	11/27～12/23('24)	〃 (シュトゥットガルト)
	11/27～12/24('24)	〃 (ドレスデン)→P.397
	11/29～12/24('24)	〃 (ニュルンベルク)→P.159

キャンドル
Kerzen

火をともすと甘い香りがするハチ
ミツ入りのキャンドルが人気。

※上記の日程は2024年3月に確認したもので、変更・中止の場合もあります。
　予定を立てるときは、必ず観光局のサイトなどで再確認してください。

職人が守り続けた伝統とクオリティ
ドイツおみやげコレクション

伝統の名品から実用的な日用雑貨まで、
おみやげになるドイツプロダクツをセレクト。

ドイツブランド

リモワ　RIMOWA
耐久性に優れたリモワのトランク
は、「旅慣れた人」を演出してくれ
る。各都市のデパートなどで。

ヘンケルス
ZWILLING J.A. HENCKELS
1938年生まれという歴史を誇るキッチン
ばさみ。栓抜きやふた開けも付いた優れも
の。フランクフルトのガレリア・ハウプト
ヴァッヘ(→P.72)など各地のデパートで。

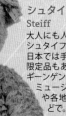

シュタイフ
Steiff
大人にも人気、高品質の
シュタイフのテディベア。
日本では手に入りにくい
限定品もある。誕生の地
ギーンゲンのシュタイフ・
ミュージアム(→P.195)
や各地のデパートな
どで。

アイグナー　AIGNER
バッグや財布から始まったミュンヘ
ン発のブランド。創業者の頭文字A
を馬蹄形にデザインしたロゴでおな
じみ。フランクフルト(→P.73)やミ
ュンヘン(→P.266)のブティックで。

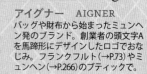

マイセン　MEISSEN
高級陶磁器マイセンの定番
模様はブルーオニオン。マ
イセンの磁器工場(→P.407)
の直営ショップのほか、各
地のデパートなどで扱う。

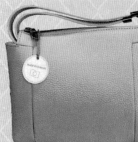

フェイラー　Feiler
南ドイツで生まれた高品質
な織物ブランド。ノイシュ
ヴァンシュタイン城柄はア
ポロ(→P.242)の限定品。そ
の他はフランクフルトの直
営店(→P.73)で。

ブリー　BREE
使い込むほど美しい飴
色に変わるヌメ革のバ
ッグで知られるブラン
ド。現在は色、素材も
さまざま。フランクフ
ルト(→P.73)をはじめ各
都市のショップで。

　※掲載品は、品切れとなる場合があります。

ニキのマスコット

バッグや携帯電話に付ける小さな動物たちのマスコット。かわいさはニキがナンバーワン。デパート（ガレリアなど）の文具売り場や文具ショップに置いてある。

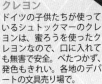

クレヨン

ドイツの子供たちが使っているシュトックマーのクレヨンは、蜜ろうを使ったクレヨンなので、口に入れても無害で安全。べたつかず、発色もきれい。各地のデパートの文具売り場で。

クルミ割り人形

口にクルミを入れて背中のレバーを押して割る。王様や兵士姿が多いのは、普段威張っている人物に硬い物を噛ませて、庶民がうっぷんをはらすためだったとか。

キャンドルライトハウス

館の内部にキャンドルを置き、灯りを楽しむ手作りの焼き物。ローテンブルクの直営ショップ、ライク・リヒトホイザー（→P.224）のほか、南ドイツ各地のクリスマスマーケットに出店していることも多い。

水彩色えんぴつ

アートグリップという握りやすいドットが表面に付いたファーバーカステル社の品。スケッチ旅行に。各地のデパートの文具売り場で。

クラーのソープ

赤ワインの香りが魅惑的なソープと、バラの香りのハート形のソープ。ハイデルベルク生まれですべて天然素材なので、安心して使用できる（→P.148）。

アンペルマングッズ

東ベルリンの信号機（アンペル）から生まれたアイドル。キャラクターグッズもかわいい。ベルリンの直営店（→P.331）などで。

各€0.95

キッチン用 スポンジタオル B

シンク回りやテーブルを拭いたり、ドイツの家庭に欠かせないシュヴァムトゥーフSchwammtuch。5枚入り。

リップバーム B

環境に配慮したコルク製の持ち手が優しい手触り。100％天然由来成分。香りは3種類あり。

€5.

バスソルト B

おなじみクナイプのバスソルト。ベリーやハーブで癒やし効果のあるタイプが人気。

€1.05

€1.29

発泡入浴剤 B

炭酸ガスが体を優しく包んで、疲れを癒やしてくれる入浴剤。

€4.49

ミックスナッツ C

学生のエサ Studentenfutterという意味のナッツ＆レーズンのミックス。ヘルシーなおやつに。

€3.29

ヘーゼルナッツ ペースト A

ドイツの朝食に欠かせないペースト。ホテルでも必ずお目にかかる。

€

コーンパフスナック B

グルテンフリーでBIO素材の軽いコーンスナック。サワークリーム＆オニオンフレーバー。

チョコレート菓子 A

ドイツ人はチョコレートが大好き！ 幼い頃からなじんだ定番おやつチョコはどれもうれしい価格。上からイチゴヨーグルト入り、子供用でミルクたっぷり、ニッポンはライスパフチョコ。

€1.59

€1.59

€1.99

カップ焼きそば A

おなじみの品のドイツバージョン。味の違いをチェックしてみる？

€2.19

€3.89

ビスケット A

ライプニッツの全粒粉ビスケット。甘さ控えめでサクサクとした食感はあとをひくおいしさ。

€2.19

米粉のクッキー C

小人（Zwerge）の形をしたグルテンフリーのBIOクッキー

ビタミンタブレット B
ミネラルウォーターに入れると発泡して溶けるタイプのビタミン剤。

各€0.55～3.49

健康ドリンク B
赤いホッペの少女ロートベックヒェンという名で親しまれているBIO、ビタミンや鉄分などが入ったBIO健康ドリンク。

€ 0.99

€2.49

**スパイス
ケチャップ** A
自宅でカリーヴルストを作るならこれを使って。仕上げにカレー粉を加えるのもおすすめ。

€ 4.99

€ 2.59

**ココナッツ
シロップ** C
マイルドな甘さの甘味料として人気。

フレーバーティー C
緑茶はドイツでもブーム。緑茶にジンジャーとレモンが入ってさわやかなフレーバー。

€ 0.99

ペースト C
パンに塗ったりして食べるペースト。ルッコラやパプリカ味などがある。

€ 3.99

ハチミツ A
使いやすいチューブ式のハチミツ。

€ 1.29

ケーゼシュペッツレの素 A
南ドイツでおなじみのメニューを再現できる。

€7.49

コーヒー A
高級デリカテッセン、ダルマイヤー（→P.266）のコーヒー豆はスーパーでも入手できる。

＼ ココでゲット！ ／

A 庶民派プライスのスーパー

レーヴェ REWE

ドイツでも有数の店舗数を誇る。夜遅くまで営業しており、帰国直前の買い物にピッタリ。

**フランクフルト・
マイ・ツァイル地下店**
住Zeil 106-110 ●Map P.61-A3
URLwww.rewe.de
営月～金7：00 ～ 24：00（土～ 23：30）
休日・祝 [カード]MV

B 便利なドラッグストア

ロスマン ROSSMANN

ドリンクやお菓子なども置いてあり、旅行中は何かと便利なドラッグストア。チープコスメ好きには掘り出し物の宝庫。

**ベルリン中央駅
地下店**
住Europaplatz 1
●Map P.300-B1（ベルリン中央駅）
URLwww.rossmann.de
営月 ～ 土7：00～22：00、 日8：00～
22：00 休無休 [カード]MV

C エコ製品専門のスーパー

LPGビオマルクト
LPG Bio Markt

BIO専門のスーパー。ベルリンに10店舗展開。ここはビオベーカリーや2階にコスメ・雑貨コーナーも併設している。会員価格と一般価格がある。

ベルリン・コルヴィッツ通り店
住Kollwitzstr. 17 交Ⓤ Senefelderplatz
から徒歩約1分。
●Map P. 301-A3
URLwww.lpg-biomarkt.de
営月～土9：00 ～ 21：00 ベーカリー
のみ7：00～ [カード]MV

※店によっては販売していない商品もあります。各地の支店のリストは、各チェーンのサイト内に案内があります。スーパーで買い物をするときの注意
→P.539

€2.59

チョコ菓子 C
ディンケル小麦のカリッとした菓子をチョコでコーティング。

47

＼ 買い出しにはいつも一緒！ ／

安くてかわいい エコバッグコレクション

スーパーの買い出しに活躍してくれるエコバッグ。
各店のレジ近くに置いてあるから、探してみよう。

€5.99

ハリボー HARIBO
世界的に有名なグミのメーカー。ベルリンの直営店で販売
→DATA P.332

€2.99

ベーシック
basic
ミュンヘンの大手BIOスーパー
🔵Map P253-B3

€9.95

アンペルマン
Ampelmann
人気キャラクター、アンペルマン。種類が豊富で何枚も欲しくなる
→DATA P.331

€3

ヴィクトアーリエンマルクト
Viktoalienmarkt
ミュンヘン中心部にある野外市場
→DATA P.264

€2

ダルマイヤー
Dallmayr
ミュンヘンの高級デリカテッセン、食料品店
→DATA P.266

ドゥスマン
Kultur Kaufhaus Dussmann
本の重さに耐える太い持ち手。S、M、Lサイズがある
→DATA P.331

€3.50～

ビジネス旅行
にも最適！

地球の歩き方

電子版

鮮度の高い、生きた情報を
スマホやタブレットで身軽に。

地球の歩き方 電子書籍 🔍

ライン川とブドウ畑を眺めるゴンドラリフトに乗れるリューデスハイム

フランクフルトとライン川、モーゼル川周辺
Frankfurt / Rheintal / Moseltal

RITTERFIGUR

ライン産のワインを楽しむ人々

フランクフルトの名物リンゴ酒は、専用のベンベルという瓶から注がれる

ワインレストランが軒を連ねるリューデスハイムのつぐみ横丁

ツリーが見事なフランクフルトのクリスマスマーケット。夜はすごい人出

フランクフルトとライン川、モーゼル川周辺

至ケルン↑

凡例：
鉄道
88 アウトバーン
主要道
城
修道院、教会
山

N

4

P.119 ボン
Bonn

オイスキルヒェン
Euskirchen

Heimbach

61

ライン川
Rhein

P.121 ケーニヒスヴィンター
Königswinter

P.133 モンシャウ
Monschau

Kall

バート・ミュンスターアイフェル
Bad Münstereifel

Rolandseck

バート・ホンネフ
Bad Honnef
レーマーゲン
Remagen

3

1

A
ベルギー

Kreuzberg

バート・ノイエナー・アーヴァイラー
Bad Neuenahr-Ahrweiler

アンデルナッハ
Andernach

P.98 マリア・
ラーハ修道院

Mendig
Mayen

P.95 コブレンツ
Koblenz

P.98 ニュルブルク
Nürburg

48

バート・エムス
Bad Ems

Gerolstein

Daun

P.98 エルツ城

ブラウバッハ
Braubach

P.93 ボッパルト
Boppard

アイフェル
Eifel

P.102 コッヘム
Cochem

モーゼルケルン
Moselkern

ザンクト・ゴアール
St. Goar

Oberwesel

Bacharach

ヴィットリッヒ
Wittlich

P.87 リューデスハ
Rüdesh

トラーベン・トラーバッハ
Traben Trarbach

P.102 ベルンカステル・クース
Bernkastel-Kues

ルクセンブルク

モーゼル川
Mosel

64

バート・クロイツ
Bad Kreu

フンスリュック
Hunsrück

B

P.103 トリーア
Trier

P.86 イーダー・オーバーシュタイン
Idar-Oberstein

62

8

1

フランス

ザールルイ
Saarlouis

ノインキルヒェン
Neunkirchen

P.151 カイザースラウ
Kaiserslautern

1

2

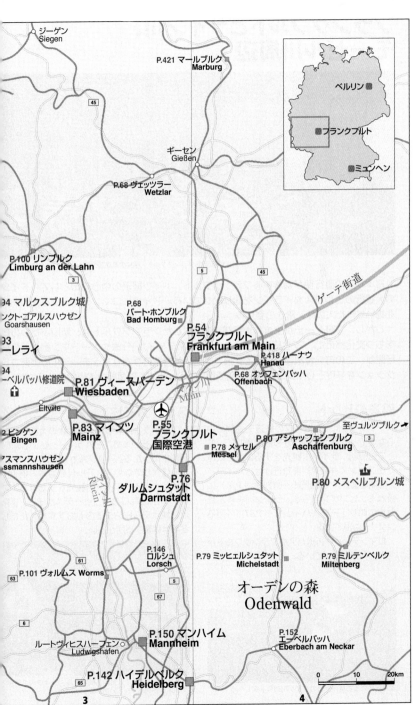

フランクフルトとライン川、モーゼル川周辺 ▼ 広域図

ジーゲン
Siegen

P.421 マールブルク
Marburg

45

ギーセン
Gießen

P.68 ヴェッツラー
Wetzlar

ベルリン

フランクフルト

ミュンヘン

P.100 リンブルク
Limburg an der Lahn

3

5   45

ゲーテ街道

94 マルクスブルク城

ンクト・ゴアルスハウゼン
Goarshausen

P.68
バート・ホンブルク
Bad Homburg

P.54
フランクフルト
Frankfurt am Main

93
ーレライ

P.418 ハーナウ
Hanau

94
ーベルバッハ修道院

P.81 ヴィースバーデン
Wiesbaden

P.68 オッフェンバッハ
Offenbach

Eltville

Main

P.55
フランクフルト
国際空港

2 ビンゲン
Bingen

P.83 マインツ
Mainz

P.80 アシャッフェンブルク
Aschaffenburg

至ヴュルツブルク

3

スマンスハウゼン
ssmannshausen

ライン川
Rhein

P.78 メッセル
Messel

P.76
ダルムシュタット
Darmstadt

P.80 メスペルブルン城

61

P.146
ロルシュ
Lorsch

P.79 ミッヒェルシュタット
Michelstadt

P.79 ミルテンベルク
Miltenberg

63   P.101 ヴォルムス Worms

5

67

オーデンの森
Odenwald

6

P.150 マンハイム
Mannheim

P.152
エーベルバッハ
Eberbach am Neckar

ルートヴィヒスハーフェン
Ludwigshafen

65

P.142 ハイデルベルク
Heidelberg

0   10   20km

3

4

51

フランクフルトとライン川、モーゼル川周辺

マイン川沿いの大都会フランクフルト。中央の最高層のビルはコメルツバンクタワー

　日本からの直行便が到着するフランクフルト。ドイツ経済の中心都市として、ドイツの大銀行のビルがスカイラインを造り出している。ドイツにロマンティックなイメージを抱いてきた人には、驚きの姿だろう。

　しかし、文豪ゲーテが生まれ青春時代を過ごしたフランクフルトは、新旧ふたつの顔をもつ文化都市だ。17世紀にロートシルト（ロスチャイルド）家やベートマン家などの銀行家が、この町を金融都市として発展させた。銀行家のひとりシュテーデルの美術コレクションを基礎としたシュテーデル美術館は、ドイツでも最重要の美術館のひとつだ。

周遊のヒント

　フランクフルトはドイツの鉄道交通網の中心なので、各地への列車が多数発着していてとても便利。ライン川観光をするには、鉄道でビンゲン（→ P.92）まで行けば、ハイライト区間を運航する観光船（時刻表→ P.91）に乗れる。ビンゲンからは、ライン川を挟んだ対岸の町リューデスハイム（→ P.87）へ渡るフェリーも出ている。

　ロマンティック街道バスもフランクフルトが北の出発点となっている。

ステイガイド

　フランクフルトはドイツ有数の大都市であり、ホテル代が高め。そのうえメッセ（見本市）開催中に当たると、ホテルがほぼ満室状態になるばかりでなく、ホテル代も通常の倍近くにはね上がる。ライン川観光をするなら、マインツやコブレンツ、リューデスハイム、または古城ホテルに泊まるのもおすすめ。ただし冬期は休業する所が多い。

次々と現れる古城が魅力のライン川遊覧を楽しもう

ライン川を見下ろす人気の古城ホテル、シュロスホテル・ラインフェルス（→下記 MEMO）

MEMO ライン川沿いで人気の高い古城ホテルは、シュロスホテル・ラインフェルスSchlosshotel Rheinfels（住Schlossberg 47 D-56329 St. Goar ●Map P.90 ☎ (06741)8020 ᴍwww.schloss-rheinfels.de）と、ブルクホテル・

フランクフルトとライン川、モーゼル川周辺 ▼ イントロダクション

名産品と料理

フランクフルトの名物は**リンゴ酒**。ドイツ語で**アプフェルヴァイン Apfelwein**。フランクフルトの下町的雰囲気があるザクセンハウゼンにある郷土料理店などで、自家製のリンゴ酒を楽しめる。リンゴ酒は、**ベンベル**という専用の大きなピッチャーから注がれる。ベンベルは灰色の素焼きの壺で藍色の模様が描かれており、おみやげにもいい。

なお、リンゴ酒は日本でいえば焼酎のようなイメージの大衆的な飲み物なので、高級レストランやホテルのバーなどでは扱っていない。

料理は、素朴な味の**フランクフルター・リップヒェン Frankfurter Rippchen** という豚の塩漬けあばら肉と、**グリューネ・ゾーセ**とい

グリューネ・ゾーセはパセリやクレソン、アサツキなど旬のハーブが7種類使われる。ソースの下に隠れたカツレツやゆで卵とからめて食べる

フランクフルター・リップヒェンは、素朴で豪快な肉料理

うグリーンのソースが名物。

ライン川とモーゼル川はドイツ屈指のワインの産地。自分好みのおいしいワインを見つけよう。

さわやかな酸味が特徴のリンゴ酒。ノンアルコール alkohlfrei のリンゴ酒もある

試飲をさせてくれるワインショップもある

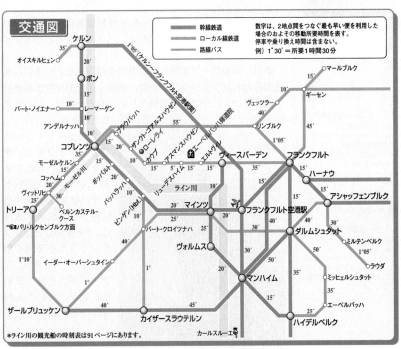

交通図

幹線鉄道
ローカル線鉄道
路線バス

数字は、2地点間をつなぐ最も早い便を利用した場合のおよその移動所要時間を表す。停車や乗り換え時間は含まない。
例）1°30′＝所要1時間30分

ケルン
オイスキルヒェン 35′ 20′
ボン
バート・ノイエナー 15′ 10′ レーマーゲン 10′
アンデルナッハ 10′
コブレンツ
モーゼルケルン 15′
コッヘム
ヴィットリヒ 30′ 25′
トリーア
パリ・ルクセンブルク方面
ザールブリュッケン 40′

マールブルク 15′
ヴェッツラー 10′ ギーセン 40′
リンブルク 45′ 1°05′
ヴィースバーデン 35′ フランクフルト 15′ ハーナウ 15′
15′ アシャッフェンブルク
20′ マインツ 20′ 25′ フランクフルト空港駅 30′ 20′ 40′ 30′ ダルムシュタット 1°05′ ミルテンベルク
バート・クロイツナハ 25′ 50′ ラウダ
ヴォルムス 35′ ミッヒェルシュタット
イーダー・オーバーシュタイン 1° マンハイム 15′ エーベルバッハ
1° 15′ 25′ ハイデルベルク 25′
カイザースラウテルン 45′
カールスルーエ方面

*ライン川の観光船の時刻表は91ページにあります。

🏨 アウフ・シェーンブルク Burghotel Auf Schönburg（郵 D-55430 Oberwesel ❖Map P.90 ☎ (06744)93930 📠www.hotel-schoenburg.com）。どちらも山上に建つので、最寄り駅に到着したらホテルへ電話してタクシーを手配してもらう。

53

レーマー広場の
木組みの館

ユーロの本拠地は文豪ゲーテのふるさと

フランクフルト

Frankfurt am Main

ベルリン●

フランクフルト
★

ミュンヘン●

MAP ◆ P.51-A4

人　口	76万4100人
市外局番	069

ACCESS

鉄道：ICE（インターシティー・エクスプレス＝ドイツの超特急）でミュンヘン中央駅から約3時間10分、ベルリン中央駅から約4時間、ハンブルク中央駅から約4時間30分。フランクフルト中央駅はドイツ最大級の駅で、各地へ路線が延びている。

活気あふれるフランクフルト中央駅前

❶フランクフルトの観光案内所
☎(069) 247455400
🖳www.frankfurt-tourismus.de
●中央駅構内の❶
🏠Im Hauptbahnhof, Frankfurt am Main D-60329
◎Map P.60-B1
🕐月〜金　　8：00〜16：00
　　土・日・祝　9：00〜16：00
　　（12/24・31は短縮または休業）
🔲12/25・26、1/1

●レーマー広場の❶
🏠Römerberg 27
◎Map P.61-B3
🕐月〜土　　9：00〜18：00
　　日・祝　　9：00〜16：00
　　（12/24・31は短縮または休業）
🔲12/25・26、1/1

レーマー広場に建つ、階段状のファサードが美しいレーマー（市庁舎）

　ライン川の支流、マイン川の流れるフランクフルトは、ドイツの商業、金融の中心地で、町の中心に建ち並ぶ高層ビルは、ほとんどが銀行や保険会社の建物。ドイツの日銀ともいうべきドイツ連邦銀行、さらにユーロを統括する欧州中央銀行の所在地でもあり、マイン河畔のマンハッタンをもじってマインハッタンという愛称もある。

　中世、神聖ローマ帝国皇帝の選挙や戴冠式などの重要な儀式の行われたフランクフルトは、戦後、近代的に生まれ変わったとはいえ、かつての栄華をしのばせる大聖堂、旧市庁舎などもある。

　文豪ヨハン・ヴォルフガング・フォン・ゲーテの生まれた町でもあり、ゲーテの生家（ゲーテハウス）が町の中心に建っている。町の人々は、ゲーテのことを「フランクフルト市民の偉大な息子」と呼んで、ゲーテがここに生まれたことを、たいへん誇りにしている。

高層ビルを背景に立つゲーテの像

MEMO　フランクフルトという名の町がドイツにはもうひとつある。ポーランドとの国境に近いフランクフルト・アン・デア・オーデル（オーデル河畔のフランクフルト）という。混乱のないよう、頭に入れておきたい。

フランクフルト到着

飛行機で着いたら

憧れのドイツへの第一歩

フランクフルト・マイン国際空港Flughafen Frankfurt Main（空港コード：**FRA**。以下フランクフルト空港と略記）は、フランクフルトの南西約9kmの所にあるヨーロッパ屈指の大空港。日本からの直行便のほとんどが到着し、ドイツ国内、ヨーロッパ各都市への便が乗り入れている。

ターミナルは1と2に分かれ、ルフトハンザやANAは**ターミナル1**に、日本航空は**ターミナル2**に発着する。両ターミナルは**スカイライン**と呼ばれる高架電車と

シャトルバスが結んでいる（→P.56）。

日本から直行便で到着したら、英語も併記してある案内表示に従って、入国する。

スカイラインで快適に移動

1 入国審査（パスポートコントロール） Passkontrolle

飛行機を降りたら、**Passkontrolle**の表示に従って通路を進む。EU加盟国のパスポート（ePass）所持者は自動入国審査機を使えるが、日本人の場合は、入国審査官がいる窓口の列に並ぶこと。通常は、パスポートを提示するだけの簡単な審査。

2 荷物の受け取り Gepäckausgabe

次に、出発地で航空会社に預けた荷物をピックアップ。ターミナル1の場合、入国審査後、一般通路を通り抜け、さらにエスカレーターで1フロア下へ下りた所にあり、わかりにくいので**手荷物受取所Gepäckausgabe/Baggage Claim**の表示を見逃さないように。利用した便名が表示されているターンテーブルから、自分の荷物をピックアップ。

手荷物受取所へ下りるエスカレーター（ターミナル1）

3 税関審査 Zollkontrolle

免税範囲を超えるものを持ち込む人は、赤色の表示がある出口へ進んで税関手続きをする。申告するものがない人は緑色の出口へ進む。

4 到着フロア

税関の出口の先は、到着フロア。これで無事にドイツに入国したことになる。ターミナル1では、両替所、ホテル案内所、レンタカー会社のカウンターなどが並び、さらに1フロア下には、ドイツ鉄道の窓口、レストラン、スーパーマーケットなどがある。

鉄道でフランクフルト市内に行く場合は地下の駅ホームへ

●**フランクフルト・マイン国際空港**
◯Map P.51-B3
🔗www.frankfurt-airport.com

●**日本総領事館**
Japanisches Generalkonsulat
🏠Friedrich-Ebert-Anlage 49 Messe Turm 34. OG（メッセタワー内34階）D-60327 Frankfurt/Main　◯Map P.60-B1外
地下鉄Ⓤ4 Festhalle/Messe駅下車すぐ
☎(069) 2385730
📠(069) 230531
🔗www.frankfurt.de.emb-japan.go.jp
🕐月〜金　9：00〜12：30
　　　　14：30〜16：30
🚫土・日・祝（日本、ドイツの祝日）、年末年始

●**乗り継ぎ便の入国審査**
ドイツ以外のEUシェンゲン協定加盟国（→P.517）を経由する乗り継ぎ便を利用する場合は、経由地で入国審査を受けるので、ドイツでの入国審査は原則不要。

●**ドイツ入国時の免税範囲**
→P.516

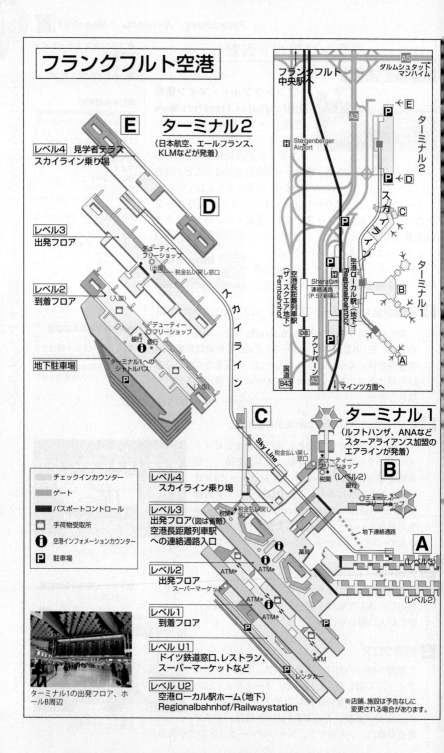

フランクフルト空港

ターミナル2
（日本航空、エールフランス、KLMなどが発着）

E

レベル4 　見学者テラス
　　　　　スカイライン乗り場

レベル3 　出発フロア

D

デューティー
フリーショップ
（出国）　　税金払い戻し窓口

レベル2 　到着フロア

（入国）

デューティー
フリーショップ
銀行　銀行
ⓘ
P　ターミナル1への
　　シャトルバス

地下駐車場

（入国）

スカイライン

フランクフルト
中央駅へ

A5　ダルムシュタット
　　マンハイム

ターミナル2

←E

H　Steigenberger
　　Airport

P　←D

P

スカイライン

P

←C

空港長距離列車駅（地下）
（ザ・スクエア地下）
Fernbahnhof

Sheraton
連絡通路（P.57参照）

H

空港ローカル駅（地下）
Regionalbahnhof

B

ターミナル1

国道
B43

DB

P

アウトバーン
A3

P

A

→マインツ方面へ

C

Sky Line
　税金払い戻し窓口

レベル4 　スカイライン乗り場

レベル3 　出発フロア（図は省略）
　　　　　空港長距離列車駅
　　　　　への連絡通路入口

税関　税金払い戻し
　　　窓口

ⓘ
ⓘ

薬局

レベル2 　出発フロア
　　　　　スーパーマーケット

ATM
ATM

ⓘ

ATM
ATM

レベル1 　到着フロア

P

P

レベル U1 ドイツ鉄道窓口、レストラン、
　　　　　スーパーマーケットなど

ATM

レンタカー

レベル U2 空港ローカル駅ホーム（地下）
　　　　　Regionalbahnhof/Railwaystation

ターミナル1
（ルフトハンザ、ANAなど
スターアライアンス加盟の
エアラインが発着）

デューティー
フリーショップ
税関　（レベル2）
銀行

B

デューティー
フリーショップ

地下連絡通路

A

（レベル3）

（レベル2）

※店舗、施設は予告なしに
変更される場合があります。

凡例
- チェックインカウンター
- ゲート
- パスポートコントロール
- 🛄 手荷物受取所
- ⓘ 空港インフォメーションカウンター
- P 駐車場

ターミナル1の出発フロア、ホール B 周辺

MEMO　ターミナル2から空港ローカル駅間の移動は、シャトルバス（無料）が便利。ターミナル2の到着ロビーを出てすぐの発着所から10分おきに出ており、ターミナル1の空港ローカル駅連絡口前に停車。

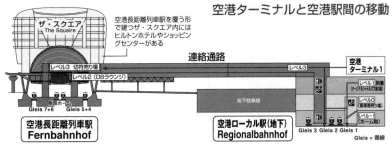

空港ターミナルと空港駅間の移動

ザ・スクエア
The Squaire

空港長距離列車駅を覆う形で建つザ・スクエア内にはヒルトンホテルやショッピングセンターがある

連絡通路

レベル3 切符売り場
レベル2（DBラウンジ）

連絡ホーム
Gleis 7+6　Gleis 5+4

レベル3

地下駐車場

空港ターミナル1

レベル1 到着（ターミナル出口付近）
レベル0（乗車券売り場）
レベル-1（ホーム階）

空港長距離列車駅
Fernbahnhof

空港ローカル駅（地下）
Regionalbahnhof

Gleis 3 Gleis 2 Gleis 1

Gleis = 番線

空港と市内のアクセス

鉄道で

空港ターミナル1の地下には、近郊列車が発着する**空港ローカル駅Flughafen-Regionalbahnhof**がある。通常は1番線Gleis 1に発着しているSバーン（＝都市近郊電車、以下Ⓢと略記することもある）のⓈ8またはⓈ9のHanau Hbf (Offenbach Ost行きもある)行きに乗って所要約13分、4駅目が**フランクフルト中央駅Frankfurt Hauptbahnhof**で、Sバーンは地下のホームに到着する。

地下の空港ローカル駅からSバーンで市内へ移動

なお、空港から長距離のIC、ICE特急や国際特急ECを利用する場合は、**空港長距離列車駅Fernbahnhof**へ移動する。この長距離列車専用のホームは、ローカル駅とは離れた場所にあり、ターミナル1からの長い

空港長距離列車駅への連絡通路

連絡通路を「**Fernbahnhof/Long Distance Trains**」の表示に従って5分ほど歩く（上図参照）。IC、ICE特急は、フランクフルト中央駅では地上ホームに到着する。

フランクフルト中心部への乗車券の買い方は→P.59。

長距離列車駅のホール。ホールの両脇エリアはザ・スクエアというショッピングセンター

タクシーで

到着フロアの出入口前にタクシー乗り場がある。市内の中心部までは渋滞時を除き、所要20～30分、€40～50前後。

●**空港～市内間の鉄道料金**
フランクフルト空港駅からフランクフルト中央駅間のSバーン料金は€6.30（**1回乗車券Einzelfahrt Frankfurt**の場合）。自動券売機の使い方は→P.59。なお、フランクフルト空港からフランクフルト中央駅を経て、さらにその日にフランクフルトの市内観光でSバーンやUバーン、バス、市電を利用する予定の人は、**1日乗車券Tageskarte**（€12.30）を購入したほうが得になるだろう。ただし、**フランクフルトカード**（→P.59）という観光客向けのカードもあるので、どちらが得かよく考えてから購入を。

中央駅行きSバーンが発着する1番線ホームへ

DB（ドイツ鉄道）の旅行センター。乗車券の購入や予約、鉄道パスの使用開始手続き（紙タイプのパスのみ）はここで行う

安心して利用できるドイツのタクシー

投稿 フランクフルトのタクシーはクレジットカードが使えないケースがある。私は空港まで行ってカード支払いをしようとしたらできないと言われ、ATMまで連れて行かれて、キャッシュの引き出しを要求された。(東京都　よsはら ’22) [’24]

57

フランクフルト中央駅はドイツ
の鉄道網の中心的な駅

●中央駅構内は要注意
中央駅構内の自動券売機で切符を買おうとしていると、「買い方がわからなければ、代わりに買ってあげる」などと言って話しかけてくる人がいるが、お金だけ受け取って逃げる手口が多いので、相手にしないこと。同様に「€1くれないか」とか「小銭を両替してほしい」と話しかけてくる人もいるが、財布を出して相手にすると財布ごと盗まれる場合もあるので、無視したほうがよい。空港駅でも同様のケースが報告されている。

階段を下りるとSバーンとUバーンの乗り場あり、という表示

●RMV交通連合
フランクフルトを含むRMV（Rhein-Main-Verkehrsverbundライン・マイン交通連合）には、ほかにダルムシュタット、ヴィースバーデン、マインツ、コブレンツ、ハーナウ、マールブルクなど、広範囲の町の公共交通機関が含まれている。1回乗車券でも有効ゾーン、期間内であれば目的地までのSバーン、Uバーン、市電、バスにも乗り継げる。ただし往復、周遊は不可。
なお、ユーレイルグローバルパスやユーレイルジャーマンレイルパスはSバーンには有効だが、Uバーン、市電、バスには使えない。
URL www.rmv.de

鉄道で着いたら

フランクフルト中央駅はドイツの中央に位置し、ドイツ各地からIC、ICEなどの特急が数多く発着している。中央駅には売店、両替所、旅行会社、そしてツーリストインフォメーション（＝観光案内所、本書では❶と表示。駅にある❶マークは鉄道の案内所であることも多いので注意）など、鉄道旅行に必要なあらゆる施設が整っている。

地下にはUバーン（＝地下鉄、以下Uと略記することもある）とSバーンの発着するホームがある。なおドイツでは**中央駅 Hauptbahnhof**は略して**Hbf.** と表示されていることが多いので覚えておこう。

中央駅からハウプトヴァッヘ方面へ行く地下Sバーン乗り場は101/102

フランクフルトの市内交通

※フランクフルトの交通路線図は、巻頭折り込み地図1枚目の裏面にあります。

公共交通はUバーン、Sバーン、市電、市バスがある。これらの切符は共通のRMV交通連合のゾーン制料金システムを採用している。乗車券の有効区間、有効時間内であれば各交通機関同士で乗り換えもできる。**乗車券Fahrkarte**は乗車前に、停留所やホームへ下りる前にある自動券売機で購入する。

乗車の仕方

1 目的地へ行くホームや停留所を探す

停留所や駅構内各所に掲示してある路線図で、自分の現在地と目的地へ行く路線を探し、路線番号と終点の駅名も覚えておく。乗車ホームへの案内や行き先は、この路線番号と終点の駅名で表示されているからだ。

2 乗車券を買う

SバーンやUバーンは、ホームに下りる前に自動券売機で乗車券を購入する。改札はない。

3 乗車／下車

車両の扉は自動では開かない。ⓈⓊでは扉のハンドルを引くかボタンを押す。バスや市電でも扉の横に付いているボタンを押さないと開かない。閉まるのはすべて自動。

上／扉を開けるときはボタンを押す
下／Sバーンの車内

乗車券の買い方と種類

　乗車券は自動券売機で購入する。バスのみ運転手からも可能。目的の乗車券のボタンを押すと料金が表示されるので、それからお金を入れる方式。

名　称	有効区間	料　金	注意点
短区間券 Kurzstrecke	乗車距離2km以内 (中央駅〜レーマー間、中央駅〜ハウプトヴァッヘ間は該当)	€2.25	目的地が該当するかどうか券売機の表で確認が必要。
1回乗車券 Einzelfahrkarte	フランクフルト市内	€3.65	
	空港〜市内間	€6.30	
1日乗車券 Tageskarte	フランクフルト市内	€7.10	
	空港〜市内間有効	€12.30	
グループ用1日乗車券 Gruppentageskarte	フランクフルト市内	€13.60	5人まで有効
	空港〜市内間有効	€20.60	

(2024年4月現在)

自動券売機の使い方

　券売機は英語表示にもできるので、初めてでもそれほど難しくない。1回券か1日券かなど切符の種類を選び、大人か子供かを選ぶと料金が表示される。券売機には硬貨、紙幣、クレジットカードが使える。ただし紙幣(€20、€50、€100札は使えないことが多い)やカードの絵が×印で消されている場合は、その種類は使えない。

●フランクフルトカード
Frankfurt Card
Sバーン(空港〜市内間にも有効)、Uバーン、バス、市電に1日乗り放題、ゲーテハウス、シュテーデル美術館などの入場料が最高50%割引になる観光客向けのお得なカード。2日間用もある。同時に5人まで使えるグループ用もある。購入は❶で。
(ウェブから購入も可能)
1人用1日用€12、2日間用は€19。グループ用1日用€24、2日間用€36。

注)切符の料金システムは1〜2年ごとに変更がある。本書のデータは2024年4月現在。

一般的な自動券売機

●タッチパネル式券売機の場合

❶言語を選ぶ

ドイツ語以外の言語を選択するときは、タッチパネル下部の旗をタッチ(英語はイギリスの旗)

❷乗車券の種類を選ぶ

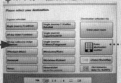
フランクフルト市内への1回乗車券はSingle journey Frankfurt、次の画面で大人Adultsをタッチ

❸表示金額を投入

画面に表示された金額を入れるとチケットが出てくる。使用できるコイン、紙幣等も表示

自動券売機を使うためのドイツ語／英語

Fahrtziel	destination	目的地
Einzelfahrkarte	Single journey	1回乗車券
Tageskarte	All-day ticket	1日乗車券
Gruppentageskarte	Group day ticket	グループ用1日乗車券
Kurzstrecke	Short hop ticket	短区間券
✈Einzelfahrt Frankfurt (inkl. Flughafen)	✈Single journey Frankfurt (incl. Airport)	(フランクフルト市内から) 空港まで有効の1回乗車券
Erwachsene	Adults	大人
Kinder	Children	子供
Abbrechen	Cancel	取り消し
Zurück	Back	戻る

空港駅には多くの券売機が並んでいる

フランクフルトとライン川、モーゼル川周辺　▼　フランクフルト

フランクフルトの交通路線図は、巻頭折り込み地図1枚目の裏面にあります。

Westend Ⓤ

ラウマー Ⓒ
P.71

Lindenstr.
Brettanostr.
Bockenheimer Landstr.
U6.U7

Unterlindau
Oberlindau

Reuterweg

Leerbachstr.

ロートシルト
公園
Rothschild-
park

Bockenheimer Anlage

P.73 マヌファクトゥム

P.67
アルテ・オペラ
Alte Oper Ⓢ

P.70 ひげ松 Ⓡ

A

Feuerbachstr.
Kettenhofweg

Barckhausstr.
Ulmenstr.

P.70 シュナイダーズ Ⓒ
Alte Oper Ⓤ

グローセ・ボッケンハイマー 通り
Gr. Bockenheimer Str.

P.70 トーン・シュ

ゴルトカマー
Goldkammer

Elsa-
Brändström Pl.

Niedenau

Westendstr.

Westendpl.

Taunus-
anlage Ⓢ

Junghof str.

ゲーテ 通り

ティファニー P.73
シャネル P
P.73 エルメス Ⓢ Goethestr. ⓈⓈ
P.73 カルティエ ⓈⓈ
プラダ ⓈⓈ
P.73 アイグナー P.73 グッチ
P.73 ルイ・ヴィトン ゲ

P.66
マインタワー
Main Tower
•

ゲー
Goet

Sevigny Str.

Zimmerweg

Landstr.

Taunusanlage

Neue

P.73
ブリー・
全日空 ▲

Gr. Gallusstr.

Mainzer

S.1.6 S8

Nidda-

Weser-

str.

Elbe-

Mosel-

ドイツ連邦銀行
Deutsche
Bundesbank

シラー像 •

Gallusanlage

Kaiserstr.

Mainzer

Kaiserstr.

Willy-Bran
前史先史博
Museum für
und Frühges

メッセ会場(日本総領事館のある
メッセタワーも含む)へ約400m
↖ 25アワーズ・ホテル・
ザ・トリップ P.74
Ⓗ マンハッタン P.75
メトロポリタン P.74
Ⓗ
Flemings' Express

Taunus-

Karlstr.

Hauptbahnhof

Hauptbahnhof Ⓢ Ⓤ

カイザー 通り

市電11番

Untermainanl.

P.67
フランクフルト
歌劇場
Oper Frankfurt

B

タクシー
・乗り場

Münchener

Ⓗbf.
Münchner
Str.

Weser/
Münchener
Str.

U4.5

Mainkai

P.66
ユダヤ博物館
Jüdisches
Museum

U1.3.8

フランクフルト中央駅
Hauptbahnhof

ⓘ

Mannheimer Str.

Ⓗ Savoy

Wesen-

Gutleut- str.

Windmühlstr.

Untermain-

Untermainkai

P.65
ドイツ建築博物館
Deutsches
Architekturmuseum

P.75
インター
シティーホテル

東横INN P.75

Stuttgarter Str.

Karlsruher Str.

Baseler Str.

Ⓗ Monopol

Gutleutstr.

Ⓗ Le Méridien
Parkhotel

huttenstr.

Wilhelm-Leuschner-Str.

Holbeinsteg
ホルバイン橋
(歩行者専用)

P.65
シュテーデル美術館
Städelmuseum

Dürerstr.

Museumsufer

Schaumainkai

P.65
ドイツ情報通
Museum für
Kommunika

60

1

2

歩き方

階段状のファサードが印象的なレーマー（市庁舎）

中央駅の正面に出ると、目の前に、一部歩行者天国になっているメインストリート、**カイザー通りKaiserstr.**が町の中心へと延びている。駅からカイザー通りを歩いていくと、10分ほどで目の前に高層ビルやモダンなフランクフルト歌劇場が建つ広場に出る。このあたりからが町の中心で、5分も行けば**ゲーテハウスGoethehaus**、さらに5分ほどで**レーマー（市庁舎）Römer**のある**レーマー広場Römerberg**に行き着く。

観光のポイントが集中しているエリアは、それほど広くないので、歩いて十分見て回れる。中央駅と**ハウプトヴァッヘHauptwache**の間は歩いて12～13分。あるいは中央駅からⓈ[U]を利用するならふたつ目の駅Hauptwache下車。ハウプトヴァッヘとは18世紀に町の警護所だった建物のこと。ここから東へ延びる歩行者天国の大通り**ツァイルZeil**は、デパートやファッションビルが並ぶフランクフルトきってのショッピングストリート。高級ブランドショップは、ハウプトヴァッヘから西に延びる**ゲーテ通りGoethestr.**に集中している。

レーマー広場の東側には木組みの館が建ち並ぶ

ショッピング客が行き交う大通りツァイル

おもな見どころ

ゲーテハウスとドイツ・ロマン派博物館
Goethehaus und Deutsches Romantik-Museum ★★★

『若きヴェルテルの悩み』『ファウスト』などで知られるヨハン・ヴォルフガング・フォン・ゲーテは、1749年8月28日、12時の鐘の音とともにフランクフルトに生まれた。皇帝顧問官であったヨハン・カスパール・ゲーテを父とし、フランクフルト市長の娘であったカトリーヌ・エリーザベト・ゲーテを母としていたため、ゲーテの家は、18世紀当時、フランクフルトでも屈指の名家であった。

この生家は第2次世界大戦の爆撃によって、ほぼ完全に破壊されてしまったものの、戦後、忠実に復元された。調度品は

●フランクフルトの危険地帯
中央駅から延びるカイザー通りやタウヌス通りTaunusstr.周辺は、昼間は特に問題はないが、暗くなってからの女性のひとり歩きはやめたほうがいい。また、中央駅周辺や地下通路、ハウプトヴァッへの地下通路などでは、ドラッグやアルコール中毒らしき人を見かけることも。くれぐれも注意を。

●中央駅からレーマー広場へは市電が便利
中心部まで歩くのが大変、という人は中央駅の正面出口を出て、横断歩道を渡った乗り場（やや左側）から出ている11番の市電を利用するといい。Fechenheim/Schieß-hüttenstr.行きに乗って、3つ目の停留所がWilly-Brandt-Platzで、ここはゲーテハウスが比較的近い。5つ目がRömer/Paulskircheで、レーマー広場のすぐ横に停まる。

中央駅前の市電乗り場

●市内観光バス
Hop on Hop off
[URL]www.frankfurt-citysightseeing.com
レーマー広場近くのパウルス教会横から、10：00～17：00（冬期は変更あり）に出発。申し込みはレーマー広場または中央駅のℹ。ウェブでも申し込める。料金€19.50～、フランクフルトカード割引あり。

18世紀当時の館を忠実に復元

疎開させてあったため、戦災を免れることができた。

　内部を歩くと、ゲーテ一家の暮らしぶりが伝わってくる。

　ゲーテハウスへの入場は、隣接する**ドイツ・ロマン派博物館 Deutsches Romantik-Museum**にいったん入場してから（チケットは共通）、中庭を通り抜けて行く。ロマン派博物館では、18世紀末から19世紀前半にかけて文学、絵画、音楽などの各分野に広

まったロマン派（→下記MEMO欄）という芸術活動が理解できるように、フロアごとにテーマを分けた展示がなされている。

ゲーテハウス（右）へは2021年にオープンしたドイツ・ロマン派博物館（左）の中から入る

●ゲーテハウスと
　ドイツ・ロマン派博物館
🏠Großer Hirschgraben
　23-25
🚇Map P.61-B3
U⃝S⃝HauptwacheまたはWilly-Brandt-Platz下車。
🌐frankfurter-goethe-haus.de
🕐火～日　10：00～18：00
　（木は～21：00）
休月、12/24・25・31、1/1、
　聖金曜日
💰€10、学生€6
ムゼウムスウーファー・チケット（→P.65）有効

ゲーテハウス

（博物館より）

1階

中庭

台所／食堂／玄関の間

18世紀当時の上流家庭の台所の典型。隅にあるかまどは、隣の食堂にあるストーブのたき口も兼ねている。ケーキの型も興味深い。

家族の団らんの場となっていた所

2階

中央の間

音楽室／南の間／中央の間／北の間

通りに面した大きくて明るいサロン。中国風の壁紙なので「北京の間」とも呼ばれた。

3階

ゲーテの肖像

妹コルネーリアの部屋／ゲーテ誕生の部屋／母の部屋／絵画の間／父の書斎

ゲーテの母の趣味がうかがえる家具や調度、食器がある。

法律関係の本などがぎっしりと詰まっており、ゲーテもここにある本で知識を広めた。

4階

詩人の部屋

陳列室／詩人の部屋／人形劇場の部屋

妹と一緒に自作自演の人形劇を上演した。古びた人形劇場がほほ笑ましい。

この部屋で『若きヴェルテルの悩み』をはじめ、『ゲッツ』『ファウスト』の初稿を書いた。廊下側から入った左側にはゲーテの机。壁面にはロッテとゲーテのシルエットがかかっている。

●レーマー（市庁舎）

🗺 Map P.61-B3

Ⓤ4、5 Dom/Römerまたは市電11、12番でRömer/Paulskirche下車。

カイザーザール

🕐 10：00～13：00
14：00～17：00

冬期は短縮。特別行事のときは閉館。カイザーザールの入口はレーマーに向かって左側の路地Limpurger Gasseに入り、Kaisersaalと表示のある入口に入り、中庭のらせん階段を上る。

💰無料

カイザーザールへはこの入口から中庭に入って、奥のらせん階段を上る

●新・旧市街

🗺 Map P.61-B3

Ⓤ4、5 Dom/Römer下車。

●シュトゥルーヴェルペーター博物館

🏠 Hinter dem Lämmchen 2-4
🗺 Map P.61-B3（新・旧市街内）
🌐 www.struwwelpeter-museum.de
🕐 火～日　11：00～18：00
休月　💰€7、学生€3.50

●大聖堂

🗺 Map P.61-B3～B4

Ⓤ4、5 Dom/Römer下車。

🌐 www.dom-frankfurt.de
🕐 9：00～20：00
（金は13：00～）
※日曜午前など、礼拝中は見学不可。💰無料

大聖堂の塔

入口は大聖堂の裏側にあり、328段の階段で上る。
🕐 水～金10：00～18：00、土・日11：00～18：00（冬期、荒天時は短縮、閉鎖あり）
💰€3

大聖堂内のドーム博物館

🕐 火～金　10：00～17：00
土・日・祝　11：00～17：00
休月　💰火～木€3、金～日€4

レーマー（市庁舎）とレーマー広場
Römer & Römerberg　★★★

レーマーは都市貴族の3軒の館を市が買い取り、1405年から市庁舎として利用している建物。

レーマーの2階には、神聖ローマ帝国新皇帝の戴冠式後の祝宴が行われた皇帝の広間**カイザーザールKaisersaal**があり、見学で

皇帝の肖像画が並ぶカイザーザール

きる。広間では皇帝52名の等身大の肖像画が壁面を飾っていて圧巻。

レーマー広場の中央には、正義の女神ユスティシアの噴水がある。広場はマイン川の夏祭りのお祭り会場となり、冬にはクリスマス前の4週間、クリスマスマーケットが開かれる。

レーマー広場の南に面して建つのは、第2次世界大戦の爆撃を免れた**ニコライ教会Nikolaikirche**で、1290年に宮廷の礼拝堂として建てられた。現在はプロテスタントの教会として、9：05、12：05、17：05に美しい鐘の音を聞かせてくれる。

新・旧市街
Neue Altstadt　★★

レーマー広場から大聖堂へと続く区域はかつて繁栄した旧市街だったが、戦災で破壊された。このエリアの建物が新・旧市街Neue Altstadtとして2018年に復元、再生し、新しい見どころとなっている。中心となるのは**ヒューナーマルクトHühnermarkt**という広場。この広場のそばに建つ、かつてゲーテの叔母が住み、ゲーテも一時滞在したという館も再建され、内部は**シュトゥルーヴェルペーター博物館Struwwelpeter Museum**（→MEMO）となっている。

美しい広場ヒューナーマルクト

大聖堂
Dom　★★

神聖ローマ帝国皇帝の選挙、戴冠式の行われた教会で、皇帝の大聖堂「**カイザードームKaiserdom**」とも呼ばれている。13～15世紀にかけて、ゴシック風に建築された。高さ95mの塔は、1415年に建築が始まり、完成したのは1877年。

新・旧市街から行ける大聖堂

MEMO 「シュトゥルーヴェルペーター」とは、フランクフルト出身のハインリッヒ・ホフマンが息子のために書いた絵本で1845年に出版。題名はもじゃもじゃペーターという意味で、世界各国語に翻訳された。

シュテーデル美術館
Städelmuseum ★★★

フランクフルトの銀行家、シュテーデルの寄付によって設立された絵画館。中世ドイツ、フランドル絵画（デューラー、ホルバイン、クラーナハ）、14～18世紀イタリア絵画（ボッ

西欧絵画の名作が並ぶ

ティチェッリ、フラ・アンジェリコ、ラファエロ）、17世紀の巨匠（ルーベンス、レンブラント、フェルメール）、ロマン派とナ

ザレ派（フリードリヒ、シュピッツヴェーク）、印象派（ルノワール、モネ）、表現主義（ベックマン、キルヒナー）まで、見応えがある作品がめじろ押しで、見学にはかなりの時間が必要。

『地理学者』フェルメール

博物館の岸辺の博物館群
Museumsufer ★★

マイン川岸の、シャウマインカイSchaumainkaiというプロムナードになっている通りは、シュテーデル美術館をはじめ多くの博物館が建ち並ぶことから**博物館通りMuseumsufer**とも呼ばれる。**ドイツ映画博物館、ドイツ建築博物館、ドイツ情報通信博物館、応用工芸博物館**など、ドイツならではの技術と文化の歴史を展示している。

上／ドイツ映画博物館とドイツ建築博物館は隣接している　右／映画『ルートヴィヒ・神々の黄昏』でエリーザベト皇后を演じたロミー・シュナイダーの衣装

現代美術の殿堂モダンアート美術館
Museum für Moderne Kunst ★★

ウィーンの建築家ハンス・ホラインの設計による、建物そのものがアートしている美術館で、迷路のように入り組んだ展示室も独特。近現代作家の絵画、写真、オブジェなどを所蔵。展示作品は随時変更される。別館もある。

現代アートファン必見

●ムゼウムスウーファー・チケット
Museumsufer-Ticket
「博物館の岸辺（ムゼウムスウーファー）」とも呼ばれる、マイン川沿いの通りにちなむお得なチケット。フランクフルトのおもな39の博物館、美術館などに入場できる。2日間（購入日とその翌日）有効で、€21、ファミリー用€32。❶や各博物館で販売。

●シュテーデル美術館
⊞Schaumainkai 63
◯Map P.60-B2
中央駅から歩く場合は、歩行者専用のホルバイン橋を渡って約15分。
Ⓤ1、2、3、8 Schweizer Platz下車、徒歩約7分。または市電16番Otto-Hahn-Platz下車約5分。
URLwww.staedelmuseum.de
圏火～日　10：00～18：00
（木は～21：00）
休月、12/24・31、年末年始は時間短縮あり
料€16、学生€14

●博物館の岸辺の博物館群
◯Map P.60-B2～P.61-B3
ドイツ映画博物館
URLwww.dff.film
圏火～日　11：00～18：00
休月、12/24・31
料€6、学生€3、特別展と映画鑑賞は別料金
ドイツ建築博物館
URLdam-online.de
ドイツ情報通信博物館
URLwww.mfk-frankfurt.de
応用工芸博物館
URLwww.museumangewandte kunst.de

●モダンアート美術館
⊞Domstr. 10
◯Map P.61-A3
Ⓤ4、5 Römerまたは市電11、12番でRömer/Paulskirche下車。
URLwww.mmk.art/de
圏火～日　10：00～18：00
（水は～19：00）
（入場は閉館30分前まで）
休月、12/24・31
料€12、学生€6、別館は別料金

●動物園
(住) Bernhard-Grzimek-Allee 1
(➡) Map P.61-A4外
(U) 6または7、市電14番でZoo
下車、徒歩1分。
(URL) www.zoo-frankfurt.de
(開) 4〜10月　9：00〜19：00
　　11〜3月　9：00〜17：00
　　（入場は閉園30分前まで）
(料) €13、学生、子供€6、ファ
ミリー€30

●マインタワー
(住) Neue Mainzer Str. 52-58
(➡) Map P. 60-A2
(S) Taunusanlageから徒歩約10分。
(URL) www.maintower.de
(開) 夏期
　日〜木　10：00〜21：00
　金・土　10：00〜23：00
　冬期
　日〜木　10：00〜19：00
　金・土　10：00〜21：00
※入場は閉場45分前まで。荒
天時は閉鎖の場合あり。
(休) 12/24・25、1/1
(料) €9、学生€6
(R) マインタワー・レストラン
　MAIN TOWER Restaurant
(☎) (069) 36504777 (予約)
(営) 火〜木　18：00〜24：00
　　金・土　18：00〜翌1：00
(休) 日・月

●カタリーナ教会
(住) An der Hauptwache 1
(➡) Map P.61-A3
(U)(S) Hauptwacheから徒歩約1分。
(開) 月〜土　12：00〜18：00
　　（礼拝時は見学不可）
(料) 無料

●ゼンケンベルク自然博物館
(住) Senckenberganlage 25
(➡) Map 地図外
(U) 4、6、7 Bockenheimer Warteか
ら徒歩約3分または75番のバ
スでSenckenberg museum下車。
(URL) museumfrankfurt.sencken
berg.de
(開) 9：00〜17：00
　　（水〜は20：00、土・日・
祝は〜18：00）
(休) 聖金曜日、12/24・31、1/1
(料) €12

充実した飼育で評価される動物園
Zoo ★

　ツァイルを東へ行った所に
位置している。約600種、5000
匹の動物を、自然環境に配慮
した施設で飼育している。夜
行性動物の生態を、昼間でも
観察できるようにした夜行性
動物館はお見逃しなく。

地下鉄駅を出てすぐの入口

超高層ビルのマインタワーに上る
Main Tower ★

　超高層ビルがそびえるフランクフル
トで、屋上まで一般公開しているのは
ここぐらい。展望テラスの54階まで、
高速エレベーターが連れていってくれ
る。53階は夜景が楽しめるレストラン＆
バーになっている。
　保安上の理由から、1階ロビーでセキ
ュリティチェックが行われる。

屋上からの眺めを楽しめるマインタワー

ゲーテが洗礼を受けたカタリーナ教会
Katharinenkirche ★

　フランクフルトのプロテスタントの
主教会。塔が教会の横に位置する珍し
い様式をしている。ゲーテが1749年に
洗礼を受け、1790年にはモーツァルトが
オルガンを弾いたことで知られる。ス
テンドグラスが美しい。

塔が印象的なカタリーナ教会前

恐竜に会えるゼンケンベルク自然博物館
Naturmuseum Senckenberg ★★

　大学地域にある世界的に有名な
自然史博物館。フランクフルトの
医学博士ゼンケンベルクによって
設立された。大昔から現代までの
哺乳類の骨、化石、鉱物などが展
示されている。特に恐竜の骨格は見
もの。ディプロドクス（体長20m）、
ティラノザウルス（高さ5m）、イグアノドンなどがある。

博物館の前にはティラノザウルスが
いる

(MEMO) マイン川沿いに建つロスチャイルド家の宮殿だったロートシルト・パレと隣接する建物は、ユダヤ博物館（➡Map
P.60-B2　(URL) www.juedischesmuseum.de）となっている。また、かつて中世の城壁沿いに造られたユダヤ↗

歴史博物館
Historisches Museum ★

レーマー広場からマイン川方面へ進んだ左側に建つ歴史博物館は1878年に設立。フランクフルトの博物館として最も古い歴史がある。フランクフルトとドイツの歴史に関する品々を所蔵、展示。中世から現代にいたるまでの大都市フランクフルトの変遷がわかる。特別展も開催されている。

建物は新しい歴史博物館

●歴史博物館
圉Saalhof 1
◆Map P.61-B3
U4、5Dom/Römerまたは市電11、12番でRömer/Paulskirche下車。
URLhistorisches-museum-frankfurt.de
開火～日11：00～18：00
困月　料€8、学生€4

♪ エンターテインメント&ナイトライフ

コンサートホールの**アルテ・オペラ**
Alte Oper

美しい後期イタリア・ルネッサンス風の建物は、パリのオペラ座をモデルにした。第2次世界大戦の爆撃で破壊された後、市民の献金などによって再建され、現在はクラシックのコンサートやポップス、ロック、ジャズ等のイベント、ミュージカル、バレエの公演などの会場として使われている。

クラシックな外観のアルテ・オペラ

●アルテ・オペラ
圉Opernplatz 1
◆Map P.60-A2
U6、7 Alte Oper下車。
URLwww.alteoper.de
前売り窓口は月～金10：00～18：30、土10：00～14：00オープン。

フランクフルト歌劇場
Oper Frankfurt

全面がガラス張りの建物で、ヨーロッパのオペラハウスとしてはとても斬新。音楽総監督はセバスティアン・ヴァイグレの後を受けて、2023/2024シーズンからはダッハウ生まれのトーマス・グガイスが就任した。

ヨーロッパで高い評価を得ている歌劇場

●フランクフルト歌劇場
圉Willy-Brandt-Platz
◆Map P.60-B2
U1、2、3、4、5、8または市電11、12番でWilly-Brandt-Platz下車。
URLoper-frankfurt.de
前売り窓口は月～金10：00～18：00、土10：00～14：00オープン。

サッカー・スタジアム情報

ドイチェ・バンク・パルク
圉Mörfelder Landstr. 362　URLdeutschebankpark.de　◆Map 地図外

アイントラハト・フランクフルトの本拠地。
スタジアムのメインスタンド側には**アイントラハト・フランクフルト・ミュージアムEintrachet Frankfurt Museum** （URL www.museumeintracht.de）があり、チームの歴史や試合についての展示がある。
行き方 フランクフルト中央駅から向かう場合はⓈ7、8、9で2駅目のStadion下車、スタジアムまで徒歩約10～15分。市電は20番（試合日のみ運行）、21番がStadionまで行く。
空港駅からスタジアムへ向かう場合はⓈ8またはⓈ9で2駅目のStadion下車。

森の中に建つスタジアム

フランクフルトとライン川、モーゼル川周辺　▼　フランクフルト

近郊の見どころ

バート・ホンブルクに残るローマの遺跡リーメス [世界遺産]

Bad Homburg

MAP◆P.51-A3

世界遺産にも登録されているリーメスLimesとは、1世紀頃にゲルマン民族の侵攻を防ぐためにローマ皇帝が築いた防砦のことで、北はコブレンツ付近から南はレーゲンスブルク付近まで約600kmにも及ぶ長大なものだった。現在は、バート・ホンブルクにある**ザールブルク城砦Römerkastell Saalburg**が遺跡として復元され、リーメスについての展示もある。

ザールブルク城砦の入口

町は温泉保養地としても有名で、カジノもある。

[世界遺産]
ローマ帝国の国境線リーメス
(2005年、2008年登録)
イギリスのハドリアヌスの長城、アントニヌスの長城とともに、ローマ帝国の国境線として登録されている。

[行き方]フランクフルト中央駅(地下ホーム)からⓈ5で、Bad Homburgまで所要約20分。駅前バス停Bad Homburg v.d.H.Bahnhofから城砦へは5番の市バス(平日2時間に1本、土・日・祝は1時間に1本)で約20分、Saalburg, Bad Homburg v.d. Höhe下車。

●ザールブルク城砦
[住]Archäologischer Park, Am Römerkastell 1
[URL]www.saalburgmuseum.de
[開]3～10月
毎日　9：00～18：00
11～2月
火～日　9：00～16：00
(入場は閉館30分前まで)
[休]11～2月の月、12/24・31
[料]€8、学生€6

皮革製品の町オッフェンバッハ

Offenbach

MAP◆P.51-B4

フランクフルトに隣接するオッフェンバッハは、皮革製品の町として有名だ。この町にはユニークな**皮革博物館Ledermuseum**があり、世界各地から集められた皮革に関する資料、皮革製品が展示されている。その規模、コレクション数で、世界最大の皮革の博物館。ナポレオンが使用したかばんやオーストリア皇妃エリーザベトの靴も所蔵。

1829年建設当時の正面入口が迎えてくれる皮革博物館

[行き方]フランクフルト中央駅(地下ホーム)から、Ⓢ1、2、8、9でOffenbach-Marktplatzまで所要15分で、オッフェンバッハの町の中心部に着く。

●皮革博物館
(靴博物館も含む)
[住]Frankfurterstr. 86 D-63067
[URL]www.ledermuseum.de
[開]水～金　10：00～17：00
土・日　11：00～18：00
[休]月・火　[料]€8、ムゼウムスウーファー・チケット(→P.65)有効

ゲーテとライカゆかりのヴェッツラー

Wetzlar

MAP◆P.51-A3

フランクフルトの北約50kmに位置し、ラーン川の緩やかな流れと木組みの家並みが美しい。駅から町の中心へは、途中ラーン川を渡り、**ドーム広場Domplatz**まで約700m。駅前広場(FORUM前)からドーム広場を含む旧市街を周遊するシティバスCitybusというミニバスが運行している。

ゲーテは1772年に法学の勉強のためにヴェッツラーを訪れ、友人の婚約者であるシャルロッテ・ブフに恋をした。このときの苦しい経験をもとに『若きヴェルテルの悩み』が書かれ、当時ヨーロッパで大ベストセラーとなった。ゲーテが足しげく通った**ロッテの家Lottehaus**が記念館となっている。隣の館は、この町が発祥のライカをはじめとするドイツの光学精密機器企業14社が運営する**ヴィゼウムViseum**という光学博物館。

ラーン川越しに見る旧市街

[行き方]フランクフルト中央駅からRE快速で、所要約1時間。

ⓘヴェッツラーの観光案内所
[住]Domplatz 8　D-35578
☎(06441)997755
[URL]www.wetzlar.de
[開]月～金　10：00～17：00
土　10：00～14：00
5～9月のみ日11：00～15：00もオープン

●ロッテの家
[住]Lottestr. 8-10
[開]火～日　10：00～17：00
(11～3月は11：00～16：00)
[休]月　[料]€3、学生€2

●ヴィゼウム
[住]Lottestr. 8-10
[URL]www.viseum-wetzlar.de
[開]ロッテの家と同じ
[休]月　[料]€3.50、学生€2.50

RESTAURANT ✦ フランクフルトのレストラン

　ハウプトヴァッヘから西へ延びる歩行者天国のグローセ・ボッケンハイマー通りGroße Bockenheimer Str.は、食いしん坊通りという意味の「フレスガス」という別名があり、レストランやカフェ、デリカテッセンの店などが多い。マイン川を渡ったザクセンハウゼン地区へフランクフルト名物のリンゴ酒Apfelwein(→P.53)を飲みに行くのも忘れずに。

右側縦書き：フランクフルトとライン川、モーゼル川周辺　▼　フランクフルト

R ツム・シュトルヒ　Zum Storch

コウノトリという名の老舗

　1704年から営むレストランで、大聖堂の近くの静かな一角にある。フランクフルト名物の肉料理やソーセージなどを盛り合わせたFrankfurter Spezialitätenschüssel €18.50、ライン風ザウアーブラーテンRheinischer Sauerbraten €18。

ドイツ料理　MAP ◆ P.61-B3

- 住 Saalgasse 3-5　☎ (069) 284988
- URL www.zumstorch.com
- 営 月〜金17：30〜22：00
- 日・祝12：00〜15：00
- 18：00〜22：00
- 休 土(メッセ中は予約時は営業)
- カード A J M V
- 交 U Dom/Römerから徒歩約5分。

R ツム・ゲマールテンハウス　Zum Gemalten Haus

自家製リンゴ酒で有名

　居酒屋風の気取らない店。外壁や店内に多彩な壁画が描かれている。名物は豚の骨付きあばら肉のリップヒェンRippchen €8.50、フランクフルト風カツレツのグリューネ・ゾーセ添えFrankfurter Schnitzel mit grüner Soße €18.50。リンゴ酒Apfelwein €2.70。

ドイツ料理　MAP ◆ P.61-B3 外

- 住 Schweizer Str. 67
- ☎ (069) 614559
- URL www.zumgemaltenhaus.de
- 営 水・木・日11：00〜23：00
- 金・土　11：00〜24：00
- 休 月・火、夏期休業あり
- カード M V
- 交 U Schweizer Platz から徒歩約5分。

R ダウト・シュナイダー　Dauth-Schneider

グリューネ・ゾーセならココ！

　フランクフルト名物のグリューネ・ゾーセで知られるリンゴ酒酒場。フランクフルト風カツレツ、グリューネ・ゾーセとポテト添えFrankfurter Schnitzel mit Grüner Soße und Bratkartoffeln €18.30、リンゴ酒€2.70。日本語メニューもあるので安心。

ドイツ料理　MAP ◆ P.61-B4

- 住 Neuer Wall 5-7/Klappergasse 39
- ☎ (069) 613533
- URL www.dauth-schneider.de
- 営 11：30〜24：00(料理〜22：00)
- カード M V (€30以上)
- 交 U KonstablerwacheからM36番のバスでAffentorplatz下車、徒歩約3分。

R アドルフ・ヴァーグナー　Adolf Wagner

気取らない料理とリンゴ酒の店

　1931年創業で家族経営を続ける老舗店。名物のリンゴ酒Apfelwein€2.90と一緒に庶民的なドイツ料理を楽しめる。写真のハンバーグステーキHacksteakは€12.90。グリルしたリップヒェンRippchen gegrillt mit Sauerkraut und Kartoffelbreiは€16.90。

ドイツ料理　MAP ◆ P.61-B3 外

- 住 Schweizer Str. 71
- ☎ (069) 612565
- URL www.apfelwein-wagner.com
- 営 11：00〜24：00(料理〜20：30)
- 休 12/25
- カード M V
- 交 U Schweizer Platzから徒歩約5分。

R バル・セローナ　Café & Bar Celona

にぎやかなスペイン風カフェ＆バー

　南欧ムードがいっぱいの明るい店内。好天の日には向かいの広場にテーブルも並ぶ。PiCelonaという極薄のピザは€7.50〜。トマトスープTomatensuppeはパン付きで€7.25。サラダやパスタなどのメニューも豊富。

各国料理　MAP ◆ P.61-A3

- 住 Holzgraben 31
- ☎ (069) 21935787
- URL celona.de
- 営 9：00〜翌1：00
- (金・土は〜翌2：00)
- カード A J M
- 交 U S Hauptwacheから徒歩約5分。

MEMO リンゴ酒を出す店は、大きなテーブルで相席は当たり前。満席に見えてもお店の人に「ふたりです」などと指で人数を伝えれば、席を詰めてもらって座れることも。もちろんひとりでもOK。

Ⓡ ひげ松
HIGEMATSU

日本料理が恋しくなったらココへ

手頃な値段で、日本と同じ味に出会える店。寿司、刺身、焼魚、焼肉、串物、天ぷら、そば、うどんのほか、店長自慢のユニークな居酒屋風メニューもいっぱい。太巻€16〜、天ぷらうどん€14.90。日替わりランチも各種。

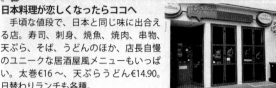

日本料理   **MAP ◆ P.60-A2**
- 住 Meisengasse 11
- ☎ (069) 280688
- 営 12：30〜14：15
  18：30（土は18：00）〜21：15
- 休 日・祝、復活節、夏休み、冬休みあり
- カード A D J M V
- 交 U S Hauptwacheから徒歩約5分。

Ⓡ トーン・タイ
Thong-Thai

おしゃれなタイ料理レストラン

きれいな店内でおいしいタイ料理が味わえる。レジで注文、支払い後、料理は席に運んでくれる方式。カレーはビーフ、ポーク、チキン、エビ、ベジから選べる。メインはライス付きで€9.90〜11.90。テイクアウトもできる。

タイ料理   **MAP ◆ P.60-A2**
- 住 Meisengasse 12
- ☎ (069) 92882977
- URL www.thong-thai.com
- 営 11：00〜22：00
- カード M V
- 交 U S Hauptwacheから徒歩約4分。

Ⓒ シュナイダーズ
Schneider's Café

地元の人が朝から立ち寄る

開店が早いので、朝からパンをテイクアウトしていく人や朝食メニューを楽しむ人たちが次々とやってくる人気店。カウンターでショーケースのパンやドリンクをオーダーし、支払う。日替わりランチ、サラダ、フィンガーフードなどもある。

カフェ   **MAP ◆ P.60-A2**
- 住 Bockenheimer Landstr. 5-7
- ☎ (069) 172389
- URL www.schneiders-cafe.de
- 営 月〜金7：00〜17：30
  土 9：00〜16：00
- 休 日・祝
- カード A M V
- 交 U Alte Operから徒歩約5分。

Ⓒ カフェーハウス・ゴルデネ・ヴァーゲ
Kaffeehaus Goldene Waage

フランクフルトの歴史がよみがえるカフェ

17世紀初頭に建てられた建物を忠実に再現した美しい館。クラシックな内装で、座席数は少ない（夏には屋外席が加わる）。吹き抜けになっている2階席もあり、1階が眺められる。名物はバタークリームを使ったフランクフルター・クランツ€5.40。

カフェ   **MAP ◆ P.61-B3**
- 住 Markt 5
- ☎ (069) 92020323
- URL www.goldenewaage.com
- 営 月〜日11：00〜19：00
  （土は〜20：00、祝は12：00〜）
- カード M V
- 交 U dom/Römerから徒歩約1分。

ⒾⓃⒻⓄⓇⓂⒶⓉⒾⓄⓃ リンゴ酒電車で市内観光

リンゴ酒の名産地フランクフルトには、リンゴ酒電車エッベルヴァイ（方言でアップルワインのこと）エクスプレスEbbelwei-Express（URL www.ebbelwei-express.com）という観光路面電車がある。旧型の車両を赤く染めて、居酒屋風に改造。U 6、7の動物園Zoo駅前〜レーマー広場前〜中央駅前〜ザクセンハウゼン〜Zoo駅を走る周遊コース。人気があるので、始発のZoo駅で20分前ぐらいに並ぶといい。途中下車は可能だが、再乗車は不可（新たに切符が必要）。リンゴ酒（リンゴジュース、ミネラルウオーターも可）とおつまみ（ブレーツェルの小袋）付きで€8、学生、14歳以下€3.50。

Zoo駅発土・日・祝13：30〜18：45の間の約35分ごと、1日10回の運行（11〜3月は減便）、所要約1時間10分。

左／真っ赤なペイントで目立つ車両
右／リンゴ酒でカンパイ！

C ヴァルデン　Café Walden

おいしい食事が魅力のカフェ

料理がおいしい小さめのカフェで、満席のことも多い。ゲーテハウスから近く、イタリアでのゲーテの好物Goethes Leibspeise in Italien€17という名のパスタ料理がある。朝食セットやサラダの種類も充実。夏にはテラス席もオープンする。

カフェ　MAP ◆ P.61-B3
住 Kleiner Hirschgraben 7
☎ (069) 92882700
URL walden-frankfurt.com
営 月～水 8：00～16：00
木～土 8：00～22：00
日・祝 9：00～16：00
カード M V（€50以上可）
交 U S Hauptwacheから徒歩約5分。

C カーリン　Café Karin

飾らない店内ながら居心地がいい

ゲーテ博物館の斜め向かいあたりにあり、観光の途中に休むのにぴったりのカフェ。食事メニューは、自家製パンケーキとサラダなど。朝食メニューが充実しているので、休日のブランチタイムは地元の人で満席のことが多い。

カフェ　MAP ◆ P.61-B3
住 Grosser Hirschgraben 28
☎ (069) 295217
URL www.cafekarin.de
営 月～土 9：00～21：00
日 10：00～18：00
カード 不可
交 U S Hauptwacheから徒歩約5分。

C ラウマー　Café Laumer

クリームイエローの館のクラシックカフェ

1919年創業の老舗カフェ。入ってすぐの所にバラエティに富んだ自家製ケーキのショーケースが並び、奥がカフェスペース。ランチの食事メニューの種類も多い。写真はストロベリーケーキErdbeer Kuchen€5.50とコーヒー€5.20。

カフェ　MAP ◆ P.60-A1
住 Bockenheimer Landstr. 67
☎ (069) 727912
URL cafelaumer.de
営 月～金 9：00～18：00
土・日 9：00～19：00
カード M V
交 U Westendから徒歩約2分。

C ヴァッカーズ・カフェー　Wacker's Kaffee

コーヒー通に支持される名店

1914年創業のコーヒー専門店。店頭では自家焙煎したコーヒー豆を量り売りしてくれる。喫茶エリアが奥に数席だけあり、エスプレッソは€1.90、コーヒーは1杯€2.30という安さ。冬でも店の外まで立ち飲みする人でにぎわうほど。

カフェ　MAP ◆ P.61-A3
住 Kornmarkt 9
☎ (069) 287810
URL www.wackers-kaffee.de
営 月～土8：00～18：00
休 日・祝
カード M V
交 U S Hauptwacheから徒歩約5分。

Specialty　屋内市場クラインマルクトハレを歩こう

市場といっても、小さな食材店が集まった一般客向けの大型のホール。新鮮な野菜や肉、パン、チーズ、ワイン、スパイス、エスニックフードなどを扱う専門店がぎっしり並ぶ。歩いて見て回るだけでも、なんとなく楽しい。2階には食事ができるワインバーなどがある。

●クラインマルクトハレ
住 Hasengasse 5-7 ➲ Map P.61-A3
URL kleinmarkthalle.com
営 月～金　8：00～18：00
土　8：00～16：00
休 日・祝
カード 店舗により異なる
交 U S Hauptwacheから徒歩約8分。

スーパーマーケットとは違った触れ合いがあり、毎日の食材を買いに来る常連客が多い

名物のソーセージを求めて行列ができるシュライバーSchreiber。一番人気は写真のフライシュヴルストFleischwurst

SHOPPING ❖ フランクフルトのショッピング

フランクフルトのショッピングゾーンはハウプトヴァッへを中心に考えるとわかりやすい。ここから東へ延びるのが歩行者天国のツァイルZeil。通りの入口にそびえるのがガレリアという大型デパート。ツァイルは若者向き、庶民的なショップが多く、活気を感じる。反対にハウプトヴァッへから西へ延びる細い道、ゲーテ通りGoethestr.は、高級ブランド店が集まるおしゃれなストリート。通りも静かでウインドーショッピングが楽しい。

マイ・ツァイル My Zeil

最先端のショッピングビル

ツァイル通りに面したガラス張りのファサードに大きな穴が開いた斬新な建築が印象的。靴、雑貨、ファッション、スポーツウエア、家電量販店、さまざまな飲食店が入っている。フランクフルトの老舗キッチン用品店ローライLorey（下記参照）もぜひ立ち寄りたい。地下の大型スーパーマーケット、レーヴェ REWEは営業時間がかなり長いので、観光のあとに立ち寄っておみやげ探しができる。2階（1.0Gと表記）には免税カウンター（グローバル・ブルー）もあるので、空港へ行く前にここで免税手続きもできる（要パスポート）。

ショッピングビル　MAP ◆ P.61-A3

住 Zeil 106　☎（069）29723970
URL www.myzeil.de
営 月～土10：00～20：00（金～土は～21:00）、地下のスーパーは月～土7:00～24：00（土～23：30）
休 日・祝
カード 店舗により異なる
交 U S Hauptwacheから徒歩約3分。

ガレリア Galeria Frankfurt an der Hauptwache

大型デパートはやっぱり

ドイツでも屈指の大型デパート。あらゆる品が一堂に揃う。種類が多いシュタイフ社のテディベアはおみやげにもいい。最上階にあるセルフサービスのレストランは、高層ビル群の眺めがよい。

デパート　MAP ◆ P.61-A3

住 Zeil 116-126
☎（069）21910
URL www.galeria.de
営 月～土 9：30～20：00
休 日・祝
カード A M V
交 U S Hauptwacheから徒歩約1分。

ローライ Lorey

キッチン用品を探すならここ！

1796年創業の老舗食器・キッチン用品店。以前は独立した店舗だったが、上記のマイ・ツァイル内の2階（1.0Gと表記）に移転した。キッチン用品以外にも、欲しくなりそうな雑貨がいろいろある。入口で出迎えてくれる巨大な象は写真撮影OK。

キッチン用品　MAP ◆ P.61-A3

住 Zeil 106
☎（069）299950
URL www.lorey.de
営 月～土10：00～19：00
休 日・祝
カード A M V
交 U S Hauptwacheから徒歩約3分。

フーゲンドゥーベル Hugendubel

雑貨も充実の大型書店

ドイツを代表する大型書店チェーン。座って読めるコーナーやカフェもあり、絵本やマンガ（ドイツ語版）を見るのも楽しい。店内あちこちに文具や雑貨コーナーもあるのでおみやげ探しにも使える。

書店　MAP ◆ P.61-A3

住 Steinweg 12
☎（089）30757575
URL www.hugendubel.de
営 月～土9：30～20：00
休 日・祝
カード A M V
交 U S Hauptwacheから徒歩約1分。

マヌファクトゥム

Manufactum

世界中から集めた名品雑貨

　高品質のキッチン用品や文具、掃除用具などを世界から集めたドイツのハンズ的ショップ。こだわりの一品に出合える。店内併設のカフェ brot & butter（圏月～土10：00～19：00）では、焼きたてのパンや新鮮なサラダなどが味わえる。

キッチン・雑貨　　MAP ◆ P.60-A2

住 Bockenheimer Anlage 49-50
☎ (069) 976931399
URL www.manufactum.de
圏 月～土10：00～19：00
休 日・祝
カード M V
交 U Alte Operから徒歩約1分。

フェイラー

Feiler Store

日本で人気のブランド初の直営店

　フェイラーのハンドタオルやバッグ、ポーチは、色彩鮮やかなデザインと丈夫でソフトな質感で、ファンが多い。厳選された綿100％を使用した独自のシュニール織ならではの、高級感漂う品はおみやげにもいい。ドイツ限定商品もある。

生活用品・雑貨　　MAP ◆ P.61-A3

住 Schillerstr. 20
☎ (069) 21932832
URL www.feiler.de
圏 月～土10：00～18：00
休 日・祝
カード A M V
交 U S Hauptwacheから徒歩約5分。

アディダス

ADIDAS Store

おしゃれなウエア＆シューズがいっぱい

　ドイツ生まれの世界的スポーツブランド。ランニング、トレーニングなどのスポーツウエアやシューズが並ぶ。スポーツウエアとしてだけではなく、タウン用にも使えそうなおしゃれな品々がいっぱい。

スポーツ用品　　MAP ◆ P.61-A3

住 Zeil 105
☎ (069) 509540020
URL www.adidas.de
圏 月～土10：00～20：00
休 日・祝
カード A M V
交 U S Hauptwacheから徒歩約3分。

ビター＆ツァート

BITTER & ZART

チョコレートファンのパラダイス

　甘い香りに包まれたチョコレート専門店。ドイツはもちろん、ヨーロッパ各地から集めた名品がぎっしり並ぶ。お店のオリジナルチョコもあり。プレゼント用にラッピングしてもらうことも可能。

スイーツ　　MAP ◆ P.61-B3

住 Braubachstr. 14
☎ (069) 94942846
URL bitterundzart.de
圏 月～金10：00～18：00
　　土　11：00～16：00
休 日・祝　カード M V
交 U Dom/Römerから徒歩約4分。

アイグナー

AIGNER

ドイツ生まれの有名ブランド

　バッグや財布、ベルトなどのレザー製品で世界的に有名な高級ブランド。長く愛用できる品質にこだわりがある。ブランドのシンボルはAIGNERのイニシャルAを、馬の蹄鉄の形にデザイン化したもの。

バッグほか　　MAP ◆ P.60-A2

住 Goethestr. 7
☎ (069) 97763559
URL www.aignermunich.jp
圏 月～土10：00～18：00
　　土　10：00～17：00
休 日・祝　カード A D J M V
交 U S Hauptwacheから徒歩約5分。

フランクフルトで買えるおもな有名ブランド			
店　名	地図／住所	店　名	地図／住所
カルティエ Cartier	**MAP ◆ P.60-A2** 住 Goethestr. 11	ルイ・ヴィトン LOUIS VUITTON	**MAP ◆ P.60-A2** 住 Goethestr. 1
ブリー BREE	**MAP ◆ P.60-A2** 住 Roßmarkt 23	シャネル CHANEL	**MAP ◆ P.60-A2** 住 Goethestr. 10
ティファニー TIFFANY & Co.	**MAP ◆ P.60-A2** 住 Goethestr. 20	フェラガモ Ferragamo	**MAP ◆ P.60-A2** 住 Goethestr. 2
エルメス HERMES	**MAP ◆ P.60-A2** 住 Goethestr. 25	グッチ Gucci	**MAP ◆ P.60-A2** 住 Goethestr. 5

MEMO　レーマー近くの、マイン川沿いのマインカイMainkai（○Map P.61-B3）では、月2回ほど土曜（詳しい開催日は URL www.hfm-frankfurt.de/flohmarktに掲載）の9：00～14：00頃にのみの市が開かれる。

HOTEL ✤ フランクフルトのホテル

ホテル街は中央駅の周囲。多くのホテルが集中している。フランクフルトでは国際書籍見本市(10月)を筆頭に、メッセ(見本市)がいくつも開かれる(URL www.messefrankfurt.deでスケジュールがわかる)。メッセ期間中は主要ホテルは満室になることが多く、ヴィースバーデンやマインツ、ハーナウなどの近郊都市のホテルまで混雑する。さらにメッセ料金という割高料金(ホテルによって通常の2～6倍前後)が適用される。また、1泊につき1人€2の観光税が加算される。

H シュタイゲンベルガー・アイコン・フランクフルター・ホーフ　Steigenberger Icon Frankfurter Hof

フランクフルトを代表する最高級ホテル

イタリア・ルネッサンス様式の重厚な外観が、約130年の歴史と伝統を物語る。ミッテラン元フランス大統領、ローリング・ストーンズ、エルトン・ジョンといった世界のVIPも滞在した。トルコ式バスや伝統的な男性用の理髪店がある。

最高級ホテル　MAP ◆ P.60-B2

住 Am Kaiserplatz　D-60311
☎ (069) 21502
URL hrewards.com
料 Ⓢ€250～　Ⓣ€260～
朝食別€45
カード ADJMV　Wi-Fi 無料
交 U Willy-Brandt-Pl.から徒歩約5分。

H ザ・ウェスティン・グランド　The Westin Grand Frankfurt

フィットネスゾーンが充実の大型ホテル

ツァイルに近い372室の近代的大型ホテル。ウェルネスセンターやインドア温水プールも完備。日本料理店「鮨元」も入っている。2022年10月に全面リニューアルオープン。

高級ホテル　MAP ◆ P.61-A4

住 Konrad-Adenauer-Str. 7　D-60313
☎ (069) 29810
URL www.marriot.com
料 ⓈⓉ€234～
朝食別€36
カード ADJMV　Wi-Fi 無料
交 U Ⓢ Konstablerwacheから徒歩約5分。

H マリオット　Marriott

メッセ会場に隣接する高層ホテル

メッセ会場に近いので世界のビジネスマンが集まる。フィットネスエリアには、サウナ、ジャクージも完備。中央駅からの地下鉄駅も近いが、市電16、17番Ludwig-Erhard-Anlageの停留所もホテルのすぐ前にあり便利。

高級ホテル　MAP ◆ 地図外

住 Hamburger Allee 2　D-60486
☎ (069) 79550
URL www.marriott.com
料 ⓈⓉ€209～
朝食別€35
カード ADJMV　Wi-Fi 無料
交 U Messe/Festhalleから徒歩約5分。

H メトロポリタン　Metropolitan Hotel by Flemings

中央駅の向かいの機能的ホテル

中央駅の北口を出てすぐ斜め向かいに建つ131室のホテル。全室禁煙。空港やフランクフルト近郊の観光地へも交通の便がよい。機能的でモダンな客室で、ビジネスマンの利用が多い。フィットネスエリアあり。エアコン完備。

高級ホテル　MAP ◆ P.60-B1

住 Poststr. 6　D-60329
☎ (069) 5060700
URL www.flemings-hotels.com/frankfurt-metropolitan-hotel
料 Ⓢ€121～　Ⓣ€140～　朝食別€27
カード ADMV　Wi-Fi 無料
交 中央駅から徒歩約1分。

H 25 アワーズ・ホテル・ザ・トリップ　25 hours Hotel Frankfurt The Trip

世界旅行がテーマのデザインホテル

館内は旅と冒険をテーマにしたインテリアで、とても個性的。ホテルのサイトで好みのインテリアの部屋をチェックしてみよう。レストランBAR SHUKAは、各国料理、中東料理を味わえる。バーには日本の酒をベースにしたドリンクもある。

中級ホテル　MAP ◆ P.60-B1

住 Niddastr. 56-58 D-60329
☎ (069) 2566770
URL www.25hours-hotels.com
料 Ⓢ€99～　Ⓣ €121～
朝食別€26
カード AMV　Wi-Fi 無料
交 中央駅から徒歩約4分。

[H] マンハッタン Manhattan

モダンなインテリアの中級ホテル

中央駅の斜め向かいにあるモダンなインテリアのホテル。シングルの部屋は狭いが、設備はよい。ミニバー、貴重品用金庫、エアコン(冷房)あり。全室禁煙。ビジネスマンや個人旅行客の利用が多い。

中級ホテル MAP ◆ P.60-B1

[住]Düsseldorfer Str. 10　D-60329
☎(069) 2695970
[URL] www.manhattan-hotel.com
[料]Ⓢ€62～　Ⓣ€80～
朝食別€15
[カード][A][D][J][M][V]　[Wi-Fi] 無料
[交]中央駅から徒歩約3分。

[H] ミラマー Miramar

観光に便利なロケーションが魅力

フランクフルトは、観光の中心となるレーマー近辺にはホテルが少ないが、ここは数少ない中心部の中級ホテル。部屋はコンパクト。朝食室は地下にあり、種類も豊富でおいしい。部屋にコーヒーマシンあり。全室禁煙。

中級ホテル MAP ◆ P.61-A3

[住]Berliner Str. 31　D-60311
☎(069) 9203970
[URL] miramar-frankfurt.de
[料]Ⓢ€75～　Ⓣ€85～　朝食別€14
[カード][A][M][V]　[Wi-Fi] 無料
[交][U]Ⓢ Hauptwacheから徒歩約5分。市電11番Römer/Paulskircheから徒歩約5分。

[H] モーテル・ワン・レーマー Motel One Frankfurt Römer

フランクフルトの中心部に近い

ゲーテハウスのすぐそば、レーマー広場も歩いてすぐの所にあるので、クリスマスマーケットを夜までゆっくり楽しめる。設備はまだ新しい。ベッドは全室ダブルで客室は小さ目なので、シングル使用向き。バスタブはない。

中級ホテル MAP ◆ P.61-B3

[住]Berliner Str. 55　D-60311
☎(069) 87004030
[URL] www.motel-one.com
[料]Ⓢ€109～　Ⓣ€129～　朝食別€16.90
[カード][A][D][M][V]　[Wi-Fi] 無料
[交][U] Willy-Brandt-Platzから徒歩約5分、または市電11番でKarmeliterklosterからすぐ。

[H] インターシティーホテル Inter City Hotel Frankfurt Hauptbahnhof Süd

駅のすぐ向かいの大型ビジネスホテル

中央駅の1番線側のすぐ向かいでとにかく便利。同ホテルチェーンのなかでもやや高級な雰囲気がある。玄関から入ってすぐのところにあるおしゃれなバーラウンジ(日曜休業)が印象的。

中級ホテル MAP ◆ P.60-B1

[住]Mannheimer Str. 21　D-60329
☎(069) 6599920
[URL] hrewards.com
[料]Ⓢ€129～　Ⓣ€139～
朝食別€22
[カード][A][D][J][M][V]　[Wi-Fi] 無料
[交]中央駅から徒歩約1分。

[H] 東横INN Toyoko Inn

駅チカ・リーズナブルで便利

日本でおなじみの「東横INN」。ホテル向かいに他都市への格安バスのターミナルがありたいへん便利。全客室禁煙ルーム、シャワートイレ、バスタブ、レインシャワー付きでリーズナブル。日本語対応OK。

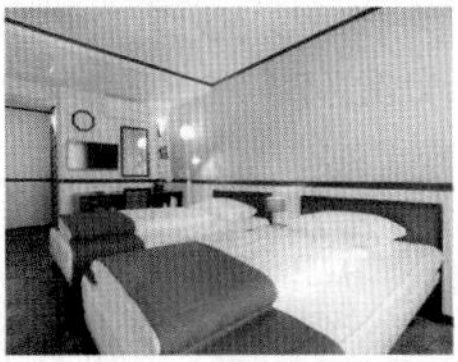

中級ホテル MAP ◆ P.60-B1

[住]Stuttgarter Str. 35　D-60329
☎(069) 870061045
[URL] www.toyoko-inn.com
[料]Ⓢ€69～　Ⓣ€90～
[カード][A][D][J][M][V]
[Wi-Fi] 無料
[交]中央駅から徒歩約2分。

[JH] ハウス・デア・ユーゲント Haus der Jugend

若者に人気のユースホステル

中央駅からFechenheim Schießhüttenstr.行きの11番の市電でBörneplatz下車、Kurt-Schmacher-Str.を南下してマイン川に架かる橋を渡ったら、左側に曲がるとすぐ。全部で395ベッドある世界最大級の大型ユース。シングル、ツイン、3～4人部屋もある。

ユースホステル MAP ◆ P.61-B4

[住]Deutschherrnufer 12　D-60594
☎(069) 6100150
[URL] www.jugendherberge-frankfurt.de
[料]Ⓢ €58.40～、27歳以上€63.40～、ドミトリーは€34.90～、27歳以上€39.90～
[カード][D][J][M][V]
[Wi-Fi] 共有エリアのみ可(無料)

[投稿] ハウス・デア・ユーゲントに2泊しました。ラゲッジルームがあり、チェックイン前に荷物を預けることができました。大きいトランクも入る大きさのロッカーで、€10のデポジットで鍵を借りられて安心でした。(東京都　齋藤玲奈　'23)['24]

結婚記念塔のモザイク

ユーゲントシュティールの建物を堪能できる町

ダルムシュタット

Darmstadt

ベルリン●
フランクフルト●
★ ダルムシュタット
ミュンヘン●

MAP ◆ P.51-B3	
人　口	15万9600人
市外局番	06151

ACCESS
鉄道：フランクフルトからICE
特急、RB、RE快速で15〜20分。

❶ダルムシュタットの観光案内所
⊞Luisenplatz 5　D-64283
　Darmstadt
☎(06151) 134513
🕮www.darmstadt-tourismus.
　de
🕐月〜土　　10：00〜18：00
🚫日・祝

🌐 世界遺産
ダルムシュタットのマチルダ
の丘
(2021年登録)

●市内交通
1回乗車券Einzelfahrkarte €2.80.

●ダルムシュタットカード
Darmstadt Card
1日用€6、2日間用€9.90。有効
期間中、市内のバス、市電に
乗り放題。主要な見どころ、博
物館の入場が割引になる。❶
で販売。自宅でプリントも可。

●ヘッセン州立博物館
⊞Friedensplatz 1
🕮www.hlmd.de
🕐火・木・金10：00〜18：00
　水　　　10：00〜20：00
　土・日・祝11：00〜17：00
🚫月、12/24・31、聖金曜日
💴€6

多彩なコレクションが並ぶヘッ
セン州立博物館

マチルダの丘の結婚記念塔(左)とロシア教会

　町の中心部は、第2次世界大戦の空襲によって多大な被害
を受けたため、戦後新たにほとんどの建物が建て直された。
しかし、ヘッセン・ダルムシュタット大公国の首都であっただけ
に、町なかに当時の繁栄をしのばせる城館、教会などが残っ
ている。特に、町外れのマチルダの丘には、最後の大公エル
ンスト・ルートヴィヒが19世紀末に、芸術家を擁護して芸術家
村を造った際に築かれた、数々の美しい建築物が残っている。

 ## 歩き方 〰〰〰〰〰〰〰〰〰〰

　中央駅から町の中心**ルイーゼン広場Luisenplatz**までは、駅
の南側の**ライン通りRheinstr.**を真っすぐ東へ約1km。トラム
(23番)、バス(FまたはH)なら3つ目で下車。

　デパートやショッピングセンターが集まるルイーゼン広場の東側
にある**城Schloss**の内部は博物館になっている。その向かい側
の**ヘッセン州立博物館Hessisches Landesmuseum**には絵画か
ら自然史分野まで膨大なコレクションを展示。

　マチルダの丘は町の東部にあり、中央駅西側出口(メインの出口
とは反対側)からF番のバスで所要約15分の、Mathildenhöhe下車。

MEMO ブンデスリーガ、SVダルムシュタット98の本拠地メルク・シュタディオン・アム・ベレンファルトーアへは、中
央駅から9番のトラムで所要約17分のMerck-Stadion下車すぐ。

おもな見どころ

芸術家村の中心地 マチルダの丘 🌐世界遺産
Mathildenhöhe ★★★

　マチルダの丘は、ヘッセン・ダルムシュタット大公エルンスト・ルートヴィヒが19世紀末から20世紀初頭にかけて、ドイツ各地から芸術家を招へいして造り上げた芸術家村。そのシンボルは大公の結婚を記念して建てられた**結婚記念塔Hochzeitsturm**。塔に付属の**展覧会場Ausstellunggebäude**や**芸術家コロニー美術館Museum Künstlerkolonie**、芸術家たちの住んだ家など、

●結婚記念塔
住Olbrichweg 11
URLhochzeitsturm-darmstadt.eu
開4～9月
　月～木　10：00～19：00
　金～日　10：00～20：00
　3・10月
　日～木　10：00～18：00
　金・土　10：00～19：00
　11～2月
　月～日　11：00～17：00
※結婚式場として使用されており、挙式の間は上記時間中も見学不可の場合あり
休12/24　料€4
●展覧会場
URLwww.mathildenhoehe.eu
※改修のため閉館中。

フランクフルトとライン川、モーゼル川周辺　▶　ダルムシュタット

マチルダの丘の建築案内

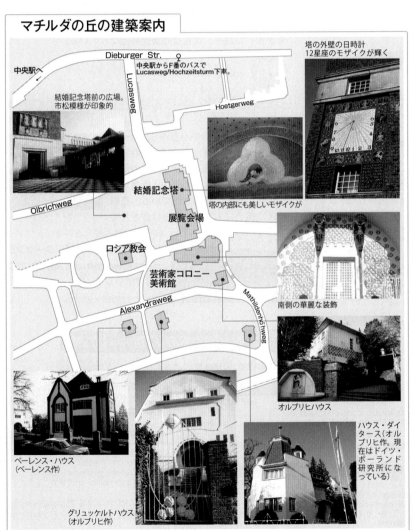

Dieburger Str.
中央駅へ
中央駅からF番のバスでLucasweg/Hochzeitsturm下車。
Lucasweg
結婚記念塔前の広場。市松模様が印象的
Hoetgerweg
塔の外壁の日時計12星座のモザイクが輝く
Olbrichweg
結婚記念塔
展覧会場
塔の内部にも美しいモザイクが
ロシア教会
芸術家コロニー美術館
Alexandraweg
Mathildenhöhweg
南側の華麗な装飾
オルブリヒハウス
ベーレンス・ハウス（ベーレンス作）
グリュッケルトハウス（オルブリヒ作）
ハウス・ダイタース（オルブリヒ作。現在はドイツ・ポーランド研究所になっている）

● 芸術家コロニー美術館
🏠 Mathildenhöhe
　　Olbrichweg 15
🌐 www.mathildenhoehe.eu
🕐 火〜日　11：00〜18：00
🚫 月、12/24〜26・31、1/1、
　　一部の祝日
💴 €5

ウィーンのセセッシオンと似た
芸術家コロニー美術館のファ
サード

🌐 世界遺産
メッセル・ピット化石地域
（1995年登録）

行き方 ダルムシュタットから
FM番のバスで約22分のGrube
Messel Besucherzentrum
Abzw.下車、徒歩約5分。

● メッセル・ピット化石地域
🏠 Roßdörfer Str. 108
　　64409 Messel
☎ (06159) 717590
🌐 www.grube-messel.de
ビジターセンター
🕐 10：00〜17：00
　　11/16〜3/14は水〜日のみ
　　オープン
🚫 12/24〜26・31、1/1
💴 €10、発掘場ガイドツアー
　　（約1時間）とのコンビチケ
　　ット€14
※ガイドツアーは季節によっ
て異なるので、上記サイト内
からオンライン予約をしたほ
うがよい。所要約1〜2時間。

アートと建築散歩が楽しめる。結婚記念塔は、結婚式のときの大公の宣誓の手をモチーフにしており、5本の指が5つの丸屋根で表現されている。この塔に隣接して、オルブリヒ設計の**芸術家コロニー美術館Museum Künstlerkolonie**がある。

ユーゲントシュティールの工芸品を多く所蔵する芸術家コロニー美術館

さらに19世紀末に建築家ベノイが造った**ロシア教会**、ヘトガー作の彫刻などが庭の随所にあり、ユーゲントシュティール（アールヌーボー）様式の野外博物館のようだ。この丘の南側には、当時大公に招へいされてこの地に来た芸術家たちの家が残っており、貴重な建築資料となっている。

 近郊の見どころ

メッセル・ピット化石地域　　　🌐 世界遺産
Grube Messel　　　　　　　　　MAP◆P.51-B4

フランクフルトの中心部から、南へ約25kmに位置するメッセルには、約5000万年前の鳥、魚類、馬など多数の化石が発掘された地区があり、自然遺産として世界遺産に登録されている。発掘地区に勝手に入場することは許されて

ビジターセンターの内部展示

おらず、個人客向きのガイドツアーがある。申し込みは**ビジターセンター Besucherzentrum（展示館）**で受け付けている。

ガイドツアーで発掘場を見学できる

おすすめの レストラン＆ホテル ✿ RESTAURANT & HOTEL

※宿泊料金の2%が宿泊税として加算される。

🍴R ラーツケラー
Ratskeller　　　　　　　　　MAP◆P.76
🏠 Marktplatz 8　☎ (06151) 26444
🕐 10：00〜翌1：00　カード MV

旧市庁舎内にあるドイツ料理のレストラン。自家醸造の新鮮なビールは格別。肉料理が中心。

🏨H インターシティーホテル
InterCityHotel　　　　　　　MAP◆P.76
🏠 Poststr. 12　D-64293　☎ (06151) 906910
🌐 hrewards.com
💴 S€99　 T€109〜　 朝食別€19　カード ADMV
Wi-Fi 無料

中央駅のすぐ前に建つチェーンホテル。ダルムシュタットは各方面への鉄道網が発達しているので、鉄道の旅の基地に便利。

🏨H ユーゲントヘアベルゲ
Jugendherberge　　　　　　　MAP◆地図外
🏠 Landgraf-Georg-Str. 119　D-64287
☎ (06151) 45293　🌐 www.jugendherberge.de
💴 €43.10〜、27歳以上は€50.60〜　カード MV
Wi-Fi 無料

中央駅からバスMO1か672番でElisabethenstift/Woog下車。池に面しており、マチルダの丘の建築群にも近い。

オーデンの森に息づく木組みの町
ミッヒェルシュタット

Michelstadt

とんがり屋根の市庁舎が建つマルクト広場

フランクフルトからハイデルベルクにかけて広がる、オーデンの森の中、中世ドイツの美しさを残す町。

ほかのドイツの多くの町同様、**マルクト広場Marktplatz**を中心としたこぢんまりした町で、広場に面した**市庁舎Rathaus**の建物が美しい。2本の尖塔と時計台のある市庁舎は、中部ドイツ建築の特徴である木組み造りで、1484年の建築。

駅から中心部へは徒歩10〜15分。バーンホーフ通りBahnhofstr.を南へ進み、突き当たりのグローセガッセGroße Gasseを南（右）に曲がればマルクト広場に出る。

雑貨店の入口

MAP ◆ P.51-B4

人　口	1万6000人
市外局番	06061

ACCESS
鉄道：フランクフルトから私鉄VIAで所要約1時間15分。ハーナウ、ダルムシュタットなどで乗り換える場合もある。

❶ミッヒェルシュタットの観光案内所
⌂Marktplatz 1
　D-64720 Michelstadt
☎(06061) 74610
URL www.michelstadt.de
開　月　　　10：00〜12：00
　　火〜金　10：00〜17：00
　　土　　　11：00〜15：00

森の中に潜むマイン川の真珠
ミルテンベルク

Miltenberg

駅を出て、目の前の広い道Brückenstr.を500mくらい進むと、マイン川に架かる大きなマイン橋Mainbrückeがあり、川の反対側にはれんが造りの立派な門が建っている。その門の先がもう旧市街。駅から旧市街の中心までは約1kmある。

町の中心**マルクト広場Marktplatz**は、ドイツで最も美しい広場のひとつ。広場の奥に**ミルテンベルク市博物館Museum Stadt Miltenberg**があり、町の歴史がよくわかる展示が見られ

木組みの家に囲まれたマルクト広場

る。マルクト広場から登れる**ミルテンベルク城博物館Museum Burg Miltenberg**は、イコンとモダンアートなどを展示している。**ハウプト通りHauptstr.**にも、多数の木組みの家が残っている。ハウプト通りの中ほどにあるホテル・ツム・リーゼンHotel zum Riesenは、16世紀末の建物だ。

MAP ◆ P.51-B4

人　口	9300人
市外局番	09371

ACCESS
鉄道：フランクフルトからICE特急で約30分のアシャッフェンブルクでRE快速に乗り換えてさらに約30分。

❶ミルテンベルクの観光案内所
⌂Engelplatz 69, Rathaus
　D-63897 Miltenberg/Main
URL miltenberg.info
開　月〜金　10：00〜17：00
　　（4〜10月は、土・祝10：00〜15：00もオープン）

●ミルテンベルク市博物館
⌂Hauptstr. 169-175
開　3/16〜11/1
　　火〜日　　10：00〜17：00
　　11/2〜1/14
　　水〜日　　11：00〜16：00
●ミルテンベルク城博物館
⌂Conradyweg 20
開　3/16〜11/1
　　火〜日　11：00〜17：00

珠玉の城館を訪ねて

アシャッフェンブルク

Aschaffenburg

シュティフト教会

ベルリン●

フランクフルト
●
★アシャッフェンブルク

ミュンヘン●

MAP ◆ P.51-B4

人　口	7万900人
市外局番	06021

ACCESS

鉄道：ICE特急でフランクフルトから約30分、ヴュルツブルクから約40分。

❶アシャッフェンブルクの
観光案内所
⊞Schloßplatz 2
D-63739 Aschaffenburg
☎(06021) 395800
URL www.tourist-aschaffenburg.de
開月～金　10：00～17：00
　　　　 10：00～15：00

●城博物館
⊞Schloßplatz 4
URL www.museen-aschaffenburg.de
開4～9月(火～日)　9：00～18：00
　10～3月(火～日)10：00～16：00
休月、カーニバルの火曜、
12/24・25・31、1/1
料€6、学生€5(州立絵画館にも有効)

●ポンペイアヌム
⊞Pompejanumstr. 5
開4～10月
　火～日　　9：00～18：00
　(10/4～は16：00まで)
休月、11～3月、一部の祝日
料€6、学生€5。城博物館とのコンビチケット€9、学生€7

●メスペルブルン城
行き方アシャッフェンブルク駅横のバスターミナルからDammbach-Krausenbach Mühlgasse行きの40番のバスで所要約35分、Abzw. Schloss, Mespelbrunn下車、徒歩10～15分。
URL www.schloss-mespelbrunn.de
開3/23～11/3
　　9：30～17：00
　(最終入場は16：30頃まで)
休11/4～3/22
料€6.50、学生€3.50
　城内はガイドツアーによる見学(所要約40分)

四隅に塔があるルネッサンス様式のヨハニスブルク城

　フランクフルトから南東へ約40km。アシャッフェンブルクの町は、ドイツ最大の州であるバイエルン州に属しているが、かつては地理的に近いマインツ司教の勢力圏に入っていた。

　駅を背に斜め左前方へ延びる**フロージン通りFrohsinnstr.**を入って最初に交わる**エルタール通りErthalstr.**を約300m進むと、アシャッフェンブルクのシンボルともなっている**ヨハニスブルク城 Schloss Johannisburg**が正面に現れる。マイン川の右岸に威風堂々と建つこの城は、17世紀初頭にこの地方の領主であったマインツの司教によって建てられた。現在は、**州立絵画館**とマインツ司教全盛時代の城館を復元した**城博物館Schlossmuseum**がある。城から川沿いに北西へと続く**城庭園Schlossgarten**には、バイエルン王ルートヴィヒ1世が1848年に建てたローマ風の別荘**ポンペイアヌムPompejanum**がある。**シュティフト教会 Stiftsbasilika**は13世紀に建てられ、ロマネスク様式が残る。

 ## 近郊の見どころ

森の中にたたずむメスペルブルン城

Schloss Mespelbrunn　　　　　　　　　MAP◆P.51-B4

　アシャッフェンブルクの郊外南東22kmに建つ。15世紀に建てられた城を基礎に、16世紀半ばに拡張され、今日の姿になった。周りを森に囲まれ、城の前面に池があるメルヘン調の城は、新緑の季節にも、池の水が涼しさを誘う夏にも、紅葉の秋口にも、丸い屋根を雪化粧させた冬場にも、四季折々の景観が楽しめる。

シュペッサールの森の真珠といわれるメスペルブルン城

緑濃い大人の保養地
ヴィースバーデン
Wiesbaden

水力で走る登山鉄道

カジノがあるクーアハウス

国際的に保養とコングレス（会議）の町として知られるヴィースバーデンは、ドイツの大動脈ライン川のほとり、タウヌス丘陵の麓に位置し、その地理的好条件を生かして、中部ドイツのヘッセン州の州都となっている。

駅から**クーアハウスKurhaus**や**ヘッセン州立劇場Hessisches Staatstheater**が建つ町の中心部へは、市営バス1、8番で約7分のKurhaus/Theater下車。

ゲーテやワーグナー、ドストエフスキーも訪れたという歴史ある温泉保養地だけに町全体がゆったりとした雰囲気に満ちている。

カジノSpielbankが併設されたクーアハウスの手前、ヘッセン州立劇場には、1902年に建てられたロココ様式の華麗なロビーがあり、オペラやバレエの幕間には

MAP ◆ P.51-B3

人　　口	27万8900人
市外局番	0611

ACCESS

鉄道：フランクフルトからSバーンで約45分、私鉄VIAで約35分。マインツからSバーンで約10〜15分。

❶ ヴィースバーデンの観光案内所
⊞Marktplatz 1
　D-65183 Wiesbaden
☎(0611) 1729930
🖥tourismus.wiesbaden.de
🕙4〜9月
　月〜土　　10：00〜18：00
　日　　　　11：00〜15：00
　10〜3月
　月〜土　　10：00〜18：00

● 市内交通
バスの1回乗車券Einzelfahrscheinは €3.55、短区間券Kurzstreckeは €2.20（P.83の注1参照）。1日乗車券Tagesfahrscheinは€7.10（マインツと共通）。

● ヘッセン州立劇場
⊞Christian-Zais-Str. 3
🖥www.staatstheater-wiesbaden.de

ヘッセン州立劇場は内部もひときわ華麗

● カジノ
⊞Kurhausplatz 1
🖥www.spielbank-wiesbaden.de
🕙14：45〜翌3：00
　（金・土は〜翌4：00）
🈲一部の祝日、12/24・25
🈺パスポート必携。1日入場券€2.50、スロット等のマシンのみなら無料。

MAP（地図内表記）：
至ネロベルク
コッホブルンネン（源泉）Kochbrunnen
観光モデルルート
ナッサウアー・ホーフ
クーアハウス・コロナーデ Kurhaus Kolonade
クーアハウス（カジノ）Kurhaus (Casino)
トリュッフェル
クーアパーク Kurpark
カイザー・フリードリヒ温泉 Kaiser-Friedrich-Therme
城（州議会）
ヘッセン州立劇場 Hessisches Staatstheater
マルクト教会 Markt K.
市庁舎 Rathaus
マルクト Marktpl.
ライン・マイン会議場 Rhein-Main-Congress Center
ヴィースバーデン美術館 Museum Wiesbaden
ドリント
ヴィースバーデン中央駅 Hauptbahnhof
ヴィースバーデン WIESBADEN
0　100　200m

ヨーロッパならではのエレガントな雰囲気が味わえる。

クーアハウスからヴィルヘルム通りを北西へ行った広場には、**コッホブルンネンKochbrunnen**という飲泉用のパビリオンがあり、67℃のナトリウム泉が流れ出している。

飲泉が流れ出るコッホブルンネン

旅行者が気軽に温泉を体験できるのは**カイザー・フリードリヒ温泉Kaiser-Friedrich-Therme**。1913年に世紀末のユーゲントシュティール様式で建てられた優雅な建物で、温泉といっても古代ローマ式のサウナや伝統的なフィンランドサウナなど、さまざまなサウナ施設が中心。

LanggasseやMarktstr.、Kirchgasseは、にぎやかなショッピングエリアで、デパートやしゃれたブティック、カフェなどが並んでいる。

究極のエコ鉄道、ネロベルク登山鉄道

天気がよければ、町外れのネロベルク山に登る**ネロベルク登山鉄道Nerobergbahn**に乗ってみるのも楽しい。水力で動く珍しい登山鉄道で、1888年開業というから驚く。

●カイザー・フリードリヒ温泉
[住]Langgasse 38-40
中央駅前から1番か8番のバスでWebergasse下車。
[URL]www.mattiaqua.de/thermen/kaiser-friedrich-therme
[開]16歳以上のみ入場可。
毎日　10：00～22：00
入浴は閉館30分前までに終了すること。
※水着着用不可。
※初めての利用であることを入場時に申し出れば、係の人が利用方法をガイドしてくれる。
※入浴は混浴(火曜は女性のみ)
[休]12/24・25・31
[料]月～木€15、金～日・祝€17

●ネロベルク登山鉄道
[住]Wilhelminenstr. 51
ヴィースバーデン中央駅からNerotal行き1番のバスで終点下車すぐ。
[URL]www.nerobergbahn.de
[料]往復€5
[運]4～10月の9：00～19：00(15分間隔)
[休]月・火、11/1～3/28

おすすめのホテル HOTEL

※1泊に付き€5の保養税が加算される。

ナッサウアー・ホーフ
Nassauer Hof　MAP ◆ P.81

[住]Kaiser-Friedrich-Platz 3-4　D-65183
☎(0611)1330
[URL]www.hommage-hotels.com/nassauer-hof-wiesbaden
[料]ⓈⓉ€259～　朝食別€36　[カード][A][M][V]　[Wi-Fi]無料

エレガントなムードがあふれるヴィースバーデンの最高級ホテル。温泉プール、ビューティサロンなどの設備も充実。

ドリント
Dorint Pallas Wiesbaden　MAP ◆ P.81

[住]Auguste-Viktoria-Str. 15　D-65185
☎(0611)33060
[URL]hotel-wiesbaden.dorint.com
[料]ⓈⓉ€132～　朝食別€24　[カード][A][J][M][V]　[Wi-Fi]無料

中央駅から約200m、全297室の高級大型ホテル。ビジネス客向き。サウナ・スパエリアあり(有料)。

トリュッフェル
Citta Trüffel　MAP ◆ P.81

[住]Webergasse 6-8　D-65183
☎(0611)9905510　[URL]citta-hotel.de/de/home/
[料]Ⓢ€101～　Ⓣ€131～
[カード][M][V]　[Wi-Fi]無料

町の中心部に近い4つ星のおしゃれなホテル。サウナ、フィットネスルームあり。

ユーゲントヘアベルゲ
Jugendherberge　MAP ◆ 地図外

[住]Blücherstr. 66-68　D-65195　☎(0611)48657
[URL]www.jugendherberge.de
[料]€45.10～　27歳以上は€7.50加算　[カード][M]
[Wi-Fi]無料

緑に囲まれたユース。チェックインは15：00～22：00まで。日曜着の場合は事前に連絡を。中央駅からKlarenthal方面行きの14番のバスでGneisenaustr.下車。

マインツ

Mainz

聖ヨハネ祭のにぎわい

ベルリン●

★フランクフルト

●マインツ

ミュンヘン●

MAP ◆ P.51-B3

人　　口	21万7100人
市外局番	06131

ACCESS

鉄道：ICE、IC特急でフランクフルトから約35分、RE快速またはSバーン8で約40分。

❶マインツの観光案内所
🏠Markt 17（Domplatz）
　D-55116 Mainz
🗺Map P.84-B2
☎(06131) 242888
🌐www.mainz-tourismus.com
🕐月～土　　10：00～18：00

●市内交通
バス、路面電車の1回乗車券Einzelfahrscheinは€3.55、短区間券Kurzstreckeは€2.20（下記注1参照）、1日乗車券Tageskarteは€7.10（ヴィースバーデンと共通）。
（注1）マインツとヴィースバーデンの短区間券に該当するかどうかは、券売機で行き先を選ぶと自動的に判断される。

🌐世界遺産
シュパイヤー、ヴォルムス、マインツの中世ユダヤ人共同体遺産群
（2021年登録）
→P.101

マインツはライン川とマイン川の合流点に開け、古くから交易上重要な場所に位置し、8世紀からはドイツで最も重要な宗教都市として栄え、「黄金のマインツ」とたたえられた。近代印刷術の父、グーテンベルクの生誕地であり、印刷術の歴史がわかるグーテンベルク博物館と、ロマネスク様式の大聖堂は必見。

壮大な大聖堂とマルクト広場

🔻 歩き方 〰〰〰〰〰〰〰

　おもな見どころが集中している旧市街は、中央駅を背にして南東へ10分ほど歩いた所にある。**バーンホーフ通りBahnhofstr.**から**シラー通りSchillerstr.**を進み、**シラー広場Schillerplatz**で左折す

マルクト広場の朝市

ると、デパートや商店が並ぶ**ルートヴィヒ通りLudwigsstr.**に入る。グーテンベルク像が立つ**グーテンベルク広場Gutenbergpl.**を過ぎれば、マインツの中心である**マルクト広場Markt**と**大聖堂Dom**が見えてくる。
　マルクト広場に続く**リープフラウエン広場Liebfrauenplatz**の一角に、この町が誇る**グーテンベルク博物館Gutenberg Museum**が建っている。ライン河畔に近代的な**市庁舎Rathaus**があり、船着場もすぐそばにある。
　大聖堂の裏側（南側）に広がる**キルシュガルテンKirschgarten**という一画にも足を延ばしてみたい。古い木組みの家々が建ち、それらが

キルシュガルテンの家並み

サッカー・スタジアム情報

●メーヴァアレーナ
MEWA Arena
🏠Eugen-Salomon-Str. 1
🌐www.mainz05.de
1.FSVマインツ05のホームスタジアム。
行き方 マインツ中央駅前から試合前後はシャトルバスが運行。ほかに51、53番の路面電車、または9番のバスが近くを通る（停留所名はそれぞれ異なる）が、さらに10分程度歩く。

個性的なカフェやレストラン、ブティックになっていて、歩くのが楽しい一画だ。

中央駅前から路面電車を利用する場合、Hechtsheim方面行きの50、52、53番のいずれかでふたつ目のSchillerplatzで下車すると大聖堂に近い。

おもな見どころ

ケルン、トリーアと並ぶ重要な大聖堂
Dom ★★★

威厳をたたえた大聖堂

マインツの大司教は、ドイツ皇帝の選挙権をもつ7人の選帝侯の首席の座に就くほど、莫大な権力をもっていた。大聖堂は大司教ヴィリゲスによって975年に起工された。西側と東側に内陣がある巨大な内部には圧倒される。

内陣の先には**内庭回廊Kreuzgang**があり、その奥は**ドーム博物館Dom- und Diözesanmuseum**になっている。

●大聖堂
住Markt 10
Map P.84-B2
www.dom-mainz.de
開月～土　9:00～17:00
　　日　13:00～17:00
礼拝中の見学は不可。
料無料

ドーム博物館
www.dommuseum-mainz.de
開火～金　10:00～17:00
　土・日　11:00～18:00
休月・祝
料€5

ローマ・ゲルマン博物館
Römisch-Germanisches-Zentralmuseum

Hindenburg-platz

Gartenfeld-platz

Theodor-Heuss-Brücke

ライン川
Rhein

聖ペーター教会
St.-Peters-K.

州立博物館
Landesmuseum

自然史博物館
Naturhistorisches Museum

マインツ・ヒルトン

ラインゴルトハレ
Rheingoldhalle

KDライン観光船
船着場

ハマー
Bahnhof-platz

ショッテンホーフ

中央駅
Hauptbahnhof

郵便局

市庁舎
Rathaus

アルト・ウニヴェルジテート

マルクト広場
Markt

劇場
Theater

グーテンベルク博物館
Gutenberg Museum

大聖堂
Dom　ドーム博物館
Dom- und Diözesanmuseum

Novotel

グーテンベルク広場
Gutenbergpl.

Schillerplatz

アウグスティナー教会
Augustinerkirche

ホルツ塔
Holzturm

St.Ignaz

観光モデルルート

ザンクト・シュテファン教会
St. Stephans-Kirche

Ibis

マインツ
MAINZ

Mainz Römisches Theater

0　100　200m

MEMO　マインツのカーニバルは、ケルン、デュッセルドルフと並んでドイツ3大カーニバルのひとつ。最もにぎわうのはバラの月曜日Rosenmontag（2025年は3/3）に行われる大パレードで、行列が町を練り歩く。

グーテンベルク博物館
Gutenberg Museum ★★★

ヨハネス・グーテンベルク(1397頃〜1468年)は、それまでは筆写に頼っていた書物の複製を、鉛の鋳造活字を版に組み、プレスで印刷する技術を発明した。当時の印刷技術を復元した工房があり、ワークショップ(別料金)での実演もある。

展示品のなかで最も貴重なのが、1455年、最初の出版物として世界的に有名な『グーテンベルク聖書』(42行聖書)で、ほかに16〜19世紀のインキュナビュラ(印刷揺籃期の本)の華麗な装飾が施された貴重本や、日本の浮世絵をはじめ、世界の貴重な印刷物も展示されている。

インキュナビュラ展示室
©Gutenberg Museum

グーテンベルクは苦労を重ねて世紀の大発明をしながらも、職人気質であったため、借金のかたに印刷機を含む全資産を接収されるなど、さびしい晩年を送ったといわれる。

ザンクト・シュテファン教会でシャガールを観る
St. Stephans-Kirche ★★

大聖堂も手がけたヴィリゲス大司教が990年に起工した。第2次世界大戦で破壊されたため、現在の建物は戦後の再建。この教会を有名にしているのはマルク・シャガールが手がけたステンドグラス。新約と旧約の聖書を題材に、美しいブルーを基調としたステンドグラスを通した光が内部空間を満たしている。1978〜1985年に製作、設置された。回廊Kreuzgangも見学できる。

●グーテンベルク博物館
[住]Liebfrauenplatz 5
➲Map P.84-B2
[URL]www.mainz.de
[開]火〜土　9:00〜17:00
　日　11:00〜17:00
[休]月・祝
[料]€5、学生€3

印刷技術の発展を知ることができる ©Gutenberg Museum

●ザンクト・シュテファン教会
中央駅前から50、52、53番の路面電車に乗り、Am Gautorで下車して少し戻る。
[住]Kleine Weißgasse 12
➲Map P.84-B1
[開]月〜土　10:00〜18:00
　日　12:00〜18:00
(11〜2月はともに〜16:30)
※礼拝中や、土曜の午後に結婚式があるときは見学不可。
[料]無料

シャガールのブルーが神秘的

おすすめのホテル HOTEL

マインツ・ヒルトン
Mainz Hilton　MAP ◆ P.84-A2

[住]Rheinstr. 68　D-55116
☎(06131) 2450
[URL]www.hilton.com　[料]ⓈⓉ€143〜　朝食別€29.50
[カード] [A][D][J][M][V]　[Wi-Fi] 無料

ライン川に面した国際的ホテル。カジノや大会議場ラインゴルトハレに隣接し、団体客やビジネスマンの利用が多い。ライン川が眺められるテラス付きのワイン・レストランあり。

ハマー
Hammer　MAP ◆ P.84-A1

[住]Bahnhofplatz 6　D-55116
☎(06131) 965280
[URL]www.hotel-hammer.com
[料]Ⓢ€89〜　Ⓣ€109〜　朝食別€15　[カード] [A][D][J][M][V]
[Wi-Fi] 無料

中央駅前の広場に面しているが、防音ガラスの窓なので、外の音は気にならない。全室エアコン付き。改装したサウナエリアあり。

ショッテンホーフ
Schottenhof　MAP ◆ P.84-A1

[住]Schottstr. 6　D-55116　☎(06131) 232968
[URL]www.hotelschottenhof.de
[料]Ⓢ€82〜　Ⓣ€98〜　朝食別€16　[カード] [A][D][J][M][V]
[Wi-Fi] 無料

中央駅から歩いて5分とかからない、40室のこぢんまりしたホテル。

ライン・マイン・ユーゲントヘアベルゲ
Rhein-Main-Jugendherberge　MAP ◆ 地図外

[住]Otto-Brunfels-Schneise 4 (Im Volkspark)　D-55130
☎(06131) 85332　[URL]www.diejugendherbergen.de
[料]€31.90〜　27歳以上は€5加算
[カード] [M][V]　[Wi-Fi] 無料

マインツ中央駅前からFriedrich-Ebert-Str.方面行きの62番のバスでMainz-Wiedenau Am Viktorstift/DJH下車、徒歩約5分。Volksparkという公園に接し、ライン川にも近い。徒歩の場合はSバーンの駅Mainz Römisches Theaterから南へ約2km。

お揃いのヘルメットで
宝石鉱山を見学しよう

ドイツ宝石街道の中心地

イーダー・オーバーシュタイン
Idar-Oberstein

ベルリン●

フランクフルト
●
★ イーダー・
オーバーシュタイン

ミュンヘン●

MAP ◆ P.50-B2	
人　口	2万9000人
市外局番	06781

ACCESS

鉄道：マインツ〜ザールブリュッケン間を走る路線上にあり、フランクフルトからの直通もある。RE快速でフランクフルトから約1時間55分、マインツから約1時間10分。

❶イーダー・オーバーシュタインの観光案内所
⓪Hauptstr. 419　D-55743 Idar-Oberstein
☎(06781)646040
🖥www.edelsteinland.de
🕐3/15〜11/15
月〜金　　9：00〜17：00
土　　　10：00〜15：00
11/16〜3/14
月〜金　10：00〜12：00
　　　　13：00〜16：00

●旧宝石鉱山
⓪Im Stäbel
駅から北西へ約4kmにあり、803番のバスでStrutwies下車、見学用坑道入口まではさらに徒歩約30分。バスは1時間に1本の運行なので、駅前からタクシー利用が便利。
🖥weiherschleife-steinkaulenbergwerk.de
☎(06781)47400
ガイドツアー、原石掘りとも電話または上記サイトで要事前予約(土・日・祝は2日前までに)
🕐3/15〜11/15の10：00〜17：00(最終ツアーは16：00発)
💰坑道ガイドツアーは€8。原石掘り料金は€11で、10：00〜12：00、12：30〜14：30、15：00〜17：00のいずれか2時間チャレンジできる。
🚫11/16〜3/14

岩山の中にめり込んだように建つ岩盤教会

　その昔この地方ではメノウやアメジストといった宝石が豊富に産出されており、商業目的の採掘が停止されたあとも、その遺産である高度な研磨技術の世界的な地位は今も揺るがない。市中心にある「ダイヤモンド・宝石取引所」には全世界のバイヤーが集い、専門学校もあり、世界の宝石産業をリードする。

　駅を出たら道路を渡り、ショッピングセンターの間の道を進む。デパート前の広場から東側(右側)へ延びる歩行者天国のHauptstr.がこの町のメインストリート。緩やかな下りの道を10分ほど行くと**マルクト広場Marktplatz**に出る。

　地球上で産出される宝石の種類をすべて集めた**ドイツ宝石博物館Deutsches Edelsteinmuseum**や、背後にそそり立つ岩壁をくり抜いて建てた**岩盤教会Felsenkirche**は必見。

📷 おもな見どころ

旧宝石鉱山
Edelsteinminen Steinkaulenberg　　★★★

　自然保護区域内に位置し、見学可能な宝石鉱山としてはヨーロッパ唯一の施設。1870年頃に伝統の鉱山業が衰退し、商業目的の採掘が停止されて以来、この鉱山は趣味の鉱山学者や宝石ファンの聖地となっている。内部は、**見学用坑道Besucherstollen**を所要約30分のガイドツアー(ド
イツ語のみ)で。**試掘エリア
Edelsteincamp**もあり、原石
掘りに挑戦できる。ハンマー
などの用具は各自持参。

坑道を進むガイドツアー

リューデスハイム
Rüdesheim

つぐみ横丁のかわいい看板

ワイン酒場が連なるつぐみ横丁

ラインの真珠とも呼ばれる小さなかわいらしい町、リューデスハイム。ここからライン下りの船に乗る人も多い。ドイツ有数のワインの産地でもあり、ワインを楽しみにやってくる人でにぎわう。

歩き方

鉄道で着いたら、ライン川に沿った**ライン通りRheinstr.**を歩いて行くと、どっしりとした**ブレムザー城Brömserburg**がブドウ畑の中に建っている。内部はワイン博物館になっており、ワイン造りに必要な道具や各時代の様式で作られた繊細なワイングラスなどが展示されている。

有名な**つぐみ横丁Drosselgasse**は、とても細い路地。入口のつぐみの敷石と看板を目印にしよう。つぐみ横丁の両側には、ワイン酒場やレストラン、みやげ物店がぎっしり並んでいる。ワイン酒場には、観光シーズン中はバンドも入り、地元のワインを飲みながら演奏が楽しめる。つぐみ横丁の北の突き当たりを西に行くと**ジークフリート自動演奏楽器博物館 Siegfrieds Mechanisches Musikkabinett**があり、古い自動演奏楽器コレクションを展示している。

古い館を利用したジークフリート自動演奏楽器博物館

天気がよければぜひ、ライン川とブドウ畑の景色を満喫しながら、ゴンドラリフトで展望台**ニーダーヴァルトNiederwalddenkmal**へ上ってみよう。

ベルリン

★・フランクフルト

リューデスハイム

ミュンヘン

MAP ◆ P.51-B3

人　口	1万人
市外局番	06722

ACCESS

鉄道：ライン川の左岸（幹線）と右岸を走る2本の鉄道のうち、幹線側ではないローカル線側に駅がある。私鉄VIA（鉄道パス類有効）でフランクフルトから約1時間10分。幹線側の鉄道で行く場合はマインツから普通列車で約30分のビンゲンBingen Stadtで下車し、ライン川のフェリー Fähreで対岸に渡る。

❶リューデスハイムの観光案内所
🏠Rheinstr. 29a
　D-65385 Rüdesheim
☎(06722) 906150
🌐ruedesheim.de
🕐4〜10月
　月〜金　　10：00〜17：00
　土・日　　10：00〜16：00
　11〜3月
　月〜金　　10：00〜16：00
※冬期はシーズンオフのため、クリスマスマーケット期間以外ほとんどのホテルやレストラン、みやげ物店は休業している。

●ブレムザー城（ワイン博物館）
🏠Rheinstr. 2
🌐www.broemserburg.de
改修のため閉館中。

●ジークフリート自動演奏楽器博物館
🏠Oberstr. 29
🌐www.smmk.de
🕐11：00〜17：00
🚫冬期休館
💰€10、学生€5
※自動演奏楽器の音色が聴けるガイドツアーは不定期催行（4人以上集まったときなど）。

●ゴンドラリフト
Seilbahn Rüdesheim
URL www.seilbahn-ruedesheim.
de
営 2024年は3/23～10/27、
11/21～12/23（クリスマス
マーケット期間中）
料 片道€6.50、往復€10
ヤークトシュロスからアスマ
ンスハウゼンへのチェアリフ
トも同じ運行期間と料金。両
リフトの片道ずつとアスマ
ンスハウゼン～リューデス
ハイム間の遊覧船（Bingen-
Rüdesheim社）をセットにし
たリングツアー Ringtourとい
うチケットは€20。

色づくブドウ畑を見ながらニー
ダーヴァルトへ上るゴンドラリ
フト

おもな見どころ

ラインの絶景を眺める展望台ニーダーヴァルト
Niederwalddenkmal ★★★

　ニーダーヴァルト行きゴンドラリフトに乗って、ブドウ畑の斜面を上り、さらに森の中を5分ほど歩くと、巨大な**ゲルマニアの像Die Germania**がそびえる展望台に出る。ここから見るライン川の雄大な風景は心に残るはず。

　さらに時間の余裕があれば、ここから1km余り、30～40分ほど森の中の道をハイキング気分で歩いて行くと、**ヤークトシュロス・ニーダーヴァルトJagdschloss Niederwald**という狩猟用の城を利用したホテル＆レストランに出る。この城の前から出るチェアリフトを利用すれば、隣町の**アスマンスハウゼンAssmannshausen**へ下りることができる。

1883年に建てられたゲルマニアの像

円形の神殿からは、ライン川の絶景が見渡せる

おすすめのレストラン＆ホテル RESTAURANT & HOTEL

※1泊につき€2の観光税が加算される。

R ドロッセルホーフ
Drosselhof MAP◆P.88

住Drosselgasse 5　☎(06722) 1051
URL www.drosselhof.com
営12：00～(16：00～の場合もあり)
(季節により変更の場合あり)
休1～2月、ほか不定休あり
カード MV

つぐみ横丁を代表する老舗のワインレストラン。中庭の席やいくつかの部屋に分かれている。ワインショップも併設。

R ヴィンツァーケラー
Winzerkeller MAP◆P.88

住Oberstr. 33　☎(06722) 2324　URL www.winzerkeller.com
営10：00～22：00頃　休1～3月、ほか不定休あり
カード MV (€40以上)

つぐみ横丁の突き当たりにある。外階段を上がったテラス席はおすすめ。

H リューデスハイマー・シュロス
Rüdesheimer Schloss MAP◆P.88

住Steingasse 10 (Drosselgasse)　D-65385
☎(06722) 90500　URL www.ruedesheimer-schloss.com
料Ⓢ€119～　Ⓣ€179～
カード ADMV
Wi-Fi 無料

もとは税金を取り立てる役所として、1729年に建てられた館を改装した高級ホテル＆レストラン。12月中旬～1月上旬は休業。

H ツム・ベーレン
Flair Hotel zum Bären MAP◆P.88

住Schmidtstr. 31　D-65385
☎(06722) 90250　URL zumbaeren.de
料Ⓢ€84～　Ⓣ€119～
朝食別€15.90
カード MV　Wi-Fi 無料

家族経営でくつろげるホテル。全23室。エアコンのない部屋もある。1～3月は休業。

H フェルゼンケラー
Felsenkeller MAP◆P.88

住Oberstr. 39/41　D-65385　☎(06722) 94250
URL felsenkeller-ruedesheim.de
料Ⓢ€80～　Ⓣ€125～　カード MV
Wi-Fi 無料

白い壁に木組みが美しいホテル。ベジタリアンメニューもあるレストランも評判。夏には屋外テーブルで味わうワインが最高。1～3月休業。

H リンデンヴィルト
Hotel Lindenwirt MAP◆P.88

住Amselstr. 4/Drosselgasse　D-65385
☎(06722) 9130　URL lindenwirt.com
料Ⓢ€109～　Ⓣ€149～　カード ADMV
Wi-Fi 共有エリアのみ可(無料)

ライン通りからつぐみ横丁の1本東のAmselstr.を左折。レストランも兼業しており、ダンスや音楽の音が夜中まで聞こえてくることもある。中庭にはワイン樽を改造した部屋もある。

Specialty

名物リューデスハイマー・カフェー

リューデスハイマー・カフェーとは、目の前で入れてくれる人のパフォーマンスも一緒に楽しめる名物コーヒーだ。専用のカップにアスバッハという地元産のブランデーを注ぎ、角砂糖を入れる。そこに火をつけてフランベすると、青白い炎が上がりちょっとびっくり。それからコーヒーを入れて、生クリームをたっぷり盛ったらできあがり。アルコール分がかなりきついので、お酒に強い人向けの大人のコーヒーだ。

左／青白い炎がゆらめく
右／ブランデーは小瓶1本分入れる

Rheintal

ドイツの父なる川といわれるライン川は、源をスイスの山中に発し、フランスとドイツの国境を流れ、オランダのロッテルダムで北海へと注ぐ、全長約1230kmの国際河川。その半分以上はドイツを流れ、岸辺を彩る古城とブドウ畑が造り出すロマンティックな景観は、ドイツを代表する風景だ。

シュターレック城の前を航行する遊覧船

山上にそびえるねこ城

🌐 **世界遺産**
ロマンティック・ライン
ライン渓谷中流上部
ビンゲン／リューデスハイムからコブレンツまで
（2002年登録）

ケルンへ

コブレンツ →**P.95**

ブラウバッハ →**P.94**

マルクスブルク城 →**P.94**

シュトルツェンフェルス城

ねずみ城

ザンクト・ゴアルスハウゼン →**P.93**

ねこ城

ボッパルト →**P.93**

ローレライ →**P.93**

ラインフェルス城

ザンクト・ゴアール

ローレライの岩山は絶好の撮影ポイント

13 世紀の基礎の上にイギリス風の城が1823 年に建てられたシュトルツェンフェルス城

オーバーヴェーゼル

カウプ →**P.92**

エーベルバッハ修道院 →**P.94**

シェーンブルク城

プファルツ城 →P.92

ヴィースバーデ

シュターレック城 →**P.92**

アスマンスハウゼン →**P.88**

リューデスハイム →**P.87**

バッハラッハ

ライヒェンシュタイン城

ねずみの塔 →**P.92**

ビンゲン →**P.92**

ラインシュタイン城

マインツ

レストランも併設のラインシュタイン城

観光船で

ライン川を行く観光船の多くはマインツ〜コブレンツ間を往復しているが、時間がない場合はリューデスハイム〜ザンクト・ゴアルスハウゼン間、もしくは対岸側のビンゲン〜ザンクト・ゴアール間に乗るといい。所要1時間30分〜2時間で、有名な古城やローレライの岩山が見られる。この区間は団体利用客も多い。

観光船は4月上旬〜10月下旬に運航（うちメインシーズンは5月上旬〜10月上旬）。冬期は基本運休だが、期間限定の運航もあるので、ウェブで確認を。

人気の外輪蒸気船ゲーテ号

鉄道で

マインツ〜コブレンツ間を走る鉄道には、フランクフルトからケルンの方向に向かってライン左岸を走る路線と右岸を走る路線がある。左岸のほうがIC、ICE、EC特急などが走る幹線で、ケルン方向へ走るときは進行方向右側の席を取れば、ライン川の眺めを車窓から堪能できる。普通列車は右岸に私鉄VIA（鉄道パス有効）が運行。船に乗る時間のない人は列車内からライン川の眺望を楽しもう。

鉄道が川岸近くを走る区間も多い

●乗船チケットの購入と各種割引

船着場のすぐ近くにあるチケット売り場でチケットを購入する。有効期間中のユーレイルグローバルパス、ユーレイルジャーマンレイルパス（→ P.526）所持者は、KD社が運航するケルン〜マインツ間の定期観光船が20％割引になるので、パスを提示して購入する。ほかに、シニア割引（65歳以上。要パスポート提示）、学生割引（27歳未満）などがある。

●ライン川のフェリー

ライン右岸は普通列車と貨物列車が多く走るローカルな路線だが、リューデスハイム、ブラウバッハなどの町を訪れるときに利用する。リューデスハイム〜ビンゲン間、ザンクト・ゴアルスハウゼン〜ザンクト・ゴアール間にはフェリー Fähre が運航（歩行者片道€2.90）。ほんの数分だけの船旅も楽しい。

人も自転車も運んでくれるフェリーを利用できる

●川辺の標識を目印に

ラインの岸には、ライン川が流れ出すボーデン湖岸の町コンスタンツからの距離を示す数字（ラインキロメーターという）が書かれており、これを目印にすると 554 と 555 の間に LORELEY と岸辺に書かれた岩山を見つけられるはず。

ザンクト・ゴアルスハウゼンの町の岸辺には 556 の数字が

KDライン観光船のおもな船着場の時刻表

2024年4/27〜10/6有効
（区間の短い一部の便は省略）　KDライン観光船の公式サイト ■ www.k-d.com

毎日	★火〜日	火〜日	毎日	船着場	毎日	火〜日	毎日	★火〜日
	9:00			コブレンツ Koblenz				20:00
	10:05			ブラウバッハ Braubach				19:15
	11:00			ボッパルト Boppard				18:50
10:45	12:10	13:00	16:00	ザンクト・ゴアルスハウゼン St. Goarshausen	10:45	12:50	16:00	18:05
10:55	12:20	13:15	16:10	ザンクト・ゴアール St. Goar	10:55	13:15	16:10	17:55
11:25	12:50	13:50	16:40	オーバーヴェーゼル Oberwesel	10:20	12:20	15:35	17:35
11:40	13:05	14:05	16:55	カウプ Kaub	10:10	12:10	15:25	17:25
12:05	13:30	14:30	17:20	バッハラッハ Bacharach	10:00	12:00	15:15	17:15
13:05	14:30	15:30	18:20	アスマンスハウゼン Assmannshausen	9:30	11:30	14:45	16:45
13:35	15:00	16:00	18:50	ビンゲン Bingen	9:15	11:15	14:30	16:30
13:50	15:15	16:20	19:00	リューデスハイム Rüdesheim	9:00	11:00	14:15	16:15
	17:35			エルトヴィレ Eltville			10:00	
	18:10			ヴィースバーデン Wiesbaden			9:30	
	18:40			マインツ Mainz			9:15	

花火大会などのイベント開催時は、時刻変更の場合あり。
★印は外輪蒸気船ゲーテ号による運航。

デッキの上で風景を楽しもう

ライン川の楽しみ方ハイライト

見どころがいっぱいのライン川。
船を降りて、歩いてみたい町や古城、雄大な流れを見下ろす展望台など
ライン川をより多角的に楽しめる場所を紹介しよう。

世界遺産登録の絶景が次々と現れる

川の中に見える細い塔がねずみの塔

町
ライン川の船旅のスタート
MAP ◆ P.51-B3

ビンゲン
Bingen am Rhein

ナーエ川がライン川に合流する地点に開けた町で、マインツ方面からのライン下りのスタート地として訪ねる人が多い。船着場は、**ビンゲン・シュタット駅Bingen Stadt**のすぐ北側にある。

町外れのライン川の中州に建つ小さな塔は**ねずみの塔Mäuseturm**といい、中世に税関として建てられた後、船の信号灯として使用された。内部の見学はできない。

行き方 ビンゲンにはふたつの駅があり、マインツ方面から来るとBingen Stadt、Bingen Hbf.の順に停車する。ライン川の船着場に近いのはBingen Stadt駅のほうで、マインツから普通列車で所要約30分。

城
川に浮かぶ船のような城
MAP ◆ P.90

プファルツ城
Burg Pfalzgrafenstein

ライン川の通行税徴収のために、1327年に建造された城で、内部の見学ができる。リューデスハイムから私鉄VIA（RMV交通連合に所属しており、鉄道パス類有効）で約15分の**カウプKaub**下車、カウプの船着場から城へ渡るフェリーがあり、観光シーズン中は30分に1本程度の運航。

🌐 burg-pfalzgrafenstein.de
🕐 3/15 ～ 10/31 木～日 10：00 ～ 12：45、14：00 ～ 15：45
11 月、2/1 ～ 3/14 は土・日・祝のみで 15：45まで。いずれも入場は各閉館時の 45 分前まで。12・1月は閉館、フェリーも運休。ライン川増水・渇水時は閉館
💰 フェリー代込み€ 7、学生€ 6

ライン川の中州に建つプファルツ城

バッハラッハの船着場から見えるシュターレック城

城
古城のユースホステルに泊まれる
MAP ◆ P.90

シュターレック城
Burg Stahleck

12世紀に歴史を遡る古城。古城ホテルに泊まる余裕がない学生たちに人気のユースで、夏は予約して行ったほうがよい。マインツからRE（快速）で約30分の**バッハラッハBacharach**下車、町から山道を15 ～ 20分上る。

🏠 ユーゲントヘアベルゲ・ブルク・シュターレック
Jugendherberge Burg Stahleck
🏡 Burg Stahleck　D-55422 Bacharach
☎ (06743) 1266
🌐 www.jugendherberge.de
💰 €29.80～　Ⓣ€78～
12/24～26休業。 カード MV Wi-Fi 無料

[展望台]
ロマン派の詩の舞台 MAP◆P.50-A2

ローレライ *Loreley*

ローレライとは、ライン川に突き出た岩山の名前で、「妖精の岩」という意味がある。このあたりは、ライン川の川幅が急に狭まるうえに急カーブ、さらに川底には岩礁があり、目の前に高さ約130mの岩壁が突き出ているという難所だったため、船の転覆事故が絶えなかった。

これらの事故は妖精や山の精が引き起こすという伝説があったといわれるが、岩山の上で歌う妖しい乙女の歌声が、船乗りを惑わし転覆させるという話は、19世紀にロマン派の詩人たちによって生まれた。特にハイネの詩に、ズィルヒャーが曲を付けた歌曲は有名で、ローレライの名が広く知れ渡った。

中州の先端に立つローレライの乙女の像

その岩山の上に登って、ぜひローレライの詩の舞台を歩いてみよう。**ザンクト・ゴアルスハウゼンSt. Goarshausen**からローレライ行きのバスが出ている。バスの終点で降りると、ラインの雄大な流れとブドウ畑のすばらしいパノラマが広がっている。500mほど離れた所に**ローレライセンター Besucherzentrum Loreley**が建ち、ラインの自然や文化についての展示がある。

対岸は、古城ホテルにもなっているラインフェルス城がそびえる町、**ザンクト・ゴアールSt. Goar**だ。

ハイネの詩にうたわれたローレライの岩壁

[行き方]ライン川遊覧船でSt. Goarshausen下車、船着場の近くから出るローレライ行き535番のバスで所要13分、終点Loreley Besucherzentrum下車。平日１時間に1本の運行。岩壁まではさらに約600m歩く。
鉄道でザンクト・ゴアルスハウゼンへ行く場合は、マインツからRB（普通列車）で所要約1時間のSt. Goarで下車し、ライン川のフェリー（€2.30）を利用して対岸のザンクト・ゴアルスハウゼンへ渡る。

●ローレライセンター
[住]Loreley 7　[URL]loreley-touristik.de　[開]4～10月の10：00～17：00（オフシーズンは短縮または休業の場合あり）　[料]€2.50

ゲデオンスエックから見たライン川の大蛇行

[町][展望台] MAP◆P.50-A2
ライン川が大きくうねる

ボッパルト *Boppard*

ライン川沿いのプロムナードには、白亜のホテルが建ち、優雅な雰囲気。

町外れから出ているチェアリフトに乗り、山上の乗り場から標識に従って5分ほど歩くと、大きく蛇行して流れるライン川を一望できる**ゲデオンスエックGedeonseck**の展望カフェテラスに出る。ここからのライン川の雄大な姿は、一見の価値あり。

[行き方]コブレンツからRE（快速）で約10分。
●チェアリフト
[URL]sesselbahn-boppard.de
運行：4～10月10：00～17：00（4/16～9/30は～18：00）
[休]11～3月、荒天時　[料]往復€10

おすすめのホテル
[H]ベルビュー・ラインホテル Bellevue Rheinhotel
[住]Rheinallee 41　D-56154 Boppard
☎(06742) 1020　[URL]www.bellevue-boppard.de
[料]Ⓢ€98～　Ⓣ€123～　朝食別€13.50
[カード][A][D][J][M][V]　[Wi-Fi]無料
ライン川に面した4つ星ホテル。ライン川側の部屋をリクエストしたい。

リフトは約20分乗るので、天候によって防寒、日焼け対策を

城
山上にそびえる歴史的名城　　**MAP◆P.50-A2**

マルクスブルク城　*Marksburg*

　山上にそびえるこの城は、13世紀前半に起源を遡る。中部ライン川地域で、唯一破壊を免れた城で、中世の姿を完全に残す名城として知られる。大広間、礼拝堂、居間、牢獄、武具室などをガイドツアーで見て回ることができる。

行き方 コブレンツから普通列車（VIA）で約15分の**ブラウバッハBraubach**下車。ブラウバッハの町から城まで歩いて上ると20～30分。
囲Marksburg　D-56338 Braubach　**URL** www.marksburg.de
圏4～10月10：00～17：00、11～3月11：00～16：00
困12/24・25　**圏**€11
見学は城内ガイドツアー（ドイツ語または英語）のみで所要約50分。

難攻不落の堅固な姿で今も建つマルクスブルク城

修道院　　**MAP◆P.51-B3**
名産のワインで知られる

エーベルバッハ修道院　*Kloster Eberbach*

　エルトヴィレEltvilleの町の郊外にある1136年創立の旧シトー派修道院。ロマネスクと初期ゴシック様式を見ることができる。内部は回廊をはじめ、礼拝堂、瞑想堂、修道僧の寝室、ワイン搾取の間、ワイン樽を置いたケラーなどが見学できる。300ヘクタールを超える付属のブドウ園でワインを生産しており、現在はヘッセン州立のワイン販売所を併設している。この修道院を舞台に、映画『薔薇の名前』が撮影されたことでも知られる。

ワインの生産と販売で知られるエーベルバッハ修道院

行き方 ヴィースバーデンから普通列車（VIA）で所要約15分のエルトヴィレEltvilleまで行き、172番のバスで約20分、終点のHattenheim Kloster Eberbach下車すぐ。
囲Kloster Eberbach　D-65346 Eltville
URL www.kloster-eberbach.de
圏4～10月　10：00～19：00（土・日は9：00～）
　　11～3月　11：00～18：00（土・日は10：00～）　入場は閉館30分前まで
困カーニバルの月曜、12/24・25　**圏**€16、学生€13
チケット売り場の隣に広いワイン販売所がある。

左上／修道院の先にある大きなワイン販売所でワイン選びも楽しめる　左／2階には修道院の歴史を展示する博物館もある　上／歴史あるケラーとワインプレス機

コブレンツ

Koblenz

ライン川とモーゼル川を見渡せるコブレンツ・ロープウエイ

ドイチェス・エックの先端ではためくドイツ国旗

ベルリン●
コブレンツ
★
フランクフルト●
ミュンヘン●

MAP ◆ P.50-A2

人　口	11万3600人
市外局番	0261

ACCESS

鉄道：IC、ICE特急でフランクフルトから約1時間20分、マインツから約50分、ケルンから約1時間5分。

❶コブレンツの観光案内所
Ⓔ Zentralpl.1
　 D-56068 Koblenz
（フォーラム・コンフルエンテスForum Confluentesというショッピングビル内）
⊠Map P.96-A1
☎(0261) 1291610
🔗www.koblenz-touristik.de
🕐10：00～18：00
⊗12/25・26、1/1など一部の祝日

●**コブレンツカード**
KoblenzCard
市内のバスに有効で、おもな博物館などの入場が割引になる。€11～。❶で販売。

●**市内交通**
バスは1回乗車券Einzelfahrschein（1ゾーン）€2.50、1日乗車券Tageskarte€5.40～。中央駅からライン観光船発着場やドイチェス・エック、コブレンツ・ロープウエイ乗り場へは、中央駅の向かい側にあるバスターミナルからAltstadt方面行きの1番のバスでDeutsches Eck/Seilbahn下車。

ライン川とモーゼル川が合流する地点に位置するコブレンツは、ヨーロッパの水上交通の要衝であり、古くから発展した。2000年以上前に町を建設したローマ人は、ここを「コンフルエンテス（合流地点）」と呼んだ。これがコブレンツの語源。

古くから軍事的にも重要な場所であったため、町の周囲には堅固な要塞が築かれた。なかでも最大のエーレンブライトシュタイン城塞に上れば、壮大なライン川の眺めが堪能できる。

🔎 歩き方

コブレンツは、ライン川とモーゼル川の観光船の起点（終点）となっており、船で到着（出発）する場合もあるだろう。船着場と中央駅の間は、かなり離れていて、歩くと40分ぐらいかかるので、駅へ直行するなら1番のバスを利用するほうがよい。

ラインとモーゼルの合流点ドイチェス・エック

鉄道で到着した場合は、コブレンツ中央駅を出て北へ延びる**レーア通りLöhrstr.**を進む。ヘルツ・イエズ教会を過ぎると、大型ショッピングセンターのレーアセンターやフォーラム・ミッテルラインが建つエリアとなり、❶は**フォーラム・コンフルエンテスForum Confluentes**というビルの中にある。このビルには、**中部ライン博物館Mittelrhein-Museum**も入っている。

コブレンツの旧市街は、ロマネスク様式の**聖母教会Liebfrauenkirche**が背後に見える**プラン広場Am Plan**や、

聖母教会の双塔が背後に見えるプラン広場

少年像の口から突然水が噴き出すシェンゲルの泉

中世の貨幣鋳造所があった**ミュンツ広場Münzplatz**の周辺で、にぎやかなショッピングストリートと、落ち着いた路地が入り組んでいる。**市庁舎Rathaus**の建物のアーチをくぐり裏側に行くと、ドイチェス・エックと並ぶコブレンツの名所のひとつ腕白小僧**シェンゲルの泉Schängelbrunnen**があり、突然水を吹きかけてくるので要注意。

合流地点のドイチェス・エック周辺は散歩道や緑豊かな公園になっていて、ここからライン川の上をコブレンツ・ロープウエイに乗って、対岸にそびえるエーレンブライトシュタイン城塞まで行き、コブレンツを眺めるのも楽しい。

18世紀後半、フランス古典主義建築で建造された選帝侯の城

ライン川沿いを南下すると庭園に囲まれた**選帝侯の城Kurfürstliches Schloss**が建つが、現在は会議場などとして使用されており、内部の見学はできない。

コブレンツ
KOBLENZ

おもな見どころ

ライン川とモーゼル川の合流点ドイチェス・エック
Deutsches Eck ★★

ドイツ人は、ドイツを代表する大河を「父なるライン川、母なるモーゼル川」と表現する。その2本の川が合流する地点に突き出た三角の先端の部分は「ドイツの角」という意味のドイチェス・エックと呼ばれる。ここには、23mの

ヴィルヘルム1世の騎馬像の上から見たドイチェス・エック

高さの台座(107段の階段)の上に高さ14mのドイツ皇帝ヴィルヘルム1世の巨大な騎馬像が立っている。この像は第2次世界大戦で爆撃を受けて破壊されたが、1993年に再建された。現在は、ドイツの再統一と平和のモニュメントとして、近くにベルリンの壁の一部も保存されている。

見晴らし最高のエーレンブライトシュタイン城塞
Festung Ehrenbreitstein ★★

エーレンブライトシュタインは、コブレンツからライン川を渡った対岸の町。

小高い山の上にそびえる城は、11世紀にトリーア大司教の所有となり、改築や拡張を繰り返して16世紀には城塞

ライン川の上にそびえる城塞

としての堅固な装備を整えた。1801年に破壊されたが、その後再建。城塞の庭からは、コブレンツの市街はもちろん、ライン川とモーゼル川の流れが一望できる。

建物の一部は**州立博物館 Landesmuseum**とユースホステルになっている。

●ドイチェス・エック
◯Map P.96-A2

台座部分に登ることができる

●コブレンツ・ロープウエイ
ドイチェス・エックの近くに乗り場があり、ライン川の上を渡ってエーレンブライトシュタイン城塞まで上ることができる。
🔗www.seilbahn-koblenz.de
🕐運行時間はほぼ毎日変わるので、上記サイトでチェックを。　冬期休業
💴片道€11、往復€14.90
エーレンブライトシュタイン城塞入場と往復のコンビチケット€19。

川の合流点がよく見える

●エーレンブライトシュタイン城塞
◯Map P.96-A2
中央駅から9/19、460番のバスで約20分のEhrenbreitstein Festungsaufzug/ DJHで下車すると、城塞まで斜めに移動するエレベーター Schrägaufzug (Festungsaufzug)(片道€4、往復€6)がある。
🔗tor-zum-welterbe.de
🕐10:00～18:00(11～3月は～16:00)
休12/24・31　💴€8

ケーブルカーのようだがエレベーター

FESTIVAL ★

ライン川沿いの夏のイベント、ラインの火祭り

古城のライトアップを背景に、炎のような花火が打ち上げられる、幻想的な祭りがラインの火祭り Rhein in Flammen だ。毎年5月から9月にかけて、コブレンツをはじめライン川沿いのいくつかの町で開催される。岸辺では多くの人が音楽やワインを楽しみながら盛り上がるだけでなく、華やかなイルミネーションで飾った見物用の遊覧船も多数やってくる。花火の打ち上げ時刻は遅いので、開催する町に宿泊しよう。詳しい日程等は下記サイトへ。
🔗www.rhein-in-flammen.com

エーレンブライトシュタイン城塞から打ち上げられる花火

● エルツ城

行き方 コブレンツから、コッヘム、トリーア方面行きのRB（普通列車）で所要27分のハッツェンポルトHatzenport下車。駅前から4/1～11/1のみ運行する365番のバスに乗り、所要25分のエルツ城下の駐車場（停留所名はBurg Eltz）で下車。駐車場から城の入口までは徒歩約20分、またはシャトルバスPendelbus（€2）で行く。
住 D-56294　Wierschem
URL 4/1～11/1
開 4/1～11/1
　　毎日　9：30～17：30
　（入場は17：00まで）
料 城と宝物館€14、学生€7
見学は城内ガイドツアーで所要40分。日本語のガイドツアーはないが、フライヤーをもらえる。宝物館は自由見学可（18：15まで）。

近郊の見どころ

静かな山中にそびえる名城 **エルツ城**
Burg Eltz
MAP◆P.50-A2

　モーゼル川支流のエルツ川を少し遡った深い森の中にそびえるエルツ城は、12世紀半ばに建てられた。マルクスブルク城（→P.94）と同様に一度も陥落したことがないので、後期ロマネスク時代の居室部分が残り、中世の古城の美しさを保っている。

　800年以上にわたって同じ家系によって所有され続けているというのも珍しく、現在の城主はエルツ家の34代目に当たる。

ドイツ中世の古城の中でも指折りの美しさ

庭には眺めのいいレストランもある

ロマネスクの **マリア・ラーハ修道院**
Kloster Maria Laach
MAP◆P.50-A2

● マリア・ラーハ修道院

行き方 コブレンツからRB（普通列車）で約20分のアンデルナッハAndernachまで行く。駅前のバス停から395番のバスで所要35分、Maria Laach Kloster/Parkplatz下車。ほかにMendigで列車を降りて810番のバスに乗り継ぐ方法もある。
住 D-56653　Maria Laach
URL www.maria-laach.de
付属教会
開 5：00～20：00（ただし礼拝の時間は見学不可）

　アイフェル地方のマール（火山湖）のひとつラーハ湖Laacher Seeのほとりに、1093年創立のマリア・ラーハ修道院が建っている。ロマネスク様式の造形が残るベネディクト派の修道院

典型的なロマネスク様式の修道院

では、今も約60名の修道士が祈りと労働の日々を送っている。修道院の歴史を20分ほどのフィルムで紹介するホールと付属教会を見学できる。マリア・ラーハ修道院は園芸に力を入れていることで知られ、温室のような修道院直営の店で植物を販売している。

INFORMATION　ドイツを代表するサーキット、ニュルブルクリンク

　コブレンツから西へ約60kmにあるニュルブルク（◎ Map P.50-A1）には、2013年までF1グランプリが開催されたサーキット、**ニュルブルクリンクNürburgring**（URL nuerburgring.de）がある。ここには1984年新設のGP（グランプリ）コースに加えて、1927年に造られて1976年までF1が開催されていた**北コースNordschleife**がある。北コースは全長21km、山あり谷ありのロングコースで、一般開放（夏期の数日のみ）されている。ニュルブルクリンクのサイトから登録し、申し込めば、GPコース1周€35、北コース€30～（金～日曜は€35～、＋保険料など加算）で走ることが可能。自分で運転する自信がない人には、「世界最速のタクシー」の異名をもつ、**リンク・タクシー Ring-Taxi**（4～10月のみ運行。URL www.ringtaxi.com）をチャーターすれば、BMWやポルシェで高速走行の醍醐味が味わえる。ただしチケットは発売後すぐ売り切れるほどの人気。

　もうひとつのかつてのF1サーキットは**ホッケンハイムHockenheim**（◎ Map P.138-B1　URL www.hockenheimring.de）にあり、ポルシェのドライビング体験ができるポルシェ・エクスペリエンスセンターもある。

おすすめのレストラン&ホテル RESTAURANT & HOTEL

[R] ワインドルフ
Weindorf　MAP ◆ P.96-B2

[住]Julius-Wegeler-Str. 2
☎(0261)1337190
[URL]www.weindorf-koblenz.de
[営]水～金17：00～、土12：00～、日11：00～(季節により変更あり)　[休]月・火　[カード] [A]

選帝侯の城の南側、橋のたもとにある大きなワインレストラン。ラインとモーゼルのワインが1杯€5程度から飲める。フラムクーヘンFlammkuchenというドイツ風のピザはワインやビールによく合う。大型サイズで各種あり。ネギ、ベーコン、チーズ入りのクラシックは€16.50。名物のワインドルフテラー Weindorf-Tellerは、豚の背肉のステーキにポテト炒めとシャンピニオン添えで€23.90。

[C] カフェーヴィルトシャフト
Kaffeewirtschaft GmbH　MAP ◆ P.96-A1

[住]Münzplatz 14 / Paradies 1
☎(0261)9144702
[URL]www.kaffeewirtschaft.de
[営]火～木9：00～24：00、金・土～翌2：00、日10：00～24：00　[休]月　[カード]不可

1911年創業のウィーン風のカフェハウス。落ち着いたムードでゆったりくつろげる。食事のメニューも多いので、ランチやディナーにも使える。写真はホウレン草とチーズ入りのパンケーキSpinat-Pfankuchen€15.50。

[H] Gホテル
G Hotel　MAP ◆ P.96-B1

[住]Bahnhofplatz/ Neverstr. 15　D-56068
☎(0261)2002450　[URL]www.ghotel.de
[料]Ⓢ€135～　Ⓣ€155～　朝食別€18　[カード] [A][D][M][V]
[Wi-Fi] 無料

駅前広場に面したホテル。ドイツ各地にチェーンホテルとして展開している。全120室。エアコン付き。冷蔵庫なし。

[H] メルキュール
Mercure　MAP ◆ P.96-B1

[住]Julius-Wegeler-Str. 6　D-56068
☎(0261)1360　[URL]www.mercure-koblenz.de
[料]Ⓢ€124～　Ⓣ€133～　朝食別€22　[カード] [A][D][J][M][V]
[Wi-Fi] 無料

ライン川や選帝侯の城に近い4つ星のチェーンホテル。168室ある大型ホテルでモダンな設備。全室禁煙。

[H] ブレンナー
Brenner　MAP ◆ P.96-B1

[住]Rizzastr. 20-22　D-56068　☎(0261)915780
[URL]hotel-brenner.de
[料]Ⓢ€106～　Ⓣ€150～　朝食別€16　[カード] [A][M][V]
[Wi-Fi] 無料

駅から旧市街がある北の方向へ歩いて約10分。24室の中級ホテル。1月は休業あり。

[H] ホーエンシュタウフェン
Hohenstaufen　MAP ◆ P.96-B1

[住]Emil-Schüller-Str. 41-43　D-56068
☎(0261)30140
[URL]hohenstaufen.de
[料]Ⓢ€125～　Ⓣ€158～　朝食別€16.90
[カード] [A][M][V]　[Wi-Fi] 無料

駅から徒歩約5分、静かな環境。50室の中級ホテル。部屋の設備は簡素。

[H] ハム
Trip Inn Hamm　MAP ◆ P.96-B1

[住]St.-Josef-Str. 32　D-56068　☎(0261)303210
[URL]tripinn-hotels.com/koblenz
[料]Ⓢ€79～　Ⓣ€99～　朝食別€12　[カード] [A][D][M][V]
[Wi-Fi] 無料

駅から歩いて約5分。安いが部屋は清潔。全60ベッド、全室禁煙。

[JH] ユーゲントヘアベルゲ
Jugendherberge　MAP ◆ P.96-A2

[住]Auf der Festung Ehrenbreitstein　D-56077
☎(0261)972870
[URL]www.diejugendherbergen.de
[料]€29.80～、27歳以上は€5追加。　[カード] [M][V]
[Wi-Fi] 無料

エーレンブライトシュタイン城塞の敷地内にある。中央駅からユースの最寄り駅であるエーレンブライトシュタイン駅Koblenz-Ehrenbreitsteinへ行く列車は1時間に1本ぐらいしかないので、バス(9/19または460番)がおすすめ。Ehrenbreitstein Festungsaufzug/ DJHで下車するとすぐ前に城塞へ上る斜めのエレベーターがあり(市内有効のバス乗車券があれば無料)、ユースのある建物のすぐ前に行ける。全室シャワー、トイレ付き。12/24～26は休業。

大聖堂の塔

王冠のような美しい大聖堂のある町

リンブルク

Limburg an der Lahn

MAP ◆ P.51-A3

人　口　3万5700人

市外局番　06431

[ACCESS]
鉄道：RE（快速）でコブレンツから約55分、フランクフルトから約1時間5分。

ⓘリンブルクの観光案内所
[住]Barfüßerstr. 6　D-65549
Limburg an der Lahn
☎(06431)6166
[URL]www.touristinfo-limburg.de
[開]月～金　10：00～17：00
土　10：00～16：00
4～10月のみ日11：00～15：00もオープン

●大聖堂
[URL]dom.bistumlimburg.de
[開]4～10月　8：00～19：00
11～3月　9：00～17：00

大聖堂とラーン川の流れ

リンブルクは、ライン川の支流ラーン川がヴェッツラーからコブレンツまで形成するラーン渓谷の中間に位置する美しい町だ。

駅から歩行者天国の**バーンホーフ通りBahnhofstr.**を突き当たりまで行き、ここから狭い小路を右(左からも行ける)に、坂や階段を上っていくと**大聖堂Dom**に行き着く。

小高い丘の上に王冠を頂いたようにそびえ立つリンブルクの大聖堂は、13世紀前半のロマネスク様式からゴシック様式の過渡期に築かれている。外観は、ライン川流域のロマネスク様式の教会の特徴を今日に色濃く伝えているが、内部は19世紀に改造されている。大聖堂の至宝で10世紀のビザンチンの作品**リンブルクの十字架箱Limburger Staurothek**や彫刻のコレクションは**ドーム通りDomstr.**にある**司教区博物館Diözesanmuseum**に展示されている。旧市街には、保存状態のよい中部ドイツ独特の木組みの家が数多く残っている。

見事な木組みの家が並ぶ旧市街

おすすめのホテル HOTEL

[H] ドーム・ホテル
DOM Hotel

[住]Grabenstr. 57　D-65549
☎(06431) 9010
[URL]www.domhotellimburg.de
[料]Ⓢ€91～　Ⓣ€114～　朝食別€21
[カード] [A][D][M][V]
[Wi-Fi] 無料

旧市街の入口にある、エレガントなインテリアの4つ星ホテル。全48室。

[JH] ユーゲントヘアベルゲ
Jugendherberge

[住]Auf dem Guckucksberg　D-65549
☎(06431) 41493　[URL]www.jugendherberge.de
[料]€37.10～(27歳以上は€44.60～)　[カード] [M][V]
[Wi-Fi] 一部利用可(無料)

町の南にあるEduard-Horn-Parkという自然公園の中にあるので、明るいうちに到着を。中央駅(バスターミナルZOB-West)からLM-4番のバスでAm Hammerberg/DJH下車(日曜運休)。要予約。

ヴォルムス

Worms

ロマネスク様式が残る大聖堂

ヴォルムスの大聖堂

ベルリン●

フランクフルト●
★ヴォルムス

ミュンヘン●

MAP ◆ P.51-B3

人　　口	8万3800人
市外局番	06241

ACCESS

鉄道：マンハイムから普通列車で20分。マインツからRE（快速）で約25分。

❶ヴォルムスの観光案内所
🏠Neumarkt 14
D-67547 Worms
☎(06241) 8537306
🌐www.worms-erleben.de
🕐4〜10月
　月〜金　　　9:00〜18:00
　土・日・祝　10:00〜14:00
　11〜3月
　月〜金　　　9:00〜17:00

●大聖堂
🕐月〜金　　9:00〜17:45
　土　　　　9:00〜17:30
　日　　　12:45〜16:45
　（冬期は月〜土10:00〜16:45、日11:30〜16:45）
　日曜の午前など、礼拝中の見学は不可。
🎫無料だが、文化財保護のため、€1ほどの寄付を。

🌐 **世界遺産**

シュパイヤー、ヴォルムス、マインツの中世ユダヤ人共同体遺産群（2021年登録）
登録の3都市は、中世の中央ヨーロッパでユダヤ人コミュニティの中心地だった。ユダヤ人の歴史を物語る、シュパイヤーのユーデンホーフ、ヴォルムスのシナゴーグ地区、ヴォルムスとマインツのユダヤ人墓地などがあわせて登録された。

静かなユダヤ人墓地

　中央駅を背に東南に延びる歩行者天国の**ヴィルヘルム・ロイシュナー通りWilhelm-Leuschner-Str.**を200mほど進むと、昔の堀を埋め立てた公園に、16世紀の宗教改革者**ルターの記念像Lutherdenkmal**がある。皇帝カルロス5世の呼び出しに応じて、ヴォルムスの宗教会議に現れたマルティン・ルターを記念して1868年に造られた。

　ルターの記念像から南へ歩くと、12世紀から13世紀にかけて建造された、ドイツでも数少ないロマネスク様式の**大聖堂Dom St. Peter**がある。ゴシック様式の南側の入口上部には、聖母マリアの戴冠がレリーフで彫られ、同じ入口の裏側には、最後の審判の場面が彫り込まれている。ヴォルムスは宗教会議が開催された町だけあって、大聖堂のほかにも教会が多い。ヨーロッパで最古に属する**ユダヤ人墓地Judenfriedhof**もあり、いちばん古いもので1076年の墓が残っている。

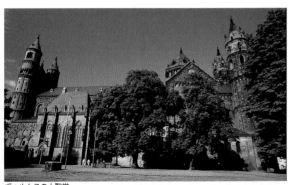

ヴォルムス中央駅 Siegfriedstr.
Hauptbahnhof

ヴォルムス WORMS

0　50　100m

┅┅ 観光モデルルート

マルティン教会 Martinskirche

Ludwigsplatz

ルターの記念像 Lutherdenkmal

Obermarkt

ドームH

ヘイルスホーフ美術館 Kunsthaus Heylshof

Central H

ユダヤ人墓地 Judenfriedhof

大聖堂 Dom St. Peter

Dreifaltigkeitskirche

マルクト広場 Marktplatz

市庁舎 Rathaus

Domplatz

Magnuskirche　Jugendgästehaus

MEMO ドーム・ホテル Dom Hotel（🏠Obermarkt 10　🌐dom-hotel.de）は、町の中心部にあって観光に便利な中級ホテル。Ⓢ€109〜、Ⓣ€148〜と料金も手頃。WiFi 無料

塔が美しい城

古城とブドウ畑に囲まれた小さな町
コッヘム
Cochem

MAP ◆ P.50-A2

人　口　5200人
市外局番　02671

ACCESS

鉄道：コブレンツからRE快速で約35分。

❶コッヘムの観光案内所
🏠 Endertplatz 1　D-56812 Cochem
☎(02671)60040
URL www.ferienland-cochem.de
🕐月～金　9：00～17：00
　（11～3月は9：00～13：00、
　14：00～17：00)

●ライヒスブルク城（コッヘム城）
URL reichsburg-cochem.de
🕐9：00～17：00
　冬期は短縮されるので上記サイトで要チェック。
💴€8.50
❶前のバス停から城の下までシャトルバスが運行している。

ブドウ畑に囲まれたワインの名産地コッヘム。列車で到着したら、モーゼル川沿いの道を、駅を背に、右（南）へ10分弱歩いていくと、橋の手前に❶がある。❶の先の広場から町の中心部となり、レストランやワインを売る店が並ぶ、細い石畳のBernstr.

ワインがおいしいレストランやカフェが並ぶマルクト広場

を上っていくと町の中心**マルクト広場Markt**に出る。

高台にそびえる**ライヒスブルク城Reichsburg**は、所要約40分のガイドツアーで見学する。説明はドイツ語だが、日本語のパンフレットを貸してくれる。

ライヒスブルク城からの眺め

マルクト広場の家々

モーゼルワインがおいしい中世の町
ベルンカステル・クース
Bernkastel-Kues

MAP ◆ P.50-B2

人　口　7100人
市外局番　06531

ACCESS

鉄道：コブレンツからRE快速で約1時間のヴィットリッヒWittlichで下車。そこからBernkastel-Kues行きのバスに乗り換えて約30分、Forum, Bernkastel-Kues下車。

❶ベルンカステル・クースの観光案内所
🏠 Gestade 6　D-54470
　Bernkastel-Kues
☎(06531) 500190
URL www.bernkastel.de
🕐復活祭～10月
　月～金　　9：00～17：00
　土　　　10：00～14：00
　11・12月
　月～金　　9：30～16：00
　1・2月
　月～金　　9：30～15：00

モーゼル川を挟んでベルンカステルとクースというふたつの町からなる。ベルンカステル側にある**マルクト広場Marktplatz**に面して建つルネッサンス様式の**市庁舎Rathaus**は1608年に、**ミヒャエルの噴水Michaelsbrunnen**は

モーゼル川の岸辺に広がる町

1606年にできた歴史的なもの。この広場を中心に、狭い路地に建ち並ぶ木組みの家々を見たり、おいしい地元産のワインを飲ませてくれるワインレストランに立ち寄りたい。南側のブドウ畑の上には、13世紀の古城**ランツフート城Burg Landshut**が建ち、絶好の展望台になっている。

クース側では、祭壇画の美しい教会がある**ザンクト・ニコラウス養老院St. Nikolaus-Hospital/Cusanusstift**と、その隣にある**ワイン博物館Weinmuseum**が必見。

投稿 コッヘムで泊まったホテルを推奨します。Hotel Karl Müller（🏠Moselpromenade 9 D-56812 Cochem）はモーゼル川に面した部屋からの眺めやレストランの雰囲気がよく、スタッフも皆さん親切でフレンドリーでした（東京都　庸子　'23）['24]

ローマ時代の遺跡が散在する

トリーア

Trier

静けさが満ちている
回廊と中庭

ベルリン
フランクフルト
★トリーア
ミュンヘン

MAP ◆ P.50-B1

人 口	11万500人
市外局番	0651

ACCESS
鉄道：コブレンツからRE快速で1時間25分。

ⓘ**トリーアの観光案内所**
⊞Simeonstr. 60
D-54290 Trier
☎(0651) 978080
www.trier-info.de
開3〜12月
　月〜土　　　　9：30〜18：00
　日・祝　　　10：00〜17：00
　1・2月
　月〜土　　　10：00〜17：00

世界遺産
トリーアのポルタ・ニグラ/
大聖堂/聖母教会
（1986年登録）

●市内交通
市内交通（バス）の1回乗車券
Einzel Ticketは€2.50。

●大聖堂
開4〜10月　6：30〜18：00
　11〜3月　6：30〜17：30
※礼拝中は見学不可。

「黒い門」を意味するポルタ・ニグラ

　トリーアは、2000年の歴史をもつドイツ最古の町。ドイツにあるローマ時代の遺跡としては最も貴重なポルタ・ニグラ（黒い門）をはじめ、ローマ時代の大浴場跡や古代円形劇場など、多くの価値あるローマ遺跡が町のあちこちに散らばっている。

🧭 歩き方 〜〜〜〜〜〜

　町の見どころは中央駅とモーゼル川の間にある旧市街に集まっているので、歩いて十分回れる。
　中央駅前の**Theodor-Heuss-Allee**を、緑地帯に沿って真っすぐ歩いていくと、10分

美しい建物に囲まれた中央広場

ほどで左側に黒く巨大な石の門、**ポルタ・ニグラPorta Nigra**が見えてくる。この門が旧市街の入口。ポルタ・ニグラの上に上るとモーゼル川の流れと町の様子がよくわかる。
　ポルタ・ニグラから南へ延びる歩行者天国のSimeonstr.を300mほど行くと、真ん中に紀元958年に建てられたマルクトの十字架が立つ**中央広場Hauptmarkt**に出る。

　中央広場からSternstr.を東に行くと、正面に堂々とした初期ロマネスク様式の**大聖堂Dom**がそびえ、その右隣には13世紀中頃に造られ

壮大なロマネスク様式の大聖堂

大聖堂から聖母教会への扉にあるロマネスクのティンパヌム（1180年頃）

投稿にあったレーヴェン薬局Löwen Apotheke（⊞Hauptmarkt 6）へ行きました。1241年から続くドイツ最古の薬局ですが、中は現代的な内装。肌が乾燥してたので、ヴェレダのベビーローションを記念に買いました。（東京都　月子 '24）

103

たゴシック様式の**聖母教会Liebfrauenkirche**が建っている。ふたつの教会が面するLiebfrauenstr.を南へ道なりに進んでいくと、緑と水の美しい**宮殿公園Palastgarten**が左側に見えてくる。公園の

カイザーテルメン

そばには、古代ローマの美術品などを集めた**ライン州立博物館Rheinisches Landesmuseum**がある。公園の先の**カイザーテルメンKaiserthermen**は、4世紀に造られた皇帝の大浴場の跡。ここから西へ向かって緑地帯の続くKaiserstr.（Südallee）を600mほど行くと、もうひとつの大浴場跡**バルバラテルメンBarbarathermen**がある。

古代円形劇場Amphitheaterにも足を延ばしたい。ローマのコロッセオほどの迫力は望めないが、木々に覆われた劇場に立っていると、いにしえの歓声が聞こえてくるかもしれない。

古代円形劇場

トリーア
TRIER

N　0　100　200m

・・・・・ 観光モデルルート

メルキュール・ポルタ・ニグラ H
市立博物館　Stadtmuseum Simeonstift　i
ポルタ・ニグラ　Porta Nigra
レーミッシャー・カイザー H
中央郵便局
Theodor-Heuss-Allee
Oerenstr.
Moselstr.
Paulus Platz
Dietrichstr.
Stockpl.
Glockenstr.
Rindertanz
Christophstr.
Bahnhofstr.
Börnerstr.
Dewoarstr.
中央広場　Hauptmarkt
中央楼　Frankenturn
Park Plaza H
Sternstr.
大聖堂　Dom
Predigerstr.
Baldinstr.
トリーア中央駅　Trier Hauptbahnhof
Alter Kranen（古いクレーン）
Krahnenufer
Krahnenstr.
Windmühlenstr.
Johannisstr.
St.Gangolf S
レーヴェン薬局
Fleischstr.
Palaststr.
Brotstr.
聖母教会　Liebfrauenkirche
Ostallee
Mustorstr.
カール・マルクスの生家　Karl-Marx-Haus
Nagelstr.
Korn markt
Brücken str.
Konstantin platz
Basilika 宮殿　Kurfürstl. Palais
Bergstr.
Mosel
モーゼル川
Johannisuferler
Feldstr.
Karl-Marx-Str.
市庁舎　Rathaus
Fahrstr.
Viehmarkt platz
Jesuiten-Kirche
Neustr.
Weberbach
宮殿公園　Am Palastgarten
ライン州立博物館　Rheinisches Landesmuseum
Weimarer Allee
Schützenstr.
Römerbrücke
市立劇場　Stadttheater
Dietrichstr.
Hindenburgstr.
Europahalle
Saarstr.
Kaiserstr.
Südallee
Deutscher Hof
カイザーテルメン　Kaiserthermen
Hermesstr.
Hettnerstr.
Egbertstr.
Charlottenstr.
Kurfürsten str.
バルバラテルメン　Barbarathermen
Gilbertstr.
Eberhard str.
Gerberstr.
市営プール　Stadtbad
Olewiger Str.
古代円形劇場　Amphitheater
Bergstr.

おもな見どころ

トリーアの黒いシンボルポルタ・ニグラ [世界遺産]
Porta Nigra ★★★

2世紀後半に造られた城門。そのとき同時に町を取り囲む城壁も造られたが、現存するのはこのポルタ・ニグラだけだ。“黒い門”という意味の名のとおり、黒い砂岩のブロックを積み上げてできている。門に隣接して**市立博物館 Stadtmuseum Simeonstift** がある。この博物館のローマ風の回廊は、ドイツ最古のものといわれている。

市立博物館の回廊

●ポルタ・ニグラ
[住]Simeonstr. 60
[URL]www.zentrum-der-antike.de
[開]4～9月　9：00～18：00
10・3月　9：00～17：00
11～2月　9：00～16：00
（入場は閉館30分前まで）
[料]€4　アンティーケンカード（→P.104）有効

●市立博物館
[住]Simeonstr. 60
[URL]museum-trier.de
[開]火～日　10：00～17：00
[休]月、12/24・25・31、1/1
[料]€5.50、学生€4

カール・マルクスの生家
Karl-Marx-Haus ★

『資本論』で知られる経済学者、思想家、哲学者マルクス（1818～1883年）の生家。彼の出自から青春時代の様子を写真や書簡で展示。彼の理論が影響を及ぼした世界の歴史も解説。

1818年5月5日にこの家で生まれた

マルクスの横顔のレリーフ

●カール・マルクスの生家
[住]Brückenstr. 10
[URL]www.fes.de/museum-karl-marx-haus
[開]10：00 ～ 13：00
13：30 ～ 18：00
[休]12/24～26・31、1/1、カーニバルの月曜
[料]€5、学生€3.50

おすすめのホテル HOTEL

※宿泊料金の3.5％が宿泊税として加算される。

H メルキュール・ポルタ・ニグラ
Mercure-Porta Nigra　MAP◆P.104

[住]Porta-Nigra-Platz 1　D-54292
☎(0651) 27010　[URL]all.accor.com
[料]Ⓢ€103～　Ⓣ€123～　朝食別€19
[カード] [A][D][M][V]　[Wi-Fi] 無料

ポルタ・ニグラの真ん前に建つ近代的な高級ホテル。

H レーミッシャー・カイザー
Römischer Kaiser　MAP◆P.104

[住]Porta Nigra Platz 6　D-54292
☎(0651) 9770100　[URL]www.roemischer-Kaiser.de
[料]Ⓢ€81～　Ⓣ€124～　朝食別€10
[カード] [M][V]　[Wi-Fi] 無料

ポルタ・ニグラのすぐ近くで観光にも便利。向かいのAltstadt Hotelも同じ経営。

H ユーゲントヘアベルゲ
Jugendherberge　MAP◆地図外

[住]An der Jugendherberge 4　D-54292
☎(0651) 146620
[URL]www.diejugendherbergen.de
[料]€31.90～　Ⓣ€84.40（シングル使用€53.20）～
[カード] [M][V]　[Wi-Fi] 無料

中央駅から真っすぐTheodor-Heuss-Alleeを歩き、モーゼル川に突き当たったら、右へ折れる。川沿いの細い道を20分ほど歩いたら右側の木立の中にある静かなユース。4～6人部屋が基本だが、シングルまたはツインでの使用も空きがあれば可能。ファミリー利用に向く。全室シャワー、トイレ付きで設備がよい。全370ベッド。夏にはビアガーデンもオープン。12/24～26休業。

バロックの美、
ルートヴィヒ教会

フランス風バロック文化と、産業遺産の製鉄所
ザールブリュッケン
Saarbrücken

MAP ◆ P.208-A1

人口	17万9300人
市外局番	06781

[ACCESS]
鉄道：ICE特急でフランクフルトから約2時間35分、マンハイムから約1時間20分。

ⓘザールブリュッケンの観光案内所
[住]Rathausplatz 1 D-66111 Saarbrücken
☎(0681) 95909200
[URL]tourismus.saarbruecken.de
[開]月～金　9：00～17：00
　　土　10：00～15：00

●ルートヴィヒ教会
[住]Ludwigplatz
2025年頃まで修復工事のため閉鎖中。

[世界遺産]
フェルクリンゲン製鉄所
(1994年登録)

●フェルクリンゲン製鉄所
[行き方]フェルクリンゲン駅から徒歩約5分。
[住]D-66302 Völklingen
[URL]voelklinger-huette.org
[開]10：00～18：00
(4/1～11/1は～19：00)
入場は閉館1時間前まで
[休]12/24・25・31
[料]€17

おすすめのホテル
Ⓗメルキュール・シティ
Hotel Mercure City
[住]Hafenstr. 8
D-66111 Saarbrücken
[URL]all.accor.com
[料]Ⓢ€94～　Ⓣ€106～
朝食別€17
[カード][A][D][M][V]

旧市街の一角。奥に聖ヨハン教会

ドイツで最も小さな州ザールラントは、19世紀から炭坑と製鉄所で近代工業化を果たしていた。第2次世界大戦後は、長年フランスの管轄下におかれていたが、1957年、住民投票によってドイツに復帰することを決定した。

町は「ザール川の橋」という名が示すように、モーゼル川の支流であるザール川に沿って広がっている。第2次世界大戦で甚大な戦災を受けたため、古い町並みはほとんど残っていないが、町を歩くと、どことなくフランスの香りを感じる。

中央駅前から正面に延びている歩行者天国を600mほど進んでいくと、左側に立派な**市庁舎Rathaus**が建ち、中にⓘがある。さらに進むとSt. Johanner Marktという、バロック様式の家々が建ち並び、その多くがカフェやビストロになっているおしゃれな一角に出る。ザール川を渡った先には後期バロックの教会、**ルートヴィヒ教会Ludwigskirche**が優美な姿を見せている。

近郊の見どころ

製鉄の歴史を知るフェルクリンゲン製鉄所　[世界遺産]
Völklinger Hütte
MAP◆P.208-A1

ザールブリュッケンからRB (普通) 列車で約10分の**フェルクリンゲンVölklingen**には、「産業文化の大聖堂」と称される**フェルクリンゲン製鉄所Völklinger Hütte**がある。1994年にはユネスコの世界遺産のなかで、初の産業遺産として登録された。

1873年に操業を開始し、拡大を続けた製鉄所のうち、1986年まで操業を続けていた工場施設を見学できる。

世界遺産のフェルクリンゲン製鉄所

ライン川沿いのケルンは大聖堂とケルシュビールの町

ケルンとルール地方
Köln /Ruhrgebiet

Kölle Alaaf !

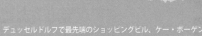
デュッセルドルフで最先端のショッピングビル、ケー・ボーゲン

自然が美しいアイフェル地方の小さな町モンシャウ

デュッセルドルフの地ビール、
アルトはいかが？

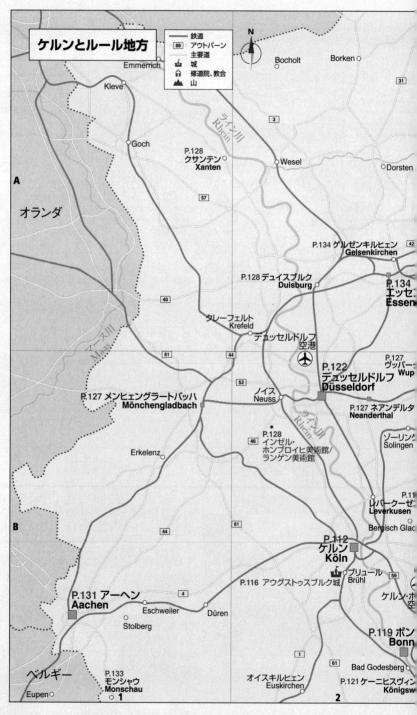

ケルンとルール地方

凡例
- 鉄道
- 88 アウトバーン
- 主要道
- 城
- 修道院、教会
- 山

N

オランダ

Emmerrich

Kleve

Goch

ライン川
Rhein

Bocholt

Borken

31

3

P.128 クサンテン
Xanten

Wesel

Dorsten

A

57

マース川
Maas

40

61

44

52

クレーフェルト
Krefeld

デュッセルドルフ空港

P.134 ゲルゼンキルヒェン
Gelsenkirchen

42

P.128 デュイスブルク
Duisburg

P.134
エッセ
Essen

P.122
デュッセルドルフ
Düsseldorf

P.127
ヴッパー
Wup

P.127 メンヒェングラートバッハ
Mönchengladbach

ノイス
Neuss

P.127 ネアンデルタ
Neanderthal

ゾーリン
Solingen

Erkelenz

46

P.128
インゼル・
ホンブロイヒ美術館/
ランゲン美術館

P.11
レバークーゼ
Leverkusen

B

44

61

Bergisch Glad

P.112
ケルン
Köln

P.131 アーヘン
Aachen

Eschweiler

Düren

4

P.116 アウグストゥスブルク城

ブリュール
Brühl

59

ケルン・オ
空

Stolberg

1

ベルギー

Eupen

P.133
モンシャウ
Monschau

1

オイスキルヒェン
Euskirchen

61

Bad Godesberg

P.119 ボン
Bonn

P.121 ケーニヒスヴィン
Königsw

2

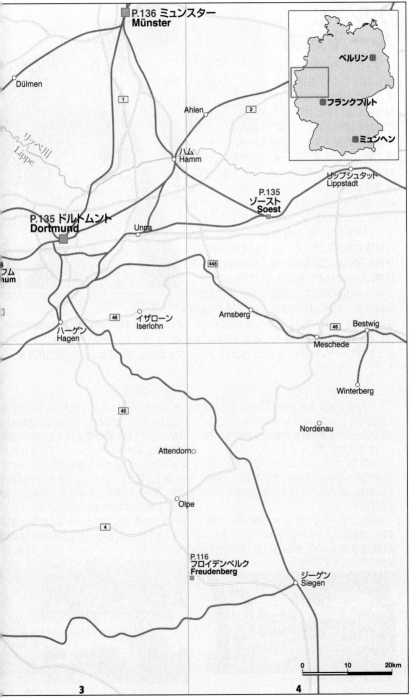

P.136 ミュンスター
Münster

Dülmen

Ahlen

ベルリン

フランクフルト

ミュンヘン

リッペ川
Lippe

ハム
Hamm

リップシュタット
Lippstadt

P.135
ゾースト
Soest

P.135 ドルトムント
Dortmund

Unna

フム
hum

445

46

イザローン
Iserlohn

Arnsberg

46

Bestwig

ハーゲン
Hagen

Meschede

Winterberg

45

Nordenau

Attendorn

Olpe

4

P.116
フロイデンベルク
Freudenberg

ジーゲン
Siegen

0   10   20km

3

4

ケルンと
ルール地方

ラインの流れに沿って北上しコブレンツを過ぎると、河畔の景色が徐々に変わってくる。のどかなブドウ畑や古城が消えて、工場や発電所の姿が少しずつ見え始め、ドイツの重工業の中心を担うルール工業地帯に入っていくのだ。工業地帯というと、工場が建ち並び、味気ない景色を想像してしまうが、ドイツ人は環境保護の意識がとても高いだけに、ケルンやデュッセルドルフなどの大都市の中心にも、緑が豊かな広い公園が各所にある。郊外には森や林が広がって、ルール地方の約60％が緑に覆われているという。世界屈指の工業地帯にいるとはとても思えないだろう。

左／ドイツで初めて世界遺産に登録されたアーヘンの大聖堂 右／圧倒的な迫力のケルン大聖堂

ルール工業地帯の主要都市は、第2次世界大戦によって壊滅的に破壊され、古い町並みはあまり残っていない。しかしこの地区には、すばらしい内容の美術館や博物館が多い。特に近、現代の重要作品を所蔵する美術館が目立つ。ケルン、デュッセルドルフ、メンヒェングラートバッハ、エッセンには、アートファンならぜひ訪ねたい美術館がある。

周遊のヒント

この地方を旅するときの起点となるのは、大聖堂の町ケルン。オランダやベルギー、フランスからの国際列車も頻繁に発着する、ドイツの西の玄関口だ。

ケルン周辺からドルトムントにかけては、鉄道路線網が複雑に入り組んでいるので、乗車する際は、目的地に行く列車かどうかをしっかりと確認すること。

ケルンからフランクフルト方面へ向かう列車は、眺めのよいライン川沿いのルートと、高速新線を走るルートがあるので、経由地を確認のうえ乗車すること。

ICE が発着するケルン中央駅

ステイガイド

ケルンとデュッセルドルフはどちらもホテル代は高めだが、周辺の町への交通の便がよいので、どちらかの都市を起点にすることになるだろう。都市部のホテルは、ビジネス客が減る週末には、割引料金を設定しているところもあるのでうまくスケジュールを合わせるとお得。また、両都市ともメッセ（見本市）都市で、国際見本市の開催中は世界中からビジネスマンが集まる。ホテルが早くから満室になったり、それに合わせて宿泊料金も跳ね上がる。

ケルンのライン川を渡った東側はメッセエリア

ケルンとルール地方　▼　イントロダクション

名産品と料理

　この地域はローカルビール天国。ケルンで
は淡色の**ケルシュ**、デュッセルドルフでは赤
褐色の**アルトビーア**という、地元でしか飲め
ない自慢のビールをぜひ味わいたい。どちら
も円筒形の小ぶりのグラスで飲む。ドルトム
ントは**ピルスナービール**がおいしい。

左／アルトビーアは 250mℓ 入
りのグラスで飲む店が多い
右／グラスにコースターで蓋を
すると「もう飲めません。おか
わりしません」の合図。コース
ターには飲んだ杯数をウエータ
ーが記している

ドルトムントの
ピルスナービール

酸味のあるソー
スが食欲をそそ
るライニッシャ
ー・ザウアーブ
ラーテン

ハイネマン（→ P.129）
のシャンパントリュフ
は人気ナンバーワンの
おいしさ！

　料理は**ライニッシャー・ザウアーブラーテ
ン Rheinischer Sauerbraten** という、赤ワイ
ンと酢に漬け込んだ牛肉を焼いて煮込んだ料
理が名物。
　アーヘン名物の**アーヘナープリンテン**はク
ッキー風のお菓子。大聖堂の
周りのパン屋で売っている。
　ケルンの名産品として名高
いのが **4711** という**オーデコロ
ン**。ドイツ全土のドラッグス
トアでも扱っているが、格調
高い本店を訪れたい。

オーデコロンの
代表的ブランド、
4711

交通図

ケルン

Köln

ラインの対岸から見る大聖堂

ベルリン●
★ケルン
●フランクフルト
ミュンヘン●

MAP ◆ P.108-B2

人　口	108万1200人
市外局番	0221

ACCESS

鉄道：フランクフルトからライン川沿いを通らない新線区間経由のICE特急利用で約1時間5分、ライン川沿いのコブレンツ経由の場合は約2時間20分。ベルリンからICE特急で約4時間。ケルンメッセ/ドイツKöln Messe/Deutz駅のみ停車するICEもあり、その場合はSバーンに乗り換えて、1つ目が中央駅。

ケルン中央駅前から見える大聖堂

　ローマ時代からの古い歴史を誇る文化都市ケルンには、貴重な文化遺産があふれている。その代表格が、この町のシンボル、大聖堂だ。ここ数年、ケルン大聖堂はドイツ人の間で最も人気が高い観光スポットであり、ドイツで最も訪問者数が多い教会でもある。ケルシュというおいしい地ビールや、おみやげにぴったりのオーデコロンなど、名所見学以外のお楽しみも揃っている。

MEMO ケルンは、英語ではコローニュ Cologneという。英語版の時刻表などを見るときは注意を。

ケルン中心部
KÖLN
0 50 100m
N
[H]イビス・ケルン・アム・ドーム
ケルン中央駅
Hauptbahnhof
[H]エクセルシオール・エルンスト
大聖堂
Dom
ルートヴィヒ美術館
Museum Ludwig
ローマ・ゲルマン博物館
Römisch-Germanisches Museum
フィルハーモニー
Philharmonie
Burgmauer.
ライヒャルト©
An der Rechtschule
エム・クリュッチェ
Am Hof
フリュー・アム・ドーム®
ペーターズ・®ブラウハウス
ブラウハウス・ジオン
ホーエ通り
Unt. Goldschmied
Minoritenstr.
聖マルティン教会
Groß St.Martin
市庁舎
Rathaus
アルター・マルクト広場
Alter Markt
コロンバ美術館
Kolumba
Tunisstr.
フィッシュマルクト
Fisch-Markt
ファリナ・ハウス（香水博物館）
旧市庁舎
Historisches Rathaus
Lintgasse
Brückenstr.
Hohe Str.
Obermarspforten
Salzgasse
Buttermarkt
ホイマルクト
Heu-markt
ヴァルラーフ・リヒャルツ美術館
Wallraf-Richartz-Museum
ライン川
Rhein

歩き方

ケルンのおもな見どころは、**大聖堂Dom**のそびえるライン川の左岸に固まっている。ケルン中央駅は大聖堂のすぐそば。

駅前の広場に出ると、大聖堂が想像以上のスケールで目に飛び込んでくる。真下から見上げると異様な巨大さに圧倒される。

大聖堂の南側の広場へ出ると、ライン川寄りに大きな建物がある。**ローマ・ゲルマン博物館 Römisch-Germanisches Museum** だ。その東側には、**ルートヴィヒ美術館 Museum Ludwig** が建ち、その隣には波形の屋根が印象的な**フィルハーモニー Philharmonie** が続いている。

買い物客でにぎわうホーエ通り

町のメインストリートは、大聖堂の前から南に真っすぐ延びる歩行者天国の**ホーエ通りHohe Str.**で、ブティックやデパートが並ぶ。ホーエ通りの東に位置する**アルター・マルクト広場Alter Markt**周辺が、かつての旧市街で、細く入り組んだ路地を東に進むとライン川の岸辺に出る。川に面した小さな広場**フィッシュマルクトFischmarkt**にはパステルトーンの建物が建ち並び、絵になる一角。ライン川沿いの遊歩道を散策し、ホーエンツォレルン橋を渡って、対岸に建つトリアングルビル(LVR-Turm)の屋上展望台**トリアングルパノラマTriangle Panorama**から、ケルンを眺めるのもおすすめ。

空港と市内間のアクセス
ケルン・ボン空港（[URL]www.cologne-bonn-airport.com）はケルンの南東約17kmの所にあり、車で約15分。ケルン・ボン空港駅からⓈ19がケルン中央駅まで所要約15分で結ぶ。

ℹケルンの観光案内所
[住]Kardinal-Höffner-Platz 1
D-50667 Köln
➲Map P.113
☎(0221)346430
[URL]www.koelntourismus.de
[開]月〜日 10：00〜19：00

[世界遺産]
ケルン大聖堂
（1996年登録）
ローマ帝国の国境線、低地ドイツのリーメス
（2021年登録）
（→P.128）

●市内交通の料金
4つ目の停留所（Ⓢは利用不可）まで有効の短区間券Kurzstreckeは€2.50、5つ目以上乗車する場合は1回乗車券Einzelticket€3.50。24時間有効€8.50。

●ケルン・カード
KölnCard
市内交通に乗り放題で、主要博物館、大聖堂の塔や宝物館の入場、劇場の入場券が割引になるなどの特典がある。24時間有効€9、48時間有効€18。

アルター・マルクト広場周辺はケルシュが飲める酒場が多い

●トリアングルパノラマ
➲Map P.112-A2
[住]Ottoplatz 1
[URL]www.koelntrianglepanorama.de
[開]11：00〜20：00
荒天時、カーニバル期間は閉鎖
[料]€5

トリアングルパノラマはケルンの新しい絶景ポイント

[MEMO] ライン川越しにケルン大聖堂がきれいに撮れるのが、ホーエンツォレルン橋を渡った対岸側。この橋は鉄道と歩行者、自転車専用。フェンスにはぎっしりと南京錠が取り付けられており、これもケルン名物のひとつになっている。

● **大聖堂**
○ Map P.113
Ⓤ www.koelner-dom.de
開 月～土　10：00～17：00
　　日・祝　13：00～16：00
祭壇周囲ステンドグラス下の
エリアは入場時間制限の場合
あり

南塔
523段のらせん階段を上る。エ
レベーターはない。
開 3・4・10月　9：00～17：00
　　5～9月　　　9：00～18：00
　　11～2月　　 9：00～16：00
　（入場は閉館の30分前まで）
　カーニバル期間中は変更また
　は閉鎖あり。

宝物館（入口は外にある）
開 10：00～18：00
料 塔の入場€6、学生€3
　宝物館€7、学生€3
　塔の入場と宝物館のコンビチ
　ケット€10、学生€5

おもな見どころ

ケルンのシンボル大聖堂　Dom

世界遺産
★★★

南塔には階段で上れる

　157m という高さは、さすがに迫力十分。
奥行き144m、幅86mもある。1248年に着
工し、1880年に完成したゴシック建築のカ
トリック教会で、内部も見るべきものが多
い。2本の塔の真下に当たる西の入口から
大聖堂の内部に入ると、高さ43.5mの身廊
の広さに息をのむ。身廊の右側（南側）の
鮮やかなステンドグラスは、バイエルン王
ルートヴィヒ1世が奉納したので**バイエル
ン窓**と呼ばれている。祭壇周囲エリアにあるシ
ュテファン・ロホナー作の『**市の守護聖人の祭
壇画（大聖堂の絵）Dombild**』（1440年頃）は必
見。祭壇の奥には、東方三博士の聖遺物を納めた、
世界最大の黄金細工の
聖棺がある。

三博士の聖遺物が入った聖棺

■大聖堂内部の地図
中央駅へ→　入口　宝物館　聖具室
北塔
入口　　内陣　　聖歌隊席　祭壇
身廊　　　　翼廊
南塔　バイエルン窓　　東方三博士の聖棺
翼廊
■南塔入口（地下）　　ステンドグラス
市の守護聖人の祭壇画
大聖堂内部

● **ローマ・ゲルマン博物館**
住 Roncalliplatz 4
○ Map P.113
Ⓤ roemisch-germanisches-
museum.de
● **ベルギッシェス・ハウス**
（改修工事中の展示場所）
住 Cäcilienstr. 46
○ Map P.112-B1
中央駅地下からⓊ18、16で2
駅目のNeumarktで下車、徒
歩約3分。　開 水～月10：00
～18：00　料 €6

ローマ・ゲルマン博物館　Römisch-Germanisches Museum

★★★

　2世紀頃に造られた**ディオニソス・モザイク**というローマ時代の
住居の一部を飾っていたものが、この場所から発掘され、博物
館の目玉になっている。そのほか1～5世紀のローマ時代の遺
跡の出土品や美術品を所蔵。
※改修工事のため2025年頃まで閉館。所蔵品の一部は**ベルギ
ッシェス・ハウスBergisches Haus**内で随時公開している。

Specialty

オーデコロンはケルン生まれ

　オーデコロンとは、フランス語で「ケルンの水」
という意味の香水のことで、18世紀にケルンで誕
生。その後、ケルンがナポレオン軍に占領された
時代に、ナポレオンや兵士たちがこの香水を好ん
で、妻や恋人のために
フランスに持ち帰った
ことから大人気と
なった。

左／柑橘系の香りが特徴の
4711
右／赤いチューリップがト
レードマークのファリナ

● **4711（本店）**
　ドイツのオーデコロンのトップブランド。ナポ
レオン占領下の住居表示をそのまま店名にした。
住 Glockengasse 4　○ Map P.112-B1
☎ (0221) 27099910　Ⓤ www.4711.com
営 月～金9：30～18：30　土9：30～18：00
休 日・祝　カード MV
● **ファリナ・ハウス（香水博物館）**
　オーデコロンは1709年にヨハン・ファリナが発
明。その工場がショップ兼博物館となっている。
住 Obenmarspforten 21　○ Map P.113
☎ (0221) 3998994　Ⓤ farina.org
営 月～金10：00～19：00　土11：00～17：00
休 日　料 ガイドツアーで€8～　カード ＡＭＶ

ヴァルラーフ・リヒャルツ美術館
Wallraf-Richartz-Museum ★★★

14～16世紀の、ケルン派画家の宗教画を中心に、クラーナハ、デューラー、ルーベンス、ゴッホ、ルノワールなど、ヨーロッパの各時代の名画を所蔵する。

ケルン派を代表する
シュテファン・ロホナー作『バラ園の聖母』

WALLRAF-RICHARTZ-MUSEUM COLOGNE
Photocredit:Rheinisches Bildarchiv COLOGNE

近代アートの**ルートヴィヒ美術館**
Museum Ludwig ★★★

ドイツ表現主義からピカソ、ウォーホル、リキテンシュタインをはじめとするアメリカのポップアートなどの20世紀美術コレクションを誇る。

波頭の形の屋根が特徴の複合建築物の中にある

遺跡と現代建築が融合する**コロンバ美術館**
Kolumba ★★

スイスの名建築家ペーター・ズムトー設計のミュージアム。第2次世界大戦で破壊されたコロンバ教会の廃墟と、その下のローマ遺跡を包み込むようにして建つ。古代の宗教美術から現代美術まで多彩なアートを展示。

甘い香りに包まれた**チョコレート博物館**
Schokoladenmuseum(Imhoff-Stollwerk-Museum) ★★

ケルンの有名チョコレートメーカー Imhoff-Stollwerk の工場兼博物館。ライン川にせり出したガラス張りの船のような建物も印象的。社会科見学気分で体験できる。大聖堂前広場から工場までチョコエクスプレスSchoko-ExpressというSL型の観光車両(€9)が運行している。歩く場合はライン川沿いを約30分。

クラウディウス・テルメはラインの岸辺のスパ温泉
Claudius Therme ★

ラインの右岸側のライン公園内にあるスパ&温泉施設。各種温水プール、クナイプ施設、サウナなどがある。

この施設の隣に乗り場があるケルン・ロープウエイ Kölner Seilbahn (往復€9、運行は4～10月のみ)に乗ると、ライン川の眺めを堪能しながら対岸の動物園へ行ける。

●ヴァルラーフ・リヒャルツ美術館
住Obenmarspforten
Map P.113
www.wallraf.museum
火～日 10:00～18:00
(第1・3木は～22:00)
休月、カーニバル期間、11/11、12/24・25・31、1/1
料€8、学生€4(特別展開催時は別料金)

●ルートヴィヒ美術館
住Heinrich-Böll-Platz
Map P.113
www.museum-ludwig.de
火～日 10:00～18:00
(第1木は～22:00)
休月、カーニバル期間、5/1、1/1
料€12、学生€8(特別展開催時は変更あり)

●コロンバ美術館
住Kolumbastr. 4
Map P.113
www.kolumba.de
水～月 12:00～17:00
休火、カーニバル期間、8/15～9/14、12/24・25・31、1/1、展示替えによる休館期間あり
料€8、学生€5

●チョコレート博物館
住Am Schokoladenmuseum 1a
Map P.112-B2
www.schokoladenmuseum.de
10:00～18:00
(入場は閉館1時間前まで)
休11月と1～3月の月、12/24・25、冬期休館あり
料月～金€14.50、土・日€16、学生・子供割引あり

●クラウディウス・テルメ
中央駅の隣のケルン・メッセ/ドイツ駅Köln Messe/Deutzから150、260番のバスで約5分、Thermalbad下車すぐ。
住Sachsenbergstr. 1
www.claudius-therme.de
営9:00～24:00(入場は～22:30)
料2時間まで€16.50(€19.50)
4時間まで€23.50(€26.50)
( )内は土・日・祝料金、サウナは€8の追加料金
タオル等のレンタルあり

ラインエネルギーシュタディオン RheinEnergieStadion
www.fc-koeln.de

1.FCケルンの本拠地。中央駅から西へ約6km。全席屋根付きのスタジアム。

行き方 ケルン中央駅地下の乗り場から、16、18番の市電(路線図などでは**U**の表示)で2駅目のNeumarktまで行き(所要約3分)、地上の乗り場に出て1番のWeiden West方面行きの市電に乗り換えて所要約10分のRheinenergie-Stadion下車。試合日には臨時列車が増発される。試合当日の入場券があれば乗車券は無料。

世界遺産

ブリュールの アウグストゥスブルク城
Schloss Augustusburg

🌐 世界遺産

MAP◆P.108-B2

ケルンから南に約13kmのブリュールBrühlという町にある。ケルンの司教領主だったクレメンス・アウグストが夏を過ごした城で、18世紀に増改築を行った建築家キュヴィリエにより華麗なロココ様式となった。ヴュルツブルクのレジデンツも手がけたバルタザール・ノイマン作の吹き抜け階段は必見。

城の南面に広がるフランス・バロック風の**シュロス庭園 Schlosspark**を500mほど南に進み、さらに標識に従って左（南東）に延びるファルケンルスター・アレー Falkenluster Alleeという広い並木道を約1km行った所に、狩りのための小さな城館**ファルケンルスト城Schloss Falkenlust**が建っている。

内部も華麗なアウグストゥスブルク城

■世界遺産
ブリュールの
アウグストゥスブルク城と
ファルケンルスト城
（1984年登録）

●アウグストゥスブルク城
行き方 ケルン中央駅からBonnまたはKoblenz行きのRE快速で所要約15分のBrühl下車。城は駅の前から見える。
🏠 Schlossstr. 6　D-50321 Brühl
☎ (02232) 44000
🌐 www.schlossbruehl.de
📅 3～11月のみ公開
火～金　9:00～16:00
土・日・祝 10:00～17:00
（ファルケンルスト城も同じ）
アウグストゥスブルク城内の見学はガイドツアーのみ。ファルケンルスト城はオーディオガイドで自由に見学できる。
休 月、12～2月
料 €9.50、学生€8、ファルケンルスト城とのコンビチケットは€15、学生€11.50

モノトーンの木組みの家が並ぶ フロイデンベルク

グレーの屋根に白い壁のコントラストが美しい木組みの館が、これだけ多く、しかも整然と並ぶ風景は一見に価する。

そして、この町並みを堪能するのに絶好の場所がある。町の北東の小高い丘に広がる**保養公園 Kurpark**で、フロイデンベルクへ来たら、まずはこここへ足を運びたい。緑の多い保養公園から思う存

保養公園から見た町並み。家々の内部は改装されても外観は17世紀のままに保たれている

分、モノトーンの眺めを楽しんだら、町の中へ入っていこう。

木組みの館が集まっているのは、並行して走る3本の通り（マルクト通りMarktstr.、ミッテル通りMittelstr.、ウンター通りUnterstr.）の200m四方ほど。
◆Map P.109-B4
行き方 ケルン中央駅からRE快速で約1時間30分のジーゲンSiegenで下車。ジーゲンの駅前バスターミナルから出るR38のバスで25分、フロイデンベルク・バーンホーフシュトラーセFreudenberg-Bahnhofstr.という停留所が保養公園に最も近い。下車後進行方向右側の丘へ続くZum Kurparkという道路を上っていくと（駐車場もこの通り沿いにある）、保養公園の上に出る階段がある。

ℹ️ フロイデンベルクの観光案内所
🏠 Kölner Str. 1　D-57258　Freudenberg
☎ (02734) 43164
🌐 www.freudenberg-wirkt.de
📅 月～金　10:00～12:30、13:00～16:00

MEMO　レバークーゼンLeverkusen（◆Map P.108-B2）のサッカースタジアム、バイアレーナBayArenaへは、ケルン中央駅から快速RE-5で約15分またはS6で約20分のLeverkusen Mitte駅下車、スタジアムまで徒歩約15分。

ケルンとルール地方 ▼ ケルン

RESTAURANT ❖ ケルンのレストラン

　ケルンには「ケルシュ Kölsch」という地ビールがある。やや苦味が強い独特のケルシュは「ケルンの」という意味で、200㎖入りの細長いグラスに注がれる。大聖堂の周辺にケルシュが飲める店が多い。

　名物は、「ライニッシャー・ザウアーブラーテンRheinischer Sauerbraten」という肉料理。赤ワインと酢などのマリネ液に数日漬け込んだ牛肉をローストして、煮込んだ料理。昔ながらの馬肉vom Pferdを使う店もある。

R ブラウハウス・ジオン　　　Brauhaus Sion

1318年創業のケルシュの名店

　自家製のケルシュビール(0.2ℓ)€2.30の人気店。名物はさまざまな種類の焼きソーセージBratwurstでビールによく合う。なかでも名物のひとつ、ぐるぐる渦巻き状の焼きソーセージKölner Dombockwurst "Prinz Frank"€11.80はおすすめの一品。

ドイツ料理　　MAP ◆ P.113
田 Unter Taschenmacher 5-7
☎ (0221) 2578540
圃 www.brauhaus-sion.de
圖 月～日　12：00～24：00頃
カード J M V

R フリュー・アム・ドーム　　　Früh am Dom

できたてケルシュの代表格

　中央駅から徒歩約3分、大聖堂のそば。できたてのケルシュビール€2.30で有名な店。内部はいくつかの部屋に分かれている。豚のカツレツSchweineschnitzel€17.80、ライニッシャー・ザウアーブラーテンRheinischer Sauerbraten€21.20などが味わえる。

ドイツ料理　　MAP ◆ P.113
田 Am Hof 12-18
☎ (0221) 2613215
圃 www.frueh-am-dom.de
圖 月～土　11：00～24：00
　 日・祝　10：00～23：00
休 12/24
カード M V

R ペータース・ブラウハウス　　　Peters Brauhaus

ドイツ風のインテリアで落ち着く

　新鮮な自家製ケルシュは、1杯€2.30でついついおかわりが進んでしまうおいしさ。店内は広く、民族調の部屋などいくつかの部屋に分かれている。写真はこの地方の名物ライニッシャー・ザウアーブラーテンRheinischer Sauerbraten€20.90。

ドイツ料理　　MAP ◆ P.113
田 Mühlengasse 1
☎ (0221) 2573950
圃 peters-brauhaus.de
圖 月～土　11：30～23：00
　 日　　11：30～21：30
休 クリスマスシーズン
カード M V

R エム・クリュッチェ　　　Em Krützche

おいしいドイツ料理ならここ！

　ライン川のプロムナードに面した、16世紀から続く老舗。ビールはケルシュではなく、ピルスを扱う。春のアスパラガスや冬のガチョウといった季節素材の料理で定評がある。メインの肉料理は€23.50～、やや高級。

ドイツ料理　　MAP ◆ P.113
田 Am Frankenturm 1-3
☎ (0221) 2580839
圃 www.em-kruetzche.de
圖 水～日　12：00～22：00
休 月・火、冬期に休業期間あり
カード M V

C ライヒャルト　　　Café Reichard

大聖堂の目の前にある老舗カフェ

　天気のよい日に、野外テラスで大聖堂を眺めながら味わうコーヒーや朝食は最高に気分がいい。1855年創業の大きなカフェで、自家製ケーキやバウムクーヘン、チョコレートも人気がある。地下のトイレのガラス扉は体験の価値あり。

カフェ　　MAP ◆ P.113
田 Unter Fettenhennen 11
☎ (0221) 2578542
圃 www.cafe-reichard.de
圖 8：30～20：00
カード M V (€30以上)

117

HOTEL ❖ ケルンのホテル

ケルンは見本市(メッセ)都市なので、期間中は割高になる(多くの場合、表示料金の上限が適用される)ことも知っておこう。見本市の日程は[URL] www.koelnmesse.comでチェックできる。見本市会場は、右岸(大聖堂とは反対側)に位置しており、こちら側にも大規模ホテルが数軒あるし、ユースもある。ケルンに宿泊すると、ひとり1泊に付き宿泊料金の5%が宿泊税として加算される。

[H] エクセルシオール・エルンスト　Excelsior Hotel Ernst

中央駅近くの伝統的ホテル

中央駅を出て左へ、大聖堂の手前に建つケルンの最高級ホテル。部屋の設備もサービスも申し分ない。モダンなインテリアの「TAKU」という高級レストランがあり、中華やインドネシア料理から寿司までアジアの味が楽しめる。

高級ホテル　MAP ◆ P.113

[住]Trankgasse 1-5/Domplatz D-50667
☎(0221) 2701
[URL]www.excelsiorhotelernst.com
[料]Ⓢ€290～　Ⓣ€320～
朝食別€44
[カード] [A][D][J][M][V]　[Wi-Fi] 無料

[H] ヒルトン　Hilton Cologne Hotel

中央駅から近く、設備充実のホテル

中央駅から歩いて約3分。大聖堂も近く観光に便利。24時間オープンのジム、フィンランド式サウナもある。広くて機能的な部屋は使い勝手がよく快適。チェックインは15：00～、チェックアウトは12：00まで。

高級ホテル　MAP ◆ P.112-A1

[住]Marzellenstr. 13-17　D-50668
☎(0221) 130710
[URL]www.hilton.com
[料]ⓈⓉ€158～　朝食別€29
[カード] [A][D][J][M][V]　[Wi-Fi] 無料

[H] イビス・ケルン・アム・ドーム　Ibis Köln am Dom

駅構内にあり、大聖堂も近い

ケルン中央駅構内からも入れて鉄道の旅には便利。ルームキーがないと駅側の入口ドアは開かないのでセキュリティも安心。外部の防音もしっかりしている。部屋の設備は簡素。窓から大聖堂が見える部屋もある。

中級ホテル　MAP ◆ P.113

[住]Bahnhofsvorplatz　D-50667
☎(0221) 9128580
[URL]all.accor.com
[料]Ⓢ€110～　Ⓣ€120～
朝食別€15
[カード] [A][D][M][V]　[Wi-Fi] 無料

[H] コメルツホテル・ケルン　Kommerzhotel Köln

ビジネス客が多い中級ホテル

大聖堂とは反対側の中央駅出口を出てすぐ右側に建っており、何かと便利。部屋はコンパクトだが、設備はよい。朝食を取る部屋からはケルン中央駅のホームを眺められ、鉄道ファンにおすすめ。

中級ホテル　MAP ◆ P.112-A1

[住]Johannisstr. 30-34　D-50668
☎(0221) 16100
[URL]www.kommerzhotel.eu
[料]Ⓢ€86～　Ⓣ€109　朝食別€16.90
[カード] [J][M][V]　[Wi-Fi] 無料

[JH] ユーゲントヘアベルゲ　Jugendherberge Köln Deutz

ドイツ屈指のマンモスユース

電車で中央駅からひとつ目のケルンメッセ/ドイツKöln Messe/Deutz駅から約100mと便利な場所にある。全157室、506ベッドという大型ユース。人気があるので予約をしたほうがよい。

ユースホステル　MAP ◆ P.112-A2

[住]Siegesstr. 5　D-50679
☎(0221) 814711
[URL]www.jugendherberge.de
[料]€42.90～
Ⓢ€70.90～　Ⓣ€103.80～
メッセ期間中は値上がりあり
[カード] [M][V]
[Wi-Fi] 共有エリアのみ可(無料)

ベートーベンのふるさとを訪ねて

ボン

Bonn

ボンで生まれた楽聖

ミュンスター広場に立つベートーベンの像

ベートーベンとシューマンゆかりの地として知られる。ライン川沿いの小都市だが、第2次世界大戦後の1949年から1990年までドイツ連邦共和国の暫定首都だった。首都がベルリンに移転してからも、いくつかの国の機関はボンに残っている。

歩き方

❶は中央駅から徒歩約3分、駅を出て**ポスト通りPoststr.**を進み、**ミュンスター広場Münsterplatz**で左折した中央郵便局の建物の一角にある。

ミュンスター広場には、五線譜とペンを手にした姿のベートーベン像が立つ。同じ広場の南側に建つ**ミュンスター教会Münster**は11世紀の創建で、ライン川流域のロマネスク様式の教会のなかでも重要な建築。

ロマネスク様式のミュンスター教会

市庁舎Rathaus前の**マルクト広場Markt**では午前中、野菜や花などの市が立ち、ドイツ人の暮らしぶりがわかっておもしろい。

ミュンスター教会の裏側の大きな建物は、マルクスやハイネが学んだボン大学。中心となる校舎は、かつてケルン選帝侯の宮殿だった。背後には緑豊かな庭園**ホーフガルテンHofgarten**もある。

旧市街を抜けて南に走るアデナウアー通りAdenaueralleeという幅広の並木道がある。ここは別名**ミュージアムマイル**と呼ばれ、**ボン市立美術館Kunstmuseum Bonn**、**国立絵画展示館Bundeskunsthalle**、**ドイツ連邦共和国歴史博物館Haus der Geschichte der BRD**などが並んでいる。

MAP ◆ P.108-B2

人　口	33万600人
市外局番	0228

ACCESS
鉄道：ICE、IC特急でケルンから約20分、フランクフルトから約1時間40分(乗り換えの場合あり)。

❶ボンの観光案内所
⌂Windeckstr. 1/am Münster-platz　D-53111 Bonn
◉Map P.120-B1
☎(0228) 775000
URL www.bonn.de
URL www.bonn-region.de
開月〜金　10：00〜18：00
　　土　　10：00〜16：00
　　日・祝　10：00〜14：00

🌐**世界遺産**
ローマ帝国の国境線、低地ゲルマニアのリーメス
(2021年登録)
(→P.128)

●市内交通
市内交通の最低料金(短区間券Kurzstrecke)は€2.50、1回乗車券Einzelticketは€3.50、24時間乗車券24Stundenticketは€8.50。

●ボン・レギオ・ウエルカム・カード
Bonn Regio Welcome Card
市内の多くの博物館の入場が無料、市内交通に24時間乗り放題。€10で❶で買える。

●ミュージアムマイルの博物館
行き方中央駅から16、63、66番の市電(Uの表示)または610、611番のバスでHeussallee/Museumsmeile下車。
URL www.museumsmeilebonn.de

MEMO ボン中央駅から徒歩約15分、住宅街のヘーア通りHeerstr.には、日本の八重桜の並木がある。4月頃にはあでやかなトンネルのように咲き乱れ、桜祭りも開催される。開花情報など→URL www.kirschbluete-bonn.de

119

おもな見どころ

●ベートーベンの家
住Bonngasse 20, 24-26
○Map P.120-A2
URLwww.beethoven.de
開水～月　10：00～18：00
（入場は閉館30分前まで）
休火、一部の祝日
料€12、学生€7（チケットは
生家の斜め向かいの21番地
のショップで購入する）
スマホにメディアガイド
（日本語あり）をダウンロー
ドして見学できる

ミニコンサートが催される音楽
ルーム

楽譜や遺品が展示された ベートーベンの家
Beethoven-Haus　　　　　★★★

　ルートヴィヒ・ヴァン・ベートーベン（1770～1827年）は、Bonngasse 20番地のこの家で生まれ、1774年頃まで住んだ。その後もウィーンに活動の場を移すまで、ボンに暮らしたが、それらの家は現存していない。

通りに面した入口

　生家の内部は常設展エリアと特別展エリア、コンサートホールなどになっている。常設展では、ベートーベンが使用した最後のウィーン製グランドピアノや補聴器具、デスマスクなどを展示。音楽ルームMusikzimmerでは、生家が所蔵している鍵盤楽器を使用したミニコンサートを開催（土曜16：00、日曜12：00　料€5）。ベートーベンの時代の音色を体験できる。

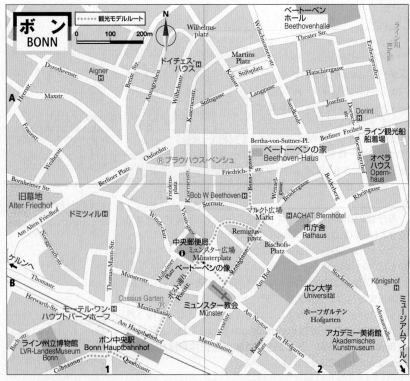

ボン BONN

MEMO　ブラウハウス・ベンシュ Brauhaus Bönnsch（○Map P.120-A1　URL www.boennsch.de）は、手のグリップに合わせてゆがんだ形のグラスで飲むビールで有名なビアハウス。ベンシュとはボンのビールという意味。

ケルンとルール地方 ▼ ボン

ドイツ連邦共和国歴史博物館
Haus der Geschichte der BRD ★★

　ナチスの台頭と第2次世界大戦の敗戦、東西冷戦下で分断された東西ドイツとベルリン、さらにベルリンの壁崩壊と東西ドイツの統一にいたる激動のドイツ史が、わかりやすく展示されている。ただし展示説明はドイツ語のみ。

シューマンの家と旧墓地
Schumannhaus & Alter Friedhof ★

　ボンとなじみが深い音楽家にはシューマンもいる。精神を病んだシューマンは最後の2年間を、サナトリウムで過ごした。シューマンが住んだ部屋が展示室として公開されている。

　また、シューマンと妻クララの眠る旧墓地Alter Friedhofは、中央駅から500mほど北西にある。この墓地には著名な芸術家や学者の墓があり、ガイドツアーも行われている。

近郊の見どころ

竜伝説ゆかりの岩山ケーニヒスヴィンター
Königswinter
MAP◆P.108-B2

　ライン川右岸には7つの円錐形の山々があり、7つの山々ジーベンゲビルゲSiebengebirgeと呼ばれていた。ドイツのブドウ栽培の北限に位置し、有名なワイン「ドラッヘンブルート（竜の血）Drachenblut」の産地でもある。

　ジーベンゲビルゲの麓にある町ケーニヒスヴィンターから出ている登山電車でドラッヘンフェルスDrachenfels（竜の岩山）へ上ってみよう。中世の叙事詩『ニーベルンゲンの歌』に出てくる英雄ジークフリートは、ここで竜を退治し、その返り血を浴びて不死身になったという伝説が残っている。

　頂上からは、ライン川のすばらしいパノラマが味わえる。帰りは歩いて、中腹の竜の城 Schloss Drachenburgを見ていこう。

伝説の世界を味わえる竜の城。ライン川の眺めがすばらしい

●ドイツ連邦共和国
　歴史博物館
俚Willy-Brandt-Allee 14
●地図外
中央駅地下ホームから市電
U16、63番 のBad Godesberg
方面行き、または66番のBad
Honnef行きでHeussallee/
Museumsmeile下車。または
バス610、611番でBundes-
kanzlerplatz/Heusalle下車。
啊www.hdg.de
開火〜金　　9：00〜19：00
　　土・日・祝　10：00〜18：00
困月、12/24・31　料無料

●シューマンの家
俚Sebastianstr. 182
●地図外
バス604、605、606、607番 で、
Max-Bruch-Str.下車。
啊www.schumannhaus-bonn.de
開火〜金　　11：00〜13：30
　　　　　　14：30〜18：00
困土・日・月　料無料

●旧墓地
俚Bornheimer Str. 1
◌Map P.120-B1
啊alterfriedhofbonn.de
開夏期　7：00〜20：00
　冬期　8：00〜17：00

おすすめのホテル

Hドミツィル
　Domicil
俚Thomas-Mann-Str. 24-26
啊www.great2stay.de/locations/
hotel-domicil

Hモーテル・ワン・ハウプトバ
ーンホーフ
　Motel One
　Bonn-Hauptbahnhof
俚Am Hauptbahnhof 12
啊www.motel-one.com

Hドイチェス・ハウス
　Deutsches Haus
俚Kasernenstr. 19-21
啊deutscheshaus-bonn.de

●ドラッヘンフェルス
行き方ボン中央駅地下から
66番 の 市 電（ボ ン 中 心 部
では 地 下 鉄）で 約30分 の
Königswinter Fähreで下車。
そこから徒歩約10分で登山
電 車 の 駅Drachenfelsbahn
Talstationに着く。登山電車は
往復€12。

●竜の城
俚Drachenfelsstr. 118
　D-53639 Königswinter
啊www.schloss-drachenburg.de
開11：00〜18：00（11〜3月は
　12：00〜17：00）
困12/24、31
料€8

ベルリン●

★デュッセルドルフ

フランクフルト●

ミュンヘン●

MAP ◆ P.108-B2	
人　口	62万500人
市外局番	0211

ACCESS

鉄道：ICE、IC特急でケルンから約20分、フランクフルトから約1時間25分。エッセン、ボーフム、ドルトムント、メンヒェングラートバッハなどへはSバーンが運行。

🛈デュッセルドルフの
　観光案内所
🏠Rheinstr. 3
　D-40213 Düsseldorf
🗺Map P.124-B2
☎(0211) 17202840
🔗www.duesseldorf-tourismus.
　de
🕐10：00～18：00

●デュッセルドルフ・カード
　クラシック
Düsseldorf Card klassisch
市内交通と博物館や美術館の入場が無料または割引になるほか、いろいろな特典がある。24時間用€13.90、48時間用€19.90、72時間用€25.90。ファミリー／グループ用もある。🛈や主要ホテルで購入できる。※割引対象はすべての博物館・美術館ではない。

●メルクール・シュピール・
　アレーナ
MERKUR-SPIEL-ARENA
🏠Arena Str. 1
🔗www.merkur-spiel-arena.
　de
フォルトゥナ・デュッセルドルフのホームスタジアム。
🚃中央駅から Ⓤ78 で
MERKUR-SPIEL-ARENA/
Messe-Nord まで所要約20分。

デュッセルドルフ

Düsseldorf

ライン川沿いの近代都市

　ライン川沿いに広がるデュッセルドルフは、ノルトライン・ヴェストファーレン州の州都。ルール工業地帯の重要な交通拠点であったため、第2次世界大戦では集中的な爆撃を受け、町の半分以上の建物が破壊された。戦後は、国際的な商工業都市として目覚ましい発展を遂げた。

　多くの日系企業のヨーロッパ拠点でもあり、インマーマン通り周辺には日本食品のスーパーや和食レストランが集まっている。

　中心部には最先端のファッションビルや高級ブランドショップが建ち並び、ショッピングが楽しい町でもある。

空港と市内のアクセス

　デュッセルドルフ空港は市の北部にあり、中心部から約10km離れている。市中心部まではタクシーで通常15～20分、料金の目安は€35～45。空港駅はふたつあるので注意。空港ターミナルの地下にある**デュッセルドルフ空港ターミナル駅Düsseldorf Flughafen Terminal**にはSバーンのⓈ11が発着しており、中央駅まで所要約15分、€3.40。もうひとつの**デュッセルドルフ空港駅Bahnhof Düsseldorf Flughafen**は、ターミナルから**スカイトレインSkyTrain**に乗って約5分の所にあり、ICE、EC、ICなどの長距離列車の一部と、SバーンのⓈ1が発着する。

デュッセルドルフの市内交通

　Sバーン以外にUバーンとバス、市電があるが、市内の中心部だけなら徒歩でも何とか回れる。中央駅から直接旧市街へ行く場合は、Uバーンで2駅目のSteinstr./Königsalleeか3駅目のHeinrich-Heine-Allee下車が便利で、この区間内なら短区間券Kurzstrecke €2.10の乗車券を買えばよい。短区間券は3停留所目までのバス、市電、Uバーンに20分以内有効。それ以上の距離、

時間の場合は1回乗車券EinzelTicket€3.40を購入する。24時間乗車券24-Stunden Ticketは€8.30、2人用は€12.50。48時間乗車券48-StundenTicketもある。

歩き方

　中央駅から町の中心部へは歩いて10～15分ほど。中央駅を背にやや右、北西に延びる大通りが**インマーマン通りImmermannstr.**。日本食品店やレストランを過ぎ、しばらく進むと**ベルリーナー・アレー Berliner Allee**との交差点を横断した先に、**シャドウ・アルカーデンSchadow Arcaden**と**ケー・センター Kö-Center**というショッピングアーケードがある。

並木道のケーニヒスアレー

　ケー・センターが面しているのが、町を南北に貫いて延びる**ケーニヒスアレー Königsallee**で、**ケー Kö**という愛称がある。通りの中央に堀があり、その両側に並木が続く幅82mの大通りで、通りの東側はショッピングアーケードの**ケー・ギャラリーKö-Galerie**や高級ブティック、西側には銀行やオフィスビルが並ぶ。

　ケーニヒスアレーを渡った西側一帯が**旧市街アルトシュタットAltstadt**で、路地に古いビアレストランやバーなどが集まっている。ライン川の近くに建つ**市庁舎Rathaus**の前には、プファルツ選帝侯ヨハン・ヴィルヘルム2世（通称ヤン・ヴェレム）の**騎馬像Jan-Wellem-Reiterstandbild**が立っている。

市庁舎とヤン・ヴェレムの騎馬像

　市庁舎から南へ5分ほど歩いた所には**デュッセルドルフ映画博物館 Filmmuseum Düsseldorf**もある。

●日本総領事館
Japanisches Generalkonsulat
⊞Breite Str. 27
　D-40213 Düsseldorf
◯Map P.124-B2
中央駅から徒歩約20分。または中央駅からUバーン
Ⓤ74、75、76、77、78、79いずれかに乗りSteinstr./Königsallee下車、徒歩約3分。
☎(0211) 164820
🗐(0211) 357650
URL www.dus.emb-japan.go.jp
開月～金　　9：00～11：30
　　　　　 13：00～16：00
休土・日、年末年始、一部祝日（日本とドイツの祝日すべてではないので上記サイトで確認を）

●ショッピングアーケード巡り
ケー・ギャラリー（◯Map P.124-B2）には、ドイツで初出店のMUJI（無印良品）やアイグナー、ジル・サンダーなどのブランドが入店。**シュティルヴェルク**（◯Map P. 125-B3）はインテリア専門のショッピングアーケードで、センスのいいウインドーを見るだけでも楽しい。

●デュッセルドルフ映画博物館
⊞Schulstr. 4　D-40213
◯Map P.124-B1～B2
URL www.duesseldorf.de/filmmuseum
開火～日　11：00～18：00
休月、1/1、5/1、12/24・25・31、カーニバルの木曜
料€5、学生€2.50、ブラックボックス（映画館で映画の歴史全体がわかるプログラムを上映。月替わり上映作品もある）€7、学生€5

ART　アート建築、ケー・ボーゲン

　デュッセルドルフの中心部に建つ商業施設、**ケー・ボーゲン KÖ-Bogen**（⊞Königsallee 2　◯Map P.125-A3）は、ベルリンのユダヤ博物館も手がけたダニエル・リベスキントによる設計。斬新で独特のファサードには植物も配され、向かいの広大な庭園ホーフガルテンとの調和をなしている。2014年には建築界のオスカー、MIPIMアワードを受賞した。館内には高級デパートのブロイニンガーや有名ブランドが入っている。

左／水辺に面して人々が集まる
右／個性的な外観

Köln / Ruhrgebiet

ケルンとルール地方　▼　デュッセルドルフ

123

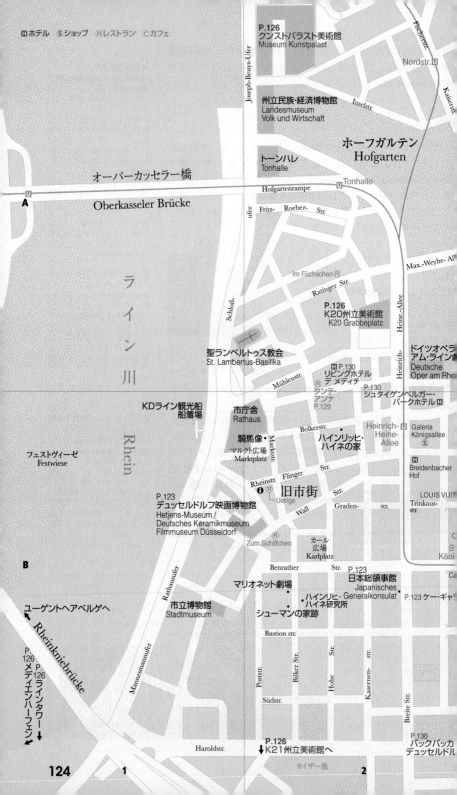

N

0 100 200m

Vagedesstr.

Gartenstr.

P.126
ゲーテ博物館
（イエーガーホーフ城）
Goethe-Museum Düsseldorf
(Schloss Jägerhof)

Jägerhofstr.

ホーフガルテン
Hofgarten

Pempelforter Str.

D.Wehrhahn Ⓢ

Jacobistr.

市立劇場
Schauspielhaus

Schadowstr.

Tonhallenstr.

Kölner

23
ー・ボーゲン
)-Bogen

Leopoldstr.

Str.

ウ・
カーデン

Klosterstr.

P.129
なにわ
Ⓡ

Hohenzollernstr.

M.-
Luther-Pl.

マン
NTER

Königstr.

P.129
Ⓡやばせ

Klosterstr.

ヨハネス教会
Johanneskirche

Ⓗ Asahi

マリエン通り

Marienstr.

インマーマン通り

str.

Weidenhof Ⓗ

クレイトン Ⓗ
P.130

Immermannstr.

P.130
モーテル・ワン・
ハウプトバーンホーフ

Pl. d.
Deutschen
Einheit

Steinstr.

Ⓤ
Oststr.

Karl-

str.

Krauz-

Bismarckstr.

P.129 シューマッハー Ⓡ

Bismarckstr.

Friedrich-Ebert-Str.

Worin/ger

Str.

instr.

Stresemannstr.

P.130 加賀屋 Ⓡ

Konrad-
Adenauer
Platz

Ⓗ Ibis

ュディルヴェルク P.123

Oststr.

Grupellostr.

Ⓤ Ⓢ

ベルリーナー・アレー
Berliner Allee

Alexanderstr.

Charlottenstr.

Karlstr.

デュッセルドルフ中央駅
Düsseldorf-
Hauptbahnhof

mann

nstr.

Bahnstr.

Stresemann-
platz

Ⓗ CVJM

グラーフ・アドルフ通り

Graf-Adolf-Str.

Ⓗ InterCityHotel

●K20州立美術館
⬜ Grabbeplatz 5
🔵 Map P.124-A2
Ⓤ Heinrich-Heine-Allee下車。
🔗 www.kunstsammlung.de
🕐 火～日　11：00～18：00
🚫 月、12/24・25・31
💴 €9、学生€7
　（特別展は別料金）
K21州立美術館とのコンビチ
ケット€20。

●K21州立美術館
⬜ Ständehausstr. 1
🔵 Map P.124-B2外
🔗 www.kunstsammlung.de
🕐 火～日　11：00～18：00
🚫 月、12/24・25・31
💴 €9、学生€7
　（特別展は別料金）

●クンストパラスト美術館
⬜ Ehrenhof 4-5
🔵 Map P.124-A2
Ⓤ Nordstr.下車。
🔗 www.kunstpalast.de
🕐 火～日　11：00～18：00
　（木は～21：00）
　（祝日は時間短縮あり）
🚫 月、12/24・31
💴 €16（特別展開催時は変更あ
り）

●ゲーテ博物館
⬜ Jacobistr. 2
🔵 Map P.125-A3
中央駅から707番の市電で
Schloss Jägerhof下車。
🔗 www.goethe-museum.de
🕐 火～金・日 11：00～17：00
　土　　　 13：00～17：00
🚫 月、一部の祝日
💴 €4、学生€2

📷 おもな見どころ

クレーのコレクションを誇るK20州立美術館
K20 Grabbeplatz Kunstsammlung Nordrhein-Westfalen ★★

1930～33年にデュッセルド
ルフ美術大学の教授だったパ
ウル・クレーのコレクション
が充実している。さらにカン
ディンスキー、ピカソ、シャ
ガール、ウォーホルら20世紀
の巨匠たちの作品を所蔵して
いる。

近・現代アートが並ぶK20州立美術館

　別館の**K21州立美術館**は、カイザー池の南にあり、1980年代
以降の現代アート作品の展示と、企画展の会場となっている。

クンストパラスト美術館
Museum Kunstpalast ★★

　1846年に創設された大型美術館で、クラーナハ、ルーベン
ス、カンディンスキー、クレー、キルヒナー、ノルデ、ヨー
ゼフ・ボイスなど多彩な作品が並ぶ。館内には**ガラス美術館**
もあり、見応えがある。

ゲーテ博物館（イエーガーホーフ城）
Goethe-Museum Düsseldorf (Schloss Jägerhof) ★★

広大な市民公園、ホーフガ
ルテンHofgartenの中に建つイ
エーガーホーフ城は、ゲーテ
博物館となっており、『ファウ
スト』の自筆原稿や手紙など、
貴重なコレクションを所蔵。

1772年完成のイエーガーホーフ城

 人気スポット、メディエンハーフェン

　ラインタワーの南側、かつてライン川の港だった
地区を、メディア地区として再開発。デュッセルド
ルフの新名所として注目されている。
　フランク・O・ゲイリーをはじめとする、世界的
建築家による斬新なビルが建ち、おしゃれなレスト
ランやカフェが数多くある。リバーサイドならでは
の雰囲気を満喫できるとあって、休日は特ににぎわ
っている。
　行き方は、中央駅前から709番の市電でStadttor
下車、徒歩約5分。または732番のバスでRheinturm
下車、徒歩約5分。

ラインタワー（左）と斬新なビル群

近郊の見どころ

ネアンデルタール
Neanderthal

MAP◆P.108-B2

ネアンデルタール人の骨は1856年の夏に、この地の石工によって発見された。デュッセルドルフ中央駅からⓈ28で約15分のネアンデルタール駅で下車して、南西に向かって15分ほど歩くと、小川のそばに**ネアンデルタール博物館 Neanderthal Museum**が建っている。博物館から小川に沿った散策コースがあり、骨の発見現場や**石器時代工房 Steinzeitwerkstatt**などをつないでいる。

●ネアンデルタール博物館
[住]Talstr. 300
D-40822 Mettman
[URL]www.neanderthal.de
[開]火～日　10：00～18：00
[休]月、12/24・25・31
[料]€13、学生€10

© Neanderthal Museum
緑の中のネアンデルタール博物館

懸垂式モノレール発祥の町ヴッパータール
Wuppertal

MAP◆P.108-B2

デュッセルドルフ中央駅からRE快速で約20分のこの町で、1900年に世界最初の**懸垂式(ゴンドラ式)モノレール Wuppertaler Schwebebahn**が生まれた。路線のほとんどはヴッパー川の上に敷設されていて眺めもよい。この町は、日本でもファンが多いピナ・バウシュ舞踊団の本拠地でもある。

また、**フォン・デア・ハイト美術館 Von-der-Heydt-Museum**の充実したコレクションも見逃せない。

ヴッパー川の上を走る

●懸垂式(ゴンドラ式)モノレール
[URL]schwebebahn.de
ブッパータール中央駅から徒歩約2分の所に乗り場がある。
[料]1回乗車券€3.40～、24時間チケット€8.30

●フォン・デア・ハイト美術館
[住]Turmhof 8
[URL]von-der-heydt-museum.de
[開]火～金　11：00～18：00
(木は～20：00)
土・日　10：00～18：00
[休]月、一部の祝日
[料]€12～、学生€10、特別展開催時は別途料金

サッカーと現代アートの町メンヒェングラートバッハ
Mönchengladbach

MAP◆P.108-B1

デュッセルドルフ中央駅からRE快速で約25分のこの町はブンデスリーガ(サッカー)の古豪チーム、ボルシア・メンヒェングラートバッハ(ボルシアMG)を擁し、現代美術ファン必見の美術館があることでも知られる。

中央駅前から南西に延びる歩行者天国の**ヒンデンブルク通り Hindenburgstr.**がこの町のメインストリート。

この町が誇る**アプタイベルク美術館 Museum Abteiberg**へは中央駅から歩いて15分ほど。建築家ハンス・ホラインによる斬新な設計で知られ、1960～90年代を中心に、ヨーゼフ・ボイスのインスタレーションやマン・レイの写真などを所蔵。

●アプタイベルク美術館
[住]Abteistr. 27
[URL]www.museum-abteiberg.de
[開]火～金　11：00～17：00
土・日　11：00～18：00
[休]月、12/24・25・31、1/1、カーニバルの火曜
[料]€9、学生€7

サッカー・スタジアム情報

●ボルシアパーク
Borussia-Park
[URL]www.borussia.de
ボルシアMGのホームスタジアム。町の南部郊外のボルシアパーク内にある。
[行き方]最寄りの鉄道駅はライト中央駅 Rheydt Hbf. で、試合日はシャトルバスが運行。メンヒェングラートバッハ駅前からもシャトルバスが運行。いずれも試合のチケット所持者は無料。

[MEMO] ネアンデルタール人の骨は、ネアンデルタール博物館にはなく、ボンのライン州立博物館(➲Map P.120-B1 [URL]www.landesmuseum-bonn.lvr.de)が所蔵している。

●インゼル・ホンブロイヒ美術館

住 Minkel 2　D-41472
Neuss-Holzheim

行き方 デュッセルドルフから709番の市電でLandestheater, Neuss下車、Grevenbroich方面行きの869番のバスに乗り換えて Insel Hombroich 下車、徒歩約4分。他の方法もあり。

URL www.inselhombroich.de

開 4～9月　10：00～19：00
10～3月　10：00～17：00
（入場は閉館1時間前まで）

休 12/24・25・31、1/1

料 敷地内カフェテリアでのドリンク、パン、リンゴ付きで€15、学生€7.50

※入場時にリュックサックや食べ物の持ち込みは禁止

●ランゲン美術館

住 Raketenstation
Hombroich 1　D-41472
Neuss

URL langenfoundation.de

開 火～日　10：00～18：00

休 月、冬期休業、作品入れ替え時など不定期休あり。

料 €10、学生€7

●タイガー&タートル

住 Angerpark, D-47249
Duisburg

行き方 デュイスブルク中央駅前地下乗り場（Uの表示）からMannesmann Tor 2行きの903番の路面電車で所要約20分のTiger & Turtle下車後、徒歩約15分。

料 無料
悪天候時、凍結時は入場禁止

上れるのはループの手前まで

緑の中の楽園インゼル・ホンブロイヒ美術館

デュッセルドルフの隣町ノイスNeuss郊外の森の中に、アート作品を展示したいくつかのパビリオンからなるインゼル・ホンブロイヒ美術館 Museum Insel Hombroich がある。個性的なパビリオン自体も展示作品のひとつで、広大な敷地の中を地図を片手に作品を探して歩くのが楽しい。

インゼル・ホンブロイヒ美術館から案内表示に従って、北西へ約1km畑の中の道を行くと、安藤忠雄設計のランゲン美術館Langen Foundationが建つ。周辺は1990年代までNATOのミサイル基地だったが、現在はアートと自然を楽しむ場所となっている。

デュッセルドルフからIC特急またはRE快速で約15分のデュイスブルクは、ライン川とルール川の合流点に位置し、古くから交易拠点として繁栄した。世界最大級の河川港を抱える工業都市は、大学町でもあり活気に満ちている。

全長約220m、階段の幅は約1m

デュイスブルク南部の小高い丘の上には、タイガー&タートルTiger & Turtle-Magic Mountainという歩くジェットコースターが、突如姿を現す。これは本来、巨大なアート作品として作られたもの。

HISTORY　世界遺産　ローマ帝国の国境線、低地ゲルマニアのリーメス

400年以上にわたるローマ帝国の発展を物語るライン川沿いの長大な遺跡群。登録されたエリアはライン川に沿って、ドイツとオランダを合わせ44ヵ所に及ぶ。ドイツはクサンテン、ボン、ケルン、デュイスブルクとその周辺などに砦や塔、港の遺構が点在する。

遺跡の多くは地中にあり、地上に見られる場所は少ないが、かつてローマ軍団の跡地があったクサンテン Xanten（◎ Map P.108-A1）の考古学公園 Archäologicher Park Xanten（URL apx.lvr.de）には、住居や野外円形劇場、寺院などが復元されている。広大な敷地内に建つローマ博物館 LVR-RömerMuseum の展示も見逃せない。
（世界遺産 2021年登録）

復元された寺院の遺跡

投稿 インゼル・ホンブロイヒ美術館は小川が流れる散策コースが充実。カフェでは無料ビュッフェがあり、庭園を眺めながらリラックスした時間を過ごせます。ちょっと不便ですが、バスの車窓に広がる農園地帯の風景もすてきでした。（東京都　山田麻理 '23)['24]

RESTAURANT ✢ デュッセルドルフのレストラン

デュッセルドルフの地ビールといえば、アルトビーアAltbier。上面発酵のビールで、250mlのグラスで飲む店が多い。名物料理はライニッシャー・ザウアーブラーテン（→P.111）が有名。インマーマン通りやその北側のクロースター通りKlosterstr.を歩くと、地元にすっかり溶け込んだ日本食レストランの店の多さにも驚く。行列ができるラーメン店まであり、多くのドイツ人がラーメンを食べている。スイーツファンなら、ハイネマンのケーキとチョコレートを忘れずに。

® シューマッハー　　　Brauerei Schumacher Stammhaus

アルトビールの名店

1838年創業のデュッセルドルフで最古の自家醸造所。250mlのグラスで飲むアルトビールSchumacher Alt €2.75は、今も伝統製法を忠実に守って醸造している。ビールに合う名物料理は、ライニッシャーザウアーブラーテン€20。

ビアレストラン　　**MAP ◆ P.125-B3**
住Oststr. 123　☎(0211)8289020
URLschumacher-alt.de
営水～土11：30～23：00（火は15：00～、日は～22：00）
休月、12月下旬～1月上旬、カーニバル
カード M V（€100以上で利用可）

® レストラン・アガタ　　　Agata's Restaurant

ミシュラン1つ星のレストラン

2015年にミシュランの1つ星を獲得したグルメレストラン。コースメニューは6品コース€160、9品コース€195。新鮮な肉や魚に、季節の野菜を色鮮やかに配した料理が味わえる。

レストラン　　**MAP ◆ 地図外**
住Kirchfeldstr. 59
☎(0211) 20030616
URLwww.agatas.de
営水～土　18：00～22：00
休日・月・火
カード A M V

® タンテ・アンナ　　　Weinhaus Tante Anna

アンナおばさんという名の高級レストラン

16世紀の礼拝堂を改装した落ち着いた店。予約をしたほうがよい。アラカルトのメインディッシュは€30前後から。5品コース€98。ベジタリアンや魚料理のメニューもあり。ワインの品揃えも自慢。

ドイツ料理　　**MAP ◆ P.124-A2**
住Andreastr. 2
☎(0211) 131163
URLwww.tanteanna.de
営火～土　　18：00～24：00
（L.O. 21：00）
休日・月・祝
カード A J M V

© ハイネマン　　　Café Heinemann

絶品のシャンパントリュフをおみやげに

1932年創業の自家製ケーキとチョコレートの店。おみやげはシャンパントリュフChampagne-Trüffelがいち押し。2階が広いカフェになっており、食事もできる。写真は絶品のシャンパントリュフ・ザーネトルテとポット入りコーヒー。

カフェ　　**MAP ◆ P.125-B3**
住Martin-Luther-Platz 32,
　Vereinsbank Passage（入口はBlumenstr.側）
☎(0211)132535
URLwww.konditorei-heinemann.de
営月～金　9：00～18：30、土　9：00～18：00、日　10：00～18：00
休12/25・26、1/1　カード A D M V

® なにわ　　　Naniwa

ドイツ人も行列するラーメン店

開店前から並んで待っている人がいるほど評判のラーメン店。ドイツ人のお客さんも多い。写真は味噌ラーメン€12、ギョーザ€6.80。ほかにも多彩なメニューが揃っている。

日本料理　　**MAP ◆ P.125-B3**
住Oststr. 55
☎(0211) 161799
URLnaniwa.de
営火・水・金～日　11：30～21：30
休月・木
カード M

投稿 デュッセルドルフは日本食料理店が多い町で、選ぶのに迷うほどです。やばせ（URLwww.yabase-ddf.com　住Klosterstr. 70 ◆Map P.125-R4）には、本格的な寿司だけでなく、かつ丼や鶏のから揚げなどもありました。月曜定休です。（千葉県　ぐれ吉 '24）

HOTEL ❖ デュッセルドルフのホテル

ビジネス都市だけに安宿は少なく、見本市期間中([URL] www.messe-duesseldorf.deでチェックできる)に当たると、かなり料金が高くなる。各ホテルとも、ほぼ上限の料金が適用されるので、その場合は、周辺の都市に泊まって、そこからデュッセルドルフへ日帰り観光をする方法を取ったほうがよいだろう。

中央駅を旧市街側の出口から出て斜め左に延びるGraf-Adolf-Str.周辺と、交差するOststr.周辺に中級ホテルが数軒ある。デュッセルドルフではひとり1泊につきCity-Taxが€3加算される。

[H] シュタイゲンベルガー・アイコン・パークホテル　Steigenberger Icon Parkhotel

伝統に支えられた確かなサービス

ホーフガルテンの南、ドイツオペラ・アム・ライン劇場やケー・ボーゲンの近くに建つ、伝統と格式のある最高級ホテル。観光やショッピングにも便利な立地。24時間オープンのフィットネスエリアや、サウナの利用も無料。

高級ホテル　MAP ◆ P.124-B2

[住]Königsallee 1a　D-40212
☎(0211)13810
[URL]hrewards.com
[料]Ⓢ€255～　Ⓣ€265～
朝食別€46
[カード][A][D][J][M][V]
[Wi-Fi] 無料

[H] リビングホテル デ メディチ　Living Hotel De Medici

350年の歴史をつむぐ美術館ホテル

最後のメディチ家ことアンナ・マリア・ルイーザゆかりのホテル。17世紀の修道院を改装した建造物で、内装は幾多の美術品で装飾されている。日本人スタッフは現在は不在。

高級ホテル　MAP ◆ P.124-A2

[住]Mühlenstr. 31　D-40213
☎(0211)160920
[URL]www.deraghotels.de
[料]Ⓢ€205～　Ⓣ€239～
[カード][A][D][J][M][V]
[Wi-Fi] 無料

[H] クレイトン　Clayton Hotel

ビジネスマンに人気のホテル

インマーマン通りに建つ高級ホテル(旧ホテル・ニッコー)。最上階にはパノラマ室内プールとフィットネスルームがあるがスイートとビジネスルームクラスの滞在客以外は利用料€15。高級鉄板焼レストランも入っている([営]木～土18:00 ～ 22:00)。

高級ホテル　MAP ◆ P.125-B3

[住]Immermannstr. 41　D-40210
☎(0211)8340
[URL]www.claytonhotelduesseldorf.com
[料]ⓈⓉ€119～
朝食別€29
[カード][A][D][J][M][V]
[Wi-Fi] 無料

[H] モーテル・ワン・ハウプトバーンホーフ　Motel One Düsseldorf-Hauptbahnhof

駅近、便利な中級ホテル

中央駅から徒歩約5分と近く、設備のわりに安いが、部屋のサイズは小さく、ふたりで泊まるのはきつい。日本やアジア系ショップの多いインマーマン通りに面していて何かと便利。

中級ホテル　MAP ◆ P.125-B4

[住]Immermannstr. 54　D-40210
☎(0211)3020570
[URL]www.motel-one.com
[料]Ⓢ€89 ～　Ⓣ€109 ～
朝食別€16.90
[カード][A][D][M][V]
[Wi-Fi] 無料

[H] バックパッカーズ・デュッセルドルフ　Backpackers Düsseldorf

安く泊まりたいならココ！

中央駅から徒歩約15分。または中央駅からHafen/Lausward方面行きのバス732番で約6分のCorneliusstr.で下車。ゲスト用のキッチンあり。朝食は簡単なもの。ツインルームあり。ドミトリーは男女混合になる。館内禁煙。

ユースアコモデーション　MAP ◆ P.124-B2外

[住]Fürstenwall 180　D-40215
☎(0211)3020848
[URL]hostel-duesseldorf.de
[料]ドミトリー（4～6人部屋）€23.50～、金・土は€25～
[カード][M][V]
[Wi-Fi] 共有エリア内利用可（無料）

[投稿] 加賀屋([URL]www.facebook.com/kagayadus　[住]Charlottenstr. 60　➲Map P.125-B2)は定食がおいしい店。日替わり定食はフェイスブックに出ています。開店直後に行かないと入れないかも。日曜休業。（千葉県　ぐれ吉　'24）

アーヘン

Aachen

大聖堂内のモザイク装飾

世界遺産の大聖堂周辺は古い趣があるエリア

ベルリン●

★ アーヘン●

● フランクフルト

● ミュンヘン

MAP ◆ P.108-B1

人　口	24万8900人
市外局番	0241

ACCESS

鉄道：ケルンからICE特急で約35分、REで約50分。

❶ アーヘンの観光案内所
⊞Friedrich-Wilhelm-Platz
D-52062 Aachen
☎(0241) 1802950
URL www.aachen-tourismus.de
開月～土　　10：00～18：00
　日　　　　10：00～15：00
（1～3月は土10：00～14：00、
日曜は休業となる）

　ドイツで最も西に位置するこの町は、紀元前3世紀からローマ人が温泉地として利用し、その後、ゲルマン民族の一派フランク族が移動してきて定住し、アーハAhhaという地名をつけた。Ahhaは水という意味だ。

　フランク族のカール大帝はアーヘンが大のお気に入りで、ここをフランク王国の都にして、晩年の多くの時間を過ごした。

歩き方

　見どころは旧市街に集まっているので、歩いて十分回れる。旧市街へはバスが走っているが、中央駅から歩いても10分ぐらい。駅を背にして、斜め右に延びる**バーンホーフ通りBahnhofstr.**を進み、**テアーター通りTheaterstr.** で左折。突き当たりにそびえる**市立劇場Stadttheater**を越えて右に進むと**❶**がある**フリードリヒ・ヴィルヘルム広場Friedrich-Wilhelm-Platz**に出る。**❶**を通り過ぎると**大聖堂Dom**の塔が見えてくる。見どころは、この周辺に固まっている。大聖堂の北側、**マルクト広場Markt**に建つゴシック様式の建物は**アーヘン市庁舎Aachener Rataus**。14世紀の建築で、神聖ローマ皇帝の戴冠式後の祝宴場にもなった。

投稿 ハンスヴルストHANSWURSTというレストランでは、アーヘンのほかドイツ各地のソーセージを食べることができます。価格もお手頃。HANS aachenの付け合わせのアップルソースがおいしかったです！（東京都　齋藤玲奈 '23）['24]

131

●大聖堂
⊞ Domhof 1
URL www.aachenerdom.de
開 月～金　11:00～18:00
　　土　　13:00～18:00
　　日　　13:00～17:30
※上記以外でも特別行事や礼拝中は見学不可。
料 内部の撮影料€1。ガイドツアー€6（申し込みは宝物館の前のドームインフォメーションで）

●宝物館
⊞ Johannes-Paul-II-Str.
URL www.aachener-domschatz.de
開　月　　10:00～14:00
　火～日　10:00～17:00
　（4～12月の火～日は～18:00）
休 カーニバル期間、聖金曜日、12/24・25・31、1/1
料 €7、学生€4

カール大帝の金の胸像

📷 おもな見どころ

美しさに圧倒される大聖堂
Dom
🌐 世界遺産 ★★★

ガラスの礼拝堂

　ドイツの世界遺産登録第1号が、ここアーヘンの大聖堂。ドイツ文化の源泉ともいえる場所だ。カール大帝が786年に建設を始め、814年に大帝が没すると大聖堂内に墓所が設けられた。936年から1531年の約600年間にわたり30人の神聖ローマ皇帝の戴冠式が行われたことから、カイザードーム（皇帝の大聖堂）の別名がある。

　25mの高さのステンドグラスで彩られたガラスの礼拝堂は、金色に輝く主祭壇、金色の天使のモザイク装飾やマドンナのレリーフなど、目がくらみそうな美の世界に圧倒される。なお、ガイドツアーに参加すると、カール大帝の玉座を見学できる。

　大聖堂の西側、通りを隔てた斜め向かいにある宝物館Domschatzkammerには、カール大帝の大きな金の胸像や、大粒の宝石をちりばめた十字架など、カール大帝とその帝国の栄光がしのばれる品々が並ぶ。

八角形の天井ドームも金色に輝く

Specially
アーヘナープリンテン

　アーヘンの名物は、アーヘナープリンテンAachener Printenというクッキー風のお菓子で、レープクーヘン（→ P.141）と似ている。大聖堂の周囲に数店あるパン屋さんで売っているが、特にノービス Nobis（⊞Münsterplatz 3　URLnobis-printen.de）は1858年創業の老舗でバリエーションが豊富。カフェも併設している。

大聖堂の隣にあるパン屋、ノービス

小袋入りのアーヘナープリンテン

アーヘナープリンテンは店によっていろいろな種類がある

MEMO クーヴェン博物館（⊞ Hühnermarkt 17　URL couven-museum.de）は、クーヴェン兄弟が収集したロココ時代の家具、調度の博物館。18～19世紀の生活文化がわかる。開 10:00～17:00（第1土曜は13:00～）休 月

ズエルモント・ルートヴィヒ美術館
Suermondt-Ludwig-Museum ★★

目立たない外観だが、館内は広く充実したコレクションを展示している。絵画や版画、デッサン、中世末期のドイツやチロル地方の木彫りの聖像にすばらしい作品がある。

優雅な雰囲気の温泉施設 カロルス・テルメン
Carolus Thermen ★★

市立公園の一角にある大型温泉施設で、ナトリウム、鉄、重炭酸塩などを含むミネラル温泉を利用しており、リウマチや婦人病、手術後のリハビリなどに効果がある。水温33度の大型温泉プールやジェットバス、サウナ、マッサージ、ビューティスパなどがあり、旅行者も気軽に利用できる。

アーヘンで人気の温泉
カロルス・テルメン

GNTB/Suhlmann, Bernd

●ズエルモント・ルートヴィヒ
　美術館
🏠Wilhelmstr. 18
🌐suermondt-ludwig-museum.
　de
🕐火〜日　10：00〜17：00
🈺月　💴€6

●カロルス・テルメン
🏠Stadtgarten / Passstr. 79
🌐carolus-thermen.de
🕐9：00〜23：00（入場は〜
　21：30、入浴は〜22：30）
💴3時間30分までは€16（サウナ込
　み€34）、土・日・祝は各€18
　（€38）。6歳以上から入場可。
　温泉プールは水着着用、サ
　ウナエリアは水着着用不可。

おすすめのホテル

🏨パークホテル・クヴェレン
　ホーフ
　Parkhotel Quellenhof
🏠Monheimsallee 52
🌐www.parkhotel-quellenhof.
　de

🏨ドライ・ケーニゲ
　Hotel 3 Könige
🏠Büchtel 5 am Markt
🌐www.h3k-aachen.de

𝓔xcursion
アイフェルの真珠、モンシャウを訪ねて

アイフェル地方（◎Map P.50-A1〜A2）は、コブレンツの西部、アーヘン、トリーアに挟まれた一帯で、起伏の多いアイフェル山地と深い森、火山湖マールが織りなす自然と、その谷間にひっそりたたずむ町が魅力的。公共交通の便があまりよくないこともあって、日本ではまだあまり知られていない地域だ。そんなアイフェル地方のなかでも、ぜひ訪ねてみたいのがスレートぶきの銀色の家並みが美しいモンシャウMonschau（◎Map P.50-A1、P.108-B1）だ。

終点でバスを降りたら、道なりにゆっくりと下って行くと、自然に町の中心部に出る。最初の橋の手前には、ローテス・ハウスRothes-Hausという

左端は赤い家という意味のローテス・ハウス

立派な館が建ち、ロココ様式が美しい内部は博物館になっている。橋を渡り、マルクトMarktという広場近くにも小さな橋があり、この橋から見た川沿いの家並みが、モンシャウで最も美しい風景といわれている。時が止まったかのように静かな町を、のんびりと散策したい。

マルクト近くの橋の上は絶好の撮影スポット

ℹモンシャウの観光案内所
🏠Stadtstr. 16　D-52156 Monschau
☎(02472)80480　🌐www.monschau.de
🕐10：00〜13：00、13：30〜16：00
行き方 アーヘン中央駅前からSB63番のバスで約30分、Post, RoetgenでSB66に乗り換えて約20分、終点のMonschau Parkhaus下車。

正面入口近くの立坑櫓

世界遺産の炭鉱跡がある、ルール地方の中心都市

エッセン

Essen

MAP ◆ P.108-A2

人　口	58万2400人
市外局番	0201

[ACCESS]
鉄道：ICまたはICE特急でケルンから約50分、ドルトムントから約20分。

ℹエッセンの観光案内所
[住]Kettwiger Str. 2-10
D-45127 Essen
☎(0201) 8872333
[URL]visitessen.de
[開]月〜金　10:00〜18:00
土　14:00〜18:00
(季節により変更あり)

[世界遺産]
エッセン郊外
ツォルフェライン炭鉱跡
(2001年登録)

●フォルクヴァング美術館
[住]Museumsplatz 1
[URL]www.museum-folkwang.de
[開]火〜日　10:00〜18:00
(木・金は〜20:00)
[休]月
[料]常設展は無料。特別展は有料

●ツォルフェライン炭鉱跡
[住]Gelsenkirchener Str. 181
[行き方]エッセン中央駅地下からGelsenkirchen行きの107番の路面電車で所要約20分、Zollverein下車すぐ。
[URL]www.zollverein.de

バウハウス様式のツォルフェライン炭鉱跡の建物は、世界で最も美しい炭鉱といわれた

鉄鋼財閥クルップの本拠地であり、戦前からルール地方の中心都市として繁栄した。おもな見どころは、中央駅を挟んで南北に分散している。

中央駅から南へ15〜20分ほど歩いた所にある**フォルクヴァング美術館Museum Folkwang**は、フランス印象派やドイツ表現主義の名画コレクションが必見。

町の中心から北西へ約4kmの所にある**ツォルフェライン炭鉱跡Zollverein**は1986年まで操業していたエッセン最後の炭鉱。広大な敷地内に、コークス工場Kokeleiや博物館、ギャラリー、デザインセンターなどが点在する複合文化施設となっている。

見学のメインとなるのは、正門から直進した奥に建つ、巨大な**ルール博物館Ruhr Museum**で、ルール地方の産業、自然、歴史、文化に関する空間が展開する。

デザインに興味があるなら、**レッド・ドット・デザインミュージアムRed Dot Design Museum**は必見。

ルール博物館の外壁に設置された長さ58mのエスカレーター。最上階にチケット売り場や売店、カフェがある

サッカー・スタジアム情報

フェルティンス・アレーナ VELTINS-Arena

[URL]www.veltins-arena.de (独)

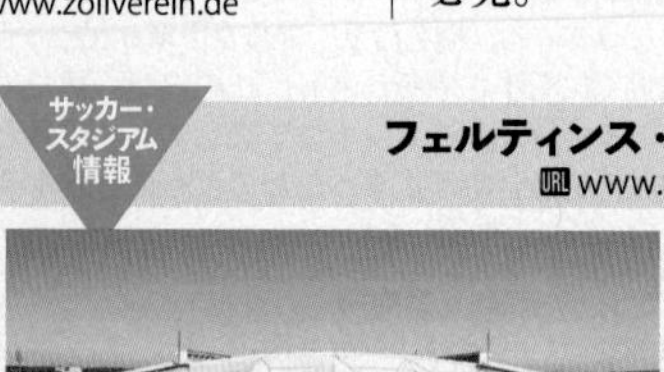

エッセン郊外の**ゲルゼンキルヒェンGelsenkirchen**のチーム、**FCシャルケ04**の本拠地。
[行き方]エッセン中央駅から、RE快速またはⓈ2で所要約10分のゲルゼンキルヒェン中央駅へ行き、地下ホーム発着のBuer Rathaus行き302番の路面電車に乗り換えて所要約15分のVELTINS-Arena下車、徒歩約3分。

フェルティンスはドイツ西部で人気のビール会社の名称

[MEMO]ボーフムBochum (➡Map109-A3)は炭鉱とサッカーの町。VfLボーフム1848のメインスタジアム、ヴォノヴィア・ルーアシュタディオンへは、ボーフム中央駅からU308、316番で約3分のVonovia Ruhrstadion下車。

ドルトムント

ビールとサッカーをこよなく愛する町

Dortmund

駅前とペトロ教会の塔

ベルリン
★ドルトムント
・フランクフルト

ミュンヘン

MAP ◆ P.109-A3

人　口　58万7700人

市外局番　0231

ACCESS

鉄道：IC、ICE特急でケルンから約1時間10分、フランクフルトから約2時間30分（乗り換えの場合あり）。

❶ ドルトムントの観光案内所

⊞Kampstr. 80
　D-44137 Dortmund
☎(0231) 5019500
URL visitdortmund.de
開月～金　　10：00～18：00
　土　　　　10：00～15：00

● ドイツ・サッカーミュージアム

⊞Platz der Deutschen Einheit 1
URL www.fussballmuseum.de
開火～日　10：00～18：00
　（入場は閉館1時間前まで）
休月、12/24・25・31、1/1、
　カーニバルの月曜
料€19、学生€14

駅から歩いてすぐのドイツ・サッカーミュージアム

　ハンザ同盟都市でもあった歴史ある町だが、現代のドルトムントは近代的な商工業都市。ミュンヘンと並ぶビールの町としても知られ、できたての本場の味をぜひ味わっていきたい。

ショッピング街のヴェステンヘル通り

　中央駅の南出口から、駅前の広場を真っすぐ進み、歩行者用の広い階段をペトロ教会の塔を目指して上っていくと、歩行者専用のショッピングストリート、**カンプ通りKampstr.**に突き当たる。東西に延びるこの通りと、**アルター・マルクトAlter Markt**周辺が町の中心。ボルシア・ドルトムントの市内ファンショップもアルター・マルクトにある。

高さ45m、世界最大級のツリーが登場するクリスマスマーケット

　中央駅前の広場のすぐ先には**ドイツ・サッカーミュージアムDeutsches Fußballmuseum**がある。ドイツ代表チームの歴史的な歩みがわかり、ドイツサッカーファンは必見。

おすすめのホテル

Ⓗ NHドルトムント
　NH Dortmund
⊞Königswall 1　D-44137
URL www.nh-hotels.com

Ⓗ エスプラナーデ
　Hotel Esplanade
⊞Burgwall 3　D-44135
URL www.esplanade-dortmund.de

サッカー・スタジアム情報

ジグナル・イドゥナ・パーク Signal Iduna Park （旧称ヴェストファーレン・シュタディオン）

URL www.bvb.de（ボルシア・ドルトムントのサイト）

行き方 ドルトムント中央駅からⓊ45Westfalenhallen行きに乗り所要約10分の終点下車、徒歩約8分。なお、試合開催日のみ、さらにスタジアムに近いStadion駅まで延長運転される。DBを利用する場合は中央駅からRB（普通）で所要約5分のDortmund Signal Iduna Park駅下車、徒歩約5分。

ヨーロッパ最大の収容人数を誇るゴール裏スタンドは大迫力

投稿 ドルトムントから普通列車で50分ほどの所にあるゾースト Soest（◎ Map P.109-A4）は、1000年以上の歴史を誇る町。中心部はほぼ完璧な形で残る城壁で囲まれて、昔ながらのドイツの匂いがする町。（在ドイツ　Pride Berliner '22）['24]

荘厳な大聖堂

歴史の舞台となった中世の香りが残る町
ミュンスター
Münster

ベルリン●
ミュンスター★
●フランクフルト
● ミュンヘン

MAP ◆ P.109-A3

人　口	31万6400人
市外局番	0251

ACCESS

鉄道：ケルンからIC特急で
約1時間40分。

**❶ミュンスターの
観光案内所**
⊞Heinrich-Brüning-Str. 7
D-48143 Münster
☎(0251) 4922710
URLwww.stadt-muenster.de
開月～金　　8：00～18：00
　 土　　　 9：00～16：00

●市庁舎　平和の間
⊞Prinzipalmarkt 10
開火～金　 10：00～17：00
　土・日・祝 10：00～16：00
※公式行事開催時は見学不可。
料€2、学生€1.50

大聖堂内部の天文時計に付属の
グロッケンシュピールは平日12：
00、日曜、祝日12：30に動く

おすすめのホテル

Ⓗカイザーホーフ
　Kaiserhof
⊞Bahnhofstr. 14　D-48143
☎(0251) 41780
URLwww.Kaiserhof-muenster.
de
料Ⓢ€107～　Ⓣ€127～
朝食別€23
カード ADJMV
WiFi無料
中央駅の斜め向かい側に建つ。
クラシックな雰囲気で、設備
もよい。エアコン付き。

歴史の舞台となった市庁舎

「ウェストファリア条約」の名を耳にしたことがあるだろうか。三十年戦争の和平条約はヴェストファーレン地方のミュンスター（とオスナーブリュック）で発布されたのでこの名がある。

中央駅を背にして正面の**ヴィントホルスト通りWindthorststr.**を500mほど行き、歩行者天国でにぎわうLudgeristr. からさらに北へ行くと**市庁舎Rathaus**が建っている。条約が結ばれた**平和の間Friedenssaal**はこの市庁舎の中にあり、❶も入っている。市庁舎が建つ**プリンツィパルマルクトPrinzipalmarkt**、その北側に続く**ボーゲン通りBogenstr.**には、北方ルネッサンス様式の優雅な建物が建ち並ぶ。

13世紀に築かれた**大聖堂Dom**は、ドイツの代表的なゴシック様式の建築物で、前の広場では水曜と土曜に野菜や果物のマーケットが開かれる。

町の南西部に広がるアー湖畔には、**ミューレンホーフ野外博物館Mühlenhof-Freilichtmuseum**がある。

ミュンスター
MÜNSTER
········ 観光モデルルート

MEMO 中央駅に隣接する3300台収容のガラス張りの駐輪場（URLwww.radstation.de）はドイツ最大級。市内には自転車道が整い、4.5kmの自転車専用環状プロムナードもあるので、レンタサイクル（駐輪場内にあり）で楽しんでみては。

ネッカー川に面したハイデルベルクの旧市街

ハイデルベルクと古城街道
Heidelberg / Die Burgenstraße

中世の雰囲気を再現した職人広場（ニュルンベルク）

ニュルンベルクのクリスマスの天使、クリストキント

ドイツ最古の大学があり、学生街の活気に満ちたハイデルベルク

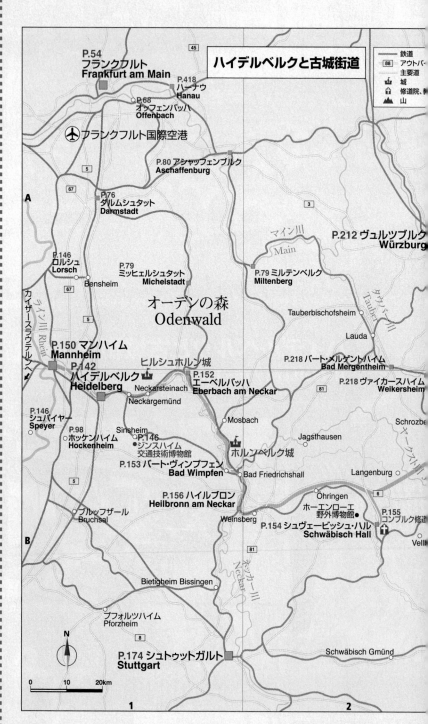

ハイデルベルクと古城街道

鉄道
88 アウトバ—
主要道
城
修道院、弁
山

P.54
フランクフルト
Frankfurt am Main

P.418
ハーナウ
Hanau

P.68
オッフェンバッハ
Offenbach

フランクフルト国際空港

P.80 アシャッフェンブルク
Aschaffenburg

45

5

67

A

P.76
ダルムシュタット
Darmstadt

3

マイン川
Main

P.212 ヴュルツブルク
Würzburg

P.146
ロルシュ
Lorsch

Bensheim

67

P.79
ミッヒェルシュタット
Michelstadt

P.79 ミルテンベルク
Miltenberg

タウバー川
Tauber

5

オーデンの森
Odenwald

Tauberbischofsheim

Lauda

P.150 マンハイム
Mannheim

ヒルシュホルン城

P.218 バート・メルゲントハイム
Bad Mergentheim

カイザースラウテルンへ

ライン川 Rhein

P.142
ハイデルベルク
Heidelberg

Neckarsteinach

P.152
エーベルバッハ
Eberbach am Neckar

81

P.218 ヴァイカースハイム
Weikersheim

Neckargemünd

P.146
シュパイヤー
Speyer

Sinsheim

P.98
ホッケンハイム
Hockenheim

P.146
ジンスハイム
交通技術博物館

Mosbach

Jagsthausen

Schrozbe

5

P.153 バート・ヴィンプフェン
Bad Wimpfen

ホルンベルク城

Bad Friedrichshall

Langenburg

6

Bruchsal

ブルッフザール

P.156 ハイルブロン
Heilbronn am Neckar

Öhringen

ホーエンローエ
野外博物館

P.155
コンブルク修道

B

Weinsberg

P.154 シュヴェービッシュ・ハル
Schwäbisch Hall

Vell

81

Bietigheim Bissingen

ネッカー川
Neckar

プフォルツハイム
Pforzheim

8

N

P.174 シュトゥットガルト
Stuttgart

Schwäbisch Gmünd

0   10   20km

1   2

138

ハイデルベルクと古城街道 ▼ 広域図

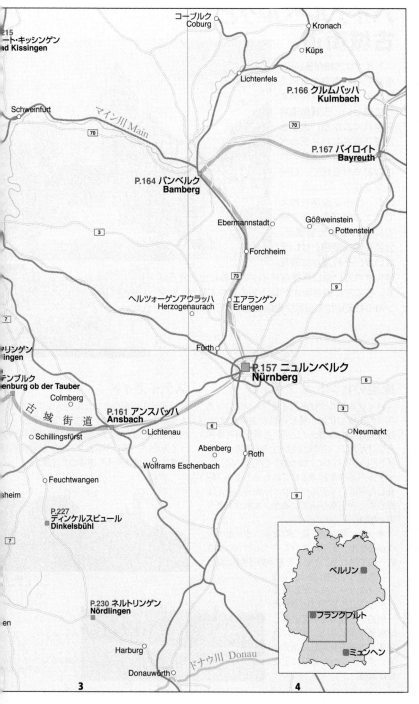

ハイデルベルクと古城街道

ドイツは古城が多い国。車や列車の車窓から見える丘の上の古城は絵のように美しい。古城街道はマンハイムから、大学と古城で有名なハイデルベルク、ネッカー渓谷の小さな町や村を経て、ローテンブルク、ニュルンベルク、さらに国境を越えてチェコのプラハまで続く国際的な観光街道だ。公共交通は便利とはいえないが、それだけに観光地化されていない素朴なドイツの素顔に出合えるはず。右に左に姿を現す70以上もの城や宮殿が、ロマンあふれる中世の伝説や物語を聞かせてくれる。

上／ニュルンベルクの高台にそびえるカイザーブルク　下／ロマンティックな気分になる町ハイデルベルク

周遊のヒント

ハイデルベルクからハイルブロンにいたるネッカー渓谷には、美しい城が次々と現れ、趣は異なるもののライン川の古城地帯と優劣をつけがたい。この区間が古城街道のハイライトといってもよく、城や城下の町々へは、ハイデルベルクを起点として訪れるとよい。紹介した町はハイデルベルクから直通、または乗り換えの列車が出ているが、本数はあまり多くない。

ネッカー渓谷は、夏の間ならハイデルベルクからヒルシュホルンやエーベルバッハまで観光船で訪れることもできる（曜日限定運航）。

いちばん便利なのは、やはりレンタカー。ハイデルベルクからの国道37号線がネッカー川沿いを走っていて、美しい風景が楽しめる。さらに点在する古城を利用したホテルやレストランへも気軽に足を延ばせる。

ステイガイド

ハイデルベルクとニュルンベルクを除けば大型ホテルは少なく、小さな宿がほとんど。古城街道では、ぜひ一度は古城ホテルに泊まってみたい。夏の予約は早めに。逆に冬期は休業する古城ホテルもあるので注意。

ブドウ畑に囲まれたホルンベルク城（→下記MEMO）

ハイデルベルクからエーベルバッハ経由でハイルブロンへ向かう列車から、バート・ヴィンプフェンの町を遠望できる

MEMO ブルクホテル・ホルンベルクBurghotel Hornberg（[住]Neckarzimmern D-74865 ◆Map P.138-B1 ☎(06261) 92460 [URL]www.burg-hotel-hornberg.de）は、ゲーテの作品にも登場する騎士ゲッツが晩年を過ごしたこと♪

ハイデルベルクと古城街道 ▼ イントロダクション

名産品と料理

　東西に長い古城街道は、地域によっていろ
いろなお酒が楽しめる。ネッカー渓谷沿いは
ブドウ畑が多いワインの名産地。古城ホテル
やレストランのなかには、自家製ワインを製
造しているところもある。特に**ブルクホテル・
ホルンベルク**（→ P.140MEMO）は有名。

　ビール派は、地ビールで有名な**ニュルン
ベルク**、**バンベルク**、**クルムバッハ**で、ぜ
ひできたてを味わいたい。中指ほどの大
きさの**ニュルンベルガーソーセージ**も絶

レトロなデザインのチョコ「ハイデルベルク学生のキス」

左／炭火でカリッと焼いたニュルンベルガーソーセージ　下／パンにサンドして食べるニュルンベルガーソーセージもおすすめ

バンベルクの地ビール、ラオホビーアは燻製の味

品。**レープクーヘン**という固めのクッキー
はニュルンベルクの名物菓子。ハイデルベ
ルクの名物は**「ハイデルベルク学生のキス」**
（→ P.148）というプラリネチョコ。

レープクーヘンはスパイスが入ったクッキー

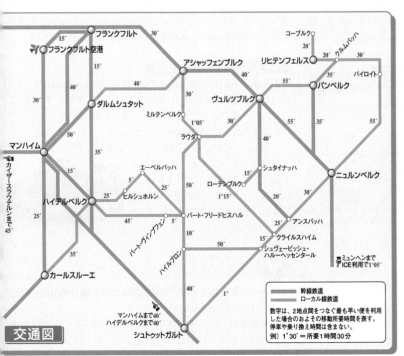

交通図

❥で知られる歴史ある城。現在の城主は1612年から続く貴族のゲミンゲン家。なお、古城街道のなかでも人気が高い
古城ホテルであるシュロスホテル・ヒルシュホルンSchlosshotel Hirschhornは、改修工事のため休業中。

ハイデルベルク

Heidelberg

クリスマスのマルクト広場

ベルリン●

フランクフルト●

★ハイデルベルク

ミュンヘン●

MAP ◆ P.138-B1

人 口	15万8700人
市外局番	06221

ACCESS

鉄道：ICE特急でフランクフルト中央駅から約50分、マンハイムから約10分。

❶ハイデルベルクの観光案内所

⌂ Willy-Brandt-Platz 1
（am Hauptbahnhof）
D-69115 Heidelberg
中央駅前の広場にある。
⦿ Map P.143-A1
☎ (06221)5844444
🔗 www.heidelberg-marketing.de
🕐 月〜土　10：00〜17：00
日・祝　10：00〜15：00
（11〜3月は短縮あり）

●市内交通

中央駅から旧市街（カールス門まで）への市電・バスの料金は€2.10。
1日券は1人用€8.30〜、ファミリー用€11.30〜、グループ用€17.30〜。

●ハイデルベルクカード
Heidelberg CARD

市内交通網に有効期限内乗り放題で、城の入場とケーブルカー1往復がセットになっているカード。1日用€26、2日間用€28。4日間用やファミリー用（2日間）、学生割引もある。観光案内所で販売。

哲学者の道から見たハイデルベルク城と旧市街

　ライン川の支流、ネッカー川に沿って広がるハイデルベルクは、ドイツ最古の大学をもち、山の上の古城やバロック風の街並みが残る。18世紀から、ゲーテやヘルダーリン、ショパンといった多くの詩人や芸術家が訪れ、この町をたたえる作品を生み出した。

　中心部には歴史ある学生酒場やアンティークショップが点在し、ノスタルジックなムードがいっぱい。そんな町を闊歩する学生たちの姿は、町に若い息吹を常に吹き込んでいる。

ハイデルベルクの市内交通

　旧市街の入口に当たる**ビスマルク広場Bismarckplatz**までは、中央駅から約1.5km離れているので、32、33、34番のバスを利用するとよい。32番のバスは、ビスマルク広場からさらに旧市街の中心部に位置する**大学広場Universitätsplatz**まで行き、ここが終点となる。中央駅〜ビスマルク広場間は5番の市電も利用できる。

　城へ上るケーブルカー乗り場へは20番または33番のバスでRathaus/Bergbahnで下車するとすぐ前が乗り場で、マルクト広場にも歩いて5分ほどで行ける。

中央駅横のバス乗り場からスタート

 歩き方 〜〜〜〜〜

　ビスマルク広場から東へ延びる**ハウプト通りHauptstr.**は、旧市街のメインストリート。

　歩行者天国でにぎわう道の両側にはデパートやみやげ物屋や、ブティック、レストランなどが並んでいる。10分ほど歩くと、右側に大学広場が現れる。

MEMO　マンハイムからSバーン（S1、2）に乗り、ハイデルベルク中央駅の2駅先のハイデルベルク・アルトシュタットHeidelberg Altstadt駅（カールス門の東側にある）で降りると、徒歩約10分でマルクト広場に出られる。駅にはロッカーはない。

ハイデルベルクと古城街道 ▼ ハイデルベルク

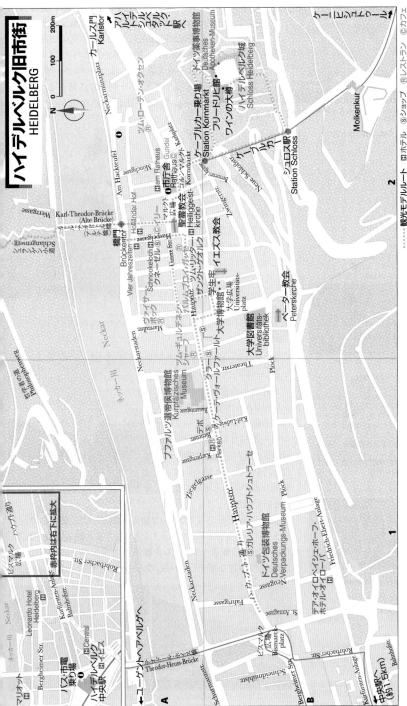

旧市街の中心、マルクト広場と
聖教会

さらにハウプト通りを歩いていくと、**聖霊教会Heiliggeistkirche**と**市庁舎Rathaus**の建つ**マルクト広場Marktplatz**に出る。この先の**コルンマルクトKornmarkt**という広場からはハイデルベルク城の姿がよく見える。城へはケーブルカーで上れる。

天気がよければネッカー川に架かる**カール・テオドール橋Karl-Theodor-Brücke**を渡って、対岸から古い町並みを眺めてみよう。**シュランゲン小道Schlangenweg**の急な坂道を15分ほど上って有名な**哲学者の道Philosophenweg**へ出ると、そこからの眺めは最高。ゲーテをはじめ、多くの詩人や哲学者が実際に歩いて思索にふけった場所で、ため息の出る美しさだ。

カール・テオドール橋はアルテ橋（古い橋）ともいう

●哲学者の道の歩き方

カール・テオドール橋から続くシュランゲン小道は、かなり急な上り坂。この道を無理して上らなくても、ビスマルク広場に近いテオドール・ホイス橋に近い側から哲学者の道に入り、対岸の城を眺めながらシュランゲン小道を下って旧市街へ戻る逆コースを取ったほうが体力的にも楽で、風景をゆったりとした気分で味わえる。城を撮影するには、順光になる午後からがおすすめ。天気の悪い日や夕方以降のひとり歩きは避けたほうがよい。

静かな哲学者の道を散策

●ケーブルカー
Map P.143-B2
URL www.bergbahn-heidelberg.de
中央駅前から20、33番のバス（Köpfel行き）で所要約15分のRathaus/Bergbahn下車。または、中央駅からSバーンで2駅目のHeidelberg Altstadtで下車して、徒歩約10分。
運 城までの往復運賃と城の入場料（中庭、ワインの大樽が並ぶホール、ドイツ薬事博物館）込みで€9、学生€4.50

ケーニヒシュトゥールの展望台まで行くと町の眺めがよい

●ハイデルベルク城
Map P.143-B2
URL www.schloss-heidelberg.de
開 9：00〜18：00
（入場は17：30まで）
料 €9、学生€4.50（城の中庭とバルコニー、ワインの大樽が並ぶホールとドイツ薬事博物館に入場可）
城の内部は1日5〜6回あるガイドツアー（上記とは別料金で€6）で見学。

町を見下ろす堂々たる **ハイデルベルク城**
Schloss Heidelberg ★★★

市庁舎の南側の広場コルンマルクトの南側、駐車場のある建物の中からケーブルカーが出ている。ひと駅目のシュロスSchlossで降りたら、右へ行くと城の入場券売り場がある。歩いて上ると15分ほど。

ハイデルベルク城の中庭

城は13世紀頃からプファルツ伯の居城として拡張を続け、ゴシック、ルネッサンス、バロックなどさまざまな様式が見られる。しかし三十年戦争やプファルツ継承戦争や火事で破壊され、半ば廃墟の複雑な姿をしている。**フリードリヒ館Friedrichsbau**の

城のバルコニーから見る旧市街のパノラマ

ワインの大樽の前にいる宮廷道化師ベルケオの像

バルコニーからの旧市街の眺望は必見。また、城の地下にある世界最大級のワインの大樽もかなりの迫力で、樽の上に上れる。このホールではワインの試飲も楽しめる。

また、敷地内には、中世から近代までの薬の歴史を展示した**ドイツ薬事博物館Deutsches Apotheken-Museum**もある。

王侯貴族の生活を知るなら プファルツ選帝侯博物館
Kurpfälzisches Museum ★★

18世紀初頭に建てられたバロック様式の宮殿の中にあり、15〜18世紀の美術品が中心。リーメンシュナイダー作の木彫りの十二使徒祭壇（1509年）は必見。近郊で発掘された推定約50万年前の原人「ハイデルベルク人」の骨や、町の歴史に関する展示も充実。

ハイデルベルク大学と学生牢
Universität und Studentenkarzer ★

ハイデルベルク大学は、現在のドイツで最古の歴史を誇る1386年の創立。8人のノーベル賞受賞者を輩出している。**大学広場**の周辺には、古くからの大学の建物が集まっている。**大学博物館Universitätmuseum**

大学広場に面した校舎兼大学博物館

がある建物は大学校舎でもあり、このあたりは学生たちの姿も多い。大学博物館の裏の路地には1712〜1914年まで使われていた**学生牢Studentenkarzer**が公開されている。かつて大学内は治外法権だったため、学生が町で騒ぎを起こしても警察は介入できなかった。そこで大学当局がこの牢を造った。壁や天井に見られる落書きは、投獄中の学生自身のシルエットと、ここに入る

にいたった罪状や、牢屋での滞在期間などを記したもの。若気のいたり（？）のユーモアとウィットに富んだ理想やモットーなども書かれている。

シルエット画が印象的な学生牢の落書き

ドイツ包装博物館
Deutsches Verpackungs-Museum ★

包装をテーマにした珍しい博物館。19世紀頃から現代までの、ビスケットやチョコレート、洗剤、飲料など、ドイツでおなじみの品の缶、瓶、箱などのさまざまなパッケージを紹介している。パッケージなどのデザインに興味がある人向き。ハウプト通り22番地の建物の通路を進み、奥に見える階段を上った所に博物館の入口がある。

●**ドイツ薬事博物館**
◆Map P.143-B2
🌐www.deutschen-apotheken-museum.de
🕐1/8〜3/31　10:00〜17:30
　4/1〜1/7　10:00〜18:00
　（入場は閉館20分前まで）
🚫12/24
💴城の入場料に含まれる

18世紀初頭の修道院付属薬局など、古い薬局の内部を再現している

●**プファルツ選帝侯博物館**
🏠Hauptstr. 97
◆Map P.143-A1
🌐www.museum-heidelberg.de
🕐火〜日　10:00〜18:00
🚫月、12/24・25・31、1/1、5/1、カーニバルの火曜
💴€3、学生€1.80
　日曜は€1.80、学生€1.20
入口は中庭（レストランがある）の手前にある。

●**学生牢／大学博物館**
🏠Augustinergasse 2
◆Map P.143-B2
🕐**学生牢**
　月〜土　10:30〜16:00
　大学博物館
　火〜土　10:30〜16:00
💴€4、学生€3.50。大学博物館とのコンビチケット€6、学生€4.50

大学グッズショップ Uni-Shop の奥に学生牢の入口がある

●**ドイツ包装博物館**
🏠Hauptstr. 22（im Innenhof）
◆Map P.143-B1
🌐www.verpackungsmuseum.de
🕐水〜金　13:00〜18:00
　土・日・祝　11:00〜18:00
🚫月・火、12/24〜26
💴€8、学生€5

145

[世界遺産]
シュパイヤー大聖堂
（1981年登録）
シュパイヤー、ヴォルムス、マインツの中世ユダヤ人共同体遺産群
（2021年登録）→P.101

●シュパイヤー大聖堂
[URL]www.dom-zu-speyer.de
[開]月〜土　9：00〜19：00
日・祝　11：30〜17：30
（11〜3月は〜17：00）
[料]大聖堂は無料、地下のクリプタは€4、塔と皇帝のホール（4〜10月のみ）€6.50

[世界遺産]
ロルシュ　王立修道院とアルテンミュンスター
（1991年登録）

●王のホール
[開]火〜日　11：00〜16：00
（11〜2月は土・日のみオープン）
[料]€6、学生€4

●博物館センター（ロルシュ）
[住]Nibelungenstr. 32 D-64653
[URL]www.kloster-lorsch.de
[開]火〜日　10：00〜17：00
[休]月、一部の祝日
[料]€3、学生€2

●ジンスハイム交通技術博物館
[住]Museumsplatz　D-74889 Sinsheim
[URL]sinsheim.technik-museum.de
[開]9：00〜18：00
（土・日・祝は〜19：00）
[料]博物館€22、IMAX（3Dシアター）付きチケット€28
シュパイヤーには同経営の技術博物館Technikmuseum（[URL]speyer.technik-museum.de）もあり宇宙船やUボートなどを展示。

サッカー・スタジアム情報
●プレゼロ・アレーナ Prezero-Arena
[住]Dietmar-Hopp-Str. 1 D-74889 Sinsheim
TSG1899ホッフェンハイム（[URL]www.tsg-hoffenheim.de）のホームスタジアム。
[行き方]ジンスハイム交通技術博物館の最寄り駅と同じSinsheim-Museum/Arenaから徒歩15〜20分。試合日には隣駅のSinsheim（Elsenz）Hauptbahnhof駅前バスターミナルからスタジアムへシャトルバスが運行。

近郊の見どころ

世界遺産の大聖堂の町シュパイヤー Speyer
[世界遺産]
MAP◆P.138-B1

ハイデルベルクからⓈ3で、約45分。駅前の通りBahnhofstr.を南へ600mほど進み、東へ延びる歩行者天国のマクシミリアン通りMaximilianstr.の突き当たりに、1030年創建の**大聖堂Dom**がそびえている。ドイツで最も美しいといわれる地下聖堂（クリプタ）には、4人の皇帝と4人のドイツ王が眠っている。

ロマネスク様式最大級の大聖堂

カロリング朝時代の遺構が残るロルシュ Lorsch
[世界遺産]
MAP◆P.138-A1

ハイデルベルクからRE快速で約30分のベンスハイムBensheimで、ヴォルムスWorms方面行きの普通列車に乗り換えてさらに約5分でロルシュに着く。駅から歩いて約10分で、世界遺産に登録されている8世紀創建の**王立修道院とアルテンミュンスター**に着く。残っている建物は、**王のホールKönigshalle**（**Torhalle**ともいう）のみで、ガイドツアーで2階の内部を見学できる。すぐ近くに**博物館センター Museumszentrum**がある。

前ロマネスク様式の王の門

広大なジンスハイム交通技術博物館 Auto & Technik MUSEUM SINSHEIM
MAP◆P.138-B1

ジンスハイムSinsheimは、ハイデルベルクから南東へ約20kmにある町。

ジンスハイム交通技術博物館Auto & Technik MUSEUM SINSHEIMは、広い敷地にコンコルドを含む飛行機約50機、ビンテージカー約300台、F1カー、軍事車両、機関車などなど、ありとあらゆる乗り物が集められている。IMAX 3-Dシアターもあり、まるでテーマパークのようだ。

コンコルドやツポレフの内部にも入れる

博物館への行き方は、ハイデルベルク中央駅からⓈ5で所要約40分のSinsheim-Museum/Arena下車、徒歩約10分。博物館からTSG1899ホッフェンハイムのサッカースタジアム、プレゼロ・アレーナへも歩いて10分程度。

RESTAURANT ✦ ハイデルベルクのレストラン

　ハウプト通りと、マルクト広場周辺に多くのレストランがある。歴史的な居酒屋ツム・ローテン・オクセンは観光名所的存在なので、団体の利用客も多い。そのため、夜はかなり店内がにぎやかになることが多いので、静かに食事やお酒を楽しみたい人は避けたほうが無難。
　旧市街には多くの店があるが、週末（金〜日曜）の夜は混み合うので、早めに行くか、予約をしたほうがよい。

R ヴァイサー・ボック
Restaurant Weißer Bock

旧市街の静かな一画にある

　旧市街のホテルの1階にある、やや高級なレストラン。落ち着いたインテリアの中で、ドイツ料理だけでなく、日本や世界各国のエッセンスも取り入れた料理を楽しめる。3品コースメニュー€75、4品€90。電話またはネットから要予約。

ドイツ料理　MAP ◆ P.143-A2
住Große Mantelgasse 24
☎(06221) 90000
URL weisserbock.de
営火〜土　18:00〜23:00
（季節により変更あり）
休日・月、冬期休業あり
カード M V

R ツム・ローテン・オクセン
Zum Roten Ochsen

町の名所のひとつ

　1703年創業、戯曲『アルト・ハイデルベルク』の舞台ともなった。マリリン・モンローやマーク・トウェインも訪れたという、典型的な学生酒場。伝統的なドイツ料理が味わえる。団体観光客も多く利用する。

ドイツ料理　MAP ◆ P.143-A2
住Hauptstr. 217
☎(06221) 20977
URL roterochsen.de
営火〜土　17:00〜
休月・日・祝、夏・冬期休業あり
カード 不可

R ツム・ギュルデネン・シャーフ
Zum Güldenen Schaf

郷土料理を味わうなら

　約250年の歴史があり、バーデンやプファルツ地方の郷土料理が味わえる。英語メニューあり。ウィーン風ポークシュニッツェルSchweineschnitzel Wiener Art €16.50、グリルチキンとポテトフライ1/2 Hähnchen vom Grill mit Pommes Frites €15。

ドイツ料理　MAP ◆ P.143-A2
住Hauptstr. 115
☎(06221) 20879
URL www.schaf-heidelberg.de
営火〜土　12:00〜22:30
　　日　　12:00〜17:00
休月
カード A D J M V

R パルムブロイ・ガッセ
Palmbräu Gasse

定番のドイツ料理と自家製ビール

　しっかりした味のドイツ料理と自家製のパルムブロイという生ビール（0.3ℓ€3.50）が味わえる。ビールに合う豚すね肉のグリルSchweinshaxe €21.40やマウルタッシェンMaultaschen €15.40もある。

ドイツ料理　MAP ◆ P.143-A2
住Hauptstr. 185
☎(06221) 28536
URL palmbraeugasse.de
営月〜金　16:00〜
　土・日　12:00〜
休冬期休業あり
カード A M V

C イリー
Chocolaterie Yilliy

手作りケーキがおいしい

　クネーゼル（→P.148）の向かい側にある雰囲気のいい小さなカフェで、手作りケーキがおいしい。写真はグルテンフリーのキャロット＆アーモンドクーヘンのケーキとコーヒー。とろりと濃厚なスペイン風ホットチョコレートもおすすめ。

カフェ　MAP ◆ P.143-A2
住Haspelgasse 7
☎(06221) 4884090
URL chocolaterie-heidelberg.de
営日・月・水　10:00〜18:30
　木・金・土　10:00〜20:00
休火
カード M V

ハイデルベルクと古城街道　▼　ハイデルベルク

147

SHOPPING ✦ ハイデルベルクのショッピング

ショッピングエリアはビスマルク広場からマルクト広場の間のハウプト通りがメイン。デパートやブティック、雑貨店、おみやげ店など、多種多様な店が並んでいる。歩行者専用道路なので、ゆったりとした気分で歩ける。マルクト広場から西に延びるUntere Str.には、小さくて個性的なカフェやショップ、ギャラリーが点在していて、歩くのが楽しい。

ガレリア・ハウプトシュトラーセ
Galeria am Hauptstrasse

おみやげ探しにやっぱり便利

ハウプト通りに面したデパート。ファッションや靴、バッグ以外にも、チョコレートやシュタイフのぬいぐるみ、スポーツ用品、インテリア雑貨などおみやげになりそうな品が揃う。

デパート　MAP ◆ P.143-B1
住Hauptstr. 30
☎(06221) 5040
URLwww.galeria.de
営月～土　　10：00～20：00
休日・祝
カード A D J M V

ケーテ・ヴォールファールト
Käthe Wohlfahrt

クリスマスグッズで部屋を飾ろう

店内には、ドイツの伝統的なクリスマス用品やデコレーションが1年中ぎっしり並ぶ。テーブルクロスやモダンな新作のスモーカー人形など、クリスマスシーズンでなくてもインテリアに加えたい品がいろいろある。

雑貨　MAP ◆ P.143-B2
住Hauptstr. 124
☎(06221) 4090150
URLwww.kaethe-wohlfahrt.com
営月～土　　10：00～18：00
　　季節により変更あり
　　（クリスマスシーズンは延長、日曜
　　営業あり）
休日・祝　カード A D J M V

デポ
Depot

キッチン用品からガーデン雑貨まで

ドイツ各地に約70店舗あるチェーンの雑貨ショップ。化粧雑貨や、キッチン用品が充実している。クリスマスやイースターなど季節のデコレーショングッズも並び、見ているだけで楽しくなる。

雑貨　MAP ◆ P.143-B1
住Hauptstr. 79
☎(06221) 8936479
URLwww. depot-online.com
営月～土　　10：00～20：00
休日・祝
カード M V

クラー
KLAR

石鹸の香りに包まれて

1840年、ハイデルベルクで初めて石鹸を製造したのがこの店。すべての製品は天然素材から作られているので安心の使用感。さまざまな石鹸が並ぶがワインの香りの石鹸が人気とか。

雑貨　MAP ◆ P.143-B2
住Hauptstr. 112
☎(06221) 302018
URLwww.klarseiffen.de
営月～金　　11：00～19：00
　　　土　　10：00～19：00
休日・祝
カード M V

学生街に似合うチョコレート

ハイデルベルク最古のショコラティエ兼カフェ、**クネーゼル Knösel** で1863年に生まれたメダル型のチョコは「ハイデルベルク学生のキス」というネーミングと、学生のシルエットのパッケージが印象的で、この町のおみやげとして一番人気。1個から買えるので、バラマキ用におすすめ。直営ショップのク

ネーゼル（住Haspelgasse16 ●Map P.143-A2 URLwww. heidelbergerstudentenkuss. de）で購入できる。閉店しているときはすぐ近くのカフェ、クネーゼルでも購入できる。

HOTEL ❊ ハイデルベルクのホテル

ドイツ指折りの国際観光地だけに、グループ向きの高級ホテルから手頃な料金の小さなホテルまで軒数も多い。駅と観光の中心地が離れているので、翌朝早く出発したい人は中央駅周辺のホテル、観光に便利なところがいい人や、夜遅くまで飲み歩きたい人は旧市街の中のホテルを選ぶといい。

中級から手頃な料金のホテルはビスマルク広場周辺と、旧市街の聖霊教会周辺に集まっているが、通りに面した部屋は深夜まで酔客の声が聞こえてきて安眠が妨げられたという体験談も届いている。

H デア・オイロペイシェ・ホーフ・ホテル・オイローパ Der Europäische Hof-Hotel Europa

ヨーロピアンスタイルの優美なホテル

ハイデルベルクで最高級、美しい中庭がある5つ星ホテル。マリア・カラス、パヴァロッティら多くの文化人や政治家が滞在した。高級グルメレストランKurfürstenstubeの料理の評判も高い。明るいスパもある。

高級ホテル	MAP ◆ P.143-B1
住 Friedrich-Ebert-Anlage 1 D-69117	
☎ (06221) 5150	
URL www.europaeischerhof.com	
料 S€249〜 ①T€298〜	
朝食別€38	
カード A D M V	
Wi-Fi 無料	

H マリオット Heidelberg Marriott Hotel

ネッカー川の眺めがいい

中央駅からネッカー川に向かい、川を渡る手前左側にある。ネッカー川の眺めがいい部屋をリクエストしたい。レストランは気取らないアメリカンタイプのステーキハウス。室内プール、サウナ、フィットネスルームあり。

高級ホテル	MAP ◆ P.143-A1
住 Vangerowstr. 16 D-69115	
☎ (06221) 9180	
URL www.marriott.com	
料 S T€179〜	
朝食別€24	
カード A D J M V	
Wi-Fi 無料	

H ツム・リッター・ザンクト・ゲオルク Hotel Zum Ritter St.Georg

1705年創業の名物ホテル

1592年に建てられた「騎士の家」が現在はホテルレストランになっている。聖霊教会が目の前で観光にも買い物にも便利。部屋ごとに大きさが異なる客室は、ロマンティックなインテリア。バスルームなどの設備は新しい。

中級ホテル	MAP ◆ P.143-A2
住 Hauptstr. 178 D-69117	
☎ (06221) 3602730	
URL www.zum-ritter-heidelberg.de	
料 S€128〜 ①T€186〜	
朝食別€17	
カード J M V	
Wi-Fi 無料	

H イビス Ibis

鉄道で朝早く出発したいなら

中央駅のすぐ前にあるチェーンホテル。ふたりで泊まれば（ダブルベッド）割安。エアコン付きなので、夏の暑さに弱い人は助かる。部屋に冷蔵庫はなく、バスルームもシャワーのみで、バスタブは付いていない。

中級ホテル	MAP ◆ P.143-A1
住 Willy-Brandt-Platz 3 D-69115	
☎ (06221) 9130	
URL www.all.accor.com	
料 S T€100〜	
朝食別€17	
カード A D M V	
Wi-Fi 無料	

JH ユーゲントヘアベルゲ Jugendherberge

動物園のそばのユース

中央駅前から出る32番のNeuenheim Kopfklinik行きのバスで約10分、Zoo動物園の次のJugendherberge下車。緑に囲まれてくつろげる環境。全120室、447ベッドという大型ユースで、ほとんどの部屋がシャワーとトイレ付き。洗濯機、乾燥機あり。朝・夕食付きは€44.40、3食付きにすると€49.90（27歳以上は各€4追加）。12月下旬は休業あり。

ユース	MAP ◆ P.143-A1 外
住 Tiergartenstr. 5 D-69120	
☎ (06221) 651190	
URL www.jugendherberge.de	
料 €36.50、27歳以上は€40.50	
カード J M V	
Wi-Fi 共有エリアのみ可（無料）	

給水塔のスフィンクス像

マンハイム

Mannheim

ベルリン●
フランクフルト
★マンハイム
ミュンヘン●

MAP ◆ P.138-A1

人　口	30万9700人
市外局番	0621

ACCESS
鉄道：ICE特急でフランクフルトから約40分、シュトゥットガルトから約40分。

❶マンハイムの観光案内所
住Willy-Brandt-Platz 5
D-68161 Mannheim
☎(0621) 49307960
URLwww.visit-mannheim.de
開月〜金　　9：00〜17：00
　　土　　　9：30〜16：00

●市内交通
中央駅〜給水塔〜パラーデ広場〜マルクト広場へは3、4番の市電で。
市内中心部1回乗車券€3
1日乗車券Tagesticketは€7.70

低床式の路面電車が走る

●選帝侯宮殿
住Bismarckstr.
URLwww.schloss-mannheim.de
開火〜日　10：00〜17：00
（最終入場は16：00）
困月・祝、12/24・25・31
料€9

アルファベットと数字だけの住所表示が珍しい

町のシンボルの給水塔

　マンハイムの中心部は円形の環状道路の中に碁盤の目のように道路が交差している。17世紀から18世紀にかけて計画的に造られた都市の様子がよくわかる。

　駅正面の**カイザー通りKaiserring**を進むと**フリードリヒ広場Friedrichplatz**の中央に、町のシンボルになっている19世紀末の**給水塔Wasserturm**がある。アールヌーボー様式で、塔の周囲は公園になっている。ここから延びる**プランケン・ハイデルベルク通りPlanken Heidelberger Str.**がこの町のメインストリート。

　見どころは18世紀に築かれたドイツ最大のバロック様式

給水塔の周囲の公園

マンハイム MANNHEIM

0　150　300m

※マンハイムの中心部は数字とアルファベットで街区を表す。

‥‥ 観光モデルルート

市庁舎 Rathaus
ライス・エンゲルホルン博物館 Reiss-Engelhorn-Museen
Jesuiten-Kirche
マルクト広場 Marktplatz
Planken
パラーデ広場 Paradeplatz
Motel One
Planken Heidelberger Str.
Dorint Kongress Hotel
給水塔 Wasserturm
フリードリヒ広場 Friedrichplatz
選帝侯宮殿 Barockschloss Mannheim
インターメッツオ
Bismarckstr.
Kurpfalzstuben
マンハイム美術館 Kunsthalle Mannheim
Kaiserring
Seckenheimer Str.
Schwetzinger Str.
宮殿庭園
マンハイム中央駅
ヴェーゲナー

150 MEMO 道路が碁盤目状に延びている市中心部では、パラーデ広場で交差する大通り以外に通り名はなく、住所はブロックごとにアルファベットと数字を組み合わせた形で表記される。例えば市庁舎の住所はE5となる。

選帝侯宮殿の中央棟。入口は向かって左角にある

の**選帝侯宮殿Barock-schloss Mannheim**で、大半はマンハイム大学の校舎として使用されているが、中央棟の一部分は豪華な部屋や広間が再現されていて、見学できる。

また、マネ、セザンヌ、ゴッホなどの絵画や多くのグラフィック作品を所蔵する**マンハイム美術館Kunsthalle Mannheim**は必見。さらに、世界文化博物館、考古学コレクション、写真コレクションなどからなる複合博物館の**ライス・エンゲルホルン博物館Reiss-Engelhorn-Museen**も訪ねたい。

ユニークなファサードのライス・エンゲルホルン博物館

●マンハイム美術館
Friedrichsplatz 4
www.kuma.art
火〜日　10：00〜18：00
（水は〜20：00）
月、12/24・31
€12

●ライス・エンゲルホルン博物館
D5
www.rem-mannheim.de
火〜日　11：00〜18：00
月、12/24・25・31、1/1、5/20
€9〜（博物館により異なり、特別展との組み合わせチケットが各種ある）

縦書き：ハイデルベルクと古城街道　▼　マンハイム

おすすめのホテル ✦ HOTEL

※宿泊料金の3.5%が宿泊税として加算。

H ヴェーゲナー
Hotel Wegener　　　MAP◆P.150
Tattersallstr. 16　D-68165
(0621) 44090　hotel-wegener.de
S€108〜　T€132〜　朝食別€10　カード MV
Wi-Fi 無料

駅から歩いて約3分、家族経営の中級ホテル。シングルの部屋は狭く、設備も簡素ではあるが、駅の近くで手頃な料金で泊まりたいという人には、おすすめできる。全41室。

JH ユーゲントヘアベルゲ
Jugendherberge　　　MAP◆地図外
Rheinpromenade 21　D-68163　(0621) 822718
www.jugendherberge.de
€38.80〜、27歳以上€42.80〜　カード MV　Wi-Fi 無料

駅のメイン出口であるCity（町の中心部）側ではなく、Lindenhofという出口から出て、VICTORIA TURMという標識の方向へ階段を上り、JUGENDHERBERGEという看板に従って進み、市電の通りを渡るとユースの白い外壁の建物が見えてくる。駅から徒歩約10分。

Specialty
隠れたドイツ名物、スパゲティアイス！

見た目はトマトソースをかけたスパゲティだが、実はストロベリーのピューレをかけたバニラアイスクリーム。アイスの下には甘さ控えめの生クリームが入っていて、見た目よりも軽く、一気に食べてしまうおいしさだ。このインパクトあるスパゲティアイスはマンハイムの**アイス・フォンタネッラEis Fontanella**で1969年に誕生。今ではドイツ各地に広まって、アイス好きのドイツ人を魅了している。

誕生店アイス・フォンタネッラは2023年に閉店。同店系列のカフェ、**インターメッツォ Intermezzo**（Q6Q7　月〜土10：00〜20：00）がQ6Q7 Einkaufszentrumというショッピングセンター内にある。

バニラビーンズ入りのスパゲティアイス

中には生クリームがたっぷり

MEMO マンハイムからICE特急で約40分のカイザースラウテルンはサッカーの名門チーム1.FCカイザースラウテルン（2023/24は2部リーグ）を熱狂的に支える町として知られる。観光案内所 www.kaiserslautern.de/tourismus

151

ヴィクトリア・トルテ

ネッカー川岸の静かな保養地

エーベルバッハ

Eberbach am Neckar

ベルリン
フランクフルト
★エーベルバッハ
ミュンヘン

MAP ◆ P.138-B1

人　口	1万4300人
市外局番	06271

[ACCESS]
鉄道：ハイデルベルクからRE快速で約25分。

ℹエーベルバッハの観光案内所
[住]Leopoldsplatz 1, Rathaus D-69412 Eberbach am Neckar
☎(06271) 87241
[URL]www.eberbach.de
[開]5～10月
月～木　10:00～12:00
　　　　14:00～17:00
　　　　(水は～18:00)
金　10:00～17:00
土　10:00～12:00
11～4月の金は午前のみオープン、土は休業となる

●エーベルバッハ市博物館
[住]Alter Markt 1
[URL]www.museum-eberbach.de
[開]水・土・日 14:00～17:00
[料]無料

13世紀に建てられたプルファー塔。下にはイノシシの像がある

ハイデルベルクからネッカー川に沿って鉄道で約25分の所にあるエーベルバッハは、古い木組みの家や塔が残る静かな町だ。

町の名は「イノシシの川」という意味で、当然シンボルはイノシシ。町のあちこちでイノシシ像やイノシシグッズにお目にかかれる。

この町は、漫画『エロイカより愛をこめて』（青池保子作）の主人公「鉄のクラウス」ことエーベルバッハ少佐と同名で、作者も訪れているため、熱心なファンがはるばるこの地を訪れているという。

駅を出たら左に延びる**バーンホーフ通りBahnhofstr.**を真っすぐ行き、Friedrichstr.で右に曲がる。突き当たりはネッカー川で、手前は**プルファー塔**、**プファルツ選帝侯の泉**、そして**仔イノシシたちの像**がある。ℹは市庁舎の中にある。

エーベルバッハ市博物館Museum der Stadt Eberbachや**錫模型博物館Zinnfiguren Kabinett**も見どころ。12世紀のエーベルバッハ城跡は町の背後の山上にあるため、歩くとかなり時間がかかる。

壁画が美しいホテル・カルプフェンが建つアルター・マルクト広場

おすすめのホテル ✦ HOTEL

H アルテス・バートハウス
Altes Badhaus

[住]Lindenplatz 1　D-69412　☎(06271) 9456406
[URL]www.altesbadhaus.de
[料]Ⓢ€69～　Ⓣ€98～　朝食別€12.50　[カード] [M][V]
[Wi-Fi] 無料

歴史を感じる木組みの館は、15世紀に浴場（バートハウス）として建てられた。ドイツらしい木製家具を多用したインテリア。エレベーターなし。

H カルプフェン
Karpfen

[住]Alter Markt 1　D-69412　☎(06271) 806600
[URL]hotel-karpfen.com
[料]Ⓢ€89～　Ⓣ€140～　朝食別€8　[カード] [A][M][V]
[Wi-Fi] 無料

町の中心広場に面して建つ家族経営の宿。レセプションは7:00～22:00のみオープン。冬期休業あり。

[MEMO] 1886年創業のカフェ・ヴィクトリアCafé Viktoria（[住]Friedrichstr. 5-9　[URL]www.cafe-viktoria.de）は、店の名を冠したヴィクトリア・トルテで有名な店。英国王室にも贈られたという名菓を味わってみては。

中世の塔が建ち並ぶ小さな保養地

バート・ヴィンプフェン

Bad Wimpfen

旧市街は木組みの家並みが続く

ネッカー川から見上げた上の町。いちばん高い塔が、青の塔

この町は､｢下の町Wimpfen im Tal｣と｢上の町Wimpfen am Berg｣のふたつに分かれているが、シルエットが美しく、中世のたたずまいを残しているのは上の町のほう。下の町にあったローマ時代の城塞がこの町の基礎となったが、上の町には、12世紀にシュタウフェン王朝の宮廷が築かれた。14世紀に一度町全体を焼き払われてしまってから、町の中心はシュタウフェン家の宮廷があった上の町に移った。

町の象徴ともなっている**青の塔Blauer Turm**、この地域特産の赤い砂岩で造られている**赤の塔Roter Turm**、宮廷の一部であった宮廷礼拝堂、**ホーエンシュタウフェンの塔Hohenstaufentor**など、上の町のおもな歴史的建造物は、12世紀後半のシュタウフェン王朝時代に建てられたもの。

駅から斜め右側の道を100mぐらい進むと旧市街の端、赤の塔の下に着く。そこから道は**ハウプト通りHauptstr.**と名前を変え、歩行者専用道路となり、さらに100mほどで町の中心に着く。

メインストリートのハウプト通り、小さな道の**クロスターガッセKlostergasse**、**ザルツガッセSalzgasse**には、中世の面影をしのばせる古い家並みが残る。

ベルリン
フランクフルト
バート・ヴィンプフェン
ミュンヘン

MAP ◆ P.138-B1

人口	7300人
市外局番	07063

[ACCESS]
鉄道：ハイデルベルクからRE快速で約45分。

❶バート・ヴィンプフェンの観光案内所
[住]Hauptstr. 45
D-74206 Bad Wimpfen
（駅の中にもある）
☎(07063)53230
[URL]www.badwimpfen.de
[開]月～金　10：00～12：00
　　14：00～17：00
4～10月のみ土10：00～12：00もオープン。

●青の塔
[開]復活祭～10月中旬
火～日　10：00～17：00
[休]月、10月中旬～復活祭
[料]€3、学生€2

宮廷の広間跡に残る石造りのアーチ（Arkaden）

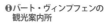

おすすめのホテル HOTEL

※バート・ヴィンプフェンに宿泊すると、保養税が1人1泊€1.80徴収される。

アム・ローゼンガルテン
Hotel am Rosengarten

[住]Osterbergerstr. 16　D-74206　☎(07063)9910
[URL]hotel-rosengarten.net
[料]Ⓢ€90～　Ⓣ€101～　朝食別€14　[カード][A][M][V]
[Wi-Fi]無料

近代的な4つ星クラスのホテル。すぐ隣が塩温水プールSolebadで、保養客の利用が多い。

ホテル・ワーグナー
Hotel Wagner

[住]Marktplatz 3　D-74206　☎(07063)8582
[URL]www.hotel-wagner.com
[料]Ⓢ€85～　Ⓣ€99～　[カード][M][V]
[Wi-Fi]無料

町の中心マルクト広場に面した木組みの館。窓から青の塔が見える部屋もある。

シュヴェービッシュ・ハル

Schwäbisch Hall

石造りのヘンカー橋

ベルリン●

フランクフルト●
　　　★シュヴェー
　　　　ビッシュ・ハル
ミュンヘン●

MAP ◆ P.138-B2

人　　口	4万700人
市外局番	0791

ACCESS

鉄道：RE快速でシュトゥットガルトから約1時間、ニュルンベルクから約1時間20分。なお、町の中心に近い駅は下の地図にあるシュヴェービッシュ・ハル駅だが、RE快速はシュヴェーヴィッシュ・ハル・ヘッセンタール Schwäbisch Hall Hessental（地図外）にしか停車しないので、普通列車に乗り換えるか、バスで中心部へ移動する。

ⓘシュヴェービッシュ・ハルの
観光案内所
🏠Hafenmarkt 3
D-74523 Schwäbisch Hall
☎(0791) 751600
🌐www.schwaebischhall.de
🕐5～9月
　月～金　　9:00～18:00
　土　　　10:00～15:00
　10～4月
　火～金　　9:00～17:00
　土　　　10:00～13:00
🚫日、10～4月の月、祝

●駅から市内までのバス
シュヴェービッシュ・ハル・ヘッセンタール駅とシュヴェービッシュ・ハルの町の中心部（停留所はSpitalbach下車）は、1番のバスが結ぶ。

FESTIVAL

**野外劇と
「ケーキと泉の祭り」**
夏になると、聖ミヒャエル教会の正面階段を舞台にして野外劇Freilichtspieleが催される（2024年は6/2～9/1）。また、毎年聖霊降臨祭の時期に、「ケーキと泉の祭りKuchen-und Brunnenfest」という祭りが繰り広げられる（2024年は5/17～5/20開催、例年5～6月に開催）。

木組みの家々が美しい

　町は、ドイツの先住民族ケルト人の時代から、塩の産地として知られ発達してきた。12世紀、神聖ローマ帝国皇帝フリードリッヒ・バルバロッサの時代には、この町で Häller（ハルのお金の意味）という銀貨が鋳造され始め、シュヴェービッシュ・ハルは塩と銀貨の鋳造でおおいに繁栄した。

MEMO　町の郊外にある、のどかな風景が魅力。15世紀以降の農家などを集めたホーエンローエ野外博物館（🌐 www.wackershofen.de）は、冬期休業。博物館のすぐ前にWackershofen/Hohenloher Freilandmuseum駅があるので便利。

歩き方

駅前の通りに出ると、道路をまたぐ橋があり、その先のビルの外のエレベーターにつながっている。これで下へ降り、坂を下っていくと**バーンホーフ通り Bahnhofstr.**に突き当たる。北に進んでいき、コッヒャー川沿いの Mauerstr. を進み､橋を渡ると町の中心部の近くに出る。

旧市街を見下ろすようにそびえる聖ミヒャエル教会

町の中心部には多くの文化史跡が残っている。町の中心に当たる**マルクト広場 Marktplatz** に面して、町の象徴ともなっている 15 世紀から 16 世紀の建立になる**聖ミヒャエル教会 Stadtkirche St. Michael**、16 世紀初頭に造られた噴水**マルクトブルンネン Marktbrunnen**、18 世紀頃に建てられた**市庁舎 Rathaus** が建ち並ぶ。

塩で栄えたこの町では、現在でも塩水が湧いている。**塩水浴場 Solebad** には、5 種類の入浴プールと 8 つのサウナがあり、濃度 3.5 ～ 4 %の塩水が旅の疲れを癒やしてくれる。

町から南へ 3km ほどの丘の上に建つ**コンブルク修道院教会 Kloster Großcomburg** は、ロマネスク風の塔や内部の黄金のシャンデリアなど重要な文化財が残っており、必見。

●聖ミヒャエル教会
[開]3/1～11/15
月・日　12：00～17：00
火～土　10：00～17：00
11/16～2/28
月・日　12：00～15：00
火～土　11：00～15：00
（礼拝中の見学は不可）

●塩水浴場
[住]Weilerweise 7
[URL]www.solebad-hall.de
[営]月～金　8：30～20：15
土・日　8：30～19：45
[休]12/24・25・31、1/1
[料]塩水プール3時間€11.50、サウナとコンビチケット€19

●コンブルク修道院教会
[行き方]シュヴェービッシュ・ハルから徒歩約40分。
[URL]www.kloster-grosscomburg.de
[開]教会内部はガイドツアーによる見学のみ可。
4～10月
火～金　11：00、13：00、14：00、15：00
土・日・祝　14：00、15：00
11～3月は要事前予約
[料]€7、学生€4.50

丘の上にそびえる修道院教会

おすすめのホテル HOTEL

[H] ホーエンローエ
Hohenlohe　MAP ◆ P.154
[住]Weilertor 14　D-74523　☎ (0791) 75870
[URL]www.hotel-hohenlohe.de
[料]Ⓢ€132～　Ⓣ€176～　[カード] [M][V]
[Wi-Fi] 無料

114室の4つ星クラスの大型ホテル。塩水浴場に隣接し、スパ、サウナ、4つの塩水浴場などを利用しながら、ゆったりと滞在できる。コッヒャー川と旧市街の眺めがよいレストラン（夏季はテラス席もオープン）も好評。

[H] デア・アーデルスホーフ
Trip Inn Hotel Der Adelshof　MAP ◆ P.154
[住]Am Markt 12-13　D-74523　☎ (0791) 75890
[URL]www.hotel-adelshof.de
[料] Ⓢ€129～　Ⓣ€159～　朝食別€12.90
[カード] [A][D][M][V]　[Wi-Fi] 無料

1541年と1546年に皇帝カール5世も滞在した歴史的な館が、ホテル兼レストランになっている。

[H] クローンプリンツ
Kronprinz　MAP ◆ P.154
[住]Bahnhofstr. 17　D-74523　☎(0791) 97700
[URL]www.hotel-kronprinz-schwaebischhall.de
[料]Ⓢ€112～　Ⓣ€145～　朝食別€15　[カード] [A][D][J][M][V]
[Wi-Fi] 無料

シュヴェービッシュ・ハル駅から近い46室のホテル。17世紀の館を改装した家族経営の宿で落ち着ける。魚料理が食べられるレストランを併設。

[JH] ユーゲントヘアベルゲ
Jugendherberge　MAP ◆ P.154 外
[住]Langenfelder Weg 5　D-74523　☎(0791) 41050
[URL]www.jugendherberge.de
[料]€34.50～、Ⓢ€49.50～、27歳以上€4プラス
[カード] [M][V]　[Wi-Fi] 共有エリアなど一部のみ利用可

ヘッセンタール駅から1番のバスでHolzmarkt下車後徒歩約10分。ハル駅からは徒歩約20分。受付は8：00～20：00。12月中旬～1月上旬休業。

[MEMO] ヨハニター教会の聖歌隊席に展示されている『ダルムシュタットの聖母』（正式名称は『ヤコブ・マイヤー・ツム・ハーゼン市長の聖母』）は、ハンス・ホルバインの傑作のひとつといわれており、必見。

おいしい料理と赤ワインを味わいたい町

ハイルブロン

Heilbronn am Neckar

ネッカー川でボートの練習

MAP ◆ P.138-B1

人　口	12万6500人
市外局番	07131

[ACCESS]
鉄道：ハイデルベルクからRE快速で約1時間。

ⓘハイルブロンの観光案内所
[住]Kaiserstr. 17
D-74072 Heilbronn am Neckar
☎(07131) 562270
[URL]www.heilbronn.de/tourismus
[開]月～金　10：00～18：00
土　10：00～16：00

塔の形が印象的なキリアン教会

天文時計が美しい市庁舎

ハイルブロン駅を出たら、駅前を横切る**バーンホーフ通りBahnhofstr.**を左へ進む。ネッカー川を渡って2ブロックを過ぎれば、左側に16世紀の美しい天文時計台がある**市庁舎Rathaus**が建っている。1階には地元産ワインと郷土料理が味わえるレストラン、ラーツケラー Ratskellerが入っている。

この市庁舎の南側の教会が、町の主教会である**キリアン教会Kilianskirche**。第2次世界大戦で外観は損なわれたものの、内部に15世紀末期に彫刻家ハンス・ザイファーによって作られた、聖母マリアにささげたすばらしい木彫りの主祭壇がある。

町は、第2次世界大戦時の空襲で大打撃を受け、現存する歴史的建造物のほとんどが戦後の修復になるが、ドイツ騎士団が建てた**ドイツホーフ**(バロック風の正面部のみオリジナル)、旧市街の城壁の見張りの塔であった**ゲッツの塔Götzenturm**などが残っている。市庁舎の付近の旧市街も活気にあふれ、火・木・土曜の昼頃まで開かれる市場をのぞくと、ドイツ小都市の市民生活に触れることができる。

おすすめのホテル

[H]インゼル・ホテル
Insel-Hotel
[住]Willy-Mayer-Brücke
D-74072
☎(07131) 6300
[URL]insel-hotel.de
[料]Ⓢ€129～　Ⓣ€169～　朝食別€19.50
[カード] [A][D][M][V]
[Wi-Fi] 無料
ネッカー川の中州に浮かぶ船のような形のホテル。シュヴァーベン料理のレストランもある。

ニュルンベルク

Nürnberg

必ず食べたいソーセージ

さまざまなマーケットが開かれる中央広場

ベルリン●

フランクフルト●

ニュルンベルク ★

ミュンヘン●

MAP ◆ P.139-B4

人　　口	51万5500人
市外局番	0911

ACCESS

鉄道：ICE特急でミュンヘンから約1時間5分、フランクフルトから約2時間5分、ヴュルツブルクから約55分。
空港と市内間のアクセス：空港駅からニュルンベルク中央駅までは地下鉄U2が所要12分で結ぶ。

ⓘニュルンベルクの
　観光案内所
田Hauptmarkt 18
　D-90403 Nürnberg
◎Map P.158-A2
🌐www.tourismus.nuernberg.
　de
☎(0911) 23360
🕐9：30～17：00
　（クリスマスマーケット期間中は変更あり）

●ニュルンベルクカード
Nürnberg Card + Fürth
ニュルンベルクと隣町フュルトFürthの市内交通に48時間乗り放題で、約30の美術館、博物館の入場料が無料または50％割引になる。ⓘやオンラインで購入できる。€33。

　おもちゃの町、デューラーを生んだ町として知られるニュルンベルクは、バイエルン州ではミュンヘンに次いで2番目に大きな都市だ。

　音楽に興味のある人なら、ワーグナーの歌劇『ニュルンベルクのマイスタージンガー（名歌手）』を、すぐに思い浮かべることだろう。また、第2次世界大戦後にこの地で開かれたナチ戦犯に対する「ニュルンベルク裁判」は、歴史の教科書でおなじみのはず。1933年にここで第1回のナチ党大会が開かれ、ナチの記念物が建てられたことが、裁判の行われる原因になった。

　第2次世界大戦では、この町の90％近くが破壊されたが、昔どおりの姿に復興され、れんが色の町並みや石畳の坂道、城や教会など、中世そのままのロマンティックな町並みがよみがえった。

歩き方

　ニュルンベルクの町は、中心を東西に流れる**ペグニッツ川**を谷とし、北と南が緩やかな丘になっていて、中心部(旧市街)は、全長5kmにわたる城壁で囲まれている。城壁の南の外側にある中央駅から北の古城カイザーブルクまで

旅人を迎えるように建つフラウエントーア塔

は、歩いて約20分。見どころは、城壁の内側に固まっているので、観光は徒歩で十分だ。

　中央駅の地下通路を出るとすぐ目の前が城壁。フラウエントーア塔という丸い大きな見張り塔の脇から旧市街に入ろう。見張り塔

職人広場は中世の世界

157

●職人広場
🔗Map P.158-B2
🌐www.handwerkerhof.de
🏠広場
　月～土　　8：00～22：30
　日・祝　　10：00～22：30
　ショップ
　月～土　　11：00～18：00
　レストラン・カフェは店舗
　により異なる
🚫一部の祝日、12/25・26・31、
　1/1

のすぐ横に、城壁に沿って**職人広場Handwerkerhof**が再現され
ていて、ニュルンベルク名物のおみやげなどを買うことができる。

　ケーニヒ通りKönigstr.は、途中から歩行者天国になる町のメイン
ストリート。ここを真っすぐ行くと、中央には大きなゴシック様式の
聖ローレンツ教会St. Lorenz-Kircheがそびえている。この教会を
右にして北を見ると高台に浮かび上がっているように見えるのが**カ
イザーブルクKaiserburg**。この城に向かってさらに進むと、市内を
東西に流れるペグニッツ川に出る。中州に渡って建っている**ハイリヒ・
ガイスト・シュピタールHeilig-Geist-Spital**はかつての救済院で現
在は老人ホームやレストランになっている。

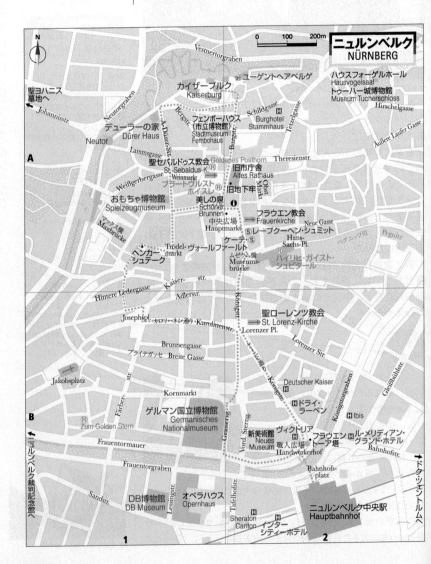

158

　この川を渡ってさらに真っすぐ進むと、**中央広場Hauptmarkt**に着く。この広場の東側にある**フラウエン教会Frauenkirche**は、14世紀中頃に建てられた後期ゴシック期のホール型様式(ハレンキルヒェ)の建物。この正面にカール4世と7人の選帝侯の仕掛け時計があり、1日1回、12:00ちょうどに動くのでお見逃しなく!

カイザーブルクからは市街を一望できる

　中央広場の一角にある**美しの泉Schöner Brunnen**の脇から先に進むと、右側に**旧市庁舎Altes Rathaus**、左に**聖セバルドゥス教会St.-Sebaldus-Kirche**が建つ。道は上り傾斜が急になる。坂道を上り詰めると、小高い岩山の上に自然の岩肌を今も残してそびえるカイザーブルクに出る。

　城を見学し終えたら、来た道に戻らず西側の急な坂道を下りよう。画家**デューラーの家Dürer Haus**があるデューラー広場に出て、デューラーの家の横から南へ延びるA.-Dürer-Str.を下り、そのまま真っすぐ進むと右側にかわいい建物が見えてくる。世界でも指折りの**おもちゃ博物館Spielzeugmuseum**だ。

大人も子供も楽しめるおもちゃ博物館

　ペグニッツ川の中州の小さな広場トローデルマルクトTrödelmarktから西へ向かうと、観光客の姿も減り、趣のある一画になる。死刑執行人の小橋、という名がついた**ヘンカーシュテークHenkersteg**は、屋根付きの木の橋。マックス橋のたもとあたりから振り返ると、対岸に建つ立派な木組みの館や塔を背景にした風景が、中世のニュルンベルクに迷い込んだような気持ちにさせてくれる。

マックス橋付近から見たヘンカーシュテーク(右端部分)

中央広場の美しの泉

金色の輪(欄外MEMO参照)は背伸びをしないと届かない高い位置にある

サッカー・スタジアム情報

●マックス・モーロック・シュタディオン
Max-Morlock-Stadion
[住]Max-Morlock-Platz 1
➲Map 地図外
[URL]www.stadion-nuernberg.de
1.FC ニュルンベルクのホームスタジアム。
[行き方]町の中心部から南西約5kmに位置し、ニュルンベルク中央駅から出るⓈ3で所要8分、Frankenstadion下車。試合開催日は増発。下車後、徒歩約15分。

FESTIVAL

ニュルンベルクのクリスマスマーケット

　17世紀前半頃から開催されている歴史と、ドイツで最大級の訪問者数を誇るクリスマスマーケット。中央広場にオーナメントやお菓子を売る屋台が並ぶ。おみやげには、グリューワインというホットワインのカップを持ち帰るといい。2024年は11/29～12/24、2025年は11/28～12/24の開催予定。
[URL]www.christkindlesmarkt.de
[営]10:00～21:00、12/24は10:00～14:00

左/マーケットのアイドル、クリストキント
右/人気の高いクリスマスマーケット

MEMO 中央広場にある美しの泉の鉄柵には、金色の輪がはめ込まれている。この輪を3回まわす間に願いごとをして、人に打ち明けなければ願いがかなう、という言い伝えがあるので、多くの人が回している。

聖ローレンツ教会

●聖ローレンツ教会
- ◐Map P.158-B2
- URL lorenzkirche.de
- 開月～土　9：00～17：30
- 日　13：00～15：30
- ミサ中は見学不可。
- 料€2

「聖体安置塔」の台座を支えてひ
ざまずく男は、この塔を制作し
たアダム・クラフト自身

●カイザーブルク
- 住Auf der Burg 13
- ◐Map P.158-A1
- URL www.kaiserburg-nuernberg.de
- 開4～9月　9：00～18：00
- 10～3月　10：00～16：00
- （入場は閉館1時間前まで）
- 休12/24・25・31、1/1、カーニバルの火曜
- 料€9、学生€8
- （城と礼拝堂、博物館、深井戸、ジンヴェル塔の見学可）

●デューラーの家
- 住Albrecht-Dürer-Str. 39
- ◐Map P.158-A1
- URL www.museen.nuernberg.de/duererhaus
- 開火～金　10：00～17：00
- 土・日　10：00～18：00
- 休月（7～9月とクリスマスマーケット中はオープン）、12/24・25、カーニバルの月曜
- 料€7.50、学生€2.50

●ゲルマン国立博物館
- 住Kartäusergasse 1
- ◐Map P.158-B1
- URL www.gnm.de
- 開火～日　10：00～18：00
- （水は～20：30）
- 休月、カーニバルの火曜、12/24・25・31
- 料€10、学生€6

●おもちゃ博物館
- 住Karlstr. 13-15
- ◐Map P.158-A1
- URL museen.nuernberg.de/spielzeugmuseum
- 開火～金　10：00～17：00
- 土・日　10：00～18：00
- 休月（クリスマスマーケット中はオープン）、12/24・25
- 料€7.50、子供€2.50

📷 おもな見どころ

受胎告知のレリーフが観られる 聖ローレンツ教会
St. Lorenz-Kirche ★★★

1270年から1477年にかけて建て
られたゴシック様式の巨大な教会。
この教会の中にある天蓋からつるさ
れているファイト・シュトス作の『受
胎告知』のレリーフはすばらしい。

『受胎告知』のレリーフが
かかる内陣

お城も眺望も大迫力! カイザーブルク
Kaiserburg ★★★

12世紀に基礎が築かれ、15～16世紀
に現在の形となった神聖ローマ皇帝の
城。この城の見ものは、約60mもの深さ
の深井戸と二重構造の礼拝堂。展望台
から町を一望することをお忘れなく。こ
こからの眺めは筆舌に尽くしがたい。

いくつかの塔や建物からなる
カイザーブルク

ルネッサンス時代の大画家 デューラーの家
Dürer Haus ★★

1420年に建てられ、ドイツ・ルネッサンス
の大画家デューラーが1509年から亡くな
る1528年まで過ごした家。内部は生活の
様子がわかるようになっているほか、デュ
ーラーの複製画などが展示されている。

デューラーの時代がわかる

幅広い分野のコレクションを誇る ゲルマン国立博物館
Germanisches Nationalmuseum ★★

職人広場の西側にある大きな博
物館。デューラーのほかシュトスな
どの作品が集められている。また、
1492年にマルティン・ベハイムによっ
て作られた世界最古の地球儀や古
楽器コレクションも展示されている。

展示品は多岐にわたる

大人も楽しめる おもちゃ博物館
Spielzeugmuseum ★

世界最大の玩具見本市が開催され、玩具流通の地として知られ
る町にふさわしい博物館。木製、錫、ブリキの懐かしいおもちゃ
に加えて、芸術品のようなドールハウスコレクションは必見。

鉄道ファン必見の**DB博物館（交通博物館）**
DB Museum(Verkehrsmuseum) ★★

ニュルンベルクはドイツで初めて、1835年に鉄道が敷かれた町。

1階には記念すべき蒸気機関車第1号のアドラー号をはじめ、多くの歴史的車両を展示。2階には鉄道ジオラマなどがある。

バイエルン王ルートヴィヒ2世の豪華な車両も展示

●DB博物館
住Lessingstr. 6
◆Map P.158-B1
URL www.dbmuseum.de
圏火〜金　　9：00〜17：00
　土・日　　10：00〜18：00
休月、12/24・25・31、1/1、5/1、聖金曜日
料€9、学生€7

🌲 近郊の見どころ

バッハ音楽祭とロココ演劇祭の町**アンスバッハ**
Ansbach MAP◆P.139-B3

マルクグラーフェン城と馬の像

ホーエンツォレルン家の城下町として栄えた。駅から真っすぐ延びるKarlstr.を行き、途中Promenadeという広い通りを渡ると町の中心部に出る。**マルクグラーフェン城Markgräfliche Residenz**は、内部の豪華な居室と陶磁器コレクションをガイドツアーで見学できる。また、この城を舞台に、1年おきの夏に開催されるバッハ音楽祭と、毎年7月頃に開かれるロココ音楽祭は、国際的に有名。

旧市街の北の外れに建つ**マルクグラーフェン博物館Markgrafen-Museum**には、19世紀最大のミステリーといわれる謎の人物、カスパー・ハウザーに関する資料が展示されている。

●アンスバッハ
行き方 ニュルンベルク中央駅からIC特急で約30分。

❶アンスバッハの観光案内所
住Johann-Sebastian-Bach-Platz 1
　D-91522 Ansbach
☎(0981) 51243
URL www.ansbach.de
圏月〜金　　10：00〜17：00
　土　　　　10：00〜14：00

●マルクグラーフェン城
住Promenade 27
圏 4〜9月　　9：00〜18：00
　10〜3月　10：00〜16：00
　ガイドツアーでのみ見学可。
休月、12/24・25・31、1/1、カーニバルの火曜
料€5、学生€4

●マルクグラーフェン博物館
住Kasper-Hauser-Platz 1
圏火〜日　　10：00〜17：00
休月、12/24・25
料€3.50

HISTORY ナチスの党大会会場跡とニュルンベルク裁判の法廷見学

●ドク・ツェントルム　Doku-Zentrum
行き方 ニュルンベルク中央駅前からDoku-Zentrum行きのトラム8番で所要約10分、終点下車すぐ。
住Bayernstr. 110　◆Map P.158-B2 外
URL museum.nuernberg.de/dokuzentrum
圏月〜日10：00〜18：00(入場は閉館1時間前まで)
料€6、学生€1.50

ナチスの党大会は1933年以降この場所で開催、悪名高いニュルンベルク法も制定された。大会議堂内部に展示室が設けられている。

左／大規模な展示館ドク・ツェントルム　右／神殿を模して造られたツェッペリントリビューネ

また、ドク・ツェントルムの近くの池を渡った東側には、大規模な野外集会広場ツェッペリンフェルトZeppelinfeldがあり、ツェッペリントリビューネZeppelintribüneという石造りの舞台が残っている。

●ニュルンベルク裁判記念館
Memorium Nürnberger Prozesse
行き方 ニュルンベルク中央駅前から地下鉄 Ⓤ1でBärenschanze 下車。
住Bärenschanzstr. 72　◆Map P.158-B1 外
URL www.museen.nuernberg.de/memorium-nuernberger-prozesse/
圏水〜月9：00〜18：00(11〜3月は10：00〜、土・日は10：00〜)　休火、12/24・25・31、カーニバルの火曜　料€7.50、学生€2.50

ゲーリンク、ヘスらナチスの主要戦争犯罪人を戦勝国が裁いたニュルンベルク軍事裁判は、1945年11月20日〜1947年10月1日、600号法廷で開かれた。

🎫 券Tageskarteとして購入すると、その他の市立の博物館に無料で入場できる。カイザーブルク、ゲルマン国立博物館、DB博物館は市立の博物館ではないため、使用できないので注意。

ℝESTAURANT �֍ ニュルンベルクのレストラン

この町に来たら、ニュルンベルガーソーセージNürnberger Rostbratwurstを食べないわけにはいかない。中心部には、何軒かの専門店がある。郷土料理には、メニューの料理名の最初に「フレンキッシェ Fränkische」という語が付いていることが多いので、目安になる。
地ビールはトゥーハー Tucherが有名。フランケンワインもおいしい。

ℝ ブラートヴルストホイスレ

Bratwursthäusle

ブナの木炭で焼いた本場の味

評判のニュルンベルガーソーセージ専門店。小さな店なので、満席のことも多い。ソーセージは6本以上から本数で注文でき、10本入りは€18.40。パンに挟んだテイクアウト用のヴルストブレートヒェン Wurstbrötchen 3 im Wecklaの売店もある。

ドイツ料理　MAP ◆ P.158-A1
🏠 Rathauspl. 1
☎ (0911) 227695
🌐 bratwursthaeuslenuernberg.de
🕐 月〜土11：00〜22：00
　　日　11：00〜20：00
　　(L.O.は閉店1時間前)
カード M

ℝ ハイリヒ・ガイスト・シュピタール

Heilig-Geist-Spital

郷土料理に定評がある

ペグニッツ川の中州にまたがる旧救済院にある大きなレストラン。フランケン地方の郷土料理やワインがおいしい。子牛のコルドンブルー Cordon bleu (vom Kalb) €26.90、ニュルンベルガーソーセージは6本入りで€9.90。

ドイツ料理　MAP ◆ P.158-A2
🏠 Spitalgasse 16
☎ (0911) 221761
🌐 www.heilig-geist-spital.de
🕐 11：30〜23：00
　　(L.O.は22：00)
🏠 冬期休業 (1月頃) あり
カード A D J M V

𝕊HOPPING �֍ ニュルンベルクのショッピング

ニュルンベルクのショッピングエリアは、中央駅から北へ延びる歩行者天国のケーニヒ通りと、聖ローレンツ教会前から西へ延びるカロリーネン通り周辺。デパートやブティックが並ぶ繁華街だ。ヘンカーシュテークからおもちゃ博物館、デューラーの家にいたる裏通りには、個性的なショップが点在する。

𝕊 レープクーヘン・シュミット

Lebkuchen Schmidt

スパイス入りの名物クッキー

ニュルンベルク名物のレープクーヘンとは、ナッツの粉とさまざまなスパイス、香料などを使ったクッキーのようなお菓子。ドイツ風の絵柄の缶入りは、おみやげにおすすめ。中央駅前の職人広場内にも支店がある。

食品　MAP ◆ P.158-A2
🏠 Plobenhofstr. 6
🌐 www.lebkuchen-schmidt.com
🕐 月〜金　9：00〜18：00
　　土　　9：00〜16：00
　　クリスマスマーケット期間中は変更あり
🏠 日・祝
カード M V

𝕊 ケーテ・ヴォールファールト

Käthe Wohlfahrt

おなじみの木工おもちゃ

ローテンブルクに本店があるクリスマスショップ。品質の高い、木製のおもちゃがほとんどで、くるみ割り人形やスモーク人形などがずらりと並んでいる。見ているだけで楽しい。

おもちゃ　MAP ◆ P.158-A2
🏠 Probenhofstr. 4
☎ (09861) 4090150
🕐 月〜土　10：00〜18：00
🏠 日・祝、1月に冬期休業あり
カード A D J M V

HOTEL ✤ ニュルンベルクのホテル

ホテルは中央駅の周辺とケーニヒ通りの南側に多く、このあたりは観光にも便利なロケーション。旧市街の北部にも中級ホテルが点在するが、坂道なのでスーツケースなど大きな荷物を持っての徒歩移動は困難。クリスマスマーケットと、2月頃の国際玩具見本市開催中のホテルは早めの予約が必要で、料金も高くなる。

H ル・メリディアン・グランド・ホテル Le Méridien Grand Hotel

風格を漂わせるクラシックホテル

1896年創業の由緒あるホテルで、古きよき時代のヨーロッパのムードに浸れる。ユーゲントシュティールのレストラン「ブラッスリー Brasserie」は、まさに19世紀末の雰囲気。中央駅の向かい側にあり、観光に便利。

高級ホテル MAP ◆ P.158-B2
[住]Bahnhofstr. 1-3　D-90402
☎ (0911) 23220
[URL]www.marriott.com
[料]Ⓢ€134～　Ⓣ€139～　朝食別€34
[カード][A][D][J][M][V]
[Wi-Fi] 無料

H インターシティーホテル InterCityHotel

中央駅のすぐそばの機能的ホテル

中央駅の西側出口から徒歩約2分。ローテンブルクやディンケルスビュールなどへ日帰り旅をするのに便利。鉄道ファンは上階の線路側に面した部屋をリクエストしたい。多少列車の走る音は聞こえてくる。

中級ホテル MAP ◆ P.158-B2
[住]Eilgutstr. 8　D-90443
☎ (0911) 24780
[URL]www.hrewards.com
[料]Ⓢ€89～　Ⓣ€99～
朝食別€19
[カード][A][D][J][M][V]
[Wi-Fi] 無料

H ドライ・ラーベン Drei Raben

おしゃれなデザインホテル

名前のとおり、3羽のカラスがマスコット。ロマンティックなインテリアの部屋が古都の宿にぴったり。1階の朝食スペースやバーはモダンで、デザインホテルならではの雰囲気に満ちている。

高級ホテル MAP ◆ P.158-B2
[住]Königstr. 63　D-90402
☎ (0911) 274380
[URL]www.hoteldreiraben.de
[料] Ⓢ€170～　Ⓣ€180～
[カード][A][D][J][M][V]
[Wi-Fi] 無料

H ヴィクトリア Victoria

職人広場のすぐ隣で便利

中央駅からケーニヒ通りに入ってすぐ左側に建つ中級ホテル。通りに面している部屋でも静かで、設備もよく快適に過ごせる。朝食のビュッフェの品数が多くおいしいと評判。スタッフの対応もよい。

中級ホテル MAP ◆ P.158-B2
[住]Königstr. 80　D-90402
☎ (0911) 24050
[URL] www.hotelvictoria.de
[料]Ⓢ€112～　Ⓣ€148～
[カード][A][D][J][M][V]
[Wi-Fi] 無料

JH ユーゲントヘアベルゲ Jugendherberge

古城の雰囲気で人気のユース

旧市街のいちばん高い所に建つカイザーブルクの一角にあり雰囲気満点のユース。4人部屋がメインだがシングルから大部屋まであり、ファミリー利用も多い。チェックイン15：30～。人気があるので早めの予約を。12/24 ～ 26は休業。

ユースホステル MAP ◆ P.158-A2
[住]Burg 2　D-90403
☎ (0911) 2309360
[URL]www.jugendherberge.de
[料]€45.40～　Ⓢ€109～
[カード][M][V]
[Wi-Fi] 共有エリアのみ利用可（無料）

レグニッツ川を望む美しい古都

バンベルク

Bamberg

バラが咲き乱れる
新宮殿の庭園

ベルリン●

フランクフルト●

★バンベルク

ミュンヘン●

MAP ◆ P.139-A4

人 口	7万6700人
市外局番	0951

ACCESS

鉄道：ICE特急でニュルンベルクから約35分、ミュンヘンから約1時間45分。

❶バンベルクの観光案内所

🏠Geyerswörthstr. 5
　D-96047 Bamberg
📍Map P.165-B2
☎(0951) 2976200
🌐www.bamberg.info
🕐月〜金　　9：30〜18：00
　土　　　　9：30〜15：00
　日・祝　　9：30〜14：00
　（11〜3月の月〜金は〜17：00)

世界遺産

バンベルクの旧市街
（1993年登録）

**●バンベルクカード
BAMBERGcard**

3日間の有効期間内に、市内バスが乗り放題で、市内ガイドツアー参加やいくつかの博物館入場が無料、新宮殿は入場割引になる。€22。

レグニッツ川の中の島に建つ旧市庁舎

レグニッツ川沿いの小ヴェネツィア地区

レグニッツ川の中の島に建つ旧市庁舎と4本の塔をもつ大聖堂

　神聖ローマ帝国皇帝ハインリヒ2世（在位1002〜1024年）の時代に宮廷がおかれ、また司教都市としても発展した。世界遺産に登録された旧市街の、入り組んだ路地を散策するのが楽しい。ビールの町としても知られ、いぶしたモルトで作るラオホビーアRauchbierという強く香り高いビールは有名。

📍 歩き方

　おもな見どころが集まるのは、**旧市庁舎 Altes Rathaus** があるレグニッツ川の中の島から先で、中央駅からは約1.5kmほど離れている。

　レグニッツ川を渡り、大聖堂へと続く

キリスト教美術の宝庫として知られる大聖堂

坂道を上っていくと、**ドーム広場 Dompl.** に出る。4本の尖塔をもつ**大聖堂 Dom** がそびえ立つ。

　ドーム広場の向かいには、司教の宮殿だった**新宮殿 Neue Residenz** があり、ここの**バラ庭園 Rosengarten** から見るバンベルクの町並みはすばらしい。

　バラ庭園を抜け、聖ミヒャエル教会の脇の道を下り、レグニッツ川沿いに出ると、対岸にかつて漁師たちが住んでいた小さな家々が並ぶ**小ヴェネツィア**という地区を眺められる。

　クラシックファンなら、日本でも知られる**バンベルク交響楽団 Bamberger Symphoniker** の演奏会スケジュールもウェブでチェックしたい。

ハイデルベルクと古城街道 ▼ バンベルク

おもな見どころ

皇帝の聖堂と呼ばれる荘厳な **大聖堂**
Dom ★★★

　1237年に完成した大聖堂は、建築的にも彫刻芸術でもドイツで指折りの文化遺産。特に、『バンベルクの騎士Bamberger Reiter』（1230年頃作、作者不詳）は必見。また、この大聖堂を建立したハインリヒ2世とクニグンデ皇后の大きな墓石には、リーメンシュナイダーによる見事な彫刻が施されている。

内陣に飾られている『バンベルクの騎士』

皇帝と皇后の墓石（1499～1513年作）

●**大聖堂**
◯Map P.165-B1
⊞Domplatz 2
圃月～水　　9：00～18：00
　　木・金　　9：30～18：00
　　土　　　　9：00～16：15※
　　日　　　13：00～18：00
（11～3月の日～金は～17：00）
※5～10月の土12：00からはオルガンコンサート（無料だが寄付を）のため、11：30からコンサート終了まで見学不可。

バラが咲く庭園が見事な **新宮殿**
Neue Residenz ★★★

　1703年、司教領主シェーンボルンが完成させた宮殿。皇帝の間などの内部はガイドツアーで見学できる。ドイツバロック絵画を展示するフロアもある。バラ庭園の入場は無料。

●**新宮殿**
◯Map P.165-B1
⊞Domplatz 8
圃 4～9月　　　9：00～18：00
　 10～3月　 10：00～16：00
圀12/24・25・31、1/1、カーニバルの火曜
囲€6、学生€5

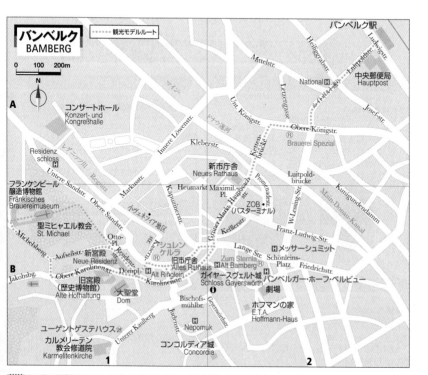

[行き方]バンベルクからRE快速で約35分、バイロイトからAG（私鉄）で約30分。

ℹクルムバッハの観光案内所
[住]Buchbindergasse 5
D-95326 Kulmbach
☎(09221)95880
[URL]www.kulmbach.de
[開]4～10月
月～金　9：00～18：00
土　10：00～13：00
11～3月
月～金　10：00～17：00

●プラッセンブルク城
[URL]plassenburg.de
[開]4～10月　9：00～18：00
11～3月　10：00～16：00
[休]カーニバルの火曜、12/24・25・31、1/1
[料]€4.50、学生€3.50、城内すべての博物館に有効のBurgkarte €7

近郊の見どころ

古城と地ビールの町クルムバッハ
Kulmbach

MAP◆P.139-A4

丘の上に建つプラッセンブルク城

バイロイトの北約25kmに位置する、ビール醸造で知られる町。駅を出たら、正面に延びるFritz-Hornschuch-Str.を進み、突き当たりのKressensteinで左折してさらに行くと歩行者天国のLanggasseに出る。町の中心**マルクト広場Marktplatz**まではさらに2～3分。このあたりにはおいしい地元産のビールが飲めるレストランが数軒ある。

マルクト広場からは、丘の上にそびえる**プラッセンブルク城Plassenburg**がよく見える。城へは坂道を20分ほど歩いて上るか、町の中心マルクト広場からSpitalgasseを北西へ行くと突き当たる中央駐車場Zentralparkplatz前から出る直通バスPlassenburg Expressで行く。城の**中庭**はルネッサンス様式の列柱と繊細なレリーフで囲まれ、城内はホーエンツォレルン博物館と錫人形博物館など4つの博物館になっている。

おすすめのレストラン＆ホテル RESTAURANT & HOTEL

[R]シュレンケルラ
Schlenkerla

MAP◆P.165-B1

[住]Dominikanerstr. 6
☎(0951)56050　[URL]www.schlenkerla.de
[営]9：30～23：30（料理は11：00～22：00）　[カード][M][V]

地元の人にも人気の店。煙でいぶした麦芽を用いたラオホビーアは、黒ビールに近い色をしていて独特の香りがある。料理は玉ネギのひき肉詰めのビアソースがけBamberger Zwiebel€14.40が名物。

[H]バンベルガー・ホーフ・ベルビュー
Bamberger Hof Bellevue

MAP◆P.165-B2

[住]Schönleinsplatz 4　D-96047　☎(0951)98550
[URL]bambergerhof.de
[料]Ⓢ€150～　Ⓣ€215～　朝食別€22
[カード][A][D][J][M][V]　[Wi-Fi]無料

全50室の高級ホテル。重厚な雰囲気の部屋が多い。観光にも便利。

[H]メッサーシュミット
Hotel Messerschmitt

MAP◆P.165-B2

[住]Lange Str. 41　D-96047　☎(0951)297800
[URL]hotel-messerschmitt.de
[料]ⓈⓉ€99～　朝食別€12.50　[カード][M][V]
[Wi-Fi]無料

1832年創業の歴史を誇る。アンティーク家具が配された、ロマンティックなムードのプチホテル。フロントは22：00まで。豊富な種類のワインを取り揃えたレストランもぜひ利用したい。

[JH]ユーゲントゲステハウス
Jugendgästehaus am Kaulberg

MAP◆P.165-B1

[住]Unterer Kaulberg 30　D-96049　☎(0951)29952890
[URL]www.jugendherberge.de
[料]€34.90～　Ⓢ€55.90～　[カード][M][V]
[Wi-Fi]一部エリアで利用可（無料）

旧市街に近く、観光にも便利。食堂からは大聖堂も見える。部屋は2～6人室でシャワー、トイレ付きがほとんど。

バイロイト

Bayreuth

フェストシュピールハウスの
前庭に立つワーグナーの頭像

ワーグナーファンの聖地、リヒャルト・ワーグナー・フェストシュピールハウス

ベルリン●
フランクフルト●
★
バイロイト
ミュンヘン●

MAP ◆ P.139-A4

人　　口	7万4000人
市外局番	0921

ACCESS
鉄道：ニュルンベルクから
RE快速で約55分。

❶バイロイトの観光案内所
🏠Opernstr. 22
D-95444 Bayreuth
☎(0921) 88588
🖥www.bayreuth-tourismus.
de
🕐月～金　　9：00～18：00
　　土　　　9：00～16：00
（5～10月は日・祝10：00
～14：00もオープン）

**●リヒャルト・ワーグナー・
フェストシュピールハウス**
🏠Am Festspielhügel 1-2
☎(0921) 78780
🖥www.bayreuther-festspiele.de
🕐内部ガイドツアーは不定期
催行（5月下旬から8月は催
行されない）。現地でも申
し込めるがバイロイト観光
案内所のサイト内から日時
指定予約のチケットを申し
込むのが確実。案内はドイ
ツ語または英語。
🎫€10、学生€5

この町は、毎年7月下旬～8月下旬のバイロイト音楽祭のシーズンともなると、世界中から約10万人ものオペラファンが訪れ、様相が一変する。

その会場となる**リヒャルト・ワーグナー・フェストシュピールハウス（祝祭歌劇場）Richard-Wagner-Festspielhaus**はバイロイト駅前を出たら北へ真っすぐ延びるBürgerreuther Str.を上った所に建っている。1876年にワーグナー自ら音響効果を考えて設計した、世界でも最高の劇場といわれる。

町の中心部は、駅から南へBahnhofstr.を進み、❶もあるKanalstr.の先から始まる。

ブランデンブルク辺境伯の宮廷がおかれたバイロイトには、バロックやロココ風の建物が残る。

●バイロイト音楽祭
チケットは、音楽祭チケット事務局Bayreuther Festspiele Kartenbüroに書面で申し込む（詳しい情報は🖥www.bayreuther-festspiele.deで得られる）。しかし、世界中からの申し込みが殺到し、入手まで最低8年は申し込み続けなければならないといわれているほど困難。

町並みに溶け込んだ歌劇場

大理石のように見える柱もすべて木で造られている辺境伯歌劇場

辺境伯に嫁いだプロイセン王女のヴィルヘルミーネは、フリードリヒ大王の姉でさまざまな芸術に造詣が深く、1748年には**辺境伯歌劇場Markgräfliches Opernhaus**を建造した。華麗なバロック様式の装飾に囲まれた場内は、ヨーロッパで最も美しいバロック劇場のひとつとして世界遺産にも登録されている。

リヒャルト・ワーグナー通りRichard-Wagner-Str.の48番地に建つ**ハウス・ヴァーンフリートHaus Wahnfried**は、ワーグナーが暮らした館。入口の前には、ワーグナーのパトロンだったルートヴィヒ2世の胸像が立ち、内部は**ワーグナー博物館Richard Wagner Museum**として、作曲家ゆかりの品々や楽譜などが展示されている。東隣には、妻コジマの父で天才ピアニストのフランツ・リストの博物館もある。

1758年に建てられた**新宮殿Neues Schloss**にも、ヴィルヘルミーネが好んだロココ様式の華麗な居室が残っている。1階の陶器コレクション、上階の居室、ホーフガルテン(庭園)を見学できる。

ワーグナーが1874年以降住んでいたハウス・ヴァーンフリート

ハウス・ヴァーンフリートにはリスト、サン・サーンス、ブルックナーら多数の音楽家が訪れた

[世界遺産]
辺境伯歌劇場
(2012年登録)

●辺境伯歌劇場
[住]Opernstr. 14
[URL]www.bayreuth-wilhelmine.de
[開]4～9月　9:00～18:00
10～3月　10:00～16:00
(最終入場は17:15)
[料]€8、学生€7

●ワーグナー博物館
[住]Richard-Wagner-Str. 48
[URL]www.wagnermuseum.de
[開]火～日　10:00～17:00
(7～8月は月曜も10:00～18:00まで開館)
[休]9～6月の月、12/24・25
[料]€8、学生€6

●新宮殿
[住]Ludwigstr. 21
[開]4～9月　9:00～18:00
10～3月　10:00～16:00
[休]12/24・25・31、1/1
[料]€5.50、学生€4.50

おすすめのレストラン&ホテル RESTAURANT & HOTEL

[R] オスカー Oskar
MAP◆P.167

[住]Maximilianstr. 33
☎(0921) 5160553　[URL]www. oskar-bayreuth.de
[営]8:00～24:00(日・祝は9:00～)　[休]無休
[カード] [M][V]

600年以上前の古い館にある、フランケン地方料理とビールの店。気取らない雰囲気で、値段も手頃。写真のフランケン風焼きソーセージとザウアークラウト 3 von Grill €10.90は、濃いめの味つけでビールが進む味。

[H] バイエリッシャー・ホーフ Bayerischer Hof
MAP◆P.167

[住]Bahnhofstr. 14　D-95444　☎(0921) 78600
[URL]www.bayerischer-hof.de
[料]Ⓢ€73～　Ⓣ€102～　朝食別€15　[カード] [M][V]
[Wi-Fi] 無料

中央駅のすぐ隣の中級ホテル。フィンランド風サウナあり。12月中旬～1月上旬休業。

[H] ゴルデナー・アンカー Goldener Anker
MAP◆P.167

[住]Opernstr. 6　D-95444　☎(0921) 7877740
[URL]anker-bayreuth.de
[料]Ⓢ€128～　Ⓣ€198～　[カード] [A][D][M][V]
[Wi-Fi] 無料

町の中心部のクラシックなホテル。ロマンティックやモダンなど、部屋ごとにインテリアが異なる。

[MEMO] 上記オスカーの近くにあるオイレEure ([住]Kirchgasse 8　Map P.167　[URL]www.eule-bayreuth.de　[営]火～土17:00～22:00、土11:00～14:00)もフランケン料理とビールの店。営業時間が短いので気をつけよう。

天空の名城として名高いホーエンツォレルン城

ファンタスティック街道と黒い森
Die Fantastische Straße / Der Schwarzwald

Pinguin

フリードリヒスハーフェン上空の
ツェッペリン NT 飛行船

ウルム大聖堂の塔は
世界一の高さ

Katze

Bär

Hund

テディベアの製作工程の
デモンストレーションも
あるシュタイフワールド

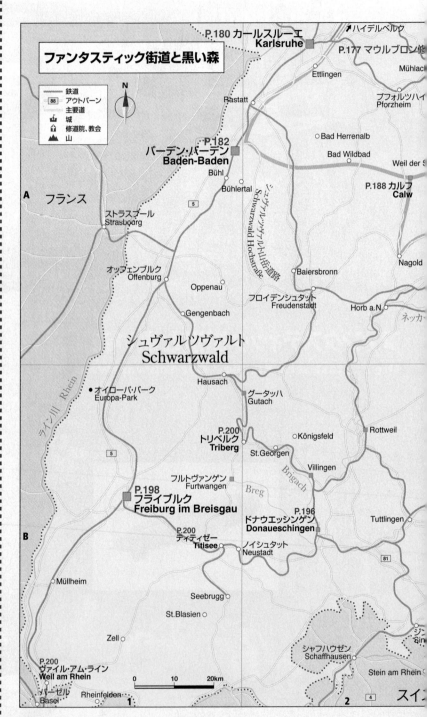

ファンタスティック街道と黒い森

鉄道
88 アウトバーン
主要道
城
修道院、教会
山

N

P.180 カールスルーエ
Karlsruhe

ハイデルベルク

P.177 マウルブロン修

Ettlingen

Mühlac

Rastatt

Bad Herrenalb

プフォルツハイ
Pforzheim

P.182
バーデン・バーデン
Baden-Baden

Bad Wildbad

Weil der S

A　フランス

Bühl

P.188 カルフ
Calw

Bühlertal

シュヴァルツヴァルト高原道路
Schwarzwald Hochstraße

ストラスブール
Strasbourg

5

Nagold

オッフェンブルク
Offenburg

Oppenau

Baiersbronn

フロイデンシュタット
Freudenstadt

Horb a.N.

Gengenbach

ネッカ

シュヴァルツヴァルト
Schwarzwald

ライン川 Rhein

Hausach

オイローパ・パーク
Europa-Park

グータッハ
Gutach

Rottweil

Königsfeld

P.200
トリベルク
Triberg

St.Georgen

5

Villingen

フルトヴァンゲン
Furtwangen

Breg

Brigach

P.198
フライブルク
Freiburg im Breisgau

P.196
ドナウエッシンゲン
Donaueschingen

Tuttlingen

B

P.200
ティティゼー
Titisee

ノイシュタット
Neustadt

81

Müllheim

Seebrugg

St.Blasien

Zell

シャフハウゼン
Schaffhausen

シン
Sin

P.200
ヴァイル・アム・ライン
Weil am Rhein

0　　10　　20km

Stein am Rhein

バーゼル
Basel

Rheinfelden

1

2

4

スイ

170

ファンタスティック街道と黒い森 ▼ 広域図

81
Bietigheim-Bissingen
P.177 マールバッハ
Marbach
P.177 ルートヴィヒスブルク
Ludwigsburg
P.174 シュトゥットガルト
Stuttgart
Aalen
7
Esslingen
Plochingen
P.177 ゲッピンゲン
Göppingen
シュトゥットガルト空港
90 ベーベンハウゼン修道院
89 テュービンゲン メッツィンゲン
bingen Metzingen
8
P.195 ギーンゲン
Giengen
Reutlingen
Günzburg
リヒテンシュタイン城
P.192 ウルム
Ulm
ンゲン
ingen
P.191 ホーエンツォレルン城
ファンタスティック街道
ジクマリンゲン
Sigmaringen
ナウ川 Donau
イッラー川 Iller
7
96
Memmingen
Aulendorf
ベルリン
フランクフルト
ミュンヘン
Kempten
Überlingen
Ravensburg
P.203 P.205
マイナウ島 メーアスブルク
Meersburg
ェナウ島
P.206 フリードリヒスハーフェン
Friedrichshafen
P.202
コンスタンツ
Konstanz
ボーデン湖
Bodensee
96
3
4

171

ファンタスティック街道と黒い森

　黒い森というロマンティックな名前で呼ばれるシュヴァルツヴァルト地方は、ドイツの南西部、ライン川を隔ててフランスと国境を接している。標高は低いが、実際は「森」のイメージというより「山」に近い。南北に160km、東西に20～60kmの広がりをもち、モミの木などの針葉樹を主体とする森は遠くから見ると本当に黒っぽく見える。ファンタスティック街道は、温泉保養地バーデン・バーデンから壮大なホーエンツォレルン城やボーデン湖に浮かぶ花の島マイナウやコンスタンツなど、森と古城と湖を抱く変化あふれるルートだ。

上／郷愁を感じるシュヴァルツヴァルト
下／ドイツの歴史上重要なホーエンツォレルン城

周遊のヒント

　このエリアには2本の鉄道幹線が走っている。1本はフランクフルト～カールスルーエ～フライブルク～バーゼル（スイス）というルートで、もう1本はフランクフルト～シュトゥットガルト～ウルム～ミュンヘンというルート。これらの幹線以外はローカル線で、1～2時間に1本程度の運行となる。

　ボーデン湖はドイツ、スイス、オーストリアの3ヵ国にまたがるドイツ最大の湖で、コンスタンツやリンダウからは、スイスやオーストリア方面へ行く列車やフェリーで3ヵ国巡りが楽しめる。

ステイガイド

　シュトゥットガルトとバーデン・バーデンは、国際会議などでホテルが混み合う時期があるので注意。シュヴァルツヴァルトの小さな町の宿は、小規模な宿がほとんどなので、予約を入れておいたほうが安心。ボーデン湖畔の宿は、夏休み期間は混雑するので早めの予約を。

飛行船を発明したツェッペリン伯爵ゆかりのホテル、シュタイゲンベルガー・インゼルホテル（コンスタンツ）

フリードリヒスハーフェンとコンスタンツを結ぶ高速船カタマラン

MEMO ファンタスティック街道があるバーデン・ヴュルテンベルク州は、日本語で旅行情報を発信しているので、アクセスしてみよう。🌐 www.southwest-germany.jp

名産品と料理

フランスと国境を接するこの地方は、料理のおいしさでは定評がある。おすすめはドイツ風パスタの一種、**シュペッツレ pätzle** と**マウルタッシェン Maultaschen**。シュペッツレは小麦粉、水、卵を溶いた生地を小指の先ほどの大きさにしてゆでてある。これを肉料理の付け合わせにしたり、チーズをかけて焼いて一品料理にして食べる。マウルタッシェンは、餃子の皮のような生地に、ひき肉やホウレン草などを混ぜた具をロールしてある。これを焼いて卵でとじたり、スープの具にして食べる。

バーデンワインは、赤がおすすめ

シュヴァルツヴェルダー・キルシュトルテ

シュヴァルツヴェルダー・キルシュトルテ Schwarzwälder Kirschtorte は、「黒い森のサクランボケーキ」という意味で、ドイツ人にいちばん人気の高いケーキ。ドイツ中で食べられるが、やはり本場で食べたいもの。

バーデンワインは、ドイツでは珍しく赤ワインも生産されている。

ホウレン草やひき肉などをパスタでくるんだマウルタッシェン

トロトロのチーズであえたケーゼシュペッツレ

交通図

173

メルセデス・ベンツ博物館

“黒い森”に抱かれた文化都市

シュトゥットガルト

Stuttgart

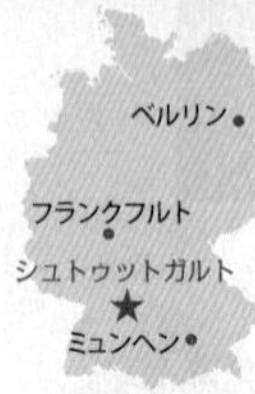

MAP ◆ P.171-A3	
人　口	63万300人
市外局番	0711

[ACCESS]
鉄道：ICE特急でフランクフルトから約1時間20分、ミュンヘンから約2時間。
空港と市内間のアクセス：空港駅からⓈ2または[U]6で中央駅まで所要約30分。

ℹシュトゥットガルトの観光案内所
[住]Königstr. 1A
D-70173 Stuttgart
➲Map P.175-A2
☎(0711)22280
[URL]www.stuttgart-tourist.de
[開]月～金　　9：00～17：00

[世界遺産]
ル・コルビュジエの建築作品—ヴァイセンホーフ・ジードルングの住宅(2016年登録)

●市内交通
[URL]www.vvs.de
Uバーン（地下鉄）、Sバーン、市電、バスがある。切符は短区間券KurzstreckenTicket（Sバーンは1駅、ほかは乗り換えなし3駅まで有効）€1.80、市内1回乗車券EinzelTicket €3.10。市内（1～2ゾーン）に有効の1日乗車券EinzelTagesTicketは€6.20（1ゾーンのみ）。

●シュトゥットカードプラス Stutt CARD PLUS
市内交通網に各有効期間内乗り放題で、市内および一部市外のおもな博物館の入場が無料、ほか割引特典が付いたカード。24時間用€28、48時間用€38、72時間用€48。また、市内交通チケットが付かない**シュトゥットカードStuttCard (ohne ÖPNV)**は24時間用€18、48時間用€25、72時間用€30。観光案内所で購入できる。

柱廊が見事なケーニヒスバウ前の宮殿広場でくつろぐ人たち

バーデン・ヴュルテンベルク州の州都シュトゥットガルトは、ドイツ南西部の経済の中心地。ブドウ畑や森に囲まれた盆地にあり、黒い森の町々を訪ねる起点になっている。ベンツとポルシェが本拠地をおく自動車の町でもある。

歩き方

中央駅前から真っすぐに延びる**ケーニヒ通りKönigstr.**がメインストリートで、ℹもここにある。通りは歩行者天国になっていて、レストランやカフェ、デパートなどが並ぶ。この通りを500mほど行くと**宮殿広場Schlossplatz**に出る。広場に面した**ケーニヒスバウKönigsbau**という柱廊が美しい建物は、内部はショッピングセンターでフードコートも充実。広場の東側奥には**新宮殿Neues Schloss**（現在は州政府庁舎）が美しい姿を見せている。その南の円形の塔が付いた石造りの**旧宮殿Altes Schloss**は、16世紀にルネッサンス様式で建てられ、内部は**州立博物館Landesmuseum Württemberg**で宗教彫刻、民俗コレクションなどを展示。

アーチに囲まれた旧宮殿の中庭

新宮殿裏側の公園内には州立劇場などがあり、その東側の大通り**アデナウアー通りK.-Adenauer-Str.**の向こうに、モダンな**州立絵画館Staatsgalerie**がある。ここのコレクションは見逃せない。

シュティフト教会前のシラー広場やマルクト広場では火・木・土曜の昼頃まで朝市が開かれる

[MEMO] シュトゥットガルト中央駅は工事中。行き止まり式だったホームを、通過式のホームに変更する大工事。さらに旧駅舎の改修も行う。完成は2025年頃の予定。工事中は、通路の変更などもあるので、余裕をもって駅に向かおう。

おもな見どころ

近現代美術が充実している**州立絵画館**
Staatsgalerie ★★★

　1843年に建てられた州立絵画館
旧館には、ヨーロッパの名画を展
示。1984年にイギリスの建築家ジ
ェームス・スターリングによって
カラフルな新館が建設され、ドイ
ツ表現主義を中心に近現代の絵画
や彫刻が並ぶ。特にこの町で生まれたオスカー・シュレンマ
ーとバウハウスの作家の作品は中心的な位置を占めている。

モダン建築が目を引く新館

●州立絵画館
住Konrad-Adenauer-Str. 30-32
●Map P.175-A2
ⓊStaatsgalerie下車
Ⓦwww.staatsgalerie.de
圖火～日　10：00～17：00
（木は～20：00）
困月、聖金曜日、12/24・25
料常設展€7、学生€5
特別展は別料金
常設展は水曜無料

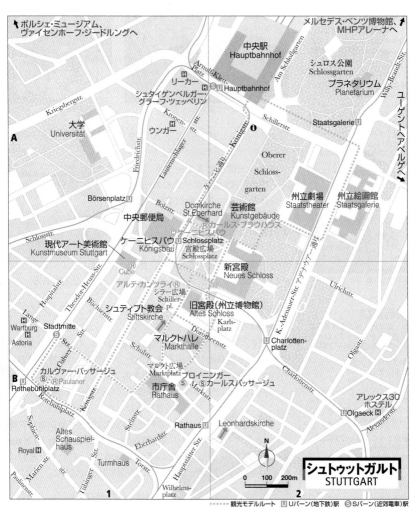

●メルセデス・ベンツ博物館
[住]Mercedesstr. 100
➡Map P.175-A2外
中央駅からⓈ1でネッカーパークNeckarpark下車、案内表示に従って徒歩約10分。
[URL]www.mercedes-benz.com
[開]火～日　9：00～18：00
（入場は17：00まで）
[休]月、12/24・25・31
[料]€12、学生€6

サッカー・スタジアム情報

●MHP アレーナ
MHP Arena
[住]Mercedes-Platz 2
➡Map P.175-A2外
中央駅からⓈ1のNeckarpark下車。または[U]11（試合開催日のみ運行）で終点のNeckarPark(Stadion)下車。徒歩約10分。メルセデス・ベンツ博物館のすぐそば。
[URL]www.mhparena-stuttgart.de
VfB シュトゥットガルトの本拠地。

●ポルシェ・ミュージアム
[住]Porscheplatz 1
➡Map P.175-A1外
中央駅地下からⓈ6で所要10分のノイヴィルツハウス(ポルシェプラッツ)Neuwirtshaus (Porscheplatz)下車、博物館は駅のすぐ前。
[URL]www.porsche.com/museum
[開]火～日　9：00～18：00
（入場は17：30まで）
[休]月、12/24・25・31、1/1
[料]€12、学生€6

ポルシェ広場に浮かぶように建つ

世界遺産
ル・コルビュジエの建築作品―ヴァイセンホーフ・ジードルングの住宅（2016年登録）

●ヴァイセンホーフ・ジードルング
➡Map P.175-A1外
中央駅から[U]5でKillesberg下車、徒歩約10分。または44番のバス(Killesberg行き)でKunstakademie下車すぐ。

●ヴァイセンホーフ博物館
[住]Rathenaustr. 1-3
[URL]weissenhofmuseum.de
[開]火～金　11：00～18：00
土・日・祝　10：00～18：00
[休]月、12/24、1/1、1月下旬
[料]€5、学生€2

車ファン以外にも楽しめる**メルセデス・ベンツ博物館**
Mercedes-Benz Museum ★★★

近未来的な建築にも注目

近未来的な二重らせん構造の建物が斬新。展示スペースは9フロアに分かれ、歴史的名車から最新のF1のレーシングカーなどが並ぶ。昭和天皇およびドイツ皇帝ヴィルヘルム2世が使っていたグローサー・メルセデス770、ダイアナ妃が乗っていた赤いSLも展示。

1階は新車のモデルルームであると同時にベンツのサービス拠点となっている。ショップやカフェ、キッズコーナーも充実しており、家族連れで楽しめる。

1935年から使用された昭和天皇の御料車

日本語のオーディオガイドを聞きながら見学できる

スポーツカーに魅せられる**ポルシェ・ミュージアム**
Porsche Museum ★★

歴史的な名車が並ぶ

ポルシェ最初のスポーツカー、1948年式の356ロードスターをはじめとする歴史的車両が並ぶ。展示車両は約400台ものレーシングカーとスポーツカーのコレクションのなかから随時入れ替えられる。館内にはショップ、カフェバー、高級レストランなどもある。

近代建築の代表**ヴァイセンホーフ・ジードルング**
Weissenhof-Siedlung ★

1927年、ドイツ工作連盟博覧会の際にキレスベルクの丘にわずか4カ月で33棟の住宅が建設された。そのうちの11棟が現存している。博覧会のディレクターであるミース・ファン・デル・ローエをはじめ、グロピウス、ベーレンスらが腕を振るった。世界遺産となったル・コルビュジエによる住宅の内部は**ヴァイセンホーフ博物館Weissenhofmuseum im Haus Le Corbusier**になっている。高台にあり、市街の眺めがよい。

ル・コルビュジエの空間を味わえる

近郊の見どころ

ヘッセの名作に描かれた マウルブロン修道院 ⊕ 世界遺産
Kloster Maulbronn
MAP◆P.170-A2

　ヘルマン・ヘッセの小説『知と愛(ナルチスとゴルトムント)』の舞台であるマリアブロン修道院付属神学校は、ここがモデルとなっている。ヘッセはもちろん、天文学者ケプラーや詩人ヘルダーリンも学んだ。1147〜1537年はシトー派修道院であり、周囲に村も形成していた。中

世の修道院の姿をドイツで最もよく残しているといわれ、ロマネスクから後期ゴシックにいたる建築様式を堪能できる。

中世の面影を残す回廊(上)と泉(右)

ベルサイユ宮殿に似た城がある ルートヴィヒスブルク
Ludwigsburg
MAP◆P.171-A3

　シュトゥットガルト中央駅から Ⓢ4、5または快速列車で10〜15分のルートヴィヒスブルク Ludwigsburg 駅下車。駅から**ルートヴィヒスブルク城 Residenzschloss Ludwigsburg** へは徒歩約15分。

　ヴュルテンベルク大公家の居城として18世紀に建設された。現在内部は、陶磁器とモード博物館、劇場博物館、バロックギャラリーなどになっている。

ヨーロッパでも屈指の規模のバロック様式の宮殿

シラーの生まれた村 マールバッハ
Marbach am Neckar
MAP◆P.171-A3

　ネッカー川沿いの高台にあり、旧市街には古い木組みの家が建ち並ぶ。ドイツを代表する劇作家**シラーの生家 Schiller Geburtshaus** も保存されている。町の南にある**シラー国立博物館 Schiller-Nationalmuseum** と、すぐ隣の**ドイツ文学文書館 Deutsches Literaturarchiv** は、ドイツ文学の資料の宝庫。

鉄道模型ファンの聖地 ゲッピンゲン
Göppingen
MAP◆P.171-A4

　ゲッピンゲンには、鉄道模型の老舗メーカーとして世界的に有名なメルクリンの本社付属の新ミュージアム、**メルクリノイム Märklineum** がある。館内にはレア物のモデルや、巨大なジオラマが展示されている。付属のショップでは、もちろん多くのモデルを販売している。

⊕ 世界遺産

マウルブロン修道院
(1993年登録)

●マウルブロン修道院
🏠 Klosterhof 5
🚶**行き方** シュトゥットガルト中央駅からIC特急またはIRE快速で約25分のミュールアッカー Mühlackerまで行き、ここでBretten行きの700番のバスに乗り換えて約20分、修道院前の Kloster, Maulbronn 下車。ただしこの停留所に停まるのは土・日・祝のみで、平日はかなり離れた Alte Post, Maulbronn または Schefenacker, Maulbronn下車(→下記MEMOも参照)。
5〜9月の日・祝のみ列車(Klosterstadt-Express)も運行。ミュールアッカーからマウルブロン駅まで1日6本。駅から修道院は約700m離れている。
🌐 www.kloster-maulbronn.de
🕐 3〜10月　9：30〜17：30
　11〜2月　10：00〜16：30
　(入場は各閉館45分前まで)
🚫 11〜2月の月
💰 €9、学生€4.50、日本語オーディオガイドあり€12(要パスポート)

●ルートヴィヒスブルク城
🌐 www.schloss-ludwigsburg.de
🕐 城内はガイドツアーでのみ見学可能。5/15〜11/5は月〜金11：00〜16：00、土・日10：00〜17：00の1時間ごとに催行。他シーズンは時間短縮、回数減。
💰 €9、学生€4.50

●シラーの生家
🏠 Niklastorstr. 31
🚶**行き方** シュトゥットガルトから Ⓢ4で約25分のMarbach (Neckar)下車。シラーの生家は駅から徒歩10〜15分。
🕐 4〜10月　9：00〜17：00
　11〜3月　10：00〜16：00
🚫 12/24〜26・31　💰 €5

●シラー国立博物館
🏠 Schillerhöhe 8-10
🌐 www.dla-marbach.de
※改装のため2024年秋頃まで休業中

●メルクリノイム
🏠 Reutlinger Str. 6
🚶**行き方** シュトゥットガルトからウルム方面へ向かうRE快速で約30分のゲッピンゲン駅から徒歩約12分。または駅から911、914、915、932番のバスで約3分、Märklineum, Göppingen下車すぐ。
🌐 www.maerklineum.de
🕐 火〜日　10：00〜18：00
🚫 月、一部の祝日　💰 €10

MEMO マウルブロン修道院へは、シュトゥットガルトからIC特急で所要約35分のプフォルツハイム Pforzheimまで行き、735番のバスに乗り換えて約50分のKloster, Maulbronnで下車する行き方もある。平日も修道院前に停まる。　**177**

RESTAURANT ✤ シュトゥットガルトのレストラン

シュトゥットガルトの郷土料理はシュヴァーベン料理で、その代表はマウルタッシェンやシュペッツレなどのドイツ風パスタ。日本人の口に合うのでぜひ味わいたい。また、具だくさんのスープ、ガイスブルガーマーシュもおすすめ。

シュヴァーベン地方のワインを飲ませてくれるワインシュトゥーベ(ワインの居酒屋)も市内には多く、気取らずにおいしいワインを楽しめる。

R カールス・ブラウハウス　Carls Brauhaus

宮殿広場前のビア・レストラン

自家醸造の生ビールが飲める人気の店。生のDinkelacker Privatは0.3ℓ€3.90、0.5ℓ€4.90。料理は子牛肉のウィーン風カツレツWiener Schnitzel€27.70、マウルタッシェンKlassischen Maultaschen€14.40などがおすすめ。

ドイツ料理　MAP ◆ P.175-A1

住Stauffenbergstr. 1
☎(0711)25974611
URL www.carls-brauhaus.de
営11：00～22：00(土・日は10：00～)
カード M V
交 U Schlossplatzから徒歩約1分。

R アルテ・カンツライ　Alte Kanzlei

シュヴァーベン料理がおいしい

外観は高級そうだが、内部は明るく気取らない雰囲気。シュヴァーベン料理が各種あり、シュヴァーベンテラー Schwabenteller €17.50は、マウルタッシェンとケーゼシュペッツレが味わえる。ラストオーダーは閉店1時間前まで。

ドイツ料理　MAP ◆ P.175-B1

住Schillerplatz 5A
☎(0711)294457
URL www.alte-kanzlei-stuttgart.de
営火～金　11：00～23：00
　土・日　9：00～22：00
休月
カード A M V
交 U Schlossplatzから徒歩約3分。

C ケーニヒスバウ　Cafe Königsbau

宮殿広場に面した広いカフェ

柱廊に囲まれた建物にあって、落ち着ける雰囲気。ケーキはもちろん、さまざまなバリエーションの朝食セットやスナックもある。夏にはフルーツなどを使ったさわやかなドリンク類も人気。

カフェ　MAP ◆ P.175-A1

住Königstr. 28
☎(0711)290787
URL www.koenigsbau-cafe.de
営9：00～20：00（日は10：00～）
カード M
交 U Schlossplatzから徒歩約1分。

INFORMATION　ショッピングはパッサージュとマルクトハレで

シュトゥットガルトの中心部にはパッサージュPassageというおしゃれなショッピングアーケードがある。ガラス張りのアーチ型天井で店がつながっているから、雨の日でもぬれずにショッピングできる。

おすすめは、ブランドショップが並ぶカルヴァー通りCalwer Str.にある**カルヴァー・パッサージュ Calwer Passage**(➲Map P.175-B1)と、マルクト広場にあるデパートの**ブロイニンガー Breuninger**(➲Map P.175-B1)および**カールス パッサージュ Karls-passage**(➲Map P.175-B1)。

カルヴァー・パッサージュ

流行のファッションよりも地元の人が集まる庶民的な市場が好き、という人は旧宮殿に近い屋内市場の**マルクトハレ Markthalle**(住Dorotheenstr. 4 ➲Map P.175-B1)へ。新鮮な野菜、果物、パンや肉、花などを売る店が集まり、月～金曜7:30～18:30、土曜7:00～17:00まで営業している。トルコなどエスニック食材の店もあり、見て回るだけでも楽しい。

上／マルクトハレの2階には雑貨店が並ぶ　下／1階は食料品店がぎっしり

HOTEL ❅ シュトゥットガルトのホテル

　ベンツやポルシェなどの本社があり、ドイツ屈指の産業、経済都市であるので、ビジネスマン向けのホテルが多い。メッセ(見本市)開催都市でもあるので、開催期間に当たると料金がアップする(メッセのスケジュールは🔗 www.messe-stuttgart.deで調べられる)。

　ビジネスマンの利用が減る週末や夏期(いずれもメッセ期間を除く)は、通常よりも安い料金で泊まれる可能性がある。

シュタイゲンベルガー・グラーフ・ツェッペリン

クラシックなヨーロピアンホテル

　中央駅の向かいに建つ。ベジからステーキまで幅広い料理を提供する、レストラン・ツェッペリーノス Zeppelino'sがある。客室は禁煙(喫煙ラウンジと喫煙室2室のみあり)。

Steigenberger Graf Zeppelin

高級ホテル　MAP ◆ P.175-A1
🏠 Arnulf-Klett-Platz 7　D-70173
☎ (0711) 20480
🔗 hrewards.com/de/steigenberger-graf-zeppelin-stuttgart
🛏 Ⓢ Ⓣ €226～
　朝食別 €32
カード Ⓐ Ⓓ Ⓙ Ⓜ Ⓥ
Wi-Fi 無料

ウンガー

駅近でも静かなロケーション

　中央駅から3分ほどの徒歩圏内にある。部屋の設備は中級ホテルクラスだが、朝食のビュッフェの種類の多さは高級ホテル並み。家具はナチュラルな木製で統一されている。部屋は小さめ。

Hotel Unger

中級ホテル　MAP ◆ P.175-A1
🏠 Kronenstr. 17　D-70173
☎ (0711) 20990
🔗 www.hotel-unger.de
🛏 Ⓢ €106～　Ⓣ €147～
カード Ⓐ Ⓓ Ⓜ Ⓥ
Wi-Fi 無料

リーカー

駅の近くはやっぱり便利

　中央駅に近くて便利な中級ホテル。65室のうち40室は禁煙室。駅前の大通りに面しているが、防音ガラスなので客室内は静か。地下駐車場あり。買い物にも便利なロケーション。

Hotel Rieker am Hauptbahnhof

中級ホテル　MAP ◆ P.175-A1
🏠 Friedrichstr. 3　D-70174
☎ (0711) 2296580
🔗 hotelrieker.de
🛏 Ⓢ €94～　Ⓣ €109～
　朝食別 €12.95
カード Ⓐ Ⓜ Ⓥ
Wi-Fi 無料

アレックス30ホステル

ユースより便利なプライベートホステル

　Ⓤ Olgaeck駅からすぐのプライベートホステル。ユースよりも設備がよく、便利なロケーション。かわいい部屋で快適に過ごせる。9～10月のカンシュタット民族祭シーズンや見本市期間は右記料金の2～3倍となる。

ALEX 30 Hostel

ユースアコモデーション MAP ◆ P.175-B2
🏠 Alexanderstr. 30　D-70184
☎ (0711) 8388950
🔗 www.alex30-hostel.de(日本語あり)
🛏 シャワー・トイレ共同 Ⓢ €67～
Ⓣ €71～、ドミトリー €29～、朝食別 €8、キッチン・トイレ・シャワー付きアパートメントタイプの部屋もある。
カード Ⓜ Ⓥ　Wi-Fi 無料

ユーゲントヘアベルゲ

高台にあり、町の眺めがいいユース

　中央駅を背にして左に進み、いったん公園のほうへ下りてそのまま進行方向に進む。公園を抜け、大通りに沿って進み交差点を渡った先の細い階段を上ればユースの正面に出る。所要15～20分。中央駅からⓊ 15でEugensplatzまで行けば徒歩約5分。出入口はWerastr.とKernerstr.の角にある。チェックインは13：00～。予約した場合は必ず18：00までに到着すること。クリスマスは休業。

Jugendherberge

ユースホステル MAP ◆ P.175-A2 外
🏠 Haußmannstr. 27　D-70188
☎ (0711) 6647470
🔗 www.jugendherberge.de
🛏 €38.80～、27歳以上 €42.80～
カード Ⓜ Ⓥ
Wi-Fi 1時間無料

城を中心に扇形に広がる街

カールスルーエ

Karlsruhe

マルクト広場のピラミッド

MAP ◆ P.170-A2

人　口	30万8400人
市外局番	0721

ACCESS

鉄道：ICE特急でフランクフルト中央駅から約1時間5分、マンハイムから約25分、シュトゥットガルトから約40分。

❶カールスルーエの観光案内所

住Kaiserstr. 72-74
D-76133 Karlsruhe
☎(0721) 602997580
URLwww.karlsruhe-erleben.de
開 月～金　9:30～18:30
　土　10:00～15:00
休 日・祝

●市内交通

カールスルーエ市内の1回乗車券Einzelfahrkartenは€3.10、1日乗車券Tageskarteは€6.20。

サッカー・スタジアム情報

●ヴィルトパルクシュタディオン Wildparkstadion（BBBANK Wildpark）

住Adenauerring 17
URLwww.bbbank-wildpark.de
URLwww.ksc.de
カールスルーエSCの本拠地。
行き方カールスルーエ城の北東に位置しており、マルクト広場から城と公園を通り抜けて徒歩約20～25分。
またはSバーン駅Durlacher Torからスタジアムまで運行するシャトルバスを利用（試合後は運行しない）。入場券は、試合当日の公共交通機関に有効。

アイボリー色のカールスルーエ城

黒い森シュヴァルツヴァルトの北端に位置するカールスルーエは、ドイツの最高裁判所や原子力研究所がある町として知られる。近年は、最新のデジタルテクノロジーの研究、開発の中心地としても注目を集めている。音楽ファンなら、大野和士が音楽総監督を務めていたこともあるバーデン州立劇場にも足を運びたい。

歩き方

中央駅を出ると目の前は**動物園Zoo**と**市立公園Stadtgarten**の入口になっている。駅から町の中心の**マルクト広場Marktplatz**へはエトリンガー通りを北上して徒歩で20分以上かかる。駅前から4、S1、S11などの市電を利用したほうが早い。

カールスルーエとは、「カールの安らぎ」という意味で、18世紀にバーデン辺境伯カール・ヴィルヘルムの都市計画によってできた町である。彼が住んだ**カールス**

MEMO マルクト広場に建つ、砂岩でできたピラミッドは町のシンボル。ピラミッドの内部はこの町を築いたバーデン辺境伯カール・ヴィルヘルム（1679～1738年）の墓になっている。残念ながら中に入ることはできない。

ルーエ城 **Schloss Karlsruhe**の塔を中心として、通りが放射状に広がるように造られた。

マルクト広場を東西に横切る**カイザー通りKaiserstr.**は、デパートやブティック、レストランなどが建ち並ぶカールスルーエの目抜き通り。マルクト広場の北側には、アイボリー色のカールスルーエ城が優雅な姿を見せている。城内は**州立博物館Badisches Landesmuseum**として、エジプト、ローマ時代、中世、19世紀の美術工芸コレクションを中心に展示している。**植物園Botanischer Garten**も併設する広大な庭園を西へ進むと**州立美術館Staatliche Kunsthalle**や、別館の**オランジェリー Orangerie**があり、ドイツ、フランドル、フランス絵画などの重要なコレクションが並ぶ。

メディアミュージアムMedienmuseumと**現代美術館Museum für Neue Kunst**などからなる**アート&メディアテクノロジーセンター Zentrum für Kunst und Medientechnologie**（略称**ZKM**）は、中心部から離れた町の西側にあり、中央駅からSiemensallee行きの2番の市電でZKM下車。**メディアミュージアム**では、コンピューターを駆使したさまざまなメディアアートをインタラクティブに体感でき、近未来型の美術館として注目を集めている。

最先端のメディアアートを体験できる

●州立博物館
[住]Schlossbezirk 10
[URL]www.landesmuseum.de
[開]火～木　10:00～17:00
　金～日　10:00～18:00
[休]月、12/24・31
[料]€8、学生€6、特別展は別料金

●植物園
[住]Hans-Thoma-Str. 6
[開]火～金　10:00～16:45
　土・日　10:00～17:45
[休]月、12/24・31
[料]€3、学生€1.50

●州立美術館
[住]Hans-Thoma-Str. 2-6
改修工事のため閉館中。一部所蔵作品は下記メディアミュージアムで展示。

●メディアミュージアム
[住]Lorenzstr. 19
[URL]zkm.de
[開]水～金　10:00～18:00
　土・日　11:00～18:00
[休]月・火　[料]€8～

ZKMの外観

おすすめのホテル HOTEL

[H] アハト・プラザ
ACHAT Plaza Karlsruhe　**MAP ◆ P.180**

[住]Mendelssohnplatz　D-76131
☎(0721) 37170
[URL]achat-hotels.com
[料]ⓈⓉ€99～　朝食別€21
[カード] [A][D][M][V]　[Wi-Fi] 無料

207室の大型ホテル。中央駅から3番の市電でRüppurrer Tor下車すぐ。

[H] シュロスホテル
Schlosshotel Karlsruhe　**MAP ◆ P.180**

[住]Bahnhofplatz 2　D-76137
☎(0721) 38320
[URL]www.SchlosshotelKarlsruhe.de
[料]Ⓢ€129～　Ⓣ€152～　朝食別€19
[カード] [M][V]　[Wi-Fi] 無料

中央駅の斜め向かいに建つクラシックな雰囲気の4つ星ホテル。1914年創業で、室内も落ち着いたインテリア。ビジネス客の利用も多い。ウエルネス施設が充実しており、スチームバス、サウナ、マッサージエリアなど各種コーナーがある。レストラン・シュヴァルツヴァルトシュトゥーベでは、黒い森地方の雰囲気の中で郷土料理が味わえる。

[H] アム・マルクト
Hotel Am Markt　**MAP ◆ P.180**

[住]Kaiserstr. 76　D-76133
☎(0721) 919980
[URL]www.hotelammarkt.de
[料]Ⓢ€100～　Ⓣ€120～　朝食別€14
[カード] [A][M][V]
[Wi-Fi] 無料

マルクト広場に面した機能的なホテルで、観光に便利。1階はカフェで、天気のいい日には4階の屋上テラスもカフェスペースになり（冬期は短縮営業）、カールスルーエの眺めがいい。

[JH] ユーゲントヘアベルゲ
Jugendherberge　**MAP ◆ P.180**

[住]Moltkestr. 24　D-76133
☎(0721) 28248
[URL]www.jugendherberge.de
[料]€32.90、27歳以上€36.90
[カード]不可
[Wi-Fi] 共有エリアのみ可（無料）

中央駅から2、3番の市電でEuropaplatz/Postgalerie下車、徒歩約10分。朝食と夕食付きにすると€45.10（27歳以上は€49.10）。全42室、2段ベッドの2～6人部屋。12月下旬～1月上旬は休業。

木陰のテーブルで
保養地の朝食を楽しむ

ローマ時代からの由緒ある温泉町
バーデン・バーデン
Baden-Baden

ベルリン●

フランクフルト●

バーデン・バーデン
★　　●ミュンヘン

MAP ◆ P.170-A1

人　口	5万5400人
市外局番	07221

ACCESS

鉄道：フランクフルトから
ICE特急で約1時間20分。

🌐 **世界遺産**

欧州11ヵ所の温泉保養地群
（2021年登録）
→P.215

ℹ️ **バーデン・バーデンの
　観光案内所**

🏠Kaiserallee 1（クーアハウ
　スのコロナーデン内）
　D-76530 Baden-Baden
🗺Map P.183-B1
☎(07221) 275200
🌐www.baden-baden.com
🕐月～日　　10：00～18：00

● **市内交通（バス）**
・1回乗車券
　Einzelfahrschein €3.10
・1日乗車券
　Tageskarte €6.20

● **ミニ観光列車**
City-Bahn
クーアハウスやカラカラ浴場
などの見どころを回る。乗車
券（€10）は1日有効で乗り降り
自由。冬期運休。

● **フェストシュピールハウス
　（祝祭歌劇場）**
🏠Beim Alten Bahnhof 2
🗺Map P.183-A1外
☎(07221) 3013101（予約）
🌐www.festspielhaus.de
ヨーロッパで2番目に大きいオ
ペラハウス。チケットはℹ️でも
購入できる。

オース川沿いのプロムナード

美しいカジノがあるクーアハウス

　この町は、ヨーロッパ屈指の由緒ある温泉保養地。紀元80年頃から、この地を占領していたローマ人によって次々に温泉浴場が造られた。バーデンとはドイツ語で「入浴（する）」という意味で、バーデン・バーデンとふたつも続けるのは「バーデン地方のバーデン」という意味と、オーストリアとスイスにもある「バーデン」という同名の温泉町と区別をつけるため。

　19世紀には、ビスマルクやヴィクトリア女王、ナポレオン3世、ドストエフスキーやバルザック、ブラームスなど王侯貴族や作家、音楽家も多く滞在した。優雅な雰囲気の保養地で、のんびりと温泉三昧を味わいたい。

 歩き方 〜〜〜〜〜〜〜〜

　駅から町の中心までは約5km離れているが、駅前広場から出る201番のバス（213、218番なども可）に乗り、**レオポルト広場Leopoldsplatz (Luisenstr.)** で下車すればよい。

　レオポルト広場から延びる**ランゲ通りLange Str.** や**ルイーゼン通りLuisenstr.**、**ゾフィーエン通りSophienstr.**、**リヒテンターラー通りLichtentaler Str.** が代表的なショッピング街。カラカラ浴場などの入浴施設はレオポルト広場の北東側にある。

　ドイツでの温泉療養は、2～3週間は滞在するのが普通なので、町には劇場や美術館、カジノCasinoまで、保養客のために娯楽施設を完備している。そのなかでも**フェストシュピールハウス（祝祭歌劇場）Festspielhaus** はかなりの水準を誇る。

　オース川沿いの緑濃い並木道**リヒテンターラー・アレー Lichtentaler Allee** は、そぞろ歩きにはもってこいだ。

温泉地ならではの落ち着いた街並み

おもな見どころ

ローマのカラカラ帝も湯治に来た**カラカラ浴場**
Caracalla Therme ★★★

南国リゾートのような雰囲気のカラカラ浴場

気軽に利用できるカラカラ浴場は、水着着用の温泉プール。屋内と屋外に温度の異なる7種類の浴場がある。館内には水着やタオルを売る店や、ヘルシーメニューが味わえるビストロもある。

サウナ内では必ず水着を脱ぎ、下にバスタオルを敷いて、汗で板がぬれないようにすること。アロマ・ミスト・サウナは、とても気持ちがよくておすすめ。

●カラカラ浴場
住Römerplatz
○Map P.183-A2
URL www.caracalla.de
開8:00〜22:00
　12/31は20:00閉館
　※最終入場は閉館90分前
休12/24・25
料2時間€19、サウナ付き€24。
　3時間用、1日用料金もある
　制限時間をオーバーすると10
　分ごとに€1の追加料金。7歳
　未満は利用不可。7〜13歳の
　子供は、親（大人）が同伴して
　いること。

夜のカラカラ浴場

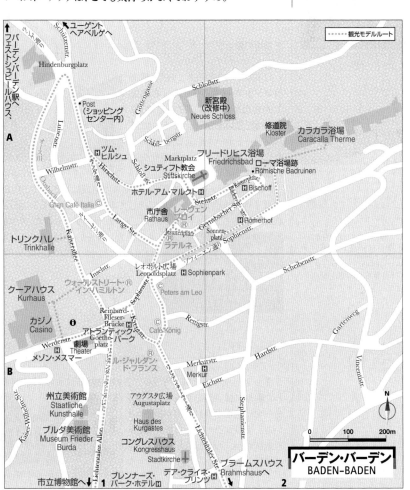

バーデン・バーデン
BADEN-BADEN

●フリードリヒス浴場

住 Römerplatz
◆ Map P.183-A2
網 friedrichsbad.eu
開 9：00〜22：00
12/31は20：00閉館
※最終入場は閉館の3時間
前。水着は着用せず全裸で
入浴する。タオル、シャン
プー等は用意されている。
休 12/24・25
料 €35（3時間）、石鹸ブラシマ
ッサージ＋€19（新型コロナ
感染防止のため、中止の場
合もある。
14歳未満は入場不可。14〜
17歳は大人の同伴者が必要。

まるで宮殿のような外観のフリ
ードリヒス浴場

●カジノ

住 Kaiserallee 1
◆ Map P.183-B1
網 www.casino-baden-baden.de
開 ルーレットは15：00〜翌2：
00（金・土は〜翌3：00）、
スロットマシンなどは11：
00〜、ブラックジャックは
17：00〜。
休 一部の祝日
料 €5（スロットマシンなどゲー
ム機だけのエリアなら無料）
入場にはパスポート必携（21歳
未満は入場禁止）、服装はフォー
マル（男性はジャケット、ネ
クタイ着用。レンタルあり）。

●トリンクハレ

住 Kaiserallee 3
◆ Map P.183-A1
料 無料

ルネッサンス風の大浴場 フリードリヒス浴場
Friedrichsbad ★★★

1877年に完成した、ヨーロッパでも屈指の豪華な浴場。ロッカーで全裸になったら、案内係の指示に従ってシャワーを浴び、異なる温度設定の熱蒸気浴室や水浴などを案内番号順に回る。石鹸ブラシマッサージ付きのコースは、途中タワシのようなブラシで全身を洗ってくれる。入浴後には休憩室のリクライニングベッドで30分ほど横になって全コースが終了する。なお、入浴コースは混浴なので、抵抗がある人は

大天蓋の下の大浴場

注意。ここはリラクセーションの場なので、おしゃべりは控えて静かにし、マナーを守ること。

娯楽の殿堂 クーアハウスとカジノ
Kurhaus und Casino ★★

日本でクーアハウスというと健康ランドかスパのような施設を想像しがちだが、本来はドイツ語で「保養の家」という意味。ドイツではコンサートホールや読書室、レストランなどを備えた湯治客の社交用の建物であることが多い。

白亜の円柱が並ぶクーアハウス

バーデン・バーデンのクーアハウスの完成は1823年で、内部にはイベント会場や会議場、そしてドイツで最も美しい**カジノ Casino**がある。ドストエフスキー、トルストイ、ブラームス、リストも訪れた。ルーレットはもちろん、スロットマシンなどのマシンもある。

ゴージャスなムードのカジノ

トリンクハレ
Trinkhalle ★

クーアハウスの北側、ギリシア風の外観が美しい。柱に囲まれた壁面には、黒い森地方の伝説をテーマにしたフレスコ画が描かれている。トリンクハレとは飲泉場という意味だが、今では飲用する温泉水は提供されなくなった。

緑に囲まれたトリンクハレ

ファンタスティック街道と黒い森 ▼ バーデン・バーデン

ブラームスハウス
Brahmshaus ★

作曲家ブラームスは、1863年からバーデン・バーデンで夏を過ごし、クララ・シューマンなど多くの音楽家と親交を結んだ。初めの2年はホテルに滞在したが、1865～1874年の10年間は、この家に滞在した。彼が使用した家具や直筆の楽譜、書簡、写真などが展示されている。

州立美術館
Staatliche Kunsthalle ★

緑の中の散歩道、リヒテンターラー・アレーに面したアートギャラリー。外観はクラシックだが、内部はモダン、コンテンポラリー作品の企画展が随時開催されている。絵画、彫刻、写真、インスタレーションなど、各界で注目を集める作家の企画展が多い。

ブルダ美術館
Museum Frieder Burda ★

州立美術館の南側に隣接し、ガラス張りの通路で結ばれている。ピカソの後期の大作や、ドイツ表現主義などの近現代絵画と彫刻を所蔵している。

市立博物館
Stadtmuseum im Alleehaus ★

ローマ時代から現在まで、温泉保養地として発展してきた町の歴史がわかる博物館。**ローマ浴場跡Römische Badruinen** からの発掘品や、華やかな温泉保養地としてヨーロッパの上流社会の社交場となった19世紀を中心に、興味深い展示が並ぶ。

●ブラームスハウス
🏠Lichtental, Maximilianstr. 85
201番のバスでBrahmsplatz下車。
🔗Map P.183-B2外
🕐月・水・金　15：00～17：00
　　日　　　　10：00～13：00
🚫火・木・土
💴€5、学生割引あり

●州立美術館
🏠Lichtentaler Allee 8a
🔗Map P.183-B1
🌐www.kunsthalle-baden-baden.de
🕐火～日　　10：00～18：00
🚫月　💴€7、学生€5

●ブルダ美術館
🏠Lichtentaler Allee 8b
🔗Map P.183-B1
🌐www.museum-frieder-burda.de
🕐火～日　　10：00～18：00
🚫月、12/24・31
💴€14、学生€11。州立美術館とのコンビチケットもある。

ブルダ美術館

●市立博物館
🏠Lichtentaler Allee 10
🔗Map P.183-B1外
🕐火～日　11：00～18：00
🚫月
💴€5、学生€4

INFORMATION

気球に乗って黒い森を眺めてみよう

バーデン・バーデンにあるバルーニング2000は、気球25機を所有する気球飛行会社。大気の状態のよい早朝に、気球で大空を散歩する夢のような体験をさせてくれる。

乗客は、パイロットと一緒に気球の組み立てから参加する。巨大なバルーンを膨らませ、ふわりと空中に浮遊する瞬間が最高だ。鳥になったように空を舞い、黒い森やライン川、そしてフランスのアルザス地方まで一望できる。飛行後は、シャンパンで乾杯。記念証明書も作ってくれる。

予約、問い合わせは右記へ。

朝日の中に浮かぶ気球

Ballooning 2000 Baden-Baden GmbH
🏠Dr. Rudolf-Eberle-Str. 5　D-76534
☎ (07223) 60002
🌐www.ballooning2000.de

飛行コースによって、フランスへの入国もあるのでパスポート必携。真夏でも暖かい服装で、足元もしっかりした靴を用意。料金はひとりにつき€295（現金のみ）。ホテル送迎代込み。

天候によって離着陸地点、飛行時間は変わる。一応の目安は、準備時間を含め5～6時間。

185

RESTAURANT ❖ バーデン・バーデンのレストラン

フランスとの国境に近いバーデン・バーデンは、フランス料理のレストランが多く、味のレベルもドイツではかなり高い。

町の周囲にはワインの産地が点在しており、郊外のワイナリーで造られるワインは、近年高く評価されている。地元でしか味わえない希少なワインを飲むチャンスもあるだろう。

R ル・ジャルダン・ド・フランス
Le Jardin de France im Stahlbad

モダンフレンチの名店

明るい店内が印象的。フレンチを独自にアレンジしたシェフの腕で、ミシュランの1つ星に評価されている。3品コースのビジネスランチ（火・水・木・金曜）は€45。夜はメインディッシュ魚料理€58～、肉料理€59～。要予約。

フランス料理　　MAP ◆ P.183-B1
住Augustaplatz 2
☎(07221)3007860
URL www.lejardindefrance.de
営12：00～15：00(L.O.13：45)、18：30～23：00(L.O.21：00)
休日・月、年4回各1週間程度の休業あり
カード A M V

R ラテルネ
Laterne

安くて気軽なビストロ風の店

今日のおすすめや郷土料理が英語でも表記してある。ケーゼシュペッツレKäsespätzle€13.80、マウルタッシェンMaultaschen€15.80など一品料理が€13ぐらいからと手頃な値段。サービスもテキパキしていて気分よく食事ができる。

ドイツ料理　　MAP ◆ P.183-A1
住Gernsbacher Str. 10-12
☎(07221)3060
URL restaurant-laterne.de
営11：00～21：00
カード A M V

R レーヴェンブロイ
Löwenbräu Baden-Baden

天気のいい日はビアガーデンがにぎわう

ミュンヘンでおなじみのビール、レーヴェンブロイのビアガーデン＆レストラン。ミュンヘン風白ソーセージMünchner Weißwurst €7.50、子牛肉のカツレツWiener Schnitzel (vom Kalb) €31.50。

ドイツ料理　　MAP ◆ P.183-A1
住Gernsbacher Str. 9
☎(07220)22311
URL loewenbraeu-baden-baden.de
営10：00～22：00
カード A M V

HOTEL ❖ バーデン・バーデンのホテル

ドイツでも屈指の温泉リゾートだけに、大型ホテルから長期滞在用のペンションまで整っている。欧米人の温泉保養は2～3週間は滞在するのが普通。高級ホテルでは館内にスパやビューティサロンも完備して贅沢な時間が過ごせる。夜はドレスアップしてコンサートやカジノへ行くのが、伝統的な温泉保養地の楽しみ方だ。バーデン・バーデンでは、ひとり1泊に付き€3.80の保養税が加算される。

H ブレンナーズ・パーク・ホテル
Brenner's Park-Hotel SPA

最高の贅沢を味わえるホテル

市内で最高級のホテル。ビューティサロン、フィットネスセンター、室内プール、サウナなど、充実した設備を誇る。オース川に面した明るいレストラン「ヴィンターガルテンWintergarten」では本格アフタヌーンティーも楽しめる。

高級ホテル　　MAP ◆ P.183-B1
住Ludwig-Wilhelm-Platz 4　D-76530
☎(07221)9000
URL www.brenners.com
料S T €600～
朝食別€55
カード A D J M V
Wi-Fi 無料

MEMO ウォールストリート・イン・ハミルトン(住Sophienstr. 1 URL wallstreet-hamilton.de ◆Map P.183-B1)は、アメリカンなムードのバー＆カジュアルレストラン。開放的な雰囲気と、旬の素材を使った手頃な料理で人気。

[H] メゾン・メスマー　Maison Messmer Baden-Baden

スパエリアが充実の5つ星ホテル

カジノの隣に位置し、町の観光にも便利。シックなスパエリアには、室内温水プールや各種サウナ、ジャクージ、マッサージルームを配備、ゆったりとしたホテルライフが過ごせる。日本のツアーが利用することもある。

高級ホテル　MAP ◆ P.183-B1
[住]Werderstr. 1　D-76530
☎(07221) 30120
[URL]www.hommage-hotels.com
[料]Ⓢ€169～　Ⓣ€260～　朝食別€28
[カード][A][M][V]
[Wi-Fi] 無料

[H] デア・クライネ・プリンツ　Romantik-Hotel Der Kleine Prinz

『星の王子さま』の世界に包まれて

サン・テグジュペリの『星の王子さま』の絵がマスコットの、とってもおしゃれなプチホテル。各室ごとにムードも異なる内装でロマンティック。掲載料金は朝食とロビーでのハイティー（午後のお茶と菓子）付き。

高級ホテル　MAP ◆ P.183-B2
[住]Lichtentaler Str. 36　D-76530
☎(07221) 346600
[URL]www.DerKleinePrinz.de
[料]Ⓢ€149～　Ⓣ€199～
[カード][A][J][M][V]
[Wi-Fi] 無料

[H] ツム・ヒルシュ　Bad Hotel zum Hirsch

スパ併設のクラシックホテル

温泉保養客が多く利用する、クラシックなインテリアのホテル。サウナ、スチームバス、バイオサウナを備えたスパエリアが自慢。スイートと多くの部屋のバスルームには温泉水が引かれている。

高級ホテル　MAP ◆ P.183-A1
[住]Hirschstr. 1　D-76530
☎(07221) 9390
[URL]heliopark-hirsch.de
[料]Ⓢ€97～　Ⓣ€140～
[カード][A][M][V]
[Wi-Fi] 無料

[H] アトランティック・パーク　Atlantic Parkhotel

オース川に面したエレガントなホテル

町の中心部の便利な立地ながら、オース川に面しているので静かな雰囲気もある。天気がいい日はテラスで朝食やコーヒータイムを楽しみたい。クラシックな内装の室内で落ち着けると、長期滞在者も多い。

高級ホテル　MAP ◆ P.183-B1
[住]Goetheplatz 3　D-76530
☎(07221) 3610
[URL]atlantic-parkhotel.de
[料]Ⓢ€146 ～　Ⓣ€273 ～　朝食別€29
[カード][J][M][V]
[Wi-Fi] 無料

[H] ホテル・アム・マルクト　Hotel Am Markt

家族経営でアットホームな雰囲気のホテル

レオポルト広場から徒歩5分。石段を上るのがキツイが、町の中心にあり、食事、買い物に便利な場所。温泉が近く、リピーターも多い。1716年に建てられたという古い館を改装した、全21室の小さなホテル。

中級ホテル　MAP ◆ P.183-A1
[住]Marktplatz 18　D-76530
☎(07221) 27040
[URL]www.hotel-am-Markt-baden.de
[料]Ⓢ€91～　Ⓣ€138～　朝食別€15
[カード][M][V]
[Wi-Fi] 無料

[H] ユーゲントヘアベルゲ・バーデン・バーデン　Jugendherberge Baden-Baden

緑に囲まれたユース

駅から201番のバスで約10分のGroße Dollenstraße下車。さらに徒歩約10分。ユースから町の中心部までバスで10分弱。黒い森を本格サイクリングする人たちに人気。チェックインは16：00～19：00。12月下旬は休業あり。

ユースホステル　MAP ◆ P.183-A1外
[住]Hardbergstr. 34　D-76532
☎(07221) 52223
[URL]www.jugendherberge.de
[料]€32.90～、27歳以上€36.90～
[カード][M][V]
[Wi-Fi] 共有エリアのみ利用可（無料）

[MEMO] バーデン・バーデンに宿泊すると1泊€4の保養税が宿泊料に加算される（18歳以下は免除）。これを支払うことにより、カジノや美術館の入場料が割引になるなどの特典があるビジターカード（クーアカルテ）を作ってもらえる。

市教会の塔

ヘルマン・ヘッセの生まれ故郷
カルフ
Calw

ベルリン●
フランクフルト●
★カルフ
ミュンヘン●

MAP ◆ P.170-A2

人　口	2万3700人
市外局番	07051

ACCESS

鉄道：シュトゥットガルト中央駅からIRE快速で約30分のプフォルツハイムPforzheimまで行き、普通列車に乗り換え、さらに約30分。

古い家々が建ち並ぶ中心部

❶カルフの観光案内所

⊠Marktplatz 7
D-75365 Calw
☎(07051) 167399
🌐www.calw.de
🕐5～9月
　月～金　　9：30～16：30
　土・日　　9：30～12：30
　10～4月
　月～金　　9：30～13：00
　　　　　 14：00～16：30

●ヘルマン・ヘッセ博物館

⊠Marktplatz 30
🌐www.hermann-hesse.de/museen/calw
改修工事のため、2025年頃まで休館中。その間はゲルベライ博物館前の建物でヘッセに関する展示がある（⊠Badstr. 7/1　🕐木～日14：30～17：00　🈶無料）。

●ヘッセ作『知と愛』の舞台となった、世界遺産のマウルブロン修道院については→ P.177。

ナゴルト川に架かるニコラウス橋

　黒い森の端、モミの木の緑に抱かれて空気がおいしい保養地カルフ。ナゴルト川に架かる橋を渡っていくと、**マルクト広場Marktplatz**にある市庁舎前の木組みの古い家の壁に「ヘッセの生家」の表示がある。広場の奥の白い建物の中に**ヘルマン・ヘッセ博物館Hermann-Hesse-Museum**があり、世界中から集めたヘッセの資料や、ゆかりの品々が展示されている。またヘルマン・ヘッセ広場には、彼の横顔のレリーフが付いた噴水もある。

木組みが美しい館でヘッセは生まれた

　ナゴルト川に架かる**ニコラウス橋**は、カルフで最も古い橋で、中ほどには**ニコラウス礼拝堂Nikolauskapelle**が設けられている。これは1400年頃に建てられた。ヘッセの作品『車輪の下』にも繰り返し出てくるので、ぜひ足を止めてほしい場所。

カルフ
CALW
0　100　200m
••••• 観光モデルルート

テュービンゲン

Tübingen

町の中心部

ネッカー川沿いの色とりどりの家

MAP ◆ P.171-A3

人　　口	9万1000人
市外局番	07071

ACCESS

鉄道：シュトゥットガルトからIRE快速で所要約45分、RE快速、普通列車で約1時間。

🛈テュービンゲンの観光案内所
🏠An der Neckarbrücke 1
　D-72072 Tübingen
☎(07071) 91360
🌐www.tuebingen-info.de
🕐月〜金　　10：00〜18：00
　土　　　　10：00〜14：30
　5〜9月の日11：00〜14：30

●ヘルダーリンの塔
🏠Bursagasse 6
🌐hoelderlin-turm.de
🕐木〜月　　11：00〜17：00
🚫火・水　🎫無料

れんが色の屋根にパステルトーンの家々が美しいテュービンゲンは、人口の約4割が学生と学校関係者という大学都市。大学が創立されたのは、日本で応仁の乱が終わった1477年という古い歴史がある。ヘルマン・ヘッセやヘルダーリン、ヘーゲル、ケプラーなど、数えきれない作家、哲学者、学者がこの町で青春時代を過ごしたことでも知られる。

📍 歩き方 ～～～～～～～

ネッカー川沿いに建つヘルダーリンの塔

　駅は町の中心から離れている。駅を出たら**カール通り Karlstr.** をネッカー川に向かって進む。**エバーハルト橋 Eberhardsbrücke** の手前に🛈がある。橋を渡ったら左側の階段を下りて、川沿いの道を歩いていくと、とんがり屋根の丸い家、**ヘルダーリンの塔 Hölderlinturm** が見えてくる。ここには、詩人のヘルダーリンが36年間暮らしていた。この塔の前には船着場があり、学生の船頭が操る**シュトッハーカーン Stocherkahn** という素朴な木の船でネッカー川をのんびり周遊できる（5〜9月のみ）。

　川沿いの道を離れて**ブルザガッセ Bursagasse** を上っていくと、かつての修道院で、宗教改革後にはプロテスタントの神学校となった**エバンゲーリッシェ・シュティフト Ev. Stift** がある。哲学者ヘーゲルや天文学者ケプラーはここで学び、ヘッセは『車輪の下』でこの学校に入るための勉強の苦しさや学生生活の厳しさを描いた。

　石畳の坂道をさらに上り、Burgsteige を上りつめると高台にそびえる**ホーエンテュービンゲン城 Schloss Hohentübingen** にいたる。ここからの眺望は必見。城の最も古い部分は11〜12世紀頃に遡るが、

●ホーエンテュービンゲン城
　（博物館）
🏠Burgsteige 11
🌐www.unimuseum.uni-
　tuebingen.de
🕐水〜日　　10：00〜17：00
　（木は〜19：00）
🚫月・火
🎫€5、学生€3
城内はテュービンゲン大学の施設で、その一部を博物館として公開している。展示は古代エジプト遺物から中世彫刻など。

城へ続く門

MEMO 毎年12月に開催されるチョコレートマーケット「Schokoladenfestival ChokolART」は、旧市街中心部の通りにドイツや近隣の国々のチョコレート店の屋台がズラリと並ぶ。2024年は12/3〜12/8開催予定。

189

H クローネ
Hotel Krone
住 Uhlandstr. 1
URL www.krone-tuebingen.de

H ドミツィル
Hotel Domizil
住 Wöhrdstr. 5-9
URL www.hotel-domizil.de

● シュティフト教会
開 9:00～16:00
（夏期は～17:00）
塔は復活祭～10月初めの土
11:00～17:00、日13:00～
17:00（天気のよい日のみ）
料 €3

ヘッケンハウアー書店の入って
いる建物。ヘッセ記念室へは建
物左側の入口から奥へ進む

テュービンゲンで過ごしたヘッ
セについての展示がある

● ヘッセ記念室
住 Holzmarkt 5
開 火・水・土　11:00～17:00
料 無料

● ベーベンハウゼン修道院
住 Kloster und Schloss
Bebenhausen
Im Schloss D-72074
Tübingen-Bebenhausen
URL www.kloster-bebenhausen.
de
開 11～3月
火～日　10:00～17:00
4～10月
月～日　10:00～17:00
（入場は各閉館30分前まで）
休 11～3月の月曜、12/24・
25・31、1/1
料 €6、学生€3

...... 観光モデルルート

Lange Gasse
Nonnengasse
Wilhelmstr.

St.-Johannes-Kirche
Jakobskirche
Wurstküche ℝ
Am Lustnauer Tor
Mühlstr.

Kornhaus
Kornhausstr.
Neue Str.

市庁舎 Rathaus
Hàaggasse
Kirchg.
ホルツマルクト Holzmarkt
ヘッケンハウアー書店

マルクト広場
Am Markt
Burgsteige
Kronenstr.
Münzgasse
シュティフト教会
Stiftskirche
アルテ・アウラ（旧大学本館）
Alte Aula

ホーエンテュービンゲン城
Schloss Hohentübingen
Klosterberg
ブルゼ
Bürse
ベルダーリンの塔
Hölderlinturm

Neckarhalde
エヴァンゲーリッシェ・
シュティフト
Ev. Stift
Eberhardst.

Neckar
ネッカー川

N

0　　100　　200m

テュービンゲン
TÜBINGEN

Uhlandstr.
クローネ **H**　ドミツィル **H**

Europastr.
郵便局
Hauptpostamt
Karlstr.

Europa-platz

テュービンゲン中央駅
Hauptbahnhof
Metropol **H**

現在のような形になったのは16世紀のこと。城の内部はおもに大学の施設として使われており、一部分のみ博物館として公開されている。城から坂道を下り、町の中心部である**マルクト広場 Am Markt**へ。月・水・金曜の午前中は朝市でにぎわう広場で、北側には1511年製の天文時計が付いた**市庁舎 Rathaus**が建つ。

ホルツマルクトに面して建つゴシック様式の**シュティフト教会 Stiftskirche**はこの町で最も重要な教会。大学の創立者エバーハルト Eberhard im Bart によって建てられ、彼はここに眠っている。

シュティフト教会の向かいには、若き日のヘッセが1895年から1899年まで働いていたヘッケンハウアー書店があり、建物奥に当時の面影を再現した**ヘッセ記念室 Hesse-Kabinett**がある。

 近郊の見どころ

ベーベンハウゼン修道院

Kloster Bebenhausen

MAP◆P.171-A3

1190年に建てられた旧シトー派の修道院。ロマネスクからゴシックへの過渡期の様式が見られる美しい回廊 Kreuzgang も見どころ。テュービンゲン中央駅前から826または828番のバスで Bebenhausen, Waldhorn 下車、所要約15分。

MEMO　テュービンゲンから東へ、RE快速で約15分のメッツィンゲン Metzingen（URL www.metzingen.de）は、ヒューゴ・ボスの本拠地で、ほかのブランドも入ったドイツ最大級のアウトレットがある。アウトレットは駅から徒歩約10分。

Excursion ✴✴ 絵のように美しいドイツ屈指の名城
→ ホーエンツォレルン城 Burg Hohenzollern

©Achim Mende/TMBW

孤高の名城ともたたえられるホーエンツォレルン城

プロイセン王家、発祥の地

　テュービンゲンから南へ約20km、シュヴァーベン地方の山上に、ドイツでも屈指の名城として有名なホーエンツォレルン城がそびえている。プロイセン王家であるホーエンツォレルン家はこの地の発祥で、城の歴史は11世紀まで遡る。後に全壊し、現在見るような姿に建設されたのは1867年、フリードリヒ・ヴィルヘルム4世の時代。ノイシュヴァンシュタイン城（1869年建築開始）とほぼ同時期に建てられたこともあり、よく比較されるが、両者の外観や雰囲気はかなり異なる。ドイツ最後の皇帝の直系子孫が現在も使用している城内はガイドツアーで見学できる。家系図の壁画のある部屋、書斎、寝室、サロンなどを回るが、なんといっても見ものは宝物室で、フリードリヒ大王の遺品やプロイセン王の王冠など、プロイセン王家の歴史的遺産の数々が展示されている。

左／ダイヤとサファイヤがちりばめられた豪華なプロイセン王の王冠　右／辺境伯の間

亡霊伝説の地下迷宮を探検！

城にはヴァイセフラウ（白い女）という亡霊が出没した伝説があり、埋没していた中世の地下壕が今世紀になって発見された。中庭に地下壕Kasemattenの入口があるので探検してみよう。

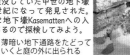

薄暗い地下通路をたどっていくと庭の外に出られる

城の絶景ポイントはどこ？

　天候によっては、雲海に浮かぶような幻想的な姿を見せることで有名な城を眺めるなら、城の南東に位置する山の中腹にあるツェラーホルンヴィーゼZellerhornwieseが絶景ポイント。城からは約1時間の山道を登るので、しっかりした装備が必要。

行き方 テュービンゲンからIRE快速で約20分、またはHzL（私鉄、普通列車）で約30分のヘッヒンゲンHechingen下車。駅前から城の駐車場まで5月上旬～10月中旬の土・日・祝のみ344番のバスが運行、所要約15分。306番のバスは通年運行だが冬期は1日3本（ただし1/8～1/31は運休）。タクシーは所要約10分。駅前にタクシーがいないときは電話で呼び出す（☎07471-6900ほか数社あり）。城の駐車場から、城専用の無料シャトルバスPendelbusが城の入口手前まで運んでくれる。さらに石畳の坂道を上って城の中庭に行き着く。

●城内の見学
Ⓟ Burg Hohenzollern　D-72379 Hechingen
◆ Map P.171-B3　☎ (07471) 2428
🌐 www.burg-hohenzollern.com
🕐 10：00～17：00、冬期は土・日11：00～16：30（月～金は敷地エリアのみ入場可）、11月下旬～1月上旬はクリスマスマーケットのため変更あり。
🈲 12/24、1月上旬～1月下旬の毎日、ほか不定休は上記サイトで確認を
🎫 €23、学生€13
※事前にオンラインで日時指定のチケットを購入するのが原則だが、残券がある場合には現地の駐車場の売店で当日券を購入することもできる。その場合の料金は€26、学生€16。当日券は希望の時間に入れるとは限らないので日時指定予約がおすすめ。

MEMO ホーエンツォレルン城の入場料や入場時間は季節によって一部変更あり。2～3月の平日は城内の見学室が閉鎖されているため、代わりに入場料の割引がある。訪問予定日の情報を城のサイトでチェックしておくことが必要。

世界一高い大聖堂の塔から眺めるドナウの流れ

ウルム

Ulm

市庁舎の内部

ベルリン●

フランクフルト
●

ウルム ★ ●ミュンヘン

MAP ◆ P.171-A4

人　口	12万6400人
市外局番	0731

ACCESS
鉄道：ICE特急でフランクフ
ルトから約2時間20分、シュ
トゥットガルトから約45分、
ミュンヘンから約1時間20分。

❶ウルムの観光案内所
住Münsterplatz 50
D-89073 Ulm
☎(0731) 1612830
URL www.tourismus.ulm.de
開4～12月
　月～金　 9：30～18：00
　土　　　 9：30～16：00
　日・祝　11：00～15：00
　1～3月
　月～金　 9：30～18：00
　土　　　 9：30～16：00
休12/25・26

ノイ・ウルム側から見た大聖堂とドナウ川

　世界一高い塔をもつ大聖堂で有名なウルムは、中世以来ドナ
ウの水運で栄えた町。色鮮やかな壁画で飾られた市庁舎にも、
町の繁栄の名残が見て取れる。物理学者アルバート・アインシ
ュタイン(1879～1955年)はウルム生まれ。中央駅前から延びる
バーンホーフ通りの入口には彼のモニュメントがあり、町の東
部のツォイクハウス(旧武器庫)前には、舌を出した顔がユーモラ
スな「アインシュタインの泉」も設けられている。

 歩き方

　中央駅を出たら、町の中心であるミュンスター広場へ向か
って延びる歩行者天国の**バーンホーフ通りBahnhofstr.**を進

MEMO ウルムから列車で約20分のギュンツブルクGünzburgには、ブロックで有名なレゴが造ったレゴランド(URL www.
legoland.de)というテーマパークがある。料€49.50。冬期休業あり。ギュンツブルク駅前からシャトルバスあり。

む。両側にはデパートやショップが建ち並ぶにぎやかな通りで、10分ほどで**大聖堂Münster**の前に出る。

大聖堂の南側、Neue Str.を渡った所に、色鮮やかな壁画と、華麗な天文時計に日時計が取り付けられた**市庁舎Rathaus**が建っている。

市庁舎の東隣は**ウルム博物館 Museum Ulm**で、シュヴァーベン地方の中世宗教美術や工芸品を展示。隣接するモダンな新館、**ヴァイスハウプト美術館Kunsthalle Weishaupt**は、ウォーホルやリキテンシュタインをはじめとする現代アート作品を所蔵。

市庁舎から南へ進むとドナウ川に出る。川に出る手前で**肉屋の塔Metzgerturm**をくぐると、ドナウ川に沿った城壁の上に出られるようになっている。ドナウの流れを眺めながら、かつてドナウの漁師や漁具職人たちが住んでいた**漁師の一角Fischerviertel**という地区へ向かおう。入り組んだ水路と、中世の面影を残す木組みの家が建ち並ぶ。現在はレストランやアンティークショップなどになっているので、のんびり散策を楽しみたい。この地区で最も有名な古い家は、1443年に建てられた**シーフェス・ハウスSchiefes Haus**。シーフェ（傾いた）という名のとおりに、崩れてしまいそうなくらいに傾いているが、内部は近代的設備のデザインホテルとして営業している。

ドナウ対岸は**ノイ・ウルムNeu-Ulm**（新ウルム）という町だ。ひとつの町のように見えるが、ウルムはバーデン・ヴュルテンベルク州、ノイ・ウルムはバイエルン州に属しており、ドナウ川が州境になっている。

おもな見どころ

世界一の高さの塔をもつ**大聖堂**
Münster ★★★

1377年に建設が始まり、500年以上の年月を経て、1890年に完成したゴシック様式の大建築。高さ161.53mの塔には、768段のらせん階段で141mの展望台まで上ることができる。教会内部のステンドグラスやレリーフなども見逃さないように。

鮮やかな壁画と天文時計で飾られた**市庁舎**
Rathaus ★★

1370年にゴシック様式で建てられた商館で、1419年から市庁舎となった。内部の階段室には、ウルムの仕立て屋ベルブリンガーが1811年に人類初の飛行を試みた（ドナウ川を横断しようとしたが失敗して墜落）ときの飛行機の模型を展示。

鮮やかな壁画に彩られた市庁舎。左のガラスのピラミッドは市立図書館

●ウルム博物館
住Marktplatz 9
URL museum.ulm.de
工事のため閉館中。一部作品は下記のヴァイスハウプト美術館内で展示している。

●ヴァイスハウプト美術館
住Hans-und-Sophie-Scholl-Pl. 1
URL kunsthalle-weishaupt.de
開火～日　　11：00～17：00
休月
料€8、学生€6

●大聖堂
住Münsterplatz
開4～10月中旬
　　　　9：00～18：00
　10月中旬～3月
　　　　10：00～17：00
塔の入場
4～9月　　9：00～17：00
10～3月　10：00～16：00
塔は遅くとも大聖堂の閉館1時間前までに入場すること（11～1月は15：45が最終入場）
料塔の入場€7

世界一の高さを体感してみよう

●市庁舎
住Marktplatz 1
開月～木　　8：00～18：00
　金　　　　8：00～14：00
休土・日
料無料

ファンタスティック街道と黒い森　▼　ウルム

●パン文化博物館

住Salzstadelgasse 10
URLmuseumbrotundkunst.de
開10：00～17：00（月は～
15：00、木は～19：00）
休一部の祝日、12/24・25・31
料€6、学生€5

パン文化博物館
Museum Brot und Kunst ★

パンの原料となる麦の栽培
や、パンを作る道具、製造工程、
歴史など、パンの歴史と文化に
関するさまざまな展示がある。

16世紀に建てられた塩の貯蔵庫を
改装した博物館

●ヴィプリンゲン修道院
地図Map 地図外
行き方ウルム中央駅南側の中央
バスターミナル西ZOB WEST
（町中心部とは反対側）のさら
に南にある停留所Ehinger Tor
から4番のバスで約15分、
Pranger, Wiblingen下車。
住Schlossstr. 38
開付属教会
　火～日　　9：00～18：00
　（11～2月は～17：00）
　図書館、博物館
　火～日　　10：00～17：00
　（11～2月は土・日・祝13：
　00～17：00）
料付属教会は無料、図書館と
博物館€5.50

ヴィプリンゲン修道院
Kloster Wiblingen ★

ウルム中心部から南へ約5kmの所
に建つ、11世紀創設の旧ベネディク
ト派修道院。博物館、付属教会など
からなり、なかでも18世紀半ばに完
成したロココ様式の図書館は、南ド
イツで最も美しいとたたえられる。

修道院付属教会の内陣

おすすめのレストラン＆ホテル RESTAURANT & HOTEL

H ミー・アンド・オール・ホテル・ウルム
Me and all hotel Ulm　　　MAP◆P.192

住Bahnhofplatz 7　D-89073
☎(0731) 7255710　URLulm.meandallhotels.com
料S€110～　T€130～　朝食別€25
カードADMV　Wi-Fi無料

ウルム中央駅のすぐ向かいという便利なロケー
ションにある。フィットネスセンターも併設。眺
めのいいルーフトップバーとテラスレストランも
自慢。

H シーフェス・ハウス
Schiefes Haus　　　MAP◆P.192

住Schwörhausgasse 6　D-89073
☎(0731) 967930
URLwww.hotelschiefeshausulm.de
料S€154～　T€179～　カードAMV　Wi-Fi無料

町の見どころのひとつ「傾いた家」に泊まれる。
外観からは想像できないが、客室は木組みを生か
しながらも、近
代的なインテリ
ア。ギネスブッ
クで「世界で最
も傾いているホ
テル」として認
定。11室。

H モーテル・ワン
Motel One　　　MAP◆P.192

住Münsterplatz 7　D-89073
☎(0731) 79036000
URLwww.motel-one.com
料S€99～　T€119～　カードADMV　Wi-Fi無料

ウルムのシンボル大聖堂が建つ広場に面してお
り、パノラマバーでは大聖堂を見ながらくつろげ
る。部屋はふたりでの利用にはやや狭い。

H レープラウス
Reblaus　　　MAP◆P.192

住Kronengasse 8-10　D-89073　☎(0731) 60286108
URLwww.rathausulm.de
料S€99～　T€129～　朝食別€12　カードADV
Wi-Fi無料

市庁舎の裏側の静かな場所にある。隣のHotel
am Rathausと同経営。

H ローター・レーヴェ
Roter Löwe　　　MAP◆P.192

住Ulmer Gasse 8　D-89073　☎(0731) 140890
URLwww.hotel-roter-loewe.de
料S€110～　T€150～　カードADMV
Wi-Fi無料

大聖堂から約3分の所にある3つ星クラスのホテ
ル。味に定評があるレストランのシュヴァーベン
料理も魅力。夏はビアガーデンもオープン。室内
プール、サウナあり。

ギーンゲン

Giengen an der Brenz

マルクト通りと
市庁舎（写真中央）

円柱形の建物がシュタイフミュージアム

ギーンゲンは、ウルムの北東約30km、ドナウの支流ブレンツ川に沿った緑が多い小さな町。

1902年、この町に住むマルガレーテ・シュタイフという女性が弟一家とともに作り出したクマのぬいぐるみは、アメリカに渡りテディベアブームを巻き起こした。シュタイフのぬいぐるみには、耳に「ボタン・イン・イヤー」と書かれた小さなリボンがボタンで取り付けられている。これは類似品と区別するためのブランドの証。「子供にこそ最良のものを」というマルガレーテの精神が、今も受け継がれている。

ギーンゲン駅から歩いて約5分、体験型ミュージアム、**シュタイフミュージアムSteiff Museum**では、テディベアが生まれ、世界中で愛されるようになるまでを楽しいストーリー仕立てで見せてくれる。製造過程コーナー、プレイスペース、世界最大のシュタイフショップ、ビストロもある。

町の中心は、市庁舎前の**マルクト通りMarktstr.**周辺で、木組みの家々が並んでいる。

ベルリン●

フランクフルト●

★ギーンゲン
ミュンヘン●

MAP ◆ P.171-A4

人　口	1万9700人
市外局番	07322

ACCESS

鉄道：ウルム中央駅からアーレンAalen方面行きのIRE快速で約20分、SWE（私鉄）で約35分。時刻表での駅名はGiengen an der BrenzまたはGiengen（Brenz）。

🛈 ギーンゲンの観光案内所
住Marktstr. 9　D-89537
　Giengen an der Brenz
☎(07322) 9522920
URL www.giengen.de
開月～木　10：00～12：30
　　　　　13：30～15：30
　金　　　10：00～13：00
　4～10月の土 10：00～13：00
休日・祝、11～3月の土

● シュタイフミュージアム
住Margarete-Steiff-Platz 1
URL corporate-steiff.com/de/
　museum
開火～日　10：00～17：00
　（12/24・31は～13：00）
※入場は閉館の1時間前まで
休月（ドイツの学校休暇中はオープン）、12/25・26、1/1、1月中旬～1月下旬
料€12（日本語オーディオガイドあり）、学生・60歳以上€10
団体で混雑することもあるので、上記サイト内から日時指定のオンラインチケット購入がおすすめ。

製造手順を見せてくれるコーナー

195

小さな泉からドナウの長い旅が始まる

ドナウエッシンゲン
Donaueschingen

ユニークな像がある噴水

ベルリン●

フランクフルト●

ドナウエッシンゲン ●ミュンヘン
★

MAP ◆ P.170-B2

人　口	2万2200人
市外局番	0771

ACCESS
鉄道：カールスルーエから
RE快速で約2時間5分。フラ
イブルクからSバーンで所要
約1時間30分。

❶ドナウエッシンゲンの観光案内所
囲Karlstr. 58　D-78166
Donaueschingen
☎(0771)857221
匯www.donaueschingen.de
圏5～9月
　月～金　　9：00～18：00
　土　　　10：00～14：00
　日　　　10：00～12：00
　10～4月
　月～金　　9：00～17：00

水が湧き出ているドナウの泉

ドイツ語ではドーナウDonau、英語などではダニューブDanubeと呼ばれる大河は、シュヴァルツヴァルトの高原に位置するドナウエッシンゲンに源泉がある。源泉からこんこんと湧き出た水は、ドイツ、オーストリア、ハンガリーとヨーロッパ大陸を東に向かい、2840kmもの旅をして黒海に注ぐ。

📍 歩き方 🐾🐾🐾🐾🐾🐾🐾🐾

駅を出たらヨーゼフ通りJosefstr.を進み、ブリガッハ川に架かる橋を渡るとバロック様式の**市教会Stadt Kirche**が見えてくる。教会の右側が、フュルステンベルク侯の**城Schloss**で、この町最大の見どころの**ドナウの泉Donauquelle**は、この城の庭園内にある。

市教会から左に曲がれば、町の中心の**カール通りKarlstr.**に入る。レストランや商店が並び、❶もここにある。カール通りをさらに西に進むと、**市庁舎Rathaus**が建っている。かつてモーツァルトも訪れたこの町は、現代音楽祭が開催されることでも知られ、それを記念した音楽家たちの彫刻も市庁舎前の噴水に配されている。

のんびりと泉の水が注ぎ込むブリガッハ川沿いを歩いてみよう。緑が美しい散歩道になっていて、東に30分ほど行くと、町外れのアウトバーン近くでブレーク川との合流地点にぶつかる。この合流点から先が正式にドナウ川となる。

　　　　　　　　　　　　　　　　　　　　　　　　　　　　　…… 観光モデルルート

Villingerstr.
Mühlenstr.
市庁舎
Rathaus
Lehenstr.
Schulstr.
Schulstr.
フュルステンベルク美術館
Fürstenberg-Sammlungen
Molke-str.
Seminolstr.
ツム・ヒルシェン
ドナウホール
Donauhalle
Kaiserstr.
Zeppelinstr.
カール通り Karlstr.
ロリンデ
Egon-Str.
Haldenstr.
市教会 Fürstenbergstr.
Stadt Kirche
城 Schloss
ドナウの泉
Donauquelle
ドナウ川へ
Hermann-Fischer-Allee.
Max-
Poststr.
Irmastr.
ブリガッハ川
Brigach →
Brigachweg
Bahnhofstr.
Josefstr.
N
ドナウエッシンゲン駅
Bahnhof
0　100　200m
ドナウエッシンゲン
DONAUESCHINGEN

📷 おもな見どころ

ドナウの泉
Donauquelle ★★★

市教会から城へ下りる道を進むと、庭園の一角に円形の源泉がある。水面をじっと見ていると、澄んだ水が湧き出ているのがわかる。

城
Schloss ★

1723年に建てられたフュルステンベルク侯の居城で、19世紀に改築され、華麗な家具調度が配されている。ゴブラン織りのタペストリーや金細工、陶磁器、絵画などが見られる。シーズンにはバラが咲き誇る庭園もある。

フュルステンベルク美術館
Fürstenberg-Sammlungen ★

フュルステンベルク侯が集めた絵画や、動物、鉱物、地質など自然科学に関する展示などがある。

動物の剝製や貝殻コレクションがぎっしり並ぶ部屋

市教会から見下ろしたドナウの泉

●城
🏠An der Stadtkirche
🌐haus-fuerstenberg.com
内部見学は4〜9月(7/20〜8/31を除く)のみガイドツアーで可能。
💰€10、学生€6

●フュルステンベルク美術館
🏠Am Karlsplatz 7
🌐www.fuerstenberg-kultur.de
🕐4〜11月
　火〜日　11：00〜17：00
休月、12〜3月
💰€5、学生€4

おすすめのホテル ✦ HOTEL

🄷リンデ
Linde MAP ◆ P.196

🏠Karlstr. 18　D-78166　☎ (0771) 83180
🌐www.hotel-linde-ds.de
💰Ⓢ€105〜　Ⓣ€127〜　朝食別€14　カード Ｍ Ⓥ
Wi-Fi 無料

町の中心のカール通りに面している中級ホテル。シングル10室、ツイン18室。イル・ペペロンチーノ Il Peperoncinoというイタリア料理レストランを併設している。

🄷ツム・ヒルシェン
Zum Hirschen MAP ◆ P.196

🏠Herdstr. 5　D-78166
☎(0771)8985580
🌐www.hotel-zum-hirschen.de
💰Ⓢ€90〜　Ⓣ€120〜　カード Ⓐ Ⓜ Ⓥ　Wi-Fi 無料

駅から徒歩約10分。3世代続く家族経営のホテル。ツーリング客が多く、バイクや自転車用のガレージ完備。サウナ、ジャクージあり(使用希望の場合は要事前申し込み)。

HISTORY　ドナウ川の始まり論争

ドナウ川の名前は、ブリガッハ川とブレーク川がドナウエッシンゲンで合流した地点で、初めて登場する。しかしここが真の"源泉"とはいえない。ドナウ川に注ぎ込むふたつの川のうちのブレーク川は、合流点から48kmも遡ったフルトヴァンゲン(時計博物館で有名)郊外に源泉がある。源泉のかたわらの大きな石には、「ドナウ源泉、ドナウ川の主たる源流ブレーク川、ここより湧き出る。……黒海まで2888km。この泉から100mの所にドナウ川とラ

イン川、黒海と北海の分水嶺がある……」などと記されている。ドナウエッシンゲンとフルトヴァンゲンの間では、「わが町こそドナウの始まり!」と論争が繰り返され、結論は出そうにない。

ブリガッハ川に注ぐドナウの泉の水

旧市街の眺め

ベルリン●

フランクフルト●

フライブルク
★　　●ミュンヘン

MAP ◆ P.170-B1

人　口	23万900人
市外局番	0761

ACCESS

鉄道：ICE特急でフランク
フルトから約2時間5分、マ
ンハイムから約1時間25分、
スイスのバーゼルから約40
分。

❶フライブルクの観光案内所
⊠Rathausplatz 2-4
　D-79098 Freiburg
☎(0761) 3881880
🖳visit.freiburg.de
🕐6～9月
　月～金　　　8：00～18：00
　土　　　　 9：30～17：00
　日　　　 10：30～15：30
　10～5月
　月～金　　　8：00～18：00
　土　　　　 9：30～14：30
　日・祝　　 10：00～12：00

シュヴァルツヴァルトからの冷
たい清流は、歩き疲れた足に心
地よさそう

●市内交通
ゾーンA（市内中心部）内に
24時間乗り放題の24時間チ
ケットTagesKarte Solo+は
1人用€6.30（5人までのグル
ープ用€12.60）、1回乗車券
Einzelfahrschein€2.70。停留
所3つ目まで乗車できる
（乗り換え不可）短区間券
Kurzstrecke€1.70。中央駅か
ら大聖堂へは1～4番の市電で
ふたつ目のBertoldsbrunnen
下車。

森と清流に恵まれた大学都市

フライブルク

Freiburg im Breisgau

にぎわう新市庁舎前の広場には観光案内所もある

　黒い森の南西部にあるこの町は、正式にはFreiburg im Breisgau
という。モザイク模様の石畳と、その脇の水路を流れる清流が
心地よい、美しい大学町だ。

　この町は1805年までオーストリアのハプスブルク家の支配下に
あったため、町の造りがどことなく優雅で落ち着いた雰囲気をも
っている。また、同家のマリー・アントワネットが、ルイ16世と
の婚礼のためにフランスに旅立ったのは、この地からだった。

📍 歩き方 ⋅⋅⋅⋅⋅⋅⋅⋅⋅⋅⋅⋅⋅⋅⋅

　❶は、見どころの集まる旧市街の入口にある。中央駅を出た
ら、東へ延びる**アイゼンバーン通りEisenbahnstr.**を真っすぐ
行こう。交差する大通りのRotteckringを越え、さらに東へ延
びる細い通りRathausgasseへ入る。この道を200mほど行くと、
中央に噴水のある**市庁舎広場Rathausplatz**に出る。広場に面
した時計台のある建物が**新市庁舎Neues Rathaus**で、通りを挟
んでその隣に**旧市庁舎Altes Rathaus**があり、一角に❶が入っ
ている。

　旧市街の路地の脇にはベヒレBächleと呼ばれる清流が流れ
ており、また、商店の入口の石畳には、その店が扱う商品に
ちなんだデザインが、モザイクで描かれていておもしろい。

　さらに東へ進むと、この町の最大の見どころである**大聖堂
Münster**がそびえている。その南側
の赤茶色の建物は、16世紀に完成し
たゴシック様式の**商館Historisches
Kaufhaus**で、1階はアーケードになっ
ている。

内部にはイベントホールが
入っている商館

MEMO オイローパ・パークEuropa-Park（◔Map P.170-B1　🖳www.europapark.de）はドイツ最大のテーマパーク。
ドイツ観光局の人気観光地アンケートで毎年上位にランクインする知られざるドイツの名所。冬期は休業あり。

おもな見どころ

"キリスト教世界で最も美しい塔" をもつ大聖堂
Münster ★★★

　ロマネスク様式とゴシック様式が混在する、ドイツでも屈指の大聖堂。1200年頃に着工し、1512年に完成した。

　高さ116mの塔へ209段の階段で上ると、旧市街や黒い森を一望できる。教会内部は主祭壇をはじめ、ステンドグラス、彫刻、絵画など、中世美術の宝庫だ。

細長いピラミッド型の尖塔が特徴

アウグスティーナー博物館
Augustinermuseum ★★★

　ライン川上流地域の芸術品の収集で知られる。グリューネヴァルトやルーカス・クラーナハの絵画、フライブルク大聖堂のオリジナル彫刻品やステンドグラス、シュヴァルツヴァルト地方の時計コレクション、民族衣装、民芸品など盛りだくさん。

黄色の外壁が目印

●大聖堂
URL www.freiburgermuenster.info
開 月～金　　9：00～11：45
　　　　　12：30～16：45
　（水の午後は13：00～）
　　土　　　9：00～11：00
　　　　　12：15～18：00
　　日・祝　13：30～19：30
塔の入場
開 月～土　　11：00～16：00
　　日・祝　13：00～17：00
　天候等により閉館の場合あり。
料 €5、学生€3

●大聖堂前の朝市
大聖堂前の広場では、月～土曜の7：30～13：30に朝市が開かれている。周辺農家の新鮮な野菜や果物などが並ぶ。

●アウグスティーナー博物館
住 Augustinerplatz
URL www.freiburg.de/museen
開 火～日　　10：00～17：00
休 月、12/24・25・31
料 €8、学生€6

サッカー・スタジアム情報

●オイローパ・パーク・シュタディオン
Europa Park Stadion
住 Achim-Stocker-Str. 1
URL www.scfreiburg.com
SC フライブルクのホームスタジアム。

行き方 試合日には4番の市電が特別運行し、フライブルク中央駅から Europa-Park-Stadion 停留所まで直行する。下車後スタジアムまで徒歩約10分。またはフライブルク中央駅から鉄道 Breisgau-S-Bahn（S-1）で Messe/Universität 駅下車後、徒歩約10分、という方法もある。

●ティティゼー
行き方 フライブルクからSバーン1でTitiseeまで所要約40分。

❶ティティゼーの観光案内所
住Strandbadstr. 4
D-79822 Titisee-Neustadt
URLwww.hochschwarzwald.
de/titisee
☎(07652) 12060
圖月〜金　9：00〜17：00

近郊の見どころ

シュヴァルツヴァルト最大の湖 ティティゼー
Titisee　　　MAP◆P.170-B1

　シュヴァルツヴァルトを代表する湖岸の保養地。ティティゼー Titiseeの駅から湖畔までは、歩いて5分ほど。湖の北岸がリゾート地としてにぎわうエリアで、黒い森地方の名産品として知られるカッコー時計などを売るみやげ物店やカフェ、レストランが並ぶ。森に囲まれた静かな湖でボート遊びを楽しみたい。

●トリベルク
行き方 フライブルクから普通列車で約50分のオッフェンブルクOffenburgまで行き、快速に乗り換えて約45分のトリベルク下車。駅から町の中心へは徒歩約20分。またはバスで4分。滝の入口へは、町の中心部から徒歩5〜10分。

❶滝の見学メイン入口（チケット売り場）
住Hauptstr. 85
圐夏期：€8、学生€7.50、冬期：€6、学生€5.50
黒い森博物館の入場もできる。

トリベルク にあるドイツ最大の滝
Triberger Wasserfälle　MAP◆P.170-B1

　カッコー時計を売るおみやげ店が並び、のどかな雰囲気の町トリベルク。滝の入口は町の中心部から徒歩5〜10分ほどの所にある。落差163mの滝が7段に分かれて落ちてくる。滝の横の遊歩道を登って行けば、滝に架かる橋や展望台もあり多彩な迫力を味わえる。

迫力の水しぶきを浴びよう

ART　ヴィトラ・デザイン・ミュージアムの町ヴァイル・アム・ライン

　スイスとフランスに国境を接するヴァイル・アム・ライン Weil am Rhein（◯Map P.170-B1）は、建築やデザインに興味がある人なら、一度は訪ねてみたい町。ヨーロッパ屈指のモダンデザイン美術館と評価される**ヴィトラ・デザイン・ミュージアム**がある。

　ヴィトラ社はスイスで創業、現在は世界屈指の家具メーカー。イームズをはじめバウハウス、プルーヴェ、パントンなどモダンデザインの椅子や家具コレクションを扱い、歴史的な名品を所蔵している。それらを展示するために本社工場敷地内に造られたのがヴィトラ・デザイン・ミュージアム。敷地内には、ザハ・ハディド、安藤忠雄など、世界を代表する建築家による建物も点在している。

行き方 フライブルクからバーゼル行きのRE快速で所要約40〜50分のWeil am Rhein下車。ミュージアムへは駅から徒歩約5分の市庁舎前Weil am Rhein Rathaus停留所から12または55番のバスで所要約8分のVitra, Weil am Rhein下車。

●ヴィトラ・デザイン・ミュージアム
Vitra Design Museum
住Charles-Eames-Str. 2　D-79576
URLdesign-museum.de
圖月〜日 10：00〜18：00
圐€15、シャウデポ（新館）との共通券€21

　敷地内のおもな建築物は、1日1〜2回催行のガイドツアーで見学できる。所要約2時間。€16。出発時間は上記サイト内で確認でき、オンライン予約もできる。

ヴィトラ・デザイン・ミュージアムのインパクトある外観はフランク・O・ゲーリーの設計による

おすすめのレストラン&ホテル ❄ RESTAURANT & HOTEL

※ひとり1泊に付き宿泊料金の5%が宿泊税として加算される。

Ⓡ ドレクスラース
Drexlers　MAP◆P.199

🏠Rosastr. 9　☎(0761)5957203
🌐drexlers-restaurant.de
🕐月・木・金・土14:00〜23:00
🚫火・水・日・祝、4月上旬　カード MV

店内にワインの瓶がディスプレイされているワインレストラン。月・木は一品料理、金・土はコースメニューのみ提供。4品コース€84、5品コース€100。同じ値段でベジメニューのコースもある。ドイツ料理とイタリア料理をヘルシーにアレンジしている。予約がおすすめ。

Ⓡ 芭蕉庵
Basho-An　MAP◆P.199

🏠Merianstr. 10　☎(0761)2853405
🌐www.bashoan.com
🕐火〜土12:00〜14:00、18:00〜21:00、祝17:30〜21:00
🚫日・月　カード AMV

寿司や定食(ランチタイム)などの本格的な日本食が味わえる。高級。週末は要予約。

Ⓒ グマイナー
Café Gmeiner　MAP◆P.199

🏠Kaiser-Joseph-Str. 243　☎(0761)42991730
🌐www.chocolatier.de
🕐月〜金9:30〜18:30、土9:00〜18:30、日10:00〜18:00　🚫祝、5〜8月の日　カード ADJMV

自家製のケーキやチョコレート、おみやげにぴったりの焼き菓子を販売、併設のカフェでも味わえる。午後のコーヒータイムは多くの人でにぎわう。東京の日本橋髙島屋内にも出店(販売のみ)している。

Ⓗ コロンビ・ホテル
Colombi-Hotel　MAP◆P.199

🏠Rotteckring 16　D-79098
☎(0761)21060　🌐www.colombi.de
🛏Ⓢ€261〜　Ⓣ€333〜　朝食別€28.50
カード ADJMV　WiFi 無料

フライブルクで最高級の5つ星ホテル。観光に便利なロケーション。コロンビ・レストランはミシュランで1つ星評価。

Ⓗ パークホテル・ポスト
Park Hotel Post　MAP◆P.199

🏠Eisenbahnstr. 35/37　D-79098
☎(0761)385480
🌐www.park-hotel-post.de
🛏Ⓢ€139〜　Ⓣ€169〜　カード AMV　WiFi 無料

中央駅から徒歩約3分。1884年に建てられた館を改装した4つ星クラスホテル。

Ⓗ ツム・ローテン・ベーレン
Ringhotel Zum Roten Bären　MAP◆P.199

🏠Oberlinden 12　D-79098
☎(0761)387870
🌐www.roter-baeren.de
🛏Ⓢ€192〜　Ⓣ€202〜
カード JMV　WiFi 無料

1120年に建てられた建物が、1311年からホテル兼レストランとなっている。ドイツで最も古いホテルのひとつ。全25室。2月に休業期間あり。

Ⓗ インターシティーホテル
InterCityHotel　MAP◆P.199

🏠Bismarckallee 3　D-79098
☎(0761)38000　🌐hrewards.com
🛏Ⓢ€114〜　Ⓣ€125〜　朝食別€21
カード ADJMV　WiFi 無料

中央駅に隣接するチェーンホテル。鉄道の旅におすすめ。全152室。

Ⓗ シュヴァルツヴェルダー・ホーフ
Schwarzwälder Hof　MAP◆P.199

🏠Herrenstr. 43　D-79098
☎(0761)38030　🌐www.schwarzwaelder-hof.com
🛏Ⓢ€106〜　Ⓣ€137〜　朝食別€15　カード MV　WiFi 無料
旧市街にある割安な宿。全47室。

ⒿⒽ ユーゲントヘアベルゲ
Jugendherberge　MAP◆地図外

🏠Kartäuserstr. 151　D-79104　☎(0761)67656
🌐www.jugendherberge.de
🛏€38.80〜、27歳以上Ⓣ€42.80〜　カード MV
WiFi 一部エリアのみ利用可(無料)

駅ホーム端の階段を上り市電乗り場へ行く。ここから1番の市電のLittenweiler方面行きに乗って終点のひとつ手前のRömerhof下車。緑色のユースの看板を目印にFritz-Geiges-Str.に入り400mほど直進、川を渡ったら右折し、川沿いに5分ほど。

シュタイゲンベルガー・
インゼルホテルの回廊

温暖なボーデン湖畔の歴史都市
コンスタンツ

Konstanz

ベルリン●

フランクフルト●

コンスタンツ★　　●ミュンヘン

MAP ◆ P.171-B3	
人　口	8万4400人
市外局番	07531

ACCESS

鉄道：フライブルクからド
ナウエッシンゲンで乗り換
えて約2時間40分。
船：フリードリヒスハーフェ
ンから高速船カタマラ
ン Katamaran（<mark>www.der-katamaran.de</mark>）で所要約50分、
片道€12.50。

❶コンスタンツの観光案内所
⊞Bahnhofplatz 43
D-78462 Konstanz
☎(07531) 133032
<mark>www.konstanz-info.com</mark>
開4～10月
　月～金　　　9：00～17：00
　土　　　　　9：00～16：00
　日　　　　 10：00～15：00
　11～3月
　月～金　　　9：00～16：00

ボーデン湖に面した古都

　ドイツとスイスの国境となっているボーデン湖の西端に位置す
るコンスタンツは、ボーデン湖畔では最も大きな町。ドイツ鉄道
でコンスタンツに来ると、港に隣接した駅に到着する。この駅の南
側部分はスイス国鉄の駅で、スイス方面への列車が発着している。

　コンスタンツは、4世紀半ばにローマ帝国皇帝コンスタンス・ク
ローレによって築かれた町とされている。中世以来南ドイツの宗教
都市であったコンスタンツで、1414年から4年間、分裂していた教
会の解決策として、統一ローマ教皇を選び、ヤン・フスの異端の
審議をした宗教会議を開催したことから、歴史的に重要な町となっ
た。

フリードリヒスハーフェンとの間
を運航する高速船カタマラン

港の突堤で回転している妖艶な
インペリア像

コンスタンツ
KONSTANZ

‥‥‥‥観光モデルルート

0　　100　　200m

マイナウ島、
メーアスブルク行きフェリー乗り場、
ユースホステルへ

火薬庫塔
Pulverturm

ライン川
Rhein

Laube

Rheinsteig

ラインの塔
Rheinturm

Braunegasse

Inselgasse

ボーデン湖
Bodensee

Schottenstr.

大聖堂
Münster

シュタイゲンベルガー・
インゼルホテル

Münsterpl.
シュテファン教会

Konzilstr.

市民公園
Stadtgarten

Untere Laube

グラーフ・
ツェッペリン
Elefanten

Zollernstr.

和議の館
Konzilgebäude

Lutherpl.

Munzgasse

コンツィル
コンスタンツ

インペリア像

市庁舎
Rathaus

Hussenstr.

Obere Laube

港
Hafen

Augustiner-
pl.

Bahnhofstr.

❶

シュネッツ塔
Schnetztor

Bodanstr.

コンスタンツ駅
Bahnhof

Bodanpl.

↓至スイス

202

歩き方

　コンスタンツ駅を出ると、すぐそばに遊覧船やフリードリヒスハーフェンからの高速船カタマランが発着する港もあり、リゾート地の顔で迎えてくれる。駅または港から北へ進むと宗教会議の舞台となった**和議の館Konzilgebäude**が見えてくる。内部は現在レストランやイベントホールになっている。市民公園の北に建つ高級ホテル、シュタイゲンベルガー・インゼルホテル（→P.204)は、もとは13世紀創建の修道院で、後にツェッペリン伯爵家の所有となった。飛行船の発明家ツェッペリンは、この館で1838年に生まれた。湖に面したテラス席で午後のお茶やカクテルを飲んでリゾート気分を満喫してみたい。

　旧市街にそびえる**大聖堂Münster**もまた、宗教会議の重要な舞台となった。1415年には、ここで宗教改革者ヤン・フスに異端の有罪判決が下された。高さ76mの塔には階段で上ることができ、晴れた日にはボーデン湖の眺めがすばらしい。

　大聖堂の北側一帯は、旧市街でも戦災を免れた古い地区。狭い路地が入り組み、古い館を利用した雰囲気のいいレストランやワインバーなどが点在していて散策が楽しい。大聖堂の南側一帯は、デパートやブティックなどが並ぶにぎやかなショッピングエリアとなっている。

旧市街の路地の散策を楽しみたい

近郊の見どころ

マイナウ島
Mainau

MAP◆P.171-B3

　コンスタンツの北約5kmに、ドイツにありながら熱帯植物の島として知られるマイナウ島がある。中世から長い間ドイツ騎士団の所有となっていたが、19世紀半ばにバーデン公フリードリヒ1世が

華麗なローズガーデン

この島を購入し、オレンジ、レモン、バナナなどを植え、熱帯植物の島とした。その後、フリードリヒ1世のひ孫に当たる、レンナルト・ベルナドッテ伯爵（2004年没）が庭を拡張し、年中花が絶えない島とした。

●大聖堂
開10：00〜18：00
　（日は12：30〜）
　（礼拝時は見学不可）
大聖堂の塔
開11：00〜17：00
　（日は12：30〜）
休10月下旬〜3月下旬
料€4

大聖堂の塔の上からは、町とボーデン湖を一望できる

ツェッペリンゆかりのインゼルホテルのテラス

※コンスタンツは駅前工事のためバス路線、乗り場が変更されているので注意。

●マイナウ島
URLwww.mainau.de
行き方コンスタンツ駅前からStaad/Autofähre行きの1番のバスで約7分のTannenhofで4/13番に乗り換えて約8分、Mainau下車。橋でつながっているので船に乗る必要はない。
開9：00〜18：00
　冬期9：00〜16：00
料€29（オンライン購入は€26.50）、月〜水は€28（同25）

島の東部に建つ優雅なバロック宮殿

[世界遺産]
ライヒェナウ
ボーデン湖の修道院の島
(2000年登録)

●ライヒェナウ島
[行き方]コンスタンツから私鉄SBB(鉄道パス有効)で約10分のReichenau (Baden)下車。駅前から島内へは204番のバスが出ている。聖ゲオルク教会へはOberzell Kreuz, Reichenau下車。聖マリア・マルクス教会やⓘに近いのは、終点Museum, Reichenau(郷土博物館前)。

ⓘライヒェナウ島の観光案内所
[住]Pirminstr. 145
D-78479 Reichenau
☎(07534) 92070
[URL]www.reichenau-tourismus.de
[開]5/1～9/15
月～金　9:00～18:00
土　10:00～14:00
4月、9/16～10/15
月～金　9:00～12:30
13:30～17:00
10/16～3/31
月～金　9:00～12:30
13:30～16:00

●聖マリア・マルクス教会
[住]Münsterplatz 4
[開]9:00～17:00

●聖ゲオルク教会
[住]Seestr. 4
[開]10/21～4/19　9:00～17:00
※4/20～10/20は壁画などの保護のため閉鎖されており、11:00、13:00、16:00からのガイドツアー(€6)でのみ見学できる。

修道院と教会をたどるライヒェナウ島 [世界遺産]
Insel Reichenau

MAP◆P.171-B3

のどかな自然と文化遺産に囲まれたライヒェナウ島はコンスタンツから西に約7km、ボーデン湖に浮かぶ最大の島だが、道路でつながっているので船を使わなくても気軽に足を延ばせる。

花の野辺に建つ聖ゲオルク教会

ライヒェナウ島は9世紀以来修道院がおかれ、ヨーロッパの修道院史に欠かすことのできない重要な修道院生活の中心地であった。

キリストの奇跡を描いた聖ゲオルク教会の内部壁画は、日本の技術協力で修復された

本土側に近い集落オーバーツェルOberzellに建つ**聖ゲオルク教会St. Georg**は、9世紀の創建以来、現在までほとんどその形を変えていない。内部は10世紀のオットー朝時代に描かれた壁画が全面に展開し、その鮮やかさに目を見張る。

ここから島の中央部ミッテルツェルMittelzellに建つ**聖マリア・マルクス教会Münster St. Maria und Markus**までの湖沿いの道(約2km)をウオーキングするのも楽しい。ライヒェナウの語源はReichen Au(豊かな島、という意味)からきており、古くから漁業と農作物の実りが豊かな島であった。現在も農業が盛んで、道ばたに無人販売の野菜や花が並べられていたりする。島全体を徒歩だけで回るのはきついのでバスも利用しよう。

おすすめのホテル HOTEL

H シュタイゲンベルガー・インゼルホテル
Steigenberger Inselhotel

MAP◆P.202

[住]Auf der Insel 1　D-78462　☎(07531) 1250
[URL]hrewards.com/de/steigenberger-inselhotel-konstanz
[料]Ⓢ€144～　Ⓣ€210～　[カード][A][D][M][V]
[Wi-Fi]無料

湖に面した島(インゼル)が、まるごとコンスタンツの最高級ホテルになっている。13世紀に建てられたドミニカ修道院を、ツェッペリン伯爵が1875年にホテルに改築。修道院時代の面影が残る回廊が美しい。ぜひ湖に面した部屋をリクエストしたい。

H グラーフ・ツェッペリン
Graf Zeppelin

MAP◆P.202

[住]St. Stephansplatz 15　D-78462　☎(07531) 6913690
[URL]www.hotel-graf-zeppelin.de
[料]Ⓢ€118～　Ⓣ€144～　朝食別€20　[カード][A][D][M][V]
[Wi-Fi]無料

コンスタンツ駅から徒歩約10分。壮麗な壁画が描かれている外観が目印。部屋には木製の家具が配され、品のある内装。1階のレストランではボーデン湖で取れた魚の料理も味わえる。

[MEMO]ライヒェナウ島で宿泊時に保養税Kurtax€1～2.50(ひとり1日当たり。季節により変わる)を支払ってゲストカードを作ってもらうと、一定範囲の鉄道や島内のバスに無料で乗れたり、見どころの入場料が割引になる。

古城とワインのロマンティックな湖畔の町
メーアスブルク
Meersburg

旧城

ボーデン湖に面した坂の町

メーアスブルクは湖に面した斜面に張りつくように建物が集まった坂の町。城やワイナリーなど見どころが集まっているのは坂の上の**マルクト広場Marktplatz**周辺。コンスタンツからのフェリーが発着する港を出たら、**ビスマルク広場Bismarck Platz**から左側に延びるSteigstr.という坂道を上っていくとマルクト広場に出る。パステルカラーの家並みがおとぎの国にいるような気分にしてくれる。

コンスタンツ大司教が18世紀に建てた華麗なバロック様式の**新城Neues Schloss**の内部は絵画ギャラリーになっている。新城の奥には、**州立ワイナリー Staatsweingut Meersburg**があり、名産のワインを安く販売している。近くには、ボーデン湖畔のワインと文化の博物館、**ヴィノイム・ボーデンゼー Vineum Bodensee**もある。

メーアスブルクにはもうひとつ、7世紀築城の**旧城Altes Schloss**があり、騎士物語に出てくるような城内を見学できる。この城の一角にはドイツロマン派の女流詩人アンネッテ・フォン・ヒュルスホフが住んでいた部屋が保存されている。

飛行船で有名な**ツェッペリン博物館 Zeppelin-museum**もある。小さな博物館だが、日本に飛来したときの品々もあり、日本語パンフレットも用意されている。

マルクト広場周辺はメルヘンの世界のよう

ベルリン●
フランクフルト●
メーアスブルク ★ ●ミュンヘン

MAP ◆ P.171-B3	
人　口	6000人
市外局番	07532

ACCESS
メーアスブルクに鉄道は通っていない。コンスタンツ駅前からStaad/Fähre行きの1番のバスで所要約10分、終点で下車した港からフェリーで所要約15分。フェリーの料金は片道€3.90、往復€7.30。

🛈 **メーアスブルクの観光案内所**
🏠Kirchstr. 4
D-88709 Meersburg
☎(07532) 440400
🌐www.meersburg.de
🕐5月上旬～10月中旬
月～金　　9：00～12：30
　　　　　14：00～18：00
土・日　　10：00～13：00
他のシーズンは短縮、土・日は休業。

● **新城**
🏠Schlossplatz 12
🕐3/23～11/3
月～日　　9：30～18：00
11/6～3/22
土・日・祝12：00～17：00
💰€6、学生€3

● **ヴィノイム・ボーデンゼー**
🏠Vorburggasse 11
🕐火～日11：00～18：00
（11～3月は土・日・祝のみオープン）
💰€7、学生€5

● **旧城**
🏠Schlossplatz 10
🕐3～10月　　10：00～18：30
11～2月　　10：00～18：00
（入場は閉館30分前まで）
💰€12.80

● **ツェッペリン博物館**
🏠Schlossplatz 8
🌐www.zeppelinmuseum.eu
🕐3月下旬～11月中旬
月～日　　10：00～18：00
冬期は金～日11：00～17：00
💰€5

フリードリヒスハーフェン
Friedrichshafen

ユニークな像がある噴水

ベルリン●

フランクフルト●

フリードリヒス
ハーフェン ★ ●ミュンヘン

MAP ◆ P.171-B3

人　口	6万1000人
市外局番	07541

ACCESS
鉄道：IRE急行でウルムから
約1時間5分。
船：コンスタンツから高速船
のカタマラン(→P.202)で約
50分。

❶フリードリヒスハーフェン
の観光案内所
⊞Bahnhofplatz 2
D-88045 Friedrichshafen
☎(07541) 20355444
URL www.friedrichshafen.de
圏4～10月
月～金　　9:00～17:00
土　　　　9:00～13:00
11～3月
月・火・木　9:00～16:00
水・金　　9:00～14:00

●ツェッペリン博物館
⊞Seestr. 22
URL www.zeppelin-museum.de
圏毎日　　　9:00～17:00
11～4月
火～日　　10:00～17:00
入場は閉館30分前まで
圏11～4月の月、12/24・25
圏€12.50、学生€8

●ドルニエ博物館
⊞Claude-Dornier-Platz 1
URL www.dorniermuseum.de
圏毎日　　　10:00～17:00
11～4月
火～日　　10:00～17:00
圏11～4月の月曜、12/24・25、
冬期は不定休あり
圏€12.50、ツェッペリン博物
館とコンビチケット€23

●ツェッペリンNT号遊覧飛行
予約、詳細情報は下記サイトへ。
URL www.zeppelinflug.de
圏30分の遊覧飛行€320～

●ボーデン湖のフェリー、
遊覧船
URL www.bsb.de

ツェッペリン博物館前の広場

　ドイツ人なら一度は憧れる南ドイツの高級保養地ボーデン
湖は、スイス、オーストリアとの国境もなしており、その温
暖な気候から年間を通じて訪問客でにぎわう。

　ツェッペリンの飛行船開発や、航空機産業、工業部品製造
などで先進工業地域として発展した。

歩き方

　フリードリヒスハーフェン・シュタット駅Stadtbahnhofを出た
らすぐ左側、モダンな外観のSeehotelの中に❶がある。いちばんの
見どころ**ツェッペリン博物館Zeppelin Museum**へは、隣の**ハーフ
ェン駅Hafenbahnhof**で下車する(シュタット駅からは鉄道また
はバスで移動)。ツェッペリン博物館では飛行船誕生の背景から、
世界に衝撃を与えたヒンデンブルク号の大事故、そして再び発
進したツェッペリンNT号の開発までを、解説、展示している。
復元されたヒンデンブルク号の客室やサロン、トイレもある。

　ツェッペリン博物館前の広場には、銀色に輝く飛行船のモニ
ュメントがある。周辺はショッピングエリア。

　最新のツェッペリンNT号で約30分の遊覧飛行もできる(要予
約、冬期運休)。フリードリヒスハーフェン空港の南側には、
ドルニエ博物館Dornier-Museumがある。ツェッペリン社の設
計者だったクロード・ドルニエは、後に飛行艇の開発に従事し、
多くの独創的な航空機を設計した。館内には、ドルニエの歴史
的な飛行機などが展示されている。

　ボーデン湖の船着場は、ツェッ
ペリン博物館の裏側にある。突堤の
先には高さ22mの**展望塔**が建ち、天
気のよい日は対岸のスイスアルプ
スも望む大パノラマを堪能できる。

アルプスの山々とボーデン湖を一
望できる遊覧飛行

MEMO フリードリヒスハーフェンは茨城県土浦市と友好都市関係にある。1929年にツェッペリン号が土浦・霞ケ浦に飛
来したとき、熱烈な歓迎を受けた歴史に由来する。

ロマンティック街道の南の終点フュッセンの町

民俗衣装を着た
テディベア

ロマンティック街道
Die Romantische Straße

ローテンブル
クのクリスマ
スショップで

世界遺産のヴィース教会内部

モフモフしていいよ♪

ディンケルスビュール
の子供祭りにて

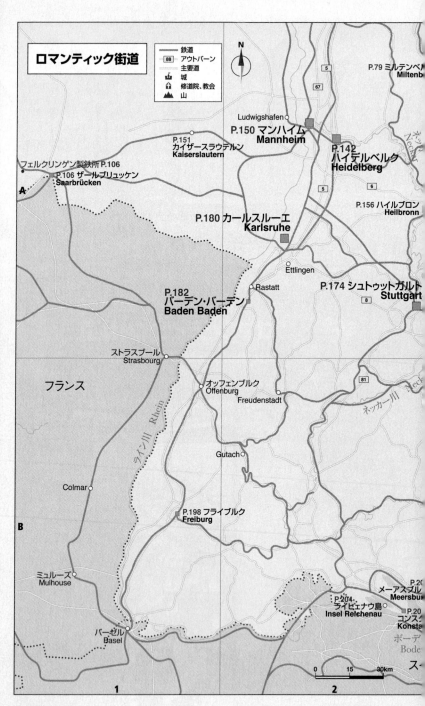

ロマンティック街道

凡例
- 鉄道
- 88 アウトバーン
- 主要道
- ⛫ 城
- ⛪ 修道院、教会
- ⛰ 山

N

P.79 ミルテンベ
Miltenb

Ludwigshafen

P.150 マンハイム
Mannheim

P.142 ハイデルベルク
Heidelberg

P.151 カイザースラウテルン
Kaiserslautern

フェルクリンゲン製鉄所 P.106

P.106 ザールブリュッケン
Saarbrücken

P.180 カールスルーエ
Karlsruhe

P.156 ハイルブロン
Heilbronn

Ettlingen

Rastatt

P.174 シュトゥットガルト
Stuttgart

P.182 バーデン・バーデン
Baden Baden

ストラスブール
Strasbourg

フランス

オッフェンブルク
Offenburg

Freudenstadt

ライン川 Rhein

ネッカー川 Neck

Gutach

Colmar

P.198 フライブルク
Freiburg

ミュルーズ
Mulhouse

メーアスブル
Meersbu

P.204 ライヒェナウ島
Insel Reichenau

P.20 コンスタ
Konsta

バーゼル
Basel

ボーデ
Bode

ス

0 15 30km

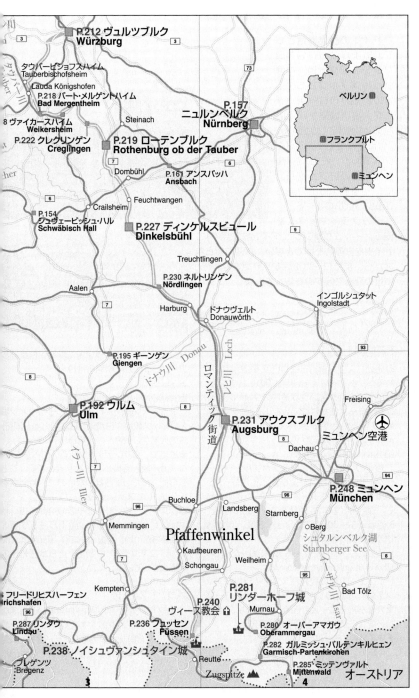

209

ロマンティック街道

　ドイツの観光街道として、あまりにも有名なロマンティック街道。古都ヴュルツブルクから、中世の町並みのローテンブルク、古い城壁が印象的なディンケルスビュール、2000年の歴史を誇るアウクスブルク、そしてアルプスの麓の町フュッセンにいたる約460kmの見どころいっぱいのルート。

　そのクライマックスを飾るノイシュヴァンシュタイン城を見ずに、ドイツを去ることはできない。バスに揺られながら、またローカル線を乗り継ぎながら、中世の面影を残す町を訪ねてみよう。

上／白鳥の城、ノイシュヴァンシュタイン城　下／ローテンブルクのマルクト広場に面したカラフルな家々

周遊のヒント

●**観光バスで**　運行日程や行ける場所は限られるが、ツアーバスを利用するのもおすすめ。特に交通の便が悪い世界遺産のヴィース教会に行くなら、日本の旅行会社のミュンヘン発観光バスを利用するのが最も便利。

▶**ロマンティック街道バス**
URL romanticroadcoach.com
　現地のツアーバス。フランクフルト〜ローテンブルクのA便（片道€66）と、ローテンブルク〜ミュンヘン（片道€67）のB便がある。運行日（'24）：A便は5/5〜9/22の日曜、B便は4/3〜10/30の水・土・日曜。到着地での観光案内等はない。

▶**アウトブス・オーバーバイエルン（グレイライン）**
URL www.munichdaytrips.com/de
　ミュンヘン発の観光バス。ノイシュヴァンシュタイン城とリンダーホーフ城、オーバーアマガウを巡るコースで€69。城の入場料は別途必要（€37）だが入場予約は不要。

▶**マイバス・ヨーロッパ**
URL www.mybus-europe.jp
　ミュンヘン発、ノイシュヴァンシュタイン城、リンダーホーフ城、ヴィース教会1日観光ツアー。日本語ガイド同行€119〜。

▶**みゅうバス**
URL www.myushop.net
　ミュンヘン発、ノイシュヴァンシュタイン城とヴィース教会1日観光。日本語ガイド同行。城の入場なし€69〜、入場あり€110〜。

●**鉄道で**　ロマンティック街道の町の多くはローカル線と路線バスを乗り継いで行くことも可能。ただし本数は少ないので、時刻表をチェックしてスケジュールを立てたい。

●**レンタカーで**　春には一面の菜の花畑、秋にはブドウ畑ののどかな道をドライブするのは気持ちがいい。街道沿いには「Romantische Straße ロマンティック街道」と日本語付きの標識が立っている。

ステイガイド

　お祭りの時期に合わせた旅も楽しい。有名なのはローテンブルクの「マイスタートルンクの祭り」と「帝国自由都市祭り」、ディンケルスビュールの「子供祭り」。お祭りのときのホテルは早めの手配を。

MEMO　P.211で紹介の城巡りチケットで見学する場合、各城のチケット窓口に並び、無料入場チケットを発券してもらう。ただしノイシュヴァンシュタイン城のみ**バイエルンの城共通チケット**ではオンラインチケットショップ（→P.239）↗

`Tip!`　●バイエルンの城巡りチケット

ヴュルツブルクのレジデンツやフュッセ
ン郊外のノイシュヴァンシュタイン城、ミュンヘンのレジデンツ、ニンフェンブルク城など、バイエルン州の40以上の城に入場できる共通チケットMehrtagestickets der Bayerischen Schlösserverwaltung がある。4日間有効(Mehrtagesticket)で€35、1年間用(Jahreskarte)は€50、それぞれファミリーチケットもある。購入は加盟の城のチケット売り場または下記サイトから。加盟する城のリスト等詳細は🔲 www.schloesser.bayern.de/deutsch/schloss/objekte/jahresk.htm参照。(注: P.210～211 MEMO参照)

●王の城チケットKombiticket Königsschlösser

ノイシュヴァンシュタイン城(→P.238)、リンダーホーフ城(→P.281)、ヘレンキームゼー城(→P.279)の共通割引チケット。6ヵ月の有効期間中、各城に1回入場できて€31。購入は各チケット売り場で。(注: P.210～211 MEMO参照)

名産品と料理

ローテンブルクには世界的に有名なクリスマスグッズのショップがあり、1年中ドイツならではの品が手に入る。

フランケンワインはヴュルツブルクやローテンブルクで飲める

フランケンワインの名産地ヴュルツブルクでは、ぜひ**白の辛口(トロッケン)**を味わいたい。

ローテンブルクの名物お菓子は、**シュネーバル**。白い粉砂糖に包まれた堅いドーナツは、その名のとおり、雪の球のよう。チョコレートやアーモンドをまぶしたものもある。

スモーク人形
くるみ割り人形

直径8～10cmの
シュネーバル

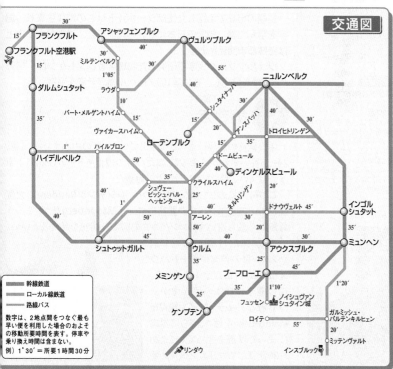

交通図

幹線鉄道
ローカル線鉄道
路線バス

数字は、2地点間をつなぐ最も早い便を利用した場合のおよその移動所要時間を表す。停車や乗り換え時間は含まない。
例) 1˚30′ = 所要1時間30分

フランクフルト空港駅
フランクフルト
アシャッフェンブルク
ヴュルツブルク
ミルテンベルク
ダルムシュタット
ラウダ
ニュルンベルク
バート・メルゲントハイム
シュタイナッハ
ヴァイカースハイム
アンスバッハ
トロイヒトリンゲン
ハイルブロン
ローテンブルク
ハイデルベルク
ドームビュール
ディンケルスビュール
シュヴェービッシュ・ハル・ヘッセンタール
クライルスハイム
エルリンゲン
アーレン
ドナウヴェルト
インゴルシュタット
シュトゥットガルト
ウルム
アウクスブルク
ミュンヘン
メミンゲン
ブーフローエ
ケンプテン
フュッセン
ノイシュヴァンシュタイン城
ガルミッシュ・パルテンキルヒェン
ロイテ
リンダウ
インスブルック
ミッテンヴァルト

マイン川のほとりの美しい古都
ヴュルツブルク
Würzburg

フランケンワインの名産地

ベルリン●

フランクフルト●
ヴュルツブルク ★
ミュンヘン●

MAP ◆ P.209-A3

人 口	12万7000人
市外局番	0931

ACCESS

鉄道：ICE特急でフランクフルトから約1時間10分、ミュンヘンから約2時間。

🏛 **ヴュルツブルクの観光案内所**
📮Falkenhaus, Marktplatz 9
D-97070 Würzburg
🗺Map P.213-A2
☎(0931)372398
🔗www.wuerzburg.de
🕐5月上旬～11月上旬
　月～金　10:00～18:00
　日・祝　10:00～14:00
11月上旬～4月下旬
　月～金　10:00～16:00
　土　　10:00～14:00

🌐 **世界遺産**
レジデンツ（1981年登録）

●**市内交通**
市電・バスは、乗車後4つ目の停留所まで有効（乗り換え不可）の短区間券Kurzstrecke Eins+4は€1.50、それ以上の区間は1回乗車券Einzelfahrschein €2.90、1日乗車券Tageskarte Solo €4.90（購入日とその翌日の午前3:00まで有効）。

マリエンベルク要塞から見た大聖堂（中央の白い双塔）とレジデンツ（右奥）

　フランケン地方の中心都市で、ロマンティック街道の北の起点でもあるヴュルツブルク。歴史は古く、紀元前1000年頃には、ケルト人がマイン川沿いに城砦を築いていた。やがて、7世紀に聖キリアンがこの地で殉教を遂げると、8世紀には司教座がおかれ、歴代の司教領主のもとで、町は発展を遂げた。

　長崎の出島で活躍した医師シーボルトはこの町に生まれ、医学を学んだ後、鎖国の日本に赴任した。また、滋賀県大津市とは姉妹都市関係にある。

　ヴュルツブルク大学で研究した物理学者レントゲンは、1895年にX線を発見し、後に第1回ノーベル物理学賞を受賞した。

📍 **歩き方** ～～～～～

　中央駅前の広場は市電が発着している。町の中心までは、1番、3番、5番いずれかに乗って、ふたつ目の停留所ドームDomで下車すればよい。歩いても15分ほどの距離だ。

　この町で見逃してはならないのは、**レジデンツResidenz**と**大聖堂Dom**と**マリエンベルク要塞Festung Marienberg**だが、このうち駅から最も遠いマリエンベルク要塞から観光を始めるといい。その場合は、上記の市電で駅から3つ目の停留所**ラートハウスRathaus**（市庁舎）で降りる。橋の欄干に12体の聖人像が立つ立派な**アルテ・マイン橋Alte Mainbrücke**を渡り、さらに標識に従って坂道を上っていくと20～30分ほどでマリエンベルク要塞にたどり着く。

市庁舎（左端）から大聖堂へ続く大通り

アルテ・マイン橋の聖キリアン像とマリエンベルク要塞

　アルテ・マイン橋から旧市街へ戻り、そのまま真っすぐ進むと、正面にロマネスク様式の大聖堂が見えてくる。その左隣は、ヴュルツブルクの守護聖人、聖キリアンの墓の上に建てられた**ノイミュンスター教会**Neumünster。世界遺産のヴィース教会（→P.240）も手がけたツィンマーマン兄弟の華麗な内部装飾と、リーメンシュナイダー作の**美しいマリア像**Schöne Madonnaは必見。また、祭壇に向かって左側中ほどの扉から小さな**中庭**Lusamgärtleinへ出られる。ここには12世紀の回廊の一部が残り、中世恋愛歌人（ミンネゼンガー）として有名なヴァルター・フォン・デア・フォーゲルヴァイデ（1230年没）の墓がある。

ノイミュンスター教会

　世界遺産に登録され、ドイツ・バロック建築の最も美しい城館といわれる**レジデンツ**Residenzは、大聖堂を抜けて東へ5分ほどの所にある。レジデンツから中央駅へは歩いて10〜15分ほど。駅へ戻る途中にはフランケンワインで有名なワインレストラン、**ビュルガーシュピタール**Bürgerspital zum Hl. Geistがある。

●モーツァルト音楽祭
レジデンツでは、毎年春から夏頃（2024年は5/24〜6/23に開催）に「モーツァルト音楽祭」が催されている。「皇帝の間」と「白の間」の豪華な室内で、輝くようなシャンデリアの光のもと、また美しい庭園で月光のもとに行われる音楽会は、すばらしいムード。人気があるので予約は早めに。
Mozartfest Würzburg
URL www.mozartfest.de

世界遺産に登録されているレジデンツの正面入口

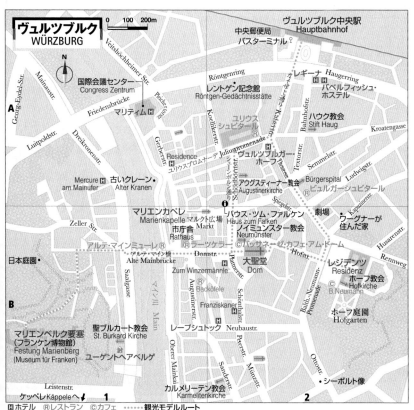

🏨ホテル　®レストラン　©カフェ　……観光モデルルート

サイドバー（左列）

●マリエンベルク要塞
🔲Map P.213-B1
🌐www.schloesser.bayern.de
2024年4月現在、中庭エリア、領主の庭園は工事のため入場できない。城内ガイドツアーは催行される。火〜 日11：00、13：00、14：00、15：00発（4〜10月は10：00、16：00も）で所要約45分。ミュージアムショップMuseumsladenで申し込む。
🎫ガイドツアー€4、学生€3、バイエルンの城巡りチケット（→P.211）有効

●フランケン博物館
🔲Map P.213-B1
🌐www.museum-franken.de
🕐4〜10月
　　火〜日　10：00〜17：00
　11〜3月
　　火〜日　10：00〜16：00
　（入場は閉館30分前まで）
🈳月、12/24・25・31、カーニバルの月・火
🎫€5、学生€4

●カルチャーライン9
要塞まで歩いて登る体力を節約するには、**カルチャーライン9**Kulturlinie 9というバスを利用するといい。ただし運行は3/23〜11/3（'24　期間は毎年変更あり）。レジデンツ広場Residenzplatzの停留所から発着し、終点のマリエンベルク要塞のシェーンボルン門Schönborntorまで、9：30〜18：00の30分に1本運行。通常の市内交通チケットで乗車できる。

●大聖堂
🔲Map P.213-B2
🌐www.dom-wuerzburg.de
🕐月〜土　10：00〜17：00
　日・祝　13：00〜18：00

大聖堂のロマネスクの塔とファサード

●マリエンカペレ
🔲Map P.213-B1
🕐9：00〜18：00
　（日・祝は変更あり）

おもな見どころ

大司教の力を示すマリエンベルク要塞
Festung Marienberg　★★★

マイン川を見下ろすようにそびえる堅固な要塞

1253〜1719年に、歴代の大司教の居城兼要塞となっていた。宗教的権力と政治権力を併せもっていた司教領主は、城全体を城壁や濠で守りを固めた。建物も全体が複雑な構造になっている。

広い中庭には**マリエン教会 Marienkirche**、**ベルクフリート塔 Bergfried**がそびえている。中庭を抜けると、旧市街の眺めがすばらしい領主の庭園（無料）がある。城塞の建物の一部が博物館になっていて、ドイツの生んだ天才彫刻家ティルマン・リーメンシュナイダーの作品が観られる**フランケン博物館 Museum für Franken**がある。

ドイツ・ロマネスク建築を代表する大聖堂
Dom　★★

11〜12世紀に建てられた、ドイツのロマネスク教会を代表する大聖堂。第2次世界大戦で破壊されたために戦後に再建された身廊の柱には、歴代大司教の墓碑がある。なかでもリーメンシュナイダーの手になるシェーレンベルク大司教の像は必見。

シェーレンベルク大司教の姿が精緻に刻まれた墓碑像

アダムとイブ像があるマリエンカペレ
Marienkapelle　★

マルクト広場の北に建つ後期ゴシックのホール型教会。入口にはリーメンシュナイダーの傑作アダムとイブの彫像が飾られている（オリジナルはフランケン博物館にある）。内部にあるリーメンシュナイダーの手になる騎士コンラート・フォン・シャウムベルクの墓碑は必見。

マリエンカペレ（左）と🛈が入っているハウス・ツム・ファルケン（右）

MEMO　シーボルト博物館Siebold Museum（住Frankfurter Str. 87　圏火〜日14：30〜17：30 🌐siebold-museum.byseum.de)はこの町で生まれ、幕末の長崎に滞在したシーボルトの活動を紹介している。

南ドイツ・バロックの代表的建築物 レジデンツ
Residenz

★★★ 世界遺産

壮大なスケールで描かれた階段の間の天井画

© FrankenTourismus/Fränkisches Weinland/Andreas Hub

ロマンティック街道 ▼ ヴュルツブルク

●レジデンツ
🔄 Map P.213-B2
🌐 www.residenz-wuerzburg.de
🕐 4～10月　9:00～18:00
　11～3月　10:00～16:30
　（入場は閉館45分前まで）
🚫 12/24・25・31、1/1、カーニバルの火曜
💰 €9、学生€8、バイエルンの城巡りチケット（→P.211）有効
※建物の内部は個人で自由に見学しても、ガイドツアー（所要45～50分）に参加しても同じ料金。ただし、個人では見学できない部屋もある。英語のガイドツアーは11:00、15:00スタート。

世界遺産に登録されているレジデンツは、1720～1744年に、大司教の宮殿として建てられた。18世紀に入り政局が安定してくると、大司教はもはや戦乱に備えた山の上の堅固な要塞は必要としなくなってきたためである。基本設計はバロックの天才建築家とうたわれたバルタザール・ノイマン。

広大な建物内部の見どころは、レジデンツで最も有名な**階段の間Treppenhaus**。階段そのものだけでなく、そこから上がった2階部分の巨大な天井画部分までを指している。この天井は世界でいちばん大きいフレスコ一枚画で、ヴェネツィアのフレスコ画家ティエポロの作。

階段を上がって正面最初の部屋**白の間Weisser Saal**は、白いレースのように繊細なスタッコ（漆喰）飾りが見事。続く**皇帝の間Kaisersaal**は、レジデンツでもひときわ豪華な部屋。ふんだんにあしらわれた金の装飾、大理石風の柱、優雅な天井画が、ロココ様式の空間を造り出している。

そのほか、入口は別だが**ホーフ教会**や**ホーフ庭園**にも、足を運びたい。

庭園側から見たレジデンツ

正面入口前のフランコニアの泉。フランケンの女神が中央に立つ

ホーフ庭園（入場無料）は入場門に閉門時刻が記されているので、それまでに出ること。

INFORMATION
欧州11ヵ所の温泉保養地群

現在ヨーロッパ各地に点在する温泉保養地は、1700年頃から1930年代にかけて発展してきた。休養のための温泉施設だけでなく、長期滞在客が社交や文化を楽しむためのクーアハウスという施設が整えられているのが特徴。ドイツではカジノも併設されていた。2021年、世界遺産に認定されたのは、ヨーロッパ7ヵ国にある11ヵ所の温泉保養地。ドイツからは、ヴュルツブルクからRE快速で約50分で行ける近さの**バート・キッシンゲンBad Kissingen**（🔄 Map P.139-A3）、ライン川沿いのコブレンツに近い**バート・エムスBad Ems**（🔄 Map P.50-A2）、そして黒い森の中のバーデン・バーデン（→P.182）が登録された。

クラシックな温泉施設があるバート・キッシンゲン

RESTAURANT ✦ ヴュルツブルクのレストラン

ヴュルツブルクに来たら、フランケンワインとフランケン料理を味わっていきたい。町なかには、自家製のフランケンワインを飲めるレストラン（ワインシュトゥーベWeinstubeという）や、おみやげ用に買えるワインの販売所もある。ひとりでもグラスワインなら手頃な値段で味わえる。

料理は、ワインによく合うドイツ料理の店が多い。ヴュルツブルクは大学町なので、比較的安く食事も楽しめるカフェやバーも中心部には数多い。

R ラーツケラー
Würzburger Ratskeller

郷土料理を手頃な値段で味わえる

市庁舎の地下にあるフランケン地方料理のレストラン。サラダやソーセージから、肉、魚料理までメニューは豊富で値段は中級。フランケンワインの種類を豊富に揃えている。テーブル数が多く、いくつかの部屋に分かれている。

ドイツ料理　MAP ◆ P.213-B1
⌂ Langgasse 1
☎ (0931) 13021
🌐 www.wuerzburger-ratskeller.de
🕐 10：00〜24：00
（料理は11：00〜22：00）
カード A D J M V
🚋 市電Rathausから徒歩約1分。

R ユリウスシュピタール
Juliusspital-Weinstuben

自家製ワインの老舗

1576年創立の施療院の中のワインレストラン。ワインはグラスで注文できて、0.1ℓ €4.50〜、0.25ℓ €5.90〜。チーズとハム入りカツレツSchweineschnitzel Cordon Bleu €22.50をはじめ、肉料理や魚料理などのメニューは豊富。

ドイツ料理　MAP ◆ P.213-A2
⌂ Juliuspromenade 19
☎ (0931) 54080
🌐 www.weinstuben-juliusspital.de
🕐 11：00〜23：00（料理は〜21：30）
カード M V
🚋 市電Juliuspromenadeから徒歩約1分。

R ビュルガーシュピタール
Bürgerspital zum Hl. Geist + Weinstuben

ドイツワインの伝統を体験できる老舗

約700年の歴史を誇る施療院付属のワイナリーで、おいしいフランケンワインと郷土料理を味わえる。飲みきれないぶんは、ボトルごと持ち帰れるので、コルク栓はキープしておこう。グラスワインは0.25ℓ €5.50〜。フランケン風焼きソーセージFränkische Bratwürsteは€13.50。隣のワイン販売所Weinhaus（Semmelstr.とTheaterstr. の角が入口）で、好きなワインを選ぶといい。店では日本への発送も免税扱いでしてくれる。

ドイツ料理　MAP ◆ P.213-A2
⌂ Theaterstr. 19　☎ (0931) 352880
🕐 レストラン：11：00〜24：00（料理は〜21：30）
ワイン販売所：
月9：00〜18：00、火〜木9：00〜22：00、金・土9：00〜24：00、日11：00〜18：00　カード J M V
🚋 市電Juliuspromenadeから徒歩約5分。

R アルテ・マインミューレ
Alte Mainmühle

橋のたもとでムード満点！

アルテ・マイン橋のたもとに建つ、17世紀の水車小屋を改装したレストラン。川に張り出したテラス席が大人気。サーモントラウトのフィレのソテー Gebratenes Lachsforelle€29.90。ワインも各種あり。予約がおすすめ。

ドイツ料理　MAP ◆ P.213-B1
⌂ Mainkai 1
🌐 www.alte-mainmuehle.de
☎ (0931) 16777
🕐 11：00〜23：00
（料理は12：00〜21：30）
カード A J M V
🚋 市電Rathausから徒歩約3分。

C バッサネーゼ・カフェ・アム・ドーム
Bassanese Cafe am Dom

大聖堂観光後のひと休みに

大聖堂のすぐ前にあり、天気のいい日はテラス席でおしゃべりする人たちでにぎわう。イタリア風の軽食やスイーツの種類がいろいろある。特にアイスクリームやパフェのメニューが充実。ドイツで人気のスパゲッティ・アイスがおすすめ。

カフェ　MAP ◆ P.213-B2
⌂ Kürschenhof 2
☎ (0931) 4524999
🌐 bassanese.de
🕐 9：00 〜 22：00
カード A D J M
🚋 市電1、3、5番Domから徒歩約1分。

HOTEL ✤ ヴュルツブルクのホテル

ホテルの数は多く、レベルも高級からエコノミーまでさまざまあるので、予算に応じて選べる。

ホテルは中央駅の南側から、町の中心部のマルクト広場にかけて点在しており、特にホテル街といったエリアはない。観光に便利なのはマルクト広場周辺だが、見どころ自体もさほど広くない範囲にあるので、場所にこだわる必要はないだろう。

[H] マリティム　Maritim Hotel Würzburg

市内随一の高級ホテル

マイン川の近くに建つヴュルツブルクでいちばん大型の高級ホテル。国際会議センターに隣接し、ビジネスマンの利用が多い。室内スイミングプール、サウナ完備。ガラス張りの明るいレストランとドイツ料理のフランケン・ワインシュトウーベ(ディナーのみ)がある。

高級ホテル　MAP ◆ P.213-A1

[住]Pleichertorstr. 5　D-97070
[URL]www.maritim.de
☎(0931) 30530
[料]Ⓢ€132～　Ⓣ€137～　朝食別€26.50
[カード][A][D][J][M][V]
[Wi-Fi] 無料
[交]市電2、4番Congress-Centrumから徒歩約1分。

[H] レープシュトック　Rebstock

モダンとクラシックが融合するホテル

ヨーロッパ調の落ち着いた高級ホテル。特にファサードとロビーが美しい。インテリアも趣味がよい。増築した新館はシンプルでモダンな部屋。ディナーレストランKUNO1408はミシュランの1つ星付き。要予約。

高級ホテル　MAP ◆ P.213-B2

[住]Neubaustr. 7　D-97070
☎(0931) 30930
[URL]www.rebstock.com
[料]Ⓢ€127～　Ⓣ€189～　朝食別€22
[カード][A][J][M][V]
[Wi-Fi] 無料
[交]市電1、3、5番Neubaustr.から徒歩約1分。

[H] ヴュルツブルガー・ホーフ　Hotel Würzburger Hof

黄色の外観が目を引く

カイザー通りから変形十字路を渡ってすぐの右側。駅とマルクト広場のちょうど中間に位置する3つ星クラスのホテル。34室それぞれに異なるロマンティックなインテリアの客室が特徴。喫煙者専用テラス以外、ホテル内はすべて禁煙。

中級ホテル　MAP ◆ P.213-A2

[住]Barbarossaplatz 2　D-97070
☎(0931) 53814
[URL]www.hotel-wuerzburgerhof.de
[料]Ⓢ€129～　Ⓣ€135～　朝食別€18
[カード][A][D][J][M][V]
[Wi-Fi] 無料
[交]市電1、3、5番Juliuspromenadeから徒歩約1分。

[H] レギーナ　Hotel Regina

快適な駅前ホテル

中央駅前広場に面していて、列車の旅には最適の中級ホテル。部屋はさほど広くはなくシンプルな内装だが、設備は整っている。エレベーターあり。レセプションは24時間オープン。

中級ホテル　MAP ◆ P.213-A2

[住]Bahnhofplatz/Haugerring 1 D-97070
☎(0931) 322390
[URL]www.hotel-regina-wuerzburg.de
[料]Ⓢ€80～　Ⓣ€95～　朝食別€10.50
[カード][A][J][M][V]
[Wi-Fi] 無料

[JH] ユーゲントヘアベルゲ　Jugendherberge

要塞見学に便利なユース

駅から歩くと30分くらい。マリエンベルク要塞のすぐ下にある。中高生の団体利用が多く、数ヵ月先まで満室ということもある。個人ではドミトリーを予約できない場合もある。

ユースホステル　MAP ◆ P.213-B1

[住]Fred-Josepf-Platz 2　D-97082
☎(0931) 4677860
[URL]www.jugendherberge.de
[料]Ⓢ€59～　Ⓣ€99～
[カード][M][V]
[Wi-Fi] 共有エリアのみ可（無料）
[交]市電3、5番Löwenbrückeから徒歩約10分。

[MEMO] 中央駅から徒歩約2分のバベルフィッシュ・ホステルBabelfish-Hostel（[URL]babelfish-hostel.de [住]Haugerring 2 ➲Map P.213-A2）は1～10人部屋がある。Ⓢ€69～ Ⓣ€89～ ドミトリー€27.20～。全館禁煙。

メルゲントハイム城

バート・メルゲントハイム

Bad Mergentheim

MAP ◆ P.209-A3

人　口	2万4000人
市外局番	07931

ACCESS

鉄道：ヴュルツブルクからRE快速で約45分（途中Laudaで乗り換え）。

🛈 バート・メルゲントハイムの観光案内所

住 Marktplatz 1　D-97980 Bad Mergentheim

☎ (07931) 574815

URL www.bad-mergentheim.de

開 月〜金　9：00〜17：00
　 土・日・祝　10：00〜15：00

●メルゲントハイム城

URL www.schloss-mergentheim.de

マルクト広場からブルク通りを望む

　バート・メルゲントハイムは名前にバートと付くところからもわかるように、温泉保養地として知られる町。歴史的にも重要な町で、ドイツ騎士団の拠点として13世紀から発展してきた。その**ドイツ騎士団の城館 Deutschordensschloss**の一部は**メルゲントハイム城 Residenzschloss Mergentheim**として公開されている。城館と1564年に建てられた市庁舎の建つ**マルクト広場Marktplatz**を結ぶ**ブルク通りBurgstr.**が町の中心街で、保養地らしく、ゆったりと散歩を楽しむ人々や、かわいいケーキ屋さんやカフェが目につく。朝市が立つマルクト広場の中心には、ドイツ騎士団団長**ミルヒリングの像Milchling**が立つ噴水がある。

ヴァイカースハイム

Weikersheim

庭園側から見た城

MAP ◆ P.209-A3

人　口	7400人
市外局番	07934

ACCESS

鉄道：バート・メルゲントハイムからRE快速で約15分。

🛈 ヴァイカースハイムの観光案内所

住 Marktplatz 2　D-97990 Weikersheim

☎ (07934) 10255

URL www.weikersheim.de

開 5〜9月
　 月〜金　9：00〜13：00
　　　　　14：00〜17：30
　 土・日・祝　10：00〜14：00
　 10〜4月
　 月〜金　9：00〜13：00

●ヴァイカースハイム城

URL www.schloss-weikersheim.de

　ヴァイカースハイム駅から、町の中心**マルクト広場 Marktplatz**へは歩いて約15分。
　この町のいちばんの見どころ、**ヴァイカースハイム城Schloss Weikersheim**はマルクト広場の奥に入口が

マルクト広場とヴァイカースハイム城

ある。城は、この地方を支配してきたホーエンローエ家の歴史とともに12世紀まで遡るが、16世紀末からの改築によって現在ではルネッサンス、バロック、ロココの各様式が見られる。城の保存状態もよく、特に騎士の間**リッターザールRittersaal**はすばらしい。バロック様式の庭園も見事。

騎士の間リッターザール

218

ローテンブルク
Rothenburg ob der Tauber

マルクト広場の家々

中世の町並みに迷い込んだようなマルクス塔の周辺

　町の正式名称はRothenburg ob der Tauber（タウバー川の上方にあるローテンブルク）。谷間を流れるタウバー川から見ると、はるか高台に位置しているのでこの名がある。

　町の起源は9世紀頃で、最初の城壁は12世紀にできあがった。自由都市として栄えたのは、17世紀の三十年戦争の頃まで。中世の面影を、ほぼ完璧に残している町として知られている。

📍 歩き方

　ローテンブルクの駅は城壁の外にある。駅を出たら、Bahnhofstr.を左に少し歩き、最初の通り**アンスバッハ通りAnsbacher Str.**を右折し3分ほど進むと**レーダー門Rödertor**が見えてくる。門をくぐって旧市街へ入り、石畳の道を道なりに歩けば町の中心**マルクト広場Marktplatz**に出る。

町の中心マルクト広場。左側が市庁舎、正面が市議宴会館

　まずはマルクト広場に面した**市庁舎Rathaus**に注目。高さ60mの白い鐘楼がそびえているのですぐにわかる。市庁舎隣の、**市議宴会館Ratstrinkstube**の切妻の壁面には、**マイスタートルンクMeistertrunk**の伝説（→P.221）にちなんだ仕掛け時計がある。10：00～22：00の毎正時に、時計の両側の窓が開いて、ティリー将軍とヌッシュ市長が現れ、ジョッキを手

市庁舎の塔から見たマルクト広場

ロマンティック街道 ▼ バート・メルゲントハイム／ヴァイカースハイム／ローテンブルク

MAP ◆ P.209-A3	
人　口	1万1100人
市外局番	09861

ACCESS
ロマンティック街道バス（→P.210）は運行期間、曜日、A便とB便があるので要注意。
鉄道：ヴュルツブルクからアンスバッハ方面行きのRE快速で約40分のシュタイナッハSteinach (bei Rothenburg)で下車、ここでローテンブルク行きのローカル線に乗り換えて、さらに約15分。ニュルンベルクからアンスバッハとシュタイナッハ乗り換えでも行ける。

❶ローテンブルクの観光案内所
🏠Marktplatz 2　D-91541 Rothenburg ob der Tauber
🗺Map P.220-A1
☎(09861) 404800
🌐www.rothenburg.de
📅5～10月
　月～金　　 9：00～17：00
　土・日・祝 10：00～17：00
　（9月以降の土・日・祝は～15：00）
　11・1～4月
　月～金　　 9：00～17：00
　土　　　　10：00～13：00
　12月
　月～金　　 9：00～17：00
　（12/23までの土・日のみ
　　　　　 10：00～17：00）

市議宴会館の壁の仕掛け時計。左がティリー将軍、右がヌッシュ市長（マイスタートルンク）

MEMO 町の正式名称はローテンブルク・オブ・デア・タウバー Rothenburg ob der Tauberという。ほかにもRothenburgという同名の町があり、間違えやすいので時刻表検索などでは気をつけよう。Rothenburg o. d. Tauberと略記されることもある。

219

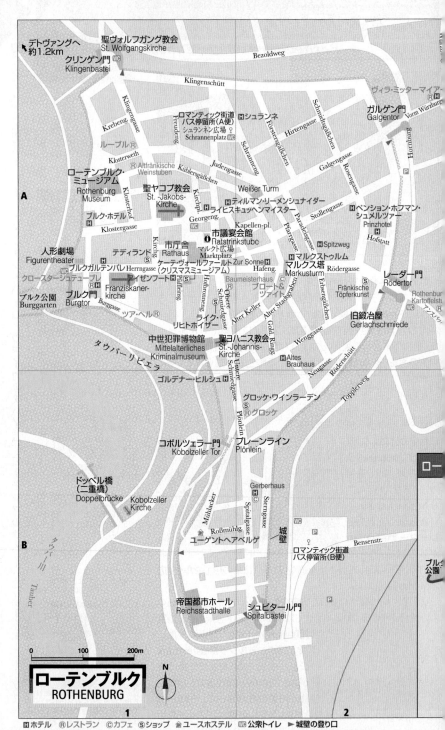

ローテンブルク
ROTHENBURG

0　100　200m

N

A

B

1　2

デトヴァングへ
約1.2km

聖ヴォルフガング教会
St. Wolfgangskirche

クリンゲン門
Klingenbastei

Bezoldweg

ヴィラ・ミッターマイアー

Klingenschütt

ガルゲン門
Galgentor

Vorm Würzburg

ロマンティック街道
バス停留所 (A便)
シュランネン広場
Schrannenplatz

シュランネ

Hirtengasse

Schmiedsgäßchen

Förstersgäßchen

Freudeng.

Krebeng.

Klosterweth

ループル®

Klingengasse

Judengasse

Schramberg

Galgengasse

Rosengasse

ローテンブルク・
ミュージアム
Rothenburg
Museum

Klosterhof

®Altfränkische
Weinstuben

Kübler sgäßchen

Weißer Turm

ティルマン・リーメンシュナイダー

ペンション・ホフマン・
シュメルツァー

ブルク・ホテル®ℍ

Klostergasse

聖ヤコプ教会
St.-Jakobs-
Kirche

Georgeng.

ℍライヒスキュッヒェンマイスター

Kapellen-pl.

Stollengasse

Prinzhotel

Hofstatt

Spitzweg

Paradiesgasse

Plattengasse

人形劇場
Figurentheater

テディランド

市庁舎
Rathaus

Ⓢ

市議宴会館
Ratstrinkstube

マルクト広場
Marktplatz

Zur Sonne

マルクストゥルム
マルクス塔
Markusturm

Rödergasse

レーダー門
Rödertor

ブルクガルテンパレ
ℍ®
クロースターシュテューベ

®Herrngasse

ケーテ・ヴォールファールト
(クリスマスミュージアム)

Hafeng.ℍ

Rothenburg
Kartoffelst.

ブルク公園
Burggarten

ブルク門
Burgtor

アイゼンフートℍⓈ

Baumeisterhaus

Hofbronneng.

ブロート&
ツヴァイト

Ⓢ

フレンキッシェ
Fränkische
Töpferkunst

WC

Franziskaner-
kirche

Burggasse

ツア・ベル®

Obere Schmiedgasse

Alter Keller

Erbsengäßchen

アングスキー

リヒトホイザー

ライク・ケラー

Alter Stadtgraben

Gold. Ringg.

旧鍛治屋
Gerlachschmiede

中世犯罪博物館
Mittelalterliches
Kriminalmuseum

聖ヨハニス教会
St.-Johannis-
Kirche

Unter Schmiedgasse

Wenggasse

Neugasse

ℍAltes
Brauhaus

Rödertal

Röderschütt

Topplerweg

ゴルデナー・ヒルシュℍ

グロッケ・ワインラーデン

Plönlein

Ⓢ®グロッケ

コボルツェラー門
Kobolzeller Tor

プレーンライン
Plönlein

ドッペル橋
(二重橋)
Doppelbrücke

Kobolzeller
Kirche

Gerberhaus
Ⓒ

Mühlacker

Spitalgasse

Sterngasse

WC

P

ロマンティック街道
バス停留所 (B便)

Bensenstr.

ブル
公園

Roßmühlg.

ユーゲントヘアベルゲ

城壁

帝国都市ホール
Reichsstadthalle

シュピタール門
Spitalbastei

P

Tauber

タウバー・リビエラ

タウバー川

ローー

ℍ ホテル　® レストラン　Ⓒ カフェ　Ⓢ ショップ　⌂ ユースホステル　WC 公衆トイレ　► 城壁の登り口

 MEMO ローテンブルク駅では2024年現在コインロッカーは使えない。切符の窓口も閉鎖で無人駅になっている。また、駅前にタクシーがいることもあまりないので、利用するなら自分でアプリなどを使って呼び出すことになる。

にした市長がワインを飲み干す。この建物の1階に❶がある。

仕掛け時計のある建物の裏側奥には、**聖ヤコブ教会St.-Jakobs-Kirche**が建っている。13世紀に建立されたもので、リーメンシュナイダーの傑作といわれる**聖血の祭壇Heilig-Blut-Altar**は必見。

旧市街の西端、**ブルク門Burgtor**から城壁の外へ出ると、12世紀の城（ブルク）の遺構が一部残る公園があり、旧市街の南側を谷間の緑地越しに眺められる。マルクト広場から南へ向かうと、**プレーンラインPlönlein**という小さな広場があり、木組みの家と塔が造り出す風景が絵になる撮影ポイントになっている。

旧市街を囲んでいる**城壁**は、上に登ってひと回りすることができる（ほんの一部、下を歩く）ので、時間のある人はゆっくり歩いてみるといい。

●聖ヤコブ教会
値Klostergasse 15
❶Map P.220-A1
開10：00～18：00
（冬期は11：00～14：00）
※土・日の午前の礼拝中は見学不可。
料€3.50、学生€2

教会の入口から左側奥（後方）の階段を2階に上った所にある聖血の祭壇。中央は『最後の晩餐』の場面

プレーンラインの冬景色

地図

ルクのメイン散策ルート

ヤコブ教会
❶
市庁舎
ンガッセ
マルクト広場
中世犯罪博物館
レーダー門
コボルツェラー門
プレーシライン
シュピタール門

鉄道で来た人はここから入る↓
→駅へ
車で来た人はここからスタート↓

FESTIVAL マイスタートルンクの伝説と祭り

マイスタートルンクの歴史劇

1631年、三十年戦争のさなかのこと。ローテンブルクを占領した皇帝軍の将軍が、市参事会員たちの首をはねることになった。たまたま、将軍が市のワインをすすめられたとき、将軍は、この大ジョッキを一気に飲み干す者あらば斬首はやめようと言った。市長がこれを受け、見事に一気に飲み干して、この窮地を救った。そのときの様子を再現したのが、マイスタートルンクの仕掛け時計だ。このマイスタートルンクの逸話を歴史劇や時代衣装のパレード、ダンスなどで再現して祝うのが「マイスタートルンクの祭り」。祭りは聖霊降臨祭 Pfingsten の祝日に開催され、2025年は6/6～9の開催予定。祭りの土曜12：00～18：00と日曜9：00～15：30は、町の門で入場料€10を支払う。
URLwww.meistertrunk.de

「マイスタートルンクの祭り」の羊飼いのダンス

●中世犯罪博物館

住Burggasse 3-5
➡Map P.220-A1
URLwww.kriminalmuseum.eu
開4～10月　10:00～18:00
　11～3月　13:00～16:00
　（入場は閉館45分前まで）
料€9.50、学生€6.50

身持ちの悪い女性を閉じ込める
"鉄の処女"

●市庁舎の塔

➡Map P.220-A1
開4～10月　　9:30～12:30
　　　　　　13:00～17:00

　11～3月
　土・日　　12:00～15:00
　クリスマスマーケット期間
　　　　　　10:30～14:00
　　　　　　14:30～18:00
料€2.50

塔への入口はマルクト広場側に
ある

●ヘルゴット教会

行き方ローテンブルク駅前か
ら980番のバスで約25分の
Creglingen, Rothenburger
Str.またはCreglingen, ZOB下
車後、徒歩約25～30分。バ
スの本数はとても少ない。タ
クシー利用（約30分）がおすす
め。
URLwww.herrgottskirche.de
開4～10月　　9:15～18:00
　（8/15～31へは～18:30）
　2・3・11・12月
　　　　　　13:00～16:00
休月、12/31、一部の祝日
料€4、学生€3.50

📷 おもな見どころ

ちょっと不気味な中世犯罪博物館
Mittelalterliches Kriminalmuseum　★★★

　ドイツとヨーロッパの1000年以上に
及ぶ法と刑罰に関わる資料約5万点を
所蔵する博物館。珍しくも恐ろしい拷
問道具が多数展示され、中世の人々の
生々しい生活の一端を垣間見ることがで
きる。日本語の展示説明もあるのでわ
かりやすい。

罪人にかぶせた
恥辱のマスク

さらし刑を体験

市庁舎の塔から旧市街を眺めよう
Rathaus　★★

　マルクト広場に面したどっしりし
たゴシック様式の建物と、白い塔
が印象的な16世紀の建物からな
る。高さ60mの塔は、木造の狭く
て急な220段の階段と垂直なハシ
ゴをよじ登るので、適した服装と
靴で行くこと。混雑時は入場制限
をしている。

塔の上から見える風景はまさに絶景！

🌲 近郊の見どころ

クレクリンゲンのヘルゴット教会
Herrgottskirche Creglingen　MAP◆P.209-A3

　クレクリンゲンの町から南へ約1kmの州道脇に建つ小さなヘル
ゴット教会には、中世の木彫の祭壇としては最高傑作のひとつ
とされる**聖母マリアの祭壇Marienaltar**があり、多くの人が訪れ
る。驚くほどに繊細な彫刻が施された祭壇は、ヴュルツブルク
出身のリーメンシュナイダーと弟子たちの手で1505～1510年頃
に制作された。中央部に、天使に囲まれて天に昇る聖母マリアが、
　　　　　　その下にはそれを見守る十二使徒
　　　　　　たちが彫られている。最も下の右
　　　　　　端で、イエスの言葉に聞き入って
　　　　　　いるベレーをかぶった律法学者は、
　　　　　　リーメンシュナイダー自身の肖像
　　　　　　を彫り込んだといわれる。

『聖母マリア』の祭壇

MEMO　ローテンブルク・ミュージアムRothenburg Museum（➡Map P.220-A1）は13世紀創立の修道院の一部を利用しており、修道院時代の調理場が残る。「マイスタートルンク」ことヌッシュ市長が一気飲みをしたと伝わる大きなワインジョッキを所蔵。

RESTAURANT ✣ ローテンブルクのレストラン

ホテルの多くは、1階がレストランになっているので、小さい町ながら軒数は多い。ドイツならではの肉料理やソーセージ、ポテトがおいしい。さらに、シュヴァーベン地方やフランケン地方の名物として知られるパスタ料理の一種のマウルタッシェンやシュペッツレを出す店も多い。

ワインの名産地フランケン地方に位置しているので、おいしいワインが飲める。基本は白ワインで、グラスワインなら€4〜5程度から味わえるので、気軽に試してみたい。

ヴィラ・ミッターマイアー   Villa Mittermeier

洗練された料理とワインのディナーを

素材の味を生かし、独特のセンスで仕上げた料理が好評の高級レストラン。5品スモールメニューは€115、7品ミディアムメニュー€145、9品フルコースは€175。メニュー内容は季節により変わる。予約が望ましい。ホテルも兼業。

各国料理　MAP ◆ P.220-A2
住Vorm Würzburger Tor 7
☎(09861)94540
URLwww.villamittermeier.de
圏火〜土18：00〜22：00
休日・月、1〜3・9月は休業期間あり
カード A D M V

クロースターシュテューブレ   Klosterstüble

おいしい郷土料理ならココ！

ホテル・クロースターシュテューブレの中にあり、地元の人の利用も多い。おすすめは写真の自家製マウルタッシェンMaultaschen、サラダ付きで€13.90。テーブル数が多くないので、予約をしたほうが安心。

ドイツ料理　MAP ◆ P.220-A1
住Herrngasse 21
（入口はHeringsbronnengasse 5）
☎(09861)938890
URLklosterstueble.de
圏水〜日12：00〜14：30、17：30〜20：30
休月・火、1月中旬〜3月上旬
カード J M V

ルーブル   LOUVRE

ローテンブルク唯一の日本食レストラン

ゆったりした店内で、日本人オーナー夫妻の心尽くしの日本食が手頃な値段で味わえる。鶏肉の唐揚げ定食€13.50、鮭照り焼き定食€15.50、うどん€10、ほかにも寿司や定食など多彩なメニュー。テイクアウト用の寿司も各種あり。

日本料理　MAP ◆ P.220-A1
住Klingengasse 15　☎(09861)8755125
URLwww.facebook.com/JAPANLOUVRE/
圏12：00〜14：00、17：00〜22：00（日は〜21：00）
休火、月・水曜の昼。※不定休および変更がたびたびあるので上記サイトで必ず確認を。
カード M V

グロッケ   Glocke

ワインに合うフランケン料理

ローテンブルクの自家製ワインが気軽に味わえる。フランケン地方の郷土料理や季節の素材を使った料理を比較的手頃な値段で提供している。カツレツSchnitzel€15.90、ロールキャベツKrautwickel€15.60、グラスワインは€4.90〜。

ドイツ料理　MAP ◆ P.220-B2
住Plönlein 1
☎(09861)958990
圏11：00〜21：30（日〜14：00）
休月、冬期休業あり
カード 不可

ブロート＆ツァイト   Brot & Zeit

日曜も営業のパン屋＆カフェ

入口は焼きたてパンが並び、奥がセルフのカフェになっている。飲み物はカウンターで注文時に受け取り、料理は席まで運んでくれる。焼きたてパンが味わえる朝食セットも各種あり。昼はパスタやサラダのランチメニューもある。

カフェ　MAP ◆ P.220-A2
住Hafengasse 24
☎(09861)9368701
URLbrot-haus.de
圏月〜土7：00〜18：00
日・祝7：30〜18：00
カード M V

MEMO ツア・ヘルZur Höll（住Burggasse 8　●Map P.220-A1　URLwww.hoell-rothenburg.de　圏月〜土17：00〜22：00頃）は町で最古の建物を改造した居酒屋。店名は「地獄亭」という意味。

この町の名所のひとつになっているクリスマスグッズ専門店のケーテ・ヴォールファールトをはじめ、かわいい品々が並ぶ店が多い。

ワインもおすすめで、地元産のフランケンワインを扱う専門店もある。なお、おみやげ用のサラミやソーセージを売る店もあるが、ソーセージ、ハム、サラミなどの肉類は生産国の検査証明書が添付された品以外は、日本に持ち込みできないので注意。

Ｓ ケーテ・ヴォールファールト
Käthe Wohlfahrt

1年中クリスマスのワンダーランド

ローテンブルクでいちばん人気の見どころともいえるショップ。世界で最初の1年中オープンしているクリスマス用品専門店。種類が豊富で、見ているだけであっというまに時間が過ぎてしまう。クリスマスミュージアム（入場料€5）も併設。

おもちゃ・雑貨　MAP ◆ P.220-A1
住Herrngasse 1　☎ (0800) 4090150
URL www.wohlfahrt.com
営月〜土10：00〜18：00、冬期は11：00〜16：30　※営業時間と休日は季節により変更あり。
休日・祝、12/25、1/1・6、その他一部の祝日
カード A D M V

Ｓ テディランド
Teddyland

クマさんがいっぱいのメルヘンの国

ドイツで最大級のテディベア専門店。入口には大人の背ぐらいあるテディベアがお出迎え。ぬいぐるみだけでなく、絵本、文具、食器などテディベアに関するグッズが3000種類以上も並ぶ。円、ドル、クレジットカードで支払い可。

おもちゃ・雑貨　MAP ◆ P.220-A1
住Herrngasse 10
☎ (09861) 8904
URL www.teddyland.de
営月〜土9：00〜18：00
（4〜12月は日曜10：00〜18：00も営業）　※季節により変更あり
休1〜4月上旬の日曜
カード A D J M V

Ｓ ライク・リヒトホイザー
Leyk Lichthäuser

あたたかい明かりの家々を集めて

陶器の家や教会の中に小さなろうそくが立てられるようになっている。ドイツならではの木組みの家々がモチーフになっているので、集めれば自分だけの村の風景を作ることもできる。冬期は休業。

雑貨　MAP ◆ P.220-A1
住Untere Schmiedgasse 6
☎ (09861) 86763
URL www.leyk-shop.com
営11：00〜17：00
休1月上旬〜2月下旬頃
カード A D J M V

Ｓ グロッケ・ワインラーデン
Glocke Weinladen

地元産ワインならこの店

フランケンワインの専門店。プレーンラインの噴水の前にある。小さい店ながら、自家所有のケラー（地下蔵）で造ったワインをはじめ、ボックスボイテルに詰められたフランケンワインがぎっしり並ぶ。迷ったら店員に相談してみよう。

ワイン　MAP ◆ P.220-B2
住Plönlein 1
☎ (09861) 958990
URL www.glocke-rothenburg.de
営10：00〜18：00（日・祝は11：00〜）
※季節により変更あり
休冬期の日曜、12月下旬〜1月中旬
カード A D J M V（€20以上から可）

ローテンブルク名物のお菓子シュネーバル

スノーボール、という意味のお菓子で、パン屋さんで売っている。ひも状の生地をぐるぐるとまとめて油で揚げたもので、サクサクとした歯ざわりのドーナツ、といった感じ。粉砂糖やチョコレート、ナッツをまぶしたものなど数種類あって、直径10cmほどの通常サイズは1個€3〜5。直径3cmぐらいのミニサイズもあって€2〜3。

ミニサイズがおすすめ

MEMO ローテンブルク駅の向かい側には、ツェントロZentROという大型ショッピングセンターがあり、スーパーマーケットやドラッグストア、郵便局も入っている。スーパーは品揃えが豊富で、チョコレートなども安い。

HOTEL ✦ ローテンブルクのホテル

ロマンティック街道 ▼ ローテンブルク

　有名な観光地だけに、宿泊施設は十分ある。しかし近代的な大型ホテルはなく、家族経営の小規模なホテルやゲストハウスが主流。本書に掲載したのは、どれも旧市街の中の中級以上のホテルなので観光に便利だが、ここ数年でかなり値上がりしている。駅から町の中心のマルクト広場までは石畳の道もあり、キャリー式のスーツケースを持ち運ぶのは大変だが、10分程度なのでなんとか歩いて行ける。祭りの時期（→P.221）のホテルは早めの手配が必要で、料金もかなりアップするのを覚悟しよう。

Ｈアイゼンフート　　Eisenhut

伝統ある高級ホテル

　15 ～ 16世紀の貴族の館を利用した4つ星ホテル。今上天皇が皇太子時代に滞在したこともある。客室は本館と斜め向かいの別館に分かれる。近年の大改修工事によりクラシックなインテリアの客室は一部となり、モダンな設備の明るい客室がメインになった。

高級ホテル　　MAP ◆ P.220-A1
住Herrngasse 3-5/7　D-91541
☎(09861) 7050
URLwww.hotel-eisenhut.de
料Ⓢ€94～　Ⓣ€109～
　　朝食別€17.50
カードＭＶ
WiFi無料

Ｈティルマン・リーメンシュナイダー　　Tilman Riemenschneider

ドイツ風のインテリアが魅力

　マルクト広場のすぐ近くにあり、日本のグループツアーもよく利用するホテル。オイルペインティングしてあるベッドやチェストなど、ドイツ風ロマンティックなインテリアで好評。サウナ、フィットネスルームもある(有料)。

高級ホテル　　MAP ◆ P.220-A1
住Georgengasse 11/13　D-91541
☎(09861) 9790
URLwww.tilman-riemenschneider.de
料Ⓢ€120～　Ⓣ€150～　トリプル€220～
カードＡＤＪＭＶ
WiFi無料

Ｈマルクストゥルム　　Romantik Hotel Markusturm

女性に人気のロマンティックな部屋

　絵のように美しいマルクス塔に隣接するロマンティックなホテル。1264年に税関として建てられた。当時の古い城壁が館内に一部残っている。どの部屋もアンティーク調の家具が使われている。エレベーターなし。

高級ホテル　　MAP ◆ P.220-A2
住Rödergasse 1　D-91541
☎(09861) 94280
URLwww.markusturm.de
料Ⓢ€140～　Ⓣ€180～
カードＡＪＭＶ
WiFi無料

Ｈブルクガルテンパレ　　BurgGartenpalais

貴族の古い館を改造したホテル

　場所はブルク門の近く、フランツィスカーナー教会の向かい側に建つ。貴族の館を改造した内部には重厚感がある。通りに面した部屋からはブルク門が見える。手入れの行き届いた広い裏庭はテラスカフェになっている。エアコン付き。

高級ホテル　　MAP ◆ P.220-A1
住Herrngasse 26　D-91541
☎(09861) 8747430
URLwww.burggartenpalais.de
料Ⓢ①€148～
カードＡＤＪＭＶ
WiFi無料

Ｈライヒスキュッヘンマイスター　　Reichsküchenmeister

観光に便利な立地

　ローテンブルクの中心、マルクト広場から北へ向かい、❶を過ぎて１ブロック目の交差点にある。日本のツアーの利用も多い。帝国料理マイスターという名にふさわしく、レストランも評判。魚料理は€ 27.30 ～と高いが、ソーセージ料理は€ 16.30 からある。

中級ホテル　　MAP ◆ P.220-A1
住Kirchplatz 8　D-91541
☎(09861) 9700
URLwww.reichskuechenmeister.com
料Ⓢ€109～　Ⓣ€139～
カードＡＪＭＶ
WiFi無料

[H] ゴルデナー・ヒルシュ　Goldener Hirsch

旧市街の中心部の中級ホテル

部屋数が多いので、団体ツアーの利用が多い。タウバー渓谷の眺めがいい朝食用レストランが自慢。エアコン（冷房）のない部屋も一部あるので、夏期の利用は予約時に要確認。全室禁煙。ロビーにはビリヤードやゲームのプレイルームがある。

中級ホテル　MAP ◆ P.220-B1
[住]Unterer Schmiedgasse 16 D-91541
☎(09861) 874990
[URL]www.hotel-goldener-hirsch.de
[料]Ⓢ€109～　Ⓣ€139～
[カード] [A] [J] [M] [V]
[Wi-Fi] 無料

[H] クロースターシュテューブレ　Klosterstüble

良心価格の部屋と食事

1556年と1736年に建てられた館を改造。3～5人用の部屋やファミリー用、長期滞在向きの部屋もある。3代続くファミリー経営。ブルク公園の近くの静かな場所にあり、朝・夕の散歩が楽しめる。エレベーターなし。

中級ホテル　MAP ◆ P.220-A1
[住]Heringsbronnengasse 5 D-91541
☎(09861) 938890
[URL]klosterstueble.de
[料]Ⓢ€84～　Ⓣ€134～　朝食別€15
[カード] [J] [M] [V]
[Wi-Fi] 無料

[H] ブルク・ホテル　Burg-Hotel

オーナーのセンスが光るインテリア

城壁に近い静かな一角に建つ落ち着いたプチホテル。団体客は受け付けないので、ゆったりと滞在できる。部屋ごとにロマンティックなインテリアで、どんな部屋に泊まれるかが楽しみ（サイトに客室の画像あり）。エレベーターなし。

中級ホテル　MAP ◆ P.220-A1
[住]Klostergasse 1-3 D-91541
☎(09861) 94890
[URL]burghotel.eu
[料]ⓈⓉ€180～
[カード] [A] [D] [J] [M] [V]
[Wi-Fi] 無料

[H] シュランネ　Schranne

手頃な料金で泊まれる

旧市街の北部、広い駐車場になっているシュランネン広場に面している。部屋はこぢんまりしているが清潔。エアコンは一部の部屋のみにある。1階にはフランケン料理が味わえるレストランがある（水、木休業）。

中級ホテル　MAP ◆ P.220-A2
[住]Schrannenplatz 6 D-91541
☎(09861) 95500
[URL]www.hotel-schranne.de
[料]Ⓢ€85～　Ⓣ€110～
[カード] [A] [M] [V]
[Wi-Fi] 共有エリアのみ可（無料）

[H] ペンション・ホフマン・シュメルツァー　Pension Hofmann-Schmölzer

家族経営の小さな宿

レーダー門から入って最初の通りRosengasseを右折して上って行くと、角に緑色の家シュメルツァーがある。部屋は簡素で小さめ。全室禁煙。同経営の別館はエレベーターがない。冬期は休業あり。

エコノミーホテル　MAP ◆ P.220-A2
[住]Rosengasse 21 D-91541
☎(09861) 3371
[URL]www.hofmann-schmoelzer.de
[料]Ⓢ€55～　Ⓣ€71～
[カード] [M] [V]
[Wi-Fi] 無料

[JH] ユーゲントヘアベルゲ　Jugendherberge

古都のムードで人気のユース

いかにもローテンブルクらしい外観で、中世そのものといった感じだが中は近代的（ただしエレベーターはなし）。人気があるので早めに予約をしたほうがよい。昼・夕食付きでも泊まれる。チェックインは17：00～19：00、チェックアウトは8：00～10：00。

ユースホステル　MAP ◆ P.220-B1
[住]Mühlacker 1 D-91541
☎(09861) 94160
[URL]www.jugendherberge.de
[料]€37.40～　Ⓣ€89～
[カード] [M] [V]
[Wi-Fi] 共有エリアのみ可（無料）

愛らしい笑顔に満ちた子供の祭り
ディンケルスビュール
Dinkelsbühl

城壁の外から見た町

美しいファサードの館が並ぶマルクト広場周辺。子供祭りの1日

ベルリン●

フランクフルト●

ディンケルスビュール★
ミュンヘン●

MAP ◆ P.209-A3

人　　口	1万1800人
市外局番	09851

ACCESS

ニュルンベルクからRE快速で約45分のドームビュールDombühlへ行き、813番のバスに乗り換えて所要約40分。停留所はAm Stauferwallまたは終点ZOB/Schwedenwiese下車。

❶観光案内所
⊞Altrathausplatz 14
D-91550 Dinkelsbühl
☎(09851)902440
www.tourismus-dinkelsbuehl.de
圖月〜金　　10：00〜17：00
土・日・祝　10：00〜16：00

　手工業や交易で繁栄した帝国自由都市ディンケルスビュールは、外敵からの攻撃に備えて、15世紀まで築き続けた城壁に取り囲まれている。農民戦争や三十年戦争から第2次世界大戦にいたるまで、幾多の戦いをくぐり抜け、ほとんど戦争の被害を受けていない、中世都市の美しい面影を私たちに見せてくれる。子供祭りKinderzecheでにぎわう7月中旬の数日間以外は、観光客の姿も隣のローテンブルクと比べるとずっと少なく、静か。

ヴェルニッツ門から旧市街に入る

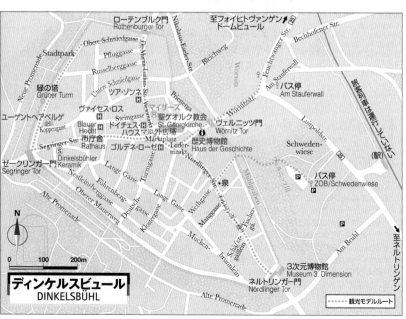

ディンケルスビュール
DINKELSBÜHL

MEMO　ローテンブルク駅前からディンケルスビュールへのアクセスは、807番のバスでドームビュール駅前まで行き、ここで813番のバスに乗り換える。所要約1時間40分。土、日は運行していない。本数は少ない。

227

●夜警と歩く路地裏

マント姿に角笛とカンテラを持った夜警Nachtwächterが、5〜10月は毎日（11〜4月は金・土曜のみ）21：00になると聖ゲオルク教会の前に現れる。中世の頃は町を守っていた夜警だが、現在は観光客と一緒に路地裏の居酒屋の前で夜警の歌を歌い、店から振る舞われるワインを飲みながら、昔話をして（ドイツ語）楽しませてくれる。所要約1時間。参加は無料だが、最後にチップを渡す参加者が多い。

●3次元博物館

🏠NördlInger Tor
🌐3d-museum.de
🕐3月下旬〜11月上旬
　火〜日11：00〜17：00
　11月中旬と4月上旬
　土・日11：00〜17：00
💰€10、学生€8、子供€6

目の錯覚を楽しむ博物館

●聖ゲオルク教会

🏠Marktplatz
🕐9：00〜17：00
（夏期は〜19：00）
日曜午前の礼拝中の内部見学は不可。
塔は閉鎖中。

歩き方

　この町には旅客列車は運行していないので、路線バスが旅の足。おもな路線バスが停車する中央バス停ZOBは、**シュヴェーデンヴィーゼSchwedenwiese**という広い駐車場の近くにある。旧市街へは、ヴェルニッツ川と堀を渡ってすぐの所からも入れるし、**ヴェルニッツ門Wörnitz Tor**から入ってもいい。**マルクト広場Marktplatz**までは5分ほど、❶は歴史博物館の1階にある。

　マルクト広場に面して、ロマネスク様式の塔をもつ**聖ゲオルク教会St. Georgkirche**が建っている。

　教会の前には、**ドイチェス・ハウスDeutsches Haus**という1440年頃に建てられた木組みの館が建っている。老舗のホテルレストランとして営業しており、多くの人が立ち寄る観光名所の存在。

　小さい町なので、木組みの町並みを楽しみながら、気ままに歩いても迷うことはない。城壁の外へ出て、外かられんが色の町並みを眺めてみるのも楽しい。ネルトリンガー門を出た所には、城壁を利用した**3次元博物館Museum 3. Dimension**もある。

おもな見どころ

ホール型教会として名高い 聖ゲオルク教会
St. Georgkirche ★★★

ローテンブルクやネルトリンゲンの教会も手がけた、教会建築の名人ニコラウス・エーゼラーとその子によって1448〜1499年に建てられた。内陣はホール型教会（ハレンキルヒェ）という様式で窓を大きく取っているため、内部空間がとても明るい。

日時計が描かれた塔

FESTIVAL

子供たちの行進が愛らしい！ ディンケルスビュールの子供祭り

　三十年戦争（1618〜1648年）の真っただ中、町は敵のスウェーデン軍に取り囲まれてしまった。いよいよ、スウェーデン軍がこの町を破壊しようとしたとき、子供たちが敵の将軍の目の前に進み出て必死で慈悲を乞うた。そのなかに、わが子の面影を見た将軍は心を動かされ、町の破壊と略奪をとどまった。町の人たちは勇気ある子供たちに感謝して食事やごほうびでもてなした。以来、この逸話にちなんだ「キンダーツェッヘ（子供たちのもてなし）」という祭りが、毎年7月に催されている。メインとなるのは当時の兵隊や市民に扮した町の人たちのパレードと歴史劇など。

　2024年は7/12〜21、2025年は7/18〜27に開催予定。子供パレードのある日などプログラムの確認は、🌐www.kinderzeche.deで。祭りの開催中は、旧市街に入る入場料として€6を支払う。

愛らしい子供たちのパレードを見よう

町の歴史を知るなら 歴史博物館
Haus der Geschichte ★★

ほぼ500年間にわたって、帝国自由都市として繁栄したディンケルスビュールの歴史と文化に関する展示から、美術品、手工芸品など、幅広いコレクションが見られる。建物1階にある❶で入場料を支払う。

●歴史博物館
囲Altrathausplatz 14
開5～10月
　月～金　　　9:00～17:30
　土・日・祝　10:00～16:00
　11～4月
　月～金　　　10:00～17:00
　土・日・祝　10:00～16:00
料€5、学生€4

おすすめのレストラン＆ホテル RESTAURANT & HOTEL

R マイザーズ
Meiser's Café-Restaurant　MAP ◆ P.227
囲Weinmarkt 10　☎(09851)582900
URL meiser-hotels.de/altstadt/restaurant
営月～土11:30～22:00　休日
カード A J M V

高級そうな雰囲気だが、手頃な値段。ドイツ料理を中心に、サラダボウル、各種ソーセージ、バーガーやステーキなど豊富なメニュー。バーも併設。

H ドイチェス・ハウス
Deutsches Haus　MAP ◆ P.227
囲Weinmarkt 3　D-91550
☎(09851)6058
URL www.deutsches-haus-dkb.de
料S€98～　T€164～　カード A J M V　WI-FI 無料

美しく保存された1440年代の建物に泊まれる。正面入口を入ると磨き上げられた黒くずっしりとした階段があり、部屋に通じている。どっしりとしたクラシックな家具の部屋と、モダンなインテリアの部屋がある。レストランの評価も高い。

H ツア・ゾンネ
Zur Sonne　MAP ◆ P.227
囲Weinmarkt 11　D-91550
☎(09851)5892320
URL www.sonne-dinkelsbuehl.de
料S€120～　T€183～　カード A D M V　WI-FI 無料

ディンケルスビュールのメインストリートに面した薄いグリーンの外壁が目印。12室からなる4つ星のホテル。1階はレストランになっている。

H ヴァイセス・ロス
Weisses Ross　MAP ◆ P.227
囲Steingasse 12　D-91550
☎(09851)579890
URL www.hotel-weisses-ross.de
料S€100　T€130～　ファミリールーム€205～
カード A J M V　WI-FI 無料

古いインテリアがいかにもドイツらしい。レストランは、手頃な値段と味で評判がいい。冬期休業あり。

H ゴルデネ・ローゼ
Hotel Goldene Rose　MAP ◆ P.227
囲Marktplatz 4　D-91550
☎(09851)57750
URL www.hotelgoldenerose.de
料S€245～　T€322～　カード A M V　WI-FI 無料

町の中心にある1450年に建てられた木組みの館のホテルは、1891年にヴィクトリア女王も滞在したという。近年大改装して、モダンな5つ星ホテルに生まれ変わった。屋上には屋根付きのスパエリアがあり、温水プールや各種サウナがある。

JH ユーゲントヘアベルゲ
Jugendherberge　MAP ◆ P.227
囲Koppengasse 10　D-91550
☎(09851)5556417
URL www.jugendherberge.de
料S€68～　カード 不可　WI-FI 無料

1568年に建てられた木組みの穀物倉庫を改築。小・中学生、ファミリー利用が多い。レセプションは8:00～12:00、17:00～19:00オープン。12～2月は休業。

月の石

今も中世そのままの真珠のような町
ネルトリンゲン
Nördlingen

ベルリン●
フランクフルト●
ネルトリンゲン★
ミュンヘン●

MAP ◆ P.209-A3
人　口　2万700人
市外局番　09081

ACCESS

バス：ディンケルスビュールから501または868番の路線バスで約50分、本数はとても少ない。

鉄道：アウクスブルクからICE特急で約20分のドナウヴェルトDonauwörthでRB（普通列車）に乗り換えて所要約30分。

ⓘ**ネルトリンゲンの観光案内所**
佳Marktplatz 2　D-86720 Nördlingen im Ries
☎(09081) 84116
网www.noerdlingen.de
開月～木　　9：00～18：00
　金　　　　9：00～16：30
　土・祝　　9：00～14：00
　冬期(11/1～復活祭)
　月～木　　9：00～17：00
　金　　　　9：00～15：30

●**リースクレーター博物館**
佳Eugene-Shoemaker-Platz 1
网www.rieskrater-museum.de
開3月下旬～11月上旬
　火～日　　10：00～16：30
　11月上旬～3月下旬
　火～日　　10：00～12：00
　　　　　　13：30～16：30
休月
料€5、学生€2

かつての木材倉庫を博物館に改装

●**聖ゲオルク教会の塔**
開10：00～18：00
　(11～3月は～16：00)
料€4(塔の上で徴収)

円形をしたネルトリンゲンの町の全景

　ロマンティック街道沿いには、城壁に囲まれた中世の面影をとどめる町が多いが、なかでもこのネルトリンゲンは、ほぼ完全な形で残された城壁に囲まれた、中世そのままのかわいらしい町だ。旧市街をぐるっと囲み込む城壁は、いくつもの塔と城門が付属しており、昔のままの屋根が付いている。城門から城壁に上ることもできる。

聖ゲオルク教会周辺にはひと休みしたくなるカフェが多い

　ネルトリンゲンは、1500万年前に隕石が落下してできたリース盆地の中にある。隕石によってできた跡が、これほどはっきり残っているのは世界でも珍しく、かつてアポロ14号と17号の飛行士もフィールドトレーニングに訪れた。衝突時の様子や、その後の地質変化の様子などを知るために、バルティンガー門の城壁近くにある**リースクレーター博物館Rieskrater Museum**へ行ってみよう。NASAとのつながりから月の石も特別展示されている。町の中心**マルクト広場Marktplatz**に面した**聖ゲオルク教会St. Georgskirche**内部にも、隕石衝突によってできた岩石がある。15世紀に建てられた後期ゴシック様式のこの教会には、高さ89.9mの塔がある。この塔は町のシンボルとして、愛称ダニエルの名で親しまれている。塔の上へ階段で上ると、直径約25kmのリース盆地の眺めが一望できる。

ダニエル塔から見たれんが色の町

MEMO 聖ゲオルク教会に面したカフェ・アルトロイター Café Altreuter (佳Marktplatz 11 圖7：00～18：00)は2階席もあってゆっくりできる。食事メニューも多くて安い。ケーキはシュヴァルツヴェルダーキルシュトルテがおすすめ。

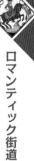

2000年の歴史を感じさせる帝国都市
アウクスブルク

Augsburg

大聖堂の扉の取っ手

ペルラッハ塔(左)と市庁舎(右)

MAP ◆ P.209-B4

人　口	29万5800人
市外局番	0821

ACCESS

鉄道：ミュンヘンからICE特急で約30分。ほかの列車の本数も多くて便利。

❶アウクスブルクの観光案内所

住Rathausplatz 1
D-86150 Augsburg
●Map P.232-A2
☎(0821)502070
🖥www.augsburg-city.de
開月～金　　8：30～17：30
　　　土　　10：00～17：00
　　　日　　10：00～15：00
（11～3月の月～金は9：00～17：00)

🏛世界遺産

アウクスブルクの水管理システム（2019年登録）

●市内交通

バスと市電の市中心部有効の料金は、1回乗車券Einzelticketは€3.80(ただし4停留所目までは短区間券Kurzstreckenticket€1.90)。1日乗車券Tagesticketは€9.30。
※なお中央駅から市庁舎前広場まではシテイゾーンCity-Zoneといい運賃は無料。

マクシミリアン通りに点在する豪華な噴水も世界遺産関連の見どころのひとつ（冬期は閉鎖）

アウクスブルクの町の名は、ローマ皇帝アウグストゥスの時代、紀元前15年にローマ人によって町が建設されたことに由来する。中世にはイタリアとドイツを結ぶ街道沿いの町として交易や商業で栄え、15～16世紀にはフッガー家やヴェルザー家といった豪商や銀行家は、世界史を左右するほどの財力と権力をもっていた。彼らは芸術を保護し、多くの壮麗な建築物を築き、アウクスブルクにはルネッサンス文化が花開いた。

　天才音楽家の父レオポルト・モーツァルト、画家のハンス・ホルバイン、劇作家ベルトルト・ブレヒトはこの町の出身。工業面ではルドルフ・ディーゼルが、アウクスブルクの大企業MAN社でディーゼルモーターの開発に成功(1893年)した。

 歩き方 ·······

　この町は大きく、見どころも多い。すべてを徒歩で回ることも可能だが、一部市電を利用すれば時間を節約できる。中央駅から中心部へは、3番のKönigsbrunn Zentrum行き、または6番のFriedberg West行きの市電に乗り、ひとつ目の**ケーニヒ広場Königsplatz**で下車、ここでAugsburg West行きの2番の市電に乗り換える。2番の市電は、モーリッツ広場Moritzplatz、町の中心**市庁舎前広場Rathausplatz**、大聖堂に近いドーム／シュタットヴェアケDom/Stadtwerke、モーツァルトハウス／コルピングMozarthaus/Kolpingの順で、おもな名所の近くに停車する。中央駅から市庁舎前広場までは、歩くと約15分。

　町を縦断する、道幅が広い**マクシミリアン通りMaximilianstr.**には、豪商フッガー家の屋敷兼商館だった**フッガーハウスFuggerhaus**や、シェッツラー宮殿**Schaezlerpalais**がある。

ロマンティック街道　▼　ネルトリンゲン／アウクスブルク

231

●市庁舎(黄金のホール)
○Map P.232-A2
🕐10:00～18:00
（入場は17：30まで）
（特別企画や行事の際は見
学不可となる）
💶黄金のホール€2.50

ドイツ・ルネッサンスの傑作といわれる市庁舎

Rathaus ★★★

　1615～1620年に建てられたアウクスブルクの市庁舎は、白壁のファサードに大きな窓が並ぶ、明るく壮麗な建物。ファサードの上部には帝国都市のシンボルである双頭の鷲が描かれ、

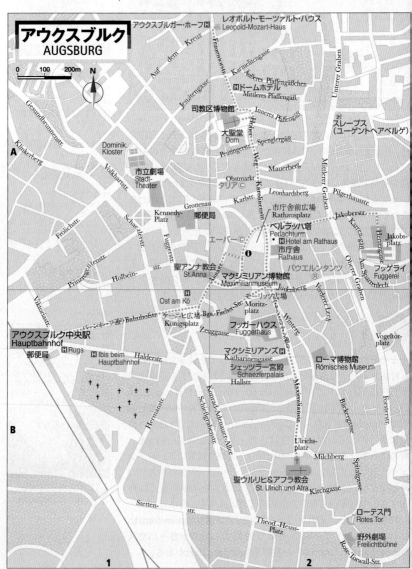

🅗ホテル　🏠ユースホステル　🅡レストラン　🅒カフェ　⋯⋯⋯観光モデルルート

MEMO　モーリッツ広場から東へ延びるJudenbergという細い石畳の坂道を下っていくと、中世には職人街だった庶民的な雰囲気のエリアとなる。路地や水路沿いに小さなカフェや雑貨店が点在していて、のんびり散策が楽しめる。

ロマンティック街道 ▼ アウクスブルク

頂点には青銅製の松ぼっくりがちょこんと載っている。

　ドイツ・ルネッサンスの最高傑作といわれる市庁舎では4階（ドイツ語では3.Stockと表記）へ行ってみよう。贅を尽くした、その名も**黄金のホールGoldener Saal**に入ると、黄金に輝く天井とフレスコ画に圧倒される。

　市庁舎の隣の**ペルラッハ塔Perlachturm**は1182年に建築され、エリアス・ホルによって改築された。高さ約70mの塔上へは階段で上れる。

14世紀建築の堂々たる大聖堂
Dom ★★★

　大聖堂はアウクスブルクで最も重要な教会。建物の西側は10〜11世紀のロマネスク様式が残り、東側部分は14世紀にゴシック様式で増築された。

　身廊には預言者を描いた11世紀後半作のステンドグラスがあり、完全な形で現存する世界最古のステンドグラスといわれる。11世紀に造られた青銅の扉には、旧約聖書を題材にしたレリーフが刻まれていた。現在、この扉は、大聖堂の北側に隣接する**司教区博物館Diözesanmuseum St. Afra**にある。

904年に建築が始まった大聖堂

モーツァルトの父の生家レオポルト・モーツァルト・ハウス
Leopold Mozart Haus ★

　作曲家ヴォルフガング・アマデウス・モーツァルトの父レオポルト（1719〜1787年）が生まれた家。製本職人の息子として生まれたレオポルトは、ザルツブルク大学に進み、やがてザルツブルク大司教の宮廷音楽家として職を得た。天才の息子ヴォルフガングが生まれてからは、彼を音楽家にするために心血を注いだ。

世界最初の社会福祉住宅フッゲライ
Fuggerei ★★

　隆盛を極めたフッガー家が1521年に設立した、世界最古の社会福祉住宅。経済的に困窮した状況にあるカトリック信者のアウクスブルク市民は、わずかな年間家賃（現在でも€0.88！）で入居が許された。塀で囲まれた敷地内に67もの家が並び、140戸が入居している。そのうちの1軒（Mittelere Gasse14番地が入口）が博物館となっている。この博物館の隣の家には、モーツァルトの曽祖父が住んでいたことがある。

今も老人たちが住むフッゲライ

市庁舎内の黄金のホール

●ペルラッハ塔
◯Map P.232-A2
改修工事のため閉館中。

●大聖堂
◯Map P.232-A2
2番の市電でDom/Stadtwerke下車。
圃7：00〜18：00（日曜午前中など礼拝時は見学不可）
囲無料

●司教区博物館
◯Map P.232-A2
囲Kornhausgasse 3-5
圃www.museum-st-afra.de
圃火〜土　　10：00〜17：00
　日　　　　12：00〜18：00
困月・祝、12/31
囲€5、学生€4

●レオポルト・モーツァルト・ハウス
囲Frauentorstr. 30
◯Map P.232-A2
2番の市電でMozarthaus/Kolping下車。
圃火〜日10：00〜17：00
困月　囲€6、学生€5

赤い色のファサードが目印

●フッゲライ
1番の市電でFuggerei下車すぐ。
囲Fuggerei 56（敷地内の入口はJakoberstr.）
◯Map P.232-A2
圃www.fugger.de/fuggerei
圃4〜9月　　　9：00〜20：00
　10〜3月　　9：00〜18：00
囲€8、学生€7

昔の家具を配置した部屋

聖アンナ教会

●聖アンナ教会
🗺Map P.232-A1
🏠Annastr.
🌐www.st-anna-augsburg.de
🕐月　　12：00～17：00
　火～土　10：00～17：00
　日　　15：00～16：00
（5～10月の火～土は～18：00、日・祝は～17：00）
💴無料

ルターが滞在した**聖アンナ教会**
St. Anna ★★

　かつてはカルメル派の修道院とその付属教会だった。1509年にはフッガー家の墓所である礼拝堂が西側部分に造られた。

　1518年には宗教改革者マルティン・ルターがこの修道院を訪れた。ルターが滞在した部屋は、**宗教改革記念室Museum Lutherstiege**となっている。

宗教改革記念室への入口。
展示室は2階にある

●シェッツラー宮殿
（州立絵画館／ドイツ・バロック美術館）
🏠Maximilianstr. 46
🗺Map P.232-B2
🌐kunstsammlungen-museen.augsburg.de/schaezlerpalais
1番または2番の市電でMoritzplatz下車。
🕐火～日 10：00～17：00
💴月、一部の祝日
💴€7、学生€5.50

シェッツラー宮殿（州立絵画館／ドイツ・バロック美術館）
Schaezlerpalais(Staatsgalerie/Deutsche Barockgalerie) ★★

　1770年に建てられた銀行家フォン・リーベンホーフェンの邸宅で、内部の**祝祭の間Festsaal**の華麗さには目を見張る。一部は、16～18世紀のドイツ絵画を中心としたドイツ・バロック美術館と、デューラー、クラーナハ、ホルバインなどの巨匠の作品を集めた州立絵画館となっている。

婚礼の旅の途上でマリー・アントワネットも訪れた祝祭の間

●聖ウルリヒ＆アフラ教会
🏠Ulrichsplatz 19
🗺Map P.232-B2
2、3、6番の市電でTheodor-Heuss-Platz下車。
🕐7：30～18：30
💴無料

新教と旧教が同居する**聖ウルリヒ＆アフラ教会**
St. Ulrich und Afra ★

　マクシミリアン通りの南端に、重なるように建つふたつの教会。通りに面しているほうがプロテスタントで、奥の大きなほうがカトリックの教会。同じ敷地内にふたつの宗派が同居しているのは、宗教改革やアウクスブルクの宗教和議などの舞台となった歴史的背景から。

　304年に殉教した聖アフラと、10世紀の聖人ウルリヒの墓所となっているのでこの名がある。

壮麗な聖ウルリヒ＆アフラ教会

INFORMATION

世界遺産、アウクスブルクの水管理システムとは

　旧市街の最南端に建つ**ローテス門Rothes Tor**（🗺 Map P.232-B2）は、15世紀に建造され中欧最古といわれる給水塔を併設している。町全体に水を供給する施設で、ここから小高い市内各地に張り巡らされた水路から、飲料水や生活用水が供給された。その高度な技術を守り伝え、さらに町を彩る歴史的な3つの噴水などが世界遺産の構成要素となっている。

　町と水の関係を感じ

かつての城塞の一部をなす
ローテス門

られる手軽な散策コースを紹介しよう。中央駅から3番の市電でRotes Tor下車。ローテス門と給水塔（内部は5～10月第1日曜のガイドツアーでのみ見学可）の建物を見た後、静かな裏通りSpitalgasse, Bäckergasse, Vorderer Lechを北上すると、途中からレヒ水路が道に沿って流れている。レストラン・**バウエルンタンツ**（→P.235）の周辺は水路沿いに小さなショップやカフェが点在し、散策にうってつけだ。

中央駅から中欧最古といわれる水道橋を渡り（5～7月のみ通行可）、**野外劇場**の横を流れる水道橋を渡り

レヒ水路が流れるエリア

MEMO FCアウクスブルクのホームスタジアムWWKアレーナWWK ARENA（🏠Bgm.-Ulrich-Str. 90　🌐www.fcaugsburg.de）へは、中央駅から試合日に運行するStadion-Linieという市電で所要約20分、Fußball-Arena下車すぐ。

おすすめのレストラン＆ホテル RESTAURANT & HOTEL

R バウエルンタンツ
Bauerntanz　MAP ◆ P.232-A2

住Bauerntanzgässchen 1
☎(0821)153644
営火〜土11：30〜23：00(L.O.〜21：00)、日11：30〜20：00
休月　カード AMV

手頃な値段でシュヴァーベン地方の料理が味わえる人気店。チーズあえのシュペッツレSchwäbische Käsespätzle€14.50(小サイズklein€13.50)、マウルタッシェンSchwäbisches Maultaschen€11.50(写真左下)などが手頃。市電Moritzplatzから徒歩約5分。

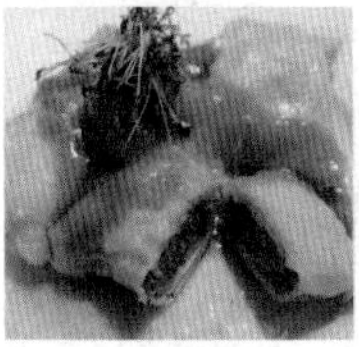

C エーバー
Café Eber　MAP ◆ P.232-A2

住Philippine-Welser-Str. 6
☎(0821)36847　URLwww.cafe-eber.de
営月〜土9：00〜18：00　休日　カード 不可

市庁舎前広場に面したカフェ。1階はケーキなどのショーケースが連なり、2階が広いカフェになっていて広場の眺めがよい。平日(月〜金)の11：00〜14：00は日替わりランチが用意され、手頃な値段でドイツ料理が味わえる。おみやげ用にバウムクーヘンや焼き菓子などもある。写真左下はラズベリーのケーキHimbeer Sahne Torte。

C タリア
Kaffeehaus im Thalia　MAP ◆ P.232-A2

住Obstmarkt 5　☎(0821)153078
URLwww.lechflimmern.de/ka_ta.php
営9:00 〜 23：30(朝食以外の料理は11：30 〜)
カード 不可

市電Dom/Stadtwerkeから徒歩約5分。映画館に併設しているシックなカフェ。日替わりランチ(月〜土)は€10〜15ぐらい。

H マクシミリアンズ
Maximilian's　MAP ◆ P.232-B2

住Maximilianstr. 40　D-86150
☎(0821)50360
URLwww.hotelmaximilians.com
料ⓈⓉ€249〜　朝食別€39　カード AMV　Wi-Fi 無料

アウクスブルクで最高級のホテル。観光にも便利なロケーション。レストラン「Sartory」はミシュランの1つ星で水〜土のディナーのみ営業。

H アウクスブルガー・ホーフ
Romantik Hotel Augsburger Hof　MAP ◆ P.232-A1

住Auf dem Kreuz 2　D-86152
☎(0821)343050
URLwww.augsburger-hof.de
料Ⓢ€106〜　Ⓣ€119〜　カード ADMV　Wi-Fi 無料

市電2番のMozarthaus/Kolpingで降り、徒歩約2分。客室はとてもロマンティックな内装。

H ドームホテル
Dom-Hotel　MAP ◆ P.232-A2

住Frauentorstr. 8 D-86152
☎(0821)343930
URLwww.domhotel-augsburg.de
料Ⓢ€103〜　Ⓣ€128〜　カード ADJMV　Wi-Fi 無料

かつてドーム(大聖堂)の司祭長の館だった場所にある。冷蔵庫内のドリンクは無料。朝食のおいしさには定評がある。エアコンなし。室内プールあり。

JH スレープス（ユーゲントヘアベルゲ）
SLEPS-Das Hostel　MAP ◆ P.232-A2

住Unterer Graben 6　D-86152　☎(0821)7808890
URLwww.augsburg-jugendherberge.de
URLwww.sleps.de
料スレープス：Ⓢ€59 〜　Ⓣ€82 〜　ユース：ドミトリー€32.50
カード JMV　Wi-Fi 無料

中央駅から3、4番の市電でKönigsplatzまで行き、ここで1番の市電に乗り換えてBarfüßerbrücke/Brechthaus下車、水路に沿って徒歩約5分。観光の中心の市庁舎前広場へも歩いて10分ほどで出られるので便利。同じ建物内にユースホステルJugendherbergeも入っている(住所、電話番号は共通)。

フュッセン

Füssen

ライヒェン通りの南端

MAP ◆ P.209-B3

人　口	1万5600人
市外局番	08362

ACCESS

鉄道：ミュンヘンからRE快速で所要約2時間。途中ブーフローエBuchloe乗り換えの列車も含めると1時間に1本の運行。アウクスブルクからは直通のBRBで約1時間55分、途中ブーフローエ乗り換えの便もある。
バス：ミュンヘンからノイシュヴァンシュタイン城日帰り観光バスが運行。

❶ フュッセンの観光案内所
⊞Kaiser-Maximilian-Platz 1
D-87629 Füssen
◖Map P.237-A2
☎(08362) 93850
🔗www.fuessen.de
🕘月～金　9：00～17：00
　　土　　9：00～12：00

● フュッセンカード（ゲストカード）
フュッセン宿泊者だけが利用できる電子カードで、宿泊先ホテルで貸与される。滞在期間中は公共交通バスが無料で利用でき、博物館やロープウエイなどの割引もある。カードはチェックアウト時に要返却。

● フュッセン市博物館
⊞Lechhalde 3
◖Map P.237-B1
🕘4～10月
　火～日　11：00～17：00
　11～3月
　金～日　13：00～16：00
🚫月、11～3月の火～木、
12/24・25、1/1
💰€6、ホーエス城とコンビチケット€9

マリエン橋の上から見た白亜のノイシュヴァンシュタイン城

　ドイツ・ロマンティック街道の旅のフィナーレを飾るにふさわしい見どころが、フュッセン郊外にあるノイシュヴァンシュタイン城 Schloss Neuschwanstein である。バスで大挙して訪れるツアーの観光客は、まっしぐらに城を目指し、見学をしたり写真を撮ったり、2～3時間のうちに嵐のように次の目的地へ去っていく。しかし、ここはバイエルン・アルプスの峰々や、森と湖の豊かな自然が生み出す四季折々の美しい景色を堪能しながら、ハイキング、サイクリング、スキー、ハングライダーなど、さまざまなスポーツを楽しんだり、のんびり保養する所だ。

📍 歩き方

ライヒェン通りはフュッセンきってのショッピングストリート

　終着駅フュッセン駅の前は、ノイシュヴァンシュタイン城や近郊の町へ行くバスターミナルになっている。駅を出て東へ、**バーンホーフ通りBahnhofstr.**を3分ほど歩いていくと、交差点の先に❶がある。歩行者天国で、みやげ物屋などが並ぶ**ライヒェン通りReichenstr.**を南へ道なりに進むと、数分でレヒ川Lechに出る。途中には**フュッセン市博物館Museum der Stadt Füssen**がある。アンナカペレの『死の舞踏』の壁画やリュートなどの古楽器、華麗な図書館や祝祭の間など、一見の価値がある博物館。

フュッセン市博物館は必見

MEMO フュッセン駅にはレンタサイクルショップBike Rental Train Station（🔗www.bike-rental-fuessen.com）があり、指定バイクが€15からレンタルできる。周辺はサイクリングロードが整備され走りやすい。ただし冬期は休業。

フュッセン FÜSSEN

- フュッセン駅 Bahnhof
- バス停
- ユーゲントヘアベルゲへ
- バーンホーフ通り
- シュロスクローネ ©
- 銀行
- ⓘ
- Augsburger Str.
- Marienstr.
- ルイトボルトパルク
- Bahnhofstr.
- ゾンネ Ⓗ
- Kaiser-Maximilian-Platz
- テレージエンホーフ（ショッピングセンター、スーパー）Ⓢ
- ヴィンツェンツムル Ⓢ
- Krippkirche St.Nikolaus
- ライヒェン通り
- Ⓗ ヒルシュ
- Theresienstr.
- Schrannengasse
- Ⓡ Römerkeller
- Sebastianstr.
- Ⓡ Gasthof Krone
- Markthalle Ⓡ
- Kirche St.Sebastian
- Luitpoldstr.
- Hintere Gasse
- Reichenstr.
- Brunnengasse
- Drehergasse
- Klosterstr.
- シュヴァンガウ／ノイシュヴァンシュタイン城へ
- Zum Hechten ⒽⓇ Ritterstr.
- 時計塔 Uhrturm
- Hutergasse
- Brotmarkt
- Franziskanerplatz
- ホーエス城 Hohes Schloss
- フランツィスカーナー修道院と聖シュテファン教会 Franziskanerkloster mit Kirche St. Stephan
- Ⓡ Zum Schwanen
- Lechhalde
- フュッセン市博物館 Museum der Stadt Füssen
- Spitalgasse
- ロマンティック街道の終点の門がある家
- 聖マング市教区教会 Stadtpfarrkirche St.Mang
- 聖霊シュピタール教会 Heilig-Geist-Spitalkirche
- Lech
- レヒ川

0　50　100m

ホーエス城 Hohes Schlossは14〜15世紀に建てられたアウクスブルクの大司教の離宮で、今なお美しい姿をとどめている。内部は**州立絵画館 Staatsgalerie**となっている。中庭に面した外壁の窓飾りは「だまし絵」なのがおもしろい。

　ひすい色のレヒ川に架かる橋を渡って左（東）へ行けばシュヴァンガウに続く道にぶつかり、右（西）に進めば隣国オーストリアとの国境にいたる。

●ホーエス城
🏠Magnusplatz 10
🗺Map P.237-B1
🕐4〜10月
　火〜日　　11：00〜17：00
　11〜3月
　金〜日　　13：00〜16：00
🚫月、11〜3月の火〜木、12/24・31、1/1
💴€6、フュッセン市博物館とコンビチケット€9

ホーエス城の中庭

レヒ川に面した聖マング市教区教会とフュッセン市博物館

「ロマンティック街道の終点」と書かれた門が聖シュテファン教会の西側の民家にある

●ノイシュヴァンシュタイン城

行き方 城の麓の村ホーエンシュヴァンガウへは、フュッセン駅前から73、78番のバスで所要約15分のHohenschwangau Neuschwanstein Castles下車、料金は片道€2.60、往復€5.20。1時間に1本程度の運行。タクシーは約€14。

村から城への行き方は、次の3つの方法がある。

馬車：みやげ物店ミュラーの前から城の約300m手前まで所要約20分で行く馬車がある。城門まではさらに15分ほど歩いて上る。

上り€8、下り€4。

シャトルバス：みやげ物店ミュラーの先の駐車場から出るシャトルバスは、マリエン橋の前まで所要約5分で行く（冬期は路面凍結や積雪などのため運休あり）。マリエン橋から城までは山道を徒歩約15分。

上り€3、下り€2、往復€3.50。

徒歩：ハイキング気分で、歩いて上って約40分。

マリエン橋の前へ行くシャトルバス

近郊の見どころ

ルートヴィヒ2世の夢の城 ノイシュヴァンシュタイン城
Schloss Neuschwanstein

MAP◆P.238

バイエルン王に即位した頃のルートヴィヒ2世

　バイエルン国王ルートヴィヒ2世（1845〜1886年）が、17年の歳月と巨額の費用をつぎ込んで自己の夢を実現させようと、精魂込めて造った白亜の美しい城。中世風ではあるが、築城は19世紀後半のこと。見るアングルによって違った城のように変化して見えるのも興味深いが、この美しさの裏に潜むルートヴィヒ2世の、妃をめとらず孤独で数奇な狂気に満ちた運命は、シュタルンベルク湖での謎の死にいたるまで、今もって多くの人の関心を集め、映画や多数の書物に語り継がれている。

　作曲家リヒャルト・ワーグナーのパトロンとして、異常なまでにオペラに取り憑かれた王は『ローエングリン』『パルシファル』など数多くのオペラの名場面を城内の壁画に描かせている。城の名も王とワーグナーのオペラ

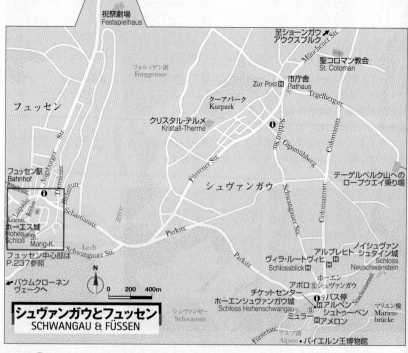

城の中庭（ガイドツアーの集合場所）

シュヴァンガウとフュッセン
SCHWANGAU & FÜSSEN

投稿 ノイシュヴァンシュタイン城に7月中旬に訪れました。1カ月前にネット予約しようとしたところいっぱいでできませんでした。しかし、当日現地で問題なくチケットが買えました！　城の入場は5分刻みで、遅れるとチケットを発行し直してもらう必要が➡

とのなれそめとなった「ローエングリン」の白鳥伝説に由来する。

城内は入場時刻指定のガイドツアー、またはオーディオガイド（日本語あり）を聞きながら見学する。チケットセンターは、ホーエンシュヴァンガウのバス停から徒歩約5分。日時指定チケットをすでに入手済みならここには立ち寄らず、スタート時刻に遅れないよう、集合場所である城の中庭の入場ゲート前へ各自で向かう。

城のビューポイントとして知られるのが**マリエン橋Marienbrücke**。橋の上からは、美しい城がカメラに収まる。

マリエン橋とノイシュヴァンシュタイン城

ホーエンシュヴァンガウ城
Schloss Hohenschwangau
MAP◆P.238

12世紀に築かれて荒れ果てていた城を、ルートヴィヒ2世の父、マクシミリアン2世が1832〜1836年にネオゴシック様式で再建し夏の狩りの城とした。この城でルートヴィヒ2世は弟オットーと幸せな子供時代を過ごした。ノイシュヴァンシュタイン城の建築中はこの城から、進行状況を見ていたという。こぢんまりとした小さな城だが、ルートヴィヒ2世を知るには欠かせない城だ。

内部の見学はビリヤードルームから始まる。ルートヴィヒ2世の母マリーの寝室や居間のあるフロアの上には、**祝祭の間Festsaal**がある。長いテーブルの上には、ルートヴィヒ2世のために造られた、巨大な金メッキのテーブル飾りが置かれて、ルートヴィヒ2世自らモデルとなって彫らせた大理石の胸像も、飾られている。

ワーグナーが演奏したピアノが置かれた**音楽室Musik-Zimmer**なども見逃せない。

小さいが均整の取れたホーエンシュヴァンガウ城

バイエルン王博物館
Museum der bayerischen Könige
MAP◆P.238

アルプ湖のすぐそばに建つ博物館。ルートヴィヒ2世をはじめとするヴィッテルスバッハ家出身のバイエルン王の歴史をたどることができる。ルートヴィヒ2世のマントや装飾品なども所蔵。日本語オーディオガイドあり（無料）。

アルプ湖畔に面した博物館

●**ノイシュヴァンシュタイン城**
URL www.neuschwanstein.de
圏3/23〜10/15　9:00〜18:00
　10/16〜3/22　10:00〜16:00
休12/24・25・31、1/1
料€18、学生€17
　バイエルンの城巡りチケット及び王の城チケット（→P.211）有効。
※チケットはオンラインチケットショップ URL shop.ticket-center-hohenschwangau.de/のサイトから日時指定のチケット（手数料€2.50加算）を購入する。ドイツ語、英語、またはオーディオガイド（日本語あり）いずれかを選択して予約する。
※チケットに余りがあれば現地チケットセンターでも購入できるが、希望の日時は売り切れてしまう場合もあるので、早めにオンライン購入しておきたい。
※城に入場の際には、メールで届いたPDFのチケットを自分で印刷したもの、またはスマホでQRコードを提示する。
チケットセンター
住Alpseestr. 12
URL www.ticket-center-hohen schwangau.de
圏4/1〜10/15　8:00〜16:00
　10/16〜3/31　9:00〜15:30
休12/24・25・31、1/1

●**マリエン橋**
ノイシュヴァンシュタイン城へのシャトルバスで下車後、徒歩約5分。観光シーズンは行列ができる。冬期は雪や凍結などで閉鎖の場合あり。

●**ホーエンシュヴァンガウ城**
行き方 フュッセンからのアクセスは、ノイシュヴァンシュタイン城と同様。ホテル・ミュラーの先から城への道を徒歩で上って、約20〜30分。馬車（上り€5.50、下り€3）も出ているが、乗り場はホーエンシュヴァンガウのバス停の近くで、ノイシュヴァンシュタイン城行きの乗り場とは異なるので注意。
圏3/23〜10/15　9:00〜17:00
　10/16〜3/22　10:00〜16:00
休12/24・25・31、1/1
料€21、学生€18
URL と予約方法はノイシュヴァンシュタイン城と同じ。

●**バイエルン王博物館**
住Alpseestr. 27
圏9:00〜16:30
休12/24・25・31、1/1
料€14、学生€13

✎あるようでした。まちがえてチケット引き換えの列に並んでしまっていた人が入場時刻を5分過ぎてしまい、チケットをもらい直していました。入場は列になっていないので注意！　余裕をもって入場口で待っていたほうがいいです。（東京都　齋藤玲奈　'23）['24]

●テーゲルベルク山
ロープウエイ
行き方 ロープウエイ乗り場へ
は、フュッセン駅から73、
78番のバスで15〜30分、ホー
エンシュヴァンガウから5〜15
分のTegelbergbahn下車（こ
の停留所を通らない便もある
ので乗車時に要確認）。
URL www.tegelbergbahn.de
運 夏期　9：00〜17：00
　冬期　9：00〜16：30
休 3月上旬〜4月上旬の平日
料 片道€19.50、往復€30、+€2
　チップカード代（カードを戻
　すと返金される）

ホーエンシュヴァンガウへ下る
コースは全長約7km、所要約3
時間30分の健脚向きなので、
ロープウエイ乗り場周辺の散策
にとどめたほうが無難

●バウムクローネンヴェーク
行き方 フュッセン駅前から
74、100番のバスでWieskirche
Walderlebniszentrum下車すぐ。
フュッセンの町からハイキング
気分で歩くと約30分。
住 Tiroler Str. 10
URL www.baumkronenweg.eu
開 5/1〜10/15の9：00〜日没頃
　（4月と10/15〜11/25は10：
　00〜16：30。天候により
　変更・閉鎖あり）
休 11/26〜3/31
料 €5

🌐 世界遺産
ヴィース教会
（1983年登録）

●ヴィース教会
行き方 フュッセンから73、9606、
9651番のバスでWieskirche、
Steingaden下車。所要約45分。
途中シュタインガーデン
Steingadenの町で乗り換える便
もある。現地で最新のバス時刻
表をチェックのうえ、帰る便も確
認を。
住 Wies 12　D-86989
　Steingaden-Wies
URL wieskirche.de
開 5〜8月　　8：00〜20：00
　3・4・9・10月
　　　　　　8：00〜19：00
　11〜2月　8：00〜17：00
ただし日・祝8：00〜13：00、
火・木・土10：00〜12：00
などの礼拝中や、ほかにも宗
教行事などで見学不可となる
場合もあるので公式サイト
内 URL wieskirche.de/en/visit-
times.htmlで観光できる時間
帯を要確認。

ロープウエイでテーゲルベルク山へ

Tegelberg　MAP◆P.238

ノイシュヴァンシュタイン城の麓の村ホーエンシュヴァンガウから北へ約1kmにあるテーゲルベルク山は標高1720m。山上まではロープウエイが運行している。

ロープウエイの中から眺めるノイシュヴァンシュタイン城の姿はひときわ美しい。山上には眺めのいいレストランやパラグライダーの離陸場所がある。

山上から見たシュヴァンガウの村とフォルッゲン湖

森を見渡す歩行者用の橋 バウムクローネンヴェーク

Baumkronenweg　MAP◆P.238外

全長480m、高さ20mのバウムクローネンヴェークは、森林体験センター Walderlebniszentrum Ziegelwiesに設置された木造橋。約100mごとに4本の支柱で支えられた吊り橋のような構造をしており、ハイキングには絶好のポイント。橋の途中でドイツとオーストリアの国境（赤はオーストリア、青はバイエルンを表す）を越える体験もできる。

「木の冠の道」という意味のバウムクローネンヴェーク。手前のラインはオーストリアとの国境

奇跡の伝説があるヴィース教会

🌐 世界遺産

Wieskirche　MAP◆P.209-B4

ユネスコの世界遺産に登録され、ヨーロッパで最も美しいロココ様式の教会のひとつとたたえられるヴィース教会は、のどかな草原の真っただ中に建っている。小さくて、目立たない外観だが、一歩内部に足を踏み入れると、華麗な装飾と鮮やかな色彩のシンフォニーに包まれる。

華麗な内陣

1738年、近郊のシュタインガーデンの修道院で放置されていた「鞭打たれる姿のキリスト像」が涙を流したという奇跡が起きた。この像のために建てられたヴィース教会には、祭壇に奇跡のキリスト像が安置されている。

草原に建つヴィース教会

投稿 フュッセンからヴィース教会へタクシーで行きましたが、ヴィースから帰りのタクシーが1台もいませんでした。バスがない時間に行く場合、タクシーは往復でお願いしたほうがいいです。（東京都　齋藤玲奈　'23）['24]

HOTEL ✦ フュッセンのホテル

　大型ホテルは少なく、旅行シーズン中は満室になることも多いので、早めに予約をしておいたほうがよい。特にシングルルームは少ない。フュッセンにはホテル以外にも小規模な宿泊施設であるガストホーフやペンション（→P.533）が多数あり、料金はホテルより安めのところが多いので、観光案内所のサイトやホテル予約サイトで探してみてもいいだろう。なお、フュッセンでは宿泊代に保養税Kurtaxeが1人1泊€2.20加算される。

H ルイトポルトパルク　　　　Luitpoldpark

フュッセン最大のホテル

　駅から歩いて1〜2分。フュッセンでいちばん大きく（131室）、近代的な設備のホテル。エアコン（冷房）なし。グループツアーの利用が多く、チェックインやチェックアウトが重なると時間がかかる。建物地下にはスーパーも入っていて、何かと便利。

高級ホテル　　MAP ◆ P.237-A1
住Bahnhofstr. 1-3　D-87629
☎(08362) 9040
URL www.luitpoldpark-hotel.de
料Ⓢ€162〜　Ⓣ€178〜
カード A J M V
Wi-Fi 無料

H シュロスクローネ　　　　Schlosskrone

ケーキの香りに包まれたホテル

　フュッセンの駅から歩いて5分とかからない4つ星ホテル。ホテルを拡張（旧称クーアカフェ）し、さまざまなタイプの客室がある。1階は創業1896年のケーキ店兼カフェ・レストランになっていて、食事メニューも各種ある。

高級ホテル　　MAP ◆ P.237-A1
住Prinzregentenplatz 2-4　D-87629
☎(08362) 930180
URL www.schlosskrone.de
料Ⓢ€165〜　Ⓣ€209〜
カード A D J M V
Wi-Fi 無料

H ヒルシュ　　　　Hirsch

バイエルン地方の雰囲気がいっぱい

　❶の東の先にあるきれいなホテル。71室あり、日本のグループツアーがよく利用する。館内にはアンティークの家具や調度を配しており、木を多用したバイエルン風のレストランも好評。夏にはビアガーデンもオープンする。

中級ホテル　　MAP ◆ P.237-A2
住Kaiser-Maximilian-Platz 7　D-87629
☎(08362) 93980
URL www.hotelfuessen.de
料Ⓢ€118〜　Ⓣ€154〜
カード A J M V
Wi-Fi 無料

H ゾンネ　　　　Via Hotel Sonne

歩行者天国の入口に建つホテル

　1階がみやげ物屋、2階がレストラン、3階から上が客室になっている。部屋のサイズによってさまざまなコンセプトに沿ったインテリアなので、サイトの画像を見て選ぶといい。オリエント風のスパエリアもあり、さまざまなサウナが用意されている。

中級ホテル　　MAP ◆ P.237-A1
住Prinzregentenplatz 1　D-87629
☎(08362) 9080
URL www.hotel-sonne.de
料Ⓢ€99〜　Ⓣ€129〜　朝食別€18.50
カード A D M V
Wi-Fi 無料

JH ユーゲントヘアベルゲ　　　　Jugendherberge

人気が高いユースホステル

　フュッセン駅を出て、線路を戻るように歩いて西へ15〜20分。途中、案内表示が出ている。チェックイン17：00〜22：00、チェックアウト7：00〜10：00。35室、148ベッド。学生の団体利用が多く、人気があるので早めに予約をしたほうがよい。11/15〜12/26は休業。

ユースホステル　MAP ◆ P.237-A1 外
住Mariahilferstr. 5　D-87629
☎(08362) 7754
URL www.jugendherberge.de
料€34.40〜　トリプルルーム€117〜
カード M V
Wi-Fi 共有エリアのみ可（無料）

MEMO　フュッセンの食事で便利なのがライヒェン通りに入って右側の**ヴィンツェンツムルVinzenzmurr**という肉屋兼総菜店。シュニッツェルなどの肉料理をセルフの立食、またはテイクアウトで味わえて安くすむ。日・祝休業。

241

HOTEL ✦ ノイシュヴァンシュタイン城の麓の村 シュヴァンガウの宿

　フュッセンからバス、またはタクシーで移動してシュヴァンガウに泊まれば、ノイシュヴァンシュタイン城が比較的すいている朝や夕方に見学できたり、ライトアップを見ることもできる。またアルプ湖などを散策するのもおすすめ。料金も部屋の広さや設備のわりには安くなる。なお、宿泊料金には保養税Kurtaxeが1人1泊€1.90〜加算される。

H アメロン

城の眺めがいいホテル

Hotel AMERON Neuschwanstein Alpsee Resort & Spa

　2019年開業の高級ホテル。スパ＆ウェルネスセンター（屋内プール、フィットネスセンター、サウナ）が自慢。城を眺めながら取る朝食は旅の印象に残る。ここに泊まったら、城だけでなく、アルプ湖散策も楽しみたい。冬期休業あり。

高級ホテル　　MAP ◆ P.238
住 Alpseestr. 21　D-87645
☎ (08362) 70300
URL www.ameronhotels.com
料 S€204〜　T€237〜
カード A M V
Wi-Fi 無料

H ヴィラ・ルートヴィヒ

全室スイートでゆったり

Villa Ludwig Suite Hotel

　ホーエンシュヴァンガウのバス停から徒歩約5分。ほとんどの部屋からノイシュヴァンシュタイン城が望める。ゆったりしたスイートタイプの客室から城を眺めるのは最高の贅沢。館内にはサウナやリラックスガーデンも完備。1月中旬〜下旬は休業。

高級ホテル　　MAP ◆ P.238
住 Colomanstr. 12　D-87645
☎ (08362) 929920
URL www.suitehotel-neuschwanstein.de
料 S€189〜　T€209〜
カード M V
Wi-Fi 無料

H アルペンシュトゥーベン

アルプスの山小屋のような宿

Alpenstuben

　ホーエンシュヴァンガウのバス停から城のほうへ続く緩やかな坂道を上って徒歩約2分。1階はレストランとみやげ物屋。3人部屋、4人部屋もあり。1月上旬〜2月下旬休業。エレベーターなし。

中級ホテル　　MAP ◆ P.238
住 Alpseestr. 8　D-87645
☎ (08362) 98240
URL www.alpenstuben.de
料 S€130〜　T€140〜
カード J M V
Wi-Fi 無料

H アルブレヒト

モダンで明るいペンション

Romantic Pension Albrecht

　ホーエンシュヴァンガウのバス停から徒歩約5分。スタイリッシュなインテリアの6室中、4室からはノイシュヴァンシュタイン城が見られる。城のベストビューは5号室。6号室では両方の城が見える。トイレが室外にある部屋も1室ある。

中級ホテル　　MAP ◆ P.238
住 Pfleger-Rothutweg 2　D-87645
☎ (08362) 81102
URL www.albrecht-neuschwanstein.de
料 S T€106〜
カード A J M V　Wi-Fi 無料
※チェックインは17：00〜20：00。この時間外を希望の場合は事前に要連絡。

INFORMATION

ショッピングはここで

　フュッセンのショッピングセンター、**テレージエンホーフTheresienhof**（住 Kaiser-Maximilian-Platz 5 ◆ Map P.237-A2 休 日・祝）には大型スーパーやドラッグストア、スポーツウエアショップなどが入っている。

　ホーエンシュヴァンガウのバス停すぐ近くにあるギフトショップ、**アポロApollo Duty Free**（住 Hohenschwangau 1A ◆ Map P.238 休 無休）は、スーツケースやドイツ製のキッチン用品、シュタイフのぬいぐるみ、小物まで多彩な品揃え。免税手続きもしてくれる。

MEMO ホテル・ミュラー（◆ Map P.238）は冬期は休業または週末のみ営業だが、併設のおみやげショップ・ミュラーは通年営業。この店の前からノイシュヴァンシュタイン城行きの馬車が出発している。

ミュンヘンの新市庁舎とマリエン広場。双塔がシンボルのフラウエン教会

ミュンヘンとアルペン街道
München / Deutsche Alpenstraße

バイエルンの民族
衣装姿のスモー
カー人形

アルプスの麓の
壁絵の町ミッテ
ンヴァルト

ミュンヘン新市庁
舎の塔の先端には
ミュンヘン小僧が
立っている

オクトーバーフェストで盛り上がる！

ケーニヒス湖の遊覧船で行く聖バル
トロメー教会（ベルヒテスガーデン）

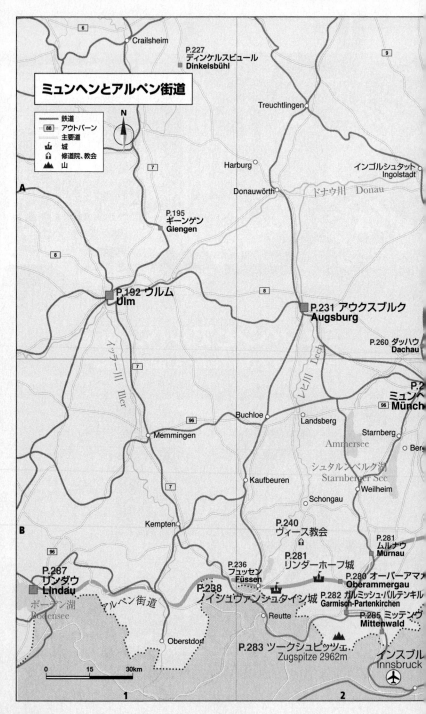

ミュンヘンとアルペン街道

鉄道
アウトバーン
主要道
城
修道院、教会
山

N

Crailsheim

6

P.227
ディンケルスビュール
Dinkelsbühl

Treuchtlingen

9

Harburg

インゴルシュタット
Ingolstadt

Donauwörth

ドナウ川　Donau

A

P.195
ギーンゲン
Giengen

7

8

P.192 ウルム
Ulm

8

P.231 アウクスブルク
Augsburg

P.260 ダッハウ
Dachau

7

P.2
ミュンヘ
München

96

Buchloe

Landsberg

Starnberg

96

Memmingen

Ammersee

Berg

シュタルンベルク湖
Starnberger See

Kaufbeuren

Weilheim

7

Schongau

B

Kempten

P.240
ヴィース教会

P.281
ムルナウ
Murnau

96

P.287
リンダウ
Lindau

P.281
リンダーホーフ城

P.236
フュッセン
Füssen

P.280 オーバーアマ
Oberammergau

ボーデン湖
Bodensee

アルペン街道

P.238
ノイシュヴァンシュタイン城

P.282 ガルミッシュ・パルテンキル
Garmisch-Partenkirchen

Reutte

P.285 ミッテンヴ
Mittenwald

Oberstdorf

P.283 ツークシュピッツェ
Zugspitze 2962m

インスブル
Innsbruck

0　　15　　30km

1

2

ミュンヘンとアルペン街道 ▼ 広域図

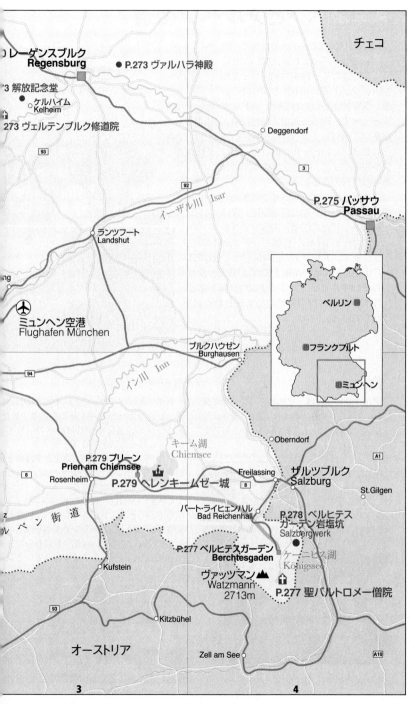

レーゲンスブルク
Regensburg

● P.273 ヴァルハラ神殿

3 解放記念堂
● ケルハイム
　　Kelheim

273 ヴェルテンブルク修道院

`93`

○ Deggendorf

`3`

`92`

イーザル川 Isar

P.275 パッサウ
Passau

○ ランツフート
　Landshut

チェコ

ベルリン ■

■ フランクフルト

✈ ミュンヘン空港
Flughafen München

ブルクハウゼン
Burghausen

■ ミュンヘン

`94`

イン川 Inn

キーム湖
Chiemsee

○ Oberndorf

`A1`

P.279 プリーン
Prien am Chiemsee

`8`
Rosenheim ○

Freilassing ○

ザルツブルク
Salzburg

St.Gilgen ○

P.279 ヘレンキームゼー城

バート・ライヒェンハル
Bad Reichenhall

`8`

P.278 ベルヒテス
ガーデン岩塩坑
Salzbergwerk

ル ペ ン 街 道

P.277 ベルヒテスガーデン
Berchtesgaden

ケーニヒス湖
Königssee

○ Kufstein

ヴァッツマン ▲▲
Watzmann
2713m

P.277 聖バルトロメー僧院

`93`

オーストリア

○ Kitzbühel

Zell am See ○

`A10`

3

4

245

ミュンヘンとアルペン街道

バイエルン州はドイツのなかで一番面積が広い。バイエルン人はいまだに「州」ではなく「自由共和国バイエルンFreistaat Bayern」と誇り高く呼ぶ。保守的ともいわれるが、北ドイツ人と比べて、明るく人懐こい性格の人が多い。州都ミュンヘンは世界的に知られるおいしいビールの町。シーメンスやBMWなど、有名企業の本拠地がある産業都市でもある。

アルペン街道は、南ドイツの風光明媚な山岳リゾート地を結ぶ街道。東はオーストリアとの国境に隣接するベルヒテスガーデンから、西はボーデン湖畔の町リンダウまで、アルプスの山々に沿って延びている。全長約500kmの街道上には、ガルミッシュ・パルテンキルヒェン、ミッテンヴァルトなど、アルペンスポーツの基地として知られる町が点在している。

上／一度は体験したい、世界最大のビール祭りオクトーバーフェスト　下／ドイツ最高峰ツークシュピッツェの山頂

周遊のヒント

アルペン街道には、すべての町をつなぐ交通機関はない。鉄道利用の場合は、ミュンヘンが起点となる。路線バスは、町から町をつなぐ地元の人の足ではあるが、観光用にも利用できる。ただし、土・日曜は本数が極端に減るので気をつけたい。

上／ミュンヘン中央駅は南ドイツの鉄道網の中心　下／アルプス地方のローカル線はのどかな車窓を楽しめる

ステイガイド

ドイツ人はマイカーでこの地域を楽しむので、レンタカーを利用するのもおすすめだ。アルプスの山並みを眺めながらのドライブは、心に残る体験となるだろう。

アルペン街道沿いには、朝食と夕食の2食付き（ハルプペンジオン Halbpension という）での滞在を受ける宿もある。ハルプペンジオンの場合の夕食は、食事の開始時間がほぼ決まっているとか、メニューを選べないなどの条件があるが、レストランで夕食を取るよりもかなり割安なので、長期滞在客が多いヨーロッパの山岳リゾートで採用されているシステムだ。

1階はレストラン、2階から上がホテルという形態のガストホーフが多いガルミッシュ・パルテンキルヒェン

ミュンヘンとアルペン街道 ▼ イントロダクション

名産品と料理

ビールの都ミュンヘンでは、まずは**ビール**。市内中心部には醸造所直営のビアホールやビアレストランがあり、連日にぎわっている。ビールの種類も多いので、好みの味を発見する楽しみも（ビールの注文の仕方は→P.32）。

バイエルン料理は、骨付きの豚のすね肉をグリルした**シュヴァイネハクセSchweinehaxe**など、ボリュームたっぷりの肉料理がメイン。

おすすめはなんといっても、ふんわり軟らかな食感の白ソーセージ、**ヴァイスヴルストWeißwurst**（→P.262）。

チーズディップの一種**オバツダObatzda**もバイエルンに来たら味わいたいもののひとつ。スライスしたパンに塗って食べることが多く、ビールのつまみとしても出される。

刻み玉ネギやスパイス入りでさまざまな味があるオバツダ

白ソーセージは独特の甘いマスタードと一緒に食べる

骨付きでワイルドな肉料理シュヴァイネハクセ

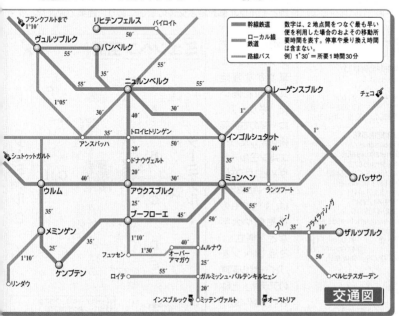

交通図

ミュンヘン

München

オクトーバーフェストの
ウエートレス

ベルリン●

フランクフルト●

ミュンヘン★

MAP ◆ P.244-B2	
人　口	148万8200人
市外局番	089

ACCESS
鉄道：フランクフルトから
ICE特急で約3時間10分。オーストリアのザルツブルクからRJX特急で約1時間30分。スイスのチューリヒからEC特急で約3時間30分。

❶ミュンヘンの観光案内所
☎(089)23396500
URL www.muenchen.travel

●新市庁舎内の ❶
住Marienplatz 8
　（新市庁舎1階）
○Map P.253-B3
開月～金　　10：00～18：00
　　土　　　 9：00～17：00
　　日　　　10：00～14：00
休カーニバルの火曜、5/1、11/1、12/25・26、1/1・6

●中央駅北側の ❶
住Luisenstr. 1
○Map P.252-A1
開月～土　　 9：00～17：00
　　日　　　10：00～14：00
（季節により変更の場合あり）

●日本総領事館
Japanisches
Generalkonsulat
住Friedenstr. 67
　（4.Stockドイツ式4階）
D-81671 München
○Map P.251-B4外
☎(089)4176040
FAX(089)4705710
URL www.muenchen.de.emb-japan.go.jp
開月～金　　 9：00～12：30
　　　　　　14：00～16：00
休土・日・祝、年末年始

新市庁舎が建つマリエン広場はミュンヘンの中心

　ドイツ南部に広がるバイエルン州の州都ミュンヘンは、ベルリン、ハンブルクに次ぐドイツ第3の大都市。しかし都会というよりも、田舎町のようにのどかなあたたかさを感じる。人々はお祭り騒ぎが大好きで、市内には巨大なビアホールが何軒もあり、ジョッキ片手のおしゃべりは果てることがない。その頂点は、毎年9月下旬から開催される世界最大のビール祭りオクトーバーフェストだ。

　町の発展は12世紀頃から始まった。ザルツブルクなど塩の産地とドイツ北部を結ぶ交通の要衝にあり、商業で栄えた。ヴィッテルスバッハ家の居城レジデンツがおかれ、華やかな宮廷文化が花開いた。ギリシア・ローマの古典芸術を愛したバイエルン王ルートヴィヒ1世（在位1825～1848年）は、いくつもの博物館や大学などを創立し、ミュンヘンを「イーザル河畔のアテネ」と称される都に造り上げた。

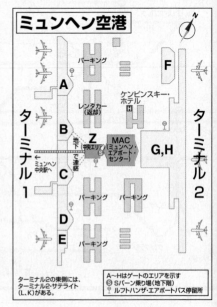

ミュンヘン空港

ターミナル1

ターミナル2

パーキング

A

B

C

D

E

レンタカー
（返却）

地下で連絡

ミュンヘン
中央駅へ

Z
（中央エリア）

S

MAC
（ミュンヘン・
エアポート・
センター）

ケンピンスキー・
ホテル

H

F

G,H

パーキング

パーキング

パーキング

N

ターミナル2の東側には、
ターミナル2・サテライト
（L、K）がある。

A～Hはゲートのエリアを示す
S S バーン乗り場（地下階）
❶ ルフトハンザ・エアポートバス停留所

ミュンヘン到着

飛行機で着いたら

ミュンヘンの中心から北東へ、約28.5kmの所にある**ミュンヘン空港Flughafen München**（空港コード：MUC）。日本から直行便で到着したら、英語も併記してある案内表示に従って、パスポートを提示する**入国審査（パスポートコントロール）Passkontrolle**、出発時に預けたスーツケースを引き取る**手荷物受取所Gepäckausgabe**、**税関審査Zollkontrolle**の順に手続きをする（→P.516）。

ターミナル2からSバーンを利用してミュンヘン中心部へ行く場合は、テント屋根の広場MACを抜けて中央エリアZの地下ホームへ。

空港と市内のアクセス

Sバーン2路線（Ⓢ1、Ⓢ8→路線図は巻頭折り込み地図1枚目裏面にあり）とルフトハンザ・エクスプレスバスが運行している。料金等詳細は下の表参照。

タクシーは市内中心部まで所要40〜45分、料金は€90〜100が目安。レンタカーは、ターミナル1のエリアAの向かいにあるレンタカーセンターで借りる。なお、市内中心部は一般車両の通行を制限していて、目指すホテルまで大回りをすることになったりと、慣れないと走りにくい。

鉄道＆バスで着いたら

ミュンヘン中央駅München Hbf.はヨーロッパ各地からの国際列車や、ドイツ各地からの列車が発着する、行き止まり式の巨大なターミナル駅。空港からのSバーンは地下ホームの発着。

長距離バスの**中央バスターミナルZOB**は、中央駅からSバーンでひと駅西側のHackerbrückeに隣接している。

日本からの直行便もあるミュンヘン空港

●乗り継ぎ便の入国審査
ドイツ以外のEUシェンゲン協定実施国（→P.517）を経由する乗り継ぎ便を利用する場合は、経由地で入国審査を受けるので、ドイツでの入国審査は原則不要。

●ミュンヘン空港
➲Map P.250-B1
[URL]www.munich-airport.de

空港地下駅に発着するSバーン

●ミュンヘン中央駅は工事中
ミュンヘン中央駅は大規模な新改築工事を行っている。新たな駅は2030年頃完成予定。

ミュンヘン空港〜ミュンヘン中心部（中央駅、マリエン広場駅など）への交通手段 （2024年4月現在）

		空港発着場所	市内発着場所	運行時間	所要時間	料金
Sバーン	Ⓢ1	空港駅 地下ホーム	Sバーン中央駅 地下ホーム、マリエン広場駅ほか	空港駅発　月〜金4：31始発 土・日5：31始発 5：31〜翌0：11まで20分間隔で運行	中央駅まで約45分、マリエン広場駅まで約50分	片道€13.60 エアポート・シティ・デイ・チケットAirport-City-Day-Ticketは購入時から翌朝6：00まで空港を含むミュンヘン全区域（M-5）に何度でも乗車でき、€15.50。2〜5人の場合はグループ用Gruppeがあり€29.10。空港駅の自動券売機で購入できる。空港駅で購入した場合は使用開始時の刻印は不要。
				中央駅発（※下欄MEMO参照）3：41、4：21、5：01〜23：11まで20分間隔で運行	中央駅から空港まで約45分	
	Ⓢ8	空港駅 地下ホーム	Sバーン中央駅 地下ホーム、マリエン広場駅ほか	空港駅発 4：04〜翌1：24までほぼ20分間隔で運行	中央駅まで約40分 マリエン広場駅まで約35分	
				中央駅発 3:13〜23:33まで20分間隔、0:13〜2:33まで40分間隔で運行	中央駅から空港まで約45分	
ルフトハンザ・エクスプレスバス		ターミナル2、中央エリア、ターミナル1（エリアD）	（途中ミュンヘン・ノルトフリートホーフNordfriedhof停車）中央駅北側のアルヌルフ通りArnulfstr.12付近	空港発 ターミナル2　6：25〜22：25 20分間隔 中央駅発 5：15〜19：55まで 20分間隔	約45分	片道€13（ウェブ購入€12） 往復€20.50（ウェブ購入€19.30） [URL]www.airportbus-muenchen.de

[MEMO] 空港行きのⓈ1は、途中駅Neufahrnで、Freising行きと空港駅行きに切り離される列車もあるので、乗車時に車両を確認すること。

ミュンヘン全図
MÜNCHEN

- U ── Uバーン（地下鉄）
- S ── Sバーン（近郊電車）
- Ⓗ ホテル
- ⛺ ユースホステル、ユースアコモデーション
- Ⓢ ショップ
- Ⓡ レストラン（含ビアホール、ファストフード）
- Ⓒ カフェ
- ❶ ツーリストインフォメーション
  （観光案内所）

A ミュンヘンの交通路線図は巻頭折り込み地図の
裏面にあります。

P.265
ニンフェンブルク
王室陶磁器工房 Ⓢ

P.259
ニンフェンブルク城
Schloss Nymphenburg

Nymphenburger Kanal
Roman- str.
Nibelungenstr.
Arnulfstr.
Rondell
Neuwittelsbach
Nymphenburger Str.

Westfriedhof U
U Gern
Wasenstr.
str.

Dom Pedro-
Platz
Dom Pedro-Str.

Dachauer Str.
Leonrodstr.

U Rotkreuzpl.

Ⓗ Jugendherberge
München-City

Landshuter Allee
Mittlerer Ring

P.260 オリンピック
Olympiat
オリンピア・シュタディ
Olympia-Stadion
Sc

Maillingerstr. U

ミュンヘンとその周辺

⑪ Freising

P.260
ダッハウ強制収容所跡
KZ-Gedenkstätte
Dachau

⑬ ⑨
㊄ P.249 ミュンヘン空港
Flughafen
München

㊄
Unter-
Schleißheim
Ober-
Schleiß-
heim
シュライスハイム城
Schloss Schleißheim
③⑧⑧

ダッハウ
Dachau
Dachau
Ismaning

P.261 アリアンツ・アレーナ・
Allianz Arena
⑪ ㊃⑦⑪

⑧
④⑦⑪
ミュンヘン
中央駅
Riem
⑨④

ニンフェンブルク城

B
Fürstenfeldbruck
②

赤ワク内が
本図の部分

⑨⑥

⑨⑨
⑪
バヴァリアフィルムシュタット
Bavaria Filmstadt
⑬

⑨⑤
シュタルンベルク
Starnberg
②
ベルク城
Schloss Berg
ベルク
Berg
Votiv-Kp.

シュタルンベルク湖

Wolfratshausen

⊕ Ammerland
⊕ Ambach

Arnulf- str.
Augu
Marsplatz
ZO
（中央バスターミナル
Ⓢ Donnersberger-
brücke
Donnersberger-
brücke
Landsberger Str.
Westend-
str.
Heimeran-
pl.
Heimeranpl. U
P.41 テレージエンヴ
（オクトーバーフェスト
Theresie
女神バヴァ
Bavaria

Schwanthalerhöhe
Gollierstr.
Ridlerstr.
Hansastr.
Ganghoferstr.
Schießstättstr.
Theresienhöhe

至ローゼンハイム／ザルツブルク

凡例
- ⑧ アウトバーン（高速道路）
- ── その他の主要道
- ─Ⓢ─ Sバーン
- ⛫ 城
- ⛪ 教会・修道院

N

250

1

Bad Tölz

2

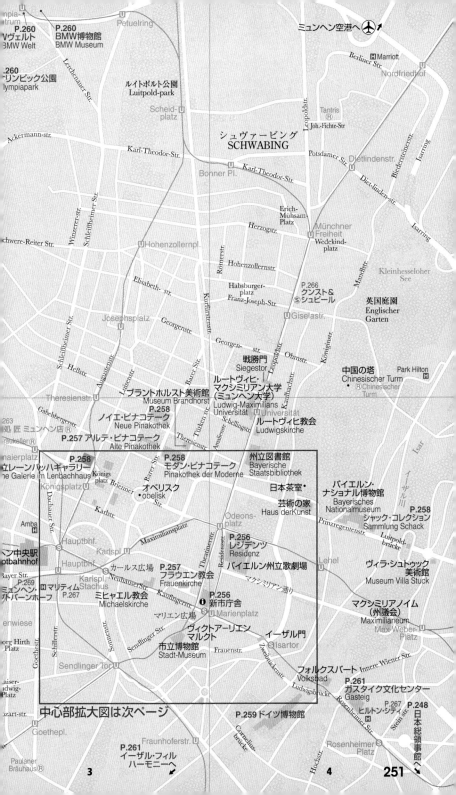

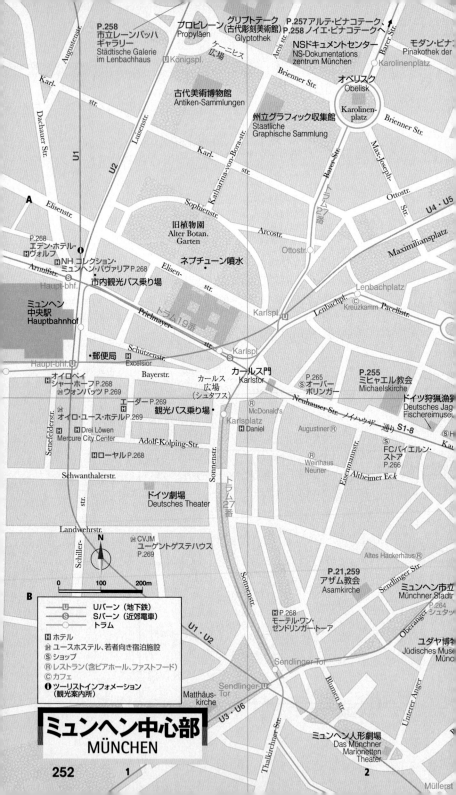

ミュンヘン中心部
MÜNCHEN

シュヴァービングへ↑

Schönfeld str.

英国庭園
Englischer Garten

日本茶室

Von-der-Tann-Str.

芸術の家
Haus der Kunst

Oskar-von-Miller-Ring

Ludwigstr.

U3・U6

Galerie str.

Prinzregenstr.

Wittels-bacherpl.

P.264 レイトポルト Ⓒ
Brenner Str.

Ⓤ Odeonspl.

ホーフガルテン
Holgarten

州立エジプト美術収集館
Staatliche Sammlung
• Ägyptischer Kunst

Franz-Josef-Strauß-R.

テアティーナー教会
Theatinerkirche
Ⓡ
カーマリア

オデオン広場 Hofgartenstr.
Odeons-platz

Ⓤ4・Ⓤ5

将軍堂・
Feldherrn-halle

Salvatorstr.

P.256
レジデンツ（博物館、宝物館）
Residenz

St-Anna-

Karl-Scharnagl-Ring

クンストハレ
Kunsthalle

Ⓢ 無印良品

Residenzstr.

P.261
バイエルン州立歌劇場
Bayerische Staatsoper
(Nationaltheater)

バイエルン
州立歌劇場
前売り窓口

リッシャー・ホーフ P.267
ンフ・ヘーフェ

Theatinerstr.

P.263
シュバーテンハウスⓇ

Kreuzkamm

ツム・フランツォスコーナー Nationaltheater

Theatinerstr.

Ⓡ Brenner
ケンピンスキー・ホテル・
フィーア・ヤーレスツァイテン P.267

Kammerspiele

Ⓢ フェラガモ P.266

TheatinerSt.

Schaflerstr.

アイグナー
P.266

マキシミリアン通り
Maximilianstr.

トラム19番

P.266

Weinstr.

ルイ・ヴィトン
P.266 プラダ
P.266 シャネル
P.266

エルメス
P.266

バイエルン・
ワールド P.266 マヌファクトゥム
P.266 ダルマイヤー

Hofgraben
Münzhof

グッチ P.266
P.266 カルティエ Ⓢ

エン教会
kirche

Bauer & Hieber

アルター・ホーフ P.268
Alter Hof プラッツル

Am
Kosttor

P.256 新市庁舎
Neues Rathaus

ⓘ

Dienerstr.

Platzl

P.262
ホーフブロイハウス

Hildegardstr.

GO
AⓈ

Marienpl.
Marienplatz

P.263

FC Bayern Fan-Shop

Ⓗ マンダリン・オリエンタル P.267

Thomas-Wimmer-Ring

Rosenstr.

Sporthaus
Ⓢ Schuster

markt

カーツケラー

リシャルト

ルートヴィッヒ・ベック P.265
旧市庁舎（おもちゃ博物館）
Altes Rathaus
(Spielzeugmuseum)

Ledererstr.

Kanalstr.

Rinderst.

P.257
ペーター教会
Peterskirche

Ⓡ シュナイダー・ブロイハウス P.263

Ⓡ ヘアシャフツツァイテン P.263

クスターマン P.265

P.264
ヴィクトアーリエンマルクト
Viktualienmarkt

聖霊教会
Heiliggeist-kirche

Tal

イーザル門
Isartor
（ファレンティン・ムゾイム）
Valentin-Musäum）

Thiersch str.

Ⓒ Frischhut

Westenriederstr.

Ⓢ basic

sental

シュランネンハレ
Schrannenhalle
Ⓢ イータリー P.264

Frauenstr.

Ⓢ Isartor

S1-8

Thierschstr.

Cornelius str.

Cornelius str.

Klenzestr.

Baader str.

Zweibrückenstr.

Ludwigsbrücke

イーザル川

Isar

Steinsdorf str.

Gärtner-platz

3

P.259
ドイツ博物館
Deutsches Museum

Erhardstr.

4

253

ホームに入場する手前の刻印機。「HIER ENTWERTEN」と書かれている乗車券は必ず刻印を

●ミュンヘン交通連合
[URL]www.mvv-muenchen.de

(※注1)バス、トラム車内の券売機で購入したチケットはすでに時刻が記載されているので刻印不要。なお、中央駅やSバーン駅構内などにあるドイツ鉄道DBの券売機では、刻印済みか、あるいは未刻印のチケットかを画面で選択してから購入できる。

●ツーリスト向きのカード
以下のカードは各有効期間内に市内公共交通機関が乗り放題になるほかに、いくつかの美術館などの見どころや市内観光バスなどが、割引料金または無料になる。下記のどれを選べばよいか迷うが、各サイトで自分の行きたい見どころが割引対象かどうかをチェックして検討するといい。観光案内所やMVVの案内センター、自動券売機、オンラインなどで購入できる。
以下の料金表記は乗車有効範囲が市内中心部(ゾーンM)／ミュンヘン全域(ゾーンM-6)のもの。

シティツアーカード
CityTourCard
[URL]citytourcard-muenchen.com
博物館や見どころなどの入場料は割引。
24時間　€17.50／€28.50
48時間　€25.50／€41.50
3〜6日間用、グループ用もある。

ミュンヘン・カード
München Card
[URL]www.muenchen.travel/artikel/gaestekarten
シティツアーカードと内容はほぼ同じだが、割引物件や割引率は一部異なる。
24時間　€18.90／€27.90
2日間　€24.90／€37.90
3〜5日間用、グループ用もある。

ミュンヘンシティパス
München City Pass
[URL]www.muenchen.travel/artikel/gaestekarten
おもな博物館などの見どころの入場が無料、指定の観光バスにも無料で乗車できる。
24時間　€54.90／€64.90
2日間　€76.90／€86.90
3〜5日間用、グループ用もある。

ミュンヘンの市内交通

※市内交通路線図は巻頭折り込み地図1枚目の裏面参照。

青い刻印機より先には、有効の乗車券がないと入ってはいけない

Sバーン(近郊電車、以下Ⓢマークで表記。鉄道パス有効)と、Uバーン(地下鉄、以下[U]マーク)、トラム(市電)、バスのネットワークが、**ミュンヘン交通連合MVV**を構成している。乗車券はMVV共通でゾーン制料金システムを採っており、中心部の[M]ゾーンを出たら、目的地までいくつのゾーンにまたがるかによって料金が設定されている。乗車券は乗車前に自動券売機で買い、Ⓢ[U]ならホームに下りる手前に設置されている**刻印機**で、バスやトラムなら乗車後すぐに車内の刻印機で時刻を刻印すること(※注1)。忘れると不正乗車とみなされる。有効時間内、有効ゾーン内、同方向であれば、これらの交通機関同士、何度乗り換えてもいい。

Uバーンの新型の券売機には日本語表示もある

チケットのおもな種類と料金

移動するゾーン ([M]ゾーン発以外はここでは略)	1回乗車券(片道) Einzelfahrkarte	1日乗車券 Tageskarte
[M]ゾーン内	€3.90	€9.20
[M]-①ゾーン	€5.80	€10.50
[M]-②ゾーン	€7.70	€11.50
[M]-③ゾーン	€9.70	€12.70
[M]-④ゾーン	€11.60	€14
[M]-⑤ゾーン	€13.60	€15.50
[M]-⑥ゾーン	€15.40	€16.80

名称	有効乗車範囲	料金
短区間券Kurzstrecke	バス、トラムは4駅、Sバーン、Uバーンは2駅まで乗車可	€1.90
イーザルカードIsarcard	[M]ゾーン内1週間有効。M-⑥まであり	€21.10〜

●ミュンヘン交通ゾーン

ダッハウのように駅名にゾーンが①/②とふたつ表記されている場合は、目的地としてどちらか近いほうのゾーンを選択できる。中央駅からダッハウへ行く場合は[M]-①ゾーンの料金(€5.80)でよい。同様に中央駅からアリアンツアレーナの最寄り駅のフレットマニングへは、[M]ゾーン内の料金でよい。

[MEMO] ミュンヘンのバスやトラムの中には、券売機が設置されているが、使えるのはコインだけで、紙幣は使用できない。車内で買う場合は、乗車前に購入金額分のコインがあるかどうか確認しておこう。

歩き方

中央駅の正面から延びる**シュッツェン通りSchützenstr.**または**バイエル通りBayerstr.**を歩くと5分ほどで大噴水のある**カールス広場Karlsplatz**に出る。カールス門をくぐると歩行者天国の**ノイハウザー通りNeuhauser Str.**が

カールス門から延びる歩行者天国

延びている。ここがデパートやレストランが軒を連ねるミュンヘンのメインストリートだ。

白いファサードのミヒャエル教会

ルートヴィヒ2世をはじめとするヴィッテルスバッハ家の墓所が地下にある**ミヒャエル教会Michaelskirche**を過ぎると、**新市庁舎Neues Rathaus**のある、**マリエン広場Marienplatz**に出る。ここから北へ続く**テアティーナー通りTheatinerstr.**や**レジデンツ通りResidenzstr.**も、歩行者天国になっている。途中にはバイエルン王家の居城だった**レジデンツResidenz**と**バイエルン州立歌劇場Bayerische Staatsoper**が堂々たる姿を見せている。ここから東へ延びる**マクシミリアン通りMaximilianstr.**は高級ブランド店が並ぶ落ち着いたショッピングエリア。

マリエン広場から東へ延びる**タール通りTal**を進めば、旧市街の東端**イーザル門Isartor**に至る。また、マリエン広場から北上してオデオン広場を過ぎ、さらに**ルートヴィヒ通りLudwigstr.**を進むとミュンヘンの学生街になり、その先は学生たちに人気の**シュヴァービングSchwabing**というエリアに至る。おしゃれなカフェバーや、安いクナイペ(ドイツ風の居酒屋)が点在し、若者たちで毎夜にぎわっている。

また、カールス広場から北へ1kmほど行った所には、博物館や美術館が集中している。なかでも**アルテ・ピナコテーク、ノイエ・ピナコテーク、そしてモダン・ピナコテーク**の3館はミュンヘンに来たら見逃せない。

左はレジデンツ、右はバイエルン州立歌劇場

MEMO 19番のトラムは利用度が高い路線。中央駅前(❶の前あたり)の乗り場からSt.-Veit-Str.行きに乗り、新市庁舎に近いTheatinerstr.や、バイエルン州立歌劇場前のNationaltheaterで降りれば、ショッピングにも便利。

●観光バス
・ミュンヒナー・シュタットルントファーレン社
🔗www.stadtrundfahrten-muenchen.de
ホップオン・ホップオフコースは、市内のおもな見どころにストップし、自由に乗り降りできる。エクスプレスチケットは24時間有効€24、グランドチケットはニンフェンブルク城なども加わり24時間有効€29、48時間有効は€35。
市内周遊＋アリアンツ・アレーナ、ファンショップ訪問コース(€44、スタジアム入場料別)は4〜10月の月・木・金曜行。
・アウトドア・オーバーバイエルン社
🔗www.munichdaytrips.com
ノイシュヴァンシュタイン城とリンダーホーフ城(€69＋城の入場料)は所要約10時間30分。

●ミヒャエル教会
🏠Neuhauser Str. 6
🗺Map P.252-A2
🕐月〜土　　7：30〜19：00
　　日　　10：00〜22：00
礼拝中の見学は不可。
ヴィッテルスバッハ家の墓所
🕐月〜土　10：00〜12：30
　　　　　13：00〜17：30
　(土の夕方は〜16：30)
　(たびたび変更あり)
🚫日・祝、12/24・31
💰教会は無料、地下墓所は€2

地下墓所にあるルートヴィヒ2世の棺

●シュヴァービング地区
🗺Map P.251-A3〜A4
シュヴァービング地区では19世紀末にクレー、カンディンスキー、リルケ、カロッサ、トーマス・マンなど多くの芸術家や作家が活躍した。その頃の面影は残っていないが、おしゃれなカフェやバー、ディスコ、小劇場などが点在する、若者たちの芸術発信基地となっている。

●新市庁舎
⊞Marienplatz 8
◎Map P.253-B3
ⓊⓈMarienplatz 下車。
塔の入場
🕐10:00 ～ 20:00
（入場は閉場 20 分前まで）
※塔上に入れる人数は限定されており、🖥www.muenchen.
travel/angebote/buchen/
turmauffahrt-neues-rathaus#
で予約が必要。塔へはまず4.
Stock（ドイツ式 4 階）までエレベーターで行き、ここで受付を通ってから別のエレベーターで 9.Stock（同9階）まで昇る。
⊞カーニバルの火曜、5/1、11/1、
12/25・31、1/1・6
🎫 € 6.50、学生 € 5.50

グロッケンシュピールの馬上槍試合のシーン

●レジデンツ博物館
⊞Residenzstr. 1
（入口は Max-Joseph-Platz）
◎Map P.253-A3
ⓈⓊMarienplatz 下車、徒歩約 5 分、または 19 番のトラムで Nationaltheater 下車すぐ。
🖥www.residenz-muenchen.de
🕐3/23 ～10/20　9:00 ～18:00
10/21 ～3/22　10:00 ～17:00
（入場は閉場 1 時間前まで）
⊞カーニバルの火曜、12/24・
25・31、1/1
🎫 レジデンツ博物館€ 10、学生 € 9。宝物館€ 10、学生€ 9。宝物館とのコンビチケット€ 15、学生€ 13、バイエルンの城巡りチケット（→ P.211）有効。オーディオガイド無料（日本語あり）

レジデンツ通りResidenzstr.に面したレジデンツの中庭への入口には、楯を持つライオン像が立つ。この楯に触ると、幸せが訪れるという言い伝えがあり、通りすがりになでていく人の姿が見られる

おもな見どころ

楽しい仕掛け時計をもつ新市庁舎
Neues Rathaus ★★★

11:00 と 12:00 には多くの人が集まる

1867～1909 年に建てられたネオ・ゴシック様式の新市庁舎は、ドイツ最大の仕掛け時計**グロッケンシュピールGlockenspiel**で有名。聖金曜日と諸聖人の日を除く毎日、11:00 と 12:00（3 ～ 10 月のみ17:00 も）に約10分間、32体の人形が動き出す。この人形はなんと等身大。内容は、1568年のバイエルン大公の結婚を祝うもので、騎士が馬上槍試合をしたり（勝つのは青と白の旗のバイエルンの騎士！）、ビール樽を作る職人たちが踊る。21:00 には夜警と天使と**ミュンヘン小僧Münchener Kindl**が現れて、おやすみのあいさつをする。高さ85mの**市庁舎の塔**にはエレベーターで昇れる。

ヴィッテルスバッハ王家の宮殿レジデンツ
Residenz ★★★

バイエルン王家であるヴィッテルスバッハ家の本宮殿

14世紀後半から建造が始まって以来、たび重なる拡張により複雑な構造になっている。その中心をなすのが、数々の豪華な部屋や広間が続く**レジデンツ博物館Residenzmuseum**。ヴィッテルスバッハ家の人々の肖像画が121枚も並んだ**祖先画ギャラリー Ahnengalerie**や、華麗な丸天井が印象的な**アンティクヴァリウムAntiquarium**というホールは目を見張る。

王冠や金細工などの王家の宝物が展示された**宝物館Schatzkammer**は、レジデンツ博物館と入口は同じだが、チケット料金は別。

上／金色の飾りがまぶしく輝く祖先画ギャラリー
右／天井フレスコ画が優美なアンティクヴァリウム

ミュンヘンとアルペン街道 ▼ ミュンヘン

フラウエン教会とペーター教会
Frauenkirche und Peterskirche ★

フラウエン教会のネギ坊主のような頭の塔はミュンヘンのシンボル。1468～1488年にホール型教会(ハレンキルヒェ)というドイツ特有の後期ゴシック様式で建てられた。北塔は99mで南塔は100mの高さがある。南塔には86段の階段を上ってから高さ80mの所までエレベーターで昇れる。

新市庁舎の塔から見たフラウエン教会

マリエン広場から延びる路地**リンダーマルクトRindermarkt**を少し入ると、12世紀に起源を遡るミュンヘンで最も古い教区教会、**ペーター教会**がある。教会の南側に回り込むと塔の入口がある。高さは91mで、狭い階段を譲り合いながら約300段を歩いて上らなくてはならないが、眺めはフラウエン教会よりもすばらしい。

ペーター教会の塔の上からの眺望を楽しもう

●フラウエン教会
田Frauenplatz 1
◆Map P.252-B2～P.253-B3
Ⓤ Ⓢ Marienplatz下車。
◷月～土　　8:00～20:00
　日・祝　　8:30～20:00
　南塔のエレベーター
　月～土　 10:00～17:00
　日・祝　 11:30～17:00
　(エレベーターの最終入場
　16:30)
囲教会は無料、エレベーターは€7.50、学生€5.50

●ペーター教会
田Peterplatz 1
◆Map P.253-B3
◷塔の入場
　4～10月　　9:00～19:30
　11～3月
　月～金　　9:00～18:30
　土・日・祝 9:00～19:30
　(最終入場は閉館30分前)
※祝日の行事、悪天候等のため上れない場合もある。
囲カーニバルの火曜、1/1、聖金曜日
囲塔の入場€5、学生€3

絵画の神髄を満喫 アルテ・ピナコテーク
Alte Pinakothek ★★★

ヴィッテルスバッハ家が集めた15～18世紀の名画が並ぶ。「あらゆる芸術作品は、万人の目に触れなければならない」と言ったルートヴィヒ1世の命により、1836年に創立。特にドイツの画家デューラーの『四人の使徒』や『自画像』、アルトドルファーの『アレキサンダー大王の戦い』、ブリューゲル父子の作品は必見。

ヨーロッパを代表する美術館

名画の前での授業風景に出合うことも

名画に囲まれて至福のひととき

●アルテ・ピナコテーク
田Barer Str. 27
◆Map P.251-B3
Ⓤ2 Theresienstr.下車、徒歩約10分。または27、28番のトラム、100番のバスでPinakotheken下車、徒歩約2分。
⬛www.pinakothek.de/alte-pinakothek
◷木～日　 10:00～18:00
　火・水　 10:00～20:00
囲月、5/1、12/24・25・31、カーニバルの火曜
囲€9、学生€6
　日曜は€1
※上記は常設展のみの料金。特別展は別料金。モダン・ピナコテークやブランドホルスト美術館、シャック・コレクションに有効の1日券Tageskarte €12(特別展は別料金)

(MEMO) 美術館に入場する際、リュックや中型以上のバッグは、クロークかロッカーに預けるように注意を受ける。ロッカーは使用時に€1または€2のコインが必要だが、使用後は返却される。身軽なほうが、美術鑑賞は快適だ。

257

●ノイエ・ピナコテーク
住Barer Str. 29
Map P.251-B3
U2 Theresienstr.下車、徒歩約
10分。または27、28番のトラム、
100番のバスでPinakotheken
下車、徒歩約2分。
www.pinakothek.de/neue
-pinakothek

●シャック・コレクション
ドイツの19世紀後期ロマン
主義の作品を中心に所蔵。改
修中のノイエ・ピナコテーク
の所蔵作品も一部展示してい
る。
住Prinzregentenstr. 9
Map P.251-B4
100番のバスでReitmorstr./
Sammlung Schack下車2分。
www.pinakothek.de/
sammlung-schack
開水～日　10：00～18：00
休月・火、5/1、12/24・25・31
料€4（特別展は別料金）、学生
€3、日曜は€1

●モダン・ピナコテーク
住Barer Str. 40
Map P.251-B3
行き方は上記のノイエ・ピナ
コテークと同じ。
www.pinakothek.de/
pinakothek-der-moderne
開火～日　10：00～18：00
（木は～20：00）
休月、カーニバルの火曜、
5/1、12/24・25・31
料€10、学生€7
日曜は€1
アルテ・ピナコテークなどに
有効の1日券Tageskarte€12
（特別料金）

●市立レーンバッハギャラリー
住Luisenstr. 33
Map P.252-A1
U2、8 Königsplatz下車。
www.lenbachhaus.de
開火～日　10：00～18：00
木・金　10：00～20：00
休月、12/24
料€12、学生€6

フランツ・マルク『青い馬』

19世紀以降の絵画を集めた ノイエ・ピナコテーク
Neue Pinakothek ★★★

　「アルテ（古い）」に向かい合って建つ「ノイエ（新しい）」ピナ
コテークは、19世紀から20世紀初めの作品を展示する美術館。
クリムトやセガンティーニ、ゴッホ、ゴーギャン、セザンヌ、ルノ
ワール、モネなどユーゲントシュティールやフランス印象派の名
品を所蔵している。
　※2029年頃まで改修工事のため閉館中。一部主要作品は
アルテ・ピナコテークの1階とシャック・コレクション
Sammlung Schack（→左記）で公開している。

現代アートの複合美術館 モダン・ピナコテーク
Pinakothek der Moderne ★★★

　20世紀絵画を中心に、グラフィック、
現代彫刻、インスタレーション、ニュー
メディアミックス作品が展示されてい
る。建築部門ではミュンヘン工科大学所
蔵の建築モデルや写真、図面の展示など、
現代アートの複合美術館としてはドイツ
で最大規模。

吹き抜けの巨大な
ホールを中心に展示
室が広がっている

近現代美術の 市立レーンバッハギャラリー
Städtische Galerie im Lenbachhaus ★★

　ミュンヘンの「侯爵画家」、フランツ・フォン・レーンバッハの大
邸宅が、ミュンヘンで活躍したユーゲントシュティールや表現主
義の画家の名作を展示する美術館になっている。
　特にカンディンスキーのコレクションは見もので、初期から年代
ごとに変わっていく画風をたどることができる。
　マルク、ミュンター、ヤウレンスキー、マッケ、クレーをはじめと
する20世紀前半にミュンヘンで活躍した芸術家グループ「青騎
士」のメンバーの作品も充実している。

入口は新館側にある

レーンバッハ侯爵の邸宅と庭園部分

ミュンヘンとアルペン街道 ▼ ミュンヘン

理科の大好きな人には**ドイツ博物館**
Deutsches Museum ★★★

　自然科学と技術分野の博物館としては世界最大の展示面積を誇り、規模の大きさに圧倒される。旅客機や機関車の内部に入れるなど体験型の展示も多く、デモンストレーション用の実験

スライスしたエアバス機の展示は大迫力

コーナーもある。なお、改装のため一部見学できないエリアもある。無料のドイツ博物館アプリをダウンロードしておくと、展示エリアを確認したり、展示品を解説とともに見学できてわかりやすい（日本語なし）。

バロックの巨匠の傑作**アザム教会**
Asamkirche ★★

　正式には聖ヨハン・ネポームク教会というが、通常は建設した名匠アザム兄弟の名で呼ばれる。1733 〜 1746年に建設され、絢爛たる装飾が凝縮された内部は、後期バロックを代表する教会として評価されている。

バロックの美の世界に浸る

美人画ギャラリーがある**ニンフェンブルク城**
Schloss Nymphenburg ★★

　ヴィッテルスバッハ家の夏の離宮として、17世紀から19世紀半ばまで造営。戦争による破壊も免れ、「妖精の城」の名にふさわしい優美な姿を見せている。白鳥が浮か

優美な離宮ニンフェンブルク城

ぶ運河の後ろに左右対称の姿で建つ**本城Hauptschloss**内部は、ロココ様式の**祝祭の大広間Festsaal**や、ルートヴィヒ2世が誕生した王妃の寝室が見られる。圧巻は、ルートヴィヒ1世が愛した美女36人の肖像画が壁面を埋め尽くす**美人画ギャラリーSchönheitengalerie**で、このなかには、ルートヴィヒ1世を退位に追い込む原因となったといわれるスキャンダルを引き起こした踊り子ローラ・モンテスの肖像もあるので、探してみるのもおもしろい。

　本城の南側には**馬車博物館Marstallmuseum**があり、ルートヴィヒ2世の金細工の豪華な馬車やそりを展示。広大な庭園には、狩猟用の小さい城**アマリエンブルクAmalienburg**などの館が点在している。

●ドイツ博物館
🏠Museumsinsel 1
⬤Map P.251-B4/P.253-B4
Ⓢlsartor下車、徒歩約10分。または17番のトラムでDeutsches Museum下車、徒歩約5分(17番のトラムは、2024年は工事のため運休している)。
※2024年4月現在改修工事のため、博物館の正面入口は閉鎖中で、Cornelius Brückeという橋の近くに入口があり、マリエン広場(精霊教会の向かい側に停留所あり)から出る132番のバスでBoschbrückeまたはCorneliusbrücke下車、徒歩約5分。
🔗www.deutsches-museum.de
🕐9：00〜17：00
　(入場は閉館30分前まで)
🈳1/1、カーニバルの火曜、聖金曜日、5/1、11/1、12/24・25・31
💴€15、学生€8
　上記サイト内から日時指定チケットの購入が推奨されている。

●アザム教会
🏠Sendlinger Str. 32
⬤Map P.252-B2
ⓊSendlinger Tor下車。
🕐9：00 〜 19：00
　(礼拝の間は見学不可。冬期は短縮の場合あり)
💴無料

●ニンフェンブルク城
⬤Map P.250-A1
17番のトラムでSchloss Nymphenburg下車、徒歩約5分。
🔗www.schloss-nymphenburg.de
🕐3/28〜10/15
　　　　　　9：00〜18：00
10/16〜3/27
　　　　　　10：00〜16：00
　(入場は閉館30分前まで)
🈳1/1、カーニバルの火曜、12/24・25・31
💴本城€8、学生€7
　馬車博物館と陶磁器コレクションは€6、学生€5。庭園の城館Parkburgenは€5、学生€4。全館共通券€15、学生€13(冬期€12、学生€10)
　上記サイト内から日時指定のオンラインチケットを購入することもできる。
　バイエルンの城巡りチケット有効(→P.211)

美人画ギャラリーは必見

BMW博物館

●BMW博物館
㊟Am Olympiapark 2
◐Map P.251-A3
Ⓤ3 Olympiazentrum下車。
Ⓤwww.bmw-welt.com
㊐火～日　10:00～18:00
（入場は閉館30分前まで）
㊡月、12/24～26・31、1/1
㊎€10、学生€7

●BMWヴェルト
㊟am Olympiapark 1
◐Map P.251-A3
Ⓤwww.bmw-welt.com
㊐9:00～18:00
㊡12/24～26・31、1/1、ほか
に行事等のため休館あり
㊎無料
BMWの新車ショールーム兼納
車場。グッズショップやレスト
ランも入っている。

●BMW工場見学
工場内はガイドツアー
Werkführung（ドイツ語また
は英語。催行）で見学可。土・
日・祝には催行されない。申
し込みはⓊwww.bmwwelt.
com/de/ausstellungen/
fuehrungen.html#group
Werkから日時指定予約をす
る。所要約2時間。㊎€18～、
学生€14。

●オリンピック公園
◐Map P.250-A2～P.251-A3
Ⓤwww.olympiapark.de

●オリンピック塔
◐Map P.250-A2
Ⓤ3 Olympiazentrum下車、
徒歩約5分。
㊐9:00～23:00
（入場は22:30まで）
㊎€13

自動車好きはBMW博物館へ
BMW Museum　★★

BMW 本社ビルと博物館

　オリンピック公園のそばに建つ4本の筒型のビルはBMWの本社。この筒は自動車のシリンダーを表していて、通称4気筒ビルと呼ばれている。博物館は、そのすぐ隣のお椀のような建物。

　博物館から連絡ブリッジでつながれた向かい側には、**BMWヴェルトBMW Welt**という建物がある。ここはBMWの最先端テクノロジーを結集した巨大ショールームであると同時に、BMWの顧客への納車場も兼ねており、入場無料。ショップやレストランも併設している。

憧れの高級車の歴史をたどる博物館

地下鉄の入口に近いBMWヴェルトに入ると、ブリッジを渡って博物館へ行ける

オリンピック公園
Olympiapark　★

　1972年に開催されたミュンヘン・オリンピックの会場跡を、スポーツ施設やイベント会場とした公園。**オリンピック塔Olympiaturm**は高さ約290m、ドイツNo.1の高さを誇る塔。およそ180mの所に展望台と高級グルメレストランがある。

天気のよい日にはアルプスも見える

HISTORY　ダッハウ強制収容所跡 KZ-Gedenkstätte Dachau

　ミュンヘンの北西に位置する静かな町ダッハウ。ナチス支配下の1933年、ここにドイツで最初の強制収容所が造られた。ユダヤ人や、ナチスに反対するドイツ人やポーランド人が収容され、3万人を超える人々が命を奪われた。敷地内には、バラックが2棟だけ復元され、ガス室や焼却炉なども見学できる。目をそむけることなく歴史の事実を見つめるために、ドイツでは各地に強制収容所の跡が残されている。

行き方中央駅（地下）から⒮2で所要約20分のDachau Bahnhof下車。駅前から726番のバスで約7分のKZ-Gedenkstätte下車。中央駅からはⓂ-1ゾーン用の乗車券（€5.80）が必要。

㊟Pater-Roth-Str. 2a　D-85221 Dachau
◐Map P.250-B1　☎(08131) 669970
Ⓤwww.kz-gedenkstaette-dachau.de
㊐9:00～17:00　㊡12/24　㊎無料
9:30、11:00、13:15、14:45にドイツ語、10:15、11:45、14:00に英語のドキュメントフィルムが上映される（変更の場合あり）。

ドイツの負の歴史と向き合う場所

㊗投稿　ミュンヘンからRE（快速）で約2時間のブルクハウゼンBurghausenは、世界一長い城壁（1051m）を持つ城下町として知られています。城壁内は観光地の匂いがあまりしないのもまたよし。城から見えるザルツァッハ川の向こうは➡

♪ エンターテインメント&ナイトライフ

バイエルン州立歌劇場
Bayerische Staatsoper

　ドイツを代表するオペラハウス。マックス・ヨーゼフ1世が19世紀前半に王立劇場として建設。ワーグナーの『トリスタンとイゾルデ』『ニュルンベルクのマイスタージンガー』などが初演された。現在の建物は1963年の再建。9月中旬から翌年の6月までがシーズンで、ほぼ毎日オペラかバレエが上演される。また、夏に開かれる**オペラ・フェスティバル**Münchner Opern-Festspielのメイン会場となる。

歌劇場とマックス・ヨーゼフ1世の像

豪華な客席ホール

ガスタイク文化センター
Gasteig

　ミュンヘンを代表する複合文化施設で、大ホールのフィルハーモニーホールでは、**ミュンヘン・フィルハーモニー管弦楽団**をはじめ、さまざまなコンサートが開かれている。※2027年頃までの予定で改修のため閉館中。その間は**ガスタイクHP8Gasteig HP8**という複合文化エリア内にある**イーザル・フィルハーモニー Isarphilharmonie**が代替えホールとなっている。

●バイエルン州立歌劇場
住Max-Joseph-Platz 2
⦿Map P.253-A3
ⓈMarienplatz、ⓊOdeonsplatz下車、または19番のトラムでNationaltheater下車。
☎(089) 21851920（予約）
🌐www.staatsoper.de
前売り窓口
住Marstallplatz 5
圏月〜土　10:00〜19:00
※当日券は公演1時間前から劇場内の窓口で販売。
※インターネット予約が最も一般的な入手方法。英語表示もある。会員登録後クレジットカードで支払う。チケットは郵送してもらうか（送料必要）、チケットダイレクトとして自宅でプリントアウト、スマートフォンのQRコードのいずれかを選択する。
ガイドツアー
バイエルン王家専用席や舞台裏を見学できる。催行日は不定期で、🌐www.staatsoper.de/fuehrungenに掲載される。所要約60分。チケットは上記サイトで購入、€10。集合場所はFreunde-Foyer（北側入口Alfons-Goppel-Str.）。

●ガスタイク文化センター
住Rosenheimer Str. 5
⦿Map P.251-B4

●イーザル・フィルハーモニー
住Hans-Preißinger-Str. 8
⦿Map P.251-B3外
Ⓤ3 Brudermühlstr.下車、徒歩約8分。

サッカー・スタジアム情報

アリアンツ・アレーナ Allianz Arena
🌐 www.allianz-arena.de　⦿ Map P.250-B1

バイエルンの試合日は赤、TSV1860の試合は青にライトアップされる

昼は白いフィルムパネルが輝く

　ドイツで最新の設備を誇るスタジアム。6万6000人収容。**バイエルン・ミュンヘン**と、**TSV1860ミュンヘン**のホームスタジアム。

　スタジアム内の見学は**アレーナツアー Arena Tour**と**FCバイエルンミュージアムFC-Bayern-Museum**の見学とセットで€25。両方合わせて所要約2時間30分。人気があるのでオンラインで日時指定予約をしておくのがおすすめ。

●FCバイエルン・ミュンヘン
🌐www.fcbayern.de（日本語あり）
行き方ミュンヘン中央駅からはⓈ1〜8で、中心部のMarienplatzへ行き、そこからⓊ6で所要約16分のフレットマニングFröttmaning下車、徒歩約15分。

観客席からロッカールームまで見学できる

ℛESTAURANT ✤ ミュンヘンのレストラン

　ミュンヘンの中心部には、大きなビアホールやビアレストランが競い合って建っている。ドイツならではのボリュームたっぷりの肉料理やソーセージ、そして大ジョッキで飲む本場のビールの味は最高！
　天気のよい日には、昼間から木陰のビアガーデンでのんびりとビールを楽しむのがバイエルン流。ビアホールやビアガーデンは大きなテーブルの席が多いので、相席になることも多い。相席をきっかけに、いろいろな国の人と仲よくなれる。

ℛ ホーフブロイハウス
Hofbräuhaus

ドイツ料理・ビアレストラン　MAP ◆ P.253-B3

住Platzl 9
☎(089)290136100
URL www.hofbraeuhaus.de
営11：00〜24：00（料理オーダー〜22：00）
カード A M V
交U S Marienplatzから徒歩約5分。

ドイツでいちばん有名なビアホール！
　ホーフブロイとは宮廷ビール醸造所という意味で、1589年に王宮の敷地内にヴィッテルスバッハ家の醸造所として設けられた。モーツァルトやオーストリア皇妃エリーザベト、レーニンも訪れ、1920年にはヒトラーがナチス党の結成集会を開いた。現在は約3000人を収容するドイツで最も有名なビアホール。夏にはビアガーデンもオープン。夜は上のフロアでショーもある（要入場料）。1ℓ入りビール€10.80、白ソーセージ（2本）€7.20。混雑時は置き引きに注意。入口脇にグッズショップもある。

ℛ ツム・フランツィスカーナー
Zum Franziskaner

ドイツ料理・ビアレストラン　MAP ◆ P.253-A3

自家製の白ソーセージは絶品！
　内部はいくつかの部屋に分かれており、入口も2ヵ所ある。名物はボリュームたっぷりの肉料理でローストポークJungschweine-Krustenbraten€18.20、レバーケーゼ（小）Leberkäse (Kleine Portion)€10.20、白ソーセージ（2本）€8。

住Residenzstr. 9/Perusastr. 5
☎(089)2318120
URL zum-franziskaner.de
営10：00〜24：00
　（料理オーダー〜23：30）
カード A D M V
交U S Marienplatzから徒歩約5分。

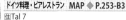

Ⓡ シュナイダー・ブロイハウス（旧称ヴァイセス・ブロイハウス） Schneider Bräuhaus

落ち着いて食事ができるビアレストラン

シュナイダー・ヴァイスSchneider Weisseという小麦ビールで有名なビール醸造所の直営ビアレストラン。家族連れや小グループが多く、気軽に食事が楽しめる雰囲気。白ソーセージ（2本で€7）は12：00までのメニュー。

ドイツ料理・ビアレストラン MAP◆P.253-B3
住Tal 7
☎(089) 2901380
URLwww.schneider-brauhaus.de
営9：00～23：30
（料理オーダー～22：30）
カード J M V（€20以上から可）
交U⒮Marienplatzから徒歩約5分。

Ⓡ ヘアシャフツツァイデン Herrschaftszeiten

ビールの味は抜群。ランチも好評

マリエン広場から東へ延びるタールという大通りに面した店。入口は目立たないが内部は広く、奥に中庭もある。パウラーナーのビールがうまい。ヴィーナー・シュニッツェル（子牛肉）Wiener Schnitzel von Kalb €23.50、ケーゼシュペッツレKässpatzen €15.90。

ドイツ料理・ビアレストラン MAP◆P.253-B3
住Tal 12
☎(089) 693116690
URLherrschaftszeiten-muenchen.de
営月～土 11：00～翌1：00
　　日 11：00～23：00
（料理オーダー 11：00～22：00）
カード A M V
交U⒮Marienplatzから徒歩約5分。

Ⓡ シュパーテンハウス Spatenhaus an der Oper

オペラの前後に立ち寄りたい

バイエルン風のカモ料理や豚肉料理が名物で味も上々。レジデンツや州立歌劇場に面して眺めがいいので、予約を入れたほうがいい。なお、1階と2階ではメニューが異なり、2階のほうが高級。ローストポークSchweinsbraten €24（1階）。

ドイツ料理 MAP◆P.253-A3
住Residenzstr. 12
☎(089) 2907060
URLwww.kuffler.de
営11：30～翌0：30
（料理オーダー～23：00）
カード A M V
交U⒮Marienplatzから徒歩約7分。

Ⓡ ラーツケラー Ratskeller

新市庁舎の地下で味わう本場の味

自家製ソーセージの盛り合わせRatskeller Grillwürstlschmankerl（€23）や白ソーセージWeisswurst（1本€3.90、2本単位で注文）をはじめとする、バイエルン料理のメニューが多数。広くて堂々としたインテリア。中級～やや高級。

ドイツ料理 MAP◆P.253-B3
住Marienplatz 8
☎(089) 2199890
URLwww.ratskeller.com
営月～日 11：00～23：00
（料理オーダー～22：00）
カード A M V
交U⒮Marienplatzから徒歩約1分。

Ⓡ 麺処 匠 ミュンヘン店 The new TAKUMI München

行列ができるラーメン店

日本で製麺した麺を直輸入しているこだわりの店。ドイツ人にも高く支持されているので、行列は必至。人気は特上味噌ラーメンと担々麺、サイドメニューのから揚げ€7.80も多くの人が注文する。写真は味噌ラーメン€14.80と味玉€2。

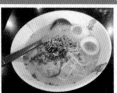

日本料理 MAP◆P.251-B3
住Gabelsbergerstr. 77
営火～日 11：45～21：00
休月、12/25～翌1/3
カード M V
交U StiglmaierplatzまたはTheresienstraßeから徒歩約5分。

Ⓡ オスカー・マリア Oskar Maria

静かな空間でコーヒータイム

リテラトゥーアハウスという文学館の1階。天井が高く、ゆったりとした空間が心地よいフランス風のブラスリーカフェ。サラダやスープなどの軽食、ケーキもおいしい。キッシュ・ロレーヌQuiche Lorraine €14.50、タリアテッレTagliatelle €21。

各国料理 MAP◆P.253-A3
住Salvatorplatz 1
☎(089) 29196029
URLwww.oskarmaria.com
営月～金11：00～23：30、土10：00～23：30、日10：00～18：00（料理はランチ、ディナー各オーダータイムあり）
休12/24、1/1 カード M
交U⒮Marienplatzから徒歩約7分。

ルイトポルト

ミュンヘンマダム御用達のカフェ

1888年創業の老舗カフェ。自家製ケーキで評判が高く、ショーケースにずらりと並んでいる。朝食セットやランチメニューの種類も多く、地元の人たちでかなり混み合う。写真はパリ風朝食セット€11、ポット入りコーヒー€7.20。

Café Luitpold

カフェ　MAP ◆ P.253-A3

🏠Briener Str. 11
☎(089) 2428750
🌐www.cafe-luitpold.de
🕐火～土 8:00～22:00
　　日　　9:00～20:00
　　月　　8:00～20:00
カード M V
🚇U Odeonsplatzから徒歩約5分。

シュタットカフェ

地元っ子気分でひと休み

市立博物館の入口にある気取らないカフェ。手作りのケーキやサンドイッチなどがショーケースに並び、スープやサラダなどのメニューも豊富なので食事カフェとしても使える。夏は博物館の中庭にもテーブルが並ぶ。

Stadtcafé

カフェ　MAP ◆ P.252-B2

🏠St. Jakobs-Platz 1
☎(089) 266949
🌐www.stadtcafe-muenchen.de
🕐火～土 10:00～23:00
　　日　　11:00～18:00
🚫月
カード 不可
🚇U S Marienplatzから徒歩約10分。

リシャルト

ミュンヘンっ子に人気の店

ベーカリー直営の庶民的なカフェ。新市庁舎の向かいという場所柄、観光の合間のひと休みにもぴったり。1階がショップで、2階がカフェ。写真は朝食セットのリシャルトクラシカー Rischart-Klassiker€9.90、ドリンクは別料金。

Café Rischart

カフェ　MAP ◆ P.253-B3

🏠Marienplatz 18
☎(089) 2317003320
🌐www.rischart.de
🕐月～土 8:00～20:00
　　日・祝 8:00～19:00
カード 不可
🚇U S Marienplatzから徒歩約1分。

INFORMATION　のどかな野外市場を歩いてみて

マリエン広場からペーター教会を越えた南側に、**ヴィクトアーリエンマルクト Viktualienmarkt**（◎Map P.253-B3）という野外市場が広がっている。野菜や果物などを売る店が8:00頃から18:00頃まで開いている（🚫日・祝）。ビアガーデンやスープ専門店、搾りたてのジュースが飲める果物店などもあり、見て歩くだけでも楽しい。

左上／小枝や穂で作ったリスのマスコット
上／さまざまなフレーバーのハチミツを売る店もある
左／ヴィクトアーリエンマルクトを描いたエコバッグ（€3～、店により異なる）は人気の品

中央にはバイエルンのシンボル、マイバウム（5月柱）が立っている

セルフサービスのビアガーデンは大にぎわい

📝 かつての巨大屋内市場シュランネンハレは、現在イタリアの食のデパート、イータリー EATALY（◎Map P.253-B3）が入り、イタリアの食材ショップとバーやレストランを展開している。
🌐www.eataly.net/de）

SHOPPING ❖ ミュンヘンのショッピング

カールス門から東に延びる歩行者天国のノイハウザー通りには、デパートや手頃な値段の品物が並ぶブティックが多い。高級ブランドの多くは、ほとんどマクシミリアン通りに集まっているので、ショッピングタイムを有効に使える。

新市庁舎の南側に広がる野外広場ヴィクトアーリエンマルクト(→P.264)は、ミュンヘン庶民の台所。メインは野菜や果物、チーズなどだが、ワインやハチミツなど、おみやげになりそうな品も見つかる。

オーバーポリンガー　Oberpollinger

有名ブランドが集まる高級デパート

ルイ・ヴィトン、グッチ、ディオール、フェンディなど人気ブランドショップが入った高級感のあるデパート。ルーフトップバーやスイーツコーナーもある。免税サービスセンター Tax Free Serviceは5階(ドイツ語では4.OG.と表記)にある。

デパート　MAP ◆ P.252-A2
住 Neuhauser Str. 18
☎ (089) 290230
URL www.oberpollinger.de
営 月〜土10：00〜20：00
休 日・祝
カード A M V (店舗により一部異なる)
交 U S Karlsplatzから徒歩約1分。

ガレリア　Galeria Am Marienplatz

充実したデパ地下ならココ!

マリエン広場のすぐ前に建つ大型デパート。ファッションフロアを中心に、家庭用品、食品などの雑貨類も幅広い品揃えでおみやげ選びにも使える。6階(ドイツ語では5.OG.と表記)にはセルフレストラン(営 月〜土10：00〜19：00)がある。

デパート　MAP ◆ P.253-B3
住 Kaufingerstr. 1-5
☎ (089) 231851
URL www.galeria.de
営 月〜土 10：00 〜 20：00
休 日・祝
カード A M V
交 U S Marienplatzから徒歩1分。

ルートヴィヒ・ベック　Ludwig Beck

マリエン広場の庶民派デパート

下町的な雰囲気を感じるデパート。クラシックとジャズの品揃えに定評があるCD売り場が人気。シャンパントリュフで有名なデュッセルドルフのハイネマンも出店している。

デパート　MAP ◆ P.253-B3
住 Marienplatz 11
☎ (089) 236910
URL kaufhaus.ludwigbeck.de
営 月〜土 10：00〜20：00
休 日・祝
カード A M V
交 U S Marienplatzから徒歩約1分。

クスターマン　KUSTERMANN

世界のキッチン用品が揃う老舗

約120年もミュンヘンで営業を続ける。高級から日常使いのキッチン用品、食器、ガーデン用品などの店舗としてはドイツ最大級の広さ。3フロアからなる店内を、全部見て歩くのにはかなりの時間を要する。

雑貨　MAP ◆ P.253-B3
住 Viktualienmarkt 8/ Rindermarkt 3-4
☎ (089) 237250
URL www.kustermann.de
営 月〜土 10：00 〜 19：00
休 日・祝
カード M V
交 U S Marienplatzから徒歩約4分。

フュンフ・ヘーフェ　Fünf Höfe

おしゃれなブティックやカフェが集合!

マリエン広場から北へ延びるテアティーナー通りTheatinerstr.の西側にあるショッピングパッサージュ。大型書店フーゲンドゥーベルやマックス・マーラなどのブランドショップをはじめ、MUJI (無印良品)も入っている。

ショッピングビル　MAP ◆ P.253-A3
住 Theatinerstr. 15
☎ 営 カード 各店舗により異なる
URL fuenfhoefe.de
交 U S Marienplatzから徒歩約5分、またはトラム19番でTheatinerstr.から徒歩約1分。

MEMO ニンフェンブルク城(→P.259)の敷地内には18世紀から続く王室陶磁器工房Porzellan Manufaktur Nymphenburg(◎ Map P.250-A1)がありショップを併設している。花や鳥をあしらった絵柄が特徴で、陶器人形も人気がある。

ダルマイヤー

Alois Dallmayr

高級デリカテッセンの代表

目移りするほどたくさんの肉料理、野菜料理、サラダなどがショーケースに並んでいる。自社ブランドのコーヒー豆やチョコレート、紅茶はおみやげにおすすめ。2階にはカフェ・ビストロと高級レストランがある。

食品 MAP ◆ P.253-B3
住 Dienerstr. 14-15
☎ (089) 21350
URL www.dallmayr.com
営 月～土9：30～19：00
（クリスマスシーズンは変更あり）
休 日・祝、カーニバルの火曜
カード A M V
交 U S Marienplatzから徒歩約5分。

マヌファクトゥム

Manufactum

厳選された雑貨をセレクト

こだわりの高級雑貨ショップ。フランスやイタリアの食材から、キッチンウエア、フィッシング用具、工具、アロマグッズ、文房具、ブリキのおもちゃなど、どれも上質でグッドデザインな品ばかり。

雑貨・その他 MAP ◆ P.253-B3
住 Dienerstr. 12
☎ (089) 23545900
URL www.manufactum.de
営 月～土9：30～19：00
休 日・祝
カード M V
交 U S Marienplatzから徒歩約5分。

FCバイエルン・ストア

FC Bayern Stor

スター軍団の応援グッズを揃えよう

ブンデスリーガのトップチーム、バイエルン・ミュンヘンのグッズが揃う。特に試合日はファンでにぎわう。ほかに、ホーフブロイハウスの近くや、アリアンツ・アレーナ内にもショップがある。

スポーツ用品 MAP ◆ P.252-B2
住 Neuhauser Str. 7
☎ (089) 69931666
URL fcbayern.com/store
営 月～土10：00～20：00
休 日・祝
カード A M V
交 U S MarienplatzまたはKarlsplatz
から徒歩約5分。

FCバイエルン・ワールド

FC Bayern World

高級ブランド店のようなショップ

スポーツ関連のショップとは思えない外観。内部もユニフォーム以外のスポーツウエアも多数展示、販売しており、とてもおしゃれで高級な雰囲気。小物などのグッズも目当てなら上記のショップにも足を運びたい。

スポーツ用品 MAP ◆ P.253-B3
住 Weinstr. 7
☎ (089) 69931666
URL fcbayern.com/store
営 10：00～20：00
カード A M V
交 U S Marienplatzから徒歩約3分。

クンスト＆シュピール

Kunst und Spiel

上質なおもちゃと雑貨の店

地下は手芸用品や画材が中心。2階は、上質で安心な木のおもちゃを中心とした玩具が並んでいる。絵本コーナーも充実。シュヴァービングという場所柄、おしゃれな品揃え。

雑貨・その他 MAP ◆ P.251-A4
住 Leopoldstr. 48
☎ (089) 3816270
URL www.kunstundspiel.de
営 月～金10：00～19：00
　土　10：00～18：00
休 日・祝
カード A M V
交 U Giselastr.から徒歩約5分。

ミュンヘンで買えるおもな有名ブランド

店名	地図／住所	店名	地図／住所
アイグナー AIGNER	MAP ◆ P.253-A3 住 Theatinerstr. 45	エルメス HERMES	MAP ◆ P.253-A3 住 Maximilianstr. 8
シャネル CHANEL	MAP ◆ P.253-A3 住 Maximilianstr. 6	カルティエ Cartier	MAP ◆ P.253-B4 住 Maximilianstr. 20
グッチ GUCCI	MAP ◆ P.253-A4 住 Maximilianstr. 11-15	ルイ・ヴィトン LOUIS VUITTON	MAP ◆ P.253-A3 住 Residenzstr. 2
フェラガモ Salvatore Ferragamo	MAP ◆ P.253-B4 住 Maximilianstr. 29	プラダ PRADA	MAP ◆ P.253-A3 住 Residenzstr. 10

MEMO ミュンヘンで有名ブランド店が集まっているのは、バイエルン州立歌劇場の近辺。マクシミリアン通りやレジデンツ通りResidenzstr.、テアティーナー通りTheatinerstr.に高級ブティックが並んでいる。

HOTEL ❖ ミュンヘンのホテル

ホテル街は中央駅周辺。中級からエコノミークラスが集中しているのは駅の南側、Bayerstr.からSchillerstr.に入ったあたり。中央駅の北側、ルフトハンザ・エクスプレスバスなどのバス乗り場があるArnulfstr.側も中級ホテルが数軒並ぶ。中心部は高級ホテルが多くなる。ミュンヘンは9月下旬から10月上旬のオクトーバーフェストと見本市の開催期間([URL] www.messe-muenchen.deでチェックできる)はホテルがとても混み合い、料金も通常の倍ぐらいに上昇する。

[H] ケンピンスキー・ホテル・フィーア・ヤーレスツァイテン Kempinski Hotel Vier Jahreszeiten

ミュンヘンを代表する最高級ホテル

1858年創業の伝統を感じさせる重厚な内装に、最新の設備を完備。バイエルン王国時代にはミュンヘンの迎賓館としての役割も務めた。マクシミリアン通りに面しており、州立歌劇場も近い。

最高級ホテル　MAP ◆ P.253-A4

[住]Maximilianstr. 17　D-80539
☎(089) 21250
[URL]www.kempinski.com
[料]ⓈⓉ€470～　朝食別€50
[カード] [A][D][J][M][V]
[Wi-Fi] 無料
[交]トラム19番でKammerspiele下車、徒歩約1分。

[H] マンダリン・オリエンタル Hotel Mandarin Oriental

世界のセレブ御用達のゴージャスホテル

マドンナやプリンス、エルトン・ジョンも滞在した超デラックスホテル。日本とペルーの料理をベースにした高級レストラン「マツヒサ」が入っている。屋上プールからは、天気のよい日にはバイエルンアルプスも見える。

最高級ホテル　MAP ◆ P.253-B4

[住]Neuturmstr. 1　D-80331
☎(089) 290980
[URL]www.mandarinoriental.com
[料]ⓈⓉ€850～　朝食別€55
[カード] [A][D][J][M][V]
[Wi-Fi] 有料
[交][U]ⓈMarienplatzから徒歩約5分。

[H] バイエリッシャー・ホーフ Bayerischer Hof

宮殿を改装した格調高いホテル

1852年創業、ミュンヘンを代表するホテルのひとつ。モンゲラ宮殿など、いくつかの建物をつなぎ合わせており、アンティーク風からモダンまで、客室のスタイルはさまざま。

最高級ホテル　MAP ◆ P.253-A3

[住]Promenadeplatz 2-6　D-80333
☎(089) 21200
[URL]www.bayerischerhof.de
[料]Ⓢ€360　Ⓣ€396～　朝食別€48
[カード] [A][D][J][M][V]
[Wi-Fi] 無料
[交]トラム19番でTheatinerstr.下車、徒歩約3分。

[H] マリティム Maritim Hotel München

中央駅のそばの近代的なホテル

中央駅の南側に建つ339室の大型高級ホテル。都会的で洗練されたシティホテルの雰囲気が特徴。温水プールやサウナも完備。各国料理が味わえるレストランやビストロも充実している。

高級ホテル　MAP ◆ P.251-B3

[住]Goethestr. 7　D-80336
☎(089) 552350
[URL]www.maritim.de
[料]ⓈⓉ€139～　朝食別€24
[カード] [A][D][J][M][V]
[Wi-Fi] 無料
[交]中央駅から徒歩約2分。

[H] ヒルトン・シティ Hilton City

近代的設備で快適な滞在

日本のグループツアーの利用も多い、近代的な大型ホテル。中央駅からⓈバーンで4つ目のRosenheimer Platzで下車、駅から直結の入口がある。ドイツ博物館は徒歩で行ける近さ。

高級ホテル　MAP ◆ P.251-B4

[住]Rosenheimer Str. 15　D-81667
☎(089) 48040
[URL]www.hilton.com
[料]ⓈⓉ€148～　朝食別€36.90
[カード] [A][D][J][M][V]
[Wi-Fi] ロビー無料、客室有料
[交]ⓈRosenheimer Platzから徒歩約1分。

H プラッツル

バイエルンの郷土色豊かな雰囲気が魅力

　ホーフブロイハウスやバイエルン州立歌劇場まで歩いて2〜3分という近さ。ホテル全体がバイエルン風のインテリア（写真はバイエルン・スイート）。朝食ビュッフェには白ソーセージが並ぶことも。

高級ホテル　　MAP◆P.253-B3
🏠 Sparkassenstr. 10　D-80331
☎ (089) 237030
🖥 www.platzl.de
💰 Ⓢ€208〜　Ⓣ€252〜　朝食別€34
カード A D M V
Wi-Fi 無料
🚇 Ⓤ Ⓢ Marienplatzから徒歩約5分。

H エデン・ホテル・ヴォルフ

バイエルンの郷土色がいっぱい

　中央駅北口すぐ向かい側。エアポートバス乗り場も近く、交通の便がとてもよい。客室はエレガントなトーンでまとめられている。バイエルン料理が味わえる1階のレストランも評判がいい。

高級ホテル　　MAP◆P.252-A1
🏠 Arnulfstr. 4　D-80335
☎ (089) 551150
🖥 www.eden-hotel-wolff.de
💰 Ⓢ€167〜　Ⓣ€225〜　朝食別€27
カード A D J M V
Wi-Fi 無料
🚇 中央駅から徒歩約1分。

H NHコレクション・ミュンヘン・バヴァリア

駅のすぐ北側にある快適ホテル

　中央駅の北側出口から通りを渡ってすぐ真向かいに建つ全219室の高層ホテル。エアポートバス乗り場からも近くて便利。シングルの部屋は狭いが、どっしりとしたベッドでよく眠れる。

高級ホテル　　MAP◆P.252-A1
🏠 Arnulfstr. 2　D-80335
☎ (089) 54530
🖥 www.nh-hotels.com
💰 Ⓢ Ⓣ€155〜　朝食別€33.60
カード A D M V
Wi-Fi 無料
🚇 中央駅から徒歩約1分。

H オイロペイシャー・ホーフ

中央駅から徒歩1分で鉄道の旅に最適

　中央駅の南側出口を出てすぐ向かいに建つ。部屋はスマート、スタンダード、コンフォートの3ランクに分かれている。インターネットで直接予約をすると直前割引料金などが適用される場合もある。

中級ホテル　　MAP◆P.252-A1
🏠 Bayerstr. 31　D-80335
☎ (089) 551510
🖥 www.heh.de
💰 Ⓢ€133〜　Ⓣ€154〜
カード A D J M V
Wi-Fi 無料
🚇 中央駅から徒歩約1分。

H モーテル・ワン・ゼンドリンガー・トーア

商店街に近くて便利

　ゼンドリンガー・トーア駅からマリエン広場まで続くゼンドリンガー通りは、地元の人たちが行き交う商店街。ホテルの客室は小さく、ベッドはダブル、シャワーだけでバスタブはないが、ひとり旅には十分。

中級ホテル　　MAP◆P.252-B2
🏠 Herzog-Wilhelm-Str. 28　D-80331
☎ (089) 51777250
🖥 www.motel-one.com
💰 Ⓢ€109〜　Ⓣ€129〜　朝食別€16.90
カード A D M V
Wi-Fi 無料
🚇 Ⓤ Sendlinger Torから徒歩約5分。

H ローヤル

駅から近い中級ホテル

　中央駅から Schillerstr. に入った左側。3つ星クラスで設備は豪華ではないが、清潔で快適。全館禁煙。

中級ホテル　　MAP◆P.252-B1
🏠 Schillerstr. 11A　D-80336
☎ (089) 59988160
🖥 www.hotel-royal.de
💰 Ⓢ€119〜　Ⓣ€159〜
カード A M V
Wi-Fi 無料
🚇 中央駅から徒歩約3分。

ミュンヘンとアルペン街道 ▼ ミュンヘン

エーダー

Eder

部屋は小さいが清潔で快適

中央駅とカールス広場の間に位置する中級ホテル。静かで落ち着いた雰囲気があり、清潔できれいな部屋が多い。エレベーターがないのが難点。見本市とオクトーバーフェスト開催時は値上がりする。

中級ホテル MAP ◆ P.252-B1
🏠Zweigstr. 8　D-80336
☎(089) 554660
🌐www.hotel-eder.de
💴Ⓢ€132〜　Ⓣ€149〜　朝食別€15
カード A J M V
Wi-Fi 無料
🚶中央駅から徒歩約3分。

オイロ・ユース・ホテル

Euro Youth Hotel

バックパッカーにおすすめ

中央駅から歩いてすぐ。英語可。ユースとホテルの中間のような若者向けの宿泊施設。ドミトリーは女性専用と男女混合の部屋がある。オクトーバーフェストと見本市開催時はかなり値上がりする。ドミトリーを利用できるのは35歳まで。

ユースアコモデーション MAP ◆ P.252-B1
🏠Senefelderstr. 5　D-80336
☎(089) 5990880
🌐www.euro-youth-hotel.de
💴シャワー、トイレ共同のⓈ€83〜
Ⓣ€113〜、3〜5人室の料金は1人€40
〜　朝食別€7.90
カード A M V
Wi-Fi 無料

ウォンバッツ

wombat's the city hostel

駅近の人気プライベートホステル

フロントは24時間オープン。部屋にロッカーあり。ドミトリーは、男女混合部屋になる場合もある。ネット予約はクレジットカードから前金の引き落としがあるのでサイト内(日本語あり)の注意を熟読すること。

ユースアコモデーション MAP ◆ P.252-A1
🏠Senefelderstr. 1　D-80336
☎(089) 59899180
🌐www.wombats-hostels.com
💴Ⓣ€104〜　ドミトリー€35〜
朝食別€6.90
Wi-Fi 共有エリアのみ可(無料)
カード M V
🚶中央駅から徒歩約3分。

CVJMユーゲントゲステハウス

CVJM Jugendgästehaus

ドイツのYMCA

中央駅からSchillerstr.を5分ほど歩き、Landwehrstr.との交差点を左に曲がり、さらに約3分行った所。CVJMとはドイツのYMCA (キリスト教青年会)のこと。チェックイン16：00〜。満室のことが多く、2泊以上でないと受け付けないシーズンもある。

ユースアコモデーション MAP ◆ P.252-B1
🏠Landwehrstr. 13　D-80336
☎(089) 55214160
🌐cvjmhotel.de
💴Ⓢ€62.10〜　Ⓣ€104.40〜　トリプル
€132.30
カード M V
Wi-Fi 無料

a&o ミュンヘン・ハウプトバーンホーフ

a&o München Hauptbahnhof

夜遅い到着でもOK

レセプションは24時間オープンなので遅い到着でも大丈夫。ただし駅南側周辺は、あまり治安がいい場所ではないので気をつけて。ドミトリーは中高生の団体利用が多く、個人では予約できない場合がある。

ユースアコモデーション MAP ◆ P.251-B3
🏠Bayerstr. 75　D-80335
☎(089) 4523575700
🌐www.aohostels.com
💴ドミトリー1人€20〜　Ⓢ€76〜
Ⓣ€84〜　朝食別€11
カード M V　Wi-Fi 無料
🚶中央駅から徒歩約5分。

ユーゲントヘアベルゲ・ミュンヘン・パーク

Jugendherberge München-Park

設備の整った大型ユースホステル

ミュンヘン南部の緑が多い静かなエリアに建つ。374ベッド、106室ある大型ユースだが、中高生の利用が多く予約が取りにくい。2泊以上でないと宿泊できないシーズンもある。🚇3のThalkirchen (Zoo)駅下車、徒歩約10分。

ユースホステル MAP ◆ 地図外
🏠Miesingstr. 4　D-81379
☎(089) 78576770
🌐www.jugendherberge.de
💴Ⓣ€87〜
カード M V
Wi-Fi 無料

269

レーゲンスブルク

Regensburg

1541年の宗教会議に
ちなむ壁画

ベルリン●

フランクフルト●

レーゲンスブルク
★

ミュンヘン●

MAP ◆ P.245-A3

人　口	15万2300人
市外局番	0941

ACCESS

鉄道：ICE特急でニュルン
ベルクから約55分。ミュン
ヘンからRE快速または私鉄
Alexで約1時間25〜30分。

🛈 **レーゲンスブルクの
観光案内所**

🏠Rathausplatz 4　D-93047
Regensburg
🗺Map P.271-A1
☎(0941)5074410
🌐tourismus.regensburg.de
🕐月〜金　　10：00〜18：00
土・日・祝10：00〜16：00

🌐 **世界遺産**

レーゲンスブルク旧市街と
シュタットアムホーフ
（2006年登録）
ローマ帝国の国境線、ドナウの
リーメス
（2021年登録）
（→P.274）

● **市内交通**

バスの市内1回乗車券は
€3.10、車内で買うと€3.60。
中央駅前からマクシミリアン
通り、大聖堂脇を通り、旧市
街を回るアルトシュタットバ
スAltstadtbus（時刻表や乗り
場はⒶと表示）が無料で月〜
金曜（祝日以外）のみ運行して
いる。

煙突からおいしそうな匂いが漂っ
てくる歴史的なソーセージ屋

ドナウ川に架かる石橋と旧市街

レーゲンスブルクはミュンヘンの北約140kmの所にあるドナ
ウ河畔の美しい古都。歴史は古く、ローマ時代からドナウ川沿
いの要衝として重要な役割を果たしてきた。

狭く曲がりくねった石畳の道、世界遺産に登録された旧市街
にそびえる大聖堂とそれを取り巻くれんが色の家並みなどは、
昔のままの落ち着いた雰囲気を残し、ドナウ川を挟んで眺める
町の景色は息をのむばかり。旧市街を見学したら、遊覧船に乗
ってドナウ川を下ってみよう。流れに身を任せて10kmほど行
くと、小高い丘の上にギリシア神殿風のヴァルハラ神殿が建っ
ている。

 歩き方 ╌╌╌╌╌╌╌╌╌╌╌╌

この町でいちばんの見どころである**大聖堂Dom**へは、中央
駅前から延びる**マクシミリアン通りMaximilianstr.**を歩いて10
〜15分ほど。マクシミリアン通りは途中から歩行者専用道路
になるので、歩きやすい。

大聖堂の正面入口からさらに北上
すると、ドナウ川の岸辺に出る。岸
辺には、ドイツ最古という歴史的な
ソーセージ屋**ヒストーリッシェ・ヴル
ストクッフルHistorische Wurstkuchl**
という店が営業している（→P.274）。
ドナウ川を眺めながら小ぶりの炭焼
きソーセージとビールを味わえば、
この町に来てよかった、と思うはず。
ソーセージ屋のすぐ脇の**石橋
Steinerne Brücke**を渡った対岸は、シ

尖塔が美しい大聖堂

MEMO ダッケルミュージアムはドイツ原産の犬種ダックスフント（ドイツでは略してダッケルと呼ぶ）に関する世界初の博物館。ダ
ッケル好きのオーナーが集めた多数の品々を展示。🏠Weiße-Hahnen-Gasse 3/5　🌐www.dackelmuseum.de

ュタットアムホーフ**Stadtamhof**
という地区で、旧市街と合わせ
て世界遺産に登録されている。

ドナウに架かる石橋の上から見た旧市街

　再び旧市街に戻ったら、**市庁
舎広場Rathausplatz**に面した旧
市庁舎へ。1階には❶が入って
いる。内部は、**帝国議会博物館
Reichstagsmuseum**になっており、ガイドツアーで見学できる。

シュタットアムホーフ地区から
見た旧市街

　時間があれば**ハイト広場Haidplatz**からヒンター・デア・グ
リープHinter der Grieb周辺の路地を散策するのもいい。再び
大聖堂へ向かっていくときは、クラムガッセKramgasseという細
い路地を歩くと、路地の先に大聖堂の尖塔がすっと立ってい
るのが見えておもしろい。

ドナウ川の中洲にある
シュタットアムホーフ

ミュンヘンとアルペン街道　▼　レーゲンスブルク

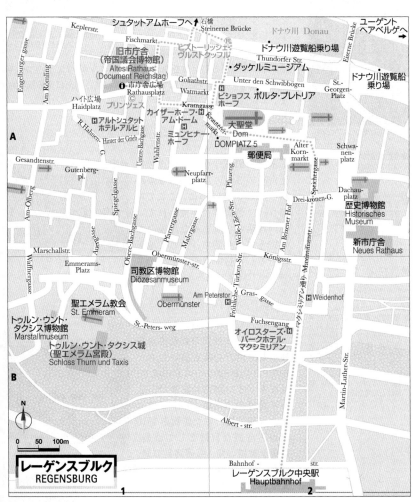

レーゲンスブルク
REGENSBURG

●大聖堂
Map P.271-A2
domplatz-5.de/dom
開月～土　　6：30～19：00
日・祝　　13：00～19：00
（11～3月は～17：00、4・5・10月は～18：00）
料無料

天使の歌声を響かせるドームシュパッツェンたち

●レーゲンスブルク少年合唱団
www.domspatzen.de

珍しい壁掛け型のパイプオルガン

●帝国議会博物館
住Rathausplatz,
Altes Rathaus
Map P.271-A1
www.regensburg.de
所要約1時間のガイドツアーで見学。スタート時刻、回数は季節によって異なる。
休12/24・25、1/1、カーニバルの火曜
料€7.50

●トゥルン・ウント・タクシス城（聖エメラム宮殿）
住Emmeramplatz 5
Map P.271-B1
www.thurnundtaxis.de
開宝物館と厩舎は自由に見学できるが、城内はガイドツアーで見学する。ガイドツアーは1日3～5回運行。上記サイト内からオンライン予約できる。
休12/24～26、1/1
料城内ガイドツアー€16、宝物館と厩舎€4.50

📷 おもな見どころ ∿∿∿∿∿∿∿∿

ふたつの美しい尖塔をもつ大聖堂
Dom ★★★

バイエルンで最も重要なゴシック建築で、内部の13～14世紀のステンドグラスは必見。**"ドームシュパッツェンDomspatzen**（大聖堂のスズメたち）"と呼ばれるレーゲンスブルク少年合唱団の歌声も有名で、もし日曜にこの町を訪れることができたら、10：00からのミサに参加しよう（30分前ぐらいに行けばいい席を確保できる）。ウィーン少年合唱団にもひけを取らぬ美しい歌声に耳を傾けよう。

高さ105mの尖塔が見事なゴシックの大聖堂

大聖堂内には世界最大の壁掛け型パイプオルガンがある。重さ約37tのパイプオルガンは、わずか4本の鋼鉄製ロープでつるされており、奏者は高さ15mにある演奏台までエレベーターで昇る。

王侯の控え室が見られる帝国議会博物館
Document Reichstag ★★

黄色の旧市庁舎と市庁舎の塔と宮殿の3つの部分からなる建物。1663～1806年に、ここで神聖ローマ帝国議会が開かれていた。各地から集まった諸侯たちの控え室や会議室、そして地下の恐ろしい拷問室や牢をガイドツアーで見学できる。

旧市庁舎の1階にある❶でガイドツアーを申し込む

トゥルン・ウント・タクシス城（聖エメラム宮殿）
Schloss Thurn und Taxis (Schloss St. Emmeram) ★

神聖ローマ帝国の郵便事業を独占し、巨万の富を築いたトゥルン・ウント・タクシス家の城で、現在もドイツ屈指の富豪である同侯爵家の本拠地。かつて聖エメラム修道院だった建物を1816年から壮麗な宮殿として改築。豪華な舞踏の間、皇帝謁見の間、寝室、付属の聖エメラム教会の回廊などをガイドツアーで見学できる。

Bild: Regensburg Tourismus GmbH

侯爵家の人々が現在も居住する城

MEMO　ハイト広場（Map P.271-A1）にある建物の外壁に小さなネズミのレリーフがある。しっぽに触るとレーゲンスブルクに再訪できるとか。探してみては。　これ↗

近郊の見どころ

アテネのパルテノン神殿にそっくりな ヴァルハラ神殿
Walhalla

MAP◆P.245-A3

バイエルン国王ルートヴィヒ1世が、1830～1842年に建てたギリシア風の神殿。ヴァルハラとは「死者のホール」という意味で、ゲルマン神話に由来する。内部にはドイツ史上に名を残す皇帝や王、政治家、芸術家、哲学者など約130体の胸像と65枚の銘板が収められている。設計はレオ・フォン・クレンツェで、ギリシアのパルテノン神殿を模している。レーゲンスブルクからドナウ川を10kmほど下った所の小高い丘の上に建ち、神殿のテラスから眺めるドナウ一帯の景色がすばらしい。

ドナウの川岸に古代ギリシア風の神殿が現れる

ドナウ川沿いの ヴェルテンブルク修道院
Kloster Weltenburg

MAP◆P.245-A3

山の上に建つ解放記念堂

ドナウ川に面した**ケルハイムKelheim**の町に着くと、小高い山の上に**解放記念堂Befreiungshalle**という巨大な円柱形の建物がそびえているのが見える。ドイツがナポレオンの支配から解放されたのを記念して1842～1863年に建てられ、大理石の内部には女神像が立ち並ぶ。

ケルハイムからドナウ遊覧船に乗って、**ヴェルテンブルク修道院Kloster Weltenburg**へ向かうと、断崖絶壁の渓谷**ドナウドゥルヒブルフDonaudurchbruch**という名所を通り抜けていく。修道院付属教会は名匠コスマス・ダミアン・アザムの作で、光を取り込んでドラマチックな効果を見せる祭壇が有名。

付属のビール工場でも知られるヴェルテンブルク修道院

●**ヴァルハラ神殿**
田Walhallastr. 48, Donaustauf
行き方ドナウ川遊覧船（下記参照、冬期運休）またはバスで行く。レーゲンスブルク中央駅前のバス停から5番のバスで所要約30分、Donaustauf/Walhallastr.下車。標識に従って山道を徒歩約15分。日曜はバスの本数が少なく、人も少ないので注意。
URLwww.schloesser.bayern.de
開4～10月 9：00～18：00
　11～3月 10：00～12：00
　　　　　 13：00～16：00
　（入場は閉館15分前まで）
困カーニバルの火曜、12/24・25・31、1/1
料€4.50、学生・65歳以上€4

●**ヴァルハラ神殿行きドナウ川遊覧船**
Personenschifffahrt Klinger社（URLschifffahrtklinger.de）とDonauschiffhart Wurm & Noé社（URLwww.donauschifffahrt.eu）が運航しており、料金や内容はどちらもほぼ同じ。運航は4月上旬～10月上旬頃まで。料片道€19.50

●**ケルハイムとヴェルテンブルク修道院**
行き方レーゲンスブルク中央駅から私鉄ag（鉄道パス有効）で約20分のザールSaal (Donau)まで行き、駅前からバスで所要15～20分のケルハイムKelheim、Wöhrdplatz/Zentrumで下車すると船着場に近い。ここから遊覧船でヴェルテンブルクまで約40分（帰りは約20分）、船着場から修道院へは約400m。遊覧船（URLschiffahrt-kelheim.de）は3月下旬～11月上旬の運航。往復€19.50。

●**解放記念堂**
田Befreiungshallestr. 3
　D-93309 Kelheim
URLwww.schloesser.bayern.de
開4～10月 9：00～18：00
　11～3月 10：00～16：00
困カーニバルの火曜、12/24・25・31、1/1
料€4.50、学生・65歳以上€4

●**ヴェルテンブルク修道院**
田Asamstr. 32 D-93309
　Kelheim/Donau
URLwww.kloster-weltenburg.de
開教会：9：00～日没頃まで
ガイドツアー：9：30～11：00、12：30～16：30（日は午後のみ）困月 料€4
ビジターセンター：11：00～16：00（土・日・祝は11：00～18：00）困月、11～3月
料€3

273

R ヒストーリッシェ・ヴルストクッフル
Historische Wurstkuchl
MAP ◆ P.271-A2

⌂Thundorferstr. 3
☎(0941) 466210
🌐www.wurstkuchl.de　🕐10：00～19：00

約500年前にドナウ河畔の飯場として造られた歴史的な焼きソーセージ専門店。素朴な味の炭焼きソーセージとザウアークラウト（ソーセージ6本で€14.40）が名物。ドナウ川と石橋を眺めながらテラスで食べられる。

C プリンツェス
Prinzeß
MAP ◆ P.271-A1

⌂Rathausplatz 2
☎(0941) 595310
🌐www.cafe-prinzess.de
🕐月～土10：00～18：00、日・祝12：00～18：00　🚫12/25・26

旧市庁舎の向かいのかわいいカフェケーキ店。手作りのケーキやチョコレートがとってもおいしい。上階にカフェがある。

H アルトシュタットホテル・アルヒ
Altstadthotel Arch
MAP ◆ P.271-A1

⌂Haidplatz 4　D-93047　☎(0941) 58660
🌐www.altstadthotel-arch.com
🏷Ⓢ€92～　Ⓣ€105～　朝食別€22　カード AD MV
Wi-Fi 無料

18世紀の貴族の館を改築したホテルで、インテリアもロマンティック。

H オイロスターズ・パークホテル・マクシミリアン
Eurostars Parkhotel Maximilian
MAP ◆ P.271-B2

⌂Maximilianstr. 28　D-93047
☎(0941) 75083040
🌐www.eurostarshotels.de
🏷Ⓢ€105～　Ⓣ€130～　カード AD J MV　Wi-Fi 無料

ロココ風のファサードが美しい城館のようなホテル。全52室。

H カイザーホーフ・アム・ドーム
Kaiserhof am Dom
MAP ◆ P.271-A1

⌂Kramgasse 10-12　D-93047
☎(0941) 585350
🌐www.kaiserhof-am-dom.de
🏷Ⓢ€85～　Ⓣ€125～　カード AMV　Wi-Fi 無料

14世紀の礼拝堂を改修。大聖堂のすぐそばにある。全30室。

H ビショフスホーフ
Bischofshof
MAP ◆ P.271-A2

⌂Krautermarkt 3　D-93047
☎(0941) 58460
🌐www.hotel-bischofshof.de
🏷Ⓢ€109～　Ⓣ€145～　カード AMV　Wi-Fi 無料

大聖堂のそばの司教の館を改造したホテル。レストランも好評。

H ミュンヒナー・ホーフ
Münchner Hof
MAP ◆ P.271-A1

⌂Tändlergasse 9　D-93047
☎(0941) 58440
🌐muenchner-hof.de
🏷Ⓢ€103～　Ⓣ€132～　カード AMV　Wi-Fi 無料

大聖堂から歩いて2分ほどの旧市街にある中級ホテル。中世の城壁が背後にある古い建物を利用しており、木を多用したバイエルン風のレストランも評判。モダンなインテリアの部屋やロマンティックなムードの部屋など客室によってかなりインテリアが異なる。全53室。

H ユーゲントヘアベルゲ
Jugendherberge
MAP ◆ P.271-A2 外

⌂Wöhrdstr. 60　D-93059　☎(0941) 4662830
🌐www.jugendherberge.de
🏷€34.90～　カード MV
Wi-Fi 共同エリアのみ可(無料)

中央駅前の広場を渡ったAlbertstr. にあるバス停留所から5、8、13、17番のバスでWöhrdstraße/Jugendherberge 下車。中央駅から歩く場合は北へ向かって約30分。Unterer Wöhr というドナウ川の中の島にある。部屋は古いが清潔。受付は8：00～22：00。12月中旬～1月上旬は休業。

世界遺産　ローマ帝国の国境線、ドナウのリーメス

リーメスはドナウ川に沿って続く、ローマ帝国西部の国境防衛施設。ドイツからオーストリアを通ってスロヴァキアまで続く中欧との国境を形成するものだった。

約600 kmにも及ぶ境界線は、要塞や見張り塔などが主要地点に点在している。ドイツでは、ローマの軍事拠点だったレーゲンスブルクやパッサウ

など、数ヵ所の遺跡が世界遺産に登録されている。

西暦179年に建造されたレーゲンスブルクの主要門ポルタ・プレトリア

パッサウ

Passau

ガラス博物館

ドナウ川の遊覧船と古都の町並み

パッサウはドイツの南東部に位置し、オーストリア、チェコと国境を接している。そしてドナウDonau、インInn、イルツIlzの3つの川は、この町で出合い、川辺には美しい風景が展開する。

歩き方

見どころは、中央駅の東側に位置する旧市街に集まっている。小さな町なので、歩いて回れる。中央駅を出たら**バーンホーフ通りBahnhofstr.**を東へ進み、Ludwigsplatzという大きな交差点を越えれば、もう旧市街の入口だ。

ルートヴィヒ通りLudwigstr.を進み、突き当たりを右へ折れると、**大聖堂Dom**が見えてくる。ドナウ川沿いに建つ**市庁舎Rathaus**と、その隣の**ガラス博物館Glasmuseum**も必見。

38mの高さの塔がそびえる市庁舎

ベルリン
フランクフルト
パッサウ
ミュンヘン

MAP ◆ P.245-A4

人　　口	5万2400人
市外局番	0851

ACCESS

鉄道：ICE特急でニュルンベルクから約1時間55分、レーゲンスブルクから約1時間。RE快速でミュンヘンから約2時間15分。

❶パッサウの観光案内所（中央駅前）
🏠Bahnhofstr. 28　D-94032 Passau
☎(0851)396610
🌐tourismus.passau.de
🕐月～木　　8：30～17：00
　　金　　　8：30～16：00
　　土・日・祝　10：00～15：00
市庁舎の近くRathausplatz 2にも❶がある。

🌐 世界遺産

ローマ帝国の国境線、ドナウのリーメス
（2021年登録）
（→P.274）

●大聖堂
[URL]www.bistum-passau.de/
[開]6：30～18：00（夏期～19：00）
昼のオルガンコンサート（→下記）とその準備の間（10：30～）は閉鎖（コンサートの観客のみ指定の入場時刻から入場可）

●昼のオルガンコンサート
パイプオルガンは2025年頃まで修復作業中だが、オルガンコンサートは行われる予定。手頃なのが5～10月の日曜・祭日を除く毎日開催される昼のオルガンコンサートMittagsorgelkonzerte。チケットは当日10：00から大聖堂中庭の売り場で販売。€5。開場11：20（指定の入口から入場）、開演12：00。

●ガラス博物館
[住]Schrottgasse 2
[URL]www.glasmuseum.de
[開]9：00～17：00
[料]€7

おもな見どころ

世界最大級のパイプオルガンがある大聖堂
Dom ★★★

17世紀後半に建てられたバロック様式の大聖堂。身廊の天井を彩るフレスコ画と、白い漆喰装飾が見事。世界最大級の教会パイプオルガンは音色もすばらしい。

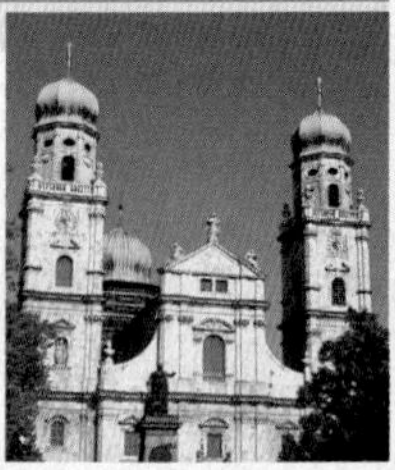

青緑色のタマネギ形の屋根が目印の大聖堂

ガラス博物館
Glasmuseum ★

国境の町パッサウは、チェコとの国境に広がるボヘミア地方の影響を受けたガラス工芸が伝統産業。ホテル・ヴィルダー・マンと同じ建物内にあるガラス博物館は、3万点を超える見事なボヘミアングラスを所蔵している。

おすすめのホテル HOTEL

MKホテル
MK Hotel Passau MAP◆P.275
[住]Bahnhofstr. 24 D-94032 ☎(0851)7568660
[URL]www.mkhotels.de
[料]Ⓢ€88～ Ⓣ€99～ 朝食別€22.50
[カード] [A][D][J][M][V] [Wi-Fi] 無料

中央駅に面して建つ128室の大型高級ホテル。ドナウ川にも面しており、眺めがいい。モダンなインテリアの客室。

アルトシュタット・ホテル
Altstadt-Hotel MAP◆P.275
[住]Bräugasse 23-29 D-94032 ☎(0851)3370
[URL]www.altstadt-hotel.de
[料]Ⓢ€115～ Ⓣ€145～ [カード] [A][M][V] [Wi-Fi] 無料

イルツ、ドナウ、イン川の合流点を望むパノラマルームという部屋もある。35室からなる4つ星ホテル。

ヴィルダー・マン
Wilder Mann MAP◆P.275
[住]Schrottgasse 2 D-94032 ☎(0851)35071
[URL]www.wilder-mann.com
[料]Ⓢ€70～ Ⓣ€100～ 朝食別€10
[カード] [J][M][V] [Wi-Fi] 無料

貴族の館を改造して19世紀からホテルとして営業。1862年にオーストリア皇妃エリーザベトも滞在した部屋が再現されている歴史的なホテルだが、料金は手頃。アンティークな家具の部屋が多い。全館禁煙。

パッサウアー・ヴォルフ
Passauer Wolf MAP◆P.275
[住]Untere Donaulände 4 D-94032 ☎(0851)931510
[URL]www.hotel-passauer-wolf.de
[料]Ⓢ€104～ Ⓣ€124～ 朝食別€15 [カード] [A][M][V]
[Wi-Fi] 無料

ドナウ川沿いに建つ中級ホテル。サウナあり。レストランも評判が高い。

ケーニヒ
König MAP◆P.275
[住]Untere Donaulände 1 D-94032
☎(0851)3850
[URL]www.hotel-koenig.de
[料]Ⓢ€121～ Ⓣ€153～ [カード] [A][D][M][V] [Wi-Fi] 無料

ドナウ川沿いに建つ4つ星ホテルで、ドナウに面した部屋もある。サウナあり。全館禁煙。

ユーゲントヘアベルゲ
Jugendherberge Passau MAP◆P.275
[住]Oberhaus 125 D-94034
☎(0851)493780
[URL]www.jugendherberge.de
[料]€32.90～、ⓈⓉ€69～ [カード] [M][V]
[Wi-Fi] 共有エリアのみ可（無料）

ドナウ川を渡った丘の上、オーバーハウス要塞の近くにある。中央駅から案内表示に従って歩いて約40分。チェックインは16：00～21：30。12月は休業あり。

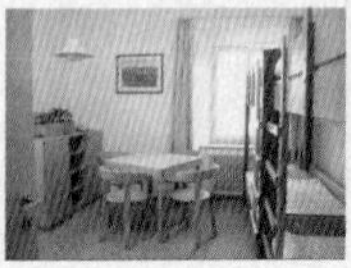

ベルヒテスガーデン
Berchtesgaden

ケーニヒス湖畔で
味わえる魚料理

町の背後には独特の山容のヴァッツマンがそびえる

　ベルヒテスガーデンは、かつてヒトラーが別荘を建てた、ドイツが誇る景勝地。町はドイツ・アルプスの高い山々に囲まれ、清らかなベルヒテスガーデン川に沿って、南北に開けている。

 歩き方

　駅舎を背に左へ**バーンホーフ通りBahnhofstr.**を、15分ほど歩いていこう。町の中心は高台にそびえる**城Schloss**の周辺で、城の内部は城博物館になっている。その城に囲まれるようにして**シュロス広場Schlossplatz**がある。シュロス広場に面して、ロマネスク様式の**シュティフト教会Stiftskirche**があり、少し離れて**市庁舎Rathaus**が建っている。**❶**は**クーアハウスKurhaus**の中にある。

　ベルヒテスガーデン駅前からバスで10分ほどの所に**ケーニヒス湖Königssee**がある。ケーニヒス湖は、**ヴァッツマン山群**の切り立った岩壁に囲まれた、それは静かな美しい湖。細長い湖を遊覧船で35分ほど行くと、赤い屋根が印象的な**聖バルトロメー僧院St. Bartholomä**の建つ陸地に着く。

ケーニヒス湖畔の聖バルトロメー僧院

MAP ◆ P.245-B4

人　口	7700人
市外局番	08652

ACCESS

鉄道：ミュンヘンから私鉄BRBで約1時間40分のFreilassingで乗り換えてさらに約50分。

❶ベルヒテスガーデンの観光案内所
囲Maximilianstr. 9
D-83471 Berchtesgaden
☎(08652)656500
Ⓤwww.berchtesgaden.de
圀月～日　　9：00～17：00
オフシーズンは変更あり

おすすめのホテル HOTEL

※宿泊には1人€2.60の保養税が加算される。

H フィーア・ヤーレスツァイテン
Vier Jahreszeiten

MAP◆P.277

[住]Maximilianstr. 20 D-83471
☎(08652) 9520
[URL]www.hotel-vierjahreszeiten-berchtesgaden.de
[料]Ⓢ€78〜 Ⓣ€105〜
[カード]MV [Wi-Fi]無料

駅に近い59室の中級ホテル。家族経営で1876年から続く宿で、ショップやカフェが並ぶ歩行者天国ゾーンやクーアハウスも歩いてすぐ。観光に便利な場所にある。朝食の種類の豊富さが宿泊客に好評で、朝食室のテラスから見えるベルヒテスガーデンの山々のパノラマも見事。室内プール(7：00〜20：00オープン)は、無料で利用できるが、サウナは有料。

JH シュヴァーベンヴィルト
Hotel Schwabenwilt

MAP◆P.277

[住]Königsseerstr. 1 D-83471
☎(08652) 2022
[URL]www.schwabenwirt.de
[料]Ⓢ€96〜 Ⓣ€122〜
[カード]MV [Wi-Fi]無料

駅やバス乗り場に近く、近郊のエクスカーションに出かけるにも便利なロケーション。70室からなる中級ホテルで、木製家具のインテリアが山のホテルらしさを感じさせる。併設のレストランでは肉料理中心のドイツ料理とおいしいビールが味わえる。

INFORMATION

地底に広がる岩塩坑探検

ベルヒテスガーデン駅前からザルツブルクSalzburg行きの837、840、848番のバスで所要約5〜10分のザルツベルクヴェルクSalzbergwerk下車。

入口で鉱夫のユニホームを服の上から着てトロッコに乗り、山の中へ約600m入る。長いすべり台を下りたり、地底湖を船で渡ったり、探検気分で楽しめる。坑内は年間を通じて気温12℃なので適した服装と靴で参加すること。

●ベルヒテスガーデン岩塩坑
[住]Bergwerkstr. 83 ➲Map P.245-B4
[URL]www.salzbergwerk.de
☎(08652)60020 [開]4〜10月は9：00〜16：30、11〜3月 は11：00〜15：00 [休]11/1、12/24・25・31、1/1、聖金曜日、一部の祝日 [料]€22.50 内部の見学時間は約2時間。見学者数に限りがあるので、事前に日時指定予約をしておいたほうがよい。

ヒトラーの山荘ケールシュタインハウス

ベルヒテスガーデン駅横の乗り場から838番のバスでオーバーザルツベルクDokmentation Obersalzbergまで行き、ここでケールシュタインハウスの下まで行く849番に乗り換える。岩山を爆破して造ったヘアピンカーブが続く道路を約20分、終点Kehlstein-Parkplatz下車(5月中旬〜10月下旬頃運行。荒天時運休)。ここから歩いてトンネルに入ると、ヒトラーのために造った金色に輝くエレベーターがある。これで124mを一気に上がると、山荘**ケールシュタインハウスKehlsteinhaus**の内部に到達できる。

ドイツやオーストリアの山々を望む絶景の山頂に建つこの山荘は、鷲の巣という意味のイーグルス・ネストEagles Nestとも呼ばれている。現在内部はレストランになっている。ムッソリーニがヒトラー50歳の誕生日に贈った大理石の暖炉や、ヒトラーの愛人のエバ・ブラウンの部屋と呼ばれる部屋もある。

●ケールシュタインハウス
[開]8：30〜16：50(5月上旬〜10月下旬のみ見学可能)
[料]€31.90(エレベーター、オーバーザルツベルクからケールシュタインハウス間のバス代込み)

オーバーザルツベルクのバス停近くには、**オーバーザルツベルク資料展示館Dokumentation Obersalzberg**([URL]obersalzberg.de [料]€3、学生無料)もある。

ヒトラーお気に入りの保養地だったベルヒテスガーデンは、ナチス政権時代はベルリンに次ぐ第2の政府所在地といわれた。資料展示館には第2次世界大戦下のナチスの残虐行為や、ナチスに対する抵抗運動についての展示、再現された当時の防空壕などがある。

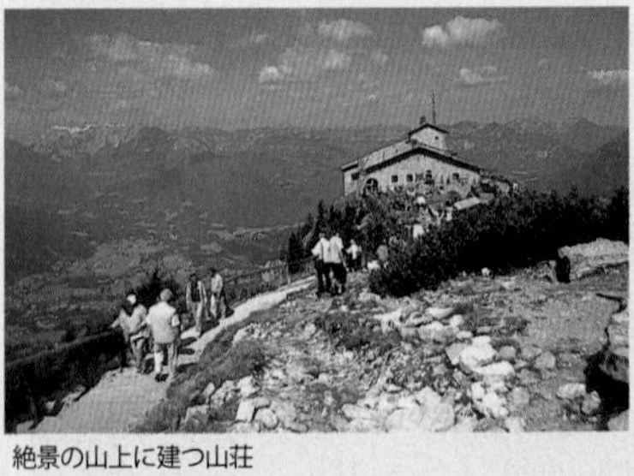

絶景の山上に建つ山荘

遊覧船に乗ってルートヴィヒ2世最後の城へ

プリーン

Prien am Chiemsee

湖畔までSLの旅

庭園も美しいヘレンキームゼー城

MAP ◆ P.245-B3

人　　口	1万900人
市外局番	08051

ACCESS

鉄道：ミュンヘンからEC、RJ特急または私鉄BRBで所要約55分。

❶プリーンの観光案内所
🏠Alte Rathausstr. 11
D-83209 Prien
☎(08051) 69050
🌐www.tourismus.prien.de
🕒5〜9月
　月〜金　　8：30〜18：00
　土　　　　8：30〜16：00
10〜4月
　月〜金　　8：30〜17：00

●SLと遊覧船
🌐www.chiemsee-schifffahrt.de
SLは5月下旬〜9月中旬のみ運行。往復€4.50。
ヘレンインゼル島への遊覧船は、所要約20分で、往復€10.90。SLと船（ヘレンインゼル島）の往復コンビチケット€14.50。船は年間を通じて運航。時刻は上記サイトでチェックを。

●ヘレンキームゼー城
🌐www.herrenchiemsee.de
🕒4月上旬〜10月下旬
　　　　　9：00〜18：00
（最終ガイドツアーは17：00頃、10月中旬〜は16：50頃）
10月下旬〜3月下旬
　　　　　9：40〜16：45
（最終ガイドツアーは16：00頃）
🚫12/24・25・31、1/1、カーニバルの火曜
🎫€11、王の城チケット（→P.211）、バイエルンの城巡りチケット（→P.211）有効。城内はドイツ語または英語のガイドツアー（所要約30分）で見学する。ガイドツアーの出発時刻は、購入したチケットの券面に印字されていて、城の入口にその時刻が表示されたら中に入れる。日本語のパンフレットもある。

　ミュンヘンから東南へ約90kmのプリーンは、キーム湖という湖のほとりにある。アルプス前山地域にあるため、空気が澄んだ保養地として、あるいは湖でヨットやウインドサーフィンなどウオータースポーツを楽しむ夏のリゾート地としてにぎわう。

　プリーン駅前には、SLの**キームゼー鉄道Chiemsee-Bahn**の駅があり、キーム湖の船着場に近い**シュトックStock（Hafen）**まで8分で結んでいる。バス便もあるが日曜、祝日は午後2便のみ。歩く場合はSLの線路沿いのSeestr.を約1.5km。

　町の中心は、SL駅がある側とは反対側にあり、駅前から延びるBahnhofstr.を行けばすぐに**マルクト広場Marktplatz**に出る。広場に面しては**郷土博物館Heimatmuseum**と教会が建ち、広場を越えて真っすぐ行った左側に❶がある。

　プリーンを訪れる人の最大の目的地、**ヘレンキームゼー城Schloss Herrenchiemsee**と**ルートヴィヒ2世博物館König-Ludwig II -Museum**は、船着場から遊覧船に乗って約20分の島、**ヘレンインゼル島Herreninsel**に建っている。島の船着場のすぐ向かいにヘレンキームゼー城のチケット売り場があるので、必ずここでチケットを購入してから城へ向かうこと。5〜10月は馬車もあるが、森の中の道を歩いても20分ほどで着く。

　ルートヴィヒ2世は、自分と同じ名前のルイ（ルートヴィヒのフランス語読み）14世に心酔していた。フランス式庭園を取り入れ、ヴェルサイユ宮殿を模したヘレンキームゼー城は、ルートヴィヒ2世が建てた最後の城で、国家財政を傾けるほどの建設費をかけた。内部は豪華絢爛、特に本家ヴェルサイユのものより25mも長い**鏡の間**は圧巻だ。しかしルートヴィヒ2世は、この城には9日間しか滞在できず、謎の死を遂げたため、未完の部分がそのまま残されている。

ため息が出るほど華麗な鏡の間

『ヘンゼルとグレーテル』の壁絵

美しいフレスコ画に彩られた村

オーバーアマガウ

Oberammergau

ベルリン

フランクフルト

・ミュンヘン

オーバーアマガウ ★

MAP ◆ P.244-B2	
人　口	5400人
市外局番	08822

ACCESS

鉄道：ミュンヘンからRB（普通列車）で約50分のムルナウ Murnauで乗り換えて、さらに約40分。バス：フュッセンから9606番で約1時間30分。本数は少ない。

❶オーバーアマガウの観光案内所
住Eugen-Papst-Str. 9 a
（Ammergaur Haus内）
D-82487 Oberammergau
☎(08822) 9227440
URLwww.ammergauer-alpen.
de/oberammergau
開月～金　　9：00～17：00

●郷土博物館
住Dorfstr. 8
URLwww.oberammergaumuseum.de
開4～10月
　火～日　10：00～17：00
休月、11～3月

ルートヴィヒ2世が愛したリンダーホーフ城

　アルプスの山々に囲まれた小さなこの村は、10年に一度、村人が総出で『キリスト受難劇Passionsspielen』を上演することで名高い。1632年、ペストが猛威を振るったドイツにあって、オーバーアマガウの被害は奇跡的に少なかった。信仰あつい村の人々は、神に感謝を込めて、1634年以来、380年以上も受難劇を上演し続けてきた。出演、制作はすべてアマチュアの村人たちで、上演の年には本職を休むほどの力の入れようだ。上演の年でなくともキリスト受難劇場Passionspielhausは見学できる。また、木彫りの町としても知られ、特にキリスト生誕など宗教的なテーマの作品が多い。

 歩き方

　行き止まり式の小さな駅を出たら、目の前の**バーンホーフ通りBahnhofstr.**を左へ歩いていこう。メインストリートのドルフ通りDorfstr.にある**オーバーアマガウ博物館Oberammergau Museum**を過ぎた先のドルフ広場Dorfplatz（というか交差点）の周辺が村で最もにぎやかな場所。名産の木彫り人形を売る店やホテル、レストランが軒を並べる。

　この村の特徴は、外壁に鮮やかなフレスコ画が描かれた家がとても多いこと。絵の題材は童話の一場面や宗教画、華麗な花模様など多種多様で、見て歩くだ

オーバーアマガウ
OBERAMMERGAU

0　100　200m

N

キリスト受難劇場
Passionspielhaus

オーバーアマガウ駅
Bahnhof

教会
Evang.Kirche

バス停
郵便局
Post

バーンホーフ通りBahnhofstr.

アマガウアーホーフ

オーバーアマガウ博物館
Oberammergau Museum

アルテ・ポスト
ドルフ広場
Dorf-
platz

Dorfstr.

バス停

市庁舎
Rathaus

Daisen Berger-Str.

木彫学校
Schnitzschule

Ludwig-Lang-Str.

Pfarr
platz

カトリック教会
Kath.Kirche
Maximilian

Am Osterbichl

König-Ludwig-Str.

ユーゲントヘアベルゲ

Etaler Str.

ヘンゼルと
グレーテルの家

赤ずきんの家・ 七匹の子やぎの家

リンダーホーフ城、
エッタール修道院へ→

けでとても楽しい。おすすめは村外れの**エッタール通り**Ettalerstr. にある『赤ずきん』『ヘンゼルとグレーテル』『七匹の子やぎ』が描かれた3軒の家。いずれも普通の民家なので、住民の迷惑にならないように静かに外側から眺めたい。

『赤ずきん』の壁画の家は駅から歩いて約20分

近郊の見どころ

神秘的な**リンダーホーフ城**
Schloss Linderhof

MAP◆P.244-B2

オーバーアマガウ駅前から9622番のバスで、所要約30分。バスの終点から歩いて2〜3分の所に入場券売り場があり、城の庭園の中を5分ほど歩くと、城館が現れる。ルートヴィヒ2世が作ったこの城は、後期バロックやロココ様式を取り入れて1878年に完成した。

ワーグナーの『タンホイザー』の世界に浸っていた**ヴィーナスの洞窟**Venusgrotte（修復のため2024年現在閉鎖中）やまるで万華鏡の中にいるように鮮やかなオリエンタル模様で満たされた**ムーア風のキオスク**Maurischer Kioskなど、庭園内に点在するいくつかの施設も見逃せない。城の内部はガイドツアーでのみ見学できる。冬期は城館のみの公開で、ほかの施設は閉鎖されている。

ムーア風のキオスク

庭園も美しいリンダーホーフ城

バロック様式の華麗な**エッタール修道院**
Kloster Ettal

MAP◆P.280外

オーバーアマガウから南へ約8km。1330年にバイエルン公ルートヴィヒが創設。18世紀にバロック様式に改修された。内部の華麗な円天井は、スタッコ装飾で名高いシュムッツァーと画家ツァイラーの作。クロースターマーケットやショップ、ビアレストランなどもある。

おすすめのホテル

Ⓗ アマガウアーホーフ
Ammergauer Hof
住 Bahnhofstr. 3 D-82487
URL www.ammergauer-hof.de

Ⓗ アルテ・ポスト
Hotel Alte Post
住 Dorfstr. 19 D-82487
URL www.altepost.com

Ⓗ リヒター
Gästehaus Richter
住 Welfengasse 2 D-82487
URL www.gaestehaus-richter.de

Ⓙ ユーゲントヘアベルゲ
Jugendherberge
住 Malensteinweg 10 D-82487
URL www.jugendherberge.de

●リンダーホーフ城
URL www.schlosslinderhof.de
開 3/23〜10/15 9:00〜18:00
10/16〜3/22 10:00〜16:30
休 12/24・25・31、1/1、カーニバルの火曜
料 €10
（10月中旬〜3月は庭園内の施設は閉鎖され、城館のみの見学となるので€9）
王の城チケット（→P.211）、バイエルンの城巡りチケット（→P.211）有効。

●エッタール修道院
住 Kaiser-Ludwig-Platz 1 D-82488 Ettal
行き方 オーバーアマガウ駅前から9606番のバスで所要約15分、Ettal Klostergasthof下車。
URL www.kloster-ettal.de
開 付属教会：8:30〜18:30

ドイツ最高峰ツークシュピッツェの登山口

ガルミッシュ・パルテンキルヒェン

Garmisch-Partenkirchen

山頂の十字架

ベルリン●

フランクフルト●

ガルミッシュ・ ●ミュンヘン
パルテンキルヒェン★

MAP ◆ P.244-B2

人　口	2万7300人
市外局番	08821

ACCESS

鉄道：ミュンヘンからRE快
速で所要約1時間20分。

❶ガルミッシュ・
パルテンキルヒェンの
観光案内所

🏠Richard-Strauß-Platz 2
D-82467 Garmisch-Parten-
kirchen
☎(08821) 180700
🌐www.gapa-tourismus.de
🕐月〜金　　9：00〜17：00
　土　　　　9：00〜15：00
🚫日・祝

●郷土博物館

🏠Ludwigstr. 47
🌐museum-werdenfels.de
🕐火〜日　　10：00〜17：00
🚫月、12/24、1/1
💰€4.50

壁絵が美しい家が並ぶルートヴィヒ通り

　ドイツ・アルプスの観光基地ガルミッシュ・パルテンキルヒェン。夏は登山やハイキング、冬はスキーやスケートにと、1年中観光客の姿が絶えることがない。

　この町はパルトナッハ川を挟んで西側のガルミッシュと東側のパルテンキルヒェンの、隣り合うふたつの町でできている。

 歩き方 〜〜〜〜〜〜〜〜〜〜

　駅舎を出て、正面に延びる**バーンホーフ通りBahnhofstr.**を10分ほど歩いて、**ルートヴィヒ通りLudwigstr.**を右折すると、壁絵が美しい家々が建ち並ぶパルテンキルヒェンの中心部に出る。荷物がある場合は、駅の横の乗り場からバス（1または2番）も運行しているので利用したほうがいい。3つ目のHistorische Ludwigstr.で下車すると、近くに**ヴェアデンフェルス博物館**

ガルミッシュ・パルテンキルヒェン
GARMISCH-PARTENKIRCHEN

0　150　300m

至ミュンヘン

至ツークシュピッツェ　　至ミッテンヴァルト

282 📝MEMO 『モモ』や『はてしない物語』の作家ミヒャエル・エンデは、1929年ガルミッシュ生まれ。町を代表する公園には彼の名前がつけられ、作品のキャラクターをイメージしたオブジェなどが配されている。

ガルミッシュ・パルテンキルヒェン
からツークシュピッツェ周遊

ドイツ鉄道駅
バイエルン・ツークシュピッツェ
登山鉄道駅

Museum Werdenfelsがある。内部にはアルペン地方の家の中を再現した部屋、家具や農具、祭りの仮面などが展示されている。

　駅の反対側ガルミッシュの中心も駅から歩くと10分ほどかかる。駅を出たら左に延びる緩やかな坂道を下り、2本目のChamonixstr.または3本目のVon-Brug-Str.で左折すると、どちらを行っても**リヒャルト・シュトラウス広場Dr.-R.-Strauß-Platz**に出る。広場の奥には**国際会議場Kongresshaus**があり、その手前の角に🛈がある。広場の先は歩行者天国の商店街が延びており、カジノもあるなど、静かなパルテンキルヒェンよりも、ガルミッシュ側のほうがやや華やかな雰囲気がある。

国際会議場(左)と観光案内所(右)

📷 おもな見どころ

ドイツ最高峰ツークシュピッツェを制覇しよう
Zugspitze

ブルーと白の車体の登山鉄道

ツークシュピッツェ Zugspitzeの山頂へは登山鉄道とロープウエイで上ることになる。登山鉄道**バイエルン・ツークシュピッツェ登山鉄道 Bayerische Zugspitzbahn**の駅は、ドイツ鉄道駅の地下道を、駅舎と反対側へ出た突き当たりにある。

●ビジターカード
（クーアカルテ）
ガルミッシュ・パルテンキルヒェンに宿泊すると、ホテルのフロントでビジターカード GAPA Cardを作ってもらえる。1日€3（宿代に含むホテルと、追加加算するホテルがある）。宿泊期間中、町営バスなどに無料で乗車できたり（乗車時に運転手に提示する）、各種入場料が割引になるなどの特典がある。

●ウインタースポーツを体験！
スキージャンプの会場としても有名なガルミッシュはウインタースポーツのメッカ。スノーボードやスキー板をレンタルできるスキー学校やスポーツ店もあるので、現地🛈で尋ねてみよう。

ガルミッシュ側の壁絵の家

●バイエルン・ツークシュピッツェ登山鉄道
☎(08821) 7970
🌐www.zugspitze.de
🎫 **ツークシュピッツェ往復チケットZugspitze Ticket**
夏期€72、冬期€62（登山鉄道と山頂ロープウエイ、ツークシュピッツェロープウエイに有効）。
・**ツークシュピッツェ周遊とアルプシュピッツェ周遊のコンビチケット2-Gipfelpass**
夏期€81、冬期€76.50。
・**ガルミッシュ・クラシック・チケットGarmisch Classic Ticket**はアルプシュピッツェ（→P.284）を望む3つのロープウエイを往復利用できる。夏期€35.50、冬期€33.50～35。
※それぞれファミリー用など各種あり、オンラインでも購入できる。スキー用パスは別途料金体系。

ツークシュピッツェ山頂展望台
へのロープウエイ乗り場

断崖絶壁に建つ山頂展望台。迫
力のパノラマが広がる

展望台から金の十字架が立つ山頂へ登っている人たちがいるが、「この先危険」の立て札が
ある。熟練した登山者以外は行かないように

　この登山鉄道で、まずは**アイプゼー Eibsee**まで行く。この先はふたつのルートで山頂へ行ける。ひとつはそのまま登山鉄道に乗り続けて終点駅**ツークシュピッツプラットZugspitzplatt**まで行き、さらに**山頂ロープウエイGletscherbahn**に乗り継いで山頂展望台へいたるルート。もうひとつはアイプゼー駅を出た所に乗り場がある**ツークシュピッツェロープウエイSeilbahn Zugspitze**に乗って、一気に山頂展望台へ行くルートだ。チケットはどちらのコースにも有効。後者のほうが時間はかからない。行きと帰りでルートを変えてみるのもいいだろう。なお、夏期の天気のよい日はとても混雑する。

　山頂展望台にはいくつかのレストランがあり、思う存分パノラマを楽しめる。展望台はオーストリア側からのロープウエイ駅にもつながっている。こちら側からもチロルの高峰を眺めよう。

ガルミッシュ・クラシック
Garmisch-Classic

　アルプシュピッツェ山を望む、**ガルミッシュ・クラシックGarmisch-Classic**というエリアでは、眺めのすばらしいハイキングが楽しめる。**オスターフェルダーコプフ Osterfelderkopf**まで上ると、**アルプスピクス AlpspiX**というスリル満点の展望台がある。X字形に交差する2本の展望橋からは、約**1000m下の地獄谷 Höllental**が眺められる。ホッホアルムロープウエイで下り、30分ほどの緩やかな下りのハイキングコースを楽しみ、さらにクロイツエックロープウエイに乗って再び登山鉄道駅に戻るルートがおすすめ。

崖から突き出たアルプスピクス

ミッテンヴァルト

Mittenwald

山上にある国境の表示

ミュンヘンとアルペン街道 ▼ ミッテンヴァルト

ベルリン•

フランクフルト•

•ミュンヘン

ミッテンヴァルト ★

MAP ◆ P.244-B2

人 口	7300人
市外局番	08823

ACCESS

鉄道：ドイツとオーストリアの国境駅に当たる。ミュンヘンからRB（普通）で約1時間50分。オーストリアのインスブルックからは約55分。

❶ミッテンヴァルトの観光案内所
囲Dammkarstr. 3　D-82481 Mittenwald
☎(08823) 33981
URLwww.alpenwelt-karwendel.de
圏5月中旬～9月下旬
　月～金　8：30～18：00
　土　　　9：00～12：00
　日・祝　10：00～12：00
　（他シーズンは変更あり）

●バイオリン博物館
囲Ballenhausgasse 3
URLwww.geigenbaumuseum-mittenwald.de
圏10：00～17：00
　オフシーズンは11：00～16：00
困月、11月上旬～12月上旬、12/24・31
囲€5.50、学生€4.50

オーバーマルクトの家並み

　バイオリン作りで有名なミッテンヴァルトは、ドイツ・アルプスのふところに抱かれた小さな田舎町。カラフルなフレスコ画で飾られた家並みには、すがすがしい山の空気が満ちている。

　駅を出ると、背後にはカーヴェンデル山脈が巨大な城壁のようにそびえていて、町はそれとは反対の西側に向かって開けている。

　駅前は閑散としているが、**バーンホーフ通りBahnhofstr.**をしばらく歩いていくとぶつかる**オーバーマルクトObermarkt**が、この町のメインストリート。両側には、宗教色の濃いフレスコ画を描いた美しい家が建ち並ぶ。

　フレスコ画に彩られた教会の脇には、バイオリン作りに精を出す人の彫像がある。この人は、ミッテンヴァ

建物も見事なバイオリン博物館

ミッテンヴァルト
MITTENWALD
0　100　200m

教会の塔の前にはバイオリン職人マティアス・クロツの像がある

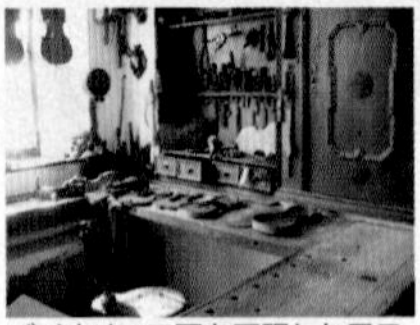
バイオリン工房を再現した展示

●カーヴェンデルバーン
[URL]www.karwendelbahn.de
[料] 往復€ 36.90
[運]6/1～9/12　8：30～18：00
9/13～10/16　8：30～17：15
10/17～11/6　9：00～16：30
スキーシーズン 10：00 ～ 16：00
[休]11 月上旬～12 月下旬、1 月下旬～2 月上旬、4 月中旬～5 月下旬
※冬期は変更の場合あり。天候、点検等により運休の場合もある。

ルトにバイオリン作りの技術をもたらしたマティアス・クロッツ。今も昔も、バイオリン産業で栄えるこの町の人々にとって、彼の業績は称賛に値するものなのだ。教会のそばには**バイオリン博物館Geigenbaumuseum**もあり、この町に来たら必見の場所。

駅を挟んで町とは反対側にそびえているのが標高2385mの**カーヴェンデル山Karwendel**。ロープウエイの**カーヴェンデルバーンKarwendelbahn**が一気に山上まで連れていってくれるので、晴れたらぜひ上ってみよう。夏期の観光シーズンはかなり混雑して行列になる。

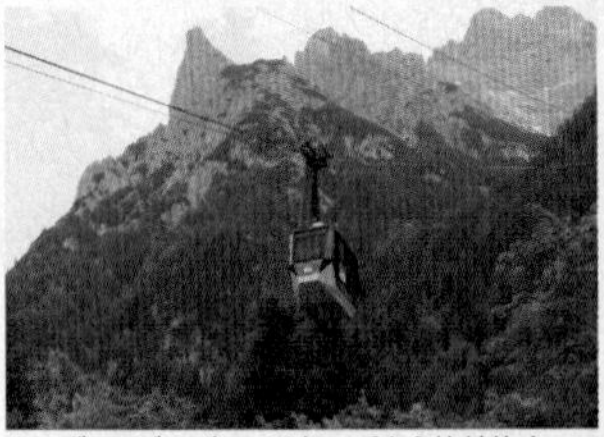
カーヴェンデルバーンは朝一番なら比較的すいている

山上のロープウエイ乗り場の隣には、直径約7mの**巨大な望遠鏡Riesenfernrohr**が崖から突き出している。内部はアルプスの動物や高山植物についての展示室で、ガラス越しに、まさに望遠鏡をのぞいているかのように眼下に横たわるミッテンヴァルトの町やチロルの山々が望める。

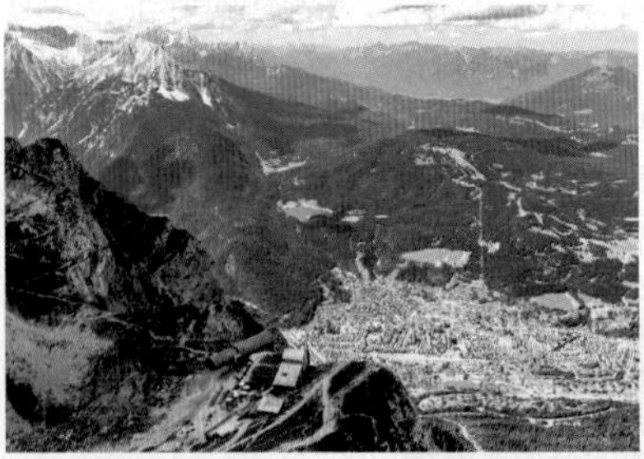
山上からの大パノラマ

山上はレベルに応じたハイキングコースが延びている。**パッサマーニ・パノラマヴェークPassamani Panoramaweg**というコースは、初心者向けの所要約1時間の周遊コースでおすすめ。

おすすめのホテル HOTEL

※宿泊料金には1人1泊約€2～3の保養税Kurtaxが加算される。

ミッテンヴァルトは夏はハイキング、冬はスキーの基地となる町なので、宿も長期滞在客向けのペンションや休暇の家が多い。

H ポスト Post

MAP◆P.285

[住]Obermarkt 9　D-82481
☎(08823) 9382333
[URL]www.posthotel-mittenwald.de
[料]Ⓢ€115～　Ⓣ€210～　朝・夕食付き(Halbpension)の場合はプラス1人€24(3品コース)、€30(4品コース)
[カード] [M][V]　[Wi-Fi] 無料

1632年からアルプス越えの郵便馬車の宿場だった歴史がある宿。駅から歩いて5分ほど。サウナや室内プールもある。

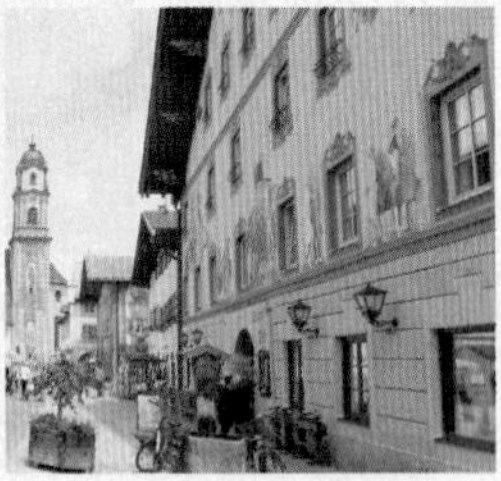

H アルペンローゼ Alpenrose

MAP◆P.285

[住]Obermarkt 1　D-82481
☎(08823) 92700
[URL]www.hotel-alpenrose-mittenwald.de
[料]2連泊以上が必須で、以下は2泊分の料金
Ⓢ€150～　Ⓣ€230～　朝食別
[カード] [A][D][J][M][V]　[Wi-Fi] 無料

メインストリートに面した外壁の鮮やかな壁絵が目印。部屋は木製の家具で統一されたインテリア。1階のレストランもおすすめ。

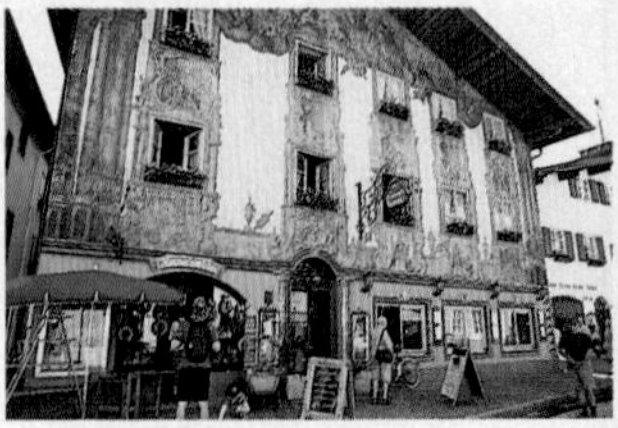

ボーデン湖にぽっかり浮かぶ島
リンダウ

Lindau

リンダウ港に入ってくる遊覧船

夏は南国リゾートムード

ベルリン・

フランクフルト・

・ミュンヘン

リンダウ ★

MAP ◆ P.244-B1

人　口	2万5400人
市外局番	08382

ACCESS

鉄道：ミュンヘンからECE特急で約1時間55分のLindau-Reutinまで行き、RE快速に乗り換えて島の中の駅リンダウ・インゼルLindau-Inselまで約5分。オーストリアのブレゲンツBregenzからはREX快速で約15分。

❶リンダウの観光案内所
⊞Alfred-Nobel-Platz 1
　D-88131 Lindau
☎(08382)8899900
🖳www.lindau.de
🕐月～土　10：00～12：30
　　　　　13：30～16：00
　（水は午後休業）
🕐土・日
　（季節により変更あり）

●インゼル駅前のアートミュージアム
⊞Maximilianstr. 52
🖳www.kultur-lindau.de/museum
🕐4/21～10/15(’23)
　　　　　10：00～18：00
🎫€10、学生€5

リンダウは、ボーデン湖の東部に浮かぶ小さな島の上の町。陸地とは堤防と橋によって結ばれている。

この町は、13世紀からの歴史をもつ古い町だ。町の西に建つ火薬庫や東のシュテファン教会など、歴史的な建物も多い。これといった見どころは少ないが、こぢんまりと落ち着いた石畳の道を散歩するのが気持ちいい。夏ならボーデン湖で水泳やヨットを楽しむ人々も見かける。

また、ボーデン湖はドイツ、スイス、オーストリアの3ヵ国にまたがる湖なので、船で国境を越えてスイスやオーストリアへ行くこともできる。港を出るとき、防波堤に立つライオンの像をお見逃しなく。

ドイツ最大の湖、ボーデン湖に浮かぶ美しい島

歩き方

列車は、リンダウの町と陸地を結ぶ堤防を、まるで湖上をすべるように走って行き止まり式のリンダウ・インゼル駅に到着する。駅を出ると正面やや左の向かい側に❶があり、右側に港が控えている。

❶の先から東へ延びる**マクシミリアン通りMaximilianstr.**へ入ろう。この通りが旧市街のメインストリート。通りの左側に建つクラシックな館は、**インゼル駅前のアートミュージアムKunstmuseum am Inselbahnhof**。200mほど行くと、右側に**旧市庁舎Altes Rathaus**が建つ。Maximilianstr.をそのまま突き

階段状のファサードの旧市庁舎
（内部見学はできない）

ミュンヘンとアルペン街道 ▼ リンダウ

MEMO　ボーデン湖巡りにはボーデン湖遊覧船(🖳www.bsb.de)が運航(冬期は運休)。リンダウからはフリードリヒスハーフェン～メーアスブルク～コンスタンツ、ブレゲンツ(オーストリア)、ロールシャッハ(スイス)への便がある。

287

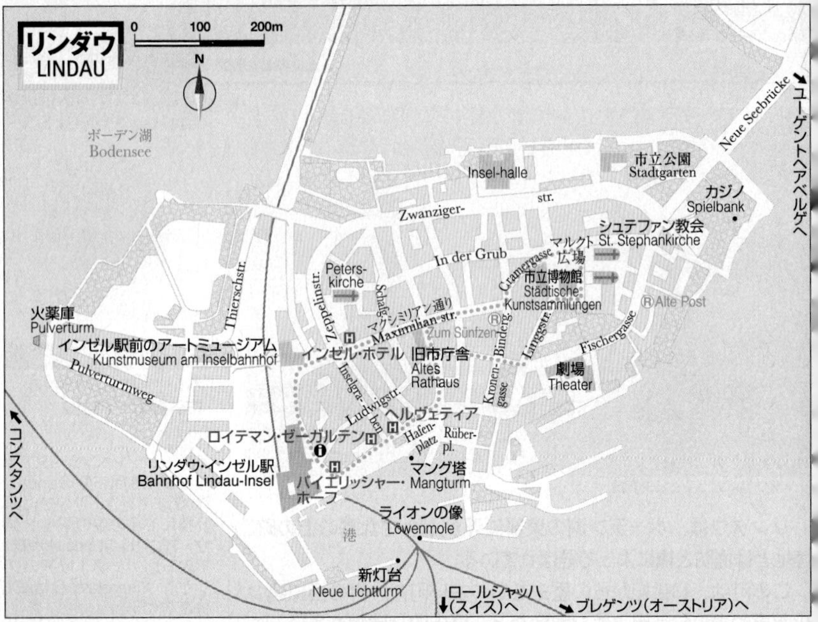

リンダウ
LINDAU
0
100
200m
N
ボーデン湖
Bodensee
Insel-halle
市立公園
Stadtgarten
Neue Seebrücke
ユーゲントヘアベルゲへ
Zwanziger-
str.
カジノ
Spielbank
シュテファン教会
St. Stephankirche
マルクト広場
In der Grub
Cramergasse
市立博物館
Städtische
Kunstsammlungen
Peters-
kirche
Thierschstr.
Zeppelinstr.
Schafg.
マクシミリアン通り
Maximilian str.
Alte Post
Zum Sünfzen
火薬庫
Pulverturm
インゼル駅前のアートミュージアム
Kunstmuseum am Inselbahnhof
インゼル・ホテル
旧市庁舎
Altes
Rathaus
Binderg.
Lingg str.
Fischergasse
劇場
Theater
Pulverturmweg
Inselgraben
Ludwigstr.
Kronen-
gasse
ヘルヴェティア
コンスタンツへ
ロイテマン・ゼーガルテン
Hafen-
platz
Rüber-
pl.
リンダウ・インゼル駅
Bahnhof Lindau-Insel
バイエリッシャー・ホーフ
マング塔
Mangturm
ライオンの像
Löwenmole
港
新灯台
Neue Lichtturm
ロールシャッハ（スイス）へ
ブレゲンツ（オーストリア）へ

●市立博物館
改修工事のため閉館中。

●新灯台
内部調査、修理のため閉鎖中。

当たりまで進み、左側のCramergasseに入ってみよう。通りが急に狭くなり、しばらく行くと**マルクト広場Marktpl.**だ。

広場に面して**シュテファン教会St. Stephankirche**が建ち、その西側には**市立博物館Städtische Kunstsammlungen**がある。港に戻ったら、1856年に新灯台が建てられるまでは港の監視塔だった美しいマング塔Mangturmや、港を回り込んだ先に建つ**新灯台Neue Lichtturm**の姿を見ながらひと休みしよう。

おすすめのホテル HOTEL

※1泊につき€2.20～3.30の保養税kurbeitragが加算される。

H バイエリッシャー・ホーフ
Bayerischer Hof
MAP◆P.288

[住]Bahnhofsplatz 2　D-88131
☎(08382)9150
[URL]www.bayerischerhof-lindau.de
[料]Ⓢ€156～　Ⓣ€226～　[カード][A][D][J][M][V]　[Wi-Fi]無料

中央駅のすぐそば、湖に面した最高級ホテル。冬期休業あり。

H ロイテマン・ゼーガルテン
Reutemann-Seegarten
MAP◆P.288

[住]Ludwigstr. 23　D-88131
☎(08382)9150
[URL]www.bayerischerhof-lindau.de
[料]Ⓢ€178～　Ⓣ€256～　[カード][A][D][M][V]　[Wi-Fi]無料

テラスからの眺めがすばらしい高級ホテル。温水プール付き。冬期休業あり。

H ヘルヴェティア
Helvetia Yacht Hotel
MAP◆P.288

[住]Inselgraben 3　D-88131
☎(08382)9130
[URL]www.Hotel-Helvetia.com
[料]Ⓢ€169～　Ⓣ€244～　[カード][M][V]　[Wi-Fi]無料

明るくロマンティックなインテリアの部屋が多い。広々としたスパやサウナ、プールが自慢。

H インゼル・ホテル
Insel-Hotel
MAP◆P.288

[住]Maximilianstr. 42　D-88131
☎(08382)5017
[URL]www.insel-hotel-lindau.de
[料]Ⓢ€113～　Ⓣ€143～　[カード][M][V]　[Wi-Fi]一部の部屋のみ可

メインストリートに面していて便利。部屋はコンパクト。

ゴスラーの美しい家並みとマルクト教会の塔

17 ♥ Berlin /

ベルリンと
ゲーテ街道・ハルツ地方
Berlin / Goethestraße / Der Harz

魔女伝説で知られるブロッケン山へ登るハルツ狭軌鉄道

ベルリンの象徴ブランデンブルク門前で

デナーケバブはカリーヴルストと並ぶファストフード

ルネッサンス様式のファサードが美しいライプツィヒの旧市庁舎

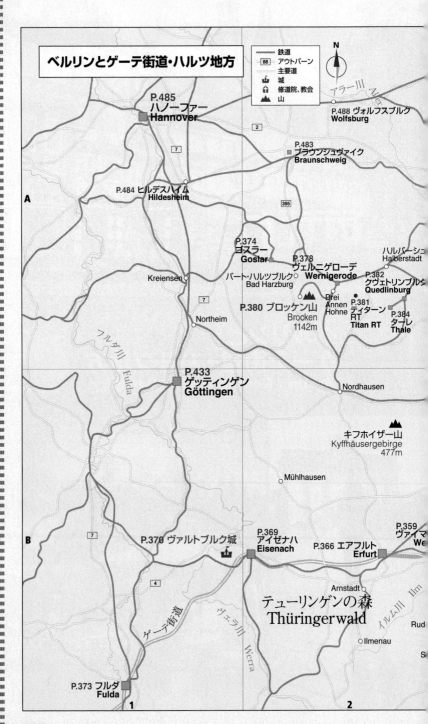

ベルリンとゲーテ街道・ハルツ地方

鉄道
88 アウトバーン
主要道
城
修道院、教会
山
N

P.485
ハノーファー
Hannover

P.488 ヴォルフスブルク
Wolfsburg

P.483
ブラウンシュヴァイク
Braunschweig

P.484 ヒルデスハイム
Hildesheim

A

P.374
ゴスラー
Goslar

P.378
ヴェルニゲローデ
Wernigerode

バート・ハルツブルク
Bad Harzburg

ハルバーシュ
Halberstadt

P.382
クヴェトリンブルク
Quedlinburg

Kreiensen

P.380 ブロッケン山
Brocken
1142m

Drei
Annen
Hohne

P.381
ティターン
RT
Titan RT

P.384
ターレ
Thale

Northeim

P.433
ゲッティンゲン
Göttingen

Nordhausen

フルダ川
Fulda

キフホイザー山
Kyffhäusergebirge
477m

Mühlhausen

B

P.370 ヴァルトブルク城

P.369
アイゼナハ
Eisenach

P.366 エアフルト
Erfurt

P.359
ヴァイマ
We

Arnstadt

テューリンゲンの森
Thüringerwald

ゲーテ街道

ヴェラ川
Werra

イルム川 Ilm

Rud

Ilmenau

S

P.373 フルダ
Fulda

1

2

290

ベルリンとゲーテ街道・ハルツ地方 ▼ 広域図

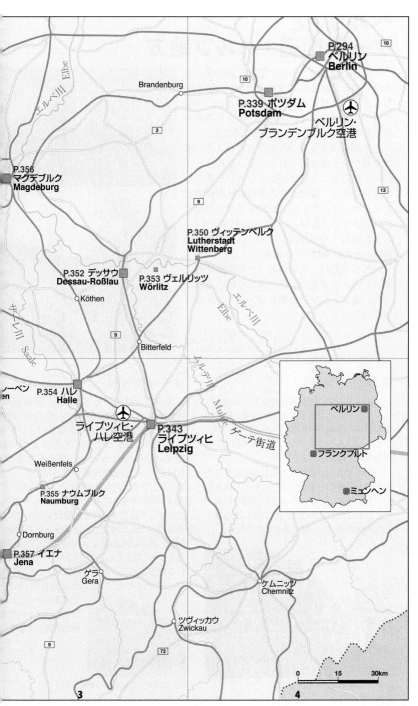

Brandenburg

P.294
ベルリン
Berlin

10

10

P.339 ポツダム
Potsdam

ベルリン・
ブランデンブルク空港

2

13

P.356
マクデブルク
Magdeburg

9

P.350 ヴィッテンベルク
**Lutherstadt
Wittenberg**

P.352 デッサウ
Dessau-Roßlau

P.353 ヴェルリッツ
Wörlitz

Köthen

Elbe

9

Bitterfeld

Saale

ノーベン
en

P.354 ハレ
Halle

ライプツィヒ・
ハレ空港

P.343
ライプツィヒ
Leipzig

Mulde

ゲーテ街道

Weißenfels

P.355 ナウムブルク
Naumburg

Dornburg

P.357 イエナ
Jena

ゲラ
Gera

ケムニッツ
Chemnitz

ツヴィッカウ
Zwickau

9

72

ベルリン

フランクフルト

ミュンヘン

0   15   30km

3   4

291

ベルリンと
ゲーテ街道・ハルツ地方

ベルリンは、いつも熱い鼓動と躍動感にあふれている。激動の20世紀の歴史を、町のあちこちに刻んだこの町を歩いていると、もはやドイツだけでなく、世界中の人々が集まる国際都市となっていることを強く感じる。

生誕の地フランクフルトからドレスデンまで文豪ゲーテゆかりの町をつないだルートがゲーテ街道だ。ゲーテがナポレオンと謁見したエアフルト、植物園や大学図書館を創立したイエナ、そしてその生涯の約50年間を過ごしたヴァイマールが、この街道のハイライト。バッハやルターが活躍し、ドイツの精神文化の中心とされる地方でもある。

ハルツ地方は、旧東西ドイツの国境地帯にあり、統一前は近づくことができない地域だった。魔女伝説が残る幽玄な山岳地帯が広がっている。

上／ゲーテもルターも訪れたヴァルトブルク城　下／ブランデンブルク門の側にあったベルリンの壁の跡（右下部分）

周遊のヒント

ベルリンを中心に路線が発達している。ハノーファーやハンブルク方面へはICE特急の本数が多く便利。ベルリン～ミュンヘン間も、ニュルンベルクやエアフルト経由で所要約4時間程度と短縮してきている。

ハルツ地方は、列車の本数が少なくやや不便だが、田舎ならではの素朴な魅力があふれている。特にノスタルジックな雰囲気に満ちた、ブロッケン山へ登るSLの登山鉄道はとても人気があり、一度は乗車してみたい。

ハルツ狭軌鉄道のSLでブロッケン山へ

ステイガイド

ベルリンはメッセ（見本市）開催都市。特に大型メッセの期間中は、ホテルの客室はほぼ満室状態で料金もかなりアップするので注意。メッセの開催スケジュールは 🔗 www.messe-berlin.de で調べられる。ほかにもベルリン国際映画祭やベルリン・マラソンなどさまざまな大型イベントがあるので宿は早めに手配しておいたほうがいい。なおベルリンで宿泊する場合、観光客は1泊につき室料の5%が宿泊税 City Tax として加算される。ほかにも山岳リゾート地などでは保養税 Kurtax などとして1泊€2～3程度加算される町がある。これらの税額は、予約時の料金に加算表示されているホテルと、そうでないホテルがあるので確認しよう。

ベルリンのホテルは早めに手配を

ベルリンとゲーテ街道・ハルツ地方 ▼ イントロダクション

名産品と料理

ベルリン名物の**ベルリーナーヴァイセ Berliner Weisse**は、ビールをシロップで割ったカクテルドリンク。夏にはカフェなどでもさかんに飲まれている。

ドイツでは、ぜひ**インビス Imbiß**というスタンドへ。インビスは駅のキオスクのような感じの屋台やトレーラータイプのお店もあり、ソーセージや飲み物を売っている。ベルリンが発祥の地といわれる**カリーヴルスト Currywurst**はカレー粉と独自のケチャップソースをたっぷりかけてあるソーセージ。

ベルリンや北ドイツ周辺の名物料理ケーニヒスベルガー・クロプセはケッパー風味クリームソースをかけた肉団子

代表的な郷土料理は骨付きの豚の足を煮込んだ豪快な**アイスバイン Eisbein**や、クリームソースをかけた肉団子**ケーニヒスベルガー・クロプセ Königsberger Klopse**など。**テューリンゲンソーセージ**は、全国的に食べられている人気のソーセージ。広場などに出ているインビスや屋台で焼きたてを食べよう。

／日本にはない本場のカリーヴルストの味は刺激的！
／人気のゲミューゼケバブ

テューリンゲンソーセージ。マスタードはセルフでお好みで

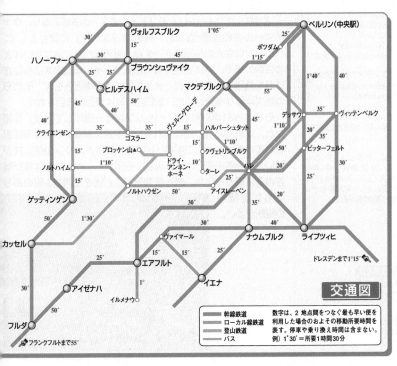

ベルリン

Berlin

戦勝記念塔
ジーゲスゾイレ

ベルリン★

フランクフルト

● ミュンヘン

MAP ◆ P.291-A4	
人　口	366万4100人
市外局番	030

ACCESS

鉄道：ICE特急でハノーファーから約1時間40分、ハンブルクから約1時間45分、フランクフルトから約4時間、ケルンから約4時間。ドレスデンからEC特急で約1時間50分。

❶**ベルリンの観光案内所**
🖳www.visitberlin.de
☎(030) 25002333
●**中央駅構内の❶**
🏠Europaplatz1
（中央駅1階の北側出口近く）
🔗Map P.300-B1
🕐8：00〜21：00
（12/24〜1/1、祝日は変更あり）

●**ブランデンブルク門の❶**
🏠im Brandenburger Tor,
Pariser Platz
🔗Map P.300-B1
🕐10：00〜18：00
（12/24〜1/1、祝日は変更あり）

ほかに、ベルリン・ブランデンブルク空港内（→P.296)、ベルリン王宮（フンボルト・フォーラム）内（→P.308)などにも観光案内所がある。

世界遺産

博物館の島
（1999年登録）
→P.306

モダニズム集合住宅群
（2008年登録）
→P.318

東西ベルリンの分断と統一の象徴ブランデンブルク門

　歴史の渦に翻弄され続けたベルリンに住む人々は、たくましく自由闊達だ。ドイツ最大の都市とはいえ、東京23区の約1.5倍の面積で、都心部にも多くの公園や水路、湖をかかえているので、ごみごみした感じがないのはほかのドイツの町と同じだ。

　1871年、プロイセンによる「ドイツ帝国」の首都となり、ヴァイマール共和国時代には、「黄金の1920年代」の舞台として、ベルリンは栄光の絶頂期を迎えた。当時はパリに負けないほどの芸術の都で、特に表現主義の絵画やドイツ映画のすばらしさは目を見張るものだった。ナチス政権の登場とともに、それらの繁栄は翳りを見せ始め、敗戦後、町は東西に分割された。

　そして1961年8月13日、ベルリンには一夜にして「壁」が築かれ、以来28年間、壁が壊れる日は永遠に来ないかのように思われていた。しかし1989年11月9日、突然ベルリンの壁に穴が開いた。翌年東西ドイツは再統一を果たし、ベルリンは再び首都の座に返り咲いた。統一後30年以上が過ぎた現在も町のあちこちに建築中の場所が多い。

博物館の島の対岸の緑地でくつろぐ人々。
中央はベルリン大聖堂

ベルリンのオリエンテーション

　ベルリンは、他のドイツの町に比べると、けた外れに大きい。西ベルリンと東ベルリンのふたつの町がひとつになった歴史もあり、見どころが多い。

　第2次世界大戦前のベルリンの中心でもあったミッテ地区が最も人気のエリアで、観光の見どころも集中している。東西ベルリンの分断エリアだったポツダム広場は、統一後に開発された新都心的存在。ベルリンの文化の中心でもある。旧西ベルリン側に位置するクーダム周辺でのショッピングや散策も楽しい。

 ## ウンター・デン・リンデンと博物館の島
→P.304 　　　　MAP ◆ P.300 〜 301、P.304

　ミッテ地区の中のさらに中心、ベルリンの歴史と世界的な文化遺産を体験できるエリア。ブランデンブルク門から東へ延びる広大な並木道ウンター・デン・リンデンには、ベルリン国立歌劇場やフンボルト大学など重厚な歴史的建造物が並ぶ。通りの東端が博物館の島で、文字どおり5つの博物館が集中し、世界遺産に登録されている。北東部のプレンツラウアーベルク地区は、個性的なショップやカフェ、クラブが集まり、流行の最先端を行くエリア。

ウンター・デン・リンデンの東端に立つフリードリヒ大王の騎馬像

 ## ポツダム広場周辺
→P.312 　　　　MAP ◆ P.300、303、P.312

　東西ドイツ統一後に再開発された、ベルリンの新都心的存在。大型ショッピングセンターやメディア施設があるダス・センター（旧称ソニーセンター）、国際映画祭が開かれる劇場、映画館などからなり、娯楽とショッピング施設が充実。コンサートホールとして名高いフィルハーモニーや、名画の宝庫である絵画館を含む文化フォーラム地区に隣接する、ベルリンの文化の中心地。

高層ビルが建ち並ぶ新都心、ポツダム広場

 ## クーダム周辺
→P.315 　　　　MAP ◆ P.302 〜 303

　クーダムは旧西ベルリン時代のメインストリートで、有名デパート、カーデーヴェーをはじめ、多くのショップや飲食店が並んでいる。

　統一後はミッテ地区に押され気味ではあるが、活気のある商店街が続く。ベルリン動物園の北西側には、かつて王家の狩猟場だった緑地公園ティーアガルテンが森のように広がっており、中心には戦勝記念塔ジーゲスゾイレが建っている。

クーダム周辺はベルリン西部の繁華街

●ベルリン・ブランデンブルク空港（BER）
◎Map P.301-別図
URL berlin-airport.de
観光案内所
ターミナル1・レベルE0
圏9：00〜21：00

ベルリン・ブランデンブルク空港のチェックインフロア

鉄道ホームへは案内に従って地下へ

ベルリン中央駅へは最も早くて便利なエアポート・エクスプレスがおすすめ

路線バスは黄色が目じるし

●日本大使館
Botschaft von Japan
住Hiroshimastr. 6
　D-10785 Berlin
◎Map P.303-B4
バスM29番でHiroshimasteg、
または200番でTiergartenstr.
下車、徒歩約5分。
☎(030) 210940
FAX(030) 21094222
URL www.de.emb-japan.go.jp/
itprtop_ja/index.html
圏月〜金　9：00〜12：15
　　　　14：00〜16：30
　（水9：00〜17：00）
休土・日・祝、年末年始

ベルリン到着

飛行機で着いたら

　ベルリン・ブランデンブルク空港Flughafen Berlin Brandenburg（空港コード：BER）は、ベルリン中心部から南へ約24km、ベルリン市の南に隣接するブランデンブルク州に位置している。ドイツの首都にふさわしい大型空港で、ベルリン中央駅から鉄道で最短約30分という便利なアクセス。

　2024年現在はターミナル1のみがオープンしているが、今後新たなターミナルの建設も予定されている。日本からの直行便は未就航だが、ドイツ国内各都市、ヨーロッパ各地からの乗り継ぎ便を使って利用する機会もあるだろう。

　ターミナル1は地上階E0フロアが到着、2階E1フロアが出発、地下2階U2フロアが空港駅のホームになっている。

木が多用された出発フロアは、とても落ち着いた雰囲気

空港と市内のアクセス

鉄道で

　ベルリンの中心部（ベルリン中央駅など）へ行くのに最も便利なのは列車で、ターミナル1の地下2階（U2と表示）にあるベルリン空港ターミナル1-2駅Flughafen BER -Terminal1-2から**エアポート・エクスプレスAirport Express**（略称FEX）、または**RE快速、RB（普通）、S バーンⓈ9**のいずれかに乗車する。所要時間は中央駅までFEX、RE快速、RB（普通）は30〜35分。Sバーンは途中停車駅が多いので約50分。料金はどの列車を利用しても同じで市中心部まで1回乗車券€4.40（ⒶⒷⒸゾーン料金）。ベルリンに数日間滞在するなら、24時間乗車券や7日間券、ウエルカムカード（→P.298）などを購入したほうが得な場合もある。

路線バスで

　X7番のバスは空港から地下鉄Ⓤ7のRudow駅まで運行。X71番のバスはRudow駅を経由してⓊ6 Alt-Mariendorfまで運行している。滞在先の場所に応じて利用するといいだろう。料金は鉄道と同じ。

タクシーで

　到着フロアの出入口前にタクシー乗り場がある。ベルリン市内の中心部までは、所要約40分、料金は€60程度。

鉄道で着いたら

ベルリン中央駅

　ICEなどの長距離列車が発着する**ベルリン中央駅Berlin Hbf.**はドイツでも最大級の駅。観光案内所はもちろん、スーパーマーケット、ドラッグストア、ブティ

ベルリン中央駅の南口側

ックなどのショッピング施設、カフェ、レストラン、寿司バーやアジア料理店も充実している。

　ICEなどの長距離列車や、ブランデンブルク空港へ行くエアポートエクスプレスは、地下ホームまたは地上2階ホームから発着する。

　Sバーンは地上2階ホームから発着。地下ホームから発着する地下鉄 **U**5は、ブランデンブルク門、ウンター・デン・リンデン、アレクサンダープラッツ駅など、ベルリンを代表する観光エリアをつないで走る便利な路線だ。

他のベルリンの駅

　ベルリンを東西に走るルートを取るICEなどの長距離列車は、ベルリン西部のシュパンダウ駅Spandauに停車する便もある。南北ルートを走る長距離列車は、北部のゲズントブルンネン駅Gesundbrunnenと、南部のズュートクロイツ駅Südkreuzにも停車する。

　また、SバーンやUバーン、快速列車が発着する**フリードリヒシュトラーセ駅Friedrichstr.**と**アレクサンダープラッツ駅Alexanderplatz**は、どちらも駅の構内設備が充実し、ショッピング施設や観光の見どころに近いので、この駅の近くにホテルを取ると何かと便利だ。

ベルリン中央駅はホームが2階と地下にある

ベルリン中央駅に停車中の特急ICE

Sバーンが発着する中央駅の2階ホーム

INFORMATION

ベルリンの観光ツアー

　ベルリンは町が大きいので、時間がない場合は観光バスを利用するのもいい。数社が運行しているが、Berlin City Sightseeing社（🖳 www.berlin-city-tour.de）のHop-on/Hop-off-Bustourは、おもな見どころで乗り降り自由、日本語音声あり、25分間隔で運行、24時間券€35〜。

　シュプレー川の遊覧船（冬期は運休）から見るベルリンもおもしろい。ベルリン中央駅の南側などに乗り場があるReederei-Riedel社（🖳 reederei-riedel.de）の市内1時間コースは、€19〜。ニコライ地区などに乗り場があるStern und Kreisschiffahrt社（🖳 www.sternundkreis.de）の市内1時間コースは€21.90〜。

博物館の島の前のシュプレー川を運航する遊覧船

乗車券のおもな種類・名前	内　容	有効ゾーン	料金
短距離券 Kurzstrecke	[S][U]3 駅まで、バス、トラムは 6 停留所まで		€2.40
1回乗車券 Einzelfahrausweise	2 時間有効で、一定方向への乗り換えは何度でも可	[A][B]	€3.50
		[B][C]	€4
		[A][B][C]	€4.40
4回回数券 4-Fahrten-Karte	同上	[A][B]	€10.80
		[B][C]	€13.80
		[A][B][C]	€15
24時間乗車券 24-Stunden-Karte	24 時間有効（その日の翌日 3：00 まで）	[A][B]	€9.90
		[B][C]	€10.40
		[A][B][C]	€11.40
小グループ用 24時間乗車券 24-Stunden-Karte Kleingruppe	24 時間有効。5 人まで同時に使用できる	[A][B]	€31
		[B][C]	€32
		[A][B][C]	€33
7日間券 7-Tage-Karte	連続する 7 日間（使用開始後 7 日目の 24：00 まで）	[A][B]	€41.50
		[B][C]	€42.50
		[A][B][C]	€49

100番、200番、300番
バスのルート
Spree
Bellevue
Hansaplatz
Altonaer
ベルビュー宮殿
(大統領官邸)
Großer Ster
str.
Tiergarten
Str. des 17.Juni
戦勝記念塔
ジーゲスゾイレ
100
200
ツォー駅
Corneliusbrücke
Zoologischer Garten
Budapester Str.
Breitscheidpl.
Budapester Str.
Kurfürsten-
damm
カイザー・ヴィルヘルム記念教会
Kaiser-Wilhelm Gedächtnis K.
Bayreuther Str.
Tauentzienstr.
Schillstr.
Schillstr.
Kurfürsten-
damm
Wittenbergplatz
Augsburger Str.

●ベルリン交通連盟BVG
[URL]www.bvg.de

●ツーリスト向きのカード

有効期間	料金 [A][B]	料金 [A][B][C]
ベルリン・ウエルカムカード [URL]www.berlin-welcomecard.de		
48時間	€26	€31
72時間	€36	€41
4日間	€45	€51
5日間	€49	€53
6日間	€54	€57
シティーツアーカード [URL]www.citytourcard.com		
48時間	€22.10	€25.20
72時間	€33.10	€37.80
4日間	€43.60	€50.40
5日間	€44.60	€51.50
6日間	€45.60	€52.50

●ベルリン・ウエルカムカード・オールインクルーシブ
約30の美術館、博物館などの入場料や観光バスが無料になるカード。交通チケット付きは[A][B][C]ゾーンに有効。

有効期間	交通チケット付き	交通チケットなし
48時間	€99	€89
72時間	€125	€105
4日間	€145	€115
5日間	€165	€129
6日間	€185	€149

ベルリンの市内交通

公共交通機関には、**Sバーン**（近郊電車、以下[S]で表す）、**Uバーン**（地下鉄、以下[U]）、**バス**、**トラム**がある。交通網は充実しており、旅行者にも利用しやすい。ただ、路線の変更がたびたび行われたり、工事で運休する区間もあるので、必ず最新の路線図を[i]や**BVG（ベルリン交通連盟）**の案内所で入手しておくこと。

Fahrscheine

Uバーンの自動刻印機。「Bitte hier entwerten」と書いてあるチケット（1日乗車券など）は必ず自動刻印機で開始時刻を刻印する

切符の買い方

ベルリン市内の[S]、[U]、バス、トラムのチケット、料金体系はすべて共通。ベルリン市内は[A]と[B]ふたつのゾーンが設定されている。

中心部の見どころは、ほぼ[A]ゾーン。ベルリン市外は[C]ゾーンとなり、例えばベルリン中央駅からベルリン・ブランデンブルク空港やポツダムまで行く場合は[A][B][C]ゾーン券が必要。**各ゾーンの範囲は本書の巻頭折り込み地図の2枚目裏面**参照。

チケットは駅の自動券売機や切符売り場で購入し、ホーム入口やバス内に設置された**自動刻印機Entwerter**（Sバーンは赤、Uバーンは黄色）で乗車前に刻印する。

ツーリスト向きのカード

ベルリンには、**ベルリン・ウエルカムカードBerlin Welcome Card**と、**シティーツアーカードCity Tour Card**という2種類のツーリスト用カードがある。どちらのカードも市内公共交通機関が乗り放題になるほかに、いくつかの美術館、博物館などの

[MEMO] ベルリン・ウエルカムカードに、博物館の島内の博物館（→P.306〜307）の入場が無料（常設展のみ）になるバージョンBerlin WelcomeCard Museumsinselもある。72時間有効のみで、[A][B]ゾーン用は€54、[A][B][C]ゾーン用は€57。

ベルリンとゲーテ街道・ハルツ地方 ▼ ベルリン

ハッケシェ・ヘーフェ
Hackescher Markt
Memhardstr.
アレクサンダープラッツ駅
Alexanderplatz Bhf
Friedrichstr.
ベルガモン博物館
ベルリン大聖堂
テレビ塔
マリエン教会
Spandauer Str./Marienkirche
赤の市庁舎
ドイツ連邦議会議事堂
Reichstag/Bundestag
Platz der Republik
フンボルト大学
Unter den Linden
Rotes Rathaus
Museumsinsel
イーストサイド・ギャラリー
ブランデンブルク門
Brandenburger Tor.
ウンター・デン・リンデン
Staatsoper
ベルリン国立歌劇場
Klosterstr.
Str. des 17 Juni
Behlenstr./Wilhelmstr.
Hausvogteiplatz
フィルハーモニー
Philharmonie
Mohrenstr.
Mohrenstr.
Stadtmitte
Potsdamer Platz Bhf
Leipziger Str.
Jerusalemer Str.
Varian-Fry-Str.
Leipziger Str./Wilhelmstr.
Stadtmitte

- 100番のバス路線
- 200番のバス路線
- 300番のバス路線
- Ⓢ Sバーン（近郊電車）
- Ⓤ Uバーン（地下鉄）

見どころや、市内観光バスなどが、割引料金になる。値段に大差がなく、割引内容もほぼ同じなので、どちらを選べばよいか迷うが、各サイトで、自分の行きたい見どころが割引対象かどうかをチェックして検討するといい。

❶や主要駅の自動券売機（ガイド小冊子は窓口でもらう）などで購入でき、使用開始前に必ず自動刻印機（→P.298）で時刻をパンチすること。なお、メジャーな博物館をメインに回る予定なら、入場料金が「割引」ではなくて「無料」になる**ミュージアムパス3日券**（→P.306）のほうが利用価値は高いだろう。

Uバーンの車内

Sバーン、Uバーンの乗り方

駅構内に掲示してある路線図で、自分の現在地から目的駅へ行く路線を探し、その路線番号と終点の駅名を覚えておく。乗車ホームへの案内や行き先は、すべてこの路線番号と終点駅名で表示されているからだ。なお、下車するときは、自分でドアの取っ手を引くか、ボタンをタッチして開ける。

下車するときは扉の緑色のボタンを押す（新型車両の例）

バスの乗り方

バスの停留所には、そこに停車するバスの番号と行き先の停留所名が掲示されている。バスは必ず前扉から乗車し、運転手に乗車券を提示すること。乗車時に運転手から乗車券を買うことも可能。下車したい停留所が近づいたらボタンを押して降車ドア（後ろ扉）から降りる。

バスは前のドアから乗車する

眺めのいい2階最前列は特等席

中心部の見どころを巡るなら、**路線バスの100番、200番、300番**を利用しよう（上の運行地図参照）。日中はほぼ5〜10分おきに運行。1日乗車券やベルリン・ウエルカムカードなどを購入すれば、どこでも乗り降り自由なので、より便利だ。

トラムは旧東ベルリン地区のみ路線網がある

ベルリン①
ウンター・デン・
リンデン周辺

N

A

0   500m   1000m

P.320
ベルリンの壁記録センター
Dokumentationszentrum
Berliner Mauer

Humboldthain

Wedding

Voltastr.

Schwartzkopffstr.

Schwedler-Str.

Bernauer Str.

Bernauer Str.

Nordbahnhof
Invalidenstr.

Naturkundemuseum

P.309
自然科学博物館
Museum für Naturkunde

P.309
ハンブルク駅現代美術館
Hamburger Bahnhof-
Museum für Gegenwart Berlin

P.338
a&oベルリン・
ハウプト
バーンホーフ

P.338
マルクス・ゲステホイザー・
ハウプトバーンホーフ

P.337
モーテル・
ワン・ハウプト
バーンホーフ

ベルリン中央駅
Hauptbahnhof

Hauptbahnhof

P.337
マイニンガー・ハウ
プトバーンホーフ

首相府
Bundes Kanzleramt
Bundestag

世界文化館
Haus der Kulturen
der Welt

John-Foster-Dulles-Allee

Paul-Löbe-Allee

Scheidemannstr.

ティーアガルテン
Tiergarten

6月17日通り
Straße des 17. Juni

ポツダム広場
(拡大図P.312)

ウンター・デン・リンデン〜博物館の島（拡大図P.304）

シャリテー（大学病院）
Charité

Oranienburger
Tor

Oranien-
burger Str.

ヘックマン・ホーフ
シナゴーグ

P.324
ハッケシェ・ヘーフェ

Reinhardtstr.

P.309
森鷗外記念館

Luisenstr.

フリードリヒ
シュトラーセ駅

P.306
ベルガモン博物館

Hackescher Markt

マリエン教
Marienkirc

赤の
Rotes R

Schiffbauerdamm

Friedrichstr.

P.305
ドイツ連邦議会議事堂

フンボルト大学

ウンター・デン・リンデン

Brandenburger
Tor

Unter den Linden

Unter den Linden

P.306
博物館の島

P.308
ベルリン大聖堂

Museumsinsel P.308

Rotes Ra

ムッ

P.305
ブランデンブルク門

P.322
コーミッシェ・
オーパー

ベルリン王宮
（フンボルト
フォーラム）

ニコライ
Nikolaikir

P.322
ベルリン国立歌劇場

ニコライ
Nikolaivie

エフラ
Ephrain

P.305
ユダヤ人犠牲者記念館

Eberstr.

フランスドーム

Charlottenstr.

Hausvogteipl.

ドイツドーム

Stadtmitte

P.323
フィルハーモニー
Philharmonie

ポツダマー・
プラッツ駅

Mohrenstr.

Potsdamer Pl.

P.330
モール・オブ・
ベルリン

P.313
絵画館
Gemäldegalerie

ポツダム広場

P.319
ドイツ・スパイ
博物館
Deutsches
Spionage Museum

通信博物館
Museum für
Kommunikation

P.314
遊覧気球ヴェルト・バルーン
乗り場

Wilhelmstr.

Leipziger Str.

P.314
新ナショナルギャラリー
Neue Nationalgalerie

マルティン・グロピウス・バウ
Martin-Gropius-Bau

Schützenstr.

Zimmerstr.

P.321
壁博物館
Museum Haus am
Checkpoint Charlie

Axel-Springer-Str.

Spittel-
markt

P.338
ユーゲントヘアベルゲ・
ベルリン・インターナショナル

Mendelssohn-
Bartholdy-Park

P.337
フィヨルド

Lützowstr.

Schöneberger Str.

Anhalter Bhf

P.311
テロのトポグラフィー

Kochstr.

Besselstr.

ベルリン・ギャラリー
Berlinische Galerie

Stresemannstr.

Alte Jakobstr.

Oranien

P.310
ユダヤ博物館
Jüdisches Museum Berl

Gleisdreieck

SPD本部

ベルリン②
クーダム周辺

0 — 500m — 1000m

N

P.316
シャルロッテンブルク宮殿
Schloss Charlottenburg

A

P.317
ベルクグリューン美術館
Museum Berggruen

P.317
シャルフ・ゲルステン
ベルク・コレクション
Sammlung Scharf-
Gerstenberg

P.317 ブレーハン美術館
Bröhan-Museum

Spandauer Damm

Westend

Schlossstr.

Kaiser-Friedrich-Str.

Zillestr.

Danckelmannstr.

Sophie-Charlotten-Str.

Kaiserin-

Mierendorffpl.

Winterfeldtstr.

Helmholtzstr.

Augusta-Allee

シュプレー川 Spre

Richard-
Wagner-Pl.

Otto-Suhr-Allee

Cauerstr.

Marchstr.

ベルリンエ

P.322
ベルリン・ドイツ・オペラ
Deutsche Oper
Berlin

P.322
シラー劇場
Schillertheater

Ernst-Reuter-

Richard-Wagner-Str.

Bismarckstr.

Deutsche Oper

Schillerstr. P.318
バウハウス臨時展示館

Goethestr.

Goethestr.

ルネサンス劇場

Hardenbergstr.

B

Kaiserdamm

Kaiserdamm

Sophie-Charlotte-Pl.

Bismarckstr.

Kaiser-Friedrich-Str.

Kantstr.

Wilmersdorfer Str.

カント通り

Pestalozzistr.

Grolmanstr.

Knesebeckstr.

P.328
ディッケ・
ヴィルテ・

Stilw

Uhlandstr.

Messe
Nord/ICC

Kantstr.

Charlottenburg

Lewishamstr.

Savignyplatz

P.335
ブリスト

Leibnizstr.

Wielandstr.

Schlüterstr.

P.336
レオナルド・
クーダム Uhlandstr.

P.329
カフェ・ヴィンターガルテン
イム・リテラトゥーアハウ

Adenauer-
platz

クーダム

Lietzenburger Str.

P.336
ブライブ
トロイ

Bleibtreustr.

Uhlandstr.

C

P.337
クーダム101
H

Kurfürstendamm

シャウビューネ
Schaubühne

Joachim-Friedrich-Str.

Paulsborner Str.

Brandenburgische Str.

Konstanzer Str.

Düsseldorfer Str.

Hohenzollernpl.

Hohenzollerndamm

Güntzelstr.

Fehrbelliner Pl.

Uhlandstr.

Brandenburgische Str.

Holsteinische Str.

Halensee

Erich Hamann

Blissestr.

凡例

- ━━━━ 鉄道(幹線)
- Ⓢ ……… S バーン(近郊電車)
- Ⓤ ……… U バーン(地下鉄)
- ●━ ……… バス(主要路線のみ)
- Ⓗ ……… ホテル
- ⒥Ⓗ ……… ユースアコモデーション
- Ⓡ ……… レストラン、ファストフード
- Ⓒ ……… カフェ
- Ⓢ ……… ショップ
- Ⓝ ……… バー、クラブなど
- 🕇 ……… 教会
- ⓘ ……… ツーリストインフォメーション

ベルリン全体図

P.300〜301

シュパンダウ駅
Spandau

ベルリン中央駅
Hauptbahnhof

赤ワク内が本図の部分

P.31
ヴァンゼー
会議記念館

巻頭折り込み地図2枚目の表面

Großer
Müggelsee

ガルテンシュタット・
ファルケンベルク P.318

P.296 ✈
ベルリン・ブランデン
ブルク空港(BER)

Berliner Str.

3
4

Turmstr.
Turmstr.
Turmstr.
Alt-Moabit

Stromstr.
Kirchstr.
Alt

Invalidenstr.
ベルリン中央駅
Hauptbahnhof

Moabit

Bundestag

Holsteiner Ufer
P.329
ブーフヴァルト C
Flensburger Str.
Bellevue

Paul-Str.

連邦首相府
Bundes Kanzleramt

A

P.305
ドイツ連邦議会議事堂
Reichstag, Deutscher
Bundestag

世界文化館
Haus der Kulturen
der Welt

グリップス劇場
Grips Theater

Hansapl.

Klopstockstr.

ベルビュー宮殿
(大統領官邸)
Schloss Bellevue

Straße des 17. Juni

Altonaer Str.

Bachstr.

7日通りの
の市

Tiergarten
6月17日通り
Straße des 17. Juni

P.316
戦勝記念塔
シーゲスゾイレ
Siegessäule

ティーアガルテン
Tiergarten

ポツダム広場（拡大図P.312）

Landwehrkanal

一駅
Zoologischer
ten

P.315
ベルリン動物園
Zoologischer
Garten

ダス・ストーァ
P.334
H

北欧大使館
Nordische
P.335 Botschaften
インターコンチネンタル

日本大使館
Botschaft
von Japan
P.296

Hiroshimastr.

P.323
フィルハーモニー
Philharmonie

ポツダマー・
プラッツ駅
Potsdamer Platz

P.313
絵画館
Gemäldegalerie

ポツダム広場

garten
カイザー・ヴィルヘルム記念教会
Kaiser-Wilhelm-
Gedächtnis-Kirche

CDU本部
P.318
バウハウス展示館
Bauhaus-Archiv-
Museum

P.314
新ナショナルギャラリー
Neue Nationalgalerie

国立図書館
Staatsbibliothek

Budapester Str.

P.336
25アワーズ・ホテル・ベルリン
ベルリン
P.331
H
オイローパ・センター
Europa-Center
UNIQLO

Sheraton
Grand Hotel
Esplanade
H

P.338
ユーゲントヘアベルゲ・
ベルリン・インターナショナル

レ・ワン・
ウエスト

Tauentzienstr.

Kurfürsten-

Kurfürstenstr.

Einemstr.

Lützowstr.

B

rfürsten-
mm
Augsburger Str. Nürnberger Str.
328
フォーブルク
P.332
ハリボー
ウィッテイーズ
P.326
Wittenbergpl.
R

str.

P.323
ヴィンター
ガルテン

P.330
カーデーヴェー
(デパート)
Augs-
burger
Str.

CVJM
JH

Kleiststr.

Nollendorfpl.
U

Kurfürstenstr.

Gleisdreieck
U

P.310
ドイツ技術博物館
Deutsches Technikmuseum
Berlin

P.334
ドリント・
クーアフュルステンダム

Motzstr.

Bülowstr.

Posdamer Str.

Bülowstr.

hernstr.
Nachodstr.

Viktoria-Luise-Pl.
U

Hohenstaufenstr.

Pallasstr.

Golzstr.

Yorckstr.
U
Yorckstr.

C

tzelstr.

Bamberger Str.

Luther-Str.

Eisenacher Str.

Grunewaldstr.

Kleistpark
U

iner Str.

Bayerischer Pl.
U

Martin-

Julius-Leber-Brücke
S

Badensche Str.
J.F.Kennedy-Platz
シェーネベルク市庁舎
Rathaus Schöneberg

Café Bilderbuch

Raths.
Schöneberg

Haupt...

3
4

ブランデンブルク門の前から東に延びる約1.4kmの大通りが「菩提樹の下」という意味の大通り、**ウンター・デン・リンデン**。その名のとおり、中央部に菩提樹の並木が続いている。

通りのほぼ中央で南北に延びる**フリードリヒ通り**と交差し、さらに東へ進むと**フンボルト大学**、**ベルリン国立歌劇場**、**ドイツ歴史博物館**など重厚な建物がそびえている。シュプレー川に架かるシュロス橋を渡ると、5つの博物館が集まる**博物館の島**だ。ここではかなりの見学時間が必要。

巨大なドームの**ベルリン大聖堂**を過ぎて、カール・リープクネヒト通りと名前を変えた大通りは、Sバーン駅の**アレキサンダープラッツ**まで続く。その途中の右側には、森鷗外の『舞姫』で出会いの舞台となった**マリエン教会**。その奥に建つ赤れんが色の建物は**ベルリン市庁舎**で、通称「赤の市庁舎」。アレキサンダープラッツ駅の手前には**テレビ塔**がそびえ立っている。

ウンター・デン・リンデンの西端に建つブランデンブルク門の前

森鷗外ゆかりのマリエン教会

この図の周辺は P.300 ～ 301 の地図参照

MEMO 観光客が集まるブランデンブルク門周辺では、スリ被害が多発。署名やアンケートを求められ、記入しているスキに財布をすられるケースが多い。ペンを差し出しながら笑顔で近づいてくる人がいたら、要注意！

おもな見どころ

ベルリンとゲーテ街道・ハルツ地方 ▼ ベルリン

ドイツ連邦議会議事堂（帝国議会議事堂）
Reichstag, Deutscher Bundestag ★★★

　1884～1894年に建てられた重厚で威厳のある帝国議会議事堂は、1933年に炎上。第2次世界大戦後は西ドイツ側にあったが議会としては使用されずにいた。東西ドイツ統一後、8年をかけた大改築を終え、屋上にあるガラス張りの**ドームKuppel**の中を見学できる。見学は事前予約が必要で、右記サイト内〈visit the Bundestag〉→〈Dome,〉をクリックして〈Online registration〉をチェックし必要事項を入力して申し込む（郵送、FAX申し込みも可）。入場時セキュリティチェックあり。

内部の見学は予約が必要

●ドイツ連邦議会議事堂
　（帝国議会議事堂）
㊟Platz der Republik 1
　D-11011 Berlin
🚇Map P. 304
Ⓤ Bundestagから徒歩約5分。または100番のバスでReichstag/Bundestag下車すぐ。
🌐 www.bundestag.de/en/visittheBundestag（英語）
📠 (030) 22736436
開8：00～21：45（最終入場）
休12/24、メンテナンス等のための不定休あり。
料無料
予約は人数、氏名、生年月日、住所、電話番号などを選択または明記。

ドームの中のスロープを上る

統一ドイツの象徴 ブランデンブルク門
Brandenburger Tor ★★★

　1788～1791年にプロイセン王国の凱旋門として、アテネの神殿の門を手本にして建てられた。ドイツ古典主義建築の傑作といわれる。門の上の勝利の女神と4頭立ての馬車カドリガは、1806年にプロイセンを破ったナポレオンがパリへ持っていってしまったが、1814年にベルリンに戻った。

　東西分裂時代は門のすぐそばに壁が築かれていたため、この門をくぐることはできなかったが、今では誰もが通れるようになった。

観光客が集まる門の周辺

●ブランデンブルク門
🚇Map P.304
Ⓢ Ⓤ または100番のバスでBrandenburger Tor下車、徒歩約1分。

ブランデンブルク門の上のカドリガ

ユダヤ人犠牲者記念館
Denkmal für die ermordeten Juden Europas ★

　ブランデンブルク門から南へ100mほど進むと、2711本ものコンクリート製ブロックが現れる。ここは虐殺されたユダヤ人にささげられた記念碑で、地下に情報センター（展示室）がある。高さがまちまちのブロックの間は通り抜けられ、幾何学模様の迷路を歩くような、不思議な体験ができる。

ブロックが迷路のように並ぶ

●ユダヤ人犠牲者記念館
㊟Cora-Berliner-Str. 1
🚇Map P.304
Ⓢ Ⓤ または100番のバスでBrandenburger Torから徒歩約3分。または300番のバスでBehlenstr./Wilhelmstr.下車、徒歩約5分。
🌐 www.stiftung-denkmal.de
開ブロックエリアは24時間。
　情報センター
　火～日　　10：00～18：00
　（入場は閉館45分前まで）
休月
料無料
情報センター入場の際、セキュリティチェックあり

円筒形の外観が目印

はるかなる歴史が集結する 博物館の島　🌐世界遺産
Museumsinsel ★★★

　ベルリンの中心部を流れるシュプレー川の中州には、神殿のように巨大な博物館がいくつも建ち、約6000年にわたる貴重な文化遺産が集まっていることからこの名がある。古代の発掘品や彫刻、絵画などさ

ジェームズ・ジモン・ギャラリー

まざまな分野のコレクションを一度に見渡すことができる。

　ペルガモン博物館（2027年頃まで閉館中）と新博物館は、隣接する現代的な建物の**ジェームズ・ジモン・ギャラリー Jemus-Simon-Galerie**内にあるチケットセンターで日時指定の入場券を購入し、博物館へと入場できるようになっている。

大遺跡が圧巻！ペルガモン博物館
Pergamonmuseum ★★★

　古代ギリシアのペルガモン（現トルコ、ベルガマBergama）で発掘された『**ペルガモンの大祭壇**』（紀元前180～159年）が、高さ9.66mで再建されている。さらに『**ミレトスの市場門**』や鮮やかな青い色のれんがを用いた古代バビロニアの『**イシュタール門**』と『**行列通り**』（紀元前560年頃）など、巨大な遺跡がそっくりそのまま展示され、そのスケールの大きさに圧倒される。

閉館中のペルガモン博物館

古代ペルガモンの1日が展開する パノラマ館
Pergamonmuseum. Das Panorama ★★★

　円筒形の建物の中に描かれた巨大な360度のパノラマアートの世界を体験できる場所。パノラマの中心には展望台があり各方向を見渡せる。描かれているのはローマのハドリアヌス帝がペルガモンを訪れたという西暦129年のある日。アテナ神殿や円形劇場、そしてゼウス（ペルガモン）の祭壇が、かつてあった場所に本来の姿で描かれている。人々の生き生きとした声が聞こえてくる昼間から、闇に包まれる夜までが、照明と音響効果によって数分ごとに繰り返され、まるで自分もペルガモンで一日を過ごしたかのような臨場感を楽しめる。

絵に近づいたり展望台に上ったりして鑑賞できる

古代エジプトの至宝が集まる 新博物館
Neues Museum ★★

戦争で破壊された新博物館が再建されたのはようやく2009年のこと。内部はエジプト博物館とパピルスコレクションÄgyptisches Museum und Papyrussammlungがメイン。ベル

リンの至宝、『王妃ネフェルティティの胸像』などを所蔵。

古代エジプトの美女、ネフェルティティに会える

キリスト教美術の宝庫 ボーデ博物館
Bodemuseum ★★

ペルガモン博物館の隣、博物館の島の北端に位置する。ネオバロック様式のドームが目印。中世以降の宗教的彫像、ビザンチン芸術、貨幣コレクションのほか、クラーナハやティエポロの絵画など、膨大な数の芸術作品が広い館内に展示されている。

大ドームの下の入口ホールにはフリードリヒ・ヴィルヘルム大選帝侯の騎馬像が立つ

18〜20世紀絵画の名品 旧ナショナルギャラリー
Alte Nationalgalerie ★★

ギリシア古典様式の堂々たる外観が印象的。カスパー・ダヴィッド・フリードリヒやマックス・リーバーマン、アーノルド・ベックリンをはじめ18〜20世紀のロマン主義、表現主義、象徴主義などのドイツ絵画と、マネ、セザンヌ、フランス印象派絵画コレクションを中心に、彫像にも名品が揃う。

ギリシア神殿のような建物

古代ギリシア、ローマの彫刻群 旧博物館
Altes Museum ★★

18本の柱が整然と立ち並ぶ旧博物館は、19世紀の建築家シンケルの代表作。古代ギリシア、ローマ時代の彫刻などが並ぶ**アンティークコレクションAntikensammlung**が常設展示、2階は特別展会場となっている。

円柱が並ぶ旧博物館の正面

●新博物館
Bodestr. 1-3
Map P.304
Museumsinselから徒歩約5分。バスは100、300番でMuseumsinsel、トラム はM1、12でAm Kupfergraben下車。
火〜日　10：00〜18：00
夏期は延長の場合あり。入場は閉館30分前まで
月、12/24
€14、学生€7
※現地でも買えるが、混雑時は希望の入場時間が取れない場合があるので上記サイト内から日時指定のチケット購入がおすすめ。

●ボーデ博物館
Am Kupfergraben
Map P.304
Museumsinselから徒歩約7分。バスは100、300番でMuseumsinsel、トラム はM1、12でAm Kupfergraben下車。
www.smb.museum
火〜金　10：00〜17：00
土・日　10：00〜18：00
月、火、12/24・31
€12、学生€6

ボーデ博物館前では週末にのみの市が開かれる（→ P.333）

●旧ナショナルギャラリー
Museumsinsel/Bodestr. 1-3
Map P.304
Museumsinselから徒歩約3分。バスは100、300番でMuseumsinsel下車。
www.smb.museum
火〜日　10：00〜18：00
入場は閉館30分前まで
月、12/24・31
€12、学生€6、特別展開催時変更あり

●旧博物館
Am Lustgarten
Map P.304
Museumsinselから徒歩約2分。バスは100、300番でMuseumsinsel下車。
www.smb.museum
水〜金　10：00〜17：00
土・日　10：00〜18：00
月、火、12/24・31
€12、学生€6

左カラム

●ベルリン王宮（フンボルト・フォーラム）
　Schlossplatz
　Map P.304
　Uまたはバス100、300番でMuseumsinsel下車、徒歩約1分。またはバス147番でBerliner Schloss下車すぐ。
　www.humboldtforum.com
　民族学博物館とアジア博物館は水〜月10：30〜18：30
　火
　民族学博物館とアジア博物館、彫像ホール、シュロスケラー（城の跡地）は無料。他の企画展示は有料。屋上テラス（€5、学生€2.50）は上記サイトから日時指定の入場券購入が必要。

●ベルリン大聖堂
　Am Lustgarten
　Map P.304
　UMuseumsinselから徒歩約3分。または100、300番のバスでMuseumsinsel下車すぐ。
　www.berlinerdom.de
　月〜金　　9：00〜18：00
　　土　　　9：00〜17：00
　　日　　12：00〜17：00
　入場は閉館1時間前まで
　※礼拝、催事の間は上記時間内でも見学不可。
　€10、学生€7.50
　※入場券はwww.berlinerdom.de/tickets/からの日時指定予約購入のみ。現地では買えない。

●ドイツ歴史博物館
　Unter den Linden 2
　Map P.304
　Uまたは100、300番のバスでMuseumsinsel下車。
　www.dhm.de
　10：00〜18：00（木〜20：00）
　12/24
　€7、学生3.50　※本館は改修工事のため2025年末頃まで閉館中。ペイ館のみ見学できる。

●テレビ塔
　Panoramastr. 1a
　Map P.301-B3
　USAlexanderplatzから徒歩約5分。または100、200番のバスでAlexanderplatz Bhf下車。
　tv-turm.de
　3〜10月　　9：00〜23：00
　11〜2月　　9：00〜22：00
　月により変更あり。入場は閉館30分前まで
　展望フロア：ネット予約（日時指定で購入できる）€22.50〜　レストランフロア（飲食代別）：ネット予約で窓際のテーブル指定€27.50〜、通路側テーブル€24.50〜

右カラム

ベルリン王宮（フンボルト・フォーラム）
Berliner Schloss (Humboldt Forum) ★★

　かつてベルリンには18世紀初頭に建造された王宮があったが、第2次世界大戦末期の空爆で被害を受け、戦後東ドイツ政府により爆破された。かつての王宮のファサードや中庭の一部を復元しつつ再建。博物館やギャラリーなどが入ったフンボルト・フォーラムという複合文化施設となった。民族学博物館とアジア博物館のほか、いくつものベルリンならではの企画展示がある。屋上テラスDachterrasseからの眺めもすばらしい。

外観の3面はかつての王宮を再現、1面は新たに設計された

ベルリン大聖堂
Berliner Dom ★★

　ホーエンツォレルン王家の墓所であり、94もの棺が並ぶグルフトGruftを見学できる。さらにドームの脇の階段を270段上ると、ベルリン中心部を一望できる展望台に出る。

高さ114mのドームは大迫力

ドイツ歴史博物館
Deutsches Historisches Museum ★★

　1706年、プロイセン軍の武器庫として建てられた。ドイツの歴史の常設展示のほか、テーマに沿った特別展が開催される。特別展用の会場であるペイ館は、ルーヴル美術館のガラスのピラミッドを設計した中国系アメリカ人建築家イオ・ミン・ペイが手がけた。

ウンター・デン・リンデン側に建つ本館（右）とガラス張りのペイ館（左）

テレビ塔
Fernsehturm ★★

　高さ368mの塔だが、その203mの所にある展望フロアまでエレベーターで昇れる。その4m上にはベルリンが一望のもとに見渡せる回転レストランがある。夏の観光シーズンは1〜2時間待ちになることもあるのでサイトからのネット予約がおすすめ。

テレビ塔（左）とアレキサンダープラッツの世界時計（右）

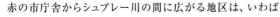
ベルリンとゲーテ街道・ハルツ地方 ▼ ベルリン

ニコライ地区
Nikolaiviertel ★

赤の市庁舎からシュプレー川の間に広がる地区は、いわばベルリンの発祥の地。このあたりを中心にベルリンは発展してきた。**ニコライ教会Nikolaikirche**は1230年建造のベルリン最古の教区教会。内部は**市立博物館**になっている。教会の周囲はニコライ地区と呼ばれ、しゃれたカフェやレストランが建ち並ぶ。シュプレー川沿いには**エフライム宮殿Ephraim Palais**というロココ様式の館が復元されて、内部は美術館になっている。

ベルリンで最古の教会

ハンブルク駅現代美術館
Hamburger Bahnhof-Museum für Gegenwart Berlin ★★

かつてベルリン〜ハンブルク間を結ぶ鉄道のターミナル駅だった建物を再建して美術館とした。贅沢なぐらいに広々としたスペースに、アンセルム・キーファー、ヨーゼフ・ボイス、マリオ・メルツ、アンディ・ウォーホルら、現代美術を代表するアーティストの作品が展示されている。

駅舎のホールが展示室になっている

自然科学博物館
Museum für Naturkunde ★★

恐竜ブラキオザウルスの世界最大の骨格展示のために、ホールの天井を改築した。フンボルト大学付属の博物館で、鉱石、化石、動物のはく製や昆虫標本など世界各地から蒐集。自然分野の約3000万点に及ぶ品々を所蔵する。

高さ約13mもある
ブラキオザウルス

森鷗外記念館
Mori-Ogai-Gedenkstätte ★

森鷗外がベルリン留学中（1887〜1888年）に滞在していた下宿の建物が、フンボルト大学付属の森鷗外記念館となっている。直筆の原稿や書簡、ゆかりの品々が展示されている。記念館は2階にあり、建物入口のベルを鳴らすと、日本語を話すスタッフが迎えてくれる。

●ニコライ教会
住Nikolaikirchplatz
●Map P.300-B2
 URotes Rathausから徒歩約15分、またはUKlosterstr.から徒歩約10分。
URLwww.stadtmuseum.de
開10：00〜18：00
休12/24・31
料€7、学生€4

●エフライム宮殿
住Poststr. 16
●Map P.300-B2
UKlosterstr.から徒歩約7分。または200、248番のバスでNikolaiviertel下車。
URLwww.stadtmuseum.de
開火〜日　10：00〜18：00
休月
料€7、学生€4

●ハンブルク駅現代美術館
住Invalidenstr. 50-51
●Map P.300-B1
SHauptbahnhofまたはU6 Naturkundemuseumから徒歩約10分。
開火・水・金　10：00〜18：00
　木　　　　10：00〜20：00
　土・日　　11：00〜18：00
　入場は閉館30分前まで
休月、12/24・31
料€14、学生€7

●自然科学博物館
住Invalidenstr. 43
●Map P.300-A1〜B1
U6 Naturkundemuseumから徒歩約5分。
URLwww.museumfuernaturkunde.berlin
開火〜金　　9：30〜18：00
　土・日・祝　10：00〜18：00
　入場は閉館30分前まで
休月、12/24・25・31
料€11、学生€5

●森鷗外記念館
住Luisenstr. 39
●Map P.304
USFriedrichstr.から徒歩約10分。
URLwww.iaaw.hu-berlin.de/de/region/ostasien/seminar/mori
☎(030) 209366933
開火・水・金　12：00〜16：00
　木　　　　10：00〜18：00
休月、土・日・祝、12月下旬〜1月上旬
料無料

●ユグノー博物館
田Gendarmenmarkt 5
◉Map P.304
Ⓤ Unter den Linden ま た は
Stadtmitteから徒歩約5分。
🌐www.hugenottenmuseum
-berlin.de
開火～日　11：30～16：30
休月、12/24、1/1
料€6、学生€4、18歳以下無料
フランスドームの展望テラス
🌐franzoesischer-dom.berlin/
en（英語）
開火～日　11：00～16：00
　（3～10月は変更あり）
　最終入場は閉館30分前まで
休月、12/24、1/1
料€6.50、学生€4.50（上記サイト
内から予約購入できる）

●ドイツ技術博物館
田Trebbiner Str. 9
◉Map P.303-B4
Ⓤ1、2 Gleisdreieckまた
はⓊ1、7Möckernbrückeか
ら徒歩約7分。
🌐technikmuseum.berlin
開火～金　　9：00～17：30
　土・日　10：00～18：00
　（入場は各16：30まで）
休月、12/24・31
料€13、学生€7（オンラインチ
ケットは各€1割引）

●ユダヤ博物館
田Lindenstr. 9-14
◉Map P.300-C2
Ⓤ1または6のHallesches Torか
ら徒歩約10分。
🌐www.jmberlin.de
開10～18：00
　入場は閉館1時間前まで
休2024年10/3・4・12、12/24
　（毎年変更あり）
料常設展示は無料。旧館の特
　別展示は€8
　上記サイトから日時指定入場
　券（常設展は無料）を要予約。

●サムライ・ミュージアム
田Auguststr. 68
◉Map P.304
ⓈまたはトラムM1のOranien-
burger Str.下車、徒歩約10分。
🌐samuraimuseum.de
開月～日　11：00～19：00
料€7～16（時間帯により料金
　が変動する）日時指定チケッ
　トとフレックスチケット
　があり、早めに事前購入し
　たほうが現地で買うよりも
　安い。

ベルリンでいちばん美しい広場 ジャンダルメンマルクト
Gendarmenmarkt ★★★

コンツェルトハウス・ベルリンKonzerthaus Berlinを挟んでふたつのよく似た教会が建つ広場ジャンダルメンマルクトは、クラシックな街灯が、昔のベルリンへと誘ってくれるようだ。ふたつの教会は**フランスドーム**

クラシックな雰囲気の広場

Französischer Domと**ドイツドーム**Deutscher Domで、フランスドームの内部は**ユグノー博物館**Hugenottenmuseumとなっている。また、塔の上の展望テラスAussichtsplattformへ階段で上れる。

ドイツ技術博物館
Deutsches Technikmuseum Berlin ★

戦前のベルリンで最大規模だったアンハルター駅の操車場跡地にあり、鉄道部門が特に充実。40両以上の蒸気機関車やドイツ皇帝専用の車両を所蔵。航空部門を展示する新館も必見。映画、写真、ビール醸造、製紙、印刷、エネルギーなどの技術に関する部門もある。

1948年のベルリン封鎖の間、絶え間なく食糧や物資を運んだC-47輸送機が博物館の上に

ヨーロッパで最大級の規模の ユダヤ博物館
Jüdisches Museum Berlin ★★★

ダニエル・リベスキント設計のユダヤ博物館は、1998年に竣工し、斬新な建物のみの見学ツアーが催行されて話題を呼んだ。鋭角に折れ曲がった展示通路や、細い隙間のような窓、ユダヤ人の歴史を暗示するかのような迷宮を旅している気分にさせられる。

入口は旧館（Altbau）から。セキュリティチェックを受ける。ユダヤ人の歴史に予備知識がない人にもわかりやすく展示が工夫されている。

ドイツ人による サムライ・ミュージアム
Samurai Museum Berlin ★

ドイツ人コレクターによるプライベートミュージアムとは思えないほどのレベルで、思わず見入ってしまう。鎧、甲冑、茶道具などの品々の展示だけでなく、能舞台や茶室など日本の文化紹介にも力を入れている。マルチメディアを駆使した展示方法で、ドイツ人ファミリーも多く訪問している。

HISTORY

ナチスの時代を忘れないための記念館

ヒトラー政権下、ドイツはヨーロッパ諸国を引き裂き、おびただしい傷跡を残した。戦後ドイツは、加害の責任を負い続けると同時に、自らの犯した罪を心に刻み、若者たちに戦争の悲惨さを物語るための記念館を各地に造った。アウシュヴィッツやダッハウをはじめとするドイツ内外の強制収容所跡に付属する記念館はよく知られるが、ベルリンにも記念館やモニュメントが数多くある。ここに紹介するのはその一部。あらかじめ第2次世界大戦前後の歴史を踏まえたうえで訪問すれば、いっそう理解が深まるだろう。

●テロのトポグラフィー
Topographie des Terrors

ここはゲシュタポと親衛隊（SS）本部があった場所で、恐怖政治によるテロが行われていた。当時、この住所への出頭命令は「死」を意味した。戦後は北側の通りに面してベルリンの壁が築かれた。

[住]Niederkirchnerstr. 8　D-10963　➡Map P.300-C1
[URL]www.topographie.de
[開]10：00～20：00　[休]12/24・31、1/1
[料]無料
[U][S]Potsdamer Platzから徒歩約10分。

上：壁のそばに建つ展示館　下：ニーダーキルヒナー通りに沿って残るベルリンの壁。すぐ下のれんが造りの部分は、ナチス時代の地下牢

●ヴァンゼー会議記念館
Gedenkstätte Haus der Wannsee-Konferenz

1942年1月20日、ヴァンゼー湖畔の館で開かれたナチス上層部の会議において、ユダヤ人を収容所へ移送し、強制労働の後に虐殺する計画が話し合われた。会議が開かれた館は、当時の資料を展示する記念館として公開されている。英語表示あり。周辺は、湖に面した高級住宅地、別荘地。

行き方は[S]1または7でWannsee下車。駅前から114番のバスに乗り換え、7つ目の停留所Haus der Wannsee Konferenz下車すぐ。

[住]Am Grossen Wannsee 56-58　D-14109
➡MAP P.301-別図　[URL]www.ghwk.de
[開]10：00～18：00（入場は～17：45）
[休]12/24～26・31、1/1、5/1、10/3、ほか一部の祝日
[料]無料

●ザクセンハウゼン強制収容所跡
Gedenkstätte und Museum Sachsenhausen

ベルリンの北約30kmの町、オラニエンブルクにある。1936年に建てられ、1945年までに10万人以上のユダヤ人が犠牲になった。広大な敷地の門には、「労働は自由をもたらす」の文字がある。強制労働をさせられた棟、ナチスの生体実験室などが残され、付属の博物館とともに見学できる。

左上：再現されたバラック
上：病理学棟の死体安置室
左：「労働は自由をもたらす」の文字が付いた鉄の門扉

[住]Straße der Nationen 22　D-16515
➡Map P.449-B4
[URL]www.sachsenhausen-sbg.de
[開]3/15～10/14　8：30～18：00
　10/15～3/14　8：30～16：30
※入場は閉館30分前まで。
[休]博物館は10/15～3/14の月曜休（屋外展示やビジターセンターはオープン）、12/24
[料]無料
[S]1でフリードリヒシュトラーセ駅から所要約45分、または中央駅からRE快速で所要約25分のOranienburgで下車。要所に掲示されているSachsenhausenの看板に従って徒歩約20分、または804番のバスでGedenkstätte下車（平日1時間に1本、土・日は2時間に1本程度の運行）。

●プレッツェンゼー記念館
Gedenkstätte Plötzensee

プレッツェンゼー監獄には、1933～1945年まで反ヒトラー抵抗運動に参加していた市民が幽閉され、ここで2000人以上が処刑された。当時の処刑室の一部が残されている。

残虐の極致が支配した暗黒時代があったことを決して忘れてはならないと「ヒトラー独裁の犠牲者たち」が語りかけてくる場所だ。

[住]Hüttigpfad　D-13627　➡折込Map 2枚目表A2
[URL]www.gedenkstaette-ploetzensee.de
[開]9：00～17：00（11～2月は～16：00）
[休]12/24～26・31、1/1　[料]無料
[U]9 Turmstr.駅横から123番のバスでGedenkstätte PlötzenseeまたはSeestr./Beusselstr.下車。バス通りから徒歩約4分。

[MEMO] ベルリンの地下を歩くガイドツアー Berliner Unterwelten（[URL] www.berliner-unterwelten.de）では、第2次世界大戦時の防空壕や、地下トンネルなどを案内。サイトから予約または[U] Gesundbrunnen駅の隣のチケット売り場で購入。

テント屋根に覆われたダス・センター（旧称ソニーセンター）

●コルホフビルの展望台
パノラマプンクト
panoramapunkt
住Potsdamer Platz 1
●Map P.312
S UPotsdamer Platzから徒歩
約2分。
URL panoramapunkt.de
開10：00〜18：00（夏期は〜
19：00）入場は閉鎖30分前
まで。荒天時は閉鎖あり
休12/24
料€9、VIPチケット€13.50（待
ち時間なし）

ポツダム広場で最も高いコルホフビル

ポツダム広場周辺の歩き方

ブランデンブルク門から**エーバート通りEbertstr.**を南へ約500m行った**ポツダム広場Potsdamer Platz**の周辺は、かつて東西ベルリンの壁際にあったことから開発から取り残されていたエリア。統一後、一気に建築ラッシュとなり、世界の有名建築家が設計した高層ビル群がそびえている。

高層ビルが集まるポツダム広場

見逃せないのは、マレーネ・ディートリヒの遺品やドイツ映画の歴史や撮影技術を体感できる**映画博物館Deutsche Kinemathek-Museum für Film und Fernsehen**。

コルホフビルの展望台にヨーロッパ最速のエレベーターで昇って、ポツダム広場周辺を高い所から見るのも楽しい。**レゴランド・ディスカバリーセンター LEGOLAND Discovery Centre**は、家族連れに人気のインドアアトラクション。

ポツダム広場劇場（→P.322）は、ミュージカル専門の大劇場だが、毎年2月の**ベルリン国際映画祭**ではメイン会場のベルリナーレ・パラスト劇場として世界の映画関係者が集う。

この図の周辺は P.300 〜 301 の地図参照

MEMO カンヌ、ベネツィアと並ぶ世界3大映画祭であるベルリン国際映画祭Berlinaleは、2002年に宮崎駿監督の『千と千尋の神隠し』が金熊賞（最高賞）、2014年に黒木華が最優秀女優賞を受賞。2025年は2/13〜2/23開催予定。

ベルリンとゲーテ街道・ハルツ地方 ▼ ベルリン

おもな見どころ

絵画館
Gemäldegalerie ★★★

　新ナショナルギャラリーとフィルハーモニーの奥に建設された、**文化フォーラムKulturforum**は、複数の美術館と芸術図書館からなる複合文化施設。その中核をなすのが**絵画館Gemäldegalerie**だ。

　館内には13〜18世紀のヨーロッパ絵画の傑作が並ぶ。ラファエロのマドンナを並べた部屋やボッティチェッリの大作『歌う天使たちを伴う聖母子』や、ブリューゲル、フェルメールの代表作など、名画がめじろ押し。レンブラントも見応えがある。

●絵画館（文化フォーラム内）
囲Matthäikirchplatz 4/6
○Map P.312
ⓈⓊPotsdamer Platzから徒歩約15分。バスはM29番でPotsdamer Brücke下車徒歩約5分、200番でPhilharmonie、300番でPhilharmonie Süd下車約3分。
🔗www.smb.museum
圏火〜日　10：00〜18：00
入場は閉館30分前まで
困月、12/24・31
围€12、学生€6

絵画館

部屋番号	
I〜III、1〜4	ドイツ絵画
IV〜VI、5〜7	オランダ絵画
VII〜XI、8〜19	フランドル、オランダ絵画
20〜22	イギリス、フランス、ドイツ絵画
XII〜XIV、23〜26、28	イタリア絵画 フランス-スペイン絵画
XV〜XVII、29〜32	イタリア絵画
XVIII、35〜41	イタリア絵画

文化フォーラム

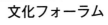

絵画館
Gemäldegalerie
（下図参照）

ミュージアムショップ

工芸美術館
Kunstgewerbe-museum

銅版画収蔵室
芸術図書館
Kupferstichkabinett
Kunstbibliothek

WC
正面入口

入場券売り場

❶レンブラント派
『金の兜の男』
Der Mann mit Goldhelm

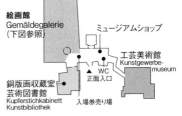

❸フェルメール
『真珠の首飾りの女』
Junge Dame mit Perlenhalsband

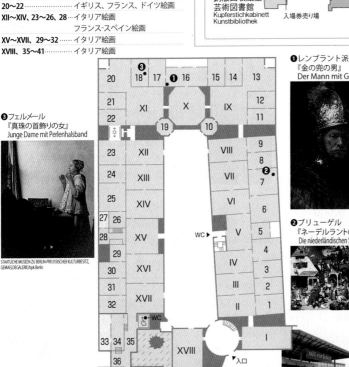

STAATLICHE MUSEEN ZU BERLIN-PREUSSISCHER KULTURBESITZ, GEMÄLDEGALERIE/bpk Berlin

❷ブリューゲル
『ネーデルラントのことわざ』
Die niederländischen Sprichwörter

絵画館の入口

※作品の配置換えや貸し出し等により、変更となる場合があります。

新ナショナルギャラリー
Neue Nationalgalerie ★★

1968年に建てられたミース・ファン・デル・ローエ設計によるガラス張りのモダンな建物。ノルデ、キルヒナー、グロス、ディックス、ムンクをはじめ、近代から現代の絵画作品を所蔵。

●新ナショナルギャラリー
[住]Potsdamer Str. 50
➲Map P.312
M29番のバスでPotsdamer BrückeまたはM48、M85番でKultur Forum下車すぐ。ⓈⓊPotsdamer Platzから徒歩約15分。
[URL]www.smb.museum
[開]火～日　10：00～18：00
（木は～20：00）
[休]月、12/24
[料]€14、学生€7

メインギャラリーは地下にある

楽器博物館
Musikinstrumenten-Museum ★

フィルハーモニーに隣接。16世紀以降のヨーロッパのさまざまな楽器を約3200点所蔵し、そのうちの約800点を展示。オーディオガイドを聴きながら見学できるが、土曜11：00～と木曜18：00～のガイドツアーに参加するとより楽しめる。土曜11：00のガイドツアーのあと12：00にはシネマオルガンMighty Wurlitzer-Orgelのミニコンサートもある。古楽器コンサートなども随時開催。

上／無声映画の伴奏に使われたシネマオルガン　下／貴重な古楽器が並ぶ

●楽器博物館
[住]Tiergartenstr.1（入口はBen-Gurion-Str.側）
➲Map P.312
ⓈⓊPotsdamer Platzから徒歩約5分。バスは200、300番でVarian-Fry-Str.下車、徒歩約5分。
[URL]www.simpk.de/museum.html
[開]火・水・金　9：00～17：00
木　9：00～20：00
土・日　10：00～17：00
入場は閉館30分前まで
[休]月、12/24・31、一部の祝日
[料]€10、学生€5、ガイドツアー€3

映画博物館
Deutsche Kinemathek-Museum für Film und Fernsehen ★★

映画ファン必見

ダス・センターのフィルムハウスという建物内にあり、チケット売り場とショップは1階、常設展示はエレベーターで3階に昇った所からスタート。世界の映画製作に多大な影響を与えた『カリガリ博士の部屋』(1920年)、『メトロポリス』(1927年)に始まり、ベルリン生まれの世界的女優マレーネ・ディートリヒの活躍などを中心にドイツ映画の歴史をたどる。テレビ放送の変遷の展示エリアもある。

●映画博物館
[住]Potsdamer Str. 2
➲Map P.312
ⓊⓈPotsdamer Platzから徒歩約3分。バスは200、300番Varian-Fry-Str.下車、徒歩約1分。
[URL]www.deutsche-kinemathek.de
[開]水～日　10：00～18：00
[休]月、火、12/24・25
[料]€9、学生€5

遊覧気球 ヴェルト・バルーン
WELT-Balloon ★

地上約150mからベルリンを見渡すことができる遊覧気球。気球といっても、ドーナツ型の大きなゴンドラが地上とロープでつながれているので安心だ。1回のフライトは約15分。強風、荒天時は運休する。

ふんわりと浮く瞬間の不思議な感覚を楽しもう

●遊覧気球
ヴェルト・バルーン
[住]Zimmerstr. 100
➲Map P.300-C2
Ⓤ Kochstr.から徒歩約7分。
[URL]berlinhelicopter.de/weltballon2
[営]10：00から15～20分ごとに運行。ただし、天候によって運休するので、上記サイト内にある運行状況を要確認。
[料]€30、学生€20

上空から眺めたポツダム広場

[MEMO] ベルリンマラソンは高低差20mという平坦な高速コースで、ゴールはブランデンブルク門。2024年は9月29日開催予定。[URL] www.bmw-berlin-marathon.comに詳細情報あり。

クーダム周辺の歩き方

ベルリンの西の玄関**ツォー駅Zoo.**の名は、駅のすぐ向かいにあるドイツ最古の**動物園**にちなんでつけられた。動物園の南側を走る**ブダペスト通りBudapester Str.**に出るとまもなく、**ビキニ・ベルリンBIKINI BERLIN**という、動物園に面したユニークなショッピングセンターがある。その向かいには、廃墟の**カイザー・ヴィルヘルム記念教会**の姿が見える。その先には屋上にベンツマークを載せた高層ビル、**オイローパ・センター**が建ち、ここから東西に延びる**クーダムKurfürstendamm**は、ベルリンを代表する大繁華街。

ツォー駅から100番バス（→P.299）で北東へ向かうと、かつて王家の狩猟場だった**ティーアガルテン**という広大な公園を通る。その中心に建つ**戦勝記念塔ジーゲスゾイレ**は、映画『ベルリン・天使の詩』にも登場しておなじみの金色の天使像。ここから東へ進むと**ブランデンブルク門**にいたる。

おもな見どころ

カイザー・ヴィルヘルム記念教会
Kaiser-Wilhelm-Gedächtnis-Kirche ★★★

1888年に死去したヴィルヘルム皇帝のために19世紀末に建てられたネオロマネスク様式の教会。1943年の空襲で破壊された。戦争の悲惨さを伝えるモニュメントとして、残った塔の部分は崩れたままの姿で保存されている。塔内の**記念ホールGedenkhalle**には、戦禍を伝える写真などを展示。塔の隣の八角形の建物は新記念教会で、内部の深い青色のステンドグラスに圧倒される。

右／廃墟の塔の中の記念ホールは、修復されたモザイク天井が鮮やか　左／カイザー・ヴィルヘルム記念教会と新記念教会

ドイツで最古の動物園ベルリン動物園
Zoologischer Garten ★★

ドイツで初めての動物園として1844年に開園した。現在約1400種、1万9000匹の動物がいる。水族館（2024年現在閉館中）、夜行性動物館、野鳥館もある。

ブダペスト通りの入口に建つ中国風の象の門

ツォー駅近くは見どころが集まる

●**カイザー・ヴィルヘルム記念教会**
🏠Breitscheidplatz
🔵Map P.303-B3
Ⓢ ⓊZoologischer Gartenから徒歩約5分。バスは100、200番などでBreitscheidpl.下車。
🌐www.gedaechtniskirche-berlin.de
🕐新記念教会 10：00～18：00　礼拝やコンサート開催時の内部見学不可。
　記念ホール 10：00～18：00（日は12：00～）
💰無料

2万枚を超えるステンドグラスのブルーが幻想的な新記念教会

●**ベルリン動物園**
🏠入口はツォー駅の向かい側のHardenbergplatz 8（ライオンの門）とBudapester Str. 34（象の門）。Budapester Str. 32（水族館を経由）からも入園できる。
🔵Map P.303-B3
Ⓢ ⓊZoologischer Gartenから徒歩1分。
🌐www.zoo-berlin.de
🕐4月上旬～9月下旬は9：00～18：30、3・10月は～18：00、1・2・11・12月は～16：30（入場は閉館1時間前、ただし4～9月は1時間30分前まで）
💰€20（オンライン€19）。学生、ファミリー、子供割引等あり

ドイツで唯一、パンダが見られる動物園

女神像の足元に展望台がある

ベルリン市内で最も重要な宮殿

戦勝記念塔ジーゲスゾイレ
Siegessäule　★

1865〜1873年に建てられた高さ67mの塔の上に、金色の勝利の女神ヴィクトリアがそびえ立つ。

1864年の対デンマーク戦争、1866年の対オーストリア戦争、1870〜1871年の対フランス戦争の勝利を記念して建てられた。頂上は展望台になっており、285段の階段を上る。エレベーターはない。映画『ベルリン・天使の詩』の中で、シンボル的な存在となっていた所としてもおなじみ。

ロータリーの中央に建つ塔

シャルロッテンブルク宮殿
Schloss Charlottenburg　★★★

初代プロイセン国王フリードリヒ1世の妃ゾフィー・シャルロッテの夏の別荘。1695年から3期に分けて建てられ、現在のような形となったのは1790年のこと。内部はいくつかの部分に分かれている。

宮殿本棟 Altes Schloss は、**歴史の間 Historischen Räume** としてフリードリヒ1世と妃の部屋がある。そのなかでも特に見事なのが**陶磁器の間 Porzellankabinett**。中国や日本の陶磁器が壁面にぎっしりと飾られていて圧巻。

宮殿東部に当たる**新翼 Neue Flügel** は1740〜1747年に建てられ、フリードリヒ大王が住んだ。

広大な庭園内には、王族の墓所である**マウソレウム Mausoleum** などの見どころも点在している。

上／壁面を埋め尽くす陶磁器に目を見張る陶磁器の間
左／宮殿本棟の北面には広大な庭園が広がる

ベルリンとゲーテ街道・ハルツ地方 ▼ ベルリン

ベルクグリュン美術館
Museum Berggruen ★★

パリの画商として活躍し、ピカソとも交友のあったユダヤ系ドイツ人ベルクグリュン氏が、ベルリン市に貸与した大コレクションをもとにした美術館。ピカソ、セザンヌ、マチス、クレーの作品が並ぶ。

フランス絵画のコレクションが秀逸

シャルフ・ゲルステンベルク・コレクション
Sammlung Scharf-Gerstenberg ★

ベルクグリュン美術館の東側に向かい合う建物は、ベルリンに寄贈されたシャルフ氏の名画コレクション約250点を所蔵。ゴヤ、ルドン、ダリ、マグリット、マックス・エルンストなど、シュールレアリスムや象徴派の作品を中心としている。

ブレーハン美術館
Bröhan-Museum ★

ベルクグリュン美術館の南側に隣接。19世紀末から20世紀初頭にかけて流行したユーゲントシュティールの家具や工芸品のコレクションは必見。

繊細な工芸品の宝庫

●ベルクグリュン美術館
Schlossstr. 1
Map P.302-A1
Richard-Wagner-Platz下車後、徒歩約15分。またはM45、309番のバスでSchloss Scharlottenburg下車すぐ。
www.smb.museum
※2025年頃まで休館中

●シャルフ・ゲルステンベルク・コレクション
Schlossstr. 70
Map P.302-A1
行き方は上記ベルクグリュン美術館と同じ。
www.smb.museum
水～日 11:00～18:00
入場は閉館30分前まで
月、火、12/24・31
€12、学生€6

●ブレーハン美術館
Schlossstr. 1a
行き方は上記ベルクグリュン美術館と同じ。
Map P.302-A1
www.broehan-museum.de
火～日 10:00～18:00
入場は閉館30分前まで
月、12/24・31、一部の祝日
€8、学生€5

サッカー・スタジアム情報
オリンピア・シュタディオン Olympiastadion
olympiastadion.berlin ◗ 折込Map2枚目表 B1

ブンデスリーガのチーム、**ヘルタ・ベルリン**の本拠地。
行き方 S5 Olympiastadion駅から徒歩約3分。またはU2 Olympia-Stadionから徒歩約5分。ビジターセンターは中央ゲート東門Haupteingang Osttorにある。

左／1936年開催のオリンピックのスタジアムでもあった 右／地元のサポーターと熱い声援で盛り上がろう

●ビジターセンター（スタジアム見学申し込み、前売券販売所）
8月9:00～20:00、4～7・9・10月9:00～19:00、11～3月10:00～16:00だが、試合やイベント開催日は見学不可となるので、ウェブサイトで要確認。自由見学で回れる部分はごく一部なので、ガイドツアー参加がおすすめ。
自由見学€11、学生€8、ガイドツアー（ハイライトツアー、所要約60分）は€15～、学生€12.50～。ウェブサイトで日時指定予約もできる。

バウハウス展示館
Bauhaus-Archiv-Museum ★★

　ドイツの近代デザイン史に輝く学校バウハウスは、1919年にヴァイマールで創立され、やがてデッサウ、ベルリンへと拠点を移し、ナチスの台頭とともにその姿を消した。

　この展示館の建物は、バウハウスの創立者ヴァルター・グロビウスの設計に基づき、1979年に建てられた。
※新館工事のため休館中。左記の臨時展示館内にバウハウスデザインのショップ及び一部展示がある。

休館中のかつての展示館

ブリュッケ美術館
Brücke-Museum ★

　キルヒナー、ノルデらドイツ表現主義を代表する芸術家グループ「ブリュッケ」の画家の作品を中心とした美術館。ブリュッケの創立メンバーのひとり、ロットルフの意向で、グルーネヴァルトの森の中にひっそりと建っている。

ART　世界遺産「ベルリンのモダニズム集合住宅群」とは

　2008年に世界遺産に登録されたベルリンのモダニズム集合住宅群は、1913年から1934年にかけて建設された、市内6ヵ所の大型集合団地。キッチン、バスルーム、バルコニー付きで、機能的かつ実用的な間取りで割安な住宅を建設するというコンセプトで、建築家ブルーノ・タウト、ハンス・シャロウン、マルティン・ヴァーグナーらが設計を手がけ、後に世界の都市集合団地建設に大きな影響を与えた。

　各集合住宅群は、UバーンやSバーンを使って訪問できる。いずれもいくつかの通りにまたがる大住宅群で、改修を重ねて現在も使用されている。
・ガルテンシュタット・ファルケンベルク Gartenstadt Falkenberg（◯Map P.301 別図　SGrünau 下車）
・シラーパーク・ジードルング Schillerpark Siedlung（◯Map 折込 2枚目表 A3　URehberge 下車）

建築家ブルーノ・タウトを記念した石碑（グロースジードルング・ブリッツ-フーフアイゼンジードルング）

・ヴォーンシュタット・カール・レギエン Wohnstadt Carl Legien（◯Map 折込 2枚目表 A4　SPrenzlauer Allee 下車）
・ヴァイセ・シュタット Weiße Stadt（◯Map 折込 2枚目表 A3　UParacelsus-Bad 下車）
・グロースジードルング・ジーメンスシュタット Groß-siedlung Siemensstadt（◯Map 折込 2枚目表 A2　USiemensdamm 下車）
・グロースジードルング・ブリッツ-フーフアイゼンジードルング Großsiedlung Britz-Hufeisensiedlung（◯Map 折込 2枚目表 C4　UBlaschkoallee 下車）
グロースジードルング・ブリッツ-フーフアイゼンジードルングにはインフォメーションセンターがあり、ギャラリーやカフェも併設。住Fritz-Reuter-Allee 44　開金・日14:00〜18:00（10〜3月は13:00〜17:00）

空から見ると馬蹄形をしているグロースジードルング・ブリッツ-フーフアイゼンジードルング

ベルリンの壁を たどる

東西ベルリンを分断していた壁が崩壊したのは、1989年11月9日のことだった。あれから30年以上の月日が過ぎ、ベルリンはヨーロッパでいちばん刺激的な町に変貌した。歴史の遺物となった壁をたどれば、ベルリンの歴史が浮かび上がってくる。

1976年当時、東ベルリン側の壁のすぐそばにあったブランデンブルク門。一般市民は近づくことさえできなかった

ベルリンの壁は、西ベルリン全体を東ドイツの中から孤立させる形で取り囲んでいた。全長は約155km、最高4.10mの高さがあった。

ポツダム広場のすぐ近く、Erna-Berger-Str.に残る壁の監視塔（◯Map P.312）

ベルリンの壁とは何だったのか

第2次世界大戦後のドイツとベルリン

　敗戦国ドイツは、連合国によって西ドイツと東ドイツに分断。首都だったベルリンは東ドイツ国内にあったが、英、米、仏が西ベルリンを、ソ連が東ベルリンを分割統治した。東西ベルリン間の行き来は当初自由だったが、経済格差や政治体制への不満から西ベルリンへと脱出する東ドイツ人が増加する一方だった。

一夜にして築かれた壁

　このままでは国家存続の危機に陥ると判断した東ドイツは1961年8月13日、東西ベルリンの境界線をすべて封鎖し壁を構築。突然家族と引き離された人も少なくなかった。

長い東西分裂の時代

　東ベルリン市民は壁に近づくことも許されなかったが、それでも厳重な警備と壁を越えて命がけで西側へ脱出した人もいた。しかし射殺されたり、事故で命を落とした人も多く、その数は136人に及ぶ。

壁の崩壊

　1989年、外国への旅行の自由化と民主化を求める東ドイツ国民の声が高まり、東ドイツ政府は11月9日に旅行の自由化を承認。歓喜の東ベルリン市民は検問所に押し寄せ、壁を壊した。

ベルリン
東ドイツ
東ベルリン（東ドイツの首都）
西ドイツ
ベルリンの壁記録センター
壁博物館
イーストサイドギャラリー
西ベルリン（西ドイツの飛び地の町）

── ベルリンの壁
●⊂⊃ 現在残る壁の跡（一部）

1961～1989年のベルリン

ACHTUNG!
SIE VERLASSEN
JETZT
WEST-BERLIN

1989年、ブランデンブルク門の前で壁の崩壊を祝うベルリン市民たち

ベルリンの壁が残したもの

　崩壊したベルリンの壁の破片は、ベルリンみやげとして大人気だったが、多くは破砕されて道路舗装などにリサイクルされた。今では壁そのものが残っている所は少なくなったが、一部は記念碑的存在として保存されている。

上／ミューレン通りに沿って、延々と壁が続く　左下／ブレジネフとホーネッカーの『兄弟のキス』の絵の前は人気の撮影スポット　右下／日本をモチーフにした絵もある

イーストサイドギャラリー
East Side Gallery

　オスト駅を出て、シュプレー川沿いのミューレン通りMühlenstr.の壁、約1.3kmがオープンギャラリーとなっており、ドイツ内外の画家が描いた壁画部分の壁が保存されている。

Ⓢ Ostbahnhof下車徒歩約1分。または300番バスEast Side Gallery下車すぐ。◯Map P.301-C4
www.stiftung-berliner-mauer.de/de/east-side-gallery

ベルリンの壁記録センター
Dokumentationszentrum Berliner Mauer

　旧東ベルリンのベルナウアー通りは、壁建設直後、壁に面した建物から飛び下りて西へ逃げた人々が多くいたことで知られる。ベルナウアー通りには壁の一部が保存され、国境としての壁の構造がよくわかる。ベルリンの壁記録センターでは、壁建設当時のドイツ分断の背景や実態を知ることができる。近くには再建された和解教会Kapelle der Versöhnungもある。

Bernauer Str. 111　◯Map P.300-A2
Ⓢ1または2でNordbahnhof下車、徒歩約3分、またはⓊ8 Bernauer Str.下車、徒歩約10分。
www.stiftung-berliner-mauer.de/de/gedenkstaette-berliner-mauer
火〜日10：00〜18：00　月、12/24・25・31　無料

記録センター付属の展望台から見る壁の跡。壁の背後には緩衝地帯と監視塔があった

壁があった時代を知る ミュージアム

シュタージの本部だった建物

シュタージミュージアム
Stasimuseum

　2006年アカデミー外国語映画賞を受賞したドイツ映画『善き人のためのソナタ』の舞台にもなった旧東ドイツ国家保安省（略称シュタージ）本部は、統一直後に博物館として公開された。東ドイツ国民を徹底的に監視した隠しカメラや盗聴器、国家保安大臣ミールケの執務室などを見学できる。

Normannenstr. 20, Haus 1
◯Map P.301-別図
アレキサンダープラッツ駅からⓊ5で7駅目のMagdalenenstr.駅下車。地下鉄の地上出口がある大通りFrankfurter Alleeから案内板に従って、約5分。
www.stasimuseum.de
月〜金　　　10：00〜18：00
土・日・祝　11：00〜18：00
12/24・31、1/1
€10、学生€7.50、写真撮影料€1

ベルリンとゲーテ街道・ハルツ地方 ▼ ベルリン

左上／実際の脱出方法などを展示　左下／壁があった時代を語る博物館　右／壁博物館のすぐそばにあった国境検問所チェック・ポイント・チャーリーは観光用に復元され、アメリカ兵に扮した人が記念撮影に応じたり、有料で入国スタンプを押してくれる

壁博物館
Museum Haus am Checkpoint Charlie

　1961年8月13日のベルリン封鎖当時の市内の様子や、東側から逃れてきたときのいろいろなルートや手段がパネルや写真で紹介されている。境界となった建物の4階から飛び下りる子供の写真や、友達に縫ってもらったソ連兵の軍服を着て、うまく壁を通過することのできた人たちの話。また実際に利用された車や気球なども展示されている。これらの成功談に対して、監視兵に知られて射殺された人の話もあり、思わず黙り込んで説明書きに読み入ってしまう。

住Friedrichstr. 43-45
Map P.300-C2
U6またはバスM29番のKochstr.から徒歩約1分。
www.mauermuseum.de
開10：00〜20：00　（入場は閉館1時間前まで）
料€17.50、学生€11.50、写真撮影料€5
（現金支払い不可。オンラインチケットの事前購入または現地でのクレジットカード支払いのみ可）

DDRミュージアム
DDR Museum

　DDRとは、東ドイツのドイツ語略称。市民の居間を再現してある部屋もあり、東ドイツの市民の暮らしで使われた日用品にスポットを当てているのが特徴。いくつもの引き出しを開けてみたり、展示品を手に取って見ることも可能。レトロなデザインのプロダクツを楽しめる場所でもある。東独グッズのショップもある。

住Karl-Liebknecht-Str. 1
Map P.304
UMuseumsinsel下車、徒歩すぐ。
www.ddr-museum.de
開毎日9：00〜21：00
料€13.50、学生€8

左／入口はシュプレー川の岸辺にある　右上／トラバントにも乗れる　右下／東ドイツ時代の典型的な市民の居間を再現。展示品を手に取ることもできる

321

ウンター・デン・リンデンに面した美しい歌劇場

●ベルリン国立歌劇場
田Unter den Linden 7
○Map P.304
交UMuseumsinselまたは Unter den Lindenから徒歩5分。バスは100、300番でStaatsoper下車すぐ。
URLstaatsoper-berlin.de
チケット窓口
圏毎日12：00～上演開始1時間前まで（上演のない日は～19：00）。当日券窓口は上演1時間前からオープン。
※上記サイトから座席指定で購入できる。
困12/24

●ベルリン国立歌劇場のガイドツアー
おもに土・日曜の午後に催行され、€15。上記サイト内から予約できる。人気があるので早めの予約が必要。

●ベルリン・ドイツ・オペラ
田Bismarckstr. 35
○Map P.302-B2
交U2 Deutsche Operから徒歩約1分。
URLdeutscheoperberlin.de
前売リチケット窓口は木～土の12：00～19：00オープン。当日券窓口は上演1時間前からオープン。

●コーミッシェ・オーパー
田Behrenstr. 55-57
○Map P.304
交SUBrandenburger Torまたは Unter den Lindenから徒歩約5分。バスは100、300番でU.d. Linden/Friedrichstr.下車。
URLwww.komische-oper-berlin.de
※2023年から改修工事のため閉館中。

♪ エンターテインメント＆ナイトライフ

ベルリン国立歌劇場
Staatsoper
オペラ

1742年、ウンター・デン・リンデン王立歌劇場として完成、第2次世界大戦で破壊され、1955年に再建されたオペラハウス。クリスティアン・ティーレマンが音楽監督を務め、付属のオ

『魔笛』は人気のプログラム

ーケストラは、ベルリン国立歌劇場管弦楽団（シュターツカペレ・ベルリン）の名で活動することでも知られる。ベルリン国立バレエ団Staatsballet Berlinの公演も人気が高い。

約7年に及ぶ大改修を経て、2017年秋に再オープン後舞台装置を近代化し、天井を約5mも高くして音響効果を改善した。

©Staatsoper Unter den Linden / Marcus Ebener

シャンデリアが輝く優美な客席ホール

ベルリン・ドイツ・オペラ
Deutsche Oper Berlin
オペラ

ベルリン国立歌劇場と並ぶオペラハウスとして、オペラを上演。さまざまな演出で趣向を凝らしている。

舞台が見やすい客席

コーミッシェ・オーパー
Komische Oper
オペラ

1947年、かつての東ドイツが、新しい時代のオペラの殿堂として建設した。※改装工事で閉館中は、シラー劇場Schillertheater（○Map P.302-B2）などの代替劇場で上演。

華やかな演目『地獄のオルフェ（天国と地獄）』

MEMO ポツダム広場劇場Theater am Potsdamer Platz（○Map P.312）は、ベルリン国際映画祭の会場（Berlinale Palast）になるほか、ミュージカル、サーカス、ショーなどを不定期に上演している。

フィルハーモニー
Philharmonie　コンサート

1963年、斬新なコンサートホールとして完成したフィルハーモニー。設計はハンス・シャロウン。観客席が舞台を取り囲むような空間は音響のよさで定評があり、東京のサントリーホールの手本ともなった。外観はテントを張ったように見えることから、当時の常任指揮者の名を取ってカラヤン・サーカスの別名もあった。コンサートがある日は、開演1時間前に当日券売り場がオープンする。

独特の構造のフィルハーモニー

コンツェルトハウス・ベルリン
Konzerthaus Berlin　コンサート

ワーグナーが自身の作品『さまよえるオランダ人』を指揮した伝統ある劇場。建築家シンケルによって、1818〜1821年に劇場として建てられたが第2次世界大戦で破壊され、1984年に3つのホールからなるコンサートハウスとして再建された。国内外の有名音楽家やオーケストラの演奏会場となっている。

Foto/Christian Nielinger
ベルリン・コンツェルトハウス管弦楽団

カメレオン・ヴァリエテ
Chamäleon Variete　ヴァリエテ

アクロバットやマジック、ダンス、コントなどがミックスされたヴァラエティショー（＝ヴァリエテ）が上演される小劇場。ドリンクを片手に、大人のエンターテインメントが楽しめる。人気のスポット、ハッケシェ・ヘーフェ（→P.324）内にある。

さまざまなプログラムで楽しませてくれる

ヴィンターガルテン
Wintergarten Variete　ヴァリエテ・ミュージカル

1920〜1930年代には、ベルリンのエンターテインメントのシンボル的存在だった劇場。空襲で破壊されたが戦後新たに再建し、華麗なミュージカル風のショーやアクロバットなどが随時上演されている。1階席では食事もできる。

© Leo Seidel
きらびやかな星が輝く劇場

●フィルハーモニー
[住]Herbert-von-Karajan-Str. 1
➲Map P.312
[交][S][U]Potsdamer Platzから徒歩約10分。バスは200番でPhilharmonie下車すぐ。300番バスはPhilharmonie Süd下車、徒歩3分。
[URL]www.berliner-philharmoniker.de
チケット窓口
[開]月〜金　15：00〜18：00
　土・日　11：00〜14：00
[休]祝、12/24･25･26･31、1/1、6月下旬〜8月中旬
※上記サイトから座席指定で購入ができる。主催コンサートのチケットは電話予約☎(030)25488999も可能。支払いはクレジットカードで。
・フィルハーモニー内部のガイドツアー
ガイドツアーの催行日は上記サイトに毎月発表される。日時指定の参加券購入はサイト内からのみ可能。[料]€10、学生€5。

●コンツェルトハウス・ベルリン
[住]Gendarmenmarkt 2
➲Map P.304
[交][U]Stadtmitteから徒歩約5分。
[URL]www.konzerthaus.de
チケット窓口
[開]月〜土　12：00〜18：00
　日・祝　12：00〜16：00
上演1時間前（コンサートの場合）から当日券窓口オープン。

●カメレオン・ヴァリエテ（ハッケシェ・ヘーフェ内）
[住]Hackesche Höfe, Rosenthaler Str. 40/41
➲Map P.304
[交][S]Hackescher Marktから徒歩約3分。
[URL]chamaeleonberlin.com

●ヴィンターガルテン
[住]Potsdamer Str. 96
➲Map P.303-B4
[交][U]1 Kurfürstenstr.から徒歩約7分。
[URL]wintergarten-berlin.de

[MEMO] フィルハーモニーでは、9月上旬〜6月中旬の水曜13：00に、無料のランチタイムコンサートLunchkonzerteをロビーで開催。40〜50分程度の気軽な演奏会（立ち見）だが、人気があるので12：00ぐらいには行こう。

カルチャーコンプレックスに潜入!

壁のタイル装飾が美しい第1の中庭。レストランや劇場の入口がある

　サブカルチャーの発信地であるベルリンには、ミッテやプレンツラウアーベルク地区を中心に、ギャラリーやバー、クラブが数多い。

　特に、ベルリンならではのホーフ Hof には、ぜひ足を運びたい。ホーフとは、複数の建物の中庭に面した部分におしゃれなショップやカフェ、ギャラリーなどが集まってできた複合カルチャー施設のこと。明るいホーフには、多くの人が集まる。

　また、廃墟となっていた古い建物を、アトリエやクラブに利用した最先端のマルチカルチャースポットも、ベルリンの躍動を感じるうえでぜひ潜入してみたい場所。

ハッケシェ・ヘーフェ
Hackesche Höfe

　ベルリンで最も有名なホーフ。8つもの雰囲気のいい中庭が連なり、「アンペルマン」(→P.331)やカフェ、レストラン、映画館、ヴァリエテ劇場「カメレオン・ヴァリエテ」(→P.323)も入っていて、朝から深夜まで楽しめる人気スポット。

ライトアップされた夜のホーフはいっそう華やか

ベルリンならではのおしゃれなブティックを見るのも楽しみ

🏠Sophienstr. 6/Rosenthalerstr. 40/41
🔲MAP P.304
🚇Ⓢ Hackescher Marktから徒歩約3分。
🌐www.hackesche-hoefe.de

左/プロモボ(🌐www.promobo.de) の店内に並ぶアクセサリーや雑貨は、ベルリンの若いデザイナーやアーティストの手作り　右/次のホーフに続く通路

ラディアル・システムV
RADIALSYSTEM V

　20世紀初頭のれんが造りの下水処理場に、ガラス張りのモダンな建物を融合させた複合文化施設。クラシック音楽からコンテンポラリーダンスまで、「伝統と革新」をコンセプトにした独自のプログラムが注目を集めている。

©Sebastian Bolesch

🏠Holzmarktstr. 33　🔲MAP P.301-C3
🚇Ⓢ Ostbahnhofから徒歩約5分。
🌐www.radialsystem.de

左/テレビ塔やオーバーバウム橋などの眺めがよいシュプレーテラスの夕暮れはムード満点　右/歴史的建造物と現代建築が融合した外観。ホールの造りも独特

📮投稿　クルトゥーア・ブラウエライ博物館(→P.325)は無料とは思えない充実した展示でした。映像がたっぷりあり、東独時代の様子を知ることができます。車やおもちゃの展示もあって子供も興味をもって見ていました。(東京都　齋藤玲奈 '23)['24]

アレーナ・ベルリン
Arena Berlin

メインとなるイベントホールのアレーナ・ハレArena Halleは1927年に建てられたバスの発着所だった。ほかにクラブや、シュプレー川に浮かぶバーデシフBadeschiffというプールなどからなる複合施設。人気のバーデシフは夏期には毎日営業、他シーズンは天候等により変化するので下記サイトで確認を。

[住]Eichenstr. 4 ➲ 折込2枚目表-B4
[交]ⓈTreptower Parkから徒歩約5分。
[URL]www.arena.berlin

上／ホールごとに入口が分かれている 左下／夏にはシュプレー川沿いの砂浜のビーチで日光浴 右下／コンテナ船を改造したバーデシフのプールは 2.08 mの深さ

クラブ・トレゾア
Club Tresor

世界のテクノシーンを牽引してきたあまりにも有名なクラブ。今や観光スポットのひとつでもある。巨大な煙突が2本そびえる旧発電所を改造し、国内外からテクノの大物DJを呼び寄せている。通常23：00頃からオープン。

[住]Köpenicker Str. 70
➲MAP P.301-C3
[交][U]8 Heinrich-Heine-Str.から徒歩約2分。
[URL]tresorberlin.com

クラブとは思えない広大なフロア

クルトゥーア・ブラウエライ
Kultur Brauerei

「文化醸造所」の名前にふさわしく、かつてはビール工場だった赤れんがの巨大な建物を改装。クラブ、ライブホール、映画館、博物館（下記MEMO参照）などが入っており、さまざまなイベントが催される。

[住]Schönhauser Allee 36（入口はKnaackstr. 97）
➲MAP P.301-A3
[交][U]2 Eberswalder Str.から徒歩約2分。
[URL]www.kulturbrauerei.de

ビール工場だった赤れんがの建物

INFORMATION

空港跡地がテンペルホーフ自由公園に再生

ベルリンには2008年までテンペルホーフ空港があった。東西冷戦時代には「ベルリン空輸」の舞台となったことでも知られる空港だが、閉鎖後は公園として整備され、滑走路跡はジョギングやサイクリングコース、ドッグランやバーベキューエリアなどになり、市民に開放された。

ナチス時代の1941年に建てられた巨大なターミナルビルではイベントやガイドツアーが行われている。空港跡地は、テンペルホーフ・フェルトTempelhofer Feldとしてさらに整備される予定だ。

➲Map 折込2枚目表C3〜4
[交]Ⓢ[U]Tempelhofから徒歩約3分。
[URL]www.thf-berlin.de [開]日の出から日没頃まで（月ごとに30分〜1時間単位で変更）

全長 1230 mのターミナルビルの前

滑走路をサイクリング、ジョギングで疾走できる

ベルリン市民の憩いの場所に生まれ変わった

[MEMO] クルトゥーア・ブラウエライの6棟Gebäude6にある博物館では、東ドイツ時代の生活用品の実物展示や記録映像などで、当時の人々の暮らしを体験できる。[URL]www.hdg.de/museum-in-der-kulturbrauerei [料]無料 [休]月

Currywurst
カリーヴルスト Best 3

必ず食べたいベルリン最強のソウルフード。おすすめはココ！

リーズナブルで店ごとに特徴ある味！

ふんわり軟らかい食感で、どこか懐かしい味。カリーヴルスト・オーネ・ダルム €2.90

1 コノプケ
Konnopke's Imbiss

ドイツガストロアワードのスタンド部門で大賞を受賞。旧東ベルリンの老舗で、愛想は皆無だが業務に忠実な東ドイツ気質が伝わってくる。ソフトな口当たりのオーネ・ダルム（腸詰めでないもの）がおすすめ。

MAP ◆ P.301-A3
⌂Schönhauser Allee 44B
（Ｕバーンのガード下）
🌐www.konnopke-imbiss.de
🕐月～金 10：00～20：00
　　　土 12：00～20：00
休日・祝、12/24
🚇ＵEberswalder Str.から徒歩約1分

1930年創業。高架下に位置し、座って食べられる場所もある

2 カリー36
Curry36

一番人気のカリーヴルスト・オーネ・ダルムは €2.60

深夜まで客が途切れることのない、旧西ベルリン側の人気ナンバー1の店。安さとおいしさにそれも納得。ブーレット（ハンバーグ）をはじめメニューが豊富。ツォー駅前や中央駅構内にも支店がある。

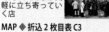

地元の人たちが気軽に立ち寄っていく店

MAP ◆ 折込2枚目表C3
⌂Mehringdamm 36 🌐www.curry36.de 🕐毎日9：00～翌5：00
🚇ＵMehringdammから徒歩約1分。

3 ウィッティーズ
WITTY'S

カリーヴルスト・オーネ・ダルム€5、ポンメス€5（ケチャップなどのソース付き）

カリーヴルストの付け合わせとして最強のフライドポテトのおいしさで有名。食材すべてBIO認証付きで安心。そのぶん、価格はちょっと高めになるが、質、量ともに十分満足できる。

高級デパート、カー・デー・ヴェーの斜め向かいの広場にあり、素材のよさが自慢

MAP ◆ P.303-B3
⌂Wittenbergplatz 5 🌐wittys-berlin.de 🕐月～土10：00～22：00 日・祝11：00～22：00
🚇ＵWittenbergplatzから徒歩約1分。

Curry wurst

カリーヴルスト注文の仕方

カリーヴルストに使われるソーセージには腸詰めミット・ダルムmit Darmと腸詰めでない皮なしオーネ・ダルムohne Darmがあるので注文時に選択する。ベルリンならではのオーネ・ダルムのほうが、口当たりがソフトでおいしい。辛いのが好きな人は「辛口シャルフscharf」と付け加えるとカレーパウダーを多く振ってくれる。

一緒に小さいパンのブレートヒェンBrötchenまたはフライドポテトのポンメスPommesを注文する人も多い。ポンメスにはケチャップまたはマヨネーズ（マヨと略す）をオプションで加える。例えば「Currywurst ohne Darm, scharf, mit Pommes mit Mayo, bitte（皮なしのカリーヴルスト、辛口、マヨネーズ付きのポテトも付けてください）」というふうに注文する。

セルフ&テイクアウトのおすすめ店

チップに悩まずに済むセルフレストランやストリートフードは倹約グルメの強い味方。

さまざまなインテリアのコーナーがあり、好きな場所を選べる

「ダルマ・ラーメン」の担々麺€14.90

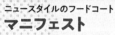

「ENZO・スシ・バー」のアボカド巻き€4.40、いなり€4

お持ち帰り用にしたエビ天巻き€13.90

ニュースタイルのフードコート
マニフェスト
Manifesto

利用方法は簡単。好きな店のカウンターへ行って注文し、カードで支払い（現金不可）を済ませると、呼び出しブザーを渡される。好きなテーブルについて待っていると、用意ができたことを知らせるブザーが鳴るので、カウンターへ受け取りに行く。

「ザ・プレイス」というショッピングモール内にあるマニフェストの入口。アジア系の料理は2階に集まっている

MAP ◆ P.312
田Alte Potsdamer Str. 7
URL www.manifestomarket.com/berlin/potsdamer-platz
圏月〜日11：00 〜 22：00
カード A D M V（現金は不可）

渡される呼び出しブザー

ゲミューゼケバブブームの火付け役
ムスタファス・ゲミューゼ・ケバブ
Mustafas Gemüse Kebab

ドイツで人気のファストフード、デナーケバブ（→P.31）に、グリルした野菜（ゲミューゼ）をたっぷり入れたものがゲミューゼケバブ。ここはベルリンで人気ナンバーワン。食べやすいデュルム（ラップサンド）もある

肉と野菜入りのヘーンヒェンデナー€7.10、野菜だけのゲミューゼケバブは€6.30

並ばずに済むのは開店直後ぐらい

MAP ◆ 折込 2 枚目オモテ C3
田Mehringdamm 32　Ⓤ Mehringdamm駅出口すぐ前
URL www.mustafas.de　圏10：00 〜翌1：00（金13：00 〜翌3：00）　カード不可

赤い市庁舎地下の職員食堂にトライ！
カンティーネ
Kantine im Roten Rathaus

カリフラワーのグラタンとポテト€7.70

トレーを持って料理が並ぶカウンターで注文、レジで支払うセルフ式

ブロッコリークリームソースがけのペンネ€6.90

市職員だけでなく誰でも利用できるが、外部利用者 Gäste は職員料金に€0.50加算される。メニュー表示はドイツ語のみだが、カウンターで料理を見て決めるか公式サイト内に掲載されている週間メニューを事前にチェックしてもいい。

MAP◆ P.300-B2
田Jüdenstr. 1（正面入口はRathausstr. 15）
Ⓤ Rotes Rahaus下車すぐ。　URL u-s-e.org/essen-tagen-feiern/rotes-rathaus/　圏月 〜金11：30 〜 14：00　圏土・日・祝　カード不可

市庁舎正面に向かって左端にカンティーネ専用の入口がある

RESTAURANT ✤ ベルリンのレストラン

首都ベルリンには、世界各国の料理を提供するレストランが集まっているので、食べたいものを食べられる。ベルリンの名物料理には、骨付きの豚の足を塩ゆでにしたアイスバインや、大ぶりのミートボールをクリームソースで煮込んだケーニヒスベルガー・クロプセなどがある。ヘビーな料理を避けたいならレストランよりもカフェへ行くと、サラダなどのライトメニューを楽しめる。天気のよい日には、通りに並ぶテーブルで料理を楽しむベルリンっ子が多い。　L.O.＝ラストオーダー

[R] ムッター・ホッペ　Mutter Hoppe

ドイツ料理の定番を安心価格で

店名は「ホッペ母さん」という意味で、ボリュームたっぷりのドイツ料理を気取らずに味わえる人気店。写真は温野菜がたっぷり添えられたベルリン風ハンバーグRiesen-Pfannenboulette€15.90。英語メニューあり。予約が望ましい。

ドイツ料理　MAP ◆ P.300-B2

[住]Rathausstr. 21
☎(030) 24720603
[URL]mutterhoppe.de
[営]11：30〜24：00
[交]200、300番のバスでBerliner Rathausから徒歩約5分。
[カード][M][V]

[R] ディッケ・ヴィルティン　Dicke Wirtin

昔のベルリンの面影を伝える貴重な店

入口は居酒屋風で、奥がレストランエリアになっている。ベルリン名物のケーニヒスベルガー・クロプセKönigsberger Klopseは€15.90。ビールの種類も多く、夜は特ににぎわう。英語メニューあり。予約が望ましい。

ドイツ料理　MAP ◆ P.302-B2

[住]Carmerstr. 9
☎(030) 3124952
[URL]dicke-wirtin.de
[営]11：00〜22：00 (L.O.)
[休]火
[カード][M][V]
[交]ⓈSavignyplatzから徒歩約5分。

[R] ル・フォーブルク　Le Faubourg

気軽な雰囲気のフレンチブラッスリー

5つ星のホテル・ドリント・クーアフュルステンダム(→P.334)の1階にある。ディナーはメインが1品€31〜だが、平日(月〜金曜)のランチは2品コース€30、3品は€35。コーヒーとミネラルウオーターも付くのでお得。

フランス料理　MAP ◆ P.303-B3

[住]Augsburger Str. 41
☎(030) 8009997700
[URL]lefaubourg.berlin
[営]月〜金12：00〜15：00、水〜土18：00〜23：00
[休]日、夏期休業あり
[カード][A][D][M][V]
[交]Ⓢ[U]Kurfürstendammから徒歩約1分。

[R] リンデンブロイ　Lindenbräu

バイエルン風のビアレストラン

ソニーセンターの広場に面したビアレストランで内部は3階に分かれている。自家製ビールとボリュームたっぷりの肉料理やソーセージが名物。写真の白ソーセージWeißwurstは2本(ブレーツェル付き)で€9.40と手頃な値段。

ドイツ料理　MAP ◆ P.312

[住]Bellevuestr. 3-5
☎(030) 200068550
[URL]www.bier-genuss.berlin/lindenbraeu-am-potsdamer-platz
[営]11：30〜翌1：00　[休]12/24
[カード][A][M][V]
[交]Ⓢ[U]Potsdamer Platzから徒歩約3分。

[R] ノレ　Restaurant Nolle

ノスタルジックなムード満載の店

Sバーンの線路の下にあり、ベルリンの黄金の20年代を再現しているような独特のムードがある。ベルリン風ハンバーグBerliner Bouletteは目玉焼きやキノコソースなどの副菜を選べて€16.40。

ドイツ料理　MAP ◆ P.304

[住]Georgenstraße, S-Bahnbogen 203
☎(030) 2082645
[URL]www.restaurant-nolle.de
[営]11：30〜22：00
[カード][A][M][V]
[交]ⓈFriedrichstr.から徒歩1分。

[投稿] ベルリン在住の友人に連れていってもらったインド料理レストラン**ザイカZaika**(◎Map折込2枚目表A4)は、14：30頃に行ったが、次々と人が入ってきて人気ぶりがうかがえた。(東京都　高松彩香　'20)['24]

R 一　心　Ishin

市内に4店舗ある人気寿司店

手頃な値段で、満足のいく寿司を食べられる店としてドイツ人にもベルリン在住の日本人にも支持されている店。丼物などメニューも各種ある。月・火・木・金曜の16：00までと水・土曜は終日Happy Hourとしてお得なセット料金あり。

日本料理　MAP ◆ P.304
住Mittelstr. 24
☎(030) 20674829
URL ishin.de
営月〜土　11：30〜19：00
休日・祝　カード M
交SU Friedrichstr.から徒歩約5分。

C カフェ・ヴィンターガルテン・イム・リテラトゥーアハウス　Café Wintergarten im Literaturhaus

文学の香りが漂う静かな店内

クーダムからファザーネン通りに入った所の館が、カフェレストランになっている。サンルームのような室内、前庭の席とも、都心にいるとは思えないほどさわやかで静か。ケーキも料理もおいしい。英語メニューあり。予約可。

カフェ　MAP ◆ P.302-B2
住Fasanenstr. 23
☎(030) 8825414
URL cafe-im-literaturhaus.de
営9：00〜24：00
（L.O.〜23：00）
カード AMV
交U Uhlandstr.から徒歩約3分。

C ブーフヴァルト　Konditorei & Café Buchwald

バウムクーヘンが人気の老舗カフェ

静かな住宅街の一角にある小さな自家製ケーキ店。1852年にコットブスで創業後、19世紀末にベルリンに移転。マジパン（アーモンド粉）入りの独自のレシピのバウムクーヘンが人気。古い屋敷の客間にいるような雰囲気のカフェは常連客でいっぱい。

カフェ　MAP ◆ P.303-A3
住Bartningallee 29
☎(030) 3915931
URL www.konditorei-buchwald.de
営11：00〜19：00
休1月上旬、夏期休業あり
カード JMV
交S Bellevueから徒歩約5分。

C アンナ・ブルーメ　Anna Blume

カラフル朝食が大人気

花屋を併設しているのが特徴。朝食が人気で、どのメニューもカラフルで美しいが、特にエタージェレFrühstücksetagere（2人前で€33.60）は3段重ねのトレーにさまざまなフルーツやハム、チーズが盛り合わせてあり豪華。英語メニューあり。

カフェ　MAP ◆ P.301-A3
住Kollwitzstr. 83
☎ (030) 44048749
URL cafe-anna-blume.de
営8：00 〜 22：00
カード AMV
交U Eberswalder Str. から徒歩約 7 分。

C カフェ・フルーリー　Café Fleury

パリのムードがいっぱい！

ブルーを基調にしたかわいいフランス風カフェ。席をキープしたあと、カウンターへ行き、注文と支払いを済ませるシステム。注文の品は席まで運んでくれる。英語メニューもある。テーブル数が少ないため、満席のこともしばしば。土･日以外は電話予約可。

カフェ　MAP ◆ P.300-A2
住Weinberg 20
☎ (030) 44034144
URL cafe-fleury.eatbu.com
営 月〜日　9：00 〜 19：00
休1/1〜10
カード MV
交U Rosenthaler Pl. から徒歩約 2 分。

C アインシュタイン　Café Einstein

ウィーンのカフェの雰囲気が味わえる

ウンター・デン・リンデンに面した、優雅なオーストリア風のカフェ。天気のよい日には、路上にテーブルも並ぶ。朝食メニューや、コーヒーの種類が多い。昼からは食事もできる。料金はやや高め。メニューは英語併記。

カフェ　MAP ◆ P.304
住Unter den Linden 42
☎(030) 2043632
URL www.einstein-udl.com
営月〜金　8：00〜22：00
土　10：00〜22：00
日・祝　10：00〜18：00
カード MV
交US Brandenburger Torから徒歩約5分。

SHOPPING ❖ ベルリンのショッピング

ベルリン最大のショッピングストリートは、ツォー駅近くから西へ延びるクーダムと、東へ延びるタウエンツィン通り。この2本の通りはカイザー・ヴィルヘルム記念教会前あたりのカーブで名前が変わるだけで実は1本の通り。有名ブランドショップやドイツ最大のデパート、カーデーヴェーなどが並ぶ。統一後、新たなショッピングエリアとして発展したのがウンター・デン・リンデンの中央部で南北に交差するフリードリヒ通りで、デパートや高級ブランドの入ったショッピングパッサージュが連なる。

カーデーヴェー
KaDeWe

ドイツ最大級の老舗デパート

創業は1907年。ちょっと変わった名前はKaushaus des Westens (西のデパートという意味)の頭文字を取ったもの。特に食料品売り場とキッチン用品売り場は必見。最上階にあるセルフサービスのレストランは観光客にも人気。

デパート **MAP ◆ P.303-B3**
住Tauentzienstr. 21-24
☎(030) 21210
URLstore.kadewe.de
營月～土 10:00～20:00
　(金～21:00)
休日・祝
カード A M V
交UWittenbergpl.から徒歩1分。

モール・オブ・ベルリン
MALL OF BERLIN

歩き疲れるほど巨大なモール

ポツダム広場の隣のライプツィヒ広場から、地下鉄でひと駅先のMohrenstr.まで延びる広大な敷地に約300店舗が入っているショッピングモール。

H&MやZARA、MUJI (無印良品)などのほか、ドイツで人気のアパレル、シューズ、雑貨ショップはほぼすべて入っているといっていい。スーパーやドラッグストアもある。

上階には手頃な料金で食べられるフードコートもある。

写真右下は、毛糸などの手芸用品や工作用品のショップとして人気のイデーidee.。

ショッピングセンター MAP ◆ P.300-C1
住Leipziger Platz 12
☎(030) 20621770
URLwww.mallofberlin.de
營月～土 10:00～20:00
　(スーパーマーケットは9:00～)
カード 店舗により異なる
交S UPotzdamer Platzから徒歩約2分、
UMohrenstr.から徒歩約1分。

ザ・プレイス
The Playce

世界の食のパラダイス

旧ポツダマー・プラッツ・アルカーデンが数年かけて全面改装し名称を変えてオープン。2フロアにまたがるヨーロッパ最大級のフードコート、マニフェスト(→P.19、327)をはじめとする飲食店とさまざまなブティックが入り、個性的なショッピングセンターになった。

ショッピングセンター MAP ◆ P.312
住Alte Potsdamer Str. 7
☎(030) 2559270
URLwww.potsdamerplatz.de
營10:00～21:00
　(店舗により一部異なる)
カード 店舗により異なる
交U SPotsdamer Platzから徒歩約5分。

ガレリア・アレクサンダープラッツ
Galeria (Kaufhof)

駅からすぐの庶民的デパート

ドイツを代表するデパートチェーン。ゆったりした売り場配置で買い物しやすい。ファッションから靴、おもちゃ、文具など、ドイツみやげ探しにも一見の価値あり。最上階にはセルフレストラン(10:00～19:00)もある。

デパート **MAP ◆ P.301-B3**
住Alexanderplatz 9
☎(030) 247430
URLwww.galeria.de
營月～土 10:00～20:00
休日・祝
カード A M V
交U SAlexanderplatzから徒歩すぐ。

ビキニ・ベルリン
BIKINI BERLIN

個性派ショッピングモール

隣接している動物園に沿って建つショッピングモール。1階にはベルリン出身のデザイナーのショップや小さな雑貨ショップがボックス型の店舗を展開。

世界各国の料理が味わえるフードマーケット、カンティーニKantiniも入っている。カフェも多数あり。スーパーマーケットも入っている。

1階の大きな窓や広々とした屋上からは、動物園が眺められてくつろげる。

ショッピングセンター　MAP ◆ P.303-B3
囲Budapester Str. 38-50
☎(030) 55496455
URLwww.bikiniberlin.de
圏月〜土10：00〜20：00
カード店舗により異なる
交U S バスZoologischer Gartenから徒歩約2分。

ドゥスマン
Kultur Kaufhaus Dussmann

カルチャーのデパート

書籍、CD、DVD、ソフトウエア、楽譜、文具など、文化メディアを扱う大型総合書店。書店エリアには椅子やソファが配置されているので、座ってゆっくり品選びができる。おみやげに向く雑貨も販売している。

書店　MAP ◆ P.304
囲Friedrichstr. 90
☎(030) 20251111
URLwww.kulturkaufhaus.de
圏月〜金　9：00〜24：00
　　土　　9：00〜23：30
休日・祝
カード A J M V
交U S Friedrichstr.から徒歩約3分。

アンペルマン
Ampelmann

旧東独の信号機から生まれたアイドル！

アンペルマンとは、旧東ドイツの信号機（＝アンペル）の赤と緑のランプの中に描かれている男の子のこと。統一後はTシャツなどのグッズキャラクターに生まれ変わった。手頃なおみやげとして人気。栓抜き€9.95、エコバッグ€9.95。※下欄MEMO参照

雑貨　MAP ◆ P.304
囲Rosenthaler Str. 40-41, Hackesche Höfe, Hof 5
☎(030) 44726438
URLwww.ampelmann.de
圏月〜土　10：00〜19：00
　日・祝　13：00〜18：00
カード M V
交S Hackescher Marktから徒歩約5分。

屋内市場マルクトハレ・ノイン

古いれんが建築の中に入ると、天井の高さと広さに驚く。近郊の農家からの新鮮な食材を売る店は火〜木も数店オープンしているが、メインは金12：00〜18：00と土10：00〜18：00。木17：00〜22：00は世界各地のストリートフードが味わえる人気イベントも開催。建物は日・祝休業。

●マルクトハレ・ノイン Markthalle Neun
囲Eisenbahnstr. 42-43　●Map P.301-C3
URLmarkthalleneun.de

訪問するなら金、土がおすすめ

MEMO アンペルマンのショップはウンター・デン・リンデン（囲Unter den Linden 35　●Map P.304）や、中央駅構内、ジャンダルメンマルクトなどにもある。

331

ハリボー
HARIBO Shop Berlin

ドイツ生まれのグミワールド

　1920年ハンス・リーゲルがボン（各頭文字をとって名称とした）で設立。この店ではスーパーでは手に入らない限定品や、かわいいマスコットベアの関連商品も各種揃っていて、店を出るまでかなりの時間がかかること必至。

食品　　　　MAP ◆ P.303-B3
住 Tauenzienstr. 2-3
☎ (030) 24649515
URL www.haribo.com
営 月〜土　10：00〜20：00
休 日・祝
カード M V
交 U Wittenbergplatz.から徒歩2分。

ブンテ・ショコヴェルト
BUNTE SCHOKOWELT

カラフル・チョコ・ワールドという名の体験型チョコレート店

　チョコレートのリッター社の直営店。自分好みのチョコを目の前で作ってもらえるチョコ・クリエーション・コーナーが大人気。注文は自動オーダー機でベースチョコや中に混ぜるフレーバーを選択し、カードで支払う。100g€6.90、200g€19.90。注文後、チョコができ上がるまで40〜60分待ち時間が必要。ショップでは一般では見られないさまざまなセットのチョコや季節限定チョコ、関連グッズも各種販売している。

食品　　　　MAP ◆ P.304
住 Französische Str. 24
☎ (030) 20095080
URL www.ritter-sport.com
営 月〜土　10：00〜18：00
休 日、12/24〜26・30・31、1/1
カード M V
交 U Unter den Lindenから徒歩約3分。

ファスベンダー＆ラウシュ
Fassbender&Rausch

ヨーロッパ最大のチョコレートショップ

　1階は高級チョコ、2階はおみやげになるお得なチョコ、3階はカフェ。グルテンフリーやヴィーガン用、ラクトースフリーのチョコもある。カフェでは好みのカカオ濃度とフレーバーを選べるホットチョコレート（€4.90〜）が人気。

食品　　　　MAP ◆ P.304
住 Charlottenstr. 60
☎ (030) 757880
URL www.rausch.de/schokoladenhaus
営 月〜土　10：00〜20：00
　　　日　12：00〜20：00
（カフェは12：00〜19：00）
カード A M V
交 U Stadtmitteから徒歩約2分。

ニベア・ハウス
NIVEA HAUS

日本では買えない品をゲット！

　日本でもおなじみのニベアはドイツ生まれ。限定缶、キーホルダー、タオルなど、おみやげになりそうな品が見つかる。日本では未発売のフェイシャル、ボディケア製品を探すのも楽しい。

化粧品　　　MAP ◆ P.304
住 Unter den Linden 28
☎ (030) 20456160
URL www.nivea.de
営 月〜土　10：00〜19：00
休 日・祝
カード M V
交 U Unter den Lindenから徒歩2分。

INFORMATION

コルヴィッツ広場でマーケット巡り

　プレンツラウアーベルク地区の**コルヴィッツ広場Kollwitzplatz**（●Map P.301-A3）では、毎週木曜の12：00〜19：00（冬期は〜18：00）に**エコマーケットÖkomarkt am Donnerstag**が開催される。野菜や果物、肉、チーズから、コスメやテキスタイルまでエコ製品の店が並ぶ。また、土曜の9：00〜16：00頃の**ウィークマーケットWochenmarkt**には、エコ製品以外にもさまざまな新鮮食材や手作り小物の店、軽食屋台が出店し、木曜よりもにぎやか。

地元の人たちが買い出しに来るマーケット

MEMO 日系食品スーパー、ジャパン・プラザJapan Plaza（住 Rochstr. 14e　●Map P.300-B2　営 月〜土9：00〜19：00）は日本食材や弁当、総菜などを販売。カレーやラーメンなどが味わえるビストロ（月〜土11：30〜20：30）も併設。

INFORMATION

ベルリンのおもなのみの市

古いものを大事にするドイツ人はのみの市（ドイツ語でFlohmarkt（フローマルクト））が大好き。値切る場合は、2〜3点でまとめ買いをすると、かなりまけてくれるようだ。混雑時はスリに注意して、持ち物には十分注意を払って歩くこと。なお、開催日が祝日と重なる日は開催されない場合もある。

6月17日通りののみの市　Trödel- und Kunstmarkt Str. des 17. Juni

旧ソ連や旧東ドイツのミリタリーグッズから、古い家具やランプ、ドアノブ、レコードなどを専門に扱う店がズラリと並ぶ充実したマーケット。

開催日▶土・日曜 10：00〜17：00頃
場所▶ⓈTiergarten 下車すぐ、6月17日通り Str. Des 17. Juni沿い。
➲Map P.303-A3

ボーデ博物館前のアンティーク＆ブックマーケット　Antik- &Buchmarkt am Bodemuseum

旧東ドイツで出版された古本をはじめ、絵はがき、コイン、切手などを扱う店が多い。地元アーティストの作品を売る店も。

開催日▶土・日・祝 10：00〜17：00頃
場所▶ⓈFriedrichstr.、または[U]5、バス100、300番でMuseumsinsel下車。博物館の島のボーデ博物館前のAm Kupfergrabenという運河沿い。
➲Map P.304

ボックスハーゲナー広場ののみの市　Trödelmarkt auf dem Boxhagener Platz

旧東ベルリン地区にあり、中心部からやや外れているので、観光地化されていないのみの市として人気。木立に囲まれた広場の周辺にはカフェが点在し、日曜のブランチと合わせて楽しめる。

開催日▶日曜 10：00〜18：00頃
場所▶Alexanderplatzから[U]5でFrankfurter Tor下車、Boxhagener Platzまで徒歩約7分。
➲Map 折込 2枚目表 B4

マウアーパークののみの市　Flohmarkt am Mauerpark

マウアーパークはかつてベルリンの壁があった跡地にできた公園。ここで開かれるのみの市も評判が高い。プロの業者から、地元の子供のお店まであり、あらゆる年代の人が楽しめる。

開催日▶日曜 10：00〜18：00頃
場所▶[U]2 Eberswalder Str.下車、徒歩約5分。
➲Map P.300-A2

手作りのアート作品も多い

MEMO ドイツのスーパーマーケットは日曜、祝日は休業するが、フリードリヒシュトラーセ駅構内のEdeka、オスト駅や中央駅構内のRewe、ツォー駅ガード下のUllrichなどは営業が許可されている。

HOTEL ✤ ベルリンのホテル

ベルリン東部のウンター・デン・リンデン周辺やフリードリヒ通り周辺のホテルは夜遊びに便利でおすすめだが、ホテル代は高め。中央駅の周辺には若者向けのホステルが数件あり安く泊まれる。

大規模な見本市の開催期間([URL] www.messe-berlin.deでチェックできる)の料金は、一気にはね上がるので注意。また観光客は1泊につき室料の5%が都市税City Taxとして加算される。なお、宿泊料金はシーズナリティや予約時期により日々変動するので、本書掲載の料金は、ひとつの目安としてお考えください。

[H] アドロン　Hotel Adlon Kempinski Berlin

ベルリンの迎賓館的名門ホテル

1907年創業。マレーネ・ディートリヒ、チャップリン、アインシュタイン、マイケル・ジャクソンなど有名人が滞在した。「ローレンツ・アドロン・エスツィマー」はミシュランの2つ星レストランで水～土19：00～の営業(要予約)。

最高級ホテル　MAP ◆ P.304

[住]Unter den Linden 77　D-10117
☎(030) 22610
[URL]www.kempinski.com/en/hotel-adlon
[料]ⓈⓉ€411～　朝食別€61
[カード] [A][D][M][V]
[Wi-Fi] 無料
[交][S][U]またはバス100番Brandenburger Torから徒歩約1分。

[H] リージェント　Regent Berlin

ベルリン国立歌劇場に近い豪華ホテル

ウンター・デン・リンデンやフリードリヒ通りのショッピングエリアに近い。ゴージャスなロビーには、古きよきベルリンの雰囲気が漂う。レストラン「シャルロッテ&フリッツCharlotte & Fritz」は高級なドイツ料理として評判。

最高級ホテル　MAP ◆ P.304

[住]Charlottenstr. 49　D-10117
☎(030) 20338
[URL]www.ihg.com/regent/hotels
[料]Ⓢ€369～　Ⓣ€394～　朝食別€39
[カード] [A][D][J][M][V]
[Wi-Fi] 無料
[交][U]Unter den Linden から徒歩約5分。

[H] マリオット　Berlin Mariott Hotel

ポツダム広場周辺の観光とショッピングに

ポツダム広場に近く、絵画館やフィルハーモニーも徒歩圏内。ベルリン最大級のショッピングセンターもすぐそば。広めの落ち着いた客室が自慢。全館禁煙。24時間営業のフィットネスセンター、スイミングプールあり。

最高級ホテル　MAP ◆ P.312

[住]Inge-Beisheim-Platz 1　D10785
☎(030) 220000
[URL]www.mariott.com
[料]Ⓢ€229～　Ⓣ€239～　朝食別€40
[カード] [A][D][J][M][V]
[Wi-Fi] 無料
[交][U][S]Potsdamer Platzから徒歩約5分。

[H] ドリント・クーアフュルステンダム　Dorint Kurfürstendamm Berlin

立地、デザイン、サービスどれもが完璧

ロマンティックなベルリン滞在をかなえるデザイナーズホテル。存在感を示す外観と上質なインテリア、5つ星も納得のきめ細かなサービスは世界でもトップクラス。フレンチブラッスリー「ル・フォーブルク」(→P.328)は、地元の人たちにも人気。

最高級ホテル　MAP ◆ P.303-B3

[住]Augsburger Str. 41　D-10789
☎(030) 8009990
[URL]hotel-berlin.dorint.com/de
[料]ⓈⓉ€199～　朝食別€25
[カード] [A][D][J][M][V]
[Wi-Fi] 無料
[交][U]Kurfürstendammから徒歩約1分。

[H] ダス・ストゥー　SO/Berlin Das Stue

伝統とモダンが融合したホテル

1930年代に建てられた、旧デンマーク大使館を改装したエレガントなホテル。ベルリン動物園とティーアガルテンの間に建つ。ヤコブセンの家具などを使用した機能的な客室。室内プールとサウナの使用は無料。

最高級ホテル　MAP ◆ P.303-B3

[住]Drakestr. 1　D-10787
☎(030) 3117220
[URL]www.so-berlin-das-stue.com
[料]ⓈⓉ€325～　朝食別€47
[カード] [A][D][M][V]
[Wi-Fi] 無料
[交][U][S]Zoologischer Gartenからタクシーで約5分。

[H] ザ・ウェスティン・グランド The Westin Grand Berlin

ウンター・デン・リンデンのゴージャスホテル

ウンター・デン・リンデンに面しているが、メインエントランスは、1本裏のBehrenstr.側にある。ロビーの中央は豪華な吹き抜けと階段になっていて、とてもゴージャスなホテルという印象。室内の設備も快適。

高級ホテル MAP ◆ P.304

[住]Friedrichstr. 158-164 D-10117
☎(030) 20270
[URL]www.marriott.com
[料]ⓈⓉ€269～ 朝食別€34
[カード][A][M][V]
[Wi-Fi] 無料
[交][U]Unter den Lindenから徒歩約2分。

[H] ブリストル Hotel Bristol Berlin

クーダムに面した老舗ホテル

ジョン・F・ケネディも滞在したことがある、ベルリン西部では格式の高いホテル。通りに面した「ラインハルトReinhard's」はフランス料理が気軽に味わえる。繁華街クーダムに面しており、ショッピングに便利。ツォー駅からも近い。

高級ホテル MAP ◆ P.302-B2

[住]Kurfürstendamm 27 D-10719
☎(030) 884340
[URL]www.bristolberlin.com
[料]Ⓢ€160～ Ⓣ€170～ 朝食別€29
[カード][A][M][V]
[Wi-Fi] 無料
[交][U]Kurfürstendammから徒歩約3分、Uhlandstr.から徒歩約2分。

[H] インターコンティネンタル InterContinental Berlin

ティーアガルテンの緑が近い

広大な公園ティーアガルテンに隣接したホテル。ウエルネスエリアには屋内プール、ジャクージ、サウナ、フィットネスセンターを完備。ミシュランの1つ星を獲得している「ヒューゴス・レストラン」が14階にある(要予約)。

高級ホテル MAP ◆ P.303-B3

[住]Budapester Str. 2 D-10787
☎(030) 26020
[URL]www.ihg.com/intercontinental/hotels
[料]Ⓢ€165～ Ⓣ€175～
[カード][A][J][M][V]
[Wi-Fi] 無料
[交]バス200番Budapester Str.から徒歩約1分。

[H] メリア Hotel Melia Berlin

博物館の島は徒歩圏内

シュプレー川沿いに建つスペイン系の大型ホテル。同じクラスのホテルと比べて安い料金に設定されている。観光地へのアクセスもよく便利。モダンな設備の広い室内で、使いやすい。タパスやピンチョスなどスペイン料理が味わえるレストランあり。

高級ホテル MAP ◆ P.304

[住]Friedrichstr. 103 D-10117
☎(030) 20607900
[URL]www.melia.com
[料]ⓈⓉ€175～ 朝食別€28
[カード][A][D][J][M][V]
[Wi-Fi] 無料
[交][U]ⓈFriedrichstr. から徒歩約3分。

[H] NHフリードリヒシュトラーセ NH Berlin Friedrichstrasse

駅に近くて何かと便利

Sバーン、Uバーンのフリードリヒシュトラーセ駅がすぐ目の前で、ウンター・デン・リンデンも近いので観光やショッピングに何かと便利。線路に面した部屋でも防音は完璧。コーヒーマシンあり。

高級ホテル MAP ◆ P.304

[住]Friedrichstr. 96 D-10117
☎(030) 2062660
[URL]www.nh-hotels.com
[料]Ⓢ€149～ Ⓣ€159～ 朝食別€24.90
[カード][A][D][M][V]
[Wi-Fi] 無料
[交][U]Ⓢ Friedrichstr.から徒歩約1分。

[H] ユーロスターズ Eurostars Berlin Hotel

駅も博物館の島も至近距離

フリードリヒシュトラーセ駅のすぐ近くに建つ221室の大型ホテル。フィットネスセンターに温水プール、サウナあり。部屋は広いが、アトリウムという館内中庭に面し、外に向いた窓がない部屋もある。

高級ホテル MAP ◆ P.304

[住]Friedrichstr. 99 D-10117
☎(030) 7017360
[URL]www.eurostarshotels.de
[料]ⓈⓉ€146～ 朝食別€21
[カード][A][M][V]
[Wi-Fi] 無料
[交]Ⓢ[U]Friedrichstr.から徒歩約1分。

[H] ブライプトロイ　Hotel Bleibtreu Berlin By Golden Tulip

明るい雰囲気のデザインホテル

クーダムの近くの静かな一角に建ち、自然素材を採用した、明るい客室が自慢のデザインホテル。ていねいに作られた朝食ビュッフェで朝からパワーチャージできる。部屋はコンパクトだが使いやすい。

中級ホテル　MAP ◆ P.302-B2

[住]Bleibtreustr. 31　D-10707
☎(030) 884740
[URL]www.bleibtreu-berlin.goldentulip.com
[料]Ⓢ€94～　Ⓣ€104～　朝食別€19
[カード][A][D][M][V]
[Wi-Fi] 無料
[交]ⓈSavignyplatzから徒歩約7分。

[H] 25アワーズ・ホテル・ベルリン　25Hours Hotel Berlin

動物園を見下ろす部屋をリクエスト

欧州各地で人気のコンセプト＆デザインホテルがベルリンに進出。エレベーターでレセプションフロアに上ると、そこはもう動物園を見下ろすアーバンジャングル。ハンモックがあるラウンジやおしゃれカフェも併設。

中級ホテル　MAP ◆ P.303-B3

[住]Budapester Str. 40　D-10787
☎(030) 1202210
[URL]www.25hours-hotels.com
[料]ⓈⓉ€158～　朝食別€29
[カード][A][M][V]
[Wi-Fi] 無料
[交]ⓈⓊZoologischer Gartenから徒歩約5分。

[H] モーテル・ワン・アッパーウエスト　Motel One Berlin-Upper West

シネマをテーマにしたデザインホテル

2017年に完成した高層ビルの10～18階にある。客室は小さいが、1階のレセプションやラウンジはゴージャス。10階のラウンジ、ルーフテラスからはクーダムやカイザー・ヴィルヘルム記念教会の眺めがすばらしい。

中級ホテル　MAP ◆ P.303-B3

[住]Kantstr. 163/165 D-10623
☎(030) 322931900
[URL] www.motel-one.com
[料]Ⓢ€99～　Ⓣ€119～
朝食別€16.90
[カード][A][D][M][V]　[Wi-Fi] 無料
[交]Ⓤ Ⓢ Zoologischer Gartenから徒歩約5分。

[H] レオナルド・クーダム　Hotel Leonardo Hotel Berlin KU'DAMM

クーダムに面した便利なホテル

ツォー駅から歩くと15分ぐらいかかるが、地下鉄やバスの便はよい。1897年建造の歴史的建造物の中にある163室のホテル(旧ホテル・カリフォルニア)。全室禁煙。

中級ホテル　MAP ◆ P.302-B2

[住]Kurfürstendamm 35　D-10719
☎(030) 688322422
[URL]www.leonardo-hotels.com
[料]ⓈⓉ€90～　朝食別€17
[カード][A][D][J][M][V]
[Wi-Fi] 無料
[交]ⓊUhlandstr.から徒歩2分。

[H] パーク・イン　Park Inn by Radisson Berlin Alexanderplatz

交通の便がよい高層ホテル

アレキサンダープラッツ駅のすぐそばの大型高層ホテル。全館禁煙。眺めのよいバーと、フィットネス＆ウエルネスエリアが自慢。すぐ向かいはデパートのガレリア・アレクサンダープラッツで何かと便利。

中級ホテル　MAP ◆ P.301-B3

[住]Alexanderplatz 7　D-10178
☎(030) 23890
[URL]www.parkinn-berlin.de
[料]Ⓢ€109～　Ⓣ€126～　朝食別€24
[カード][A][D][M][V]
[Wi-Fi] 無料
[交]ⓊⓈAlexanderplatzから徒歩約3分。

[H] インターシティーホテル　InterCityHotel Berlin Hauptbahnhof

鉄道の旅のスタートに

全412室の大型ホテルで、ビジネス客の利用が多い。バスタブはなく、シャワーが基本。中央駅から近く、駅構内には日曜もオープンしているスーパーや売店があるので何かと便利。支払いはカードのみで現金は不可。

中級ホテル　MAP ◆ P.300-B1

[住]Katharina-Paulus-Str. 5　D-10557
☎(030) 2887550
[URL]www.hrewardshotel.de
[料]Ⓢ€135～　Ⓣ€146～
朝食別€19　[カード][A][D][J][M][V]
[Wi-Fi] 無料
[交]ⓊⓈHauptbahnhofから徒歩約3分。

[H] クーダム101 Ku'damm 101

とびきり個性的なデザイナーズホテル

クーダムの西部にある中級ホテル。客室はデザイン家具が置かれ、大きなデスクがとても使いやすい。バスルームのアメニティもおしゃれ。ここのホテルのいちばんの自慢は、眺めのよい7階で取るバラエティ豊かな朝食。

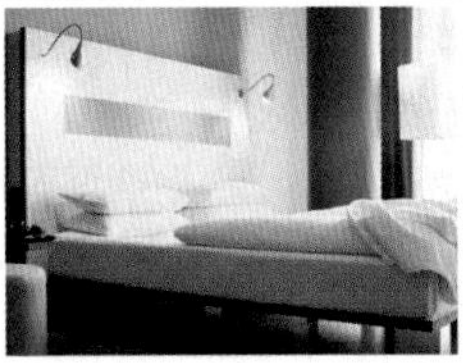

中級ホテル MAP ◆ P.302-B1

[住]Kurfürstendamm 101 D-10711
☎(030) 5200550
[URL]www.kudamm101.com
[料]ⓈⓉ€129～ 朝食別€20
[カード][A][M][V]
[Wi-Fi] 無料
[交]M19、M29番のバスでKurfürstendamm/Joachim-Friedrich-Str.から徒歩約1分。

[H] アルテ・ルイーゼ・クンストホテル Arte Luise Kunsthotel

デザイナーズルームに泊まる

ギャラリーに泊まる、というコンセプトのアートホテルで、インテリアはかなり個性的。ウェブで全室の内容を紹介しているので指定して予約を。シャワー、トイレ共同の部屋も多く、右記料金より安い。全室禁煙。

中級ホテル MAP ◆ P.304

[住]Luisenstr. 19 D-10117
☎(030) 284480
[URL]www.luise-berlin.com
[料]Ⓢ€117～ Ⓣ€159～ 朝食別€16
[カード][M][V]
[Wi-Fi] 無料
[交]ⓈFriedrichstr.から徒歩約10分。147番のバスでLuisenstr.下車、徒歩約2分。

[H] フィヨルド Fjord Hotel

ポツダム広場に近い小さなホテル

ポツダム広場やフィルハーモニーへも歩いて10分かからないぐらいで、文化フォーラム地区の美術館巡りにも便利。手入れが行き届いた明るい客室。料金は毎日変更されるのでサイトで確認を。全額前払い。

中級ホテル MAP ◆ P.300-C1

[住]Bissingzeile 13 D-10785
☎(030) 254720
[URL]lindemannhotels.de
[料]ⓈⓉ€119～ 朝食別€21
[カード][D][J][M][V] [Wi-Fi] 無料
[交][U]Mendelssohn-Bartholdy-Parkから徒歩約5分。またはM29、M48、M85番のバスでPotsdamer Brücke下車。

[H] モーテル・ワン・ハウプトバーンホーフ Motel One Berlin Hauptbahnhof

交通の便がよくて手頃な料金

ドイツ各地にあるモーテルチェーンで、ベルリンには10軒あるが、ここは中央駅に近くて便利。全室ダブルベッド。部屋は小さく収納スペースがないのが難。料金はチェックイン時に支払う。

中級ホテル MAP ◆ P.300-B1

[住]Invalidenstr.54 D-10557
☎(030) 36410050
[URL]www.motel-one.com
[料]Ⓢ€104～ Ⓣ€125～ 朝食別€16.90
[カード][A][D][M][V]
[Wi-Fi] 無料
[交]Ⓢ[U]Hauptbahnhofから徒歩約2分。

[H] マイニンガー・ハウプトバーンホーフ Meininger Hotel Berlin Hauptbahnhof

中央駅から1分で何かと便利

4人用2段ベッド室、ドミトリー、シングル、ツインの部屋からなる3つ星レベルのバジェットホテル兼ホステル。若者の団体が多く利用しており、にぎやかな雰囲気。全室エアコン付き。

ユースアコモデーション MAP ◆ P.300-B1

[住]Ella-Trebe-Str. 9 D-10557
☎(030) 98321073
[URL]www. meininger-hotels.com
[料]ⓈⓉ€111～ 4人室1人€28～、朝食別€11.90 インターネット割引や季節による割引あり
[カード][M][V] [Wi-Fi] 無料
[交]Ⓢ[U]Hauptbahnhofから徒歩約1分。

[JH] サーカス・ザ・ホステル Circus The Hostel

若者に人気のプライベートホステル

[U]8またはトラムM1のRosenthaler Platz下車、駅から徒歩約1分。清潔で内部もきれい。受付は24時間オープン。交差点の斜め向かいには同経営のCircus Hotelもあるので、予算に応じて選べる。

ユースアコモデーション MAP ◆ P.300-B2

[住]Weinbergsweg 1A D-10178
☎(030) 20003939
[URL]www.circus-berlin.de
[料]シャワー・トイレ共同Ⓢ€109～Ⓣ€121～、10人部屋1人€29～、シャワー付きⓉ1室€146～、朝食€8
[カード][A][M][V]
[Wi-Fi] 無料

Ⓗトランジット・ロフト
人気のプレンツラウアー地区にある
　19世紀のれんが造りの工場だった建物を利用したホテルで、部屋はロフトのような雰囲気がある。5〜6人部屋もあり、小グループ旅行にも向く。朝食は12：00まで提供、フロントは24時間対応している。

Transit Loft
エコノミーホテル　MAP ◆ P.301-A3
個Immanuelkirchestr.14A　D-10405
☎(030)48493773
URLwww.transit-loft.de
料Ⓢ€100〜　Ⓣ€110〜　トリプル€150〜
カードJM V　Wi-Fi 無料
交ⓊⓈAlexanderplatzからトラムM4に乗りHufelandstr.下車、徒歩約5分。

Ⓗa&o ベルリン・ミッテ
設備充実のホテル＆ホステル
　ディープなベルリンの素顔が見られるクロイツベルク地区にある大型のホテル＆ホステル。学校団体の利用が多い。ファミリー用の部屋もある。ホステルタイプの大部屋はシーツ、タオルは別料金。

a&o Berlin Mitte
ユースアコモデーション　MAP ◆ P.301-C3
個Köpenicker Str. 127-129　D-10719
☎(030)809475200
URLwww.aohostels.com
料Ⓢ€102〜
　8人部屋1人€30〜
　朝食別€11
カードM V　Wi-Fi 無料
交ⓊⓈOstbahnhofから徒歩約10分。

ⒿⒽホステル・ディー・ファブリーク
大部屋でも安くて清潔
　バックパッカーの利用者が多い。シングルから8人部屋まであり、シャワー・トイレは共同、ロッカーあり。朝食は併設のカフェで取る。チェックインは15：00〜22：00。シーツ代はシングル、ツインには含まれているが、ドミトリーは€2.80加算。

Hostel Die Fabrik
ユースアコモデーション　MAP ◆ 折込2枚目表B4
個Schlesische Str. 18　D-10997
☎(030)6117116
URLwww.diefabrik.com
料全室シャワー、トイレ共同。ドミトリー1人€29〜、Ⓢ€59〜　Ⓣ€69〜
　朝食別€9
カードM V　Wi-Fi 無料
交Ⓤ1 Schlesisches Torから徒歩約5分。

ⒿⒽa&o ベルリン・ハウプトバーンホーフ
中央駅から徒歩圏内のホステル
　ベルリン中央駅の北口から約400m。レセプションは24時間オープン。学校団体やファミリーの利用が多く、騒音が気になる人には不向き。ゲスト用キッチン、洗濯機あり。

a&o Berlin Hauptbahnhof
ユースアコモデーション　MAP ◆ P.300-B1
個Lehrter Str. 12　D-10557
☎(030)3229204200
URLwww.aohostels.com
料8人部屋1人€21〜　Ⓢ Ⓣ €101〜　朝食別€11
カードM V　Wi-Fi 無料
交ⓈⓊHauptbahnhofから徒歩約15分。

ⒿⒽマルタス・ゲステホイザー・ハウプトバーンホーフ
中央駅から近くて便利なホステル
　ベルリン中央駅の北口（Europaplatz側）を出て5分という近さ（旧ユーゲントゲステハウス・ハウプトバーンホーフ）。ミッション系の団体が運営しており、1泊€1の寄付を求められる。全118室の大型ホステル。レンタサイクル（€10）あり。

martas Gästehäuser Hauptbahnhof
ユースアコモデーション　MAP ◆ P.300-B1
個Lehrter Str. 68　D-10557
☎(030)6903333
URLhbf-berlin.martas.org
料Ⓢ Ⓣ €104〜　トリプル€126　朝食別€11　26歳以下は3割引
カードM V　Wi-Fi 無料
交ⓈⓊHauptbahnhofから徒歩約5分。

ⒿⒽユーゲントヘアベルゲ・ベルリン・インターナショナル
観光に便利なユースホステル
　全341ベッドの大きなホステルで人気がある。ポツダム広場まで歩いて15分ぐらい。学生団体の利用が多く、ドミトリーは男女混合になる場合あり。24時間オープン。

Jugendherberge Berlin International
ユースホステル　MAP ◆ P.300-C1
個Kluckstr. 3　D-10785
☎(030)747687910
URLwww.jugendherberge.de
料ドミトリー1人€35.50〜、26歳以下€31.50〜　朝食別　カードDM V
Wi-Fi 共有エリアのみ可（無料）
交M29番のバスでGedenkstätte Dt. Widerstand下車、徒歩約2分。

フリードリヒ大王の夢の園サンスーシ

ポツダム

Potsdam

洞窟の間の貝殻細工
（新宮殿内）

階段式のブドウ棚の上に現れるサンスーシ宮殿

ベルリン
ポツダム
フランクフルト
ミュンヘン

MAP ◆ P.291-A4	
人　　口	18万2000人
市外局番	0331

[ACCESS]

鉄道：ベルリン中央駅からポツダム中央駅までRE快速で約25分、Ⓢ7で約35分。

ℹポツダムの観光案内所
☎(0331) 27558899
[URL]www.potsdamtourismus.de

●中央駅構内のℹ
[住]Friedrich-Engels-Str. 99
駅構内パッサージュ1階（南口側）のmobiagentur Potsdam内。
➡Map P.340-B2
[開]月～金　9：00～18：00
　　土　9：00～17：00
　日・祝　9：30～15：00
[休]12/24～26・31、1/1

●アルター・マルクトのℹ
[住]Humboldstr. 2
➡Map P.340-B2
[開][休]上記、中央駅構内のℹと同じ

[世界遺産]
ポツダムとベルリンの宮殿群と庭園群　(1990年登録)

●ポツダムの市内交通
ポツダム中央駅の南口にバスと市電のターミナルがある。土・日・祝は本数がかなり減るので注意。車内にも自動券売機がある。切符は停留所4つまで有効のKurzfahrtが€1.80、60分有効のEinzelfahrausweisは€2.60。24時間チケット24-Stunden-Karte €5.50。
ポツダムの市内交通はABCゾーンに分かれており、乗車券はAB、BC、ABCのゾーン別に設定されている。本書で紹介した見どころはすべてABゾーン内で、上記チケットの料金はABゾーンのもの。
ベルリン・ウエルカムカードとシティーツアーカードの[A][B][C]ゾーン用（→P.298）および、ベルリンの1日乗車券[A][B][C]ゾーン用（→P.298）もポツダムまでのSバーンとポツダムの市内交通に有効。

エルベ川の支流のハーフェル川や、多くの湖と森に囲まれた古都ポツダム。かつては東ドイツに属していたが、統一後はベルリンの隣町として、また多くの城館と庭園を有する世界遺産の町として、活気を呈している。

歩き方

ポツダム中央駅Potsdam Hauptbahnhofで下車したら、駅に併設されたショッピングセンターを出て北西に進みハーフェル川に架かる橋を渡ると、町の入口だ。左側に建つホテル・メルキュールの高層ビルを過ぎると、**ニコライ教会Nikolaikirche**や**ポツダム映画博物館Filmmuseum Potsdam**などが建ち並ぶ。歩行者天国になっている**ブランデンブルク通りBrandenburger Str.**に出たら西に向かおう。ここはポツダムのメイン・ショッピングストリート。その突き当たりはルイーゼン広場Luisenplatzで、広場を渡り北西に進むと、**サンスーシ宮殿Schloss Sanssouci**や**新宮殿Neues Palais**が建つ**サンスーシ庭園Park Sanssouci**の入口がある。サンスーシ宮殿の見学はかなり混み合うので、中央駅から695番のバスでサンスーシ宮殿に直行し、城のチケットを購入、見学後、町の散策をするほうがよいだろう。

サンスーシ宮殿から、ポツダムのもうひとつの重要な見どころ**ツェツィーリエンホーフ宮殿Schloss Cecilienhof**は中心部から離れているがバスで行ける。

18世紀にオランダ職人を招へいするためにプロイセン王が建設させた**オランダ人街**は、赤れんがの家並みが続く一角で、かわいいショップやカフェ、レストランが集まっている。

れんが色の家並みが続くオランダ人街は散歩が楽しい

[MEMO] 夏はかなりの待ち時間になるサンスーシ宮殿は、ベルリンからの観光バスを利用すると短時間で入れる。BEX Sightseeing社（[URL] www.stadtrundfahrt.com/berlin/potsdam-sanssouci）のツアーは€54。運行日時などはサイトで確認を。

●ターゲスチケット・
サンスーシプラス
Tagesticket sanssouci+
URL www.spsg.de
サンスーシ宮殿、新宮殿、ツェツィーリエンホーフ宮殿などポツダムの城(一部除外あり。特別展は別途料金必要)に有効の1日共通チケット。サンスーシ宮殿は日時指定予約ができる。各城のチケット窓口または上記サイト内から購入。€22、学生€17。

●サンスーシ宮殿
⭐ Map P.340-B1
ポツダム中央駅から695番、X15番(4〜10月の土・日のみ運行)のバスで所要約17分、Schloss Sanssouci下車。このバス停はサンスーシ宮殿の裏側(北側)にあり、チケット売り場に近い。
URL www.spsg.de
開 火〜日 10:00〜17:30
(11〜3月は〜16:30)
入場は閉館30分前まで
困 月、12/24・25
料 €14、学生€10(オーディオガイドによる見学)。写真撮影料€3(撮影券はポツダムのほかの城にも1日有効)

📷 おもな見どころ

フリードリヒ大王が愛した サンスーシ宮殿と庭園 🌐 世界遺産
Park und Schloss Sanssouci ★★★

　サンスーシとは、フランス語で「憂いのない」という意味で、日本語で「**無憂宮**」と呼ばれている。プロイセン王の**フリードリヒ大王**(=フリードリヒ2世、1712〜1786年)が、夏の居城として1745〜1747年に建てたロココ様式の華麗な宮殿で、大王自ら設計に加わり、35歳のときから74歳で亡くなるまでのほとんどをこの宮殿で暮らした。階段状のブドウ園の上に建てられた宮殿は、下から見上げた姿が特に美しい。入場券売り場と入口は裏側(北側)にある。入場券には入場時刻が指定され、夏の観光シーズンは2〜3時間待ちとなることもある。それまで、庭園やほかの建物を見て待つとよい。

　ブドウ棚を上った右側には、大王と王の愛した犬たちが眠る墓がある。大王の遺体はかつてポツダムのガルニソン教会に葬られていた。しかし第2次世界大戦末期、遺体は安全なテューリンゲンの岩塩坑に隠された。戦後、ソ連支配地域にあった遺体を米軍が取り戻し、以後46年間ホーエンツォレルン城(→P.191)に

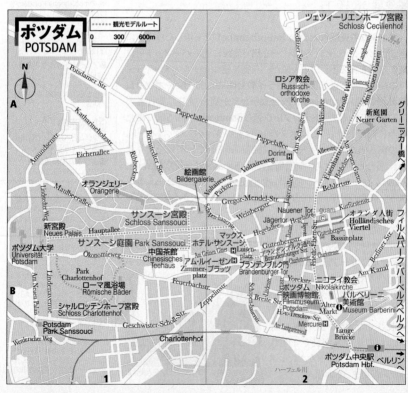

MEMO ポツダム中央駅の北側、Sバーンが発着するホームのエスカレーター下にはレンタサイクル店ペダレスPedales(URL potsdam-per-pedales.de)があり、普通自転車は1日€16、電動自転車は€35で借りられる。広々と平坦

安置された。そして、東西統一を経た1991年8月に、ようやく大王は生前の希望どおり、愛する犬たちとともに静かな眠りについている。

内部は、主たる12の部屋があり、「大理石の間」「謁見の間」、中央に位置する「楕円の間」などが見学できる。ポツダムのロココと呼ばれる貝殻模様の室内装飾が見事だ。大王が敬愛したフランスの哲学者ヴォルテールも、この宮殿に滞在している。

290haの広さのサンスーシ庭園の中には、**中国茶館Chinesisches Teehaus**や**シャルロッテンホーフ宮殿Schloss Charlottenhof**、**オランジェリー Orangerie**など、いくつかの離宮が点在する。庭園のメインストリートは約2.5kmもあり、その最も奥に位置しているのが堂々たる威容の**新宮殿Neues Palais**。フリードリヒ大

寒冷で痩せた土地でも育つジャガイモの栽培を奨励したフリードリヒ大王の墓には、ジャガイモが供えられている

王 が1763〜1769年に建てたロココ様式の大宮殿で、200室以上もある。貝殻細工の装飾が見事な**洞窟の間Grottensaal**は必見。

バロック様式の新宮殿

東洋趣味の中国茶館

●新宮殿
◯Map P.340-B1
ポツダム中央駅から605、X5番のバスでNeues Palais下車。
🖳www.spsg.de
🕐水〜月 10：00〜17：30
　（11〜3月は〜16：30）
　入場は閉館30分前まで
🈲火、12/24・25
🈯€12、学生€8

ポツダム会談の舞台 ツェツィーリエンホーフ宮殿
Schloss Cecilienhof　★★★

湖に面して広がる**新庭園Neuer Garten**内に建つ。宮殿というよりも、英国風の館といった感じだ。ホーエンツォレルン家の最後の皇太子ヴィルヘルムが家族とともに住んでいた。皇太子妃ツェツィーリアの名前がつけられ、1917年に完成。ここは1945年7月17日〜8月2日に開かれたポツダム会談の場としても知られる。第2次世界大戦末期、米、英、ソ連の首脳会談が開かれ、ドイツの戦後処理などが話し合われた。会談が開かれた部屋は当時のままに保存され、見学できる。
※2024年11月から改修工事のため長期休館。

庭も美しいツェツィーリエンホーフ宮殿

首脳会談が開かれた部屋

●ツェツィーリエンホーフ宮殿
🏠Im Neuen Garten 11
◯Map P.340-A2
中央駅から92、96番の市電でRathausまで行き、ここでHöhenstr. 行きの603番のバスに乗り換えて、終点のひとつ前の Schloss Cecilienhof 下車。この通りは一方通行なので、帰りは、通りの進行方向へ300mほど歩いたバス停（ここが終点）Höhenstr.から乗る。または宮殿の出口から真っすぐ延びる小道を200mほど進んだ所にあるLanghansstr./Große Weinmeisterstr. から乗る。
サンスーシ宮殿から行く場合は、695番に乗り Reiterweg/Jägeralleeで下車し、Reiterwegを東へ進んだ先にある停留所 Reiterweg/Alleestr.から603番に乗り換える。
🖳www.spsg.de
🕐火〜日 10：00〜17：30
　（11〜3月は〜16：30）
　入場は閉館30分前まで
🈲月、12/24〜26・31
🈯ポツダム会談の会議室€12、皇太子夫妻の部屋€8、コンビチケット€14。各学割あり

🚲 なサンスーシ公園をサイクリングするのは気持ちがいい。ただし走行禁止エリアもあるので規則を守ろう。自転車の交通ルールや注意点などについて→🖳www.mobil-potsdam.de/de/fahrrad（英語ページあり）

ポツダム映画博物館
Filmmuseum Potsdam ★★

ドイツ映画界は戦前『メトロポリス』『嘆きの天使』など、映画史に残る名作を製作し、日本でも人気を博した。これらの名作は、ポツダム郊外にあるバーベルスベルク撮影所で撮影された。伝説的な映画会社ウーファ Ufaは戦後デーファ DEFAと名前を変え東ドイツ時代も活動を続けた。歴史的な映写機や撮影機材、マレーネ・ディートリヒの遺品や衣装も所蔵。

美しいバロック様式の建物内にある

●ポツダム映画博物館
[住]Breite Str. 1A
➲Map P.340-B2
中央駅から続くショッピングセンター内を抜けて、徒歩約5分。
[URL]www.filmmuseum-potsdam.de
[開]火～日　10:00～18:00
（入場は～17:30）
[休]月、12/24・25・26・31、1/1
[料]€5、学生€4、特別展やフィルム上映は別料金

バルベリーニ美術館
Museum Barberini ★★

ドイツのソフトウエア会社SAPの共同創業者であるハッソ・プラットナーが2017年に創設した。印象派の膨大なコレクションを展示。39点ものクロード・モネの作品を所蔵する。

フランス印象派の名品を展示

●バルベリーニ美術館
[住]Alter Markt, Humboldtstr. 5-6
➲Map P.340-B2
[URL]www.museum-barberini.de
[開]月　　10：00～19：00
水～日　9：00～19：00
（入場は18：15まで）
[休]火
[料]€16（土・日・祝は€18）、学生€10、特別展は別途

フィルムパーク・バーベルスベルク
Filmpark Babelsberg ★★

1912年に完成したバーベルスベルク撮影所は、かつてハリウッドをしのぐとさえいわれた。東西ドイツ統一後、新たに設立されたバーベルスベルク・スタジオでは、『戦場のピアニスト』『イングロリアル・バスターズ』などの作品が撮影された。ここは、スタジオに隣接するテーマパークで、ファミリー向けのアトラクションがメイン。

ファミリー向きのテーマパーク

●フィルムパーク・バーベルスベルク
[住]August-Bebel-Str. 26-53
入場はGroßbeerenstr.200
➲Map P.340-B2外
ポツダム中央駅前から601、690番のバスでFilmpark Babelsberg下車。
[URL]www.filmpark-babelsberg.de
[開]月ごとに変わるので上記サイト内の表で確認を。
（入場は閉館1時間前まで）
[休]11～4月
[料]€29、学生、子供、家族割引あり
※隣接する本格的な映画撮影スタジオStudio Babelsbergは、一般公開していない。

おすすめのホテル HOTEL

※ひとり1泊につき€2の宿泊税が加算。

アム・ルイーゼンプラッツ
Am Luisenplatz　MAP◆P.340-B2

[住]Luisenplatz 5　D-14469　☎(0331)971900
[URL]www.hotel-luisenplatz.de　[料]Ⓢ€103～　Ⓣ€133～
朝食別€15.50　[カード][A][M][V]　[Wi-Fi]無料

1726年に建てられた館を使用した中級ホテル。1階はレストラン。

マックス・ホテル・サンスーシ
MAXX Hotel Sanssouci　MAP◆P.340-B2

[住]Allee nach Sanssouci 1　D-14471　☎(0331)90910
[URL]hrewards.com　[料]Ⓢ€135　Ⓣ€146～　朝食別€22
[カード][A][D][M][V]　[Wi-Fi]無料

サンスーシ庭園のすぐ近くの静かなエリアに建ち、落ち着いて滞在できる。

INFORMATION

ポツダムのランチスポット

ポツダムで手軽なランチを取るなら、ブランデンブルク通りを歩けばファストフードやソーセージなどのインビスから、落ち着いたレストランなどさまざま見つかる。また、オランダ人街にも個性的なカフェやレストランが集まっている。時間がなければ、中央駅直結のショッピングセンターにも多くのファストフード店やベーカリー、セルフサービスのレストランなどがある。

[投稿] バルベリーニ美術館は印象派好きには必見。火曜休館なので、ほかの見どころが休館になることが多い月曜にも訪問できます。入場の際、小さな手荷物でも預けるように指示されます。（東京都　シンジ　'23）['24]

菩提樹の下でバッハを聴きたい学芸の町

ライプツィヒ

Leipzig

クラシックなカフェ・リケー

ベルリン
ライプツィヒ
フランクフルト
ミュンヘン

MAP ◆ P.291-B3

人口	59万7500人
市外局番	0341

[ACCESS]
鉄道：ICE特急でベルリン中央駅から所要約1時間15分、ドレスデンから約1時間15分。
空港と市内間のアクセス：ライプツィヒ・ハレ空港Leipzig/Halle Flughafenと中央駅間をⓈ5が所要約15分で結ぶ。

JOHANN
トーマス教会の前に立つバッハの像

ライプツィヒという町の名前は、7世紀にここに村をつくったソルブ人の言葉で「リプツィ（菩提樹）」に由来するという。今も菩提樹は、ライプツィヒの町に涼しい木陰を作っている。

町は中世から商業、金融の町として発展した。1409年には、ライプツィヒ大学が創立され、ゲーテやニーチェ、森鷗外が学んだ。

17世紀には、印刷、出版も盛んとなり、1650年には世界で最初の日刊紙が創刊、第2次世界大戦前までは、ドイツの出版物の約半数がライプツィヒで印刷されていた。日本の岩波文庫が手本としたのは、この町の出版社のレクラム文庫だった。

また、生涯の後半をトーマス教会の音楽監督として過ごしたバッハをはじめ、シューマン、メンデルスゾーン、ワーグナーといったそうそうたる音楽家が偉大な業績を残している。

1989年、東ドイツの民主化を求める運動が、ここライプツィヒのニコライ教会に集まった人々のデモから始まった。ドイツ統一への第一歩は、ここから始まったといってもいいだろう。

歩き方

行き止まり式のドームが見事な、ヨーロッパで最大級のライプツィヒ中央駅。構内には、ショッピングセンターを併設している。

ライプツィヒの中心部は、**リングRing**と名のつく大通りでぐるりと囲まれていて、見どころはリングの中と周辺に集中しているので歩いて回れる。ℹは、町の中心である**マルクトMarkt**の北側にあり、日本語のパンフレットも各種用意されている。マルクトは、ライプツィヒを代表する美しい広場で、東側に建つ**旧市庁舎Altes Rathaus**の塔とファサードが印象的。

ℹライプツィヒの観光案内所
[住]Katharinenstr. 8 D-04109 Leipzig
➲Map P.344-A1
☎(0341)7104260
[URL]www.leipzig.travel
[開]月～金 10:00～18:00
土・日・祝 10:00～15:00
[休]12/25・26、1/1

●ライプツィヒカード
LEIPZIG CARD

1日用 Tageskarte	€13.40
3日間用 3-Tageskarte	€26.90
3日間グループ用 3-Tagesgruppenkarte	€51.90

※ライプツィヒの市内交通（Zone110内。使用開始は9：00から）が乗り放題で、主要美術館、博物館に割引料金で入場できる。コンサートやオペラのチケットにも割引が適用される場合もある。グループ用は大人2人と15歳未満の子供3人まで使用可。購入はℹ（オンライン購入可）、公共交通機関の自動券売機などで。

美しいルネッサンス建築の旧市庁舎

[MEMO] バッハ像をよく見ると、上着の左ポケットの中身が外に出ている。これは「金がない！」ことをアピールしている。また、ベストのボタンがひとつだけ外れたままになっているのは指揮棒をサッとしまうためだ……という説がある。

旧市庁舎の東側の若きゲーテ像

バッハゆかりのトーマス教会

マルクトから西に進むと、100m
ほどで**トーマス教会Thomaskirche**
の姿が見えてくる。教会の入口の
前にはバッハの像が立ち、その斜
め前には、**バッハ博物館Bach-
Museum**もあり、クラシック音楽
ファンなら見逃せないライプツィ
ヒのハイライトだ。

ライプツィヒ大学に学んでいた
ゲーテがよく通ったという酒場が、
旧市庁舎近くの**メードラーパッサ**

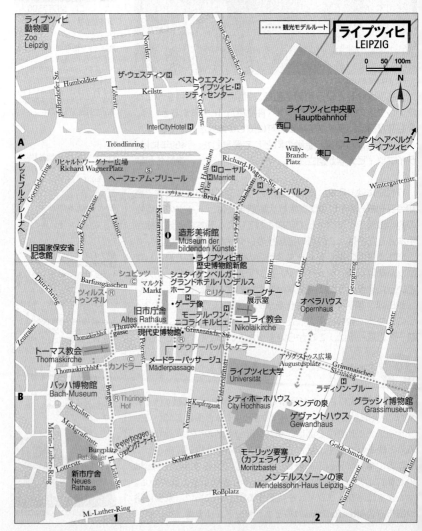

ライプツィヒ動物園 Zoo Leipzig

・・・・・観光モデルルート

ライプツィヒ
LEIPZIG

0   50 100m

N

ザ・ウェスティンⒽ
ベストウエスタン・ライプツィヒ・シティ・センターⒽ

Nordstr.
Karl-Schumacher-Str.

ライプツィヒ中央駅
Hauptbahnhof

西口

東口

ユーゲントヘアベルゲ・ライプツィヒへ

InterCityHotelⒽ

A

Tröndlinring

Willy-Brandt-Platz

リヒャルト・ワーグナー広場
Richard WagnerPlatz
ヘーフェ・アム・ブリュール

ローヤルⒽ
Ⓗ Marriott

シーサイド・パルク

Richard-Wagner-Str.

ブリュール

Brühl

旧国家保安省記念館

造形美術館
Museum der bildenden Künste

ライプツィヒ市歴史博物館新館

シュタイゲンベルガー・グランドホテル・ハンデルスホーフ

ワーグナー展示室

オペラハウス
Opernhaus

シュピッツ
マルクト
Markt
ツヴィルス・トゥンネル

Barfussgässchen Ⓒ

ゲーテ像

旧市庁舎
Altes Rathaus

Ⓒリケ
モーデル・ワン・ニコライキルヒェ

ニコライ教会
Nikolaikirche

Thomasgasse

Grimmaische Str.

現代史博物館
アウアーバッハス・ケラー

トーマス教会
Thomaskirche

Ⓒカンドラー

メードラーパッサージュ
Mädlerpassage

アウグストゥス広場
Augustusplatz

ライプツィヒ大学
Universität

ラディソン・ブルー

Grimmaischer Steinweg

B

バッハ博物館
Bach-Museum

ⒽThüringer Hof

シティ・ホーホハウス
City Hochhaus

メンデの泉

グラッシィ博物館
Grassimuseum

ゲヴァントハウス
Gewandhaus

Burgplatz
Peterbogen
Ratskeller

新市庁舎
Neues Rathaus

Schillerstr.

モーリッツ要塞
(カフェ・ライブハウス)
Moritzbastei

メンデルスゾーンの家
Mendelssohn-Haus Leipzig

M.-Luther-Ring

Roßplatz

1   2

MEMO 現代史博物館(囲 Grimmaische Str. 6 ●Map P.344-B1 嗣 www.hdg.de/Leipzig)は東西ドイツ分裂から再統一への道をわかりやすく展示。開火～金9:00～18:00(土・日・祝10:00～) 困月、12/24 图無料。

多くの店が集まるメードラーパッサージュ

ージュ Mädlerpassageというショッピングアーケードの地下にある。1525年創業という歴史的なワイン酒場の**アウアーバッハス・ケラー Auerbachs Keller**はゲーテの『ファウスト』にも登場するため、観光名所になっている。地下へ下りる手前には、ファウストとメフィストフェレスの像がある。

　中心部の東部にはコンサートホールの**ゲヴァントハウス Gewandhaus**と、向かい合って建つ**オペラハウス Opernhaus**、**ライプツィヒ大学Universität**などの文化施設が集まっている。隣に建つ高層ビル、**シティ・ホーホハウス City Hochhaus**は屋上展望台へ上ることができる。

📷 おもな見どころ

ファサードと大時計が美しい**旧市庁舎**
Altes Rathaus ★★★

　1556〜1557年に建てられた、ドイツを代表するルネッサンス建築。1909年からは**ライプツィヒ市歴史博物館**として公開。バッハの有名な肖像画をはじめとする絵画のほか、家具、衣装、手工芸品などを所蔵。建物北側には新館もある。

　旧市庁舎の東側の裏側にはナッシュマルクト広場があり、この町で大学生活を送った若きゲーテの銅像が立っている。

バッハが活躍した**トーマス教会**
Thomaskirche ★★★

　1212年に創立、1889年に改装され、現在のような姿となった。トーマス教会少年合唱団と、その指揮者バッハの活躍で有名な教会。バッハは1723〜1750年まで、トーマス教会の音楽監督を務め、『マタイ受難曲』など数々の名曲を生み出した。ステンドグラスには、バッハ、メンデルスゾーン、ルターの姿も描かれている。バッハは聖ヨハネ教会に埋葬されたが、没後200周年の1950年にトーマス教会内に墓が設けられた。

上／主祭壇の前にあるバッハの墓　下／バッハのステンドグラスを探してみよう

ファウストとメフィストフェレスの像

斬新なカテドラルのようなライプツィヒ大学。1階ギャラリー部分が一般入場もできる

●シティ・ホーホハウス
🏠Augustuspl. 9
🗺Map P.344-B2
🌐www.panorama-leipzig.de
🕐11：30〜19：30（季節により変更あり）　🎫€5
レストランPanorama Towerがある29階までエレベーターで昇り、入場券を購入し、階段で屋上展望台Aussicht-plattformへ上る。

●旧市庁舎（ライプツィヒ市歴史博物館）
🏠Markt 1, im Alten Rathaus
新館はBöttchergäßchen 3
🗺Map P.344-B1
🌐www.stadtgeschichtliches-museum-leipzig.de
🕐火〜日　10：00〜18：00
入場は閉館15分前まで
🚫月、12/24・31
🎫2027年12/31まで常設展は無料

●トーマス教会
🏠Thomaskirchhof 18
🗺Map P.344-B1
🌐www.thomaskirche.org
🕐10：00〜18：00（礼拝時は見学不可）

トーマス教会少年合唱団によるモテット、カンタータ演奏：金曜18:00と土曜15:00〜（学校休暇・演奏旅行期間等は休演あり、詳しくは上記サイト内に案内あり）
🎫プログラム料として€3。開場は各45分前。隣接するトーマスショップでは、CDや関連グッズを販売している。

MEMO トーマス教会の塔のガイドツアーは、4〜11月の土曜13:00、14:00、16:30、日曜14:00、15:00に催行。料金は無料だが€3ほどの寄付を。集合場所はバッハ像近くの塔の直下。

345

左サイドバー

●バッハ博物館
㊟Thomaskirchhof 15/16
◗Map P.344-B1
▥www.bachmuseumleipzig.
de
㊟火～日　10：00～18：00
㊟月、12/24・25・31
㊟€10、学生€8
　　毎月第1火曜は入場無料
　　日本語ガイドアプリあり

バッハの音楽世界を体験できる

●バッハ音楽祭
Bachfest Leipzig
1904年以来の歴史がある音
楽祭。古楽（バロック期前後
の楽器を使用して、当時の演
奏解釈に基づき演奏するスタ
イル）の普及にともない、ヨ
ーロッパでも重要な音楽祭の
ひとつとなっている。2024年
は6/7～16開催予定。

●ニコライ教会
㊟Nikolaikirchhof 3
◗Map P.344-B2
▥www.nikolaikirche.de
㊟月～金11：00～18：00、土
11：00～16：00、日10：00
～14：30(礼拝時は見学不可)

●造形美術館
㊟Katharinenstr. 10
◗Map P.344-A1
▥www.mdbk.de
㊟火・木～日 10：00～18：00
　水　　　　12：00～20：00
㊟月、12/24・31
㊟€10、学生€5
　　毎月第1水曜は無料
　　特別展は別途料金

サッカー・スタジアム情報

●レッドブル・アレーナ
Red Bull Arena
◗Map P.344-A1外
▥rbleipzig.com
RB ライプツィヒのホームスタ
ジアム。
行き方 中央駅から3、7、15
のトラムで約7分、Leipzig,
Sportforum Süd下車、徒歩約
8分。

本文

バッハの業績がわかるバッハ博物館
Bach-Museum　　　　　　★★★

　トーマス教会の真向かいにあるこの建物はボーゼハウスBose-
Hausと呼ばれ、生前バッハと家族ぐるみで親しく交際していた大
商人ボーゼ一家の住居だった。

　通りに面した建物の入口左側がショップ兼入場券売り場で、
博物館の入口は中庭を抜けた先にある。2階はバッハの時代の
楽器とその音色を聴ける部屋、バッハの作品の試聴コーナー、
1743年にバッハが試奏した最後のオルガンの演奏台、バッハ家
で使用されていた家具調度で唯一残る長持ちなどがある。また、
貴重資料展示室には、バッハ直筆の楽譜などが展示されているが、
傷みやすいため定期的に交換されている。

バッハの胸像が迎えてくれるエントランス

東西ドイツ統一への道を開いたニコライ教会
Nikolaikirche　　　　　　★★

　ライプツィヒでいちばん大きい教
会。1165年にロマネスク様式で建て
られ、16世紀に後期ゴシック、さらに
新古典主義様式に変更されている。
内部はシュロの木の形の柱と天井が
印象的で、明るく華やいだ雰囲気だ。

　この教会で月曜ごとに行われてい
た祈とう集会が民主化要求デモへと
発展し、1989年のベルリンの壁の崩
壊の大きな第一歩となった。

ニコライ教会の内部

絵画コレクションの造形美術館
Museum der bildenden Künste　　★★

　モダンな建物内に、ドイツの
絵画と17世紀フランドル、ネー
デルラント絵画をはじめヨーロ
ッパの名画コレクションを展
示。デューラー、クラーナハ、
ベックリン、ココシュカなどの
作品も所蔵する。

ガラス張りの造形美術館

投稿 ニコライ教会のオルガンはドイツ最大級。土曜17：00から開催されているオルガンコンサートへ行きました（寄付
€2、8～10月は€14)。迫力ある音色と音響に感動しました。時間が合えばぜひ！（東京都　かび '20）['24]

ベルリンとゲーテ街道・ハルツ地方 ▼ ライプツィヒ

楽器博物館もある**グラッシィ博物館**
Grassimuseum ★★

大型複合博物館のグラッシィ博物館

民族学博物館 Museum für Völkerkunde と**工芸博物館** Museum für Angewandte Kunst Leipzig、**楽器博物館** Museum für Musikinstrumente からなる大型複合博物館。

楽器博物館は、音楽に興味がある人に特におすすめ。世界最大規模の古楽器コレクションがあり、ライプツィヒ大学が運営、研究を行っている。世界最古のクラヴィコードからバッハの時代の楽器、3Dサウンドシステムで、展示の楽器の音色を聴ける。上のフロアには世界の楽器を体験できる部屋クラングラボーアKlanglaborもある。

名作曲家が活躍した**ゲヴァントハウス**
Gewandhaus ★

ライプツィヒ・ゲヴァントハウス管弦楽団の本拠地。民間のオーケストラとしては世界最古で、メンデルスゾーン、チャイコフスキー、ワーグナー、シュトラウス、フルトヴェングラーが活躍した舞台でもあった。戦災で破壊され、1981年に再建された。

ゲヴァントハウスとは織物倉庫のことで、19世紀にはコンサートホールとして使用されたのでこの名が残っている

指揮体験もできる**メンデルスゾーンの家**
Mendelssohn-Haus Leipzig ★

作曲家、指揮者として活躍したフェリクス・メンデルスゾーン・バルトルディ（1809～1847年）が音楽活動にいそしみ、38歳の若さで亡くなった家。後期ビーダーマイヤー様式の家具、楽譜、遺品が展示されている。オーケストラを指揮するコーナーが楽しい。コンサート（毎週日曜11：00～）も開催。

巨大温室ドームがある**ライプツィヒ動物園**
Zoo Leipzig ★★

リピーターが多いことで有名な動物園。最大の見どころは、ジャングルを再現したヨーロッパ最大級の温室ドーム、**ゴンドワナランド**Gondwanaland。放し飼いになっているサルが間近にやってきたり、いくつものつり橋を渡ったり、楽しさいっぱい。

開園と同時に行かないと行列になるほどの人気

●**グラッシィ博物館**
🏠Johannispl. 5-11
🔵Map P.344-B2
🌐www.grassimuseum.de
🕐火～日　10：00～18：00
🚫月、12/24・31
💴グラッシィ博物館全館入場券€15、学生€12
民族学博物館
💴€8、学生€4.50（特別展は別途）
工芸博物館
💴€8、学生€5.50（常設展は無料）
楽器博物館
💴€6、学生€3
クラングラボーアは土・日の10：00～12：30、14：00～17：00のみオープン

世界最古のハンマーフリューゲル（1726年製）

●**ゲヴァントハウス**
🏠Augustusplatz 8
🔵Map P.344-B2
予約☎(0341)1270280
🌐www.gewandhausorchester.de
チケットセンター
🕐月～金　10：00～18：00
　　土　　10：00～14：00
月～金はコンサート開催日は開演直前、土は開演1時間前にもオープンする。
夏期は休演。

●**メンデルスゾーンの家**
🏠Goldschmidtstr. 12
🔵Map P.344-B2
🌐www.mendelssohn-stiftung.de
🕐毎日10：00～18：00
💴€10、学生€8、コンサート€18

●**ライプツィヒ動物園**
🏠Pfaffendorfer Str. 29
🔵Map P.344-A1
中央駅から徒歩約15分。またはトラム12番でZoo下車すぐ。
🌐www.zoo-leipzig.de
🕐9：00～18：00（5～9月は～19：00、11/1～3/20は～17：00）
💴€23（11/1～3/20は€18）

温室ドーム内にはサルがすぐ近くにいるエリアもある

R アウアーバッハス・ケラー
Auerbachs Keller
MAP ✦ P.344-B1

住 Mädlerpassage Grimmaische Str. 2-4　☎(0341) 216100
URL www.auerbachs-keller-leipzig.de
営 12:00～21:00(L.O.)　休 12/24　カード M V

メードラーパッサージュ地下。1525年創業の名物ワイン酒場兼レストラン。ゲーテや森鷗外も通った。天井や壁には『ファウスト』のさまざまな場面の壁画が描かれている。ライプツィヒ風ポテトスープLeipziger Kartoffelsuppeは€6.50、サーモンとタリアテッレのグラタンLachs-Nudel-Auflauf€27(写真)などがおすすめ。

R ツィルス・トゥンネル
Zill's Tunnel
MAP ✦ P.344-B1

住 Barfußgäßchen 9　☎(0341) 9602078
URL www.zillstunnel.de　営 毎日11:30～24:00(料理オーダー～22:00)　カード M V

地元ザクセンの郷土料理が味わえる約400席のレストラン。ザクセン風ザウアーブラーテンSächsischer Sauerbratenは€23.40。ツィルスグリルテラー Zills Grilltellerは3種の小ステーキ、ソーセージ、ポテト、キノコなどのグリル盛り合わせで€25.70。

Specialty ライプツィガー・レアヒェ

ライプツィガー・レアヒェ Leipziger Lercheは「ライプツィヒのヒバリ」という意味の焼き菓子。1876年にヒバリの捕獲が禁止され、それまでライプツィヒ名物だったヒバリの料理が食べられなくなってしまった。そこで、町のパン職人が新しい名物として考え出したといわれる。中に入っている赤いジャムはヒバリの心臓を表しているとか。カンドラーやリケーなどのカフェで販売していておみやげにもなる。

ひと口サイズの素朴な焼き菓子

C カンドラー
Café Kandler
MAP ✦ P.344-B1

住 Thomaskirchhof 11　☎(0341) 2132181
URL www.cafekandler.de　営 10:00～19:00(土9:00～20:、日9:00～18:00)　カード M V(€10以上)

トーマス教会のそばにある落ち着いた雰囲気のカフェ。小さな店内だが、混雑時は2階席もオープン。旧東ドイツ時代には「ティーハウス」として親しまれた。写真はバッハトルテBachtorteというチョコレートケーキ(店内€4.60、持ち帰り€3.90)。おみやげには、バッハの顔をプリントしたチョコレート銀貨、バッハターラー Bachtaler(1個€3.95)が人気。

C シュピッツ
Spizz
MAP ✦ P.344-B1

住 Markt 9　☎(0341) 9608043
URL www.spizz-leipzig.de
営 9:00～翌1:00(日10:00～)　カード M V

マルクト広場に面したおしゃれなカフェバー。ドリンクや料理の種類も多く、安くておいしい。ザクセン風ポテトスープSächsische Kartoffelsuppe、カリフラワーのオランデーズソース焼きBlumenkohlなどがある。

C リケー
Kaffeehaus Riquet
MAP ✦ P.344-B1

住 Schumachergäßchen 11　☎(0341) 9610000
URL www.riquethaus.de　営 9:00～19:00　カード 不可

アールヌーヴォー建築が美しいウィーン風カフェ。入口付近から続く長いショーケースの中にはさまざまな種類のケーキが並び、選ぶのに迷う。混雑時は2階席もオープン。

おすすめのホテル HOTEL

ホテルは中央駅の周辺に多いが、メッセ(見本市)にやってくるビジネスマンや団体向きのホテルが主流。シングルで€85～。ライプツィヒは宿泊費の5%が宿泊税として加算される。

H シュタイゲンベルガー・グランドホテル・ハンデルスホーフ
Steigenberger Grandhotel Handelshof MAP ◆ P.344-B1

[住]Salzgäßchen 6 D-04109
☎(0341) 3505810
[URL]www.hrewards.com
[料]ⓈⓉ€225～ 朝食別€32 [カード][A][D][J][M][V]
[Wi-Fi] 無料

旧市庁舎のすぐ近くにあり、観光に便利なロケーション。全室に無料コーヒーメーカーあり。

H ザ・ウェスティン
The Westin Leipzig MAP ◆ P.344-A1

[住]Gerberstr. 15 D-04105
☎(0341) 9880
[URL]www.marriott.com
[料]ⓈⓉ€119～ 朝食別€25
[カード][A][D][J][M][V] [Wi-Fi] 無料

中央駅から徒歩約5分、28階建ての高層ホテル。ライプツィヒ最大のホテル内プールを完備。27階にあるファルコ・バー FALCO Barから町のパノラマが楽しめる。

H ラディソン・ブルー
Radisson Blu MAP ◆ P.344-B2

[住]Augustusplatz 5/6 D-04109
☎(0341) 21460
[URL]www.radisson-leipzig.com
[料]Ⓢ€99～ Ⓣ€109～
朝食別€15
[カード] [A][M][V]
[Wi-Fi] 無料

ゲヴァントハウスとオペラハウスに近いので鑑賞予定の人に向く。

H シーサイド・パルク
Seaside Park MAP ◆ P.344-A2

[住]Richard-Wagner-Str. 7 D-04109
☎(0341) 98520
[URL]www.parkhotelleipzig.de
[料]Ⓢ€105～ Ⓣ€116～ 朝食別€25
[カード] [A][D][M][V]
[Wi-Fi] 無料

中央駅前の広場に面した288室の大型ホテル。1913年のオープン当時のユーゲントシュティールのファサードは文化財保護指定されている。内部は優雅なアールデコ調のインテリア。

H ローヤル
Royal International MAP ◆ P.344-A1

[住]Richard-Wagner-Str. 10 D-04109
☎(0341) 2310060
[URL]www.royal-leipzig.de
[料]Ⓢ€104～ Ⓣ€114～ [カード][A][M][V]
[Wi-Fi] 無料

中央駅から約200mと近く、観光にも便利。小さなキッチンが付いている部屋もあり、自炊も可能。

H モーテル・ワン・ニコライキルヒェ
Motel One Leipzig Nikolaikirche MAP ◆ P.344-B2

[住]Nikolaistr. 23 D-04109
☎(0341) 3374370
[URL]www.motel-one.com
[料]Ⓢ€79～ Ⓣ€99～ 朝食別€16.90 [カード][A][M][V]
[Wi-Fi] 無料

ドイツ各地にある中級ホテルチェーン。ニコライ教会の向かい側に建ち、市内観光にとても便利なロケーション。エアコン付き。全室禁煙。

H ベストウエスタン・ライプツィヒ・シティ・センター
Best Western Hotel Leipzig City Center MAP ◆ P.344-A2

[住]Kurt-Schumacher-Str. 3 D-04105
☎(0341) 12510
[URL]www.bestwestern-leipzig.de
[料]Ⓢ€84～ Ⓣ€94～ 朝食別€16 [カード][A][D][J][M][V]
[Wi-Fi] 無料

中央駅の西口Westhalle側から出てすぐ。モダンな設備だが部屋は小さめ。

JH ユーゲントヘアベルゲ・ライプツィヒ
Jugendherberge Leipzig MAP ◆ P.344-A2 外

[住]Volksgartenstr. 24 D-04347 Leipzig-Schönefeld
☎(0341) 245700
[URL]www.jugendherberge.de/jugendherbergen/leipzig/
[料]ドミトリー€31.50～(5～10月は追加料金€4)
[カード] [M][V]
[Wi-Fi] 無料

チェックインは15:00～。中央駅からトラム1番のMockau行きで7つ目のLöbauer Str.下車、その後徒歩約5分。上記は2泊以上する場合の料金で、1泊のみの場合は値上がりする。計170ベッド。クリスマス期間は休業。

[投稿] 中央駅西口前の大通りを渡って西へ2、3分行ったヘーフェ・アム・ブリュールHöfe am Brühl (MAP P.344-A1)はすごく大きなショッピングセンターです。スーパーやレストランも入っています。(東京都 高松彩香 '20)['24]

ルターとメランヒトンが
描かれた城教会の扉上部

ヴィッテンベルク

Lutherstadt Wittenberg

市庁舎と色とりどりの館に囲まれた町の中心マルクト

ベルリン
ヴィッテンベルク ★
フランクフルト
ミュンヘン

MAP ◆ P.291-A4

人　口	4万5400人
市外局番	03491

ACCESS

鉄道：ベルリン中央駅から
ICE特急で約40分、ライプ
ツィヒから約30分。
※町の名は、正しくはルター
シュタット・ヴィッテンベル
クLutherstadt Wittenbergと
いうが、一部ヴィッテンベル
クと略した。なお、ヴィッテ
ンベルクにはマルクトの南
にも駅があるが、一部のロ
ーカル列車のみ停車する。

**❶ヴィッテンベルクの
観光案内所**
住Schlossplatz 2
　D-06886 Wittenberg
☎(03491) 498610
URLwww.lutherstadt-wittenberg.de
開4〜10月　　9：00〜17：00
　11〜3月　　10：00〜16：00
休12/25・26

世界遺産

ヴィッテンベルクとアイスレーベンの
ルターメモリアル（1996年登録）
※世界遺産カード→P.352MEMO

●ルターの家
住Collegienstr. 54
URLwww.luthermuseen.de
※ルターの家は改修工事のた
め2025年頃まで閉館中。隣接
のアウグステウムAugusteum
館で特別展を開催。
開4〜10月
　毎日　　　9：00〜18：00
　11〜3月
　火〜日　　10：00〜17：00
休11〜3月の月曜
料€6、学生€4

●聖マリエン市教会
開　月　　　12：00〜17：00
　火〜土　　11：00〜17：00
　日　　　　12：30〜17：00
　（11〜3月は短縮あり）
休1・2月の月〜木
料€3

宗教改革家マルティン・ルターが活動したヴィッテンベル
クは、ルターの生家と最期の家が残るアイスレーベンと合わ
せて「ルターメモリアル」として世界遺産に登録されている。
どちらの町も正式名称には、ルターシュタット（ルターの町）
という語を冠しており、ルターとの縁の深さを表している。

歩き方

　中央駅から町の中心は少し離れているが、見どころは集中し
ており、歩いて見て回れる。駅の出口をAm Hauptbahnhof側
へ出たら、線路沿いを進み、**ルターアイヒェ Luthereiche**とい
うカシの木がある小さな公園を過ぎると旧市街に入る。

　コレギエン通りCollegienstr. に入ってすぐ左側に、**ルターの
家Lutherhaus**がある。もとは大学兼修道院として建てられた大
きな館で、ルターが1508年に初めてヴィッテンベルクを訪れた
ときは屋根裏の僧房に住んでいた。宗教改革の後に、館ごと譲り
受け、妻と6人の子供たちとともに住んだ。内部は、質素な書斎
などの部屋のほか、ルターゆかりの品々が展示されている。

　コレギエン通りを進むとルターとメランヒトンのブロンズ像が立
つ**マルクトMarkt**に出る。ここが町の中心で、ルネッサンス様式
の**市庁舎Rathaus**が建つ。ルターが説教をした**聖マリエン市教
会Stadtkirche St. Marien**は、この町最古の建物で、ルーカス・
クラーナハの手になる祭壇画は見逃せない。さらにマルクトの
南側、シュロス通りSchlossstr.には、ルターと親しく、市長も務め、
薬局のオーナーでもあった画家**クラーナハの家Cranachhaus**
がある。シュロス通りを進むと左側に**城教会Schlosskirche**が建
ち、その手前右側に❶がある。1517年、ルターが「95ヵ条の

論題」を張り出した城教会の扉は当時は木製であったため、七年戦争のさなか(1760年)に焼失。現在の扉は1858年にブロンズで再現されたもので、表面に論題の文面が刻み込まれている。城教会にはルターの棺が安置されている。

隣接する**城Schloss**は、たび重なる戦災で破壊されたが、現在残る部分は博物館とユースホステルとして利用されている。

ルターが「95ヵ条の論題」を掲げた城教会の扉

●城教会
[URL]schlosskirche-wittenberg.de
[開]10：00～16：00
(4～10月は～17：00。日は11：30～。塔は～15：00。急な変更の場合あり)
[料]€4、塔の入場€3

近郊の見どころ

アイスレーベン
Lutherstadt Eisleben

世界遺産

MAP◆P.291-B3

アイスレーベンの町の中心部は、駅からなだらかな下り坂を歩いて20～25分。旧市街の中心に当たるマルクト広場にはルターの像が立つ。マルクト広場には❶もある。**ルターの生家Luthers Geburtshaus**は❶から東へ歩いて5分ほどの所にあり、近代的な博物館が併設されている。

ルター最期の家Sterbehausはマルクト広場から1分ほど坂を上った所にある。この建物は長年ルター最期の家とされてきたが、実際にはMarkt 56番地にあった家で亡くなったといわれる。現在公開している最期の家は、19世紀後半のプロイセン時代に記念館となり、整備されたもの。

[行き方]ヴィッテンベルクからⓈ8で所要約1時間5分のHalle (Saale)まで行き、RE快速に乗り換えてさらに約25分。

❶アイスレーベンの観光案内所
[住]Markt 22
D-06295 Eisleben
☎(03475)602124
[URL]lutherstaedte-eisleben-mansfeld.de
[開]月～金　10：00～15：00
土　10：00～14：00

●ルターの生家
[住]Lutherstr. 15
[開]4～10月
毎日　10：00～18：00
11～3月
火～日　10：00～17：00
[料]€5、学生€2.50、最期の家との共通チケット€8

●ルター最期の家
[住]Andreaskirchpl. 7
[開]、[料]上記ルターの生家と同じ

おすすめのホテル HOTEL

※ひとり1泊につき€2の宿泊税が加算。

H ソイベルマンス
Soibelmanns Luterstadt Wittenberg

MAP◆P.351

[住]Collegienstr. 56-57　D-06886
☎(03491)4250
[URL]www.soibelmanns.de
[料]Ⓢ€94～　Ⓣ€114～
[カード] [A] [M] [V]　[Wi-Fi] 無料

観光に便利な中級ホテル。スパ、サウナあり。

JH ユーゲントヘアベルゲ
Jugendherberge

MAP◆P.351

[住]Schlossstr. 14/15　D-06886　☎(03491)505205
[URL]www.jugendherberge.de/jh/wittenberg
[料]€45～、27歳以上€50.50～
[カード]不可　[Wi-Fi] 共有エリアのみ利用可(無料)

城に隣接していて設備もいいユース。チェックイン15：00～18：00、チェックアウト～10：00、門限21：00。12/20～1/7は休業。

ヴィッテンベルク
WITTENBERG
Mauerstr.
Juristenstr.
Bürgermeisterstr.
市立公園
Stadtpark
Töpferstr.
Mauerstr.
Heubnerstr.
Sternstr.
Lutherstr.
Friedrichstr.
ルターシュタット・ヴィッテンベルク中央駅
Hauptbahnhof Lutherstadt Wittenberg
Bahnstr.
Pfaffengas.
Marstallstr.
Neustr.
Jüdenstr.
市庁舎
Rathaus
Fleischerstr.
Schlossplatz
城教会
Schlosskirche
Coswiger Str.
聖マリエン市教会
Stadtkirche St. Marien
マルクト
Markt
Schlossstr.
城
ユーゲントヘアベルゲ
Schwarzer Bär
Collegienstr.
Mittelstr.
郵便局
パノラマ・ルター1517
Acron
Am Hauptbahnhof
クラーナハの家
Cranachhaus
Hallesche Str.
Elbstr.
Wallstr.
Am Stadtgraben
メランヒトンの家
Melanchthonhaus
Friedrichstr.
ルターアイヒェ
Luthereiche
ソイベルマンス
ルターの家
Lutherhaus
ルターシュタット・ヴィッテンベルク・アルトシュタット駅
N
0
100
200m

[MEMO]「95ヵ条の論題」が公表された10月31日は、「宗教改革の日」と定められ、住民の過半数がプロテスタントであるザクセン州、ザクセン・アンハルト州、テューリンゲン州などでは祝日となっている。

建築史に輝くバウハウスの建物群

デッサウ

Dessau-Roßlau

本校舎のエントランス

ベルリン●
デッサウ ★
フランクフルト●

ミュンヘン●

MAP ◆ P.291-A3

人　　口	7万9400人
市外局番	0340

ACCESS
鉄道：RE快速でベルリンから約1時間40分、ライプツィヒから約45分。

❶デッサウの観光案内所
住Ratsgasse11
　D-06844 Dessau-Roßlau
☎(0340) 88292000
URLwww.visitdessau.com
開月～金　　10：00～17：00
　(4～10月は～18：00)
　　土　　　10：00～14：00
休日

世界遺産
デッサウとヴァイマールの
バウハウスとその関連遺産群
(1996年登録)

●デッサウ・バウハウス博物館
住Mies-van-der-Rohe-Platz 1
URLwww.bauhaus-dessau.de
開10：00～18：00
　(11～2月は～17：00)
休月
料€9、学生€6

町の中心部に建つ博物館

●バウハウス校舎
住Gropius-Allee 38
URLwww.bauhaus-dessau.de
開10：00～17：00
　(入場は閉館1時間前まで)
休11～2月の月、12/24・25・
　26・31、1/1
料€9、学生€6
　本校舎のガイドツアーに参
　加する場合はプラス€7
　デッサウ・バウハウス博物
　館、バウハウス関連建築共
　通券(3日間有効)€25、学生
　€15

1925～1926に建てられたバウハウスの校舎前

　ヴァルター・グロピウスが1919年にヴァイマールに設立した芸術造形学校バウハウスBauhausは、1924年、政治的な理由からデッサウへ移転することになった。当時ユンカース航空機製造など機械工業都市として発展していたデッサウは、保守的なヴァイマールよりも活動しやすく、バウハウスはデッサウでその最盛期を迎えた。本拠となるバウハウスの本校舎や教授用住宅のマイスターハウス、実験住宅群テルテン・ジードルングなど一連のバウハウスの建築群は、ユネスコの世界文化遺産に登録されている。

歩き方 ～～～～～～～～～

　デッサウ中央駅の東側出口前はバスと市電の乗り場で、ここから1、3番の市電でふたつ目のBauhausmuseumで下車すると、町の中心部に出る。また、10番のバスはバウハウスリーニエBauhauslinieと呼ばれ、バウハウス本校舎や博物館などバウハウスのおもな見どころをつないで走っている。

　ラートハウスセンター Rathaus Centerという大きなショッピングセンターを通り抜けた先に立派な塔の市庁舎が建つ。

　デッサウ・バウハウス博物館Bauhaus Museum Dessauではデッサウ・バウハウス財団が所蔵する約4万9000点の作品の中からさまざまなテーマに沿った展示がある。

　バウハウス(本校舎) Bauhausへは、中央駅の西側出口から歩いていくとよい。駅から歩いて5分ほどで大学の建物が点在する地区に入り、本校舎は構内を通り抜けた**グロピウス・アレー Gropius-Allee**に面している。内部には、**バウハウス校舎**のほか、カフェ、メンザ(学生食堂)、ショップなどがある。旧校長室など校舎内の重要な部屋は、ガイドツアー(所要約1時間)に参加しないと見学できない。

MEMO 世界遺産カードWelterbeCardは、デッサウのバウハウス校舎、マイスターハウス、バウハウス博物館、ヴェルリッツ城と庭園のゴンドラ遊覧、デッサウ・ヴェルリッツ鉄道、ヴィッテンベルクのルターの家、城教会など♪

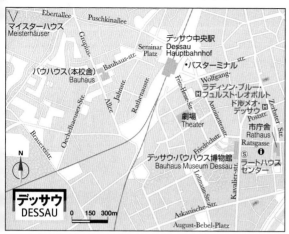

ベルリンとゲーテ街道・ハルツ地方 ▼ デッサウ

バウハウス校舎からグロピウス・アレーを北へ進み、**エーバートアレー Ebertallee**で西へ曲がると、この通りの左側にかつてバウハウスで教鞭を執った教授たちのために造られた家々**マイスターハウス Meisterhäuser**が次々と現れ、それぞれ内部を公開している。

町の南部にある**実験住宅群テルテン・ジードルング**は、現在も住宅として使用されているが、**スチールハウス Das Stahlhaus**などはガイドツアーで公開されている。

木立ちの中に建つマイスターハウスにはカンディンスキーやクレーも住んだ

近郊の見どころ

デッサウ郊外の世界遺産、ヴェルリッツ庭園
Wörlitzer Gartenreich

🌐 世界遺産

MAP◆P.291-A3

デッサウの東約18km、ヴェルリッツ城 Schloss Wörlitz とイギリス式庭園は、エルベ河支流の風景と一体化した調和美で、ユネスコの世界遺産に登録されている。18世紀後半にデッサウ・アンハルト侯が造り上げた112haに及ぶ広大な庭園には、城館や並木道、小川に架かる美しい橋などが配されている。観光シーズンにはガイド案内付きのゴンドラ遊覧で庭園を周遊すると楽しい。

夏はゴンドラ遊覧が楽しめる

●**バウハウスに泊まる**
バウハウスのゲストハウスは学生、バウハウス関連学会やセミナー参加者に優先的に提供しているが、一般旅行者も空きがあれば事前予約のうえで泊まれる。Gästehaus "Ateliergebäude" はバウハウス本校舎がある構内にあり、典型的なドイツの学生寮風の部屋。テレビ、エレベーターなし。タオルあり。全館禁煙。シャワー、トイレ、キッチンはフロアごとの共用でⓈ€55〜、Ⓣ€75〜。下記サイト内に予約フォームあり。問い合わせはEメールで。
📧service@bauhaus-dessau.de
🌐www.bauhaus-dessau.de/de/service/uebernachten-im-bauhaus.html

●**マイスターハウス**
🏠Ebertallee 69-71
🕐10：00〜17：00
🚫11〜2月の月
💴€9、学生€6

●**テルテン・ジードルング**
🏠Am Dreieck 1
デッサウ中央駅前から1番の市電で所要約15分のDamaschkestr.下車、徒歩約5分。
🕐10：00〜17：00 🚫11〜2月
💴€9、学生€6

おすすめのホテル

🏨ラディソン・ブルー・フュルスト・レオポルト
Radisson Blu Fürst Leopold
🏠Friedplatz 1 D-06844
🌐www.radissonhotels.com

🏨ドルメオ・デッサウ
DORMEO Hotel Dessau
🏠Zerbster Str. 29 D-06844
🌐www.dormeo.de/en/dessau-rosslau

🌐 世界遺産

デッサウ近郊　ヴェルリッツ庭園（2000年登録）

●**ヴェルリッツへの行き方**
🚌デッサウ中央駅前のバスターミナルから304番のバスで所要約30分、Neue Reihe, Oranienbaum-Wörlitz下車。4〜10月にはデッサウ・ヴェルリッツ鉄道Dessau-Wörlitzer Eisenbahnも運行。時刻表など詳細は
🌐www.dvv-dessau.de

●**ヴェルリッツ庭園**
🌐www.gartenreich.de
💴庭園は無料、城はそれぞれ有料。ゴンドラ遊覧は上記サイト内からオンライン予約できる。€12。

🗝 に無料で入場できるお得なカード。24時間用€24.90と3日間用€44.90がある。カードは各観光案内所などで購入できる。2024年用カードの販売および使用期限は2024年12月31日まで。詳細情報→🌐welterbecard.de

353

名物のチョコ菓子ハロレン

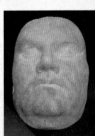

ベルリン●
★ハレ
フランクフルト●
●ミュンヘン

MAP ◆ P.291-B3

人　口	23万7900人
市外局番	0345

ACCESS

鉄道：ベルリン中央駅から、ICE特急で所要約1時間10分。ライプツィヒからIC特急で所要約20～25分。

❶ハレの観光案内所

⊞Marktplatz 13
　Marktschlösschen
　D-06108 Halle
☎(0345) 1229984
URL verliebtinhalle.de
圏5～10月
　月～金　　9：30～18：00
　土　　　10：00～16：00
　日　　　11：00～15：00
　11～4月
　月～金　　9：30～18：00
　土　　　10：00～15：00

●ヘンデルの家

⊞Große Nikolaistr. 5
URL haendelhaus.de
圏火～日　　10：00～18：00
　（11～3月は～17：00）
困月、12/24・25・31
料€6、学生€4.50

●モーリッツブルク美術館

⊞Friedemann-Bach-Platz 5
URL www.kunstmuseum-moritzburg.de
圏木～火　　10：00～18：00
困水、12/24・31
料€13、学生€9(特別展を含む)

●ハレの名物ハロレン

ハロレンHallorenはマジパン入りの素朴なチョコ菓子。ドイツ最古のチョコレート工場で作られており、チョコ博物館Erlebnisweltとショップも併設。
⊞Delitzscher Str. 70
ハレ中央駅から7番のトラムで約5分、Fiete-Schulze-Str.下車すぐ。
URL www.halloren.de/erlebniswelt
圏月～土　10：00～18：00
困日、月　料€8

ヘンデルの像とマルクト教会が向かい合うマルクト広場

ルターのデスマスク

　ハレは、14～15世紀に塩の交易で繁栄した。ハレ中央駅を出たら、トラム乗り場からKröllwitz行きの7番またはSoltauer Str.行きの2番に乗ると、町の中心**マルクト広場Marktplatz**に行ける。マルクト広場には、ヘンデルの像が立ち、❶も広場に面している。4本の塔が印象的な**マルクト教会Marktkirche**ではヘンデルがオルガンを演奏し、ルターが説教をした。ルターのデスマスクを展示する部屋（見学€2）もある。

　マルクト広場から、随所に立つ**ヘンデルの家Händelhaus**の看板に従って、細い路地を5分ほど行くと、ヘンデルの生家に行き着く。外観はそれほど目立たないが、内部はゲオルク・フリードリヒ・ヘンデルGeorg Friedrich Händel（1685～1759年）の生涯と作品についての詳細な展示がある。ヘンデルは人生の後半の47年間をロンドンに住み活躍したが、ハレの誇る大作曲家として、毎年6月にヘンデル音楽祭が盛大に催されている。

ヘンデルの家の入口

　ヘンデルの家からさらに北へ5分ほどの所にある**モーリッツブルク城Moritzburg**は15世紀後半に起源を遡り、内部は**モーリッツブルク美術館Moritzburg Kunstmuseum des Landes Sachsen-Anhalt**になっている。キルヒナー、ノルデ、マルクなどドイツ表現主義の作品を所蔵している。

💬投稿　トラム7番で行ける城Burg Giebichensteinがおすすめです。廃墟となった城ですが暗い雰囲気はなく、下を流れるザーレ川の眺め、対岸にある教会やパブなど含めてくつろげる地域です。（在ドイツ　Pride Berliner '21）['24]

4本の塔をもつ壮麗な大聖堂がある町

ナウムブルク

Naumburg

大聖堂は中世宗教芸術の宝庫

ヴェンツェル教会のオルガン

　町の中心は駅から離れており、歩いていく場合、駅前から斜め左に延びるBahnhofstr.を行くと、20分ほどで**大聖堂Dom**に着く。バス(101番)やトラム(4番)も運行している。

　大聖堂の現在残る最も古い部分は1170～1180年頃の東内陣の下のクリプタ(地下祭室)部分。西の内陣にある12体の寄進者の等身大の像は13世紀のナウムブルクのマイスターの作(作者名は不明)で、特に『ウタとエッケハルト』夫妻と『レグリンディスとヘルマン』夫妻は見事なできばえ。

　マルクト広場Marktは、16～17世紀に建てられた**市庁舎Rathaus**やレジデンツResidenz、シュレスヒェンSchlößchenと呼ばれる歴史的な建物に囲まれている。

　マルクト広場の南に建つ**ヴェンツェル教会St. Wenzel**の内部には、バッハが演奏したヒルデブラント・オルガンHildebrandt-Orgel (5～10月の水・土・日曜、祝日の12:00に約30分のオルガンコンサートあり。料€5、コンサート後のオルガンガイドツアー付きは€7)やクラーナハ作の絵がある。

右コラム

ベルリンとゲーテ街道・ハルツ地方 ▼ ハレ／ナウムブルク

MAP ◆ P.291-B3

人 口	3万2500人
市外局番	03445

ACCESS

鉄道：ライプツィヒからIC特急またはRE快速で約40分。

❶ナウムブルクの観光案内所
住Markt 6
D-06618 Naumburg
☎(03445) 273125
URL www.naumburg.de
開月～金　　9:00～17:00
　　土　　　9:00～14:00
休日・祝、12/24～26・31、1/1・6

世界遺産

ナウムブルク大聖堂
(2018年登録)

●**大聖堂**
住Domplatz 16/17
開4～10月
　月～土　　　9:00～18:00
　日・祝　　11:00～18:00
　11～3月
　月～土　　10:00～16:00
　日・祝　　12:00～16:00
　(宗教行事による変更あり)
　入場は閉館30分前まで
料€9.50、学生€6.50
　内部撮影€2

『ウタとエッケハルト』の像

●**ヴェンツェル教会**
住Topfmarkt 8
開5～10月　10:00～17:00
　(水・土・日・祝の11:00
　　～11:30は閉館)
　11・4月
　月～土　　13:00～15:00
　休日・祝、12～3月

中央駅へ
(約900m先)
大聖堂 Dom
マリエン塔 Marientor
マリエンプラッツ Marienplatz
Zur alten Schmiede
マルクト広場 Markt
市庁舎 Rathaus
ヴェンツェル教会 St. Wenzel
ニーチェの家 Nietzsche-Haus
Theaterplatz
ユースホステルへ
(約1.5km先)

ナウムブルク
NAUMBURG

MEMO ニーチェが子供時代を過ごした家が公開されており、哲学者の生涯や著作に関する展示がある。住Weingarten 18 URL nietzschehaus.de 開4～10月 火～金14:00～17:00、土・日10:00～17:00 料€4

壮麗な教会と斬新な建築が融合する古都

マクデブルク

Magdeburg

大聖堂の笑顔の少女像（13世紀）

ベルリン
★マクデブルク
フランクフルト
ミュンヘン

MAP ◆ P.291-A3

人　口	23万5800人
市外局番	0391

[ACCESS]
鉄道：ベルリン中央駅からRE快速で約1時間45分。

ℹマクデブルクの観光案内所
[住]Breiter Weg 22
D-39104 Magdeburg
☎(0391)63601402
[URL]www.visitmagdeburg.de
[開]月～土　9：30～18：00
日・祝　9：30～15：00

●大聖堂
[住]Am Dom 1
[URL]www.magdeburgerdom.de
[開]5～9月　10：00～18：00
11～3月　10：00～16：00
4・10月　10：00～17：00
（日・祝は各11：30～）

●緑の砦
[住]Breiter Weg 9
[URL]www.gruene-zitadelle.de

おすすめのホテル

[H]アートホテル・マクデブルク
artHOTEL Magdeburg
[住]Breiterweg 9　D-39104
☎(0391)620780
[URL]arthotel-magdeburg.de
[料]Ⓢ€95～　Ⓣ€108～　朝食別
[カード] [A][D][J][M][V]　[Wi-Fi]無料
緑の砦の中にあり、アートがいっぱいのデザインホテル。

●マクデブルク水路橋への行き方と注意
ℹ近くの停留所Alter MarktからBarleber See行きの10番の市電で所要約30分、終点下車。ここから水路橋手前のヴェーザー・エルベ運河まで約2.5km歩く。市電停留所の周りには何もない。タクシーを使うなら、駅前から乗るかℹで呼んでもらう。料金は片道約€60。水路橋の周囲は、橋の東端付近にホテル・レストランLandhotel Trogbrückeが1軒あるのみ。

直線を排した建築で知られるフンダートヴァッサー最後の作品となった緑の砦

大聖堂の中庭

エルベ川の西岸に栄えた古都で、ザクセン・アンハルト州の州都。中央駅を出ると、すぐ向かい側にシティ・カレCity Carreというショッピングセンターがあり、ここを抜けて東西に走る大通り**エルンスト・ロイター・アレー Ernst-Reuter-Allee**を東へ向かうと、5分ほどで**ブライター・ヴェークBreiter Weg**という大通りとの交差点に出る。ℹも交差点のそばにある。ここから南北に広がるエリアがマクデブルクの中心街。

ブライター・ヴェークを北へ行くと、**アルター・マルクトAlter Markt**という朝市が開かれる広場に出る。反対に南へ5分ほど進むと、ドイツ最古のゴシック建築として有名な、**大聖堂Magdeburger Dom**が建つ広場に出る。大聖堂には、この町がお気に入りだったという、初代神聖ローマ皇帝オットー1世と妃の墓所がおかれ、重要な彫像や彫刻も数多い。

大聖堂から近いブライター・ヴェーク沿いに現れるカラフルで斬新な建物は、**緑の砦Grüne Zitadelle**という複合施設。オーストリア出身のアーティストで建築家フンダートヴァッサーの作品で、劇場、ホテル、カフェ、レストラン、賃貸住宅やオフィスとして使用されている。

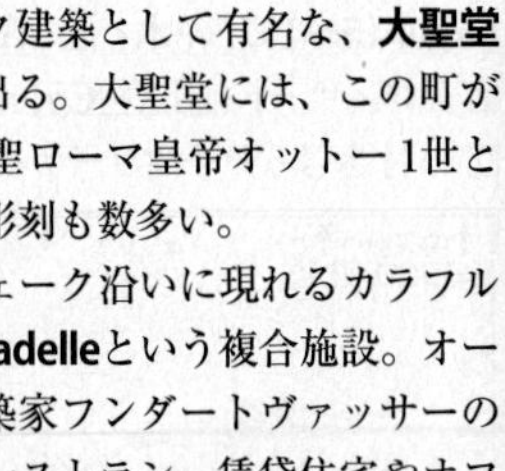

右側はミッテルラント運河、左下にはエルベ川の流れが見える

町の北部には、エルベ川の上を運河が立体交差している不思議な絶景を目の当たりにできる**マクデブルク水路橋Wasserstraßenkreuz Magdeburg**がある。全長918m、ヨーロッパ最大級の水路橋だ。

イエナ

Jena

木々が色づく秋のイエナ。中央がイエンタワー

シラーの立ち机
(シラー記念館)

ベルリン
イエナ ★
フランクフルト
ミュンヘン

MAP ◆ P.291-B3

人　　口	11万700人
市外局番	03641

ACCESS

鉄道：エアフルトからIC特急でイエナ西駅まで約30分。ライプツィヒからRE快速でイエナ・パラディース駅まで約1時間10分。

イエナには主要駅がふたつあるので注意が必要。イエナ・パラディース駅Jena Paradiesとイエナ西駅Jena Westのどちらに発着するのか、利用する前に時刻表で駅名を確認しておこう。どちらの駅からも町の中心部の**ホルツマルクトHolzmarkt**までは市電でひと駅。徒歩では10～15分ほど。

庭が美しいシラー記念館

　1558年創立のイエナ大学では、シラー、ゲーテ、フィヒテ、ヘーゲルら、ドイツを代表する文人、哲学者たちが教授陣として活躍した。かつて大学校舎だった円柱形の高層ビルの**イエンタワー JenTower**は、現在はショッピング＆オフィスビル。最上階はパノラマレストランで、展望フロアAussichtsplattformもある。その北の**植物園Botanischer Garten**沿いに小さな**ゲーテ記念室Goethe Gedenkstätte**がある。シラーが住んだ家は、**シラー記念館Schillers Gartenhaus**として公開されている。

　カメラやめがねなどの光学機械メーカーとして世界的に有名なカ

❶イエナの観光案内所

住Markt 16
　D-07703 Jena
☎(03641) 498050
URLwww.visit-jena.de
圏月～金　10:00～18:00
　土　　　10:00～14:00

●イエンタワー(展望フロア)

住Leutragraben 1
圏10:00～20:00
料€6
1階でチケットを購入後、エレベーターで27階まで昇り、さらに別の小さいエレベーターで28階へ昇った所が展望フロア。

●ゲーテ記念室

住Fürstengraben 26
改修工事のため閉館中。

●シラー記念館

住Schillergäßchen 2
圏火～日　11:00～17:00
休月・祝、11～3月の日曜
料€3.50、学生€2

イエナ
JENA

植物園 Botanischer Garten
イエナ・ザール駅へ Jena Saalbahnhof
ゲーテ記念室 Goethe Gedenkstätte
プラネタリウム Planetarium
Johannisplatz
Fürstengraben
大学図書館
シュヴァルツァ・ベーア
0 100 200m
N
Krautgasse
Carl Zeiss Str.
Johannisstr.
ミヒャエル教会
イエンタワー JenTower
市庁舎 Rathaus
市博物館
Fischergasse
Leutragraben
Teichgraben
マルクト広場 Markt
❶ ツア・ノル
Unterm Markt
エルンスト・アッベ廟
ゲーテギャラリー
ドリント・エスプラナーデ
光学博物館 Optisches Museum
Engelplatz
イビス
ホルツマルクト Holzmarkt
Löbdergraben
Lutherstr.
シラー記念館 Schillers Gartenhaus
Am Volksbad
Schillergäßchen
Neugasse
Griesgasse
Paradiesstr.
Kneberstr.
ザーレ川
Westbahnhofstr.
Hacker Str.
イエナ西駅 Jena West
Hohestr.
Sellierstr.
イエナ・パラディース駅 Jena Paradies

ール・ツァイス社が、その光学器具の歴史などを展示したのが**光学博物館Optisches Museum**。博物館前の広場には、ツァイスの共同経営者だった天才物理学者**エルンスト・アッベ廟Ernst-Abbe-Tempel**がある。アッベは研究作業のかたわら、従業員の社会保障制度を抜本的に改革し、当時類を見なかった「財団」というまったく新しい組織を誕生させ、ツァイス財団の発展に一生をささげた。

ツァイス社ゆかりの光学博物館（閉鎖中）

植物園の一角には**プラネタリウムPlanetarium**もあり、最新機器を駆使したプログラムでロマンティックな星空散歩が楽しめる。

マルクト広場Marktの周辺は、旧市街らしさが残る一画となっている。

●**光学博物館**
[住]Carl-Zeiß-Platz 12
[URL]www.optischesmuseum.de
※2024年現在改修工事のため閉鎖中。

●**プラネタリウム**
[住]am Planetarium 5
[URL]planetarium-jena.de
天文ショー以外にロックショーや大自然、子供向けの内容もあるので、上記サイトでプログラムを要チェック。

© JenaKultur, Foto: Christian Häcker
ツァイス社によって造られた世界初の近代的プラネタリウム

マルクト広場の朝市。左後方にイエンタワーが見える

おすすめのホテル HOTEL

ドリント・エスプラナーデ
Dorint Hotel Esplanade　MAP ◆ P.357

[住]Carl-Zeiss-Platz 4　D-07743
☎(03641)8000
[URL]hotel-jena.dorint.com
[料][S]€119～　[T]€129～　朝食別€25
[カード] [A][D][J][M][V]　[Wi-Fi] 無料

ショッピングアーケードのゲーテギャラリーのカール・ツァイス通り側にある。

イビス
Hotel Ibis Jena City　MAP ◆ P.357

[住]Teichgraben 1　D-07743
☎(03641)8130
[URL]ibis.accorhotels.com
[料][S]€87～　[T]€97～　朝食別€15
[カード] [A][D][M][V]　[Wi-Fi] 無料

ホルツマルクトという広場やゲーテギャラリーにも近く便利な立地。

シュヴァルツァー・ベーア
Schwarzer Bär　MAP ◆ P.357

[住]Lutherplatz 2　D-07743
☎(03641)4060　[URL]www.schwarzer-baer-jena.de
[料][S]€100～　[T]€130～　朝食別€18.50
[カード] [A][M][V]　[Wi-Fi] 無料

1498年から営業している老舗ホテル＆レストラン。ルターやゲーテ、ビスマルクも訪れたという歴史がある。

ツア・ノル
Zur Noll　MAP ◆ P.357

[住]Oberlauengasse 19　D-07743
☎(03641)597710
[URL]zurnoll.de
[料][S]€100～　[T]€105～　朝食別€13.50
[カード] [A][M][V]　[Wi-Fi] 無料

本館と新館がある。歩行者天国になっている中心部の商店街にあって便利。部屋の設備も新しい。1864年創業の1階のレストランもおすすめ。

IBインターナツィオナーレス・ゲステハウス
IB Internationales Gästehaus Jena　MAP ◆ 地図外

[住]Am Herrenberge 3　D-07745　☎(03641)6870
[URL]gaestehaus-jena.de
[料][S]€45～　[T]€68～　朝食別€8　[カード] 不可
[Wi-Fi] 無料

イエナ西駅前または中心部から10、11、12番のバスでZeiss-Werk下車、徒歩約10分。年末年始は休業。土・日曜は自動チェックイン機を利用。

ドイツ・クラシック文化が花開いた町

ヴァイマール

Weimar

イチョウはゲーテゆかりの木

国民劇場前のゲーテとシラーの像

ヴァイマール公国のカール・アウグスト公に招かれて1775年にこの町に来たとき、ゲーテは26歳だった。以来、82歳で亡くなるまで、ゲーテは生涯の大半をヴァイマールで過ごした。当然、ゆかりの場所も多く、ゲーテの生涯をたどるゲーテ街道の旅のメインとなる町だ。シラー、リスト、クラーナハなど、そうそうたる芸術家たちの家も残され、記念館として公開されている。

1919年には、「ヴァイマール憲法」という民主的な憲法が制定され、ドイツで最初の共和国が誕生した。

ヴァイマールは、近代デザインのバウハウス学校の発祥地でもある。またリスト音楽院に学ぶ日本人留学生も多い。常に時代を先取りしてきた文化都市ヴァイマールは、現在も発展を続ける若い力を感じさせる。

歩き方

ヴァイマール中央駅から町の中心部までは、歩くと15〜20分ほどかかる。バスで行く場合は駅前の乗り場から1番のバスに乗り5つ目、あるいは7番のバスで3つ目の停留所**ゲーテ広場Goetheplatz**で下車し、歩行者天国の**ヴィーラント通りWielandstr.**を少し行くと、**国民劇場Nationaltheater**の建つ**劇場広場Theaterplatz**に出る。劇場前で手を取り合って立つ像は、**ゲーテとシラーの像Goethe-Schiller Denkmal**で、1857年の作。

市庁舎とマルクト広場

ベルリンとゲーテ街道・ハルツ地方　▼　ヴァイマール

MAP ◆ P.290-B2

人　　口	6万5100人
市外局番	03643

ACCESS

鉄道：エアフルトからRE快速で約15分。ライプツィヒからRB（普通）で約1時間20分、またはICE特急をエアフルトでRE快速に乗り換えて約1時間。

❶ヴァイマールの観光案内所
●マルクト広場の❶
🏠Markt 10　D-99423
　Weimar
📍Map P.360-B2
☎(03643) 7450
🖥www.weimar.de
🕐3月下旬〜12月下旬
　月〜土　　9：30〜18：00
　日・祝　　9：30〜14：00
　1月上旬〜3月中旬
　月〜金　　9：30〜17：00
　日・祝　　9：30〜14：00

🌐 **世界遺産**

ヴァイマール　古典主義の都
（1998年登録）
デッサウとヴァイマールのバウハウスとその関連遺産群
（1996年登録）

●市内交通
バスの乗車券は中心部1回券€2.50、1日乗車券Tageskarteは€6.20。

●ヴァイマールカード
weimar card
48時間の有効時間内に、市内のバスに乗り放題、ゲーテの家やシラーの家などヴァイマールのおもな見どころに無料で入場できる。購入は❶で、48時間用€32.50。96時間用のヴァイマールカード・プルスweimar card plusはアイゼナハなど他都市にも有効の見どころがあり€59.50。

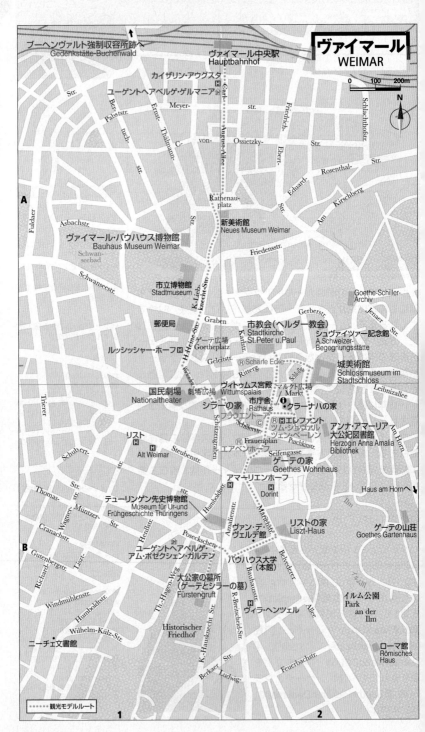

ブーヘンヴァルト強制収容所跡へ
Gedenkstätte-Buchenwald

ヴァイマール中央駅
Hauptbahnhof

ヴァイマール
WEIMAR

0　　100　　200m

N

カイザリン・アウグスタ
ユーゲントヘアベルゲ・ゲルマニア

Str.

Meyer-
str.

Carl-

Bert-
Pabststr.　　　　　buch

Ernst-Thälmann-

C-

von-

August-Allee

Ossietzky-

Friedrich-

Ebert-

Eduard-

Str.

Rosenthal-

Str.

Schlachthofstr.

Am Kirschberg

A

Fuldaer

Asbachstr.

ヴァイマール・バウハウス博物館
Bauhaus Museum Weimar

Schwan-
seebad

Schwanseestr.

Rathenau-
platz

新美術館
Neues Museum Weimar

Friedensstr.

Goethe-Schiller-
Archiv

市立博物館
Stadtmuseum

Str.

K-Lieb-
knecht-Str.

Graben

Gerberstr.

Jenaer Str.

郵便局

ルッシッシャー・ホーフ

H-Heine-Str.

ゲーテ広場
Goetheplatz

Kaustr.

Geleitstr.

市教会（ヘルダー教会）
Stadtkirche
St.Peter u.Paul

シュヴァイツァー記念館
A.Schweizer-
Begegnungsstätte

Thierer

国民劇場
Nationaltheater

劇場広場

ヴィトゥムス宮殿
Wittumspalais

Ritterg.

Scharfe Ecke

Schloß

マルクト広場
Markt

城美術館
Schlossmuseum im
Stadtschloss

Leibnizallee

シラーの家

フラウエントーア

市庁舎
Rathaus

クラーナハの家

リスト
Alt Weimar

Schubert-
str.

Steubenstr.

Schützengraben

Schillerstr.

Frauenplan

エレファント
ツム・シュヴァル
ツェン・ベーレン

Puschkinstr.

アンナ・アマーリア
大公妃図書館
Herzogin Anna Amalia
Bibliothek

Am Horn

Thomas-

Str.

Wagner

Müntzer-

str.

Heubstr.

エアベンホーフ

Humboldtstr.

Seifengasse

ゲーテの家
Goethes Wohnhaus

アマーリエンホーフ

Dorint

Haus am Hornへ

Ilm

テューリンゲン先史博物館
Museum für Ur-und
Frühgeschichte Thüringens

Poseckschen

Amalienstr.

Marienstr.

リストの家
Liszt-Haus

Belvederer

ゲーテの山荘
Goethes Gartenhaus

B

Gutenbergstr.

Richard-

Liszt-

Cranachstr.

Windmühlenstr.

Humboldtstr.

Wilhelm-Külz-Str.

ユーゲントヘアベルゲ
アム・ポゼクシェン・ガルテン

Th-Hagen-Weg

ヴァン・デ・
ヴェルデ館

バウハウス大学
（本館）

Bauhausstr.

イルム公園
Park
an der
Ilm

大公家の墓所
（ゲーテとシラーの墓）
Fürstengruft

ヴィラ・ヘンツェル

ニーチェ文書館

Historischer
Friedhof

K-Haußknecht-Str.

R-Breitscheid-Str.

Feuerbachstr.

ローマ館
Römisches
Haus

Berkaer

Str.

Ludwig-

｜‥‥‥‥観光モデルルート

1

2

360

シラー通りSchillerstr. に建つシラーの家 Schillers Wohnhausを過ぎるとマルクト広場 Marktが近い。マルクト広場を取り巻く立派な建物で、とりわけ目を引くのは金文字の時計をもつ市庁舎Rathausと、その向かいのクラーナハの家 Kranachhaus。画家のクラーナハは、1553年に亡くなるまでこの家で過ごした。宗教改革者でもあった彼の絵は、ここから歩いて5分ほどの市教会（ヘルダー教会）や城美術館で観ることができる。

マルクト広場の東面に並ぶ建物。左は観光案内所、中央はクラーナハの家

もうひとつ、ヴァイマールの歴史を見つめてきた建物が、マルクト広場にあるホテル・エレファントHotel Elephant。その昔、メンデルスゾーン、バッハ、リスト、ワーグナー、トルストイ、トーマス・マンも泊まった由緒あるホテルだ。

町外れにも、リストの家Liszt-Hausや、ゲーテとシラーの墓も入っている大公家の墓所Fürstengruft、ゲーテの山荘Goethes Gartenhausなど、小さな町だが見どころは多い。

マルクト広場には名物のテューリンガー・ソーセージの屋台が出ていることが多い

 ## おもな見どころ

人生の大半を過ごしたゲーテの家
Goethes Wohnhaus ★★★

人生の達人ゲーテの肖像

文豪ゲーテは1782年から、1832年に「もっと光を」の言葉を残して亡くなるまでここに住んだ。2階の黄色の間Gelber Saalの入口の床に書かれたSALVEの文字はラテン語で、「ようこそ」という意味。息を引き取った寝室や、『詩と真実』や『ファウスト』をはじめとする数々の名作が書かれた書斎など、ゲーテの暮らしぶりがわかり興味深い。併設のゲーテ国立博物館Goethe Nationalmuseumは、絵画やゲーテの膨大な業績を展示する。

ゲーテはイルム川を渡った公園の奥深くに建てたゲーテの山荘Goethes Gartenhausにも好んで滞在した。

ゲーテの家の1本南側の通りAckerwand 25/27番地には、80歳を過ぎた晩年のゲーテの変わらぬ恋人、シャルロッテ・フォン・シュタイン夫人の家がある。

ゲーテの家

●ヴァイマールの歴史的な見どころの情報サイト
URL www.klassik-stiftung.de
ゲーテやシラー関連施設、城、バウハウス、新美術館の詳細情報。

※ヴァイマールの見どころはすべて12/24・25・26・31、1/1は休館または短縮営業となる。

●ゲーテの家
住Frauenplan 1
Map P.360-B2
市バスでWielandplatz下車。
開9：30～18：00（10月下旬～3月下旬は～16：00）
混雑することが多いので、上記サイトから日時指定予約がおすすめ。
休月　料€13、学生€9

ゲーテが息を引き取った寝室

●ゲーテの山荘
住Im Park an der Ilm
Map P.360-B2
開10：00～18：00（10月下旬～3月下旬は～16：00）
休月　料€7、学生€5

ゲーテの山荘

●シラーの家
住Schillerstr. 12
◯Map P.360-B2
市バスでGoetheplatz下車。
開火～日　　　9：30～18：00
（10月下旬～3月下旬は～
16：00）
休月
料€8、学生€6

●国民劇場
住Theaterplatz 2
◯Map P.360-B1
☎(03643) 755334
URLwww.nationaltheater-
weimar.de
開前売券窓口
月～金　　10：00～18：00
土　　11：00～18：00
当日券売り場Abendkasseは
開演1時間前からオープン。

●城美術館
住Burgplatz 4
◯Map P.360-A2
※改修工事のため閉鎖中

●市教会（ヘルダー教会）
住Herderplatz
◯Map P.360-A2
開4～10月
月～土　　10：00～18：00
日　　11：00～12：00
14：00～16：00
11～3月
月～土　　10：00～12：00
14：00～16：00
日　　11：00～12：00
14：00～16：00
料入口の募金箱に€0.50以上
の寄付を

ドイツの誇る劇作家シラーの家
Schillers Wohnhaus ★★★

フリードリヒ・シラー（1759～1805年）は、ドイツ古典主義を代表する詩人、劇作家。ゲーテと親交を結び、ヴァイマールにやってきたシラーが1802年から亡くなる1805年まで暮らした家が残り、内部を見学できる。この家で有名な『ヴィルヘルム・テル』（1804年）が執筆された。シラーの死後、妻シャルロッテが亡くなる1826年まで一家はここに住んだ。建物の北側には、**シラー博物館Schiller-Museum**が設けられ、あわせて見学できる。

明るくて居心地がよさそうな家

ゲーテとシラーの像が立つ国民劇場
Nationaltheater ★★

シラーの『ヴィルヘルム・テル』やゲーテの『ファウスト』が初演され、リストやシューマン、ワーグナー、リヒャルト・シュトラウスも活躍した。劇場は何度か焼失し、今のような姿となったのは1907年のこと。その後1919年にヴァイマール憲法がここで採択されるなど、ヴァイマールの芸術と政治の舞台として、重要な役割を果たしてきた。

ヴァイマール憲法採択の場所

ゲーテも働いたヴァイマール公の城美術館
Schlossmuseum im Stadtschloss ★★★

ヴァイマール公の城は、1774年の火災で塔だけを残して焼失したが、1803年に再建された。当時建築委員のひとりであったゲーテの意見が、再建に関してかなりの影響を与えたといわれている。

内部はクラーナハのコレクションをはじめ、ティッシュバイン、ベックマン、ロダン等の作品を所蔵する美術館になっている。

クラーナハの祭壇画がある市教会（ヘルダー教会）
Stadtkirche St.Peter und Paul (Herderkirche) ★★

正式名はSt. Peter und Paulというが、思想家で牧師でもあったヘルダーの名を取ってヘルダー教会と呼ばれている。1498～1500年に建てられた。内部の祭壇画はクラーナハ親子の手によるもので、十字架像の右側には、洗礼者ヨハネ、クラーナハ、ルターの姿が描かれている。祭壇画に向かって左側の壁面にはクラーナハの墓石もある。

クラーナハ作の祭壇は必見

ベルリンとゲーテ街道・ハルツ地方 ▼ ヴァイマール

近代デザインのヴァイマール・バウハウス博物館 🌐世界遺産
Bauhaus Museum Weimar ★★

バウハウス創立の地の博物館

建築家ヴァルター・グロピウスによって1919年にヴァイマールに創設された芸術造形学校バウハウスは、近代デザイン史を語るときに欠かすことはできない。オスカー・シュレンマー、パウル・クレー、カンディンスキーらが教師として招かれ、絵画、彫刻、工芸教育にとどまらず、「すべての造形活動の最終目標は建築である」という理念のもとに家具、印刷、舞台装置などインダストリアルデザイン分野へと発展していった。

この博物館では1919〜1925年の、バウハウスのヴァイマール時代の歴史を知る展示品や作品が約500点集められている。

リストの家の近くにあるバウハウス大学Bauhaus Universitätも、近代デザインに興味があるならぜひ訪ねたい。本校舎Hauptgebäude内の曲線が美しいユーゲントシュティールの階段は必見。また、グロピウス設計の実験住宅ハウス・アム・ホルンHaus am Horn（住Haus am Horn 61　●Map P.360-B2外）は、今日のプレハブ住宅の原形といわれている。

ヴァイマールで活躍したリストの家
Liszt-Haus ★

リストは1842年にヴァイマールの宮廷楽士長となり、1848〜1861年にはアルテンブルクという館に滞在していた。その後1869年まではローマに暮らし、再びヴァイマールに戻って、死を迎える1886年まで住んだ家（亡くなったのはバイロイト）。

「ピアノの魔術師」リストの家

楽譜や手紙、作曲に使ったピアノなどが展示されている。

アンナ・アマーリア大公妃図書館
Herzogin Anna Amalia Bibliothek ★★

ドイツ最初の公共図書館のひとつ。この図書館の創設に尽力した大公妃アンナ・アマーリアは文化をこよなく愛した。彼女の息子であるカール・アウグストによってヴァイマールに招かれたゲーテは、この図書館監督の職も務めた。必見は世界遺産のロココホールRokokosaalで、楕円形の優美なホールに本棚が取り巻くように並んでいる。

1766年に建てられた美しい図書館

© TTG/Maik Schuck

●ヴァイマール・バウハウス博物館
住Stéphane-Hessel-Platz 1
●Map P.360-A1
市バスでCarl-August-AlleeまたはGoetheplatz下車。
圏水〜月　9：30〜18：00
困火　料€10、学生€7

●バウハウス大学
住Geschwister-Scholl-Str. 8
●Map P.360-B2
市バスでBauhaus-Universität下車。
大学が開いているときは自由にキャンパスを見学できる。ガイドツアーもある。

アートやデザイン、建築、メディアを学ぶ学生が通う、バウハウス大学の本校舎（ヴァン・デ・ヴェルデ設計）

ハウス・アム・ホルン

●リストの家
住Marienstr. 17
●Map P.360-B2
市バスでBauhaus-Universität下車。
圏水〜月　10：00〜18：00
困火、冬期（11月上旬〜3月下旬）
料無料

●アンナ・アマーリア大公妃図書館
住Platz der Demokratie 1
●Map P.360-B2
圏www.klassik-stiftung.de
圏ロココホール
火〜日　9：30〜18：00
料€8、学生€6、企画展があるルネッサンスホールとの共通券€12、学生€8
※入場人数制限があるので、事前にサイトから日時指定予約を。現地で当日券は入手困難。

ゲーテとシラーが眠る大公家の墓所
Fürstengruft ★★

●大公家の墓所
◯Map P.360-B1
4、6番の市バスでPoseckscher
Garten下車。
圏水～月　10：00～18：00
　（10月下旬～3月下旬は～
　16：00）
困火
料€5、学生€4

　1825～1827年に建てられた霊廟を地下へ下りると、入口にいちばん近い位置にゲーテの棺、その横にシラーの棺が並んでいる。シラーの遺骨が本物かどうかは実は明確ではないらしい。

カール・アウグスト大公を中心に大公家の人々の棺も並ぶ。

歴史的共同墓地の
ほぼ中央に建つ

強制収容所跡のブーヘンヴァルト強制収容所跡
Gedenkstätte Buchenwald ★★

●ブーヘンヴァルト強制収
　容所跡
住Buchenwald
◯Map P.360-A1外
URLwww.Buchenwald.de
中央駅前からBuchenwald行
きの6番のバス（週末は4番の
一部のバスも行く）で所要約
20分 のBuchenwald, Gedenk
stätte下車。慰霊塔へはひと
つ手前のバス停Glockenturm
下車。
圏4～10月　10：00～18：00
　11～3月　10：00～16：00
　（最終入場は閉館30分前まで）
困月、クリスマス、年末年始
料無料

　ヴァイマールの中心部から北西へ約10kmの所にある、かつてのナチスの強制収容所。1937～1945年まで、ここに32ヵ国から連れてこられた約25万人が収容され、6万5000人以上が、強制労働や飢え、処刑により命を絶たれた。現在はブーヘンヴァルト記念館と、巨大な慰霊塔Mahnmal（Glockenturm）がある。

収容所の門にある Jedem das Seine は「各人
にふさわしいものを」といった意味

収容所の火葬場。地下の一室は処刑場として
使われた

おすすめのレストラン ❖ RESTAURANT

Ⓡ ツム・シュヴァルツェン・ベーレン
Gasthaus Zum Schwarzen Bären **MAP ◆ P.360-B2**
住Markt 20　☎(03643)8776748
URLwww.schwarzer-baer.de
圏毎日11：00～23：00　カードM V

　ヴァイマール最古のレストラン。家庭的な郷土料理がメイン。牛肉の野菜巻きRinderroulade €24.50。

Ⓒ フラウエントーア
Frauentor Café & Restaurant **MAP ◆ P.360-B2**
住Schillerstr. 2　☎(03643)511322
URLwww.cafe-frauentor.de
圏月～金10：00～19：00、土9：00～21：00、日9：00～
18：00

　シラーの家のある通りに面したクラシックなカフェレストラン。自家製のケーキが自慢。

Ⓡ エアベンホーフ
Kaffee & Restaurant Erbenhof **MAP ◆ P.360-B2**
住Brauhausgasse 10　☎(03643)4944442
URLwww.erbenhof.de
圏7：00～17：00（朝食、ランチ、スナックタイム）、17：
00～23：00（ディナー、日は休）
困年末年始　カードM V

　おしゃれなビストロ風のカフェ・レストラン。季節の素材を生かした料理と、自家製ケーキが自慢。11：00～18：00はサンドイッチやサラダのテイクアウトもできる。カフェでのランチタイム（平日12：00～15：00）は日替わりランチを提供。ディナータイムの一品料理は€20ぐらいから、メニューは季節ごとに入れ替わる。ワインもグラスワインからボトルまで種類を揃えている。

おすすめのホテル HOTEL

※ヴァイマールでは、1泊につき€1.10～3の文化保護税が加算される。

[H] エレファント
Elephant　MAP ◆ P.360-B2

[住]Markt 19　D-99423
☎(03643) 8020
[URL]www.hotelelephantweimar.com
[料]Ⓢ€184～　Ⓣ€194～　朝食別€29
[カード][A][D][J][M][V]
[Wi-Fi] 無料

1696年に宮廷料理人が開いたレストランが、後にヴァイマールでいちばんのホテルになった。バウハウス様式の建物に、モダンな客室設備を完備。高級レストラン「アンナAnnA」は12：00～14：00、18：00～23：00営業。

[H] ルッシッシャー・ホーフ
Grand Hotel Russischer Hof　MAP ◆ P.360-A1

[住]Goetheplatz 2　D-99423　☎(03643) 7740
[URL]www.russischerhof-weimar.com
[料]Ⓢ€121～　Ⓣ€144～　朝食別€28
[カード][A][D][J][M][V]
[Wi-Fi] 無料

バス停が集まるゲーテ広場に面したクラシックなファサード部分は、歴史的建築物として保護されている。ヨーロッパの古きよき時代を彷彿とさせる雰囲気に満ちた高級ホテル。

[H] カイザリン・アウグスタ
Ringhotel Kaiserin Augusta Weimar　MAP ◆ P.360-A1

[住]Carl-August-Allee 17　D-99423　☎(03643) 2340
[URL]www.hotel-kaiserin-augusta.de
[料]Ⓢ€86～　Ⓣ€98～　朝食別€16　[カード][A][D][J][M][V]
[Wi-Fi] 無料

中央駅の向かい側。かつてトーマス・マンも泊まったという1867年創業の老舗ホテルだが、3つ星クラス。ホテルの名は、ヴァイマール公の娘で、後にプロイセンのヴィルヘルム皇帝に嫁いだアウグスタ皇妃(カイザリン)にちなむ。

[H] アマーリエンホーフ
Boutique Hotel Amalienhof　MAP ◆ P.360-B2

[住]Amalienstr. 2　D-99423
☎(03643) 5490
[URL]www.amalienhof-weimar.de
[料]Ⓢ€90～　Ⓣ€115～　[カード][A][D][M][V]　[Wi-Fi] 無料

ゲーテの家の近く。クラシックなムードのホテル。中級クラスで全32室。

[H] リスト
Hotel Liszt　MAP ◆ P.360-B1

[住]Lisztstr. 1　D-99423
☎(03643) 54080
[URL]www.Hotel-Liszt.de
[料]ⓈⓉ€91～　朝食別€9.50　[カード][M][V]
[Wi-Fi] 無料

静かな環境に建つ23室の中級ホテル。ホテルの地下ガレージは予約すると€11で利用できる。

[H] ヴィラ・ヘンツェル
Hotel Villa Hentzel　MAP ◆ P.360-B2

[住]Bauhausstr. 12　D-99423
☎(03643) 86580
[URL]hotel-villa-hentzel.de
[料]ⓈⓉ€110～
[カード][M][V]　[Wi-Fi] 無料

バウハウス大学の南側に位置する19世紀のクラシックな白亜の館。シュタイナー教育の創設者ルドルフ・シュタイナーの住居だったこともある。シングル2室、ツイン3室、ジュニアスイート8室のこぢんまりした中級ホテル。

[JH] ユーゲントヘアベルゲ・ゲルマニア
Jugendherberge Germania　MAP ◆ P.360-A1

[住]Carl-August-Allee 13　D-99423
☎(03643) 85000131
[URL]www.jugendherberge.de
[料]€38.90～、27歳以上€42.10～
[カード][M][V]
[Wi-Fi] 無料

中央駅のすぐ近くにあって便利。チェックインは15：00～21：00。

[JH] ユーゲントヘアベルゲ・アム・ポゼクシェン・ガルテン
Jugendherberge Am Poseckschen Garten　MAP ◆ P.360-B1

[住]Humboldtstr. 17　D-99423
☎(03643) 85000135
[URL]www.jugendherberge.de
[料]€38.90～、27歳以上€42.10～
[カード][M][V]　[Wi-Fi] 無料

中央駅から4番または6番の市バスでPoseckscher Garten下車、徒歩約5分。チェックインは15：00～20：00。

一角獣の絵（大聖堂内）

テューリンゲンの森に囲まれた花の都

エアフルト

Erfurt

ベルリン
★エアフルト
フランクフルト
ミュンヘン

MAP ◆ P.290-B2	
人　口	21万3700人
市外局番	0361

ACCESS
鉄道：ICE特急でフランクフルトから約2時間10分、アイゼナハから約25分、ライプツィヒから約40分。

❶エアフルトの観光案内所
住Benediktsplatz 1
D-99084 Erfurt
◉Map P.367-A2
☎(0361) 66400
URLwww.erfurt-tourismus.de
開月～土　　10：00～18：00
日・祝　　10：00～15：00

世界遺産
中世ユダヤ人関連遺跡
（2023年登録）
→P.368

●市内交通（市電）
中心部1回券€2.50、1日乗車券Tageskarteは€6.20。

（注1）
3、6番の停留所名はDomplatz-Nord、2番はDomplatz-Süd。

●エアフルトカード
Erfurt Card
48時間用€14.90。市立博物館、旧シナゴーグなどの入場料が無料になる。エアフルト・トラベルカードErfurt Travel Cardは上記＋市内交通が乗り放題になるタイプのカードで€21.90。❶で購入。

●アルトシュタット・ツアー
ミニ観光列車が4～10月の木～日10：30～15：30の1時間ごとにドーム広場を出発して旧市街を一周。所要約45分。ひとり€9、学生€6。

大聖堂（左）とセヴェリ教会（右）

エアフルトは1200年の歴史を誇る、テューリンゲン地方で最も大きな町。森に囲まれた盆地にあって交通の要衝だったため、商業都市として繁栄してきた。市が立つドーム広場へ行けば、中世の頃のにぎわいが容易に想像できる。
ゲーテとナポレオンは1808年に、この町で出会っている。

歩き方

州都だけに町は大きいが、おもな名所は歩いて回れる。あるいは中央駅の横に乗り場がある2、3、6番の市電で3つ目の**ドーム広場Domplatz**（注1）まで行って、そこから見どころを回りながら歩いて戻ってくれば、時間も体力も節約できる。旧市街の名所を回る**アルトシュタット・ツアー Altstadt Tour**というミニ観光列車も運行している。

エアフルトの**大聖堂Dom**は小高い丘の上にあり、階段を上っていくと、大聖堂と**セヴェリ教会Severikirche**が並んでそびえている。ドーム広場から、市電の通る**マルクト通りMarktstr.**を戻りながら5分ほど行くと、**フィッシュマルクトFischmarkt**に出る。広場を取り囲む建物は、色鮮やかなファサードに、贅を尽くした装飾が印象的。特に**市庁舎Rathaus**は見事で、内部の祝祭の間を見学できる。

市庁舎の裏側に❶があり、その先で**クレーマー橋Krämerbrücke**に出る。橋といっても両側に商店が並んでいるため、川面がまったく見えない。橋の裏側に回ってみて初めて、カラフルに塗られた美しい橋の姿に出合う。

川の北側から見たクレーマー橋。木組みの家が美しい

MEMO　テューリンゲン地方の美術、工芸品を鑑賞するなら、アンガー広場の角に建つアンガー博物館Angermuseum
（URLkunstmuseen.erfurt.de　開火～日10：00～18：00　料€6）が充実。

おもな見どころ

丘の上に建つ巨大な大聖堂
Dom ★★★

　創建は742年。1154年にはロマネスクのバジリカが造られ、1349～1370年にはゴシックの内陣が加えられた。現在のような姿となったのは1465年のこと。入口を飾る12使徒の彫刻、ろうそくの燭台を両手に持つヴォルフラムの像(1160年頃の作)、1150年頃のエアフルトのマドンナ像、高さ14mのステンドグラス(14～15世紀頃)の窓など、内部の見どころが多い。

　ドームの隣、3本のとんがり屋根がリズミカルな**セヴェリ教会**は、13世紀から建て始められた早期ゴシック様式の教会。

商人が往来したクレーマー橋
Krämerbrücke ★★★

　両側に古い木組みの家が建ち並ぶ美しい橋。クレーマーとは小売り商人という意味で、中世には遠方から来た商人たちでにぎわった。現在は、工芸品やみやげ物を売る店が並ぶ。川岸から見る、橋の裏側の姿も美しい。橋のたもとの教会の塔にも上れる(月曜を除く11:00～17:00)。

●大聖堂
Map P.367-B1
www.dom-erfurt.de
月～土　　10:00～17:00
日　　　　13:00～17:00
(夏期は～18:00)
無料

●セヴェリ教会
Map P.367-B1
月～土　　10:00～17:00
日・祝　　13:00～17:00
(夏期は～18:00)
無料

●クレーマー橋
Map P.367-A2
中央駅から2、3、6番の市電でFischmarkt/Rathaus下車、徒歩約5分。

橋の上にカフェやショップが並ぶ

ベルリンとゲーテ街道・ハルツ地方　▼　エアフルト

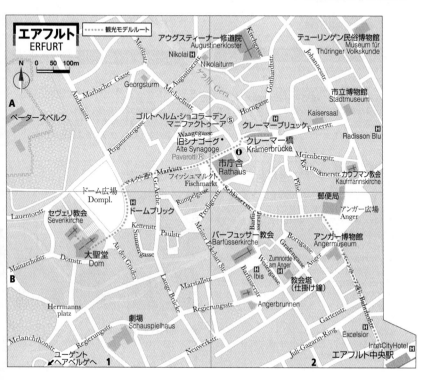

●市庁舎(祝祭の間)
[住]Fischmarkt 1
➲Map P.367-A2
[開]土・日　9：00～12：00
　13：00～16：00
※ただし市の特別行事のときは閉館する場合がある。
[料]無料

美しい館が並ぶ市庁舎前の通り

フィッシュマルクトに建つ市庁舎
Rathaus ★

フィッシュマルクトという広場には、華麗な建物が競い合うように建っている。広場の中心に立つのはローラント像(1591年作)。市庁舎は1870～1874年にネオゴシック様式で建てられた。タンホイザーやファウストを題材にした壁画や、豪華な**祝祭の間Festsaal**を見学できる。

フィッシュマルクトはにぎやかな広場

おすすめのショップ&ホテル SHOP & HOTEL

※宿泊料金の5%が宿泊税として加算。

[S] ゴルトヘルム・ショコラーデンマニファクトゥーア
Goldhelm SchokoladenManufaktur MAP ◆ P.367-A2
[住]Kreuzgasse 5 [URL]goldhelm-schokolade.de
[営]日～木 12：00～18：00　金・土 10：00～18：00※毎月変更されるので上記サイトで要チェック [カード][M][V]

クレーマー橋から川沿いの道を北に進むとすぐにチョコレート工房兼ショップがあり、自家製の高品質のチョコレートを販売(以前はカフェを併設していたが、現在は閉店している)。クレーマー橋の上([住]Krämerbrücke 12-14)にもショップがある。

[H] クレーマーブリュッケ
Hotel Krämerbrücke Erfurt MAP ◆ P.367-A2
[住]Gotthardtstr. 27　D-99084
☎(0361) 67400 [URL]www.ibbhotelerfurt.com
[料][S]€106～ [T]€136～ [カード][A][M][V] [Wi-Fi]無料

クレーマー橋のすぐ近くにある。モダンでしゃれた内装の客室。ゲラ川に面したレストランには眺めのよいテラス席もあり、ひと休みするのにいい。

[H] ドームブリック
Pension Domblick MAP ◆ P.367-B1
[住]Domplatz 20　D-99084
☎(0361) 5545977 [URL]pension-domblick-erfurt.de
[料][S]€79～ [T]€85～、トイレ・シャワー共同の部屋もある
[カード]不可 [Wi-Fi]なし

中央駅から2番の市電でDomplatz Süd下車。名前のとおり、大聖堂を眺められる部屋もある。人気があり、2泊以上からでないと受け付けない。エレベーターなし。

[JH] ユーゲントヘアベルゲ
Jugendherberge MAP ◆ P.367-B1 外
[住]Hochheimerstr. 12　D-99094
☎(03643) 85000139 [URL]www.jugendherberge.de
[料]€38.90～、27歳以上€41.30～
[カード][V] [Wi-Fi]共有エリアのみ可(無料)

中央駅から6番の市電で、終点のSteigerstraße下車、徒歩約10分。クリスマス前後は休業。

HISTORY

世界遺産、中世ユダヤ人関連遺跡

エアフルトに残るユダヤの中世の遺跡として、旧シナゴーグや2007年に発見された13世紀に遡る儀式用沐浴場ミクヴァ、中世の石の家などが世界遺産に登録された。

見どころは現存する数少ない中世の**旧シナゴーグAlte Synagoge**で、最古の部分が1100年頃に遡る。現在は博物館として改装され、**エアフルトの宝物Erfurter Schatz**と称される13～14世紀の多数の銀貨、銀塊、ゴシック様式の金銀宝飾品、ユダヤ人の結婚指輪などを所蔵する。

旧シナゴーク
[住]Waagegasse 8　➲Map P.367-A2
[交]中央駅から2、3、6番の市電でFischmarkt/Rathaus下車、徒歩約5分。

中世のシナゴーグで最も古いもののひとつ

[URL]juedisches-leben.erfurt.de
[開]火～日10：00～18：00(入場は閉館30分前まで)
[料]€8、学生€5

アイゼナハ

Eisenach

ドイツ史上、最も重要な城のひとつヴァルトブルク城

テューリンゲンの森の北西部、山の上に中世のヴァルトブルク城を望むアイゼナハは、若き日のルターやバッハが過ごした町でもある。今では中世ドイツのロマンを求めて、多くの人が訪れる。

アイゼナハは自動車の町としても知られており、東西ドイツ統一後はヨーロッパの最先端をいくオペル社の生産工場がおかれている。

歩き方

アイゼナハ中央駅前から延びる**バーンホーフ通りBahnhofstr.**を行き、ニコライ門**Nikolaitor**をくぐると、ルター像が立つ**カールス広場Karlsplatz**に出る。

町の中心、マルクト広場

広場の先の右側から延びる歩行者天国、**カール通りKarlstr.**がアイゼナハのメインストリート。店を見ながら歩いていくと、**マルクト広場Marktpl.**に出る。広場の中央に、高さ62mの塔とともに建つのは**ゲオルク教会Pfarrkirche St. Georg**。この教会で1521年にルターは説教をし、バッハは1685年に洗礼を受けている。

教会の南側の美しい木組みの家は、**ルターの家Lutherhaus**で、そこから5分も歩けば**バッハの家Bachhaus**がある。

ヴァルトブルク城Wartburgへは、駅前から3番の市バスが城の駐車場まで運行。城の入口までさらに10～20分ほど歩いて登る。麓から歩くと約40分。

黄色の外壁が目印のバッハの家

バッハの像

ベルリン →
★ アイゼナハ
フランクフルト →
← ミュンヘン

MAP ◆ P.290-B2

人　口	4万2000人
市外局番	03691

ACCESS

鉄道：ICE特急でフランクフルトから約1時間45分、ライプツィヒから約1時間10分。

❶アイゼナハの観光案内所
🏠Markt 24　D-99817 Eisenach
🗺Map P.370-A2
☎(03691) 79230
💻www.eisenach.info
🕐月～金　　9：00～17：00
　　土・日　10：00～17：00

🌐 世界遺産

アイゼナハ　ヴァルトブルク城
（1999年登録）

かつて旧市街の入口だったニコライ門。左側はニコライ教会の塔

●ヴァルトブルク城へのバス
3番の市バスは1時間に1本の運行。片道€2.10、1日乗車券Tageskarte €5。城の駐車場から城へは小型のシャトルバスWartburg-Shuttleが運行しており、片道€2.50。

369

●ヴァルトブルク城
●Map P.370-B1
皿www.wartburg.de
圏4〜10月　9:00〜17:00
　11〜3月　9:30〜15:30
上記は城内の最終入場時刻を
示している。城内は、14:30
まではガイド付きのグループ
ツアーでの見学。14:50以降
はヴァルトブルクアプリを使
用して各自で見学。
圏€12、学生€8　写真撮影€2
（フラッシュ禁止）
※オンラインで日時指定予約
可能。夏期は特に混雑するの
で予約がおすすめ。

金色のモザイクが輝くエリーザ
ベトの間

おもな見どころ

ドイツらしい中世の城 ヴァルトブルク城　⊕世界遺産
Wartburg　★★★

　この城は1067年、ヴァルトブルク
の山頂にテューリンゲンの伯爵ル
ートヴィヒ・デア・シュプリンガーが
建てたといわれるが、現在残る主
要部分は1170年、後期ロマネスク
様式で建てられた。

ヴァルトブルク城の入口

　内部の見学は、ドイツ語または英語のガイドツアーで回る。日本
語のパンフレットも用意されている。**騎士の間 Rittersaal、食事の間
Speisesaal**は質素だが、**エリーザベトの間 Elisabeth-Kemenate**で
は、金色のモザイクの目がくらむような美しさに圧倒される。

　13世紀初め頃のヴァルトブルク城には、多くの詩人やミンネゼ
ンガーと呼ばれる宮廷恋愛歌人が招かれた。ドイツで最も有名
なミンネゼンガーのヴァルター・フォン・フォーゲルワイデとヴォル

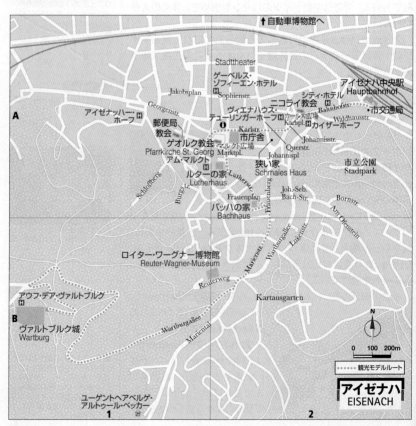

↑自動車博物館へ

Stadttheater
ゲーベルス・
ゾフィーエン・ホテル
Sophienstr.
Jakobsplan
シティ・ホテル
アイゼナハ中央駅
Hauptbahnhof
市交通局
ニコライ教会
ヴィエナハウス・
テューリンガーホーフ
郵便局
アイゼナッハー・
ホーフ
Georgenstr.
Bahnhofstr.
Waldhausstr.
Karlstr.
カール文化広場
Karlspl.
カイザーホーフ
教会
ゲオルク教会
Pfarrkirche St. Georg
アム・マルクト
Marktpl.
Johannisstr.
市庁舎
マルクト広場
Querstr.
Johannispl.
狭い家
Schmales Haus
市立公園
Stadtpark
ルターの家
Lutherhaus
Frauenplan
Joh.-Seb.
Bach-Str.
バッハの家
Bachhaus
Bornstr.
Am Ofenstein
Schloßberg
Burgstr.
Lutherweg
Frauenberg
ロイター・ワーグナー博物館
Reuter-Wagner-Museum
Marienstr.
Wartburgallee
Löberstr.
Reuterweg
Kartausgarten
アウフ・デア・ヴァルトブルク
ヴァルトブルク城
Wartburg
Wartburgallee
Marientai

N
0 100 200m
········ 観光モデルルート

アイゼナハ
EISENACH

A

B

1　　　　　2

ユーゲントヘアベルゲ・
アルトゥール・ベッカー

ルターが新約聖書を訳した部屋

コンサートも開かれる祝宴の間

『タンホイザー』の歌合戦の様子を描いたフレスコ画

フラム・フォン・エッシェンバッハなどが、詩歌を競い合った様子は、**歌合戦の間 Sängersaal**の壁に『タンホイザー』の歌合戦のシーンとして描かれている。

　質素な木製の渡り廊下を通って、マルティン・ルターが新約聖書をドイツ語に訳した小部屋**ルターシュトゥーベ Lutherstube**にたどり着く。部屋はとても質素で、1521年5月から翌年の3月までの10ヵ月間、厳しい状況で偉業を成し遂げたルターの偉大さに感服するだろう。ゲーテも1777年にここを訪れている。

音楽一家の暮らしがわかる**バッハの家**
Bachhaus　　　★★★

　1685年3月21日、ヨハン・セバスチャン・バッハは宮廷楽士の末っ子としてアイゼナハに生まれ、10歳まで暮らした。かつてバッハ一族の家であった築600年以上の館の内部には、当時の生活様式がわかるように再現された居間などのほか、

新館（右）が併設されている

バッハとその一族の歴史、バッハと同時代の貴重な古楽器などが展示されている。2007年4月には、モダンな新館が増築され、展示スペースが倍増した。天井からつり下がった透明なカプセル型の椅子に座ってゴルトベルク変奏曲をはじめとするバッハの作品を楽しむこともできる。特別展やコンサートも随時開催している。バッハの家への入口は新館側にある。

古い趣がある**ルターの家**
Lutherhaus　　　★★

　古い木組みの家は、1498〜1501年まで学生時代のルターが住んだ家。ルターが住んだ部屋のほか、ルターの生涯と業績をたどる展示がある。

ロイター・ワーグナー博物館
Reuter-Wagner-Museum　　　★★

　アイゼナハ出身の詩人フリッツ・ロイター（1810〜1874年）の住居だったことからロイター・ヴィラReuter-Villaともいう。2階は詩人の部屋が残され、1階は作曲家リヒャルト・ワーグナーの資料室として公開されている。手紙、ポスター、写真からオリジナル楽譜まで、バイロイト以外で最大のワーグナーに関するコレクションが収蔵されている。

●**バッハの家**
住Frauenplan 21
Map P.370-A2
URL www.bachhaus.de
開10：00〜18：00
料€12、学生€7

バッハの音の世界に浸ってみよう

木組みが美しいルターの家

●**ルターの家**
住Lutherplatz 8
Map P.370-A2
URL lutherhaus-eisenach.com
開10：00〜17：00
休月、12/24〜1/31
料€10、学生€8

●**ロイター・ワーグナー博物館**
住Reuterweg 2
Map P.370-B1〜B2
開金〜日11：00〜17：00
休月〜木
料€4、学生€2

MEMO　町の中心部に近いJohannisplatz 9に狭い家Schmales Haus（Map P.370-A2）という名の家がある。幅2.05mのかわいい外観で、中には入れないが、SNS映えするフォトスポットとして人気。

おすすめのホテル HOTEL

※ひとり1泊につき€1 ～ 2の宿泊税が加算。

ゲーベルス・ゾフィーエン・ホテル
Göbel's Sophien Hotel MAP◆P.370-A2

[住]Sophienstr. 41 D-99817
☎(03691) 2510
[URL]www.goebel-hotels.com/eisenach/sophienhotel
[料]Ⓢ€118～ Ⓣ€171～ 朝食別€16 [カード][A][D][M][V]
[Wi-Fi] 無料

町の中心部近くに建つ４つ星ホテル。地下にガレージがあるのでレンタカーの旅にも向く。

ヴィエナハウス・テューリンガーホーフ
Vienna House Thüringer Hof MAP◆P.370-A2

[住]Karlsplatz 11 D-99817 ☎(03691) 280
[URL]www.wyndhamhotels.com
[料]Ⓢ€108～ Ⓣ€117～ 朝食別€17 [カード][A][M][V]
[Wi-Fi] 無料

駅から約 300m、カールス広場のルター像の真後ろにある高級ホテル。

アウフ・デア・ヴァルトブルク
Hotel Auf der Wartburg MAP◆P.370-B1

[住]Auf der Wartburg 2 D-99817 ☎(03691) 7970
[URL]wartburghotel.de
[料]2024年夏頃まで改修のため閉館 [カード][A][D][M][V]
[Wi-Fi] 無料

ヴァルトブルク城に隣接した古城ホテル。ひと部屋ごとにムードが異なるロマンティックな内装が自慢。眺めのすばらしい重厚なレストランもある。宿泊客は城の敷地内まで車での進入可。

アム・マルクト
Hotel am Markt MAP◆P.370-A1

[住]Markt 10 D-99817
☎(03691) 702000 [URL]hotel-eisenach.de
[料]Ⓢ€85～ Ⓣ€105～ 朝食別€13.50 [カード][A][D][M][V]
[Wi-Fi] 無料

ルターの家の隣、かつてフランツィスカーナー派修道院だった建物を改装した。歴史的な雰囲気とモダンな設備。

カイザーホーフ
Kaiserhof MAP◆P.370-A2

[住]Wartburgallee 2 D-99817
☎(03691) 88890
[URL]www.kaiserhof-eisenach.de
[料]Ⓢ€95～ Ⓣ€116～
[カード][A][M][V] [Wi-Fi] 無料

1897年に建てられたルネッサンス風の重厚な建物だが、部屋は新しい。駅から徒歩約5分。週末割引が適用されるシーズンもある。

アイゼナッハー・ホーフ
Ringhotel Eisenacher Hof MAP◆P.370-A1

[住]Katharinenstr. 11-13 D-99817
☎(03691) 29390 [URL]www.eisenacherhof.de
[料]Ⓢ€88～ Ⓣ€117～
[カード][A][M][V] [Wi-Fi] 無料

300年以上の歴史があるホテル。ルターシュトゥーベという郷土料理レストランを併設しており、ルターピルスナー、ルターワインをはじめ、料理もルターにちなんだメニューがある。

シティ・ホテル
City Hotel MAP◆P.370-A2

[住]Bahnhofstr. 25 D-99817
☎(03691) 20980
[URL]www.cityhotel-eisenach.de
[料]Ⓢ€76～ Ⓣ€100～ [カード][A][M][V] [Wi-Fi] 無料

駅から約100mのバーンホーフ通りに面したエコノミー料金のホテル。部屋の設備は質素だが、駅の近くに安く泊まりたいという人に向く。ヴァルトブルク城へのバス停も近い。

ユーゲントヘアベルゲ・アルトゥール・ベッカー
Jugendherberge Artur Becker MAP◆P.370-B1

[住]Mariental 24 D-99817
☎(03691) 85000137
[URL]www.jugendherberge.de
[料]€34.50～ 27歳以上€37.30～ [カード]不可
[Wi-Fi] 共有エリアのみ利用可（無料）

ヴァルトブルク城の麓の町外れにある。駅前から3番のバスでLiliengrund下車、徒歩約3分。15：00～18：00の間にチェックインすること。12/23～1/7休業。

バロック建築に目を奪われる宗教都市

フルダ

Fulda

大聖堂のオルガンの音色を聴きたい

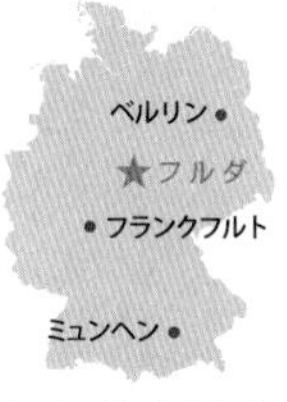

MAP ◆ P.290-B1

人口	6万8000人
市外局番	0661

[ACCESS]
鉄道：フランクフルトからICE特急で所要約55分。

大聖堂がそびえる町

フランクフルトから北東へ約100kmの所にあり、ゲーテがヴァイマールなどへ赴く途中にしばしば立ち寄った。彼の定宿だった**ホテル・ゴールデナー・カルプフェンHotel Goldener Karpfen**は、今も営業中だ。

司教領主の居城だった市宮殿

駅前から、緩やかな下り坂で商店が続く**バーンホーフ通りBahnhofstr.**を進み、突き当たりのデパートを越えると歩行者天国のショッピングエリアになる。

双塔の司教区教会前で右に曲がって少し行くと、正面の突き当たりに建つのがバロック様式の**市宮殿Stadtschloss**。正門を入って建物の中央まで進むと、**歴史的な部屋Historische Räumen**の見学入口。ⓘは市宮殿の斜め向かいにある。

市宮殿の背後には美しい**シュロス庭園Schlossgarten**が広がっている。市宮殿の斜め向かいの広場奥には**大聖堂Dom**がどっしりとした姿を見せている。大聖堂は、1704～1712年にバロック様式で建てられた。中央祭壇下にある霊廟には、8世紀中頃のドイツにキリスト教を伝道した聖人ボニファーチウスの墓があることで知られている。隣接して**宝物室Schatzkammer des Dom**もある。

ⓘフルダの観光案内所
[住]Bonifatiusplatz 1
Palais Buttlar
D-36037 Fulda
☎(0661)1021813
[URL]www.tourismus-fulda.de
[開]月～金　9：00～16：30
日　9：00～15：00

●市宮殿(歴史的な部屋)
[住]Schlossstr. 1
[開]火～日　10：00～17：00
(結婚式場としても使用されており、金曜と土曜午前は見学不可の場合あり)
[休]月
[料]€3.50

●大聖堂
[住]Domplatz 1
[開]月～金　10：00～18：00
(11～3月は～17：00)
土　10：00～15：00
日　13：00～18：00
オルガンコンサート
[URL]www.bistum-fulda.de
5～6・9・10月とクリスマス前4週間の毎土曜の12：05～12：35。[料]€5
※11：30～12：35はコンサート観客のみ大聖堂入場可。

おすすめのホテル HOTEL

ロマンティックホテル・ゴールデナー・カルプフェン
Romantik Hotel Goldener Karpfen
[住]Simpliziusbrunnen 1　D-36037　☎(0661)86800
[URL]www.hotel-goldener-karpfen.de
[料]Ⓢ€155～　Ⓣ€195～　[カード] [A][D][M][V]
[Wi-Fi] 無料
クラシックな内装のプチホテル。美しいインテリアのレストランも併設。

ホテル・ペーターヒェンス・モントファート
Hotel Peterchens Mondfahrt
[住]Rabanusstr. 7　D-36037　☎(0661)902350
[URL]www.peterchens-mondfahrt-fulda.de
[料]Ⓢ€90～　Ⓣ€149～　[カード] [A][J][M][V]
[Wi-Fi] 無料
市宮殿のすぐそば、ビルの数フロアが客室になっている。駅から徒歩約5分。

金色の鷲は
ゴスラーのシンボル

歴史的な建築物が集まるマルクト広場

木組みの家が並ぶ裏路地をひとりで歩きたい

ゴスラー

Goslar

ベルリン
★ゴスラー
フランクフルト
ミュンヘン

MAP ◆ P.290-A2

人　　口	5万200人
市外局番	05321

ACCESS

鉄道：ハノーファーから
ERX（私鉄、鉄道パス有効）
で約1時間5分、ブラウンシュヴァイクから約50分。

❶ゴスラーの観光案内所
🏠Markt 1　D-38640
　Goslar
☎(05321) 78060
🌐www.goslar.de
🕐月～日　10：00～17：00
🚫12/24・31、1/1

🌐 世界遺産
ゴスラー旧市街と
ランメルスベルクの旧鉱山
（1992年登録）

●ハルツカード
Harzcard
ゴスラー、ヴェルニゲローデ、クヴェトリンブルク、ターレなど、美しい町が点在するハルツ地方を旅するなら、ハルツカードをうまく使うとお得。48時間有効（€32）と4日間有効（€65）の2種類があり、おもな博物館や美術館、城の入場、ロープウエイやビンメルバーンというSL型の観光車両も無料。4日間有効のカードのみ、ハルツ狭軌鉄道（→P.380）にも片道無料（往復は割引料金。駅窓口で申し出る）。
オフシーズンには運休する乗り物もあるし、見どころの休館日などに当たらないよう、有効施設の詳細が掲載されているサイト🌐www.harzinfo.de/harzcardで内容をよくチェックすること。カードの購入はハルツ地方の各町の❶または上記サイトで。

　ハルツ地方の古い歴史をとどめる小さな町ゴスラーは、968年から始まったハルツ山麓の銀鉱の採掘にともなって発展してきた。1050年、皇帝ハインリヒ3世が城を建てた後、11世紀から13世紀にかけて数々の帝国議会が開かれ、ゴスラーはいっときドイツとヨーロッパの歴史の中心となった。13世紀にはすでにハンザ同盟に加入し、金属商人たちは英国やフランスへと商売を広げていった。1500年頃、鉱山は最も繁栄し、木組みの家は豪華に装飾されるようになってきた。貴族や中世の商人の家を見れば、その当時いかにゴスラーが豊かな町であったかよくわかる。

　ゴスラーの旧市街とランメルスベルクの旧鉱山は、ユネスコの世界遺産に登録されている。

📍 歩き方

　駅前から南東のほうに歩き出せば、すぐに旧市街だ。城壁を利用したホテルや教会を見ながら**ローゼントーア通りRosentorstr.** を6～7分も歩けば、町の中心**マルクト広場Marktplatz**に出る。この広場の一角に❶がある。

　マルクト教会Marktkircheから
Hoher Wegを進むと、**皇帝居城
Kaiserpfalz**のある広場に出る。
小さな町なので2時間もあれば歩いて回れる。旧市街にある建物の3分の2は1850年以前のもので、

古い家並みとマルクト教会の塔。教会の北塔には階段で上れる（冬期は金～日曜のみ）

MEMO ゴスラーのクリスマスマーケットは、規模は小さめながら、古い町並みに溶け込む美しさがある。ほかの町ではあまり見ることのない個性的な屋台も出店している。2024年は11/27～12/30開催予定。

そのほとんどが木組みの家だ。そのうち168の建物は、なんと1550年以前の中世に建てられたもの。1528年建造の家を利用した近代美術館**メンヒェハウス**、アンティークドールやテディベアに会える**楽器と人形博物館**、ハルツ山地の自然やゴスラーの町の歴史がわかる**ゴスラー博物館**、中世の武器や拷問具などを展示した**ツヴィンガー博物館**など、ユニークな博物館も多い。

ランメルスベルク鉱山博物館Rammelsberger Bergbau-museumは、町の南西郊外にあるので、バスを利用して行く。

 ## おもな見どころ

どっしりそびえる**皇帝居城**
Kaiserpfalz　　　　　　　　　　　　★★★

この城は、ドイツに現存する宮殿様式の建物のなかでは最も規模が大きい。11世紀に皇帝ハインリヒ3世が築いた。現在の城は19世紀に再建されたもの。2階の帝国の間と、ドイツの歴史を表した巨大な壁画は必見。地下には、皇帝ハインリヒ3世の墓碑を収納してある**ウルリッヒ礼拝堂St. Ulrich Kapelle**がある。

居城から緑地を挟んで建つ**ドーム入口の間Domvorhalle**は、11世紀にハインリヒ3世によって建てられた教会の、現存する唯一の部分。

ゴスラー
GOSLAR

0　50　100m

•••• 観光モデルルート

路地裏の散策が楽しい町

●**家並みが美しい通り**
ゴスラーでも、特に古い家並みが残るのはジーメンスハウスから南西に延びるBergstr.と、さらに西へ続くPeterstr.。Bergstr.の1本南側のAn der Goseもすばらしい木組みの家が残っている。ほかにも多くの美しい通りがあるので、探してみよう。

●**皇帝居城**
🌐kaiserpfalz.goslar.de
🏠Kaiserbleek 6
🕙10：00～17：00
特別行事の際は見学不可となることがある。
🚫月
💰€7.50

小高い丘の上に建つ

●**ゴスラーは魔女の町**
ゴスラーのみやげ物屋では、ほうきにまたがった魔女の人形をよく見かける。ハルツ山地の主峰ブロッケン山（→P.380）では4月30日から5月1日にかけての夜、魔女たちが冬の終わりを祝って悪魔と饗宴を催した、とする伝説があるからだ。ゲーテの『ファウスト』にも描かれていて有名な伝説だ。"ヴァルプルギスの夜"といわれるこの日は、ゴスラーからバスで約20分のハーネンクレーHahnenklee、ターレ（→P.384）そしてブロッケン山の村などで、女性が魔女に扮するお祭りが行われる。主役の魔女が現れて盛り上がるのは真夜中。

幸運を運んでくるラッキーグッズとしておみやげに人気の魔女人形

MEMO ドイツ屈指の大企業シーメンスの創業者である、ヴェルナー・フォン・ジーメンスの先祖はゴスラー出身。1693年に建てられたジーメンスハウスというひときわ立派な木組みの館が今も残っている。

ノスタルジックなメロディを奏でるグロッケンシュピール

●市庁舎の信奉の間
庄Kaiserbleek 6
改修のため閉館中。

●マルクト教会
庄Marktkirchhof 1
開10：00～17：00
北塔
開4～10月　　11：00～17：00
11～3月
土・日　　　11：00～17：00
（クリスマスマーケット中は
毎日～19：00）
料€3

●ランメルスベルク鉱山博物館
庄Bergtal 19
町の南西にあり、ゴスラー
駅前から803番のバスで約15
分、Bergbaumuseum下車。
URLwww.rammelsberg.de
開9：00～18：00（冬期は～
17：00）
ガイドツアーの最終回は16：
30（冬期は15：30）発
休12/24・31
料博物館＆見学ガイドツアー
1回で€18

マルクト広場
Marktplatz　　　　　★★★

　灰色のスレートの家々、ギルド会館のカイザーヴォールト（現在はホテル）、ゴシック様式の市庁舎などに囲まれたマルクト広場。

　広場の中央には噴水があり、水盤には冠をかぶった**帝国の鷲Reichsadler**が翼を広げている。黄金に輝くこの鷲はゴスラーの町のシンボルで、広場の敷石も

マルクト広場に面した市庁舎

この噴水を中心に放射状に敷き詰められている。

　白い壁のアーケードが特徴的な**市庁舎Rathaus**は15世紀に建てられた。屋外階段を上って内部に入ると、2階に大広間がある。この**信奉の間Huldigungssaal**は市参事会員の間として造られ、見事な壁画に取り巻かれ、きらびやかな装飾も施されている。

　市庁舎の向かいの建物の屋根には**グロッケンシュピールGlockenspiel**が あり、9：00、12：00、15：00、18：00に 鐘がメロディを奏でる。ゴスラー近郊のランメルスベルク鉱山採掘1000年を祝って製作され、採掘シーンを再現した人形も現れる。

マルクト教会
Marktkirche St. Cosmas und Damian　　　　★★

　12世紀中頃には存在していたロマネスク様式の教会で、13世紀前半に作られたステンドグラスやバロック様式の祭壇（1659年）などがある。そびえたつ北塔と南塔は形がまったく異なっていて目を引く。北塔には、200段以上の階段を高さ52mまで登ることができ、ゴスラーの見事なパノラマが楽しめる。

北塔と南塔の異なる姿が印象的

🌲🌲 近郊の見どころ

ランメルスベルク鉱山博物館
Rammelsberger Bergbaumuseum　　　🌐 世界遺産　MAP◆ 地図外

　銀、銅、鉛などが10世紀から採掘され、ゴスラーの繁栄を支えたランメルスベルクの鉱山は、1988年まで採掘を続けていた。一部の坑道は整備されて、ガイドツアー（ドイツ語のみ）で見学できる。

　ガイドツアーは数種類あり、旧鉱山内の約200年前のレーダー

山の斜面に広がる採掘工場などの鉱山施設

旧鉱山内を案内してくれる

坑道を歩いて見学する**レーダー坑道コースDer Roeder-Stollen**と、トロッコ列車に乗って鉱山の近代的な採掘現場を見学する**鉱山トロッコ列車コースMit der Grubenbahn vor Ort**などがある。所要はそれぞれ1時間30分程度。時間が合えば各コースを組み合わせることも可能。鉱山内は夏でも気温10℃前後なので長袖の上着は必要。急な階段の上りなどもあるので、ハイキングと同程度の服装としっかりした靴で。

ランメルスベルク鉱山の坑道内部

おすすめの レストラン＆ホテル　RESTAURANT & HOTEL

※ハノーファーで見本市開催時は料金が値上がりするホテルもある。

❚Ⓒ カフェ・アンデルス
Barock-Café Anders　　**MAP ◆ P.375**

住Hoher Weg 4　☎(05321)23814
URLwww.barockcafe-anders.de
営9：00～17：00

　自家製のケーキとコーヒーでひと休みできる。2階が広いカフェになっている。入口の魔女が目印。

❚Ⓡ トリュッフェル
Restaurant Trüffel　　**MAP ◆ P.375**

住Bäckerstr. 106　☎(05321)29677
URLwww.restaurant-trueffel.de　営11：30～14：30、17：30
～22：00(土は11：30～22：00)　休月　カード MV

　サラダやパスタ、ステーキ、魚料理など、地中海料理をメインとしたメニューが豊富。ウィーン風子牛のカツレツWiener Schnitzelは€26、ツァンダー（白身魚の一種）のフィレZanderfilet €25など、季節に応じたメニューがある。

❚Ⓗ デア・アハターマン
Der Achtermann　　**MAP ◆ P.375**

住Rosentorstr. 20　D-38640　☎(05321)70000
URLwww.der-achtermann.de
料Ⓢ①€105～　朝食別€16.50
カード ADJMV
Wi-Fi 無料

　旧市街入口の城壁を利用した、風格あるホテル。室内温水プールあり。

❚Ⓗ ニーダーゼクシッシャー・ホーフ
Niedersächsischer Hof　　**MAP ◆ P.375**

住Klubgartenstr. 1　D-38640
☎(05321)3160
URLwww.Niedersaechsischerhof-goslar.de
料Ⓢ€96～　①€138～　朝食別€18　カード ADMV
Wi-Fi 無料

　駅のすぐそばの中級ホテル。ここを起点にハルツ地方巡りの旅をするのもいい。

❚Ⓗ シュミッツ
Gästehaus Schmitz　　**MAP ◆ P.375**

住Kornstr. 1　D-38640
☎(05321)23445
URLwww.schmitz-gaestehaus.de
料Ⓢ€81～　①€97～
カード 不可　Wi-Fi 無料

　❶から歩いてすぐのゲストハウス。食器も備えたキッチン付きの部屋もあるので、自炊したい人は予約時に希望を伝えておくとよい。

377

ブロッケン山へ登るSL

ベルリン●

ヴェルニゲローデ★

●フランクフルト

ミュンヘン●

MAP ◆ P.290-A2

人　口	3万3500人
市外局番	03943

ACCESS

鉄道：クヴェトリンブルクからRE快速で約15分のハルバーシュタットHalberstadtで乗り換えてさらに約15分。ゴスラーからRE快速で所要約35分。

❶ヴェルニゲローデの観光案内所

⌂Marktplatz 10　D-38855 Wernigerode
◎Map P.379-B1
☎(03943) 5537835
URL www.wernigerode-tourismus.de
開月～金　9：00～18：00
　　土　　10：00～16：00
　　日　　10：00～15：00
休12/24～26、1/1

●SL型の観光車両

2社が運行しているが、往復とも同じ会社の便しか利用できない。夏は20～30分ごと、冬期は40～60分ごとの運行。片道€5、往復€7。

ヴェルニゲローデ城へはSL型の観光車両が便利

とんがり屋根の市庁舎とSLの町
ヴェルニゲローデ
Wernigerode

マルクト広場の朝市

　ハルツ地方のなかでも1、2を争うほどの古い家並みがよく残るヴェルニゲローデ。色鮮やかな木組みの家々や、町を見下ろすヴェルニゲローデ城、そしてハルツ地方を走るSLの旅の出発地として観光客に人気がある。

歩き方 ～～～～

　ヴェルニゲローデ駅は、ゴスラーやハルバーシュタット方面へ行くDB（ドイツ鉄道）と、ブロッケン山上へ行くハルツ狭軌鉄道の駅とに分かれている。

　駅前から延びる通りを10分ほど歩いていき、町のメインストリートである**ブライテ通りBreite Str.** と交わったら右折する。ブライテ通りは途中から歩行者天国になり、両側には木組みの家々が並び始める。

　町の人々の誇りである**市庁舎Rathaus**がある**マルクト広場Markt**は絵に描いたような鮮やかな家々が並ぶ広場で、野菜などの市も立つ。夏にはカフェのテーブルやパラソルも置かれ、いっそうにぎやかだ。

　市庁舎の裏側およびブライテ通りからは、**ヴェルニゲローデ城**へ行くビンメルバーンやシュロスバーンというSL型の観光車両が出ている（冬期はバスに変更されることもある）。徒歩で城へ行くには、町の外れから山道を30～40分ほど登る。

秋のヴェルニゲローデ城

おもな見どころ

とんがり屋根の塔がかわいい**市庁舎**
Rathaus　★★★

15世紀末に現在のような木組みの館が建てられた。その後火災に遭ったが再建された。2本のとんがり屋根のエルカー塔と呼ばれる部分と、本体のバランスがとてもいい。外壁に取り付けられた聖人や大道芸人の木彫りの像がユニーク。

ヴェルニゲローデ城から町を眺めよう
Schloss Wernigerode　★★★

標高350mの山上にそびえる城は、もとはヴェルニゲローデの伯爵が1110〜1120年に建てたもの。その後所有者が変わったり、三十年戦争で荒廃したりといった変遷を経て、現在のよ

●市庁舎
住Marktplatz 1
Map P.379-B1
内部は主催のガイドツアーで見学可。週2〜4日程度催行。スケジュールは❶の公式サイトで要確認。5人以上で催行。ひとり€8。

●ヴェルニゲローデ城（博物館）
Map P.379-B2
URL schloss-wernigerode.de
開4月中旬〜10月下旬
毎日　10：00〜18：00
他シーズンは変更あり
（最終入場は閉館30分前まで）
休冬期の月曜
料€9、学生€8、ガイドツアーは各種あり（別料金）

ベルリンとゲーテ街道・ハルツ地方　▼　ヴェルニゲローデ

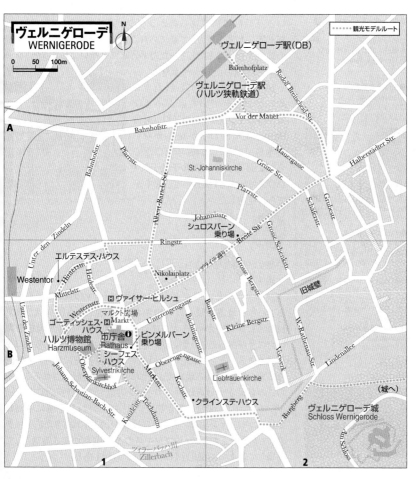

おすすめのホテル

🏨 **ヴァイサー・ヒルシュ**
Weisser Hirsch
🏠 Marktplatz 5
🔗 www.hotel-weisser-hirsch.
de

🏨 **ゴーティッシェス・ハウス**
Gothisches Haus
🏠 Marktplatz 2
🔗 www.travelcharme.com/
hotels/gothisches-haus-
wernigerode

● **ハルツ博物館**
🏠 Klint 10
🗺 Map P.379-B1
🕐 火～土　10：00～17：00
　　日　　　11：00～16：00
　（最終入場は16：30）
🚫 月、12/24・25、31
💶 €4、学生€3

● **クラインステ・ハウス**
🏠 Kochstr. 43
🗺 Map P.379-B1
🕐 毎日　10：00～16：00
🚫 11～4月の月曜
💶 €1

● **エルテステス・ハウス**
🏠 Hinterstr. 48
🗺 Map P.379-B1
（内部見学はできない）

木組みの家が並ぶヒンター通り。
左端がエルテステス・ハウス

● **ハルツ狭軌鉄道**
ヴェルニゲローデ～ブロッケン間のSLの所要時間は1時間40分～2時間。料金は往復€53。
時刻表は下記サイトで調べられチケットも購入できる。観光シーズンは混雑するので事前にチケットを購入しておくほうがよい。
Harzer Schmalspur-bahnen GmbH
🏠 Friedrichstr. 151
D-38855　Wernigerode
☎ (03943) 5580
🔗 www.hsb-wr.de

ノスタルジックなSLに乗って

うなバロックとネオゴシック様式の姿になった。

城内は博物館として公開されており、伯爵家の歴史と19世紀の生活様式がわかるようになっている。

19世紀に大改築された立派な城

ハルツ博物館
Harzmuseum　★

市庁舎の裏側にある歴史的な木組みの家の中にある小さな博物館。展示室は2階にあり、おもにハルツ地方の植物、岩石、動物など自然科学の展示がある。

木組みの家々を訪ねて
Fachwerkhäuser　★★

ヴェルニゲローデ城へ行くビンメルバーンの発着所となっている花時計の隣にあるのが**シーフェスハウスSchiefes Haus**。1680年、水車小屋として建てられた。水車を回す水路の水が家の地盤をむしばんでしまったため、家ごと傾いてしまった。シーフェとは「傾いた」という意味。

18世紀半ばに建てられたヴェルニゲローデでいちばん小さな家が**クラインステ・ハウスKleinste Haus**。間口がわずか3mしかなくて本当に小さい。1400年頃に建てられた最も古い家**エルテステス・ハウスÄltestes Haus**など、散歩がてらに見物したい。

中央の家がクラインステ・ハウス

🌲 近郊の見どころ

魔女が集まる伝説の山 ブロッケン
Brocken　　MAP◆P.290-A2

ブロッケンとは旧東ドイツと旧西ドイツの間にそびえている、ハルツ地方で最も高い山の名前だ。もっとも標高はたった1142mしかないが……。「ブロッケン現象」という自然現象を聞いたことがあるだろうか。霧が立ち込める山頂に光が水平に差し込むとき、光を背にして立つ人の影が霧の壁に映り、影の回りに光の輪が現れる現象だ。ブロッケンでよく観測されることからこの名前がつけられ、「ブロッケンの妖怪」とも呼ばれている。1年のうち平均260日は霧が出て、うち100日は1日中霧に覆われているブロッケン山は、古くから神秘の山とされてきた。ゲーテの『ファウスト』でもヴァルプルギスの夜に魔女が集まる地として登場しており、山頂駅近くにはゲーテの碑もある。

MEMO ブロッケン山の頂上は夏でも寒い日が多い。カーディガンや山用のパーカーなど上に着るものを持参するのを忘れずに。冬期は完全な防寒着、防寒具が必要。

東西ドイツ統一前は、国家秘密警察のレーダー施設などがあり、一般人は訪れることができなかった。

ハルツ狭軌鉄道Harzer Schmalspurbahnenの一部で、東西ドイツ統一後すぐに運行を再開したブロッケン線を走るSLが人気を集めている。ヴェルニゲローデからブロッケンまでは所要約2時間。行きは進行方向左側の席からの眺めがよい。終点のブロッケン山上にはビジターセンターも兼ねる**ブロッケンハウスBrockenhaus**などがある。

ブロッケンには独特の植物も多く、緑豊かなハルツの山々を見渡しながらの山頂周遊ハイキングコースを歩くのも楽しい。

ブロッケン山頂のブロッケンハウス

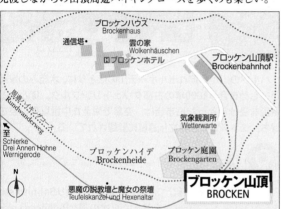

● ブロッケンハウス
🔗 www.brockenhaus-harz.de
🕐 9：30〜17：00
（入場は閉館30分前まで）
休 12/24
料 €7、学生€4

ブロッケン山頂駅に到着

絶景が味わえる歩行者専用つり橋 ティターンRT
Hängebrücke Titan-RT

MAP◆P.290-A2

ドイツ最高所のダムの前に架かるつり橋

ヴェルニゲローデから南へバスで約35分、ラップボーデタールシュペレRappbodetalsperreというダムに、全長483mの長大なつり橋が架かっている。2023年にドイツ最長の座をスカイウォーク（→P.18、429）に譲ったが、見事な眺めは変わらない。

バス停からすぐの駐車場の中にビジターセンターがあり、橋の入場券を購入できる。ここから森の中の坂道を約5分ほど歩くとつり橋に到着。橋のすぐ手前にも券売機がある。

あまりの長さにつり橋は大きくたわみ、渡るときの揺れもかなり大きい。眼下は水面なのでスリル満点。この橋からワイヤーケーブルで湖面を突っ切っていく、**メガジップラインMegasipline**というアトラクションもあり、アドベンチャー好きな人々の人気を集めている。

● ティターンRT
行き方
ヴェルニゲローデ駅横のバスターミナルから260番のバスで所要約40分、Rübeland Talsperre下車。平日は1時間に1本、土・日曜、祝日は2時間に1本の運行。ビジターセンターまで徒歩約1分。
🔗 www.titan-rt.de
🕐 8：00〜21：30
料 €6（チケットはビジターセンターまたは橋のたもとの自販機で購入）

● メガジップライン
🔗 www.harzdrenalin.de/megazipline
🕐 4〜10月
　火〜日　　9：30〜18：00
　11〜12・2〜3月
　水〜日　10：30〜16：00
休 1月、上記期間中も悪天候の場合は休業
料 上記サイトで要予約。€39
（利用条件は10歳以上、身長1m20cm以上、体重40〜120kg）

ベルリンとゲーテ街道・ハルツ地方 ▼ ヴェルニゲローデ

MEMO　ブロッケン山頂のかつて通信施設だった建物がブロッケンホテルBrocken Hotel（🔗 brockenhotel.de Ⓢ €80〜、Ⓣ €120〜）という宿泊施設になっている。全室禁煙。客室は質素だが眺めがよく、大自然を堪能できる。

クヴェトリンブルク
Quedlinburg

ローラント像

ベルリン

クヴェトリンブルク ★

●フランクフルト

●ミュンヘン

MAP ◆ P.290-A2
人　口　2万3600人
市外局番　03946

ACCESS

鉄道：ベルリンからRE快速で約1時間45分のマクデブルクで乗り換えてさらに約1時間15分。

❶クヴェトリンブルクの観光案内所

億Markt 4
D-06484 Quedlinburg
☎(03946) 905624
URL www.quedlinburg-info.de
圏4～10月
　月～土　　　9：30～18：00
　日　　　　10：00～15：00
　11～3月
　月～木　　　9：30～17：00
　金・土　　　9：30～18：00

⊕ 世界遺産

クヴェトリンブルクの旧市街/城/聖セルヴァティウス教会
（1994年登録）

●木組みの家博物館

億Wordgasse 2-3
圏4～10月の金～水
　　　　10：00～17：00
困木、11～3月
料€3、学生€2

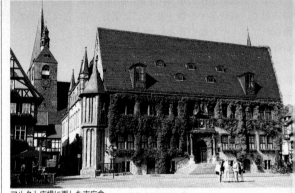

マルクト広場に面した市庁舎

　ハルツの山から流れ出たボーデ川のほとりに、木組みの家々がひしめき合う1000年の古都クヴェトリンブルク。ほとんど戦災を受けなかった旧市街は、交易で栄えた中世以来の姿を保ち、ユネスコの世界文化遺産に登録されている。

 歩き方

　駅を出たら正面に延びている**バーンホーフ通りBahnhofstr.**を5分ほど歩き、Turnstr.を越えたら次の通りHeiligegeiststr.で左折、ここを道なりにさらに5分行くと、右側に広々と美しい**マルクト広場Markt**が現れる。正面奥には**市庁舎Rathaus**が建っている。その左隣に立つ騎士像は**ローラントRoland**といい、町の自由と公正を象徴している。❶もマルクト広場に面しており、市庁舎に向かって右側の建物に入っている。

　マルクト広場の周囲は、どの路地を歩いても木組みの古い家々が建ち並んでいる。マルクト広場の近くには、**木組みの家博物館Fachwerkmuseum "Ständerbau"**があり、後期ゴシックからユーゲントシュティール様式にいたる家々のモデルが展示され、保存、改修の歴史もわかる。

木組みの家並みが何よりの魅力

ファサードが美しい家

投稿 シュロスベルク（城山）の上の展望台からの眺めもすばらしいですが、ミュンツェンベルクの丘の上から見た夕方の風景も最高でした。階段の上り下りはきつかったです。（埼玉県 深野高文 '20)['24]

木組みの家と並んで、見逃せないのが町の南西の**城山Schlossberg**。城はドイツ初代の王、ハインリヒ1世の居城のひとつとして、919年に建てられた。王の死後、城全体は女子修道院となった。坂道を上っていくと、れんが色をした町全体が見渡せる。この城山の最大の見どころは、12世紀に建てられた女子修道院付属の**聖セルヴァティウス教会Stiftskirche St. Servatius**で、ラテン十字の形をしたロマネスク様式のバジリカがすばらしい。祭壇の左右の聖具室に宝物も展示されている。

教会の隣の**城博物館Schlossmuseum**も、あわせて見学していきたい。

城山の北西に位置するミュンツェンベルクの丘は、聖セルヴァティウス教会と城の撮影にぴったりのビューポイント。丘の上には10世紀創建のマリア修道院跡に、小さな木組みの家々が建ち並んでいる。

●聖セルヴァティウス教会
[住]Schlossberg 1g
[開]4～10月　10：00～18：00
11～3月　10：00～16：00
入場は閉館1時間前まで。6～9月はコンサート開催のため変更の場合あり。
[休]月、12/24・25・31、1/1
[料]教会と宝物館€6、学生€4.50

●城博物館
[住]Schlossberg 1
2024年末頃まで工事のため閉鎖。

ミュンツェンベルクから見た聖セルヴァティウス教会

ロマネスク建築ならではの半円アーチが多用された教会内部

おすすめのホテル HOTEL

※クヴェトリンブルクに宿泊すると保養税が1人€3加算される。

H ロマンティックホテル・テオファノ
Romantik Hotel Theophano MAP ◆ P.383

[住]Markt 13/14（入口はHohe Str.側）
☎(03946) 96300
[URL]www.hotel-theophano.de
[料]Ⓢ€109～　Ⓣ€119～　[カード] [A][M][V]　[Wi-Fi] 無料

各部屋ごとに異なるロマンティックなインテリアが自慢。エレベーターなし。ワインケラーでの食事もおすすめ。

H ツム・ベーア
Zum Bär MAP ◆ P.383

[住]Markt 8-9　D-06484
☎(03946) 7770
[URL]hotelzumbaer.de
[料]Ⓢ€115～　Ⓣ€135～
[カード] [D][J][M][V]　[Wi-Fi] 無料

1748年創業の歴史的な木組みの家を利用した宿。エレベーターはない。

魔女の人形は
ラッキーアイテム

魔女と白馬の蹄の伝説がある山
ターレ
Thale

ベルリン
ターレ ★
フランクフルト
ミュンヘン

MAP ◆ P.290-A2

人　口	1万7100人
市外局番	03947

ACCESS

鉄道：RE快速でクヴェトリンブルクから約10分、マクデブルクから約1時間30分、ヴェルニゲローデからハルバーシュタット乗り換えで約1時間。

❶ターレの観光案内所
⊞ Bahnhofstr. 1 D-06502
☎(03947) 7768000
🔲 www.harzinfo.de
開 月〜金　8：00〜16：00
　　土・日・祝　9：00〜14：00

●野生動物園
⊞ Hexentanzplatz 4
開 月〜日　10：00〜16：00
　　（最終入場は15：00）
　　季節により変更あり
料 €9、学生€7、子供、ファミリー割引あり

●チェアリフトとゴンドラリフト
🔲 www.seilbahnen-thale.de
料 チェアリフト往復€6
　　ゴンドラリフト往復€9
　　両方のコンビチケット€14

魔女伝説の山へ上るゴンドラリフト

　ハルツ山地の中の小さな町ターレ。ボーデ川を挟んで向かい合う山には、伝説の舞台となった場所が残っていて、ちょっぴり不気味な雰囲気すら漂っているかのようだ。

　駅を出て、ほぼ向かい側に❶がある。西に進んで川を渡り道なりに行けば、10分ほどでチェアリフトの乗り場に着く。

　ターレに伝わる**ロストラッペRosstrappe**の伝説の舞台といわれる場所は、チェアリフトを降りてから15〜20分ほどハイキングした所にある。必ず歩きやすい靴で行くこと。ロストラッペとは、馬の足跡という意味で、そこには馬の蹄の跡が崖っぷちの岩の上にくっきりとついていて、見晴らし台にもなっている。

　いったんチェアリフトで下りて、次は向かい側の山へ。ゴンドラリフトの乗り場は、チェアリフトの乗り場のすぐ近く。山頂に着いたらまず左側に進む。野外劇が行われる**ハルツ山上劇場Harz Bergtheater**

ヴァルプルギスホール

と、博物館になっている**ヴァルプルギスホールWalpurgishalle**がある。次は**ヘクセンタンツプラッツ動物園Tierpark Hexentanzplatz Thale**もある魔女の踊り場**ヘクセンタンツプラッツHexentanzplatz**に向かおう。その昔、魔女たちが酒宴を開きどんちゃん騒ぎをしたという場所だ。このような言い伝えが多いのは、このあたりがその昔祭祀の場所であったから。いけにえをささげたり、魔女の火あぶりも行われたとか。今では魔女の人形がみやげ物屋の店先で「幸福を運ぶ品」として売られている。

ターレ駅 ❶
Goetheweg
Parkstr.
Hubertusstr.
チェアリフト
Rosstrappe H
ゴンドラリフト
Jugendherberge ⌂
ヴァルプルギスホール
Walpurgishalle
ハルツ山上劇場
Harz Bergtheater
N
ロストラッペの
見晴らし台
Bode
ヘクセンタンツプラッツ・
ヘクセンタンツ
プラッツ動物園・
0　150　300m

ターレ
THALE

投稿　以前の投稿で紹介されていましたが、ヘクセンタンツプラッツへ上るゴンドラリフトは緑と赤のキャビンがあって、緑のほうは床がガラス張りでした。眼下に谷底が見えてスリル倍増でした！（宮城県　ゼン　'20）['24]

ニョキニョキとした形の岩山が連なるザクセンのスイス

ドレスデンと周辺
Dresden / Sachsen

ろうそくの
熱で回るク
リスマスピ
ラミッド

ドレスデンにはアンペルマン
だけでなく、アンペルフラウ
（女の子）信号もある

クリスマスの
木製おもちゃ
はエルツ地方
から生まれた

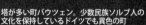

塔が多い町バウツェン。少数民族ソルブ人の
文化を保持しているドイツでも異色の町

ナイセ川の対岸、ポーランド側から見たゲルリッツ

本場のシュトレンは
ぜひ食べてみたい

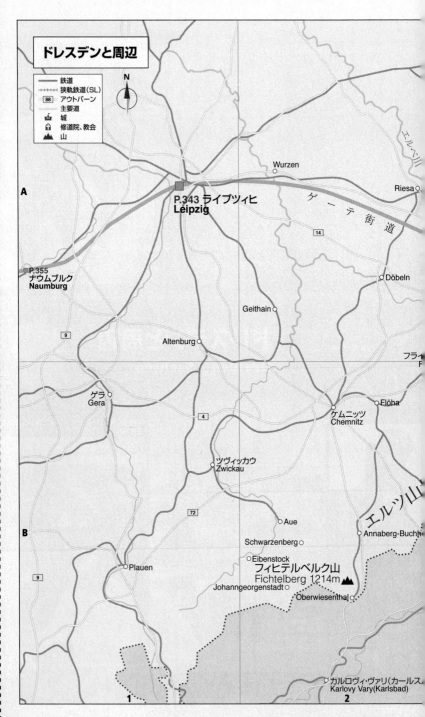

ドレスデンと周辺

凡例
- ▬▬ 鉄道
- ┼┼┼┼ 狭軌鉄道（SL）
- 88 アウトバーン
- ▬▬ 主要道
- 🏰 城
- ⛪ 修道院、教会
- ▲ 山

N

Wurzen

Riesa

A

P.343 ライプツィヒ
Leipzig

ゲーテ街道

エルベ川

14

Döbeln

P.355
ナウムブルク
Naumburg

9

Geithain

Altenburg

フライ
F

ゲラ
Gera

Flöha

ケムニッツ
Chemnitz

4

ツヴィッカウ
Zwickau

B

72

Aue

Annaberg-Buch

エルツ山

Schwarzenberg

Eibenstock

フィヒテルベルク山
Fichtelberg 1214m ▲

9

Plauen

Johanngeorgenstadt

Oberwiesenthal

カルロヴィ・ヴァリ（カールス
Karlovy Vary (Karlsbad)

1　　　　　**2**

ドレスデンと周辺 ▼ 広域図

P.20,401
ラコッツ橋（悪魔の橋）

P.401
ムスカウ庭園

ヴァイスヴァッサー
Weisswasser

Kamenz

13

Königsbrück

Radeburg

4

P.412
ゲルリッツ
Görlitz

P.400 モーリッツブルク城

5 マイセン
Ben

ドレスデン空港

P.411
バウツェン
Bautzen

ラーデボイル
Radebeul

P.400 ピルニッツ宮殿

P.390 ドレスデン
Dresden

ピルナ
Pirna

P.398
ザクセンのスイス
Sächsische Schweiz

P.412
ツィッタウ
Zittau

クーアオルト・ラーテン
Kurort Rathen

バート・シャンダウ
Bad Schandau

P.399
ケーニヒシュタイン城塞

ケーニヒシュタイン
Königstein

rzgebirge

409
イフェン
eiffen

ベルリン

フランクフルト

ミュンヘン

チェコ

Labe

0   10   20km

プラハ↓

3   4

387

ドレスデンと周辺

ザクセン州は、サクソン人が住んでいた地方で、ポーランド、チェコと国境を接する旧東ドイツの東南部に位置している。州都ドレスデンは、バロック様式で統一された宮殿が建ち並び、「エルベ川のフィレンツェ」とたたえられる美しい都だった。ゲーテはこの町をしばしば訪れ、芸術や文化を味わい、エルベ

ドイツ最古の歴史を誇る、ドレスデンのクリスマスマーケッ

川沿いの眺めを楽しんだ。エルベ川の通商と銀の採掘で富を得たザクセン王国の文化遺産の、最も有名な品がマイセン磁器。

チェコとの国境に近いエルベ川沿いの砂岩渓谷が造り出す絶景「ザクセンのスイス」地方は、切り立った断崖が大迫力。ヨーロッパのロッククライミングの聖地となっている

また、チェコとの国境沿いに横たわるエルツ山地は、かつて銀や錫などを産出してザクセン王国の財政を支えた。鉱山の町ザイフェンは、今では木のおもちゃを作る工房の町となっている。

ポーランドやチェコとの国境に近いラウジッツ地方は、ソルブ人というドイツの少数民族が住んでいる。バウツェンは、駅名や通り名もドイツ語とソルブ語が併記される珍しい町。

周遊のヒント

ドレスデンはドイツ東部の鉄道網の中心のひとつで、ベルリンやライプツィヒへのアクセスは特に便利。また、プラハへは EC 特急で約2時間 20 分という近さ。ドレスデン～プラハ間は景勝ルートのひとつで、車窓から見えるエルベ川沿いの景色が美しい。

車窓からその姿を見上げることもできるザクセンのスイスのバスタイ橋

ステイガイド

ドレスデンは大型ホテルが多く、料金は高め。中級ホテルは少ないので早めに予約しておいたほうが安心。特にクリスマスマーケッの頃と夏は混み合う。ドレスデン以外の町はホテル数は少ない。

ドレスデン旧市街の中心部は高級ホテルが多い。レジデン宮殿に面したタッシェンベルクパレ

ドレスデンと周辺 ▼ イントロダクション

名産品と料理

　ザクセン州の名産品は、マイセン磁器にエルツ地方で作られる木製人形やおもちゃ。ドレスデンは、**アイアーシェッケ** Eierschecke というふんわりとしたチーズケーキが名物。またクリスマスのお菓子**シュトレンStollen**や、日本でもなじみの深いお菓子**バウムクーヘン**も、ドイツ東部が本場といわれている。

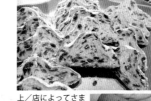

上／店によってさまざまな種類があるシュトレン　右／ドライフルーツやナッツがぎっしり

周辺に置くシュヴィップボーゲン

エルツ地方伝統の天使の人形

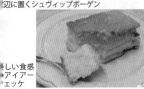

楽しい食感のアイアーシェッケ

一生もののマイセン磁器

本場のバウムクーヘンは薄くスライスして食べる

交通図

| 幹線鉄道 |
| ローカル線鉄道 |
| バス |

数字は、2地点間をつなぐ最も早い便を利用した場合のおよその移動所要時間を表す。停車や乗り換え時間は含まない。
例）1˚30′＝所要1時間30分

ベルリン□
□フランクフルト
□ミュンヘン

ベルリンまで1˚10′
ベルリンまで1˚40′

デッサウ

ハレ　　45′

20′

40′　　ライプツィヒ

ベルリンまで1˚50′

コットブスまで30′

ヴァイスヴァッサー

ナウムブルク

1˚05′
（ゲラ～ライプツィヒ間）

1˚15′

25′

1˚15′　1˚

イエナ　　30′　　ゲラ

マイセン

バウツェン

35′

ゲルリッツ
30′

ツヴィッカウ　ケムニッツ　フレーハ　フライベルク
50′

ヴュルツブルク

30′　10′　20′　35′

ドレスデン
35′

1˚05′

1˚

ツィッタウ

ホーフ

1˚15′

オルベルンハウ・グリューンタール

25′

15′

ザイフェン

バート・シャンダウ

レーゲンスブルク

カルロヴィ・ヴァリ（チェコ）

プラハ（チェコ）

389

"エルベ川のフィレンツェ"を訪ねて
ドレスデン
Dresden

ドレスデン風チーズケーキ、アイアーシェッケ

ベルリン●

フランクフルト●　★ドレスデン

ミュンヘン●

MAP ◆ P.387-A3	
人　口	55万6200人
市外局番	0351

ACCESS
鉄道：EC特急でベルリン中央駅から約1時間50分、チェコのプラハから約2時間20分。ICE特急でライブツィヒから約1時間15分。
空港と市内間のアクセス：ドレスデン空港ターミナル地下駅と中央駅(ノイシュタット駅経由)を結ぶⓈ2が、ほぼ20〜40分間隔で運行。中央駅まで所要約20分。片道€3。

❶ドレスデンの観光案内所
☎(0351)501501
URLwww.dresden.de/tourismus
●中央駅の❶
圏月〜金　　9：00〜19：00
　　土　　　10：00〜18：00
　日・祝　　10：00〜16：00
　(冬期は短縮あり)
●旧市街地区の❶
住Neumarkt 2(クヴァルティーア・エフQuartier Fというショッピングビルの地下)
◎Map P.391-A1
圏月〜金　　10：00〜19：00
　　土　　　10：00〜18：00
　　日　　　10：00〜15：00
　(冬期は短縮あり)

●市内交通料金
1回乗車券　　　　　　€3
1日乗車券　大人　　　€8
自動券売機がない停留所が多いので、あらかじめ必要な分だけ中央駅前で購入を。
●ドレスデンカード('24)

1人用 Einzel	シティカード City Card	地域カード Regio Card
1日用 1 Tag	€17	€26
2日用 2 Tage	€24	€44
3日用 3 Tage	€33	€59

ファミリー用もある。

エルベ川の岸辺から見た旧市街

　かつて「百塔の都」とうたわれたドレスデンは、中世にはエルベ川の水路を利用した商業都市として発展し、16世紀以降はザクセン王国の首都として繁栄した。バロック様式の壮麗な宮殿や教会、貴族の館が建ち並んだ町は第2次世界大戦の空襲で一夜にして破壊された。

　しかし、音楽の殿堂ゼンパーオペラは1985年に再建、がれきの山のままだったフラウエン教会も東西統一後、再建作業が始まり、2005年に完成。「芸術と文化の都」の姿がよみがえった。

ドレスデンの市内交通

　市電(路面電車)がおもな交通手段。切符は車内に自動券売機を設置した車両も一部運行しているが、中央駅前の販売所か自動券売機で買っておくほうが安心。

　60分間有効の**1回乗車券Einzelfahrt**や刻印時から翌朝4：00まで有効の**1日乗車券Tageskarte**などがある。

　中央駅前(中央駅北口Hbf. Nord)から町の中心部へは、8、9、11番で3つ目がツヴィンガー宮殿に近いポスト広場Postplatz。

黄色い市電が行き交う市内

ドレスデンカード　Dresden-Card

　ドレスデンシティカードDresden-City-Cardは市内の公共交通機関に有効期間内乗り放題で、いくつかの美術館、博物館などの見どころが入場割引になる。**ドレスデン地域カードDresden-Regio-Card**は、ドレスデン市外のマイセンやケーニヒシュタインへの鉄道も有効範囲で、入場割引範囲も広がる。ただしいずれのカードもレジデンツ宮殿やツヴィンガー宮殿内の博物館、美術館は含まれない。❶またはオンラインで購入。

　また、市内のおもな美術館とレジデンツ宮殿(歴史的緑の丸天井は除く)が入場可能な**ドレスデン国立博物館群(SKD)**の1日券もある(→P.394)。

MEMO 11番の市電は改修工事のためアントン/ライブツィガー・シュトラーセAnton-/Leipziger Str.〜ノイシュタット駅〜ビューラウ間は代行バスによる運行となる(2025年夏頃までの予定)。

ド
レ
ス
デ
ン
と
周
辺
▼
ド
レ
ス
デ
ン

ドレスデン・ノイシュタット駅
Dresden Neustadt Bf.

Bautzner Str. →モルケライ・プフント P.403

至ザクセンのスイス

ケストナー博物館
Erich-Kästner-Museum

アルベルト広場
Albertplatz

Antonstr.

Georgenstr.

アルベルト橋
Albertbrücke

H Bayerischer Hof

P.403
ノイシュテッター
マルクトハレ **ノイシュタット地区（新市街）**

Hauptstr.

三王教会
Dreikönigskirche

Bülow Palais H

Rittterstr.

Archivstr.

A

ザクセン民芸博物館
Museum für
Sächsische Volkskunst

ザクセン州首相府

日本宮殿
Japanisches Palais

ノイシュタット・マルクト
Neustädter Markt

Kopeckestr.

ザクセン州大蔵省

ELBE

P.404 ビルダーベルク・ベルビュー

至マイセン

風景の緑線・

Carolabrücke

Terrassenufer

船上レストラン
兼劇場
Theater Kahn

Augustusbrücke

エルベ川
遊覧船船着場

Hotel am
Terassenufer

H Maritim

ブリュールのテラス
Brünlsche Terrasse

新ユダヤ教会堂

ゼンパーオペラ
Semperoper

拡大図は P.392

三位一体
大聖堂

Schloss-
platz

P.403

ドレスデン アルベルティーヌム P.397
要塞
Albertinum

Rathenauplatz

Pillnitzer Str.
フォルクスワーゲン工場へ

P.395

劇場広場
Theaterplatz

マイセン・ストアヒルトン
君主の行列・

Ⓡコーゼルパレー P.402
フラウエン教会 P.396
Frauenkirche

レジデンツ宮殿
Residenzschloss

交通博物館・

Ⓡクヴァルティーア・エフ

Ⓡアウグスティーナー P.402

アルテマイスター
絵画館

Neumarkt Landhausstr. Pirnaischerplatz

ツヴィンガー宮殿
Zwinger

文化宮殿
Kulturpalast

市立博物館

Dorint H

Schauspielhaus・

ポスト広場
Postplatz

Wilsdruffer Str.

Gewandhaus

クロイツガッセ

ゲンゼディーブ
Ⓒアルトマルクト広場
Altmarkt

聖十字架教会 P.396
市庁舎
Kreuzkirche Rathaus

ドイツ衛生博物館
Deutsches
Hygienemuseum

P.403 アルトマルクト・
ギャラリー

旧市街地区

Ⓢ GALERIA

Centrum Galerie

B

市電

N

0 100 200m

R-Hampelstr.

Prager Str.

St. Petersburger Str.

Bürgerwiese Parks

Ibis H

H プルマン・ネヴァ P.404

ドレスデン
DRESDEN

InterCityHotel H

ウィーン広場
Wienerplatz

ドレスデン中央駅
Dresden Hbf.

1   2

歩き方

旧市街地区

●ドレスデン市内観光バス
Stadtrundfahrt Dresden社
（青いダブルデッカー）
⊞www.stadtrundfahrt.com
おもな見どころ22ヵ所で自由に乗り降りできるホップオン・ホップオフのコースが1日有効€20。

Dresdner Stadtrundfahrt社
（赤いダブルデッカー）
⊞www.stadtrundfahrt-dresden.de
ドレスデンのおもな見どころを約1時間30分で走る大周遊コースGrosse Stadtrundfahrtが€18。

❶は中央駅構内にある。駅の北口を出ると、市電の停留所になっている**ウィーン広場Wienerplatz**で、ここから道幅の広い歩行者天国の**プラーガー通りPrager Str.**が北へ向かって延びている。ホテルやデパート、ショッピングセンターなどが建ち並ぶプラーガー通りを10分ほど行くと、ドレスデン誕生の地**アルトマルクト広場Altmarkt**に出る。広場の南東側には、**聖十字架教会Kreuzkirche**も姿を見せている。

Wilsdruffer Str.を渡ってさらに進むと、右側にドレスデン管弦楽団の本拠地でもあるガラス張りの文化宮殿が建っている。

ザクセン王家の至宝を展示するレジデンツ宮殿

文化宮殿を過ぎたあたりから、ドレスデンの見どころがぎっしり詰まった地区になる。東側にそびえる白いドーム型の教会は、**フラウエン教会Frauenkirche**、西側には**レジデンツ宮殿Residenzschloss**や**ツヴィンガー宮殿Zwinger**などの壮麗な建築群が建ち並ぶ。

エルベ川の川岸には**ブリュールのテラスBrühlsche Terrasse**という名の美しいプロムナードがある。川岸に下りると、エルベ川の遊覧船**ヴァイセ・フロッテ Weisse Flotte**（→P.398MEMO）の乗り場がある。

ゲーテもここからの眺めを絶賛したというブリュールのテラス

**ツヴィンガー宮殿と
レジデンツ宮殿周辺**

⇦ 入口を示す

ゼンバーオペラ P.397
Semperoper

アウグストゥス橋

Alte Meister ®

劇場広場
Theaterplatz

市内観光バス乗り場
4・8・9

公衆トイレ

P.395
数学物理学博物館
Mathematisch-Physikalischer Salon

・アルテ・マイスター絵画館 P.394
Gemäldegalerie Alte Meister

P.396
三位一体大聖堂
Kathedrale St. Trinitatis

Schloss-platz

®OPERAbar & dining

Chiaverigasse

ツヴィンガー宮殿 P.394
Zwinger

シンケルヴァッヘ
Schinkelwache
（ゼンバーオペラ・チケットオフィス）

歴史的緑の円天井（1階）
Historisches Grünes Gewölbe

P.394 君主の行列（壁画）
Der Fürstenzug

Augustusstr.

・王冠の門
Kronentor

P.393
レジデンツ宮殿
Residenzschloss

Kanzlei-gässchen

str.

堀

N

マイセン焼きの
カリヨン

Sophienstr.

Taschenberg

Hyperion

陶磁器コレクション P.395
Porzellansammlung

P.404
Ⓗケンピンスキー・ホテル・
タッシェンベルクパレ

Schloss-str.

Schlossergasse

Sporer- Gasse

0 25 50m

MEMO 土曜に時間があったら、エルベ川に架かるアルベルト橋の下、旧市街側の岸辺で開かれるのみの市へ行ってみよう。多いときは500店近くが並ぶ大きなマーケットで4月中旬〜11月中旬の土曜10:00〜15:00頃に開催。

ノイシュタット地区

エルベ川の対岸はノイシュタット、つまり新市街と呼ばれる地区。アウグストゥス橋を渡ると、**ノイシュタット・マルクトNeustädter Markt**という広場に出る。広場には馬にまたがった金ピカのアウグスト強王の像がある。第2次世界大戦の戦禍を受けながら、崩れ落ちたがれきの中から無傷で発見されたものだという。

黄金に輝く強王の騎馬像

ここからプラタナス並木が美しい**ハウプト通りHauptstr.**が**アルベルト広場Albertplatz**へ延びている。『エミールと探偵たち』や『ふたりのロッテ』などで知られる作家エーリッヒ・ケストナーは、この広場のすぐそばで生まれ、**ケストナー博物館Erich-Kästner-Museum**も近くにある。

ノイシュタット・マルクトに戻り、エルベ川沿いにGroße-Meißner-Str. を進むと、ベルビュー・ホテルを経て**日本宮殿Japanisches Palais**が見えてくる。東洋風の屋根や切妻壁の装飾など、その外観から日本宮殿と呼ばれ、アウグスト強王はここを自らの磁器コレクションで埋め尽くそうとした。現在は**民族学博物館Staatliches Museum für Völkerkunde**となっているが常設展示はなく、特別展用の会場となっている。

おもな見どころ

ザクセン王の居城 レジデンツ宮殿
Residenzschloss ★★

城内は、ザクセン王家の財宝コレクションが並ぶ**緑の丸天井Grünes Gewölbe**という宝物館や博物館になっている。

特に1階部分の**歴史的緑の丸天井Historisches Grünes Gewölbe**には、金銀、宝石、琥珀などをふんだんにちりばめた、中世から初期ルネッサンス時代の目がくらみそうな財宝が並び必見（1階のみ見学者数を制限し、時間指定の入館券が必要となっている）。

2階は、**新しい緑の丸天井Neues Grünes Gewölbe**として、16世紀以降の象牙やクリスタル、エナメルなどの工芸作品を展示。

武器展示室Rüstkammerには騎士が使った鎧甲冑や槍、剣などが並ぶ。豪華な**アウグスト強王の居室Paraderäume Augusts des Starken**も必見。**オスマントルコ展示室 Türckische Cammer**は、16〜19世紀にトルコがもたらした華麗な宝飾品や調度類を展示。

©Staatliche Kunstsammlungen Dresden/ Foto: David Brandt

Foto : David Brandt

上／大粒の宝石が見もの
の歴史的緑の丸天井
下／武器展示室

● **ケストナー博物館**
🏠 Antonstr. 1
📍 Map P.391-A1
🔗 www.kaestnerhaus-literatur.
de
🕐 月・木・金・日
　　　10：00〜17：00
　　水　　12：30〜17：00
🚫 土、火
💴 €6、学生€4

ケストナーの世界を楽しく展示

**日本宮殿内の博物館
民族学博物館**
🏠 Palaisplatz 11
📍 Map P.391-A1
🔗 japanisches-palais.skd.
museum

● **レジデンツ宮殿**
🏠 Taschenberg 2
📍 Map P.392
🔗 www.skd.museum
🕐 水〜月　10：00〜18：00
🚫 火、1〜2月に閉館期間あり

レジデンツ宮殿の入口はホテル・
タッシェンベルクパルの向かい
と Schlossstr. という路地の2ヵ
所にあり、吹き抜け部分にチケット窓口がある

🎫 歴史的緑の丸天井の見学は
日時指定のオンライン予約
が必要。上記サイト内からできる。
・歴史的緑の丸天井展示室だ
けの入場に有効の時間指定
チケット€14
・歴史的緑の丸天井を除くレ
ジデンツ宮殿用チケット
€14（新しい緑の丸天井、オ
スマントルコ＆武器、陶器
展示室、アウグスト強王の
居室などに有効）
・歴史的緑の丸天井を含むレ
ジデンツ宮殿内すべてに有
効のチケットは€24.50（オ
ンラインで日時指定予約が
必要）

●君主の行列
📍Map P.392

●アウグスト強王
ザクセン選帝侯フリードリヒ・アウグスト1世(1670～1733)は、アウグスト強王とも呼ばれている。ライオンのミルクを飲んで育ったため、たいへんな力持ちだったそうで、例えば馬の蹄鉄も素手でポキンと折ることができたとか。また、女性にモテモテで、実子の数も360人といわれている。ドレスデンの美術館にある世界的に貴重なコレクションやマイセンの磁器、近郊にそびえる城など、彼がザクセンに残した歴史的財産は多い。

君主の行列のほぼ中央に描かれたアウグスト強王(壁にはAUGUST Ⅱ.と表記)

ツヴィンガー宮殿の中庭

●ツヴィンガー宮殿
🏠Theaterplatz 1
📍Map P.392

●ドレスデン国立博物館群(SKD)の1日券
Tageskarte SKD
ツヴィンガー宮殿内のすべての博物館、レジデンツ宮殿(歴史的緑の丸天井は除く)、アルベルティーヌムなどに入場できる。€24。2日間有効券2-Tageskartもあり€27。SKD所属の各美術館または🌐shop.skd.museumから購入。

●アルテ・マイスター絵画館
📍Map P.392
🌐www.skd.museum
🕐火～日 10:00～18:00
休 月、冬期休業(1～2月頃)あり
料 €14、学生€10.50
(1日チケットで陶磁器コレクション、数学物理学博物館にも入場可)

マイセン焼タイルで描いた君主の行列
Der Fürstenzug ★★★

レジデンツ宮殿北東側の中庭にあり、欧州最古の武芸競技場だった**シュタルホーフStallhof**は中世オリジナルのままに再建された。このシュタルホーフの外壁には、マイセン磁器のタイルに描かれた、長さ101mの『**君主の行列Der Fürstenzug**』という壮大な壁画がある。1123年から1904年までのザクセン君主の騎馬像や、時代を飾った芸術家ら総勢93名が描かれている。行

列最後尾の髭をたくわえた男性が、壁画製作者のW.ヴァルター自身。約20cm四方のタイルを約2万5000枚も使用しており、戦災を奇跡的に免れただけに必見。

ドレスデンの歴史的人物が描かれた『君主の行列』

ザクセン王国の栄華を伝えるツヴィンガー宮殿
Zwinger ★★★

ドレスデンのバロック建築は、17世紀末に即位したザクセン王フリードリヒ・アウグスト1世(アウグスト強王)の時代に建てられた。ツヴィンガー宮殿は建築家ペッペルマンの最高傑作で、1728年に完成した。19世紀になって、隣のゼンパーオペラを設計した建築家ゼンパーが、北側部分(現在のアルテ・マイスター絵画館部分)をイタリア・ルネッサンス様式で増築している。

内部は3つの博物館があり、それぞれ入口が違うので注意(→P.392の地図参照)。

ツヴィンガー宮殿内にある**アルテ・マイスター絵画館 Gemäldegalerie Alte Meister**は、ドレスデンで最も重要な美術館。1513年ラファエロ作の『システィーナのマドンナ』をはじめとしてフェルメール、レンブラント、デューラー、ブリューゲル、ボッ

フェルメール
Brieflesendes Mädchen
『手紙を読む少女』

フェルメール
Bei der Kupplerin
『遣り手婆』

ラファエロ
Die Sixtinische Madonna
『システィーナのマドンナ』

Gemäldegalerie Alte Meister, Staatliche Kunstsammlungen Dresden

MEMO 『システィーナのマドンナ』(上図・右)の画面下部に描かれた天使たち、どこかで見おぼえがあるのでは? マウスパッドやマグカップなどにプリントされたかわいい天使は、この作品がオリジナル。

ティチェッリなど、ヨーロッパの古典絵画の名品を所蔵する。

陶磁器コレクションPorzellansammlungにはアウグスト大公が集めた18〜19世紀の中国や日本の陶磁器をはじめ、マイセンで作られた数々の歴史的名品のオリジナルが展示されている。有田焼の錦（赤、青、金）とその乳白色の磁肌は、バロック建築物にピッタリだったことも手伝って、財力の象徴として当時の王侯貴族らは先を争って買い求めた。陶磁器コレクションの入口があるグロッケンシュピールパビリオンには、マイセン焼のカリヨンが取りつけられている。

ツヴィンガー宮殿には、ほかに**数学物理学博物館Mathematisch-Physikalischer Salon**も入っている。

時計板の両側に取りつけられた
マイセン焼のカリヨン

17世紀の伊万里もコレクションに並ぶ

●陶磁器コレクション
○Map P.392
圏火〜日　　10：00〜18：00
困月、冬期休業（2〜3月頃）あり
料€6、学生€4.50

●数学物理学博物館
○Map P.392
圏火〜日　　10：00〜18：00
困月
料€6、学生€4.50

ドレスデンと周辺　▼　ドレスデン

ドイツ連邦軍軍事史博物館
Militärhistorische Museum der Bundeswehr ★★

スター建築家ダニエル・リベスキントによる新館が、斬新な姿を見せている。19世紀の兵器庫だった本館に組み込んだ独創的な設計は建築的にも必見。

ドイツ最大の軍事史博物館として、V2ロケットや潜水艦をはじめ、ドイツの中世から現代にいたる軍事史や文化史の展示が見られる。屋外にも軍事車両の展示がある。

重厚な本館を分断するような灰色の「金属片」と呼ばれる部分は、戦禍と東西ドイツ分断を表す

●ドイツ連邦軍軍事史博物館
行き方新市街北部にあり、中央駅から7または8番の市電で約20分のStauffenbergallee下車徒歩5分。
住Olbrichtplatz 2
URLwww.mhmbw.de
圏木〜日、火10：00〜18：00
　月　　10：00〜21：00
　（入場は閉館1時間前まで）
困水、12/24〜27、1/1〜5
料€5、学生3、特別展は別途

フォルクスワーゲン工場見学
VW Gläsernen Manufaktur ★★

「ガラス張りの工場Gläserne Manufaktur」と呼ばれる斬新な建築で知られ、内部の見学ツアーが人気を集めている。ガイドツアー（ドイツ語）は毎正時にスタート、所要45〜75分。

工場のイメージを一新するモダン建築

フローリング床のクリーンな組み立てエリア

●フォルクスワーゲン工場
○Map P.391-B2地図外
行き方町の東部にあり、中央駅から10番の市電でStraßburger Platz下車すぐ。
住Lennéstr. 1
URLwww.glaesernemanufaktur.de
圏月〜土　　9：00〜18：30
困日
　特別行事等により変更、休館（冬期休業など）の場合もある。
料€9、学生€6
　ガイドツアーは混雑する場合が多いので、事前に日時指定予約がおすすめ。ドイツ語、英語のツアー（1日2回程度）が選べる。

256段の階段を上る聖十字架教会の塔

美しくよみがえった フラウエン（聖母）教会
Frauenkirche ★★★

教会前にはルター像が立つ

　第2次世界大戦前は絵のように美しいバロックの町並みだったノイマルクト広場に、1743年に完成。直径約25mの大ドームをもつドイツ最大のプロテスタント教会だったが、終戦間近の1945年2月の大空襲で崩壊した。戦後は廃墟のままで、戦争の悲惨さを伝えていたが、1994年に再建が始まり、2005年10月30日に昔の姿でよみがえった。

聖人像が見事な 三位一体大聖堂
Kathedrale St. Trinitatis ★★

ザクセン州最大の教会建築で、18世紀に宮廷教会Hofkircheとして建てられた。屋根の上に据えられた78体の聖人石像がライトアップされる夜は実に幻想的。巨匠ジルバーマン製作のパイプオルガンも戦後忠実に復元され、マイセン磁器製のピエタも見事。

屋根の上に聖人の石像が並ぶ荘厳な教会

　歴代のザクセン王を輩出したヴェッティン家の諸侯が眠る教会地下の安置室（ガイドツアーでのみ見学可）には、ポーランドに移送されたアウグスト強王の亡骸のうちの心臓だけが銀製の小箱に入れられて安置されており、彼好みの美女がその小箱のそばを通り過ぎるたびに、静かに鼓動を始めると伝えられる。

歴史ある合唱団で知られる 聖十字架教会
Kreuzkirche ★★

　前身は13世紀のニコライ教会。後期バロックに初期古典主義を加味した様式で、現在の姿は1764～1814年の建設。高さ54mの展望テラスがある教会塔からは、雄大なエルベ峡谷までも見渡せる。13世紀初頭に歴史を遡る**聖十字架合唱団Dresdner Kreuzchor**は、ドイツで最も古い少年合唱団のひとつ。合唱団員たちは厳しい寄宿舎生活を送り、音楽を中心として集団生活の基礎も徹底的に学ぶ。週末のミサでその透き通る歌声を披露してくれる合唱団は、テオ・アダムやペーター・シュライヤーら大物歌手を何人も輩出している。

MEMO フラウエン教会の外壁をよく見ると、白い石材と黒ずんだ石が混在している。黒い石は戦災以前の教会のもので、ここに新たな白い石の破片を、まるでパズルのように丹念に当てはめて復元した。黒い石は全体の約40％。

ドレスデンと周辺 ▼ ドレスデン

芸術の殿堂 アルベルティーヌム
Albertinum ★★★

エルベ川沿いのブリュールのテラスに面して建つアルベルティーヌムは、16世紀建造の兵器庫を前身とするネオ・ルネッサンス様式の建物で、内部は美術館となっている。

フリードリヒ『山上の十字架』

1階は**彫刻展示室Skulpturensammlung**、2、3階は**ノイエ・マイスター絵画館Galerie Neue Meister**として、ゴッホ、モネ、マネ、ドガ、ゴーギャンをはじめとしたロマン派から印象派の作品が並ぶ。特に、ドレスデンで没したドイツのロマン派を代表するカスパー・ダーヴィト・フリードリヒの作品は必見。

ゼンパーオペラ
Semperoper(Sächsische Staatsoper) ★★

ヨーロッパ屈指のオペラハウス

建築家ゼンパーの名でも呼ばれるザクセン州立歌劇場は、1838〜1841年に建てられた。建物正面の劇場広場にそびえる騎馬像は、この劇場の発注者のザクセン王ヨハン。同じ広場横には、初代音楽監督を務めたウェーバーの像もある。彼の後任として楽長の座に就いたリヒャルト・ワーグナーの『さまよえるオランダ人』『タンホイザー』は、ここで初演された。

たび重なる火災や戦災に見舞われ、戦後40年にも及んだ再建作業が完成したのは1985年のこと。創設時の功労者ウェーバー作『魔弾の射手』で再びゼンパーオペラは幕を開けた。夏期を除くほぼ毎日、オペラやコンサート、バレエが上演されている。

●アルベルティーヌム
⊞Georg-Treu-Platz
入口はエルベ川沿いのブリュールのテラス側にもある。
◯Map P.391-A2
🔗albertinum.skd.museum
🕙火〜日　10:00〜18:00
🚫月、冬期休館(1〜2月頃)
💶€12、学生€9

ドガ『ふたりの踊り子』

●ゼンパーオペラ
⊞Theaterplatz
◯Map P.392
🔗www.semperoper.de
　(インターネット予約可)
前売り窓口
シンケルヴァッヘ(→Map P.392)という建物の中。
⊞Theaterplatz 2
🕙月〜金　10:00〜18:00
　土　　　10:00〜17:00
　(1〜3月の土は〜13:00)
🚫日・祝
当日上演のチケットはゼンパーオペラ内の当日券売り場Abendkasseで上演1時間前から販売。
劇場内部のガイドツアーは、音楽シーズン中の午後に催行(ドイツ語、一部英語)。1人€13。リハーサルの都合などで中止の場合もある。
🔗www.semperoper-erleben.deでガイドツアーのスケジュールがわかり、日時指定予約もできる。

🎪 FESTIVAL

ドイツ最古のクリスマスマーケット

1434年以来、ドイツ最古の歴史を誇るのがドレスデンのクリスマスマーケットStriezelmarkt。昔は聖なるクリスマスに商売することは禁じられていたため、食料や日用品を売る市がクリスマス直前に開かれていた。この市が発展して、現在のクリスマスマーケットになったという。ドイツではクリスマスにシュトレンというドライフルーツやナッツ入りの素朴な焼き菓子を食

夜はいっそうロマンティック

べるが、ここドレスデンのシュトレンはドイツでいちばんおいしいといわれている。

メイン会場はアルトマルクト広場で、会場の中央には巨大なクリスマスツリーと並んで、世界最大のクリスマスピラミッドがお目見えする。レジデンツ宮殿のシュタルホーフでは中世風のクリスマスマーケットが開かれ、また新市街のハウプト通り沿いにも屋台が並んで、ドレスデンは町中がクリスマス一色になる。2024年は11月27日から12月24日の開催予定。

クリスマスピラミッド

📝MEMO　フラウエン教会前で開催されるノイマルクトのアドヴェントAdvent auf dem Neumarktは、1920年頃のクリスマスを再現したユニークなクリスマスマーケット。詳細情報は🔗dresden-weihnachten.info/advent-auf-dem-neumarkt

397

約200mの断崖絶壁の上から眼下を流れる
エルベ川を眺められる

ザクセンのスイス
Sächsische Schweiz

大迫力の奇岩石地帯を探訪

ドレスデンから南東へエルベ川を遡ると、チェコとの国境の手前で垂直に切り立った岩山が続く。この一帯は、ザクセンのスイスと呼ばれ、国立公園として整備されており、荒々しい岩山の世界を気軽に体験できる。

クーアオルト・ラーテンのバスタイ橋

最もザクセンのスイスらしい景観を見せてくれるのが、**クーアオルト・ラーテンKurort Rathen**のエルベ右岸山地だ。このあたりは長年の浸食作用により断崖絶壁と奇岩が連なり、にょきにょきとした岩が眼前に迫ってくる。なかでも有名なのが奇岩に架かる**バスタイ橋Basteibrücke**という石橋で、多くの観光客がここを目当てに登ってくる。なおバスタイ橋へ行く途中には、切り立った岩をいくつもの橋でつないだ**ノイラーテン岩壁城Felsenburg Neurathen**という有料エリア（2024年3月現在閉鎖中）もある。

山上にあるレストランで昼食にしてもよいが、サンドイッチなどを持参して山上ピクニックするのも楽しい。

MAP ◆ P.387-A3

行き方 ドレスデン中央駅からSバーン（**S**1）で、Kurort Rathenまで所要約35分。駅から徒歩約3分のエルベ川のフェリー（渡し船。往復€3）乗り場へ。対岸へ渡ったら、標識に従って山道の階段コースを約1km、所要30〜45分でバスタイ橋に着く。

断崖絶壁の岩山

エルベ川の渡し船

MEMO エルベ川の遊覧船「ヴァイセ・フロッテWeisse Flotte（白い艦隊）」は、マイセンやザクセンのスイスなどへのコースがある（冬期運休）。詳しくは ▣ www.saechsische-dampfschiffahrt.de

1 スリル満点のバスタイ橋は、1851 年に木の橋から石橋に造り直された　**2** 険しい岩山の上に造られた堅固な城塞ケーニヒシュタイン　**3** この壁の向こうに広大な城塞が広がっている

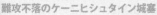

難攻不落のケーニヒシュタイン城塞

クーアオルト・ラーテンからSバーンで約5分。この町の背後には、ヨーロッパ最大級の山上城塞がそびえている。ケーニヒシュタイン城塞だ。

ケーニヒシュタイン駅から徒歩約5分の所から出ているシャトルバスに乗って、城塞の下に着くと、その巨大さに圧倒される。チケット売り場の右のトンネルを進むとエレベーターがあり、エルベ川から高さ240mの岩山にそびえる城塞のテラスに出る。ここから建物が集まる西半分を城壁に沿って歩くだけでも30分以上はかかる。周囲に見えるザクセンのスイスの奇岩地帯やエルツ山地の見事なパノラマにも、つい足を止めて見入ってしまう。

1233年まで歴史を遡る城塞は、19世紀にかけて次々と増築された建物内部が博物館になっている。牢獄もあり、マイセン磁器を発明したベットガーも一時幽閉されていた。

城塞の命綱である井戸は、ブルンネンハウスという館の中に造られた。今も使用されている深さ152.5mの井戸は必見。

城塞へ行くシャトルバス

行き方 ドレスデン中央駅からSバーン（Ⓢ1）で、Königstein (Sächsische Schweiz)まで所要約40分。駅から線路沿いに徒歩約5分のロータリー交差点近くのReißiger Platzにバス停があり、フェストゥングス・エクスプレスFestungs Expressというシャトルバスが出ている。4月上旬～10月下旬のみ運行。途中でSL型の観光車両Bimmelbahnに乗り換える場合あり。

●ケーニヒシュタイン城塞
🔳Map P.387-B3
🔳www.festung-koenigstein.de
🔳9：00～18：00（11～3月は～17：00）
入場は閉館1時間前まで　🔳12/24
🔳夏期€15、冬期€13、日本語のオーディオガイド€2
シュレッサーラントカルテ（下記MEMO参照）有効

ザクセンのスイスを旅するアドバイス
●山の中の道や階段が続くので、ハイキングのときと同様の服装、歩きやすいシューズで。
●食料や飲み物はドレスデン中央駅構内の店などで調達していくのがおすすめ。
●朝早めに出発すれば、バスタイ橋とケーニヒシュタイン城塞の両方をドレスデンから日帰りで訪問することも可能だが、列車やシャトルバスの本数が少ないので、時刻表はあらかじめチェックしていこう。

左／井戸の家ブルンネンハウスの中には、案内所と深さ152.5mの井戸がある
右／ヨーロッパで2番目に深い井戸。現在も使われているので、井戸へのコイン投入は禁止！

●ピルニッツ宮殿
[行き方]ポスト広場Postplatzかアルトマルクト広場Altmarktから1または2番の市電でKarchenalleeまで行き、63番のバスに乗り換えてPillnitz Schlossで下車。2番の市電で終点のKleinzschachwitzで下車し、エルベ河畔のフェリー乗り場まで歩いて対岸の城に渡る方法もある。
[住]August-Böckstiegel-Str. 2
[URL]www.schlosspillnitz.de
[開]火～日　10：00～17：00（入場券売り場は閉館1時間前まで営業）
[休]月、11～3月
[料]1日券（全館有効）€12、学生€10、庭園のみ€5、シュレッサーラントカルテ（P.399 MEMO参照）有効

●モーリッツブルク城
[行き方]ドレスデン・ノイシュタット駅から477番のバスで約30分、Moritzburg, Schloss下車。レスニッツグルント鉄道（下記コラム参照）を利用する方法もある。モーリッツブルク駅から城まで徒歩約20～30分。
[URL]www.schloss-moritzburg.de
[開]3月中旬～11月上旬　10：00～18：00（入場は閉館1時間前まで）
※冬期は特別展のため変更の場合あり
[休]2～3月閉館期間あり
[料]€12、学生€10、シュレッサーラントカルテ（P.399 MEMO参照）有効

近郊の見どころ

エルベ川沿いに建つピルニッツ宮殿
Schloss & Park Pillnitz　MAP◆P.387-A3

屋根が独特の形をしている水の宮殿

エルベ川を上ること約7km。ツヴィンガー宮殿の設計も一任されたアウグスト強王のお気に入りペッペルマンが、バロック様式に加え、中国趣味の要素も取り入れて完成させた。アウグスト強王は、愛人のコーゼル女性伯爵にこの宮殿を贈り、自らも避暑がてら専用のゴンドラ船でここを訪れては広大な庭園をしばしば散策した。

宮殿はエルベ川に面した**水の宮殿Wasserpalais**とその向かい側の**山の宮殿Bergpalais**が**美術工芸博物館Kunstgewerbemuseum**に、両宮殿の間に建つ新宮殿が礼拝堂や大ホール、宮廷調理場などからなる**城博物館Schlossmuseum**になっている。

優雅な姿を水に映すモーリッツブルク城
Schloss Moritzburg　MAP◆P.387-A3

ドレスデンの北西約14km、野生の鹿や猪も生息する自然保護区の中に建つ。かつては狩りの城として使われていたが、現在は**バロック博物館Barockmuseum**としてバロックの家具、アウグスト強王専用の馬車、古伊万里などのコレクションが展示されている。孔雀やキジ、鴨などの天然羽毛を何十万枚も用いて作った絢爛豪華なタペストリーや装飾ベッドがある**羽根の部屋Federzimmer**も見事。城の周りは大小30もの池や庭園に囲まれている。

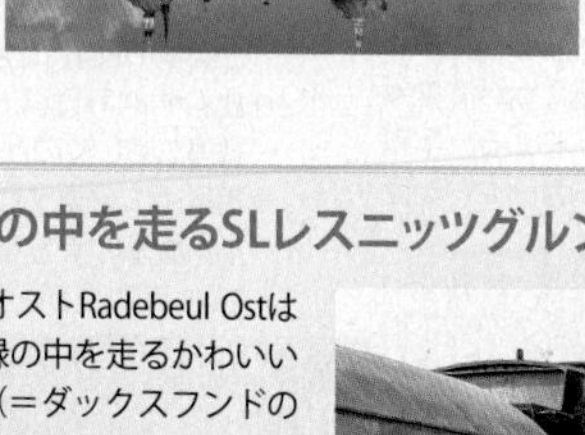
ザクセン地方のバロック建築の特徴である、黄土色と白が映える堂々たる城

INFORMATION

林の中を走るSLレスニッツグルント鉄道

SLの出発駅ラーデボイル・オストRadebeul Ostはドレスデンから[S]1で15分。緑の中を走るかわいい姿は「レスニッツのダッケル（＝ダックスフンドの略）」という愛称で親しまれている。
[URL]www.loessnitzgrundbahn.de
[運]モーリッツブルクまでは1日5便（うち2便はRadeburgまで行く）。春と秋に補修点検のための運休あり。
[料]ラーデボイル・オスト～モーリッツブルク間片道€9、往復€18

年間を通じて運行しているSL

[投稿]モーリッツブルク城の東側外階段にシンデレラの靴がありました。調べたところ『シンデレラの3つのヘーゼルナッツDrei Haselnüsse für Aschenbrödel』（1973）という映画がここで撮影されたそうです。（長崎県　Happiness裕之介　'20）['24]

バート・ムスカウのムスカウ庭園
Muskauer Park in Bad Muskau

🌐 世界遺産

MAP◆P.387-A4

ムスカウ庭園内に建つ優雅な新城

世界遺産としての正式名称は**ムスカウアー公園／ムジャコフスキ公園Muskauer Park / Park Mużakowski**という。ドイツとポーランドにまたがった遺産で、ナイセ川を挟んだドイツ側には約136ha、ポーランド側には約212haにわたり広がっている。

ヘルマン・フォン・ピュックラー＝ムスカウ侯爵が1815～1845年に造園したイギリス式の風景庭園で、園内の**新城Neues Schloss**では侯爵についての展示、**塔Turm**ではムスカウの町の歴史展示が見られる。

「悪魔の橋」の別名がある ラコッツ橋
Rakotzbrücke

MAP◆P.387-A4

水面に映るその姿と合わせて見事な円形を見せてくれるラコッツ橋は、この地の荘園主ヘルマン・フリードリヒ・レッチェにより造園されたクロムラウ庭園の中に、1860年代に約10年をかけて建設された。公園全体は、近くにあるムスカウ庭園のイギリス式風景庭園の影響を受けているといわれるが、ラコッツ橋など、ロマン派形式のドラマチックな建造物も含む独特の様式となっている。現在はシャクナゲ公園として花の時期はおおいににぎわう。

クロムラウの停留所でバスを降りたら、近くに公園の入口があるが、中に入ると橋までのルートが入り組みわかりにくい。バス通りを駅方向に500mほど戻ったところの広い公共駐車場の向かいあたりから入ると、3～5分ほどで橋のそばに着く。

水鏡に映る姿が美しい橋

駐車場近くの入口からRakotzbrückeの案内板に従って歩く

●ムスカウ庭園

行き方 ドレスデンから私鉄TLXで所要約1時間15分のゲルリッツGörlitzまで行き、さらにRB（普通）に乗り換えて約35分のヴァイスヴァッサー Weisswasserが最寄り駅。ヴァイスヴァッサーへはベルリンからも行ける。ベルリンからRE快速で約1時間30分のコットブスCottbusまで行き、RB（普通）に乗り換えて約30分。ヴァイスヴァッサー駅前から80番のバスで約15分のBad Muskau, Kirchplatz下車。

4～10月頃にはヴァイスヴァッサーからバート・ムスカウ間をSLまたはディーゼルのムスカウ森林鉄道Waldeisenbahn Muskau（URL www.waldeisenbahn.de）が運行。運行日は不定期なので上記サイト内の時刻表を要チェック。

URL www.muskauer-park.de
開4～10月　10：00～18：00
休11～3月（週末のみ不定期にオープンの場合あり）
料庭園は無料、新城は€8、塔の入場€4、両方€10

●ピュックラーアイスとは

バニラ、ストロベリー、チョコの3層からなるアイスは、ドイツではピュックラーアイスの名で親しまれている。この城の料理人の「発明」といわれ、スーパーなどでも販売している。

どこかなつかしい味がするアイス

●ラコッツ橋（クロムラウ・シャクナゲ公園内）

行き方 ヴァイスヴァッサーまでの行き方は上記ムスカウ庭園と同じ。ヴァイスヴァッサー駅前から78番のバスで約10分、クロムラウKlomlau下車。週末は本数が減る。4～10月頃にはムスカウ森林鉄道（上記ムスカウ庭園への行き方参照）がヴァイスヴァッサー～クロムラウ間を運行。
住 in Rhododendronpark Kromlau, 02953 Gablenz
URL www.rakotzbruecke.de
開日の出から日没頃まで
料無料

ヴァイスヴァッサー駅は無人駅

ℛESTAURANT ✤ ドレスデンのレストラン

アルトマルクト広場周辺や、フラウエン教会の周辺にレストランやカフェが集まっている。ドレスデンをはじめとするザクセン地方の郷土料理は、肉やジャガイモが主体でボリュームがある。肉料理が苦手な人は、カフェのランチなら比較的軽いメニューが多く、割安なのでおすすめ。さらに手軽に済ませるなら、ショッピングセンターやノイシュテッター・マルクトハレ(→P.403)の中にも安い店がある。

ℛ アウグスティーナー
Augustiner

フラウエン教会近くで食べるなら

ミュンヘンを本拠とするビアレストラン。バイエルン料理とザクセン料理の両方を味わえる。生ビール(Helles、0.5ℓ)€4.70、白ソーセージWeisswurst2本€6.80(注文は15:00まで)、ヴィーナー・シュニッツェルWiener Schnitzel€28.50。

ドイツ料理 MAP ◆ P.391-A2
⊞ An der Frauenkirche 17
☎ (0351) 49776650
URL augustiner-dresden.com
圏 10：00〜24：00
　(食事オーダー 11：30〜23：00)
カード 不可
交 市電Altmarktから徒歩約5分。

ℛ ゲンゼディープ
Gänsedieb

気軽な雰囲気で食事ができる

店の名物ガチョウの焼胸肉とベーコン、ポテトなどの盛り合わせゲンゼディーププファネGänsediebpfanne €27.90や、ドレスデン風ローストビーフのザウアーブラーテンDresdner Sauerbraten €21などの郷土料理が味わえる。

ドイツ料理 MAP ◆ P.391-B2
⊞ Weisse Gasse 1
☎ (0351) 4850905
URL www.gaensedieb.de
圏 11：00〜24：00
カード A M V
交 市電Altmarktから徒歩約5分。

ℛ コーゼルパレー
Coselpalais

ザクセン宮廷の雰囲気が漂う

フラウエン教会に隣接するかつてのコーゼル伯爵家の館を再建。クリームイエローの優雅な館の内部は、ゴージャスな内装のカフェレストランになっている。ケーキの種類も多い。本格的な食事もできる。おみやげにいいチョコレートも豊富。

ドイツ料理 MAP ◆ P.391-A2
⊞ An der Frauenkirche 12
☎ (0351) 4962444
URL www.coselpalais-dresden.de
圏 11：00〜23：00
カード A J M V
交 市電Altmarktから徒歩約5分。

𝒞 クロイツカム
Café Kreuzkamm

バウムクーヘンで知られる老舗

アルトマルクト・ギャラリー1階のカフェ兼ケーキ店。ラズベリーソースと生クリーム付きアイアーシェッケEierschecke mit Himbeeren und Schlagsahne€5.80やバウムクーヘンミックスBaumkuchen gemischt€5.60(写真)がおすすめ。

カフェ MAP ◆ P.391-B1
⊞ Altmarkt 25
☎ (0351) 4954172
URL www.kreuzkamm.de
圏 月〜土　10：00〜20：00
カード J M V
交 市電Altmarktから徒歩約1分。

注目スポット、クンストホーフパッサージュ

ノイシュタット地区(新市街)側にあるクンストホーフパッサージュ Kunsthofpassageは、いくつかの建物の中庭部分にかわいいカフェやショップが入っている若者たちの人気スポット。芸術の庭という名前のとおり、刺激的でカラフルな建物を見るのも楽しい。13番の市電でAlaunplatz下車徒歩5分。入口はAlaunstr 70またはGörlitzstr. 23-25にある。
URL kunsthof-dresden.de

SHOPPING ❖ ドレスデンのショッピング

中央駅から北へ延びるプラーガー通りには、ショッピングセンターやデパートが続く。地元の人たちのショッピング街は、ノイシュタット地区のアルベルト広場周辺と、そこから東へ延びるバウツナー通りBautzner Str.周辺。小さなお店が集まっていて、掘り出し物が見つかりそう。町の北部にはエルベパークElbepark（URL www.elbepark.info）という巨大ショッピングモールもある。

アルトマルクト・ギャラリー

Altmarkt Galerie

トレンドファッションならここで揃う

　中心部にある大型ショッピングセンターで、H&M、ZARAなどトレンドファッション系のショップが多い。大型家電ショップのサターンも入っており、気軽に食事できるフードコートやレストランもあり便利。

ショッピングセンター　MAP ◆ P.391-B1
⊞ Webergasse 1
☎ (0351) 482040
URL www.altmarkt-galerie-dresden.de
圏 月〜土10：00〜20：00
休 日・祝
カード 店舗により異なる
交 市電Prager Str.またはPostplatzから徒歩約5分。

マイセン・ストア

Meissen Signature Store

マイセン磁器の名品が揃う

　QF（クヴァルティーア・エフ）パッサージュというおしゃれなビルの1階にある。マイセンまで行く時間がない人はここで憧れの一品を探してみては。地下にはアウトレットショップもある。

陶器　MAP ◆ P.391-A1
⊞ An der Frauenkirche 1
　（QF Passage内）
☎ (0351) 43837570
圏 月〜土10：00〜19：00
休 日・祝
カード A D J M V
交 市電Pilnaischer Platzから徒歩約5分。

ノイシュデッター・マルクトハレ

Neustädter Markthalle

クラシックな建物の中の雑多な魅力

　ノイシュタットに建つ約100年前のクラシックな建物で、市場のような造りだが、スーパーマーケットや生鮮食料品店、雑貨店などさまざまな店が入っており、探検しているような気分が味わえる。地下にはアジア系の小さな食堂もある。

屋内市場　MAP ◆ P.391-A1
⊞ Metzer Str. 1
☎ (0351) 8105445
URL www.markthalle-dresden.de
圏 月〜土8：00〜20：00
　（店舗により一部異なる）
休 日・祝
カード 店舗により異なる
交 市電Albertplatzから徒歩約5分。

INFORMATION

世界一美しい乳製品店

　1880年に開業した**モルケライ・プフント Dresdner Molkerei Gebrüder Pfund**は、店内を埋め尽くす装飾タイルの美しさで有名。ギネスブックで「世界で最も美しい乳製品店」と認定され、今では観光バスツアーの団体客も訪れる観光名所になっている。乳製品を味わえるカフェも併設。
⊞ Bautzner Str. 79
● Map P.391-A1外
圏 月〜土10：00〜18：00
休 日・祝
行き方 市電11番Pulsnitzer Str.から徒歩約3分。
URL www.pfunds.de

見とれてしまうほど美しい店内

外観は目立たないので通り過ぎないように

HOTEL ❖ ドレスデンのホテル

ドレスデンのホテルはドイツでも高め。特に観光に便利な旧市街のホテルは大型の高級ホテルが多くて高い。中央駅付近には中級ホテルやホステルが数軒ある。クリスマスマーケットのシーズンは混み合うので早めに予約を。なお、ドレスデンでは、ひとり1泊につき宿泊料金に応じた宿泊税が加算される。

[H] ケンピンスキー・ホテル・タッシェンベルクパレ Kempinski Hotel Taschenbergpalais

5つ星クラスの超豪華ホテル

アウグスト強王が愛妃のために築いたタッシェンベルク宮殿を再建してホテルとした。ツヴィンガー宮殿の前にあり、観光やオペラ鑑賞にも便利なロケーション。屋内プールやフィットネスルームも完備。

最高級ホテル MAP ◆ P.392

[住]Taschenberg 3　D-01067
☎(0351) 49120
[URL]www.kempinski.com/dresden
[料][S][T]€263～　朝食別€42
[カード][A][D][J][M][V]
[Wi-Fi] 無料
[交]市電Theaterplatzから徒歩約2分。

[H] ビルダーベルク・ベルビュー Bilderberg Bellevue

ノイシュタット地区にある高級ホテル

対岸にゼンパーオペラやツヴィンガー宮殿を望むエルベ川沿いに建つ。エルベ川沿いの部屋からは、ドレスデンの旧市街の眺めがすばらしい。フィンランド式サウナを備えたスパや室内プールがある。

高級ホテル MAP ◆ P.391-A1

[住]Große Meißner Str. 15　D-01097
☎(0351) 8050
[URL]www.bilderberg-bellevue-dresden.de
[料][S][T]€119～　朝食別€25
[カード][A][M][V]　[Wi-Fi] 無料
[交]市電Neustädter Marktから徒歩約5分。

[H] ヒルトン Hilton

観光に便利な大型ホテル

フラウエン教会の向かいにあり、『君主の行列』など見どころがすぐ近くでとても便利。高級和食レストラン「小倉」もあり。フィットネスセンター、サウナ付き屋内プール、屋外ジャグジーなどの設備あり。

高級ホテル MAP ◆ P.391-A1

[住]An der Frauenkirche 5　D-01067
☎(0351) 86420
[URL]www.hilton.com
[料][S][T]€130～　朝食別€26.50
[カード][A][D][J][M][V]
[Wi-Fi] ロビーからは無料、客室からは有料
[交]市電Theaterplatzから徒歩約5分。

[H] プルマン・ネヴァ Pullman Dresden Newa

中央駅前の便利なホテル

中央駅のすぐ近くに建つ、近代的な高層大型ホテル。北側の高層階からは、ドレスデンの町が一望できておすすめ。モダンなインテリアの客室には、パノラマウインドーやガラス張りのシャワールームを装備。

高級ホテル MAP ◆ P.391-B2

[住]Prager Str. 2c　D-01069
☎(0351) 4814109
[URL]www.pullman-hotel-dresden.de
[料][S]€95～　[T]€100～　朝食別€21
[カード][A][M][V]
[Wi-Fi] 無料
[交]中央駅から徒歩約1分。

[H] キッピング Kipping

駅の近くのお手頃ホテル

中央駅の南側出口(町の中心部とは反対側)から歩いて約3分の中級ホテル。部屋数が少ないので早めに予約したほうがよい。部屋の設備もよい。レセプションは6:30～22:00のみオープン。

中級ホテル MAP ◆ 地図外

[住]Winckelmannstr. 6　D-01069
☎(0351) 478500
[URL]www.Hotel-Kipping.de
[料][S]€85　[T]€105～　朝食別€14
[カード][A][J][M][V]
[Wi-Fi] 無料
[交]中央駅から徒歩約3分。

[MEMO] 若いバックパッカーに人気のホステル・カンガルーストップHostel kangaroo-stop ([住]Erna-Berger-Str. 8-10 [URL]www.kangaroo-stop.de)はドレスデン・ノイシュタット駅から徒歩約3分。設備はやや古いが清潔。

憧れの磁器マイセン焼のふるさと

マイセン

Meißen

アウトレットもある

ベルリン
マイセン
フランクフルト
ミュンヘン

アルブレヒト城とエルベ川

ドレスデン郊外の古都マイセンは、ヨーロッパを代表する高級磁器で世界的に有名で、佐賀県の有田町とは姉妹都市関係にある。第2次世界大戦の被害が少なかったおかげで、古い家並みも残っている。中世の面影を楽しみながら石畳の道を歩こう。

歩き方

マイセンには駅が3つあるが、ドレスデンからSバーンで来たら、最初に停まる駅マイセンMeißenで下車しよう。

マイセン駅を出て、エルベ川沿いに延びる大通り、**バーンホーフ通りBahnhofstr.**を5分ほど北へ行くと、エルベ川に架かる橋に出る。この橋の上から見る、丘の上の城と大聖堂の眺めはなかなかのもの。橋を渡りきった所から始まるElbstr.を進んでいけば、町の中心**マルクトMarkt**に着く。切妻屋根が特徴的な**市庁舎Rathaus**と、マイセン磁器のグロッケンシュピール（カリヨン、組鐘）をもつ**フラウエン教会Frauenkirche**が建ち、塔の上に上れる。[i]はマルクトに面している。

マルクトから**ブルク通りBurgstr.**の石畳を行き、さらに

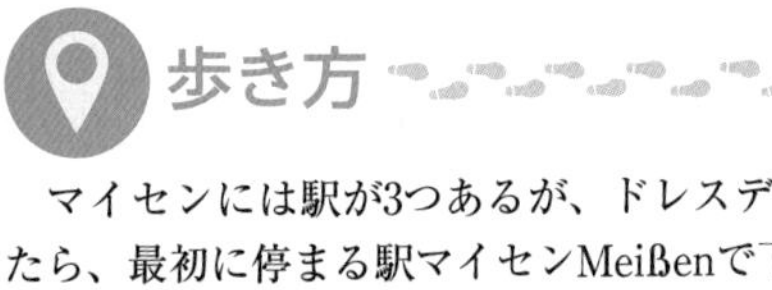

町の中心マルクト。右の建物は市庁舎

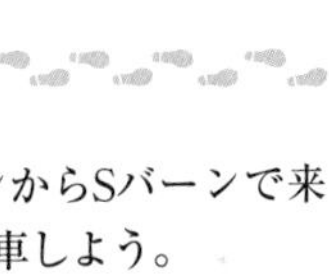

マルクトに面したフラウエン教会

MAP ◆ P.387-A3

人　　口	2万8200人
市外局番	03521

ACCESS

ドレスデン中央駅からほぼ30分おきにマイセン行きのSバーンⓈ1が出ており、所要約35分。

●マイセンには駅が3つ

ドレスデンからのSバーンは**マイセンMeißen**（マイセンのメイン駅）、**マイセン・アルトシュタットMeißen-Altstadt**（ショッピングセンターに直結し、中心部にも近い。無人駅）、**マイセン・トリービッシュタールMeißen-Triebischtal**（Ⓢ1の終点。無人駅）の順に停まる。

[i]マイセンの観光案内所

[住]Markt 3　D-01662
Meißen
☎(03521) 467400
[URL]www.stadt-meissen.de
[開]4〜10月
月〜金　10：00〜18：00
土・日　10：00〜15：00
11〜3月
月〜金　10：00〜17：00
土　10：00〜15：00
（1月の土曜は休み）

●マイセン中心部のシティバスCity-Bus

[料]1回券（片道短区間券）€4.50、1日券€6
4〜10月のみ10：00〜17：30の30分ごとに運行するミニバス。磁器工場から発車。
ルートは磁器工場〜マルクト〜アルブレヒト城／大聖堂〜マルクト〜磁器工場

●フラウエン教会の塔

[開]4〜10月の
月〜土　10：00〜16：00
日　12：00〜16：00
[料]€3

●大聖堂

URL www.dom-zu-meissen.de
開 5〜10月　　9:00〜18:00
　　11〜3月　　10:00〜16:00
　　4月　　　　10:00〜18:00
　　礼拝中の見学は不可
　　（入場は閉館30分前まで）
料 €7、学生€6、アルブレヒ
ト城とのコンビチケットは
€17.50、学生€15
5〜10月は月〜土12:00から
20分間、パイプオルガンのコ
ンサートがあり、€8（学生€7）
で聴ける。

大聖堂の緑が多い中庭

●アルブレヒト城

住 Domplatz 1
URL www.albrechtsburg-meissen.
de
開 3〜10月　　10:00〜18:00
　　11〜2月　　10:00〜17:00
　　（入場は閉館30分前まで）
休 12/24・25、冬期休館（不定期）あり
料 €12、学生€10、シュレッ
サーラントカルテ（→P.399
MEMO）有効

ヨーロッパの磁器の歴史はこの城から始まった

雑貨店や飲食店が並ぶブルク通り

Schlossstufenという細い階段を息を切らせて上ると、れんが色のマイセンの町並みを一望できる。城門をくぐると、先ほど橋の上から見たゴシックの**大聖堂Dom**が正面にそびえている。大聖堂の内部の見ものは、クラーナハの祭壇画。奥の回廊まで、見学できる。

アルブレヒト城 Albrechtsburgの入口は、大聖堂に向かって左の奥。修復したので、外観は新しく見えるが歴史は古く、15世紀に建てられた後期ゴシック様式の城。1710〜1863年には、こ

初期ゴシック様式の大聖堂

の城の中に磁器工場がおかれていた。1863年からは町の外れに移転して、現在でもマイセン磁器が作られている。

その**マイセン磁器工場Porzellan-Manufaktur Meissen**へは橋から続く大通りのGerbergasse、Neugasseと道なりに歩いて20〜25分。また、工場とアルブレヒト城の間はシーズン中、30分ごとにシティバスが運行されている（→P.405）。

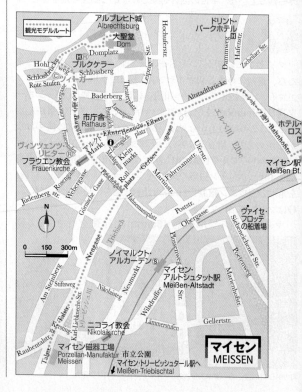

おもな見どころ

マイセン焼のすべてがわかる **マイセン磁器工場**
Porzellan-Manufaktur Meissen ★★★

　見学用工房Schauwerkstattと磁器博物館Museum of MEISSEN Art（Porzellan Museum）に分かれているが、入場券は共通となっている。

　1階の見学用工房では、マイセン磁器ができるまでの作業工程を1室ごとに実演して見せてくれる。見学はガイドツアーでのみ可能。ガイドツアーは基本的に10分おきに開始され、日本語によるガイドもヘッドフォンで聞ける。入場券売り場で工房説明の日本語パンフレットも購入できる。見学コースは所要30〜40分。

マイセン磁器の世界を堪能できる見学用工房と博物館、アウトレットコーナーもある

　2、3階の磁器博物館には18世紀から現代までの約3000点がずらりと並んでおり、その美しさと、完成された職人の技に、ため息が出る。

歴史的名品を展示する博物館。日本語の展示解説もある

●マイセン磁器工場
　見学用工房
●磁器博物館
　Talstr. 9
URL www.erlebniswelt-meissen.com
⊙9：00〜17：00
※団体客が多く、観光シーズン（特に夏期）は混雑するので、上記サイトから日時指定のガイドツアーを予約をしておくのがおすすめ。
休12/24〜26
料工房と磁器博物館の共通で€14、学生€12

熟練した職人の技

HISTORY　マイセン磁器の歴史

　宮廷錬金術師ヨハン・フリードリヒ・ベットガーたちが、1709年にヨーロッパで初めて白色磁器の製造に成功したのがマイセン磁器の歴史の第一歩だった。それまで東洋でしか製造できなかった白磁は、ヨーロッパでもてはやされ、領主たちは競って買いあさった。ベットガーの成功は「白い黄金」と呼ばれるほど莫大な富をもたらすものだった。

　ベットガーが仕えていたザクセン選帝侯アウグスト1世（強王）は、大切な磁器製造の秘密を守るため、彼をアルプレヒト城内に住まわせた。1710年にはヨーロッパで最初の王立磁器工場を城内に創設。こうして、マイセンはヨーロッパ随一の磁器の生産地として、その名をとどろかせるにいたった。

　マイセンのトレードマークは交差した青い剣。最もポピュラーで愛されているデザインはコバルトブルーのブルーオニオン、ドイツ語で「玉ねぎ模様ツヴィーベルムスター Zwiebelmuster」と呼ばれるシリーズ。玉ねぎ模様に見える部分は実はザクロと桃を図案化したもので、もとをたどると中国に行き着く。ドレスデンのツヴィンガー宮殿内にある陶磁器コレクションに、その原型となった中国の器が所蔵されている。もちろん色彩豊かな絵柄のものや、食器だけでなく置物の人形なども見事だ。

　造形や絵つけは伝統的な手作業。マイセンの名声を支えているのは、昔も今も職人の腕。一つひとつが細かい手作業で作り出される、繊細で優美なマイセンの磁器。本場で、思い出の一品を手に入れてみませんか？

ブルーの玉ねぎ模様は最も有名な図柄

1階のカフェで味わえるマイセントルテ。バタークリームを使った素朴な味

1階の直営ブティックも磁器博物館さながらの充実した品揃え。2級品（Ⅱ.と値段のあとに表示されている）を売るアウトレットも併設している。各種クレジットカードでの支払い可。免税手続きデスクもある。日本への郵送も基本的に受けてくれるが、手続きが煩雑であるうえ、高い送料と保険料がかかる。持ち帰ったほうが賢明。

館内にアウトレットショップもある

おすすめのレストラン&ホテル RESTAURANT & HOTEL

※ひとり1泊につき€1.50の宿泊税が加算。

[R] ヴィンツェンツ・リヒター
Vincenz Richter MAP ◆ P.406

[住]An der Frauenkirche 12 ☎(03521) 453285
[URL]www.restaurant.vincenz-richter.de
[営]火～木17：00～22：00、金・土12：00～22：00
[休]日・月、冬期休業（不定期）あり [カード] [A][D][M][V]

1523年に織物職人組合の集会所として建てられた家で営業を続けている歴史的なワインレストラン。人気があるので予約したほうがよい。店内には、創業者が集めた中世の武器や拷問具、そしてアウグスト強王に宛てた「欧州初の白磁焼き成功」を報告するベットガー直筆の書簡などがところ狭しと飾られ、まるで博物館のよう。メイン料理は1品€20程度～。デザートの果実入りワインクリームWeincreme（€8）は絶品！

[C] ツィーガー
Konditorei Café Zieger MAP ◆ P.406

[住]Rote Stufen 5 ☎(03521) 453147
[URL]konditorei-zieger.de [営]火～日11：00～18：00
[休]月、12/24・25・26・31、1/1 [カード]不可

マイセナーフンメルMeißner Fummelという巨大で丸く、中が空洞の自家製パンで有名な創業1844年の歴史的カフェ。その昔、マイセンワインや磁器をドレスデンまで運ぶ馬車人夫が、道中居眠りして大切な品物を壊してしまうことがないようにと、アウグスト強王の提案であえてこの外皮だけのパンを一緒に運ばせ、このもろいパンが無事着いたなら、そのほかの品も無傷であるとしたことに由来する。店は城への登り口にある。

[H] ドリント・パークホテル
Dorint Parkhotel Meissen MAP ◆ P.406

[住]Hafenstr. 27-31 D-01662 ☎(03521) 72250
[URL]hotel-meissen.dorint.com/de
[料]Ⓢ€93～ Ⓣ€116～ 朝食別€21.50 [カード] [A][M][V]
[Wi-Fi] 無料

エルベ川を挟んでアルブレヒト城のちょうど対岸に位置する。住宅街の真ん中に突如現れたメルヘンの城のようなホテル。本館にフロント、レストラン、サウナなどがある。

[H] ホテル・ロス
Hotel Ross MAP ◆ P.406

[住]Großenhainer Str. 9 D-01662
☎(03521) 7510
[URL]www.hotelrossmeissen.de
[料]Ⓢ€83～ Ⓣ€109～ [カード] [M][V] [Wi-Fi] 無料

駅の斜め向かいに建つ1898年創業の4つ星ホテル。さまざまなタイプの部屋がある。

[H] ブルクケラー
Romantik Hotel Burgkeller MAP ◆ P.406

[住]Domplatz 11 D-01662
☎(03521) 41400
[URL]www.burgkeller-meissen.de
[料]Ⓢ€100～ Ⓣ€150～ [カード] [A][M][V] [Wi-Fi] 無料

大聖堂の近くに建つ、1881年創業の歴史あるホテル。客室は10室のみだが、眺望がすばらしいレストランとビアガーデンを併設しており人気が高い。

ザイフェン

Seiffen

クリスマスシーズンの
ある家の窓辺

ザイフェン生まれの歴史的な作品を展示するおもちゃ博物館

ベルリン●
ザイフェン ★
フランクフルト●
ミュンヘン●

MAP ◆ P.387-B3

人　　口	2100人
市外局番	037362

ACCESS

鉄道とバス：ケムニッツから普通列車で約1時間10分のオルベルンハウ・グリューンタール Olbernhau-Grünthal で降り、453番のバスに乗り換えて約15分の停留所Kurort Seiffen, Spielzeugmuseum で下車すると❶前に着く。
またはドレスデンからRE快速で約35分のフライベルク Freiberg (Sachs) 着後、737番バスに乗り換えて約1時間15分。ほかにも方法があるが、いずれも本数は少なく交通の便はよくない。

　チェコとの国境にほど近い、ザクセン州エルツ山地中部の尾根に位置する村ザイフェン。700年以上もの時を刻んできた山あいのこの小さな村の歴史は、錫鉱山の開拓とともにその幕を開けた。錫の採掘は1480年頃開始され、目覚ましい発達を遂げた。ところが採掘量の減退に加えて、格安な輸入錫の市場参入はザイフェンの産業を直撃し、1849年に錫鉱山はその灯を消した。

　錫の産出によって村がまだ繁栄を見せていた頃、鉱夫が副業としていそしんでいたおもちゃ作りが、やがて訪れた廃鉱後に主要産業の座を占めるまでになった。

　メルヘンの絵本から抜け出したかのようなザイフェンが、1年のうちで最も輝くのはクリスマス。薄暮の頃を見計らって散歩に出てみれば、民家の窓を彩る、独特の弓形をした光のデコレーションや、クルミ割り人形、ろうそくの熱でくるくる回転するクリスマスピラミッドから放たれる光が、暗がりに浮かび上がって見える。こうした窓の装飾に光が多用されているのは、1日の大半を地下鉱山の暗闇で過ごした鉱夫たちを、せめて暖かい光でわが家に迎えてあげようという家族の心遣いからだという。光の装飾は今では旅人をあたたかく迎えてくれる。

🌐 **世界遺産**

エルツ山地(クルスナホリ)の鉱業地域

❶ザイフェンの観光案内所
🏠Hauptstr. 73(おもちゃ博物館内) D-09548 Seiffen
☎(037362) 8438
🖥www.seiffen.de
🕐月～金　　10：00～17：00
　　土　　　10：00～14：00
🚫12/24～26・31、1/1

村の中心に立つかわいい標識

駅へ（列車は運行していない）

ザイフェン
SEIFFEN

Bahnhofstr.

Jahnstr.

おもちゃ博物館
Spielzeugmuseum

エルプゲリヒト・ブンデス・ハウス

Ⓢヴェント＆キューン

野外博物館へ

ザイフェナー・ホーフ🏠

ハウプト通り Hauptstr.

Ⓡホルツヴルム

教会

Hauptstr.

Nußknackerstr.

Deutschneudorfer S

0　100　200m

●おもちゃ博物館
住Hauptstr. 73
URLwww.spielzeugmuseum-
seiffen.de
開10：00～17：00
休12/24
料€9、学生€7、野外博物館と
共通券€13

●野外博物館
住Hauptstr. 203
開10：00～17：00
　（窓口は12：30～13：00は
閉鎖。11～3月は好天日の
みオープンで～16：00）
休12/24・25・31、1/1
料€9、学生€7

おすすめのレストラン

Ⓡ ホルツヴルム
　Gaststätte Holzwurm
住Hauptstr. 71A
☎(037362)7277
URLwww.holzwurm-seiffen.de
営11：00～22：00（ラストオー
ダー～20：30）
おもちゃ博物館駐車場の正面
に位置し、郷土料理のメニュ
ーが豊富で値段も手頃。

おすすめのホテル

Ⓗエルプゲリヒト・ブンテス・ハウス
　Elbgericht Buntes Haus
住Hauptstr. 94
URLwww.buntes-haus.com

Ⓗザイフェナー・ホーフ
　Seiffener Hof
住Hauptstr. 31
URLseiffener-hof.com

歩き方

メインストリートであるハウプト通りHauptstr.には、おもちゃ博物館Spielzeugmuseumがあり、昔の味わい深いおもちゃや、現代のおもちゃ職人の代表作、華麗なクリスマスピラミッドのコレクションなどが展示されている。村の中心から東へ約2.5km、30分ほど歩いた所には、おもちゃ博物館の分館に当たる野外博物館Freilichtmuseumもある。敷地内には、木のおもちゃ製造に使用するための木材の作業場や水車小屋、おもちゃ作り職人の工房などがある。ろ

おもちゃ博物館の展示室中央には
クリスマスピラミッドが

くろを使ったザイフェン独特のおもちゃ作りを来訪者の前で見せてくれる小屋もある。

村内にはいくつものおもちゃ工房があり、製造中の様子を見学できるところもあるし、ショップを併設しているところもあるので、ⓘでパンフレットをもらって訪ねてみよう。ザイフェンのⓘのサイトで調べることもできる。

クリスマスシーズンはまさにメルヘンの国

世界遺産、エルツ山地の鉱業地域

2019年に世界遺産に登録された、エルツ山地（チェコ語でクルスナホリ）の鉱業地域とは、チェコとの国境にまたがり、貴重な鉱物資源の産地として古くから栄えたエリア。12世紀に、エルツ山地北部のフライベルク Freiberg 近郊で銀鉱が発見され、さらに錫や鉛、ウランなど貴重な鉱物資源の

宝庫として発展した。

鉱業は20世紀に入るまで存続したが、徐々に減退。それに変わる産業となったのは、ザイフェンでも紹介したように、鉱山に関連したモチーフの木製玩具と民芸品だ。また、フライベルク、アナベルク・ブーフホルツ Annaberg-Buchholz などで行われる鉱夫のパレード Bergparade は有名で、文化的にも鉱山とこの地方の結びつきの深さがわかる。

エルツ山地南部の中心地アナベルク・ブーフホルツ

フライベルクの鉱夫のパレードの日
©Tourismusverband Erzgebirge

オルテンブルク城の眺望がすばらしい、ソルブ人の中心都市

バウツェン

Bautzen

ラウジッツ地方の
イースターエッグ

フリーデンスブリュッケ橋から眺めた塔の町バウツェン

MAP ◆ P.387-A4

人 口	3万8000人
市外局番	03591

ACCESS

鉄道：ドレスデンから私鉄
TLX（鉄道パス有効）で所要
約50分。

❶バウツェンの観光案内所
🏠Hauptmarkt 1
D-02625 Bautzen
☎(03591) 42016
🌐www.bautzen.de
🕐4〜10月
　月〜金　　9:00〜17:00
　土・日　　9:00〜15:00
　11〜3月
　月〜金　　9:00〜17:00
　土　　　 10:00〜14:00

●ソルブ博物館
🏠Ortenburg 3　D-02625
🌐sorbisches-museum.de/
🕐火〜日　10:00〜18:00
🚫月、12/24・25・31
💴€5

道路の標識はドイツ語の下にソルブ
語を併記

　ドイツ東部、チェコとポーラン
ドの国境に近いラウジッツ地方は、
ドイツの少数民族ソルブ人が暮ら
す地域。バウツェンはその中心都
市で、約4万人のソルブ人が住ん
でいる。

　見どころは、駅から15分ほど歩いた旧市街にまとまってい
る。駅を出たら、線路と平行に延びる通り Tzschirnerstr. を
左に（西に）進み、Neusalzaer Str. という広い通りにぶつか
ったら右に（北に）5分ほど進むと、**フリーデンスブリュッケ**
Friedensbrücke という橋が左側の先に見えるはず。この橋の
上からの城と町の眺めはすばらしい。上がってきた通りに戻り、
さらに北へ上がって行くと町の中心的広場、**ハウプトマルクト**
Hauptmarkt に出る。広場には**市庁舎 Rathaus** とその奥には**ザ**
ンクト・ペトリ大聖堂 Dom St. Petri がそびえている。大聖堂
の裏から北に延びる坂道 Schloßstr. を上って行くと、旧市街で
最も高所にある**オルテンブルク城 Ortenburg** に出る。城の奥
にある**ソルブ博物館 Sorbisches Museum** はこの地方のさまざ
まな民族衣装や、名産品のひとつであるイースターの装飾卵な
どを展示しており、ソルブ文化と歴史を知るうえで必見。

おすすめのレストラン

🅡レストラン・ヴェルビク
Sorbisches Restaurant
Wjelbik
🏠Kornstr. 7
☎(03591) 42060
🌐www.wjelbik.de/sorbisches-
restaurant-lausitz
🕐火〜土11:30〜15:00、
17:30〜22:00
🚫日・月、12/24〜1/2
💳MV
ソルブ料理や、ソルブ風にア
レンジを加えた肉料理、魚料
理のレベルは高い。メイン1
品約€17〜。予約がおすすめ

卵豆腐のような具が入ったソル
ブ風結婚式のスープ Sorbische
Hochzeitssuppe € 6.70

左／ソルブ博物館の入口　右／かわいらしい女の子の民
族衣装

MEMO ラウジッツ地方に伝わる魔法使い、クラバートの民話をもとに書かれた『クラバート』（プライスラー著）は、一読すると
この地方に対するイメージがわく。映画『千と千尋の神隠し』にも影響を与えたといわれている。

ケシの実を使った
名物のモーントルテ

100年前の面影が残る国境の町
ゲルリッツ
Görlitz

ベルリン
フランクフルト
ゲルリッツ
ミュンヘン

MAP ◆ P.387-A4

人　口	5万5800人
市外局番	03581

[ACCESS]
鉄道：私鉄TLX（鉄道パス有効）でドレスデンから約1時間20分、バウツェンから約30分。

ℹゲルリッツの観光案内所
[住]Obermarkt 32
D-02826 Görlitz
☎(03581) 47570
[URL]www.goerlitz-tourismus.de
[開]月～金　9：00～18：00
土・日　9：00～14：30
季節により変更あり

●シュレジア博物館
[住]Schönhof, Brüderstr. 8
[URL]www.schlesisches-museum.de
[開]火～木　10：00～17：00
金～日　10：00～18：00
（冬期は短縮あり）
[休]月、12/24
[料]€7、特別展は別料金

おすすめのホテル
[H]パークホテル・ゲルリッツ
Parkhotel Görlitz
[住]Bolko-von-Hochberg-Str. 2（正式にはUferstr. 17f）D-02826
☎(03581) 6620
[URL]www.parkhotel-goerlitz.de
[料]Ⓢ€112～　Ⓣ€132～　朝食別
[カード][A][D][J][M][V]　[Wi-Fi]無料
市立公園とナイセ川の眺めがいい4つ星ホテル。

ナイセ川の対岸、ポーランド側から見たペーター教会

駅前から延びるBerliner Str.を真っすぐ、市電の線路に沿って進むと町の中心部に入る。**フラウエン教会 Frauenkirche**の先に建つ建物は、1913年に完成した**ゲルリッツ・デパート Kaufhaus Görlitz**で2009年の閉館後、映画『グランド・ブダペスト・ホテル』（2013年）のロケに使われて有名になった。

ゲルリッツは戦争による破壊からほぼ免れたので、古く立派な建物が数多く残り、たびたび映画のロケ地になることからゲリウッド Görliwoodの別名がある。

ルネッサンス様式の建物の中にあるシュレジア博物館

おもな見どころは**オーバーマルクト Obermarkt**と**ウンターマルクト Untermarkt**というふたつの美しい広場とその周辺に集まっている。ウンターマルクトに面した**シュレジア博物館 Schlesisches Museum zu Görlitz**の建物は、ゲルリッツで最も豪華な建物のひとつ。ポーランド、チェコ、ドイツに広がるシュレジア地方の美術工芸品などが展示されている。

町の東端に建つ**ペーター教会 Peterskirche**のすぐ下にはポーランドとの国境をなすナイセ川が流れている。対岸のポーランド側には自由に行き来できる（パスポートは必携）。

Excursion
ドイツ、チェコ、ポーランドの3国が接する国境の町
ツィッタウZittau

ゲルリッツから私鉄OEで約35分の小さな町**ツィッタウ**（➲Map P.387-A4）は、13世紀頃から交易や織物業で栄えた。町の中心、マルクト広場Marktplatzから東へ約2kmでポーランド、南へ約5kmでチェコとの国境にいたる。駅前から延びるBahnhofstr.を500mほど行くと、旧市街をぐるりと囲んでいた城壁跡に造られた環状道路に出る。おもな見どころはこの内側にまとまっている。

町の中心、マルクト広場に建つ市庁舎

ブレーメンの音楽隊の像で知られる町ブレーメンは、メルヘン街道の北の終点

メルヘン街道
Deutsche Märchenstraße

…ッティンゲンにあるがちょう姫リーゼルの像

グリム兄弟が少年
時代を過ごした
シュタイナウの家

ブレーメン名物、ブレー
マー・ピンケル。冬に食
べるソーセージで、グ
リューンコールという青
菜の煮込みが付け合わせ

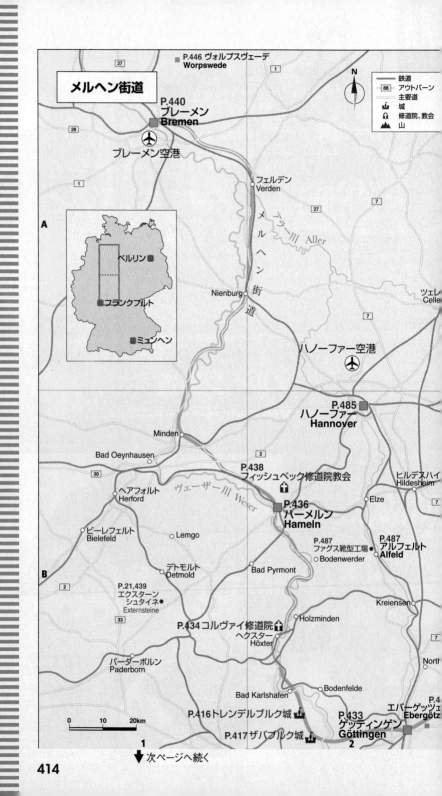

メルヘン街道

P.446 ヴォルプスヴェーデ
Worpswede

N 鉄道
88 アウトバーン
主要道
城
修道院、教会
山

P.440
ブレーメン
Bremen

ブレーメン空港

フェルデン
Verden

メルヘン街道

アラー川 Aller

27

7

A

ベルリン

フランクフルト

ミュンヘン

Nienburg

ツェレ
Celle

ハノーファー空港

P.485
ハノーファー
Hannover

Minden

Bad Oeynhausen

30

ヘアフォルト
Herford

ヴェーザー川 Weser

P.438
フィッシュベック修道院教会

ヒルデスハイ
Hildesheim

7

P.436
ハーメルン
Hameln

Elze

ビーレフェルト
Bielefeld

Lemgo

P.487
ファグス靴型工場
Bodenwerder

P.487
アルフェルト
Alfeld

デトモルト
Detmold

Bad Pyrmont

B

2

P.21,439
エクスターン
シュタイネ
Externsteine

33

P.434 コルヴァイ修道院

ヘクスター
Höxter

Holzminden

Kreiensen

7

パーダーボルン
Paderborn

North

Bad Karlshafen

Bodenfelde

P.4
エバーゲッツェ
Ebergötz

0 10 20km

P.416 トレンデルブルク城

P.433
ゲッティンゲン
Göttingen

P.417 ザバブルク城

1

▼ 次ページへ続く

414

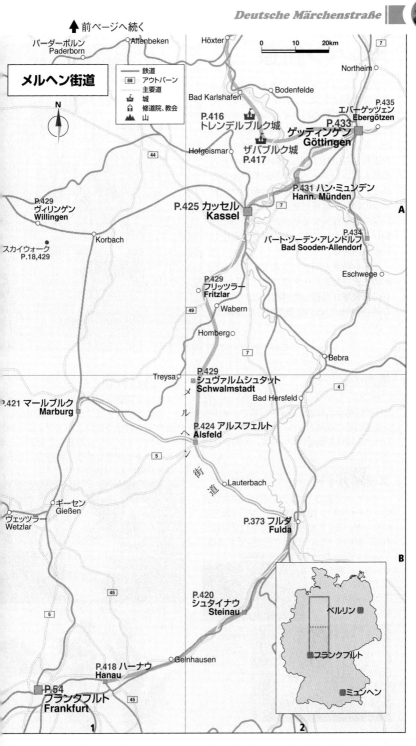

▲前ページへ続く

メルヘン街道

N

	鉄道
88	アウトバーン
	主要道
🏰	城
⛪	修道院、教会
🔺	山

0　　10　　20km

Paderborn
バーダーボルン

Altenbeken

Höxter

Northeim

Bodenfelde

Bad Karlshafen

P.416
トレンデルブルク城

P.435
エバーゲッツェン
Ebergötzen

P.433
ゲッティンゲン
Göttingen

Hofgeismar

ザバブルク城
P.417

P.429
ヴィリンゲン
Willingen

P.425 カッセル
Kassel

P.431 ハン・ミュンデン
Hann. Münden

A

Korbach

スカイウォーク
P.18,429

P.434
バート・ゾーデン・アレンドルフ
Bad Sooden-Allendorf

Eschwege

P.429
フリッツラー
Fritzlar

49

Wabern

Homberg

7

Bebra

Treysa

P.429
シュヴァルムシュタット
Schwalmstadt

Bad Hersfeld

4

P.421 マールブルク
Marburg

メ
ル
ヘ
ン

P.424 アルスフェルト
Alsfeld

5

街
道

Lauterbach

ギーセン
Gießen

ヴェッツラー
Wetzlar

P.373 フルダ
Fulda

B

45

5

P.420
シュタイナウ
Steinau

ベルリン

P.418 ハーナウ
Hanau

Gelnhausen

■フランクフルト

P.54
フランクフルト
Frankfurt

45

■ミュンヘン

1　　　　2

メルヘン街道

　グリム兄弟がメルヘンを集めた1806年前後のドイツは、フランスの支配下におかれ、それまでのドイツ人には希薄だったドイツ国家意識が高揚し始めていた。言語学者でありゲルマン神話や伝説を研究していたグリム兄弟も、その友人の詩人ブレンターノ、小説家のアルニムらと、ドイツ的なるものを模索した。ドイツの精神的遺産である民間伝承や英雄伝説などを採集する目的から始まった活動が、結果としてグリム童話を生み出したともいえる。

　そんな背景を知ったうえで、グリム兄弟の生まれた町ハーナウから、ブレーメンの音楽隊が目指した港町ブレーメンまで続く、約600kmの街道を旅してみよう。

ブレーメンの音楽隊の像は見逃せない！

周遊のヒント

　ゲッティンゲン、カッセル、ブレーメンはICEやIC特急も停車する大きな駅で、メルヘン街道の旅の基地となる。それ以外の町へのローカル線は本数が少ないので、時刻表を調べておくこと。

ステイガイド

　メルヘン街道の小さな町の宿は、家族経営のところが多い。設備は都会のホテルほどではないが、安くて家庭的なもてなしが受けられる。古城ホテルに泊まるのも思い出になる。ブレーメン、カッセルなどに連泊し、小さな町へ日帰りで足を延ばすのもいい。

ラプンツェルの挿絵のモデルになった古城ホテル、トレンデルブルク城

名産品と料理

　メルヘン街道周辺は森が多く、夏はキノコ、冬はヴィルト（フランス料理のジビエに当たる）料理がおいしい。ヴィルト料理にはシカ、イノシシ、カモなどがあり、野趣あふれる味が楽しめる。港町のブレーメンは魚料理がおいしい。

魚料理がおいしいブレーメンのレストラン、ブレーマーラーツケラー（→P.445）

ブレーメンは音楽隊、ハーメルンはネズミグッズが豊富

MEMO　メルヘン街道でおすすめの古城ホテルは、グリム童話『ラプンツェル』のさし絵モデルになったトレンデルブルク城Burghotel Trendelburg（住Steinweg 1 D-34388 Trendelburg ◆Map P.415-A2 ☎ (05675)9090）

グリム童話の世界

世界中で親しまれてい〔る〕グリム童話は、1812年〔の〕クリスマスに『子供と〔家〕庭の童話集』という名〔で〕、わずか900部が出版〔さ〕れた。初版では、子〔供〕向きでない残酷さや猥〔せ〕つさが批判された。採〔集〕されたメルヘンの多く〔は〕、語り部たちからの聞〔き〕書きであったためで、〔や〕がてグリムは読者を意識した加筆、修正を行い、〔1〕857年の第7版になると初版とはかなり異なったメ〔ル〕ヘン集に姿を変えていった。

グリムのメルヘン集のなかには、フランスでの〔迫〕害から逃れ、ドイツに移住してきたユグノー（ド〔イ〕ツ語ではフゲノッテン）という新教徒たちによって〔語〕られたメルヘンも多い。そのため「赤ずきん」

ヴィルヘルム（左）とヤーコプ（右）のグリム兄弟（1847年）
© Stadt Kassel

などフランスのペローのメルヘンと重複する話も含まれている。しかし、ドイツ人の心のふるさとである森を舞台とするグリム童話の数々は、ドイツ文学の原型として評価されている。

シュヴァルム地方の民族衣装を着た赤ずきんちゃん

グリム兄弟の一生（略歴）

1785〜86	役人の父のもとに6人兄弟の長男ヤーコプ、次男ヴィルヘルムがハーナウに生まれる。
1791	シュタイナウに移り住む。
1798	兄弟だけ、ギムナジウム通学のためカッセルに移る。
1802〜03	マールブルクの大学で法学を学ぶ。
1806	カッセルがフランス軍に占領される。
1809	ゲーテと交遊を深める。
1812	『子供と家庭の童話集』出版。
1814〜15	ヴィルヘルムは帝国図書館司書に。ヤーコプはウィーン会議出席。カッセルの女性から、伝説や童話を採集する。
1825	ヴィルヘルム結婚。
1830	ゲッティンゲンの大学で教授となる。
1838	カッセルに戻る（ヤーコプ）。
1852	兄弟、学究生活に専念。
1854	『ドイツ語辞典』を「F」まで完成（100年後、ゲッティンゲン文化アカデミーが「Z」まで完成）。
1859	ヴィルヘルム、ベルリンで73歳の生涯を閉じる。
1863	ヤーコプ死す。ベルリンのヴィルヘルムの墓の隣に葬られる。

交通図（地図凡例）

幹線鉄道
ローカル線鉄道
路線バス

数字は、2地点間をつなぐ最も早い便を利用した場合のおよits移動所要時間を表す。停車や乗り換え時間は含まない。例）1°30′＝所要1時間30分

交通図

🚩🌐 www.burg-hotel-trendelburg.com）。かつて古城ホテルだったザバブルク城（◯ Map P.415-A2）は現在改修工事中だが、5〜10月の金〜日曜、祝日は外観や庭を自由に見学できる。詳細は🌐 www.erlebnis-sababurg.de

グリム兄弟の像

グリム兄弟の生まれた町
ハーナウ
Hanau

MAP◆P.415-B1

人　口	9万7100人
市外局番	06181

[ACCESS]
鉄道：フランクフルト中央駅（地下ホーム）からSバーンⓈ8または9でハーナウ中央駅まで約30分。フランクフルト中央駅の地上ホーム（中・長距離列車が発着）から発着するRE快速で約20分、ICE特急で約15分（停車しないICEもある）。ハーナウ西駅を通るRE快速（フランクフルト中央駅から所要約25分）は本数が少ないので注意。

ℹハーナウの観光案内所
[住] Am Freiheitsplatz 3
D-63450 Hanau
（ハーナウショップHanau Laden内）
☎(06181) 295739
[URL]www.hanau.de
[開]月～金　10：00～16：00
　木　10：00～18：00
　土　10：00～14：00

●マルクト広場の市
水・土曜の7：00～14：00に、青空市が開かれ、野菜や花を売る店が並ぶ。クリスマス前のシーズンには、クリスマスマーケット会場となる。

●ゴルトシュミーデハウス
[住]Altstädter Markt 6
[開]火～日　11：00～17：00
[休]月
[料]€4、学生€2

ひときわ立派な木組みの館

市庁舎前に立つグリム兄弟の像

グリム兄弟の生まれ故郷ハーナウは、フランクフルトから東へ約20kmほどの所にある。フランクフルトのベッドタウンの役割も果たしているせいか、意外に近代的で大きな都市という印象だ。それでも、町の中心のマルクト広場まで来ると、れんが色の市庁舎と向かい合って建つ教会といったドイツならではの風景が待っている。さらに、この町で生まれたヤーコプとヴィルヘルムのグリム兄弟の像が、メルヘン街道の出発点を高らかに宣言するようにマルクト広場を飾っている。

歩き方

ハーナウの町の中心部に最も近い駅は**ハーナウ西駅Hanau Westbahnhof**だが、停車する列車は少なく、切符の自動販売機以外は何もない。ホームの階段を下り、ガード下から続くVor dem Kanaltorという通りを北東に向かい、Römerstr.を進めば、グリム兄弟の像が立つ**マルクト広場Marktplatz**に出る。

ICEやIC特急が停車し、設備も整っているのが**ハーナウ中央駅Hauptbahnhof**。大きな荷物がある場合はこちらの駅を利用したほうがいい。中央駅前から1、2、5番（5番は日曜、祝日運休）のバスで、マルクト広場まで行こう。広場の北側に建つのが**市庁舎Rathaus**で、そのさらに北側にℹがある。

バスターミナルになっている**フライハイト広場Freiheits-platz**にあったグリム兄弟の生家は第2次世界大戦で破壊され残っていないが、すぐ近くのランク通りLangstr. 41番地には、弟で画家のルートヴィヒの生家であることを示すプレートがある。フライハイト広場の北には、立派な木組みの館**ゴルトシュミーデハウスGoldschmiedehaus**が建ち、この地方で作られた金銀細工の装飾品が展示されている。

おもな見どころ

マルクト広場とグリム兄弟像
Brüder Grimm-Nationaldenkmal auf dem Marktplatz ★★★

本を広げて腰かけているのが弟ヴィルヘルムで、弟を見守るように立つのが兄のヤーコプ。ドイツ全土からの募金をもとにし

て、1896年に立てられた。像の足元には、言語学者で童話を編纂した兄弟の名を刻み、ここがメルヘン街道の出発点であることを記したプレートがある。

メルヘン街道の出発点を示すプレート

座っている病弱な弟ヴィルヘルムをいたわるように見守る兄ヤーコプの像

フィリップスルーエ城
Schloss Philippsruhe ★★

町の南西部にあるバロック様式の城で、内部は歴史博物館として公開され、グリム兄弟の遺品を展示した部屋は必見。優雅な雰囲気のレストランもある。

●フィリップスルーエ城
住Philippsruher Allee 45
時火〜日　11:00〜18:00
休月、クリスマス、年末年始
料€5、学生€4
マルクト広場から5または10番のバスでSchloss Philippsruhe下車。

上／フィリップスルーエ城の庭
右／グリム兄弟が愛用したかばんやコートが展示されている

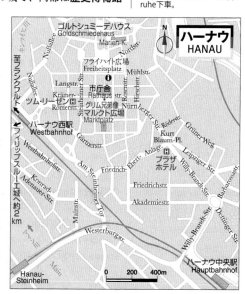

ハーナウ
HANAU

ゴルトシュミーデハウス
Goldschmiedehaus
Marien-K.
フライハイト広場
Freiheitsplatz
市庁舎
Rathaus
グリム兄弟像
Marktplatz
ツム・リーゼン
ハーナウ西駅
Westbahnhof
フィリップスルーエ城へ約2km
ハーナウ中央駅
Hauptbahnhof
プラザホテル
Kurt Blaum-Pl.
至フランクフルト
Hanau-Steinheim
0　200　400m

おすすめのホテル HOTEL

※フランクフルトでメッセ（見本市）開催中は値上がりする。

ツム・リーゼン
Trip Inn Hotel Zum Riesen　MAP ◆ P.419
住Heumarkt 8　D-63450　☎(06181) 250250
URLtripinn-hotels.com/hanau
料S€83〜　T€115〜　朝食別€14　カードJMV　WiFi無料
　中央駅から5番のバスでHeumarkt下車。ハーナウ西駅からは徒歩約5分。本館（4つ星クラス）と向かいの2つ星クラスの別館Zum Riesen Junior（住Krämerstr. 20）からなる。

プラザホテル
PLAZAHOTEL Hanau　MAP ◆ P.419
住Kurt-Blaum-Platz 6　D-63450　☎(06181) 30550
URLwww.plazahotels.de　料S€121〜　T€161〜　朝食別€13
カードAMV　WiFi無料
　145室の大型ホテル。フィットネスルームあり。中央駅から2または5番のバスでKurt-Blaum-Platz下車。

マリオネット劇場の
人形たち

グリム兄弟の幸せな少年時代を訪ねて
シュタイナウ
Steinau an der Straße

博物館になっているグリム兄弟の家

MAP ◆ P.415-B2

人　口	1万900人
市外局番	06663

ACCESS
鉄道：RE快速でフランクフルト中央駅から約55分、ハーナウから約35分。Steinau an der Straßeが町の正式名称で、DBの時刻表等ではSteinau (Straße) と表記。

❶**シュタイナウの観光案内所**
🏠Brüder-Grimm-Str. 70
　D-36396
　Steinau an der Straße
☎(06663) 97388
🌐www.steinau.eu
🕐月～木　　8：30～12：00
　　　　　13：30～16：00
　　金　　　8：30～13：00
　4～10月は土・日13：00～
　15：00もオープン。

●**グリム兄弟の家**
🏠Brüder-Grimm-Str. 80
🌐www.brueder-grimm-
　haus.de
🕐3～10月　11：00～17：00
　11～2月　11：00～16：00
　（入場は閉館30分前まで）
🔒12/18～1/1
💰€7（隣接のシュタイナウ博物館にも入場可）

　周りを山に囲まれ、町なかをキンツィヒ川が流れるのどかな町。ヤーコプが6歳、ヴィルヘルムは5歳のとき、グリム一家はハーナウから移り住んできた。父親の故郷でもあるこの町で、兄弟はこのうえなく楽しい少年時代の5年間を送った。

　駅から町の中心まで徒歩約20分かかるが、大きな荷物がなければ静かな道を散歩気分で歩くのも楽しい。

　グリム兄弟通りBrüder-Grimm-Str.を進むと、**グリム兄弟の家Brüder Grimm-Haus**がある。兄弟の父は裁判官で、裁判所と官舎を兼ねていたこの館にグリム一家は1791～1796年まで住んでいた。1階には一家に関する展示がある。上階は世界中で愛されている、グリム童話をテーマにした展示が広がる。隣にはこの町の歴史や文化を紹介する**シュタイナウ博物館Museum Steinau**がある。

　グリム兄弟通りをさらに進んだ右側の広場が町の中心で、噴水を挟んで**市庁舎Rathaus**が建っている。

　広場の南側には、ルネッサンス風の**シュタイナウ城Schloss Steinau**が建つ。内部は博物館で、グリム記念室もある。

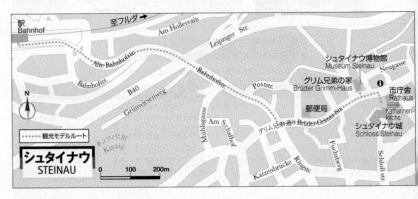

グリム兄弟が大学に通った坂道の町

マールブルク

Marburg

グリム兄弟が住んだ家の記念プレート

木組みの館が多い旧市街

1527年創立のマールブルク大学は、グリム兄弟や哲学者ハイデッガーも通った名門。学生たちが行き交う学生の町で、旧市街には書店やカフェ、学生酒場が集まっている。坂の道をゆっくりと散策したい。

歩き方

駅から旧市街の中心**マルクト広場Markt**までは、約1km離れている。特に行きは上り坂が続くのでバスを利用したほうがよい。市バスの1、4、7番が旧市街そばの停留所Rudolphsplatzを通る。この停留所の前には、高台にあるマルクト広場のそばへ昇る無料エレベーター Aufzugが設置されている。

駅から歩く場合は、この町で最も重要な教会、**エリーザベト教会Elisabethkirche**を見学してから、緩やかな坂道Steinwegを上っていこう。この道は途中からNeustadt、Wettergasseと通り名が変わるが、真っすぐ進み、マルクト広場Marktに出たら「城Schloss」の表示板に従って階段を上り、**マリエン教会St. Marien**を過ぎてさらに階段を上ると尖塔のある**方伯城Landgrafenschloss**に出る。ここから見る町の眺めは最高。

方伯城から町へ下りるときは、Ludwig-Bickell-Treppe、Ritterstr. と下っていくと、マルクト広場に出る。この広場にはルネッサンス様式の**市庁舎Rathaus**がある。屋根には仕掛け時計が見られ、毎正時、審判のラッパが鳴り響く。

町並みが特に美しい通りは、旧市街の**バーフュサー通りBarfüßerstr.**、マルクト広場から東に入るMarktgasse、Reitgasseなど。グリム兄弟が住んだ下宿もバーフュサー通りにあり、外壁に記念プレートが刻まれている。

グリム兄弟が 1802〜1805 年に住んだ家

ベルリン●
★マールブルク
●フランクフルト
ミュンヘン●

MAP ◆ P.415-B1

人　　口	7万6400人
市外局番	06421

ACCESS

鉄道：フランクフルトからICE特急でマールブルク（ラーン）Marburg（Lahn）まで約1時間5分、カッセル・ヴィルヘルムスヘーエ駅からICE、IC特急で約1時間5分。

❶マールブルクの観光案内所
☎(06421)99120
🌐www.marburg-tourismus.de

●中央駅そばの❶
🏠Bahnhofstr. 25
D-35037 Marburg
🕐月〜金　10：00〜16：00
　　土　　10：00〜14：00

●マルクト広場そばの❶
🏠Wettergasse 6
D-35037 Marburg
🕐月〜金　10：00〜18：00
　　土　　10：00〜16：00

市庁舎はグリム童話に出てきそうな建物

●市内交通
バスの料金は、駅から❶に近いRudolphsplatzまで1回乗車券Einzelfahrkarte €2.45。1日乗車券Tageskarteは€4.80。

ラーン川の対岸から見る方伯城

木組みの装飾が見事な Wetter-
gasse のティーショップ

バーフサー通りにはかわいい
ショップが並ぶ

📷 おもな見どころ

ルターの宗教問答の舞台となった方伯城
Landgrafenschloss ★★

丘の上に建ち、町の眺めがすばらしい。もとテューリンゲン伯の城があった所に、エリーザベトの娘が建設を始めた。1529年にはルター、ツヴィングリ、メランヒトンらが宗教問答を行っている。城の内部は、**大学文化史博物館Universitätsmuseum für Kulturgeschichte**として公開されている。

丘の上に建つ方伯城

王女エリーザベトを記念するエリーザベト教会
Elisabethkirche ★★★

13世紀のハンガリーの王女エリーザベトは、テューリンゲン地方の伯爵家に嫁いだが、夫の死後家を追われマールブルクに移ってきた。とても思いやりの深い人で、貧しい人や病人への施しを常としていたが、彼女も24歳の若さで亡くなってしまう。その徳ある行いにより、死後、聖人に列せられた。この教会は彼女の聖なる棺を祀るために1235～1283年に建てられた。

●エリーザベト教会
[住]Elisabethstr. 3
[URL]www.elisabethkirche.de
[開]11～3月　10：00～16：00
　4～9月　9：00～18：00
　10月　9：00～17：00
※日曜は礼拝終了後の11：15頃から見学可。
[料]交差廊と内陣部分の見学は有料。
※内部は修復工事中で見学できない場所があるため、€1に変更されている。

エリーザベト教会内部

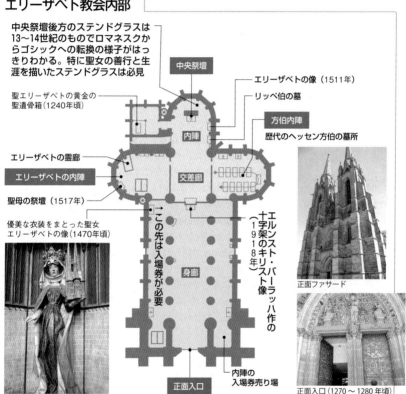

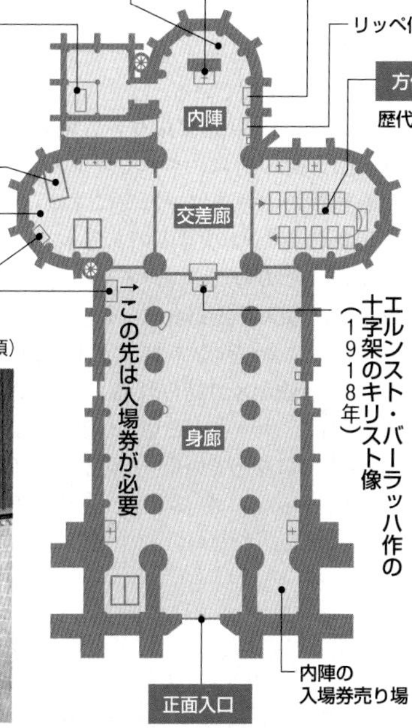
中央祭壇後方のステンドグラスは13～14世紀のものでロマネスクからゴシックへの転換の様子がはっきりわかる。特に聖女の善行と生涯を描いたステンドグラスは必見
中央祭壇
エリーザベトの像（1511年）
リッペ伯の墓
聖エリーザベトの黄金の聖遺骨箱（1240年頃）
方伯内陣
歴代のヘッセン方伯の墓所
内陣
エリーザベトの霊廟
エリーザベトの内陣
交差廊
聖母の祭壇（1517年）
→この先は入場券が必要
エルンスト・バーラッハ作の十字架のキリスト像（1918年）
身廊
内陣の入場券売り場
正面入口

優美な衣装をまとった聖女エリーザベトの像（1470年頃）

正面ファサード

正面入口（1270～1280年頃）

おすすめのホテル HOTEL

ウエルカム・ホテル
Welcome Hotel Marburg　MAP ◆ P.422-B
[住]Pilgrimstein 29　D-35037
☎(06421) 9180
[URL]www.welcome-hotels.com
[料] [S]€130～　[T]€160～
[カード] [A] [D] [J] [M] [V]　[WiFi] 無料

旧市街へのエレベーターのすぐそばに建つ。ショッピングにも観光にも便利。

マールブルガー・ホーフ
Hotel Marburger Hof　MAP ◆ P.422-A
[住]Elisabethstr. 12　D-35037
☎(06421) 590750
[URL]www.marburgerhof.de
[料] [S]€109～　[T]€133～
[カード] [A] [D] [J] [M] [V]　[WiFi] 無料

駅から歩いて約5分、エリーザベト教会の近くに建つ中級ホテル。スペイン料理レストランを併設。

ポット入り紅茶がおいしい
マルクトカフェ

絵のように美しいマルクト広場

アルスフェルト

Alsfeld

ベルリン●

★アルスフェルト

フランクフルト●

ミュンヘン●

MAP ◆ P.415-B2

人　口	1万8500人
市外局番	06631

ACCESS

鉄道：フルダ（→P.373）から
RB（普通）で約45分。

❶アルスフェルトの
観光案内所

⊞Rittergasse 3　D-36304
Alsfeld
☎(06631)182165
🖳www.alsfeld.de
🕐月・木　8：30～16：00
　火・水・金8：30～12：00
🚫土・日

●市立博物館

⊞Rittergasse 3-5
🕐4～10月
　月～金　10：00～17：00
　土・日　10：00～16：00
　1月～3月
　月～土　10：00～16：00
　11・12月
　月～金　10：00～17：00
　土　　　10：00～16：00
🎫無料

木組みの市庁舎（右）とれんが造りのワインハウス

　この町では、木組みの家は名所・旧跡ではなく、ごく普通の人たちの住む民家。人々が愛情を込めて、ていねいに手入れをしながら住んでいる。

　駅から町の中心**マルクト広場Marktplatz**までは歩いて5、6分。旧市街の道は、すべてマルクト広場に通じている。広場を囲む建物のハーモニーは実にすばらしい。

　正面にふたつの尖塔のある木組みの**市庁舎Rathaus**、その左側に、その昔ここでワインを売っていた**ワインハウスWeinhaus**、そして広場の南側には、ルネッサンス様式の**結婚式の家Hochzeitshaus**が見られる。結婚式の家の内部は、ケーキがおいしいと評判のマルクトカフェになっている（→下記MEMO）。

　Rittergasseにある**市立博物館Stadt-museum**も訪ねたい。

赤いずきんの少女が立つ
シュヴァルムの泉

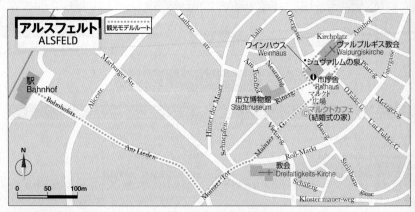

MEMO マルクトカフェ Marktcafé（⊞Mainzer Gasse 2）の営業時間は10：00～18：00（土9：00～、冬期の日・祝は14：00～）。シュニッツェル（カツレツ）などの食事メニューも各種ある。

カッセル

Kassel

グリムワールドの内部

カスカーデンを流れ下る水の芸術

カッセルは、メルヘン街道のなかではブレーメンに次ぐ大きな都市。フランクフルトとハノーファーのほぼ中間に位置する。ドイツでは5年に一度の国際美術展ドクメンタDocumenta（→P.426）の開催地として知られている。

この町はグリム兄弟が長く住んで、グリム童話の枠組みができあがった所だけに、童話好きの人には資料の宝庫だ。

歩き方

この町は大きい。市の中心は、**中央駅Hauptbahnhof**の近くに広がっているのだが、ICEやIC特急が停車するのは**カッセル・ヴィルヘルムスヘーエ駅Kassel Wilhelmshöhe**だけで、中央駅には乗り入れていない。

とはいえ市内観光するならわざわざ中央駅まで行く必要はない。市電・市バスの路線も多いので、駅前の乗り場で路線図Liniennetzをよく見てから利用するといい。

まずヴィルヘルムスヘーエ駅を出たら、大通りWilhelmshöher Alleeへ出て西側の丘を見てみよう。**ヴィルヘルムスヘーエ公園Bergpark Wilhelmshöhe**というこの丘一帯には、**ヴィルヘルムスヘーエ城Schloss Wilhelmshöhe**（内部は古典絵画館）、頂上にヘラクレス像の立つ**カスカーデンKaskaden**、中世風の**レーヴェンブルク城Löwenburg**、丘の麓には温泉**クーアヘッセンテルメKurhessen-Therme**がある。

1または3番の市電に乗ってこの町のメインストリートObere Königsstr.にある**市庁舎Rathaus**前か**ケーニヒ広場Königsplatz**で下車したあたり

堂々とした市庁舎

MAP ◆ P.415-A2

人　口	20万1000人
市外局番	0561

ACCESS

鉄道：ICE特急でフランクフルトからカッセル・ヴィルヘルムスヘーエ駅まで約1時間25分、ゲッティンゲンから約50分。

❶カッセルの観光案内所

住Wilhelmsstr. 23
　D-34117 Kassel
☎(0561) 707707
URLvissit.kassel.de
開月〜金　10：00〜17：00
　土　　　10：00〜15：00

🌐世界遺産

ヴィルヘルムスヘーエ公園
（2013年登録）

●市内交通
バスと市電の1回乗車券Einzelfahrkarteは€3。24時間乗車券（週末は前日14：00から使える）は、マルチチケット・シングルMultiTicket Singleが1人用で€6.40、マルチチケットMultiTicketは大人2人と子供（18歳未満）3人まで有効で€8.80。

●カッセルカードKasselCard
カッセルの市内交通が乗り放題になり、おもな見どころの入場料が割引になるカード。24時間用€9、72時間用€12、いずれも1〜2人に有効。観光案内所などで購入できる。オンライン購入も可能。

425

●ドクメンタとは
5年に一度開催される世界最大級の現代美術展。次回は2027年に開催予定。1955年に始まり、実験的な展示でセンセーショナルな話題を巻き起こしてきた。会場はフリデリチアヌムを中心にカールスアウエ公園など数ヵ所に広がる。
www.documenta.de

ドクメンタのメイン会場となるフリデリチアヌム

が町の中心。市庁舎前で市電を下車して、少し戻った**グリム兄弟広場Brüder-Grimm-Platz**には、**グリム兄弟の像**がある。像の横の建物には兄弟が1805〜1822年まで住んでいた。

グリム兄弟広場から南側は、**ヘッセン州立博物館Hessisches Landesmuseum**や**新絵画館Neue Galerie**など、博物館が集まるエリアになっている。ヘッセン州立博物館から南に進むと、ヴァインベルクWeinbergという緑豊かな公園の一角に、**グリムワールドGRIMMWELT**がある。

ヴァインベルクから見える広大な**カールスアウエ公園Karlsaue**には、**オランジェリーOrangerie**という18世紀初頭に建てられた優美な城館がある（現在はレストラン）。

オレンジ栽培用の温室でもあったオランジェリー

HISTORY

カッセルのグリム兄弟

グリム兄弟といっても、性格はまったく違っていたらしい。兄のヤーコプは厳しい学者タイプだったのに、弟のヴィルヘルムは詩的で音楽にたけて、空想的だった。父を早く亡くしたので、ヤーコプは責任感が強く兄弟の多い一家を養うためによく働き、ヴィルヘルムはいつも病気がちだったという。ナポレオンの侵攻はカッセルにも及びフランス軍に占領されていたが、グリム兄弟はここカッセルに約30年間、家族とともに幸せに暮らした。そんなある日、グリム兄弟は古い伝説や童話を近所の子供たちや大人に語るおばさんに出会う。ドロテア・フィーマンというごくごく普通のおばさんだ。旅籠に生まれ、職人や軍人、車夫などあらゆる人たちが彼女に昔話を語っていく。それをほとんど忘れることなく記憶してい

ったという記憶力の持ち主。そしてそれをほかの人に語るのが大好きだったという。グリム兄弟は約1年5ヵ月にわたって彼女のメルヘンに耳を傾け、記述していった。彼女の住んでいた家は、グリム兄弟通り46番にある"メルヘンハウス"。木組みの素朴な家が今も残されている。

グリム兄弟広場に立つグリム兄弟の像

おもな見どころ

ヴィルヘルムスヘーエ公園
Berkpark Wilhelmshöhe 　🌐 世界遺産 ★★★

ローマ風のアクヴェドゥクト（水道橋）の上から流れ落ちる

総面積約560haの**ヴィルヘルムスヘーエ公園**の頂点にそびえ立つ高さ9.2mのヘラクレスの像の足元から、滝のように流れ出る水は、**カスカーデン**という階段を伝い落ち、ヴィルヘルムスヘーエ公園を巡って、最後にはヴィルヘルムスヘーエ城を背景に約50mの高さの噴水となって噴き上げる。この華麗な水の芸術ショーWasserspieleは、毎年5/1から10/3の水・日曜、祝日の14:30～15:45に行われる。

スタート地点の**ヘラクレス像**から、順路に従って、水が現れる見どころ地点へ時間どおりに移動しながらショーを楽しむことになる。カスカーデンを流れ落ちた水は、次にシュタインホーファー滝となって地上に現れる。さらに悪魔の橋、という意味のトイフェルスブリュッケの下を急滝となって流れ、さらにローマの水道橋を模した遺跡アクヴェドゥクトの上から、一気に28mの高さを落ちてくる。最後には自らの水圧で大噴水池から52mもの高さまで噴き上げてクライマックスを迎える。

カスカーデンの上から市街地の方向に水が流れ落ちていく

●ヴィルヘルムスヘーエ公園
行き方 ヘラクレス像の近くへ行くには、ヴィルヘルムスヘーエ駅前からDruseltal行きの4番の市電で終点で下車し、さらに22番のバス（一部のバスはヘラクレス前まで行かないので乗車時要確認）に乗り換えてHerkules下車。水の芸術催行日のみ23番のバスも運行。

ヴィルヘルムスヘーエ公園水の芸術ショー順路

- 水の芸術ショー順路
- 水路
- ❶～❺ 水の芸術見物の場所と水の到達時刻の目安

ヘラクレス像・Herkules ❶14:30　レストラン

カスカーデン Kaskaden

レストラン　　　N

シュタインホーファー滝 Steinhöfer Wasserfall ❷15:05

プルートグロッテ Plutogrotte

トイフェルスブリュッケ（悪魔の橋）Teufelsbrücke ❸15:20

❹15:30 アクヴェドゥクト（水道橋）Aquädukt

レーヴェンブルク城 Löwenburg

大噴水池 Fontänenteich ❺15:45

音楽堂・Musikpavillon

温室 Gewächshaus

シュロスホテル Schloßhotel 🄷

ヴィルヘルムスヘーエ城 Schloss Wilhelmshöhe　©シュロスカフェ Schloßcafé

クーアヘッセンテルメ（温泉）Kurhessen-Therme

Brabanter Str.（4番市電）

Wilhelmshöhe（1番市電終点）

↓カッセル中部へ

●ヘラクレス像
🏠Schloßpark Wilhelmshöhe 22
📅4～10月
　火～日　10:00～17:00
🚫月、11～3月
💰1日券€6、学生4（→P428下欄MEMO参照）

ヴィルヘルムスヘーエ城前の池に勢いよく吹き上げる噴水は大迫力

●レーヴェンブルク城
住 Schloßpark Wilhelmshöhe 9
URL www.heritage-kassel.de/
standorte/loewenburg
開 火〜日10：00〜17：00（11
〜3月は金〜日の16：00）
休 月、11〜3月の月〜木、
12/24・25・31
料 1日券€6、学生 4（→下記
MEMO参照）
塔の展望台は別途€2必要
※城内の見学には上記サイ
トから日時指定のガイドツ
アー（Turnusführung）の予
約が必要。

●ヴィルヘルムスヘーエ城
住 Schloßpark 1
Wilhelmshöhe行きの1番の市
電で終点下車、徒歩約15分。
URL www.heritage-kassel.de
開 火〜日10：00〜17：00
休 月、12/24・25・31
料 1日券€6、学生 4（→下記
MEMO参照）

●グリムワールド
住 Weinbergstr. 21
市電Rathaus下車、徒歩約400m。
URL www.grimmwelt.de
開 火〜日　10：00〜18：00
（金〜20：00）
休 月、1/1
料 €10、学生€7

世界各国発行の翻訳本も展示

●新絵画館
住 Schöne Aussicht 1
URL www.heritage-kassel.de
開 火〜日　10：00〜17：00
（金〜20：00）
休 月
料 €6、学生€4

ロマンティックなレーヴェンブルク城　🌐 世界遺産
Löwenburg ★★

　カペレの見事なステンドグラスや16〜18世紀の武具、ゴブラン織りなどの品々が、スコットランドの城をモデルにしたといわれる城に展示されている。中世の城に見えるが1793〜1801年の建築で、わざと一部を廃墟のようにして、ロマンティックな雰囲気を出している。

童話に出てきそうな美しい城

ヴィルヘルムスヘーエ城　🌐 世界遺産
Schloss Wilhelmshöhe ★★★

　18世紀後半にヴィルヘルム1世が建てた城で、現在は1階と地下に**古代彫刻コレクションAntikensammlung**、2〜4階は**古典絵画館Gemäldegalerie Alte Meister**および特別展覧会場になっている。中心となっている古典絵画館は、15〜18世紀の作品

を中心に、レンブラント、ルーベンス、クラーナハなどの作品を所蔵する。

堂々たる威容のヴィルヘルムスヘーエ城

メルヘン街道のハイライトグリムワールド
GRIMMWELT ★★★

　グリム兄弟の偉業と、世界で最も親しまれている童話の世界を紹介、展示するミュージアム。インタラクティブ機器を用いた体験コーナーや、グリム童話の初版本、グリムの偉業を展示するコーナーなどがある。館内は地下がグリムワールドで、上階は企画展示場で別料金。

入口脇の外階段を上ると、屋上から町の眺めを楽しめる

ドイツの現代美術がわかる新絵画館
Neue Galerie ★★

　19世紀から現代までのドイツ美術を展示。1960年代に行われたドクメンタ（国際美術展）の一部作品も所蔵しており、特にヨーゼフ・ボイス、マリオ・メッツの作品は人気が高い。

MEMO 1日券Tageskarteでヴィルヘルムスヘーエ公園内にある3ヵ所の見どころに入場できる。ヴィルヘルムスヘーエ城、レーヴェンブルク城、ヘラクレス像（4〜10月のみ）または温室Gewächshaus（11〜3月）。なお、レー ♪

近郊の見どころ

赤ずきんちゃんの故郷 シュヴァルムシュタット
Schwalmstadt
MAP◆P.415-B2

　シュヴァルムシュタットは、**トレイザTreysa**と**ツィーゲンハインZiegenhain**を中心にした、いくつかの集落の総称で、郷土博物館など見るべきものは、周囲を堀に囲まれたツィーゲンハイン（正式名称はSchwalmstadt-Ziegenhain）にある。

　郷土博物館Museum der Schwalmにはこの地方の昔の暮らしが再現されている。

　この地方には年に一度、聖霊降臨祭の2週間後（5月か6月頃）に**サラダキルメスSalatkirmes**という大きなお祭りがある。木組みの家の通りを、民族衣装を着た人たちが行列を作って行進したり、広場で伝統的な踊りを披露して、喝采を受ける。

民族衣装を着た赤ずきんちゃんとおばあさん

メルヘン街道の小さな町 フリッツラー
Fritzlar
MAP◆P.415-A2

　60以上もの町々をつなぐメルヘン街道には、日本では知られていない魅力あふれる町がたくさんある。例えばカッセルから南西へバスで約1時間の所にあるフリッツラー。古くてかわいい木組みの家々に加えて、堂々たる**聖ペトリドーム St.-Petri-Dom**、中世の牢獄だった**グラウアー塔 Grauer Turm**、15世紀の**市庁舎 Rathaus**などが見どころ。

木組みの家並みが美しい町

ドイツ最長の歩行者用つり橋がある ヴィリンゲン
Willingen
MAP◆P.415-A1

　ヴィリンゲンはドイツ中部には珍しくスキージャンプ台がある町。このジャンプ台のすぐ隣に歩行者専用つり橋**スカイウォークSkywalk**がある。全長665mもあるだけに歩くとかなり揺れてスリル満点。直接スカイウォークの近くまでバスで行く方法もあるが、エッテルスベルク・ロープウエイで山上へ登って橋までゆるやかな下りのハイキングを楽しむコースもおすすめ。

下の谷からの高さは約100m

（行き方）カッセル・ヴィルヘルムスヘーエ駅からRE快速で約35分のトレイザTreysaまで行き、駅から歩いて3分のバス乗り場から出るバス（490番）で所要約15分のSchwalmstadt-Ziegenhain Museum（博物館前）下車。

●郷土博物館
（住）Paradeplatz 1
（URL）www.museumderschwalm.de
（圓）火～日　14：00～17：00
（休）月、12月中旬～4月上旬頃
（料）€5、学生€3

（行き方）フリッツラーへはカッセル・ヴィルヘルムスヘーエ駅前（または中央駅前）から500番のバスで約55分、Fritzlar, Allee で下車すると中心部に近い。

（行き方）ヴィリンゲンへはカッセル・ヴィルヘルムスヘーエ駅からRB（普通）で約1時間15分のコアバッハKorbachで乗り換えてさらに約20分のWillingen下車。駅から橋へは567番のバスでWillingen Abzweig Stryck下車。本数はとても少ない。橋の下まで徒歩約500m。さらにジャンプ台の横のスタンドリフトStandseilbahn（圓火～日10：00～16：00 　料往復€7）を利用するか、歩いて入る。

●スカイウォーク
（住）Am Hohen Stein 6
D-34508 Willingen
◯Map P. 415-A1、P18
（URL）skywalk-willingen.de
（圓）月 ～ 日9：00～21：00、荒天時は閉鎖
（料）€11。券販機はカード（MV）支払いのみ、現金不可。上記サイトからも購入できる

●エッテルスベルク・ロープウエイ
（住）Zur Hoppecke 5
（URL）www.ettelsberg-seilbahn.de
（圓）9：00～16：30 　休荒天時
（料）片道€10、往復€13.50、上りとスカイウォークとのコンビチケット€19.50

⤷ ヴェンブルク城を見学するには日時指定予約が必要なので注意。

おすすめのホテル ❖ HOTEL

[H] インターシティーホテル
InterCityHotel MAP ◆ P.426

[住]Wilhelmshöher Allee 241 D-34121
☎(0561) 93880
[URL]www.hrewards.com/de/intercityhotel
[料]Ⓢ€109～ Ⓣ€119～ 朝食別€17
[カード] [A][D][J][M][V] [Wi-Fi] 無料

ヴィルヘルムスヘーエ駅のすぐ隣に建ち、中心部への市電乗り場も目の前。エアコン（クーラー）なし。希望者には滞在期間中に市内の公共交通機関が乗り放題になるカードを作ってくれる。

[H] グーデ
Gude MAP ◆ 地図外

[住]Frankfurter Str. 299 D-34134
☎(0561) 48050
[URL]www.hotel-gude.de
[料]Ⓢ€126～ Ⓣ€176～ [カード] [A][D][J][M][V] [Wi-Fi] 無料

人気の高いホテル兼高級レストラン。ヴィルヘルムスヘーエ駅からタクシーで約15分。または1、3番の市電でRathausまで行き、そこで5番の市電に乗り換えてDennhäuser Str.下車、その後徒歩2～3分。

レストラン・プフェファーミューレRestaurant Pfeffermühleは数々の賞を取った。メイン1品€26～。レストランは月～土曜18：00～23：00（L.O.22：00）、土・日曜12：00～15：00（L.O.13：30）営業。客室はとてもおしゃれなインテリア。

[H] クーアフュルスト・ヴィルヘルム I.
Kurfürst Wilhelm I. MAP ◆ P.426

[住]Wilhelmshöher Allee 257 D-34131 ☎(0561) 31870
[URL]www.kurfuerst.bestwestern.de
[料]Ⓢ€109～ Ⓣ€139～ 朝食別€19
[カード] [A][D][M][V] [Wi-Fi] 無料

ヴィルヘルムスヘーエ駅を出たら左側、建物の屋根のてっぺんにベッドが載っているのが目印。ロビー、レストラン、そして客室までモダンなインテリア。

[H] シュタットホテル
Stadthotel MAP ◆ P.426

[住]Wolfsschlucht 21 D-34117 ☎(0561) 788880
[URL]www.stadthotel-kassel.de
[料]Ⓢ€92～ Ⓣ€107～ 朝食別€15 [カード] [A][M][V]
[Wi-Fi] 無料

中央駅から徒歩約5分。客室のインテリアはモダン。館内にレストランはないが、周辺にしゃれた店が数軒ある。

[JH] ユーゲントヘアベルゲ
Jugendherberge MAP ◆ P.426

[住]Schenkendorfstr. 18 D-34119
☎(0561) 776455
[URL]www.kassel.jugendherberge.de
[料]€37.10（27歳以上は€7.50以上追加）～
[カード] [M][V] [Wi-Fi] 無料

中央駅から徒歩約15分。バスを利用する場合はヴィルヘルムスヘーエ駅から4番の市電に乗りQuerallee で下車、徒歩約5分。1～6人部屋、209ベッド。レセプションは月～土曜8：00～22：00のみオープンなので日曜のチェックイン・アウトはあらかじめ連絡を。

INFORMATION

オリエンタルムードの温泉クーアヘッセンテルメ

日本風と中国風をミックスした内装には、ちょっと気恥ずかしくなってしまうが、設備は超充実。室内と室外合わせて約1200㎡の広さの温泉プールのほかに、長さ85mのすべり台、ローマ風蒸気風呂、フィンランド風サウナ、ソラリウム（日焼けサロン）、さらにスポーツジム、マッサージ室、映画ホール、レストランなどがある。サウナ（女性専用サウナ以外は男女共用）以外は水着を着けての入浴。

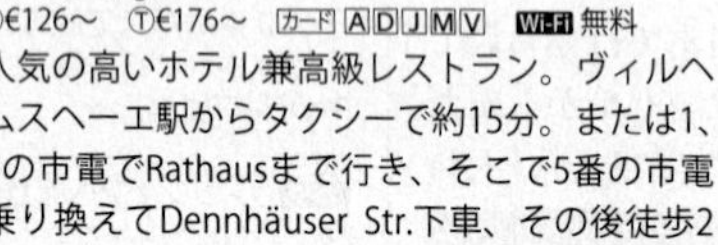
ドイツ風の温泉ワールドを体験
© Kassel Marketing GmbH

●クーアヘッセンテルメ **Kurhessen-Therme**
[住]Wilhelmshöher Allee 361 ➲Map P.426
[URL]www.kurhessen-therme.de
[営] 毎日 9：00 ～ 22：00
[料]2 時間€ 18（サウナ付き€ 19.5）、3 時間€ 20.50（同€ 23）

"鉄ひげ博士" が活躍した木組みの町並み

ハン・ミュンデン

Hann. Münden

市庁舎の装飾扉

美しい木組みの家が建ち並ぶランゲ通り

574戸もの木組みの家が建ち並ぶ、絵のように美しい町。
昔この町に、Eisenbart（鉄ひげ）という医者が住んでいた。研究熱心だが目立ちたがり屋で、群衆の前で手術をしたりしていたらしい。新しい治療法などを生み出したりもしたので、ほかの医者たちに、「あいつはやぶ医者だ」とねたまれた。そんなところから鉄ひげ博士はやぶ医者、ということになったのだが、実際はたいへん誠実で、意欲的な人だったとか。彼が滞在し、亡くなったという鉄ひげ博士の家Sterbehaus Dr. Eisenbartもあり（現在はドラッグストア）、大きな注射器を持った博士の像がユニーク。

鉄ひげ博士が亡くなったランゲ通り79番地の軒先の博士像

歩き方

小さな駅舎を出たら、右側のBahnhofstr.を下っていこう。Innenstadt（町の中心）という掲示板が見える。5分ほど静かな通りを歩くと、木組みの家の密集した旧市街に出る。突き当たりを横切って走るのが町のメインストリート、**ランゲ通りLange Str.**。この通りに鉄ひげ博士が旅人として泊まった家もある。

この道を北に少し行くと、左側に**聖ブラジウス教会St. Blasius-Kirche**、そして次に❶も入っている**市庁舎Rathaus**が建つ。市庁舎の北面にある鉄ひげ博士の仕掛け時計は12:00、15:00、17:00に動き出す。

切妻屋根や中央玄関の装飾扉が見事な市庁舎

ベルリン
★ ハン・ミュンデン
● フランクフルト
ミュンヘン ●

MAP ◆ P.415-A2

人 口	2万3500人
市外局番	05541

ACCESS
鉄道：カッセル・ヴィルヘルムスヘーエ駅からRE快速で約15分。ゲッティンゲンからRB（普通）で約35分。

❶ハン・ミュンデンの観光案内所
Rathaus/Lotzestr. 2
D-34346
Hann. Münden
☎(05541) 75313
hann.muenden-marketing.de
5〜9月
月〜木 10：00〜16：00
金・土 10：00〜15：00
10〜4月
月〜木 10：00〜16：00
金 10：00〜13：00

●ティリーシャンツェ
町の西、橋から山道を20〜25分ほど上った所にティリーシャンツェという、1885年に建てられた高さ25mの塔が建っている。129段の階段を上ると旧市街と周囲の森が一望できる。鍵が閉まっている場合は向かいのWaldbiergarten Tilly schanzeというレストランに頼むと開けてくれる。
5〜10月
火〜日 11：00〜18：00
11〜4月
金〜日 11：00〜18：00
€2.50

ティリーシャンツェからの眺め

市庁舎の後ろ側が**マルクト広場 Markt**。5月初旬～9月下旬（予定）の土曜13：30からは、市庁舎内のホールuntere Rathaushalleで、鉄ひげ博士の診察会 Dr.-Eisenbart-Sprechstundeという15分程度のイベントがある（無料）。

市庁舎の北のMarktstr.を東に行くと、**ヴェルフェン城 Welfenschloss**がある。1501年に建てられたこの城の内部は、図書館と**市立博物館 Städtisches Museum**として使われている。

観光シーズンには鉄ひげ博士の診察が見られる

ゲッティンゲン

Göttingen

旧市庁舎入口のライオン像

町の中心の旧市庁舎とマルクト広場

　グリム兄弟が教鞭を執り、30人以上のノーベル賞受賞者を輩出した名門大学があることで知られる。学生たちが行き交う活気ある町には、美しい木組みの館も残る。

 ## 歩き方

　町は、中央駅の南東側に広がっている。駅前の広場を越えて、Goethe-AlleeからPrinzenstr.を東に進み、歩行者天国になっているWeender Str.と交差したら右(南)へ曲がると町の中心**マルクト広場Markt**に行き着く。この広場に面して建つ**旧市庁舎Altes Rathaus**の1階にはハンザ都市の紋章壁画が描かれた大広間がある。旧市庁舎の隣のパッサージュ内に❶がある。

壁絵が鮮やかな旧市庁舎の大広間

16世紀の木組みの館シュレーダーシェス・ハウス

ベルリン●
ゲッティンゲン★
●フランクフルト
ミュンヘン●

MAP ◆ P.415-A2

人　　口	11万6900人
市外局番	0551

ACCESS

鉄道：ICE特急でフランクフルトから約1時間40分、ハノーファーから約40分、カッセル・ヴィルヘルムスヘーエ駅から約50分。本数も多く便利。

❶ゲッティンゲンの
　観光案内所
🏠Altes Rathaus, Markt 8
　D-37073 Göttingen
☎(0551) 499800
🔗www.goettingen-tourismus.
　de
🕐月～土　　10：00～18：00
　4～10月のみ日・祝10：30～
　12：30もオープン。

0　　100　　200m
中央郵便局
大学美術コレクション
Kunstsammlung
(Auditorium)
ゲッティンゲン中央駅
Hauptbahnhof
市立博物館
Städtisches
Museum
シュレーダーシェス・ハウス
聖ヤコビ教会
St.Jacobi Kirche
ゲブハルツ
Goethe-Allee
シュタット・ハノーファー
カルトッフェルハウス
Prinzen- str.
ツェントラル
カフェ・クローネン&C
ランツ
Paulinerstr.
マルクト広場
Markt
聖ヨハニス教会
St.Johannis Kirche
旧市庁舎
Altes Rathaus
グレックル
Groner Str.
ニコライ教会
Nikolai Kirche
St. Michael
ビスマルク小屋
Bismarck-
häuschen
楽器博物館
Musikinstrumenten-
sammlung
Berliner- Str.
Weender-
Theaterstr.
Jüdenstr.
Barfüßerstr.
Lange- Str.
Geismar
Str.
Kurze Geismar- Str.
Am
Geismartor
Groner- Tor- Str.
Bürgerstr.
Nikolaistr.
Bürgerstr.

ゲッティンゲン
GÖTTINGEN

●旧市庁舎

🏠 Markt 9

🕐 大広間はコンサートやイベントなどで使用されることが多いため公開時間は不定期。旧市庁舎の地下はレストランになっていて、夏期は広場にテーブルも並ぶ。

●市立博物館

🏠 Ritterplan 7/8

🌐 museum.goettingen.de

🕐 火～金　10：00～17：00
土・日　11：00～17：00

休 月

※2008年から改修工事中だが、一部は無料で公開（特別展開催時は別途料金）。

行き方 最寄りの町はヘクスターHöxterで、ゲッティンゲンから普通列車で1時間20分～1時間40分（途中Kreiensenまたは Höxter-Ottbergenで乗り換えあり）、ヘクスター・ラートハウスHöxster-Rathaus下車。駅から修道院までは、ヴェーザー川沿いの道を約2km、徒歩約30分。

●コルヴァイ修道院（博物館、ヴェストヴェルク）

🌐 corvey.de

🕐 4～10月　10：00～18：00
（最終入場は17：00）

休 11～3月（事前申し込みのうえでのガイドツアーによる見学は可能）

料 €14、学生€11

行き方 ゲッティンゲンから普通列車で所要約25分。カッセル中央駅から普通列車で所要約55分（途中Eichenbergで要乗り換え）。

❶バート・ゾーデン・アレンドルフの観光案内所

🏠 (Kurpark)Landgraf-Philipp-Platz 1-2　D-37242 Bad Sooden-Allendorf

☎ (05652) 95870

🌐 www.bad-sooden-allendorf.de

🕐 月～金　　9：00～17：00
土・日　10：00～15：00
（11～3月の土・日は～14：00）

旧市庁舎の前の噴水には、グリムのメルヘンで知られる、**がちょう姫リーゼル**Gänselieselの像が立つ。この町の学生は博士号を取得するとリーゼルにキスをして祝う伝統がある。

市立博物館Städtisches Museumには、この地域の歴史的発掘品や工芸美術品などを所蔵している。

がちょう姫リーゼルの像は町のシンボル

🌲 近郊の見どころ

キリスト教建築上重要な コルヴァイ修道院
Kloster Corvey　　　　　　　　MAP◆P.414-B2

フランク王国を築いたカール大帝治下のカロリング朝時代（8～10世紀）に創設された。帝国直属の極めて重要な修道院。その聖堂の西側に接して「ヴェストヴェルク」が873～885年に造られた。ヴェストヴェルクとは、「西の構造物、西構え」という意味で、入口両側に高い塔を配した多層構造の建物。コルヴァイにおいて初めて現れ、その後の教会建築に大きな影響を与えた。世界遺産名にあるキウィタスとは都市的集落という意味で、修道院周辺の住居跡などがあわせて登録された。

修道院自体は17世紀の三十年戦争で大部分が破壊されたが、ヴェストヴェルクは世界で唯一、ほぼオリジナルの姿で保存。修道院の跡地にはバロック様式の城館が建てられ、博物館やレストランもある。

博物館になっている城館とヴェストヴェルク

正面から見たヴェストヴェルク

菩提樹が立つ温泉保養地 バート・ゾーデン・アレンドルフ
Bad Sooden-Allendorf　　　　　MAP◆P.415-A2

カッセルから東に約20km。かつては製塩の町として栄えていたが、19世紀後半からは体にいい塩水での温泉保養地に生まれ変わった。ヴェラ川Werraを挟んで左岸がバート・ゾーデン、右岸がアレンドルフ。ふたつの町が1929年に合併し、ひとつの町となった。

駅はバート・ゾーデン側にあり、**塩の博物館Salzmuseum**や**保養公園クーアパーク**

菩提樹と泉

MEMO ゲッティンゲンでいちばん人気のソーセージスタンドはブラートヴルスト・グレックレBratwurst Glöckle（🏠Kornmarkt 1 🌐Map P.433　休日・祝）。香ばしい焼きソーセージGöttinger Bratwurstをぜひ注文しよう。

Kurparkなどのおもな温泉施設も集まっている（❶もクーアパークの中）。

アレンドルフ側で有名なのは、**菩提樹のある泉Brunnen vor dem Tore**。18世紀の詩人ヴィルヘルム・ミュラーの詩にシューベルトが曲を付けた『菩提樹』のモチーフとなった大木が、町の南東に位置する**シュタイン門Steintor**の外に立っている。

●塩の博物館
[住]im Södertor 1
[開]水・土・日・祝
14：00〜17：00
（水は4〜9月のみオープン）
[休]月・火・木・金、10〜3月の水　[料]€ 1

『マックスとモーリッツ』のふるさとエバーゲッツェン Ebergötzen

MAP◆P.415-A2

ドイツの大人にも子供にも、知らない人がいないというくらいよく読まれている絵本が、『マックスとモーリッツ』。作者のヴィルヘルム・ブッシュは少年時代をこの町で過ごし、いつも粉屋の息子とふたりでいたずら遊びをしていた。この粉屋の水車小屋は、**ヴィルヘルム・ブッシュ記念館Wilhelm-Busch-Mühle**として公開されている。

また、近くには**ヨーロッパ・パン博物館Europäisches Brotmuseum**もある。

ドイツのいたずらっ子マックスとモーリッツ

[行き方]ゲッティンゲンから東へ17km、170番のバスで約30分、Ebergötzen Schuleで下車。

●ヴィルヘルム・ブッシュ記念館
[住]Mühlengasse 8
D-37136 Ebergötzen
[URL]www.wilhelm-busch-muehle.de
[開]水〜日　10：30〜16：30
14：00〜16：30
[休]月、12〜2月　[料]€ 5.50

●ヨーロッパ・パン博物館
[住]Göttinger Str. 7
[URL]www.brotmuseum.de

おすすめのレストラン＆ホテル RESTAURANT & HOTEL

[R] カルトッフェルハウス Kartoffelhaus

MAP◆P.433

[住]Goethe-Allee 8　☎(0551) 5315577
[URL]www.Kartoffelhaus-goettingen.de
[営]11：30〜21：00、朝食ビュッフェ木〜土9：30〜12：00

手頃な値段とボリュームでファミリーに人気。ジャガイモ料理がメインだが、ステーキやパスタ、グラタン、魚料理などメニューは豊富。

[C] カフェ・クローン＆ランツ Konditorei-Café Cron & Lanz

MAP◆P.433

[住]Weender Str. 25　☎(0551) 50088710
[URL]www.cronundlanz.de
[営]月〜土8：30〜18：30

旧市街にあり、ショーウインドーに色とりどりの自家製ケーキが並ぶ。創業1876年の老舗で、2階が広いカフェになっている。ケーキは€4.60〜。写真下はバウムクーヘンと生クリームのケーキ、アイーダAida €4.90。

[H] ゲブハルツ Gebhards

MAP◆P.433

[住]Goethe-Allee 22/23　D-37075
☎(0551) 49680
[URL]www.gebhardshotel.de
[料]Ⓢ€135〜　Ⓣ€183〜　[カード][A][D][J][M][V]　[Wi-Fi]無料

駅から最も近い高級ホテル。料金は少々高いが、部屋もバイキング式の朝食も申し分ない。

[H] シュタット・ハノーファー Stadt Hannover

MAP◆P.433

[住]Goethe-Allee 21　D-37073
☎(0551) 547960
[URL]www.HotelStadtHannover.de
[料]Ⓢ€89〜　Ⓣ€129〜　朝食別€9.80
[カード][A][D][J][M][V]　[Wi-Fi]無料

1919年創業で、4代続く家族経営の中級ホテル。駅から約250m、旧市街へ行く途中の通りに面している。駐車場あり。

[H] ツェントラル Central

MAP◆P.433

[住]Jüdenstr. 12　D-37073
☎(0551) 57157
[URL]www.hotel-central.com
[料]Ⓢ€89〜　Ⓣ€129〜　[カード][A][J][M][V]　[Wi-Fi]無料

外観もロビーもモダンな造り。観光やショッピングに便利なロケーション。

[MEMO] マルクト広場では4〜10月の毎週木曜10：00〜19：00頃に野菜や果物、花などの店が並ぶ青空マーケット、ゲンゼリーゼル・マルクトGänseriesel-Marktが開かれる。

ハーメルン

Hameln

仕掛け時計のネズミ捕り男

ベルリン
★
ハーメルン
●フランクフルト

●ミュンヘン

MAP ◆ P.414-B2	
人　口	5万7300人
市外局番	05151

ACCESS

鉄道：ハノーファーからがいちばん便利。直通のSバーンで約45分。ブレーメンからもハノーファー経由で行く。

❶ハーメルンの観光案内所
⊠Deisterallee 1　D-31785
　Hameln
☎(05151) 957823
🔗www.hameln.de
🕐月〜金　　10：00〜16：00
　　土　　　 9：30〜13：00
　（冬期の土は休業）

●市内交通
中央駅から町へバスを利用する場合、行き先表示にCityと含まれているバスは、すべて旧市街方面へ行く。❶に近い停留所Bürgergarten下車、または旧市街の外を回って、ヴェーザー川に近いバスターミナルCityで下車すると旧市街はすぐ。

●ヴェーザー川観光船
4月末〜10月上旬は、ヴェーザー川観光船Flotte Weserが運航。1時間周遊コース（€15.50）、定期路線もある。詳細は下記へ。
⊠Am Stockhof 2
☎(05151) 939990
🔗www.flotte-weser.de

マルクト教会（左）と仕掛け時計がある結婚式の家（右）

　昔、町に大発生したネズミを笛の音で見事に退治した男に、ハーメルン市民は約束を破って報酬を払わなかった。すると、男は再び笛を吹きならし、町の子供たちを連れ去ってしまった、というのが『ハーメルンの笛吹き男』のあらすじ。このお話は1284年6月26日に130人の子供たち（成人説もある）が忽然と失踪した実際に起きた事件をもとにしているといわれ、さまざまな解釈がある。東部ヨーロッパ移住説、子供の十字軍に従軍した説、舞踏病など伝染病による死亡説などだ。日本では「笛吹き男」だが、ドイツでは「ネズミ捕り男Rattenfänger」という。中世の都市はどこも不衛生で、製粉業が盛んだったハーメルンはネズミがあふれていたという。中世ドイツではネズミ捕りもひとつの職業で、同時に彼らは遍歴芸人でもあったらしい。これらのことと、子供たちの失踪事件がだぶって伝説になったといわれている。

　子供たちが連れ去られた通りは、今でも舞楽禁制通りとして、踊りや音楽の演奏は禁止されている。夏期になると、マルクト広場で、市民が"ハーメルンのネズミ捕り男"の野外劇を演じている（→P.438）。

おみやげに人気の乾パン製のネズミ（食べられません）

メルヘン街道 ▼ ハーメルン

歩き方

　中央駅から町の中心、旧市街までは歩いて15分ほど。バスターミナルの駅前広場を通り、右側のBahnhofstr.の突き当たりを左に曲がるとDeisterstr.に入る。さらに進んで公園を過ぎると右側にモダンな建物の❶が見える。

白いネズミのあとをたどって歩くと旧市街の見どころを順序よく回れる

華やかな建物が並ぶオスター通り

　❶の前の地下道を西に行くと旧市街に出る。歩行者天国になっているオスター通りOsterstr.は旧市街のメインストリート。最初の角の左側がネズミ捕り男の家Rattenfängerhaus。17世紀初頭に建てられたこの家は立派なファサードが印象的。現在はハーメルン市の所有となっている。この家の脇から始まる路地が、子供たちが連れ去られたという舞楽禁制通りBungelosenstr.。

　オスター通りの右側にはハーメルン博物館Museum Hamelnが建つ。オレンジ色の建物はうっとりするほど見事。さらに進むと結婚式の家Hochzeitshausがある。この壁には仕掛け時計があって、29個の鐘が5分間童話の音楽を奏で、ネズミ捕り男と子供たちも登場する。

オスター通り28番地に建つネズミ捕り男の家

　ハーメルンには"張り出し窓"のあるロマンティックな建物が多い。これはオランダ建築の影響を受けたもので"ウトルフト"と呼ばれている。マルクト広場のデンプターハウスDempterhausやネズミ捕り男の家、ハーメルン博物館はその代表。

ファサードを飾る美しい出窓ウトルフト

ハーメルン
HAMELN

0　100　200m

観光モデルルート

ユーゲントヘアベルゲへ
Pulverturm
Thiewall
Thiewallbrücke
市庁舎 Rathaus
Kastanien-
Rattenfänger-Brunnen
劇場
Mercure
市民庭園 Bürgergarten
ツア・ポスト
Bau-
Ritterstr.
マルクト教会 Marktkirche
デンプターハウス Dempterhaus
ハーメルン博物館 Museum Hameln
結婚式の家 Hochzeitshaus
©ムゼウムスカフェ
Osterstr.
ツア・ベルゼ
ネズミ捕り男の家 Rattenfängerhaus
Deisterallee
An der Altstadt
Deisterstr.
Wendenstr.
Lückingsches Haus
Neue Marktstr.
バウラーナーハイム・ラッテンクルーク
Bungelosenstr.
Hermannstr.
Bäckerstr.
Alte Marktstr.
クリスティーネンホーフ
Großehofstr.
Münsterbrücke
Münster
Münsterwall
Stadt Hameln
Osterton-
Bürenstr.
Zentralstr.
ハーメルン中央駅 Hauptbahnhof
Bahnhofstr.
Bahnhofsplatz
Kaiserstr.
Sand-
str.
wall

MEMO 旧市街のほぼ中心に建つマルクト教会の塔には展望台があり、4〜10月の水〜日曜12:00〜16:00に上ることができる。展望台から見渡せる町の眺めは最高！　狭い階段を上るので荷物は入口で預けること。入場料€1。

437

おもな見どころ

ネズミ捕り男の野外劇の時期に出かけたい
Rattenfänger-Festspiele ★★★

ネズミ姿の子供たちがかわいい野外劇

毎年5月中旬から9月中旬まで(2024年は5/12〜9/15)の毎週日曜に結婚式の家の前のテラスで観られる。12:00から約30分の上演。無料だが、いい席を確保したかったら早めに行ったほうがいい。上演後は出演者が町の中を行進する。ネズミ捕り男のツアー(€15)に参加すれば、ハーメルンの町のハイライトが見られる。

●ミュージカル「ラッツRats」
URL www.musical-rats.de
ネズミ捕り男の野外劇とは別に、ミュージカルもある。2024年は5/29〜9/4の水曜16:30〜。結婚式の家の前のテラスにて上演予定(約40分)。無料。

明るいミュージカル仕立ての『ラッツ』のステージ

結婚式の家の仕掛け時計
Glockenspiel am Hochzeitshaus ★★

毎日9：35と11：35に仕掛け時計だけ鳴る。また13：05、15：35、17：35にはネズミ捕り男の人形と、それに続いてネズミたちが出てくる仕掛け人形が現れる。

ネズミ捕り男が笛を吹くと……➡

子供たちがあとをついていく

ネズミ捕り男の歴史を知るハーメルン博物館
Museum Hameln ★★

●ハーメルン博物館
住 Osterstr. 8
URL museumhameln.de
開 火〜日　11：00〜18：00
休 月、一部の祝日
料 €6、学生€5

ネズミ捕り男の人形が立つ博物館の入口

博物館の入口がある館は**ライストハウスLeisthaus**といい、ヴェーザー・ルネッサンス様式のファサードが美しい館。隣の**シュティフツヘレンハウスStiftsherrenhaus**とつながっていて、ネズミ捕り男の伝説に関する資料やハーメルンの歴史、絵画などを展示している。

近郊の見どころ

フィッシュベック修道院教会
Stift Fischbeck
MAP◆P.414-B2

●フィッシュベック修道院教会
住 D-31840 Hessisch Oldendorf
URL stift-fischbeck.de
開 復活祭〜10月
　9：30〜16：30
料 無料、ガイドツアーは€8

ハーメルンから北に約7km。955年に皇帝オットー1世によって承認された修道院がある。教会は12世紀に創建。地下聖堂の柱頭はロマネスク様式のままで、内陣や回廊も必見。現在は女子修道院として活動している。

行き方はハーメルン中央駅前のバス停からHessisch Oldendorf行きの20番のバスで所要約20分、Fischbeck(Weser), Stiftstr., Hessisch Oldendorf下車、徒歩約5分。

おすすめのレストラン&ホテル RESTAURANT & HOTEL

※ハノーファーで見本市開催時は値上がりするホテルが多い。

[R] パウラーナー・イム・ラッテンクルーク
Paulaner im Rattenkrug MAP ◆ P.437

[住]Bäckerstr. 16 ☎(05151)22731
[URL]www.rattenkrug.de
[営]水～金15：00(料理は16：00)～、土・日11：00～
[休]月・火、冬期休業あり [カード] [M][V]

古い館ラッテンクルークの1階にあるハーメルン最古のレストランで、南ドイツのビールと料理が味わえる。白ソーセージ(ブレーツェル付き) Weißwürste (2本) €10.50やカツレツSchnitzel €18.90がおすすめ。

[C] ムゼウムスカフェ
Museumscafé MAP ◆ P.437

[住]Osterstr. 8 ☎(05151)21553
[URL]www.museumscafe.de
[営]10：00～18：00 [休]1月上旬～2月上旬

ハーメルン博物館になっているシュティフツヘレンハウスの1階にあり、天気のいい日には通りにパラソルが並び、ひと休みしたくなるカフェ。自家製ケーキのほかに、食事メニューも各種ある。

[H] クリスティーネンホーフ
Christinenhof MAP ◆ P.437

[住]Alte Marktstr. 18 D-31785
☎(05151)95080
[URL]christinenhof.de
[料]Ⓢ€110～ Ⓣ€150～ [カード] [M][V] [Wi-Fi] 無料

旧市街にある30室の中級ホテル。室内プールやサウナなどフィットネス施設もある。ファミリーにも向いている。クリスマス～1月上旬は休業。

[H] ツア・ポスト
Zur Post MAP ◆ P.437

[住]Am Posthof 6 D-31785
☎(05151)7630
[URL]www.hotel-zur-post-hameln.de
[料]Ⓢ€65～ Ⓣ€98～ [カード] [A][M][V] [Wi-Fi] 有料

部屋はとても居心地がよく、朝食も好評。ハーメルン博物館の裏側に位置する。

[H] ツア・ベルゼ
Zur Börse MAP ◆ P.437

[住]Osterstr. 41a D-31785 ☎(05151)94940
[URL]Hotel-zur-Boerse.de
[料]Ⓢ€109～ Ⓣ€138～
[カード] [A][D][J][M][V] [Wi-Fi] 無料

町の中心、オスター通りにあって便利。入口はKopmanshof側にある。広くて清潔な部屋。

INFORMATION 謎の巨岩エクスターンシュタイネ

トイトブルクの森の中にそびえ立つ奇岩。ゲルマンの聖地としての信仰もあり、ワルプルギスの夜や夏至の夜には多くの人が集まる。考古学的な調査では謎に包まれているが、注目のパワースポットとして人気がある。周辺のハイキングも楽しい。

40mもの高さでそびえ立つ奇岩の上に登れる

●エクスターンシュタイネ Externsteine
[住]Externsteiner Str. 35 Horn-Bad Meinberg
(インフォメーションセンターの住所)
➲Map P.414-B1
[URL]www.externsteine-info.de
[開] 岩に登れるのは4～10月の10：00～18：00、ただし天候により閉鎖の場合あり。
[料] €4（岩の前のチケット売り場で購入）
[行き方] ハーメルンから行く場合、普通列車（途中Altenbeken または Herford で乗り換えあり）で所要約1時間30分～1時間55分のデトモルト Detmold下車。駅前から出る782番のバスで約35分、Horn Abzw. Externsteine 下車、徒歩約15分。バス停からエクスターンシュタイネに行く途中にインフォメーションセンターや売店がある（冬期休業）。

ブレーメン

Bremen

音楽隊の像に触ろう

MAP ◆ P.414-A1

人 口	56万6600人
市外局番	0421

ACCESS

鉄道：ICE特急でハンブルク中央駅から約55分、ケルンから約3時間5分（途中乗り換えあり）。ハノーファーから約1時間。幹線上にあり、交通の便はよい。

ⓘブレーメンの観光案内所
圉Böttcherstr. 4
D-28195 Bremen
➡Map P.441-B1
☎(0421)3080010
▦www.bremen.de/tourismus
▤月～金　　9：00～18：00
　　土　　　9：30～17：00
　　日　　10：00～16：00

 世界遺産

ブレーメンの市庁舎と
ローラント像
（2004年登録）

ブレーメンを守るローラント像
は高さ約10m

町の中心に建つ市庁舎（左）と聖ペトリ大聖堂

　ブレーメンはドイツの北部、ヴェーザー川沿いにある。この川を北へ65km行った北海の港ブレーマーハーフェンとでひとつの州をなしている。ブレーメンはハンブルクに次ぐ大きな港町だが、実際は海から50km以上も内陸にあるので、あの夜のにぎやかな港町とはちょっと違う。どちらかというと、人々はわりにシャイでおとなしく、町並みも清潔で落ち着いている。

　ブレーメンといえば"ブレーメンの音楽隊"を思い出す。ブレーメンへ行って音楽士になろうとしたロバと犬と猫とニワトリ。彼らは結局ブレーメンへは行かなかったけれど、ブレーメンは想像どおり活気があふれるすてきな町だ。

📍 歩き方 ～～～～～～～～～

　ブレーメンとその近郊は、ドイツで最も自転車道が発達している。町なかの歩道にも自転車道がペイントされているからとても走りやすい。歩行者はそこを歩かないように気をつけよう。

　中央駅に向かって左側には**海外博物館Übersee-Museum**がある。かなり大きくて見学には時間がかかりそうだから、まず町の中心を見てみよう。Bahnhofstr.を南西へ行く。途中の橋の上から右側、緑の木立の中に風車が見える。橋を渡った先が町の中心で、歩行者専用のしゃれた道が**ゼーゲ通りSögestr.**。ブタ飼いの銅像が目印。この道の突き当たりに、直角に通るのは**オベルン通りObernstr.**。ここがブレーメンの目抜き通り。

　オベルン通りを進むと**聖ペトリ大聖堂**の高い塔が見える。この下が**マルクト広場Marktplatz**。平和

ゼーゲ通りの入口にあるブタ飼いの像

ロバの足をつかんで目を合わせると願いがかなうというブレーメンの音楽隊の像

と権利のシンボル、**ローラント像Roland**が立っている。この像がこの町に立つかぎり、ブレーメンは自由ハンザ都市でいられるとか。おもしろいことに、たとえこの像が壊されたとしても、もうひとつストックがあるから当分は大丈夫だそうだ。

この像の正面に向かって右側の緑の屋根の、ルネッサンス様式の壮大なファサードの建物は**市庁舎Rathaus**。市庁舎の入口に向かって左側に、**ブレーメンの音楽隊像**がひっそりと立っている。

●ブレーメンカード
BremenCARD
市電、市バスに乗り放題、市庁舎、博物館、教会などの入場が割引となる。1日用(大人1人と14歳未満の子供2人に有効)€11.50、2日間用€16.50。観光案内所で購入できる。

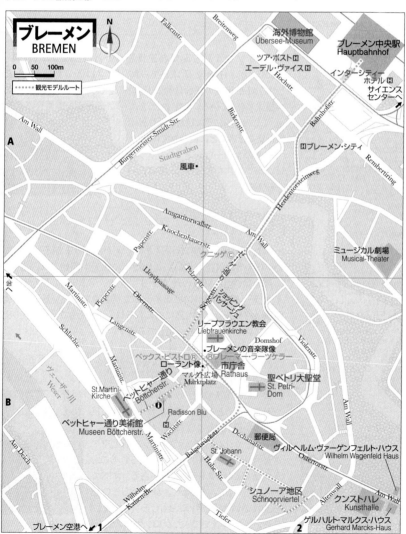

ブレーメン BREMEN

0 50 100m

••••• 観光モデルルート

海外博物館 Übersee-Museum
ブレーメン中央駅 Hauptbahnhof
ツア・ポスト H
エーデル・ヴァイス H
インターシティー H ホテル
サイエンスセンターへ
ブレーメン・シティ H
ミュージカル劇場 Musical-Theater
風車・
クニッゲ C
リープフラウエン教会 Liebfrauenkirche
Domshof
ベックス・ビストロ R R ブレーマー・ラーツケラー
ブレーメンの音楽隊像
ローラント像・ 市庁舎 Rathaus
マルクト広場 Marktplatz
聖ベトリ大聖堂 St. Petri-Dom
St.Martini-Kirche
ベットヒャー通り
Böttcherstr.
Radisson Blu
ベットヒャー通り美術館 Museen Böttcherstr.
郵便局
ヴィルヘルム・ヴァーゲンフェルト・ハウス Wilhelm Wagenfeld Haus
St. Jobann
シュノーア地区 Schnoorviertel
クンストハレ Kunsthalle
ゲルハルト・マルクス・ハウス Gerhard Marcks-Haus
ブレーメン空港へ 1

●ショッピングパッサージュ
ゼーゲ通りの中ほど東側にショッピングパッサージュがある。天気の悪い日はここを通り抜ければ、市庁舎の近くに出られる。

小さなショップを見て歩くのが楽しいパッサージュ

●ブレーメンの音楽隊ライブ
Stadtmusikantenspiel
5/5〜9/29('24) の毎日曜、12:00に市庁舎近くのDomshofで野外劇が楽しめる。無料。ただし予告なく変更／中止となることもある。

●市庁舎
⬜Map P.441-B2
内部の見学は所要約1時間のガイドツアー（ドイツ語）による。ただし行事が催されるときは中止されるので、❶で確認したほうがよい。❶のサイト内で日時指定予約がおすすめ。月〜土 11：00、12：00、15：00、16：00、日11：00、12：00スタート。
料€9

●聖ペトリ大聖堂
住Sandstr. 10-12
⬜Map P.441-B2
開月〜土　10：00〜17：00
　日　　11：30〜17：00
塔に上れるのは4/1〜12/23の水〜土10：00〜17：00、日・祝は礼拝終了後〜17：00（変更の場合あり）。ブライケラーは4/1〜12/23の水〜日11：00〜17：00入場可。
休キリスト教の行事やコンサートがある日
料無料。塔は€4。ブライケラー（入口は教会の外の公園側にある）は€5

●ベットヒャー通り
⬜Map P.441-B1

思わずひと休みしたくなるカフェ

広場の東側に高く見えるふたつの塔は**聖ペトリ大聖堂**。塔に上れば、ブレーメンで唯一高い所から町並みが見渡せる。

広場を挟んで市庁舎の向かい側には、現在は商工会議所として使われている**シュッティングSchütting**という優美な建物がある。

その左横の細い道、**ベットヒャー通りBöttcherstr.**に入ってみよう。ガラス細工や陶器の店が並んでいて、見て歩くのが楽しい。ここから少し南東に行った**シュノーア地区Schnoorviertel**も見逃せない。手作りの工芸品の店が、木組みの家の路地に並んでいる。

📷 おもな見どころ 〰〰〰〰〰〰〰〰〰〰

市庁舎　　　　　　　　　　🌐世界遺産
Rathaus　　　　　　　　　　　★★★

北ドイツでは最も重要な建築物のひとつといわれている。1405年から1410年の間に建てられ、全体はゴシック様式。ただしマルクト広場側の正面は約200年後に建てられたので、ルネッサンス様式になっている。市庁舎といっても、ここはおもに季節の行事や展示会、公式行事などに使われている。

地下のブレーマー・ラーツケラーは、ワイン好きならぜひ行ってみたい（→P.445）。

ファサードの彫刻が見事な市庁舎

聖ペトリ大聖堂
St. Petri-Dom　　　　　　　　★★

ふたつの塔が、空にすっくと浮き上がっている様子は、見ていてほんとに気持ちがいい。1042年に建築が開始され、最も古い部分は、西と東側の地下クリプタで、東側のクリプタ**ブライケラー Bleikeller**にはミイラが安置されている。**ドーム博物館Dom-Museum**も内部にある。塔に上ることもできる。塔の上からブレーメンの町を一望してみよう。

いちばんの人気ストリート、ベットヒャー通り
Böttcherstr.　　　　　　　　★★★

コーヒー商人ロゼリウスが中世の町並みを再現しようと造った通り。わずか100m足らずの小路だが、ここには、映画館、劇場、美術館、カジノ、ブティック、ガラス細工やアクセサリーのアトリエ（実演が見られることも）、カフェやレストランなどがある。すべて細くて、狭くて、小さくて、かわいらしい感じがするけれど、特におもしろいのは、マイセン製の磁器でできた**グロッケンシュピー**

おしゃれな小路ベットヒャー通りの入口

ルGlockenspiel。ロゼリウスの家の南側の、屋根と屋根の間の空間に30個の鐘が備え付けられていて、時間が来ると音楽を奏でる仕組み。4〜12月は毎日12：00〜18：00の間の毎正時、1〜3月は12：00、15：00と18：00に聴ける。ただし凍結すると動かないそう。

30個のマイセン製の鐘が奏でる音色が聴こえてくる

れんがの館の**ベットヒャー通り美術館**
Museen Böttcherstr. ★★

16世紀に造られたれんが造りの館の中に、**ロゼリウス美術館Ludwig Roselius Museum**、**パウラ・モーダーゾーン・ベッカー美術館Paula Modersohn-Becker Museum**、**ベルンハルト・ヘトガー・コレクションSammlung Bernhard Hoetger**が入っている。

豪商ロゼリウスの館であったロゼリウス美術館では高価な家具、調度、絨毯や、クラーナハの絵画やリーメンシュナイダーの彫刻などが観られる。パウラ・モーダーゾーン・ベッカー美術館の建築設計はヴォルプスヴェーデ（→P.446）の建築家ヘトガーによるもの。パウラ・モーダーゾーン・ベッカー（1876〜1907年）はヴォルプスヴェーデで活躍した、ドイツ表現主義を代表する女性画家で、力強くあたたかみのある作品を残した。

職人たちが腕を競う**シュノーア地区**
Schnoorviertel ★★

ブレーメンの旧市街。現在の建物は15〜16世紀からのもの。初期には金持ちが住んでいたが、その後、手工芸職人たちの住居に取って代わり、今にいたっている。

入り組んだ細い路地が迷路を思わせ、観光客の少ないときには、ふっと昔の人たちの息遣いが感じられそうな界隈。古い木組みの白壁の家は、店やアトリエになっていて、アクセサリー、手編み製品、陶器などを売っている。ほかにギャラリー、カフェ、レストランもある。

お気に入りのカフェや雑貨店を見つけてみたい

サッカー・スタジアム情報

●ヴェーザーシュタディオン
Weser-Stadion
URL wohninvest-weserstadion.de
ヴェルダー・ブレーメンの本拠地。
行き方 中央駅から Sebaldbrück 行きの市電10番で約10分の St.-Jürgen-Str. 下車、徒歩約10分。町の中心、聖ペトリ大聖堂の前 Domsheide からは、Sebaldbrück 行きの2番の市電で St.-Jürgen-Str. 下車、または Weserwehr 行きの3番の市電でWeser-Stadion下車。

●ベットヒャー通り美術館
（入口、入場券は全館共通）
住 Böttcherstr. 6
Map P.441-B1
URL www.museen-boettcherstrasse.de
開 火〜日 11：00〜18：00
祝日は変更あり
休 月、12/24・25・31
料 €10、学生€6
（特別展は別料金）

美しいファサードで有名なロゼリウスの館

●シュノーア地区
Map P.441-B2

日が暮れるとレストランやカフェが活気づくシュノーア地区

海外博物館
Übersee-Museum ★★

中央駅前の広場に建つ

駅に向かって左側の、ドアがガラス張りの大きな建物。自然、生活、風習、環境、文化、美術など、広い分野にわたって展示されている。日本庭園や南太平洋の島々の生活、特に第三世界の文化などが再現されている。

クンストハレと周辺の美術館
Kunsthalle ★

緑に囲まれたクンストハレ

クンストハレは19～20世紀のドイツ絵画とフランス印象派絵画を中心にしたヨーロッパ絵画が並ぶ美術館。パウラ・モーダーゾーン・ベッカーとその夫のオットー・モーダーゾーンなど、ヴォルプスヴェーデの画家たちの作品も所蔵する。

クンストハレに隣接する**ゲルハルト・マルクス・ハウスGerhard-Marcks-Haus**は20世紀ドイツを代表する彫刻家の作品を展示する美術館で、さまざまな企画展も催されている。

その向かいには、白い列柱が印象的な館、**ヴィルヘルム・ヴァーゲンフェルト・ハウスWilhelm Wagenfeld Haus**が建っている。ヴァイマールのバウハウス出身で、独特の丸いランプシェードやガラスのティーポットなどでデザイン史に名前を残すヴィルヘルム・ヴァーゲンフェルトはブレーメンの生まれ。ここでは、彼の作品だけでなく、さまざまなアーティストの特別展が随時開催される。

ウニヴァーズム（サイエンスセンター内）
Das Universum ★

ブレーメン大学の近くにある、体験型の科学ミュージアム。広大な**体験公園Entdeckungspark**、特別展会場の**シャウボックスSchaubox**、そしてメインの展示館である**サイエンスセンターScience Center**からなる。サイエンスセンターは、まるで歯をむ

銀色に輝くサイエンスセンター

いたクジラかUFOのようで目を引く外観。地球、自然、技術をテーマに、地球の気候や地震を体験できるコーナーなどがある。

おすすめのレストラン＆ホテル ❄ RESTAURANT & HOTEL

※宿泊料金の5%が宿泊税として加算。

R ブレーマー・ラーツケラー
Bremer Ratskeller MAP ◆ P.441-B2
住Am Markt ☎(0421)321676
URLwww.ratskeller-bremen.de
営12：00～21：00 休1/1 カードADJMV

市庁舎の地下にあり、1405年にワイン貯蔵庫として建てられた、歴史的なレストラン。魚料理が名物で、2種類の魚とポテトと野菜のブレーメン風パンフィッシュ Bremer Pannfischは€24.50（写真右下）。ステーキや肉料理の種類も多彩でケーニヒスベルガー・クロプセKönigsberger Klopse（→P.293）€19.90。内部はいくつかの部屋に分かれている。

R ベックス・ビストロ
Beck's Bistro MAP ◆ P.441-B1
住Am Markt 9 ☎(0421)326553
URLwww.becks-bistro.de 営11：00～22：00

マルクト広場にある明るいビストロ＆パブ。料理の値段は安めで、気軽な雰囲気。ビッグサイズのカリーヴルスト＆ポテトRiesen Currywurst €14.20。

C クニッゲ
Cafe Konditorei Knigge MAP ◆ P.441-A2
住Sögestr. 42/44 ☎(0421)13060
URLwww.knigge.shop
営月～土9：00～18：00、日11：00～18：00 カードMV

1889年創業のカフェ。町歩きに疲れたときにお茶したい。2階席もある。レーズンがたっぷり入った名物ケーキ、ブレーマー・クラーベンBremer Klabenはおみやげにいい。平日は日替わりランチもある。

H ツア・ポスト
Best Western Hotel Zur Post MAP ◆ P.441-A2
住Bahnhofsplatz 11 D-28195
☎(0421)30590 URLwww.hotel-zurpost-bremen.de
料S€119～ T€144～ カードAMV Wi-Fi無料

中央駅を出たら、右斜め向かいに建つ。一部の客室の設備はやや古いが、広めの部屋でくつろげる。駅前広場を見渡せる朝食ルームが2階にある。

H インターシティーホテル
InterCity Hotel Bremen MAP ◆ P.441-A2
住Bahnhofsplatz 17-18 D-28195 ☎(0421)16030
URLwww.intercityhotel.com
料S€105～ T€116～ 朝食別€23 カードADJMV
Wi-Fi無料

中央駅前に面したモダンなチェーンホテル。希望者にはチェックイン時に滞在期間中に市内の公共交通機関が乗り放題になるカードを作ってくれる。

H ブレーメン・シティ
Best Western Hotel Bremen City MAP ◆ P.441-A2
住Bahnhofstr. 8 D-28195 ☎(0421)30870
URLwww.bestwestern.de
料S€79～ T€99～ 朝食別€16 カードAJMV
Wi-Fi無料

中央駅から歩いて約5分の3つ星ホテル。部屋はやや狭いが機能的。

H エーデル・ヴァイス
Hotel Edel Weiss MAP ◆ P.441-A2
住Bahnhofsplatz 8 D-28195 ☎(0421)14688
URLwww.edelweiss-bremen.de
料S€99～ T€129～ 朝食別€18 カードADMV
Wi-Fi無料

中央駅前に面しており便利。チロルの山小屋をイメージした居酒屋風レストランを併設。

H ユーゲントヘアベルゲ
Jugendherberge Bremen MAP ◆ P.441-A1 外
住Kalkstr. 6 D-28195 ☎(0421)163820
URLwww.jugendherberge.de/jh/bremen
料€47.60～、27歳以上€53.40～ カードMV
Wi-Fi無料

駅から市電1番かバス26番、27番いずれかでふたつ目のAm Brillで下車し、ヴェーザー川のほうへ300mほど歩き、川の手前で右側の細い階段を下りて真っすぐ歩くと見える。到着が18：00以降になるときは必ず事前に連絡すること。チェックインは15：00～。12/24休業。

445

並木が美しい村

森と林に囲まれた芸術家の村

ヴォルプスヴェーデ

Worpswede

ヴォルプスヴェーデ ★
ベルリン ●
● フランクフルト
ミュンヘン ●

MAP ◆ P.414-A1

人 口	9600人
市外局番	04792

ACCESS

ブレーメン駅前のバスターミナルから670番のバスで約50分。Worpswede Hemberg またはWorpswede Inselで下車すると❶に近い。平日は1時間に1本程度、日曜、祝日は2〜3時間に1本程度の運行。

❶ヴォルプスヴェーデの
観光案内所

囲Bergstr. 13 D-27726
Worpswede
☎(04792) 935820
URLwww.worpswede-touristik.
de
開4月中旬〜10月下旬
月〜土 10：00〜17：00
日・祝 10：00〜15：00
他シーズンは変更あり
困12/24・25

●グローセ・クンストシャウ

囲Lindenallee 5
開10：00〜18：00
（11〜3月は変更あり）
料€8

ハウス・イム・シュルー所蔵の
フォーゲラー作の『オンディーヌ』

表現主義建築の美術館グローセ・クンストシャウ

　このあたりは湿地帯で、見渡すかぎり平坦なのに、珍しく小高い丘が見えるのが芸術家の村ヴォルプスヴェーデ。19世紀の終わり頃から、ブレーメンからさほど遠くないこの丘の周りに芸術家が集まり始めた。

　❶は村の中心の**ベルク通りBergstr.**とLindenalleeの角にある。

　ブレーメンのベットヒャー通りを設計したヘトガーの設計になる美術館**グローセ・クンストシャウGroße Kunstschau**にはパウラ・モーダーゾーン・ベッカーやハインリヒ・フォーゲラーの作品があり必見。

　フォーゲラーのコレクションがある**ハウス・イム・シュルーHaus im Schluh**と、フォーゲラーの住んだ美しい家**バルケンホフBarkenhoff**もぜひ訪れたい。

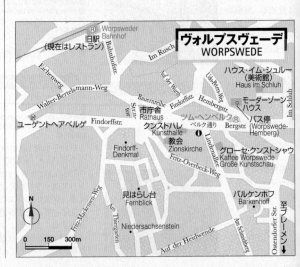

MEMO ツム・ヘンベルクGasthof zum Hemberg（囲Hembergstr. 28 URLwww.zum-hemberg-worpswede.com）は、ヴィーナー・シュニッツェル（カツレツ）など、気取らないドイツ料理が味わえるレストラン（困水、木、冬期休業あり）

宮殿のように壮麗なハンブルク市庁舎。周辺はにぎやかなショッピング街

ハンブルクと
エリカ街道・北ドイツ
Hamburg /Erikastraße /Norddeutschland

miau

独特のれんが建築が見事なシュトラールズント

春から初夏のイチゴのシーズンには町のあちこちに販売所が出る（ハノーファー）

水辺に美しい姿を映すグリュックスブルク城

木組みの館が見事な通りに、思わず見とれる町ツェレ

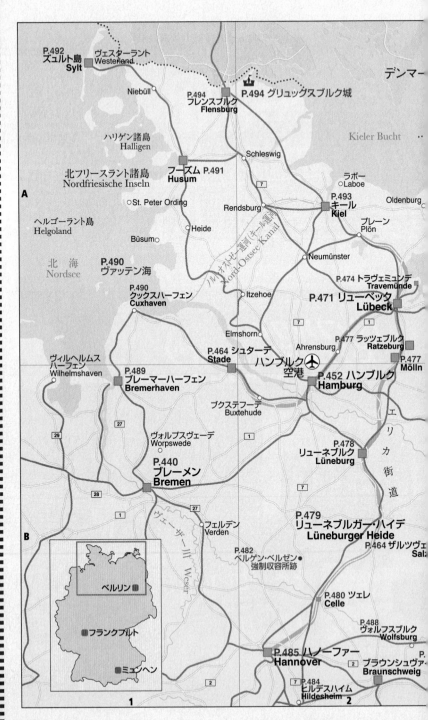

P.492 ズュルト島 Sylt
ヴェスターラント Westerland

北フリースラント諸島 Nordfriesische Inseln

ハリゲン諸島 Halligen

Niebüll

P.494 フレンスブルク Flensburg

P.494 グリュックスブルク城

デンマー

Kieler Bucht

Schleswig

P.491 フーズム Husum

St. Peter Ording

ラボー Laboe

Oldenburg

P.493 キール Kiel

ヘルゴーラント島 Helgoland

Heide

Rendsburg

プレーン Plön

Büsum

Neumünster

北海 Nordsee

P.490 ヴァッテン海

P.490 クックスハーフェン Cuxhaven

ノルトオストゼー運河[キール運河] Nord-Ostsee Kanal

Itzehoe

P.474 トラヴェミュンデ Travemünde

P.471 リューベック Lübeck

Elmshorn

ヴィルヘルムス ハーフェン Wilhelmshaven

P.489 ブレーマーハーフェン Bremerhaven

P.464 シュターデ Stade

Ahrensburg

P.477 ラッツェブルク Ratzeburg

ハンブルク 空港

P.477 メルン Mölln

P.452 ハンブルク Hamburg

ブクステフーデ Buxtehude

エリカ街道

ヴォルプスヴェーデ Worpswede

P.478 リューネブルク Lüneburg

P.440 ブレーメン Bremen

ヴェーザー川 Weser

フェルデン Verden

P.479 リューネブルガー・ハイデ Lüneburger Heide

P.464 ザルツヴェ Sal:

P.482 ベルゲン・ベルゼン● 強制収容所跡

P.480 ツェレ Celle

P.488 ヴォルフスブルク Wolfsburg

ベルリン

フランクフルト

ミュンヘン

P.485 ハノーファー Hannover

P. ブラウンシュヴァ Braunschweig

P.484 ヒルデスハイム Hildesheim

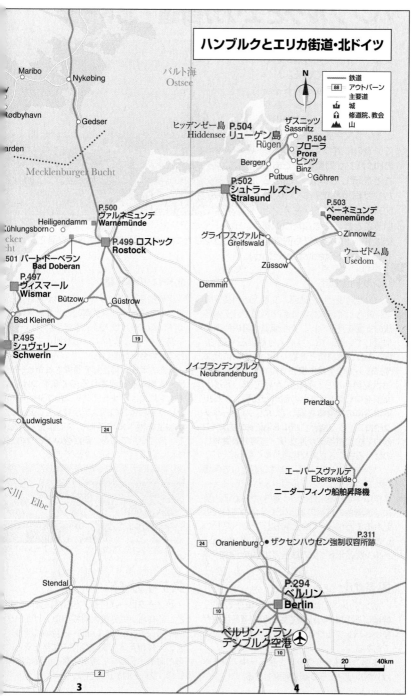

ハンブルクとエリカ街道・北ドイツ ▼ 広域図

ハンブルクとエリカ街道・北ドイツ

ドイツ第2の都市ハンブルクは、ドイツ最大の港町としての活気に満ちている。ハンブルクを中心とする北ドイツで、車のナンバープレートを注意して見ると、HHやHBなどという文字表示が頭に付いているのに気づく。この最初のHはハンザ同盟都市であることを示している。HHならハンザ同盟都市ハンブルク、HBなら同じくブレーメンということだ。このふたつの都

活気あふれるハンブルク港をまわる遊覧船が出るザンクト・パウリ桟

市はドイツのなかでも例外的に都市だけでひとつの州をなしている（ドイツ語でシュタートシュタートStadtstaatという）。

ハンザ同盟都市

ハンザ同盟とは、通商、交易上の利益保護を目的として結成された都市同盟で、王侯貴族の支配を受けない、皇帝直属の自由都市が加盟していた。ハンザ商人は鉄鉱石や琥珀、塩、毛皮、木材などを取り扱い、おもに北海やバルト海の交易に携わった。その最盛期は13世紀後半から15世紀にかけてで、ドイツ北部を中心に100以上の都市が加盟し、バルト海沿岸の主導権を握っていた。リューベックやロストックなど、バルト海沿岸地方にも、かつての加盟都市が連なり、当時の繁栄をしのばせる古くて立派な建物が多く残っている。

ハンブルクの南には、自然公園として保護されているリューネブルガー・ハイデ（リューネブルク地方の原野という意味）が広がる。夏には赤紫色の絨毯のようにエリカの花が咲き乱れることから、「エリカ街道」という名がついた観光ルートには、リューネブルク、ツェレ、メルンなど北ドイツの珠玉の10都市が連なる。

北ドイツの海岸線

世界遺産のヴァッテン海とは干潟のことで、ドイツとオランダ両国の北海沿岸に広がっている。ドイツ人は、家族や小グループで干潟ウオーキングツアーに参加して、大自然との触れ合いを楽しむ。

なお、海水浴場として整備されたビーチは、入場料を徴収されるので気をつけたい。海水浴場にはシュトラントコルプStrandkorbという屋根付きのベンチが並んでいる。これは19世紀後半にロストックで誕生したもので、籐で編んである。風が強いドイツのビーチには必需品で、レンタルできる。

シュトラントコルプが並ぶクックスハーフェンの干潟
ビーチ

周遊のヒント

ハンブルクを中心に鉄道網が延びていて、幹線以外のローカル線でも比較的運行本数が多い。ハンブルクは、北欧へのゲートウエイでもある。

東部のロストックやシュトラールズントへは、ベルリンからの直通列車もある。

ステイガイド

ハノーファーはドイツでも特に見本市都市として有名。世界最大規模のコンピュータ見本市ツェービット CeBIT（3月頃に開催）などの大規模見本市開催期間中に当たると、周辺の町のホテルまで満室になる。夏は海岸沿いのリゾート地が込み合う。

名産品と料理

ハンブルクやリューベックなど、北ドイツは**魚料理**がおいしいレストランが多い。魚料理の多くは、グリルしたり油で揚げたりしたものが主流。港町の名物**ラプスカウス**(ジャガイモとコンビーフを混ぜて、目玉焼きをのせた料理)は、素朴な北国の味。

北ドイツでのデザートには、イチゴやラズベリー、ブルーベリーなどのベリー類をよく煮込んだ**ローテ・グリュッツェ**がある。生クリームやバニラアイスクリームと一緒に食べる。

左/バニラアイスクリームを添えたローテ・グリュッツェ。かなり強い甘さがある　右/アイスの上にフレッシュなイチゴがたっぷりのエアトベアベッヒャー

左/港町の名物料理ラプスカウス　左下/ツァンダーという白身魚のグリル

左上/切り株のような形のザルツヴェーデルのバウムクーヘン
上/バウムクーヘンで有名なハノーファーのカフェ、ホレンディッシェ・カカオシュトゥーベのバウムクーヘントルテ

ハンブルク港の桟橋で食べられる軽食、燻製したサバのサンド。ハンブルク生まれのフリッツコーラと一緒に

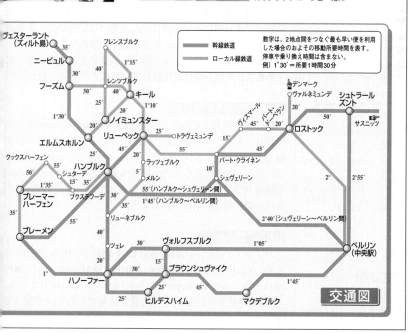

交通図

数字は、2地点間をつなぐ最も早い便を利用した場合のおよその移動所要時間を表す。停車や乗り換え時間は含まない。
例) 1°30′＝所要1時間30分

幹線鉄道
ローカル線鉄道

ヴェスターラント（ズィルト島）／ニービュル／フーズム／フレンスブルク／レンツブルク／キール／ノイミュンスター／リューベック／トラヴェミュンデ／エルムスホルン／クックスハーフェン／ハンブルク／シュターデ／メルン／ラッツェブルク／シュヴェリーン／バート・クライネン／ブクステフーデ／ブレーマーハーフェン／ブレーメン／リューネブルク／ツェレ／ヴォルフスブルク／ブラウンシュヴァイク／ハノーファー／ヒルデスハイム／マクデブルク／ベルリン（中央駅）／デンマーク／ヴァルネミュンデ／シュトラールズント／サスニッツ／ロストック／ヴィスマール

55′(ハンブルク～シュヴェリーン間)
1°45′(ハンブルク～ベルリン間)
2°40′(シュヴェリーン～ベルリン間)

451

れんが色の倉庫街

活気あふれるドイツ最大の港町

ハンブルク

Hamburg

MAP ◆ P.448-B2	
人　口	185万2500人
市外局番	040

[ACCESS]

鉄道：フランクフルトから特急ICEで約4時間、ベルリンから約1時間45分。北欧への国際列車も発着。

ⓘハンブルクの観光案内所

●中央駅構内のⓘ
(Kirchenallee出口近く)
➲Map P.457-B4
[URL]www.hamburg-tourism.de
[開]月～日　9：00～17：00
(12/24・26・31、1/1は短縮)
[休]12/25

●ハンブルク空港
➲Map P.456-A1(別図)
[URL]www.ham-airport.de

●空港～市内間の交通料金
空港～中央駅間のSバーンは€3.60。
タクシーは空港から中央駅まで€25～30が目安。

●在ハンブルク日本総領事館
Japanisches Generalkonsulat
[住]Domstr. 19(Zürich Haus内6階)
D-20095 Hamburg
➲Map P.457-B4
☎(040)3330170
[URL]www.hamburg.emb-japan.go.jp
[開]月～金　9：30～12：00
14：00～16：30
[休]土・日・祝(ドイツと日本の祝日)、年末年始

[世界遺産]
倉庫街とチリハウスを含む商館地区
(2015年登録)

遊覧船に乗って眺めたい町ハンブルク

ドイツ最大の港湾都市だが、エルベ川の河口から約100kmも遡った所にある河川港なので、日本の港町のイメージとは多少異なる。波止場特有の猥雑な旅情あふれるムードや、アルスター湖畔のさわやかなリゾート気分、そして運河沿いのロマンティックなムードも同時に味わえる水辺の町だ。

9世紀、カール大帝の時代に「ハンマブルク」として建都。12世紀頃から交易の中心地として急速に発展、14世紀にはハンザ同盟の有力都市としてさらに繁栄した。第2次世界大戦の破壊により古い町並みはほとんど残っていないが、国際港湾都市ならではの、活気に満ちた姿が刺激的だ。

音楽家メンデルスゾーンやブラームスの生誕地であり、ビートルズが下積み時代に活動していたことでも知られる。

空港と市内のアクセス

市の北に位置する**ハンブルク空港Hamburg Airport**と市内の間は、ターミナルに隣接するSバーンの駅から、ほぼ10分間隔で運行しているⓈ1に乗ると、所要約25分で中央駅に到着する。なお、中央駅から空港へ向かう場合は、途中駅Ohlsdorfで空港行きとPoppenbüttel行きに車両が切り離されるので、乗車の際に行き先車両の確認を忘れずに。

鉄道で着いたら

ハンブルクには、**中央駅Hauptbahnhof**（＝ **Hbf.**と略す）のほか、**ダムトーア駅Dammtor**、**アルトナ駅Altona**、そして郊外の**ハールブルク駅Harburg**があり、Sバーンで結ばれている。ハンブルク終着といっても、中央駅が終着でなくアルトナ駅まで運転される列車も多いので、降り間違いのないよう注意しよう。

[MEMO] アルトナ駅発の111番のバスは、フィッシュマルクト～レーパーバーン～ザンクト・パウリ桟橋～エルプフィルハーモニーなど、ハンブルクの名所を結ぶルートを走っていて便利。約30分の路線バスの旅が楽しめる。

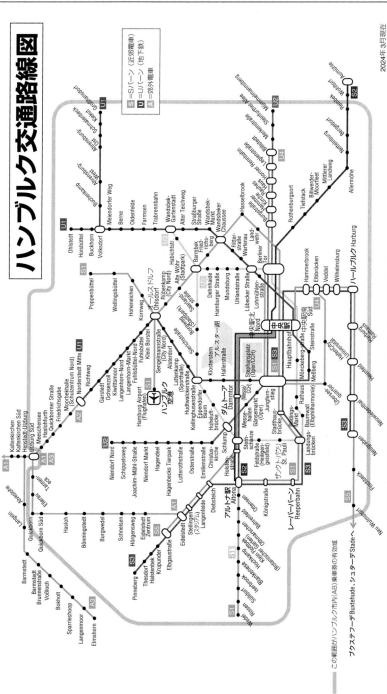

ハンブルク交通路線図

2024年3月現在

S＝S/バーン（近郊電車）
U＝U/バーン（地下鉄）
A＝郊外電車

ハンブルクとエリカ街道・北ドイツ ▼ ハンブルク

この範囲がハンブルク市内（AB）乗車券の有効区域

ブクステフーデ Buxtehude、シュターデ Stade へ↙

●市内交通

URL www.hvv.com

市内中心部（AB、下記注1参照）の1回乗車券Einzelkarte（€3.80）には、乗車区間に応じて短区間Kurzstrecke（€2）と近距離区間Nahbereich（€2.70）もあり、購入時に該当料金が示される。

●1日乗車券の種類と料金

種　類	AB	全域
1日乗車券 （2等）	€8.80	€26.70
9時から1日乗車券 （2等）	€7.50	€21.90

注1：ハンブルクの乗車券はA～Fのリング状の範囲で料金設定されている。ABがハンブルクの中心部で、本書で紹介した「おもな見どころ」（「近郊の見どころ」は除く）はすべてこの範囲内。

9時から1日乗車券9-Uhr Tageskarteは、月～金曜0：00～6：00と朝9：00以降から翌6：00まで利用可だが、土・日曜、祝日は制限時間なしで利用できる。5人まで利用できるグループカードGruppenkarteもある。

●ハンブルクカード

（）内はグループカード
1日有効　€11.90（20.90）
2日間有効　€21.90（37.90）
3日間有効　€31.90（52.90）
4日間、5日間有効もある。

ハンブルク中央駅のメンケベルク通り側の出口。ここから中心部へ歩き始めよう

ハンブルクの市内交通

ハンブルクには、Sバーン（近郊電車、Ⓢマーク）、Uバーン（地下鉄、Ⓤマーク）、バス（メトロバス、急行バスのほかに、追加料金が必要な高速バスがある）などの交通機関がある。これらは**ハンブルク交通連盟HVV**に加盟しており、共通の切符で利用できる。

切符は駅の自動販売機で買う。旅行者には便利な**1日乗車券Tageskarte**（利用時間等によって種類がある。左欄参照）がある。

ハンブルクカード Hamburg-Card

旅行者におすすめのツーリストカードで、有効期間中は市内（AB範囲内）の公共交通機関が乗り放題になるうえ、市内の美術館や博物館に割引料金で入場できる。さらに市内観光バスや港巡りの遊覧船などが割引になる。大人ひとりと15歳未満の子供3人まで同時に使用可。また5人まで使用できるグループカードGruppenkarteもある。観光案内所で販売。

🔍 歩き方

中央駅から町の中心部へ

フランクフルト方面から来た場合、中央駅Hauptbahnhofに着いたらそのまま列車の進行方向に向かってホームの先端側（北）の階段を上り、右側に進むと🛈がある。

🛈がある東側出口の前は、**キルヒェンアレー Kirchenallee**という大通りで、周辺はホテル街になっている。町の中心部へ行くには、キルヒェンアレー側とは反対の西側出口から出る。

まずはハンブルクの中心である**市庁舎広場Rathausmarkt**を目指そう。駅前の大通りを渡って、南へ少し進むと**メンケベルク通りMönckebergstr.**というにぎやかな通りが延びている。ショッピングビルやファストフードの店などが並ぶ通りを進むと10～15分で市庁舎広場に着く。地下鉄を利用するなら、Ⓤ3のHauptbf. Süd駅から乗車して2つめのラートハウスRathaus下車。

ショッピング客が行き交うメンケベルク通り

サッカー・スタジアム情報

フォルクスパルク・シュタディオン（旧イムテックアレーナ）

URL www.hsv.de ● Map P.456-A1（別図）

ハンブルガー SVのホームスタジアム。
行き方 ハンブルク中央駅からⓈ3または5で所要15～20分のシュテリンゲンStellingen駅下車、徒歩約20分。試合日はシュテリンゲン駅からスタジアム行きのシャトルバスが運行する。

●スタジアム見学ツアーとHSVミュージアム
スタジアム見学ツアーは12：00、14：00、16：

00（冬期は12：00、14：00のみ）スタート。追加される場合もあるので上記サイトで確認を。日時指定予約もできる。年末年始は変更あり。試合日やイベント開催時は中止。選手用トンネルやVIP席などを見る約75分のツアー。見学ツアーとミュージアムの入場料€14、ミュージアムのみの入場料は€7。ショップも併設。

MEMO FCザンクト・パウリの本拠地、ミレルントーア・シュタディオンMillerntor-Stadion（● Map P.456-B2）へは、中央駅からⓊ3のSchlump-Barmbek方面行きで約10分のSt. Pauli下車。スタジアムまで徒歩約3分。

市庁舎広場周辺と倉庫街

　市庁舎広場には、高さ112mの尖塔がそびえる**市庁舎Rathaus**が堂々たる姿を見せている。市庁舎広場から橋を渡り、高級ブランド店が軒を連ねる**ノイアー・ヴァルNeuer Wall**という通りを横切ると、ショッピングアーケード街になる。

　ハンブルクには、13世紀にエルベ川の支流アルスター川を堰き止めて造った**内アルスター湖Binnenalster**と**外アルスター湖Außenalster**というふたつの人工湖がある。湖につながる水路や運河が縦横に走り、これらを結ぶ橋の数は、ヴェネツィアを

ユンクフェルンシュティーク桟橋の遊覧船乗り場

超えヨーロッパの都市で最多。湖と運河を巡るさまざまなコースの遊覧船が繁華街の中心**ユンクフェルンシュティークJungfernstieg**の桟橋から運航している。

ダイヒ通りの裏側のニコライ運河

　町の喧騒から逃れたかったら、静かな町並みのニコライ運河周辺や赤れんが倉庫が並ぶ**倉庫街Speicherstadt**を散策するといい。

トレンドエリア、シャンツェ地区とカロ地区

　Ⓢ Ⓤシュテルンシャンツェ Sternschanze駅周辺の**シャンツェ地区Schanzenviertel**は、昔から安い家賃の住居が多く、学生や若者、各国の若手アーティストが集まるマルチカルチャーエリアとなっている。市庁舎周辺の高級ショッピング街とはまったく異なる、刺激的な雰囲気に満ちている。特に駅南側の**シュルターブラットSchulterblatt**や**シャンツェン通りSchanzenstr.**あたりは、個性

的なブティックや雑貨店、庶民価格のカフェ、ベーカリーカフェ、レストランが並び、食べ歩きも楽しい。

　南東へ続く**カロ地区Karolinenviertel**の**マルクト通りMaktstr.**周辺も、古着屋や古物雑貨店が点在し、ディープな雰囲気のエリアだ。

上／マイペースで暮らす人たちが集まるシャンツェ地区　下／シュルターブラットのポルトガル風カフェ、トランスモンタナ

●市内観光バス
Hamburgerstadtrundfahrt
・黄色のダブルデッカー
Die Gelben Doppeldecker
🌐stadtrundfahrthamburg.de
出発はハンブルク港ザンクト・パウリ4番桟橋前Landungsbrücken vor Brücke 4。ハンブルク・クラシッシュ Hamburg Klassischというコースは市内のおもな見どころで乗降できるホップオン・ホップオフ形式で€18。

ダブルデッカーの市内観光バス

・赤いダブルデッカー
Die Roten Doppeldecker
🌐die-roten-doppeldecker.de
出発は中央駅（キルヒェンアレー側）またはハンブルク港ザンクト・パウリ桟橋 1、2番桟橋前。市内のおもな見どころにストップし、好きな所で乗降できる。チケットは1日有効で€18.50。

●アルスター湖遊覧船
Alsterrundfahrt
遊覧船乗り場のJungfernstiegへは中央駅から徒歩約10分。またはⓊ ⒮Jungfernstieg下車。
🅟Map P.457-B4
🌐alstertouristik.de
・アルスター湖遊覧
（所要約1時間）
🎫€20
・運河巡り（所要2時間）
🎫€26

アルスター湖の遊覧船

エスニック系ショップも多いマルクト通り

ハンブルク
HAMBURG

P.468
イーゼマルクト
Isemarkt

Innocentia-park

Hoheluftbr.

アルスター公園
Alster-Park

聖ヨハニス教会
St. Jahannis

民俗博物館
Hamburgisches Museum für Völkerkunde

外アルスター湖
Außenalster

ビ塔
turm

プランテン・ウン・ブローメン公園
Planten un Blomen P.470

ラディソン・ブルー・ハンブルク
Radisson Blue Hamburg

Bf.Dammtor

Theodor-Heuß-Platz

見本市会場
Messegelände

クライネ・ヴァル公園
Kleine Wallanlagen

Stephansplatz

Alster Hof

Baseler Hof

Kennedybrücke

P.469
ホテル・アトランティック
Hotel Atlantic

P.462
ハンブルク国立歌劇場
Hamburgische Staatsoper

P.462
ライスハレ
Laeiszhalle

P.464

P.469
フィーア・ヤーレスツァイデン

内アルスター湖
Binnenalster

アレックス P.466

P.470
クンストハレ
Hamburger Kunsthalle

インターシティー・ホテル

ドイツ劇場

P.455
アルスター湖
遊覧船乗り場

P.460
ハンブルク中央駅
Hauptbahnhof

Karl-Muck-Platz

ヴァル公園
wallanlagen

P.461
ブラームス博物館
Johannes Brahms Museum

P.468 ニベア・ハウス

P.470 マリオット

P.467/ハンゼ・フィアテル
(ショッピングアーケード)
ルネッサンス

ハンブルク・ホテル

P.467 モンブラン

P.469

グッチ

ルイ・ヴィトン

ティファニー

オイローパ・パッサージュ

バスターミナル

P.460
美術工芸博物館
Museum für Kunst und Gewerbe

P.463
コットンクラブ

Stadthausbrücke

Steigenberger Hamburg

エルメス

フェラガモ

P.467

市庁舎広場
Rathausmarkt

Karstadt

聖ペトリ教会
St. Petri

P.459
チリハウス
Chilehaus

マルクトハレ

P.458
聖ミヒャエル教会
St.Michaeliskirche

P.458
市庁舎
Rathaus

Café Paris

聖ヤコビ教会
St.Jacobi

証券取引所

P.458
旧商工組合福祉住宅
Krameramtswohnungen

Fischmarkt

聖ニコライ教会廃墟
Turmruine St. Nikolai

日本総領事館

グリーニンガー P.465

聖カタリーネン教会
St.Katharinen

ヴァッサーシュロス
P.466

P.460
国際海洋博物館
Internationales Maritimes Museum

9.
フ・サン・ディエゴ号
San Diego

ハンブルク港

P.459 消防船
Das Feuerschiff

P.459 倉庫街
Speicherstadt

P.459
ミニチュアワンダーランド
Miniatur Wunderland
ハンブルク・ダンジョン
Hamburg Dungeon

エルプフィルハーモニー
Elbphilharmonie P.462

エルベ川劇場 P.463
Theater an der Elbe

ザ・ウェスティン・ハンブルク P.469

●市庁舎
住 Rathausmarkt 1
U Rathausまたは U S Jungfern-
stieg下車。
Map P.457-B3〜B4
内部はガイドツアーでのみ
見学できる。催行日時は不定
期なので www.hamburg.
de/rathausfuehrung で確認
を。公式行事やイベント開催
時は中止される。
料 €7

●聖ミヒャエル教会
住 Krayenkamp 4c
S 1または3でStadthaus-
brücke下車。
Map P.457-B3
www.st-michaelis.de
開 5〜9月　　9：00〜20：00
　　4・10月　　9：00〜19：00
　　11〜3月　10：00〜18：00
　　（入場は各閉館30分前まで）
料 €8

ミヒャエル教会の塔にはエレ
ベーターで昇れる

●旧商工組合福祉住宅（博物館）
住 Krayenkamp 10
Map P.457-B3
開 10：00〜17：00
　（土・日は〜18：00）
　11〜3月は金〜月10：00〜
　17：00
休 火、冬期の火〜木
料 €2.50

●港巡りの遊覧船
U 3の St. Pauliか S 1、3、U 3
のLandungsbrückenで下車。
Map P.456-B2
数社の船会社が運航してお
り、さまざまなコースがある。
所要時間1〜2時間。
料 €26〜

遊覧船の代わりに、公共交通網
のチケットで乗れる定期船で港を
眺める方法もある。特に72番は
エルプフィルハーモニーの眺めが
楽しめておすすめ

📷 おもな見どころ

市庁舎
Rathaus　★★★

　19世紀末にネオ・ルネッサンス様式で建
てられた。宮殿のように豪華な内部は、州議
会会議場にもなっている。部屋数は647室あ
り、バッキンガム宮殿より6室多いのが自慢。
ガイドツアーで、ハンザ都市ハンブルクの繁
栄を目のあたりにすることができる。

市庁舎を眺められる運河
沿いのカフェは大人気

聖ミヒャエル教会と周辺
St. Michaeliskirche und Krameramtswohnungen　★★

　バロック様式の聖ミヒャエル教会は、ハンブルクで最も有名
なプロテスタントの教会。「ミヒェル」という愛称で親しまれてい
る塔の高さは132m。82mの所にある展望台まで、エレベータ
ーで昇れる。展望台から見る港や町のパノラマはすばらしい。

　聖ミヒャエル教会の南東に古い**旧商工組
合福祉住宅Krameramtswohnungen**があ
る。レストランの脇から入る狭い路地の奥
には、商工組合員の未亡人のために造られ
た住宅があり、そのひと部屋が小さな**博物館
Museumswohnung**となっている。

旧商工組合福祉住宅

港巡り
Hamburg Hafen　★★

　ザンクト・パウリ桟橋St. Pauli-Landungsbrückenからは、
エルベ川沿いに広がるドイツ最大のハンブルク港を巡る**遊覧船
Hafenrundfahrt**が運航している。この6番と7番桟橋のそばに
は、**ザンクト・パウリ・エルベトンネルSt. Pauli Elbtunnel**がある。
車も人もエレベーターで下りて渡る珍しいトンネルで、文化財に
指定されている。対岸からの港の眺めはすばらしい。

上／エルベ川の下を歩いて渡れる長さ426mのト
ンネル　右／エルベトンネルは階段または専用エ
レベーターで水面下に下りてから渡る

桟橋沿いの遊歩道を東へ向かって歩いていくと、船の博物館兼レストランの大型帆船**リックマー・リックマース号Rickmer Rickmers**や**キャプ・サン・ディエゴ号Cap San Diego**、消防船**Das Feuerschiff**が次々と現れる。

ザンクト・パウリ桟橋から西へ10分ほど歩いた所には**旧ソ連製潜水艦U434**が係留されており、原子力ではない潜水艦としては世界最大級の艦内を見学できる。

●**旧ソ連製潜水艦 U434**
⊞St. Pauli Fischmarkt
Ⓢ Ⓤ Landungsbrücken で降り、西へエルベ川沿いに徒歩約10分。または中央駅のHBF/Steintorwallから2番のバスでHafentreppeまたはFischmarkt下車、徒歩約5分。
◯Map P.456-B2
URLwww.u-434.de
圏月〜土　　9：00〜20：00
　日　　　11：00〜20：00
圏€9、学生€6

船の博物館リックマー・リックマース号

スパイ任務を遂行した旧ソ連海軍の潜水艦

倉庫街
Speicherstadt
🌐 世界遺産 ★★

中心部の南部の運河沿いには、100年以上前に建てられた美しい赤れんがの倉庫が建ち並ぶ一角がある。19世紀の雰囲気が味わえる、ロマンティックな観光スポットとして人気で、ミニチュアワンダーランドやハンブルク・ダンジョンなどのアトラクションが集まっている。倉庫街の北側の**ダイヒ通りDeichstr.**には、魚料理を味わえるおしゃれなレストランが数軒ある。

●**倉庫街**
Ⓤ3 Baumwallから徒歩約5分。
◯Map P.457-B3

赤れんがが水に映る倉庫街

チリハウス
Chilehaus
🌐 世界遺産 ★★

倉庫街から北東へ向かい、ⓊMeßberg駅のすぐそばに建つのが、ハンブルクを代表する商館**チリハウスChilehaus**。黒褐色のれんがを積み上げた重厚な建物は、チリからの硝石輸入で財をなした豪商が、建築家フリッツ・ヘーガーに設計を依頼し1924年に完成。ドイツ表現主義建築の代表作として、周辺の商館とともに世界遺産に登録された。現在は、オフィスビルとして多くの企業が入居している。

●**チリハウス**
⊞Fischertwiete 2
ⓊMeßbergから徒歩約1分。
◯Map P.457-B4
URLwww.chilehaus.de

建物の東側は船の舳先のよう

ミニチュアワンダーランド
Miniatur Wunderland
★★★

倉庫街の古い赤れんがの建物の中に、世界最大級の鉄道模型のジオラマワールドが広がっている。1/87サイズの鉄道模型の走行と、デジタル制御された照明で、ロマンティックな夜景モードも楽しめる。風景ジオラマの凝った作りは、鉄道ファンでなくても一見の価値あり。人気が高く入場待ちになることも多い。

●**ミニチュアワンダーランド**
⊞Kehrwieder 2, Block D
◯Map P.457-B3
URLwww.miniatur-wunderland.de
圏毎日変わるので上記サイト内のカレンダーで要チェック
圏€20、学生€17
※とても人気があるので、上記サイト内から日時指定の予約がおすすめ。特に土・日・祝は混雑する。予約がない場合の待ち時間予測もサイトに出ている。

ジオラマはまだまだ拡大中

左カラム

●クンストハレ
🏛Glockengießerwall 5
🔵Map P.457-B4
🌐www.Hamburger-Kunsthalle.de
🕐火～日　10:00～18:00
　（木は～21:00）
🚫月、12/24・25
💴€16、学生€8

ドーム型の外観が目印のクンストハレ

名画、大作がめじろ押し

●美術工芸博物館
🏛Steintorplatz 1
🔵Map P.457-B4
🌐www.MKG-Hamburg.de
🕐火～日　10:00～18:00
　（入場は閉館30分前まで）
🚫月、12/24・25・31
💴€14、学生€8

●アルトナ博物館
🏛Museumstr. 23
Ⓢアルトナ駅下車。
🔵Map P.456-B1
🌐www.shmh.de
🕐水～日　10:00～17:00
　（土・日は～18:00）
🚫火、12/24・25・31、1/1
💴€8.50、学生€5

●国際海洋博物館
🏛Kaispeicher B, Koreastr. 1
Ⓤ4 Überseequartier下車。
🔵Map P.457-B4
🌐www.imm-hamburg.de/
🕐10:00～18:00
💴€17、学生€12

右カラム

クンストハレ
Hamburger Kunsthalle　★★★

ハンブルク中央駅の北側に隣接する、ドイツで最大級の美術館のひとつ。ハンブルクの富裕な美術愛好家たちから多数寄贈された作品が、美術館の基礎をなしている。

クレー『金色の魚』

中世部門にある、現存する中世絵画で最大規模の作品『グラボウの祭壇Grabower Alter』（マイスター・ベルトラム作、1379年）は必見。19世紀～20世紀前半の絵画が特に充実しており、ロマン派のフリードリヒの代表作『氷海Eismeer』をはじめ、ベックリン、リーバーマン、ゴーギャン、セガンティーニ、ムンク、クレー、ピカソなど、多彩な作品を所蔵。

本館の北側には、新館があり、**現代美術ギャラリー Galerie der Gegenwart**として、現代アートやインスタレーション作品などを展示。新館へは本館内のカフェ Cafe Das Liebermann の横に連絡通路がある。

美術工芸博物館
Museum für Kunst und Gewerbe　★★

中央駅のキルヒェンアレー側出口の南、バスターミナルの手前に建つクラシックな建物。1877年にオープンし、世界各地から集めた工芸、グラフィックデザイン、古楽器、モード作品などを所蔵。アールヌーボー・コレクションは世界最大級のもの。日本の茶室もあり、月に数回実演される。複数の特別展が、同時開催されていることが多い。

アルトナ博物館
Altonaer Museum　★★

港町ならではの、船の模型や船首像のコレクション、ハンブルクと周辺の造船業や漁業に関する展示品がメイン。大航海時代華やかなりし頃の北ドイツの文化史や自然がわかる。

国際海洋博物館
Internationales Maritimes Museum　★★

ペーター・タム氏が収集した世界各地の海事史に関連する品々が、9階建ての建物にぎっしりと並ぶ。各国海軍の制服、軍艦の模型、客船の模型など、個人の収集とは思えない膨大な規模。日本に関する展示もある。

れんが色の巨大な建物

ハンブルク博物館
Museum für Hamburgische Geschichte ★

　れんが造りの館の中にあるハンブルクの歴史博物館。昔のハンブルクの町の精巧な復元模型や、バロック時代の商館の部屋の再現展示、衣装の変遷、音楽や楽器、船の模型、ハンブルクのユダヤ人の歴史など、膨大なコレクションが並ぶ。

ブラームス博物館
Johannes Brahms Museum ★

　ハンブルクで生まれた大作曲家ブラームスの自筆譜ファクシミリ、コンサートプログラム、写真などを展示する小さな博物館。

ブラームスの胸像が迎えてくれるエントランス

柵がないハーゲンベック動物園
Tierpark Hagenbeck ★★

　動物を檻や柵を使わず、堀を隔てて展示する斬新な方法で世界的に有名な動物園。約210種類、1850匹が暮らしている。何より楽しいのは、猿や象に餌を与えること(野菜や果物のみ与えられる。園内でも販売している)。水族館も併設。

野菜や果物を与えてもよい動物には、表示が出ているので確認しよう

イェーニッシュ・ハウスとエルンスト・バーラッハ・ハウス
Jenisch Haus und Ernst-Barlach-Haus ★

　エルベ川を望む斜面に広がる**エルプショセー Elbchaussee**はハンブルク郊外の豪邸エリア。この地区の**イェーニッシュ公園 Jenischpark**(自然保護地区)の中に、新古典主義様式の瀟洒な館**イェーニッシュ・ハウス**がある。同じ公園内には、ハンブルク近郊で生まれた彫刻家エルンスト・バーラッハの作品を集めた**エルンスト・バーラッハ・ハ**

バーラッハの作品

ウスがある。力強くあたたかみにあふれた木彫りの作品は、観る者をひきつける。

●ハンブルク博物館
㊟Holstenwall 24
U 3 St. Pauli下車。
●Map P.457-B3
蜀www.shmh.de
※工事のため閉館中

●ブラームス博物館
㊟Peterstr. 39
U St. PauliまたはMessehallen下車。
●Map P.457-B3
蜀brahms-hamburg.de
園火〜日　　10:00〜17:00
休月、復活祭の金曜、12/24・25・26・31、1/1
料KQチケット(→下記MEMOで紹介の全館に有効)€9、学生€7

●ハーゲンベック動物園
㊟Lokstedter Grenzstr. 2
U 2 Hagenbecks Tiepark下車。
●Map P.456-A1(別図)
蜀hagenbeck.de
園3/5〜10/26　9:00〜18:00
10/27〜3/4　9:00〜16:30
※入場は閉館1時間前まで
料€29、水族館€25、コンビチケット€45、ファミリーチケット割引あり

緑がいっぱいの園内

●イェーニッシュ・ハウス
㊟Baron-Voght-Str. 50
(im Jenischpark)
S 1でKlein Flottbek下車。
蜀www.shmh.de
園水〜月　　11:00〜18:00
料€7、学生€4

●エルンスト・バーラッハ・ハウス
㊟Baron-Voght-Str. 50a
(im Jenischpark)
●Map P.456-A1(別図)
蜀www.Barlach-Haus.de
園火〜日　　11:00〜18:00
料€9、学生€6

MEMO　ブラームス博物館が建つペーター通りPeterstr. 29-39には、メンデルスゾーンとマーラー博物館、テレマン博物館、E・バッハ(大バッハの次男)とハッセの博物館があり、作曲家地区KQ (KomponistenQuartier)と呼ばれる。

エンターテインメント＆ナイトライフ

最新必見スポット エルプフィルハーモニー
Elbphilharmonie ★★★

コンサートが目的でなくても、港の眺望を楽しむためにぜひ訪れたい。倉庫街の先端に建ち、赤れんがのかつての港湾倉庫の上に、波の形をイメージした全面ガラス張りの建物が乗る大胆な二重構造に目を見張る。設計はヘルツォーク＆ド・ムーロン。

NDRエルプフィルハーモニー・オーケストラとハンブルク州立フィルハーモニー管弦楽団が本拠をおき、クラシック以外にもジャズやワールドミュージックなど多彩なプログラムが組まれている。

地上37mにある、展望テラスの**プラザPLAZA**はコンサートチケットがなくても入場できる。建物周囲のバルコニーをぐるりと回れてすばらしい眺めだ。

●エルプフィルハーモニー
🏠Platz der Deutschen Einheit 4
Ｕ3 Baumwall (Elbphilharmonie)
から徒歩約10分。ザンクト・パウリ
桟橋から72番のElbphilharmonie
行きの船（公共交通チケットで
乗れる）も利用できる。
◎Map P.457-B3
☎(040) 35766666
　（チケット予約）
🌐www.elbphilharmonie.de
🕐プラザの入場時間
　　　　　　　10：00～24：00
🎫プラザの入場は、保安上の理
由から一定人数のみ入場可。
上記サイトから予約をすれば
確実に入れるが、1人€3かか
る。予約なしなら入口で配布
している無料券を受け取って
から入場する。
コンサートホール内のガイド
ツアー：上記サイト内から日
時指定予約できる。テーマ別
に各種あり€20（＋予約料€3)
～。ドイツ語のみ。

プラザから見たハンブルク港

れんがとガラス張り構造の間にプラザという展望テラスがある

クラシックの殿堂は**ライスハレ**
Laeiszhalle

1908年にネオバロック様式で建てられたクラシックなコンサートホール。ハンブルク交響楽団とドイツ室内フィルハーモニー管弦楽団がここに本拠をおく。国際的な音楽家による演奏会も数多く開催されている。

ファサードが美しい

●ライスハレ
🏠Johannes-Brahms-Platz
Ｕ2 Gänsemarktま たはMesse-
hallen下車。
◎Map P.457-B3
🌐www.elbphilharmonie.de/
de/laeiszhalle

オペラとバレエは**ハンブルク国立歌劇場**で
Hamburgische Staatsoper

1678年ハンブルク市民により設立。1767年からドイツ国立劇場に改称。1934年からハンブルク国立歌劇場の名でオペラとバレエが公演されている。特に、振付師ジョン・ノイマイヤー率いるバレエ団の人気が高い。

音楽総監督はケント・ナガノ氏

●ハンブルク国立歌劇場
🏠Große Theaterstr. 25
Ｕ1 StephansplatzまたはＵ2
Gänsemarkt下車。
◎Map P.457-B3。
☎(040) 356868（チケット予約）
🌐www.staatsoper-hamburg.
de
前売り・当日券売り場
🏠Große Theaterstr. 25
🕐月～金　　11：00～18：30
　　土　　　10：00～18：30
なお、当日上演のチケットは、
上演開始時刻の90分前から窓口
で販売される。

MEMO シュレスヴィヒ・ホルシュタイン音楽祭（🌐www.shmf.de）はハンブルクとその周辺の町で、毎夏に開かれる。演目はクラシックから現代音楽まで、一流オーケストラやソリストが出演。2024年は7/6～9/1。

バラエティ豊かな ミュージカルと劇場
Musical & Theater

ミュージカルは北欧からも観客がやってくるほどの人気。2024年1月現在、**エルベ川劇場 Theater an der Elbe** で『アナと雪の女王』、**メーア！劇場 Mehr! Theater** で『ハリー・ポッター』、**ハンブルク港ミュージカル劇場 Theater im Hafen Hamburg** で『ライオンキング』などを上演中。

ライブハウス
Musikclubs

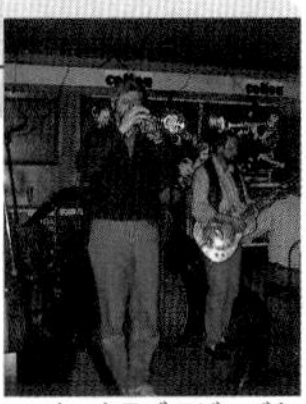

コットンクラブでジャズを

ジャズがライブで聴けるのが**コットンクラブ Cotton Club**。グロースノイマルクト Großneumarkt 近くにあるハンブルクでいちばん古いジャズクラブだ。ドイツ内外のジャズバンドが、狭いけれど雰囲気のいい空間で演奏を聴かせてくれる。中央駅の近くにある**マルクトハレ Markthalle**、アルトナにある**ファブリーク Fabrik** も人気のあるライブハウス。

やっぱり気になるレーパーバーン
Reeperbahn

ハンブルクは港町だけに、海の男を相手に古くから風俗産業や夜の歓楽街が発展してきた。その中心地として世界的に有名なのが、東西に900m以上にわたって延びる大通りレーパーバーン。バーやナイトクラブ、キャバレー、ストリップ劇場、セックスショップなどが派手な看板を掲げている。なかにはあやしげな店もあるので、夜にこのあたりを歩くのは、あくまでも自己責任で。どうしても雰囲気だけでも見てみたいというなら、定期観光バスのナイトツアーを利用するのも手だ。

なお、「飾り窓」として有名な**ヘルベルト通り Herbertstr.**は、トラブルを防ぐため、通りの入口にゲートが設けてあり、女性と未成年の入場を禁じている。

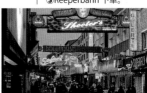

●各ミュージカルのチケット情報および予約は
URL www.hamburg-tourism.de

●ノイエ・フローラ
住 Stresemannstr. 159A
S Holstenstraße下車。
➲Map P.456-A1

●オペレッタハウス
住 Spielbudenplatz 1
S Reeperbahn 下車。
➲Map P.456-B2

●ハンブルク港ミュージカル劇場
住 Norderelbstr. 6
ザンクト・パウリ桟橋から無料シャトル船が運航。
➲Map P.456-B2

●エルベ川劇場
住 Rohrweg 13
➲Map P.457-B3
ザンクト・パウリ桟橋から無料シャトル船（HADAG Musical Shuttle Serviceの表示がある船）が運航。

●メーア！劇場
住 Banksstr. 28
➲地図外

●コットンクラブ
住 Alter Steinweg 10
➲Map P.457-B3
URL www.cotton-club.de

●マルクトハレ
住 Klostewall 11
➲Map P.457-B4
URL www.markthalle-hamburg.de

●ファブリーク
住 Barnerstr. 36
➲Map P.456-B1外
URL fabrik.de

●レーパーバーン
➲Map P.456-B2
S Reeperbahn 下車。

有名な歓楽街レーパーバーン

INFORMATION

ハンブルクのビートルズをたどる

ビートルズの誕生を語るとき、ハンブルクの町は欠かせない。彼らは1960年から約2年にわたってこの町のクラブで演奏し、「ザ・ビートルズ」というバンド名を使い始めたのもこの頃からだった。

Sバーンのレーパーバーン駅からレーパーバーン沿いに1分ほど行った所には、その名もビートルズ広場Beatles-Platzがあり、メンバーのオブジェが立っている。この広場から北へ延びるのがグローセフライハイト通りGroße Freiheitで、ビートルズが演奏したクラブ、**カイザーケラー Kaiserkeller**（住 Große Freiheit 36 ➲Map P.456-B2 URL www.docksfreiheit36.de）があり、今もライブハウスとして営業している。歓楽街とはいえ、このあたりは昼間の明るいうちなら、女性ひとりで歩いても、まず大丈夫だが、夜は要注意。

ビートルズ広場には演奏姿のメンバーのオブジェが立つ

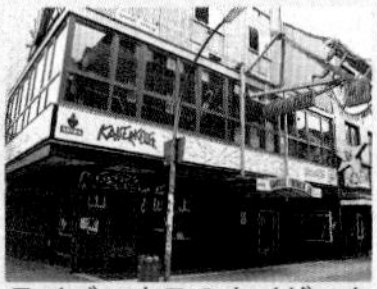
ライブハウスのカイザーケラー（地下）

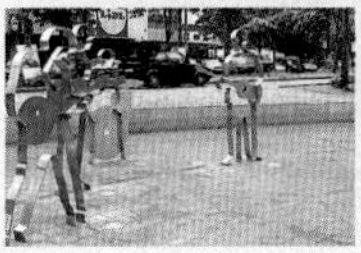

近郊の見どころ

シュターデ
Stade

MAP◆P.448-B1

[行き方]ハンブルク中央駅からⓈ5で所要約1時間5分。

ⓘシュターデの観光案内所
[住]Hansestr. 16
D-21682 Stade
☎(04141) 776980
[URL]www.stade-tourismus.de
[開]月～金　10：00～18：00
土・日　10：00～15：00
11～3月の月～金は～17：00、日は休業。

●スウェーデン倉庫博物館
[住]Wasser West 39
[URL]www.museen-stade.de
[開]火～金　10：00～17：00
土・日　10：00～18：00
[休]月
[料]€9(ほか2つの博物館にも有効)

ハンザ同盟の町シュターデは、約700年前には交易港としてハンブルクをしのぐ繁栄を築いた。戦災を免れた旧市街や旧港周辺には、れんが造りのしっとりとした家並みが残り、散策が楽しい。

駅を出て、線路に並行して延びる通りを左へ進み、最初の交差点を右折。橋を渡ってBahnhofstr. からHolzstr. を行くと**プフェアデマルクト Pferdemarkt**という広場に出る。ここから先が旧市街で、1～2時間ほどあれば見て回れる。ルネッサンス風のファサードが印象的な**市庁舎 Rathaus**には、スウェーデンの紋章が見られる。これはシュターデが1648年から1712年までスウェーデン支配下にあったことを物語る。ⓘは旧港近くにある**スウェーデン倉庫博物館 Schwedenspeicher Museum**のそばにある。

ハンゼハーフェンの街並みと船荷の積み下ろしに使った木造の古いクレーン

ノイエンガンメ強制収容所跡
KZ-Gedenkstätte Neuengamme

MAP◆P.456-A1別図外

●ノイエンガンメ強制収容所跡
[住]Jean-Dolidier-Weg 75
D-21039 Hamburg
[URL]www.kz-gedenkstaette-neuengamme.de
[開]月～金　9：30～16：00
土・日　10：00～17：00
[休]12/24・25・31、1/1
[料]無料

10万人を超えるユダヤ人と占領地の捕虜が収容され、過酷な強制労働やガス室での処刑、人体実験などでその半数以上の命が奪われた強制収容所。中央駅からⓈ2でBergdorf下車、そこから227または127番のバス(本数は少ない)でNeuengammer Gedenkstätte/Ausstellung下車。

INFORMATION

バウムクーヘンの町ザルツヴェーデル

ハンブルクから南東へ約90km、ハンザ同盟都市でもあったザルツヴェーデル(➡Map P.448-B2)は、ドイツのバウムクーヘン発祥の地といわれており、町のあちこちにバウムクーヘンの店があるという、スイーツ好きにはたまらない町。なかでもエアステ・ザルツヴェーデラー・バウムクーヘンという店は1807年創業で、皇帝ヴィルヘルム1世のお気に入りのバウムクーヘンを納めた宮廷御用達店として有名。月～金曜の9：00～12：00はバウムクーヘンを焼いているところの見学もできる。できたては抜群においしい。保存料を使っていないため、賞味期間は1週間ほど(購入の際に要確認)。
[行き方]ハンブルク中央駅から私鉄MEでUelzenまで行き、RE快速に乗り換える。所要約1時間55分。駅から町の中心部へは徒歩約15分。

一角獣の祭壇があるカタリーナ教会など見どころも多い

3種類のバウムクーヘンが食べられるカフェ・クルーゼ ([URL]baumkuchen-kaufen.de)

●エアステ・ザルツヴェーデラー・バウムクーヘン
Erste Salzweldeler Baumkuchen
[住]St.-Georg-Str. 87
D-29410 Salzwedel
☎(03901) 32306
[URL]baumkuchen-salzwedel.de
[営]月～金　9：00～17：00
土　9：00～13：00
[休]日・祝

町の中心部から徒歩約15分の所にある

[MEMO]日本料理店「まつみ」([住]Colonnaden 96　➡Map P.457-B3　[URL]matsumi.de　[営]火～金18：00～23：00、土17：30～23：00(L.O. 22：30)　[休]土曜昼、日・月)は、本格寿司、天ぷらの店。

RESTAURANT ✤ ハンブルクのレストラン

港町だけに、魚料理がおいしいレストランが多いのは、日本人にはうれしいかぎり。ニシンの酢漬けMarinierter Heringは北ドイツではオードブルに好まれている。船乗りの素朴な料理として知られるラプスカウスLabskaus（マッシュポテトとコンビーフなどを混ぜたもの）も名物。コーヒーの集積地でもあり、コーヒー焙煎所併設のカフェなど個性的なカフェも多い。

R ダイヒグラーフ　Deichgraf

港町ムードがいっぱいの名店

店の奥は運河に面しており、古い写真やアンティークの船具などが飾られている。魚料理がメインで、ラプスカウスは€18（小サイズ€9.50）、ハンブルク風パンフィッシュ（魚のグリル）Hamburger Pannfischは€27.50。

ドイツ料理　MAP ◆ P.457-B3

住Deichstr. 23　☎(040) 364208
URL www.deichgraf-hamburg.de
営火～金12：00～15：00
　17：30～21：00
　土　12：00～22：00
休日・月、冬期休業あり
カード A J M V
交 U 3 Rödingsmarktから徒歩約5分。

R アレックス　ALEX

内アルスター湖に面した開放的な店

遊覧船乗り場に隣接するガラス張りのカフェレストラン。サラダやバーガー類の軽食から、シュニッツェル（カツレツ）、スペアリブ、ワッフルやパフェなど幅広いメニューで、観光の間のひと休みに気軽に使える。

各国料理　MAP ◆ P.457-B4

住Junfernstieg 54
☎(040) 3501870
URL www.dein-alex.de
営8：00～翌1：00（金・土は～翌2：00、日・祝は9：00～）
カード M V
交 S U Jungfernstiegから徒歩約1分。

R グレーニンガー　Gröninger

倉庫街でできたてのビールを！

店内にビール醸造用のタンクが並ぶ大型ビアレストラン。ピルスGröninger Pils（0.2ℓ）は€2.90、1ℓジョッキの生ビールGröninger Maßは€11.50。料理の品数は少なく、ビールに合う肉料理中心。

ドイツ料理　MAP ◆ P.457-B4

住Willy-Brandt-Str. 47
☎(040) 570105100
URL www.groeninger-hamburg.de
営火～土16：00～
休日・月、7・8月
カード A M V（€50以上から使用可）
交 U 1 Meßbergまたは U 3 Rathausから徒歩約10分。

R ブリュッケ・ツェーン　Brücke 10

港町ならではのファストフード店

ハンブルク港巡りの遊覧船が出るザンクト・パウリ桟橋の端にあるファストフード店。魚フライのバゲットサンドがメインで、魚コロッケサンドFischfrikadelle €4、魚フライサンドBachfisch €4.90など。目の前を行きかう船を見ながら食べられる。

ドイツ料理　MAP ◆ P.456-B2

住brücke 10, Landungsbrücken
☎(040) 33399339
URL www.bruecke10.com
営月～土10：00～22：00
　日　9：00～22：00
（11～3月は各～20：00）
カード不可　交 S U Landungsbrückenから徒歩約10分。

Specialty　フランツブレートヒェンとは？

バターとシナモンシュガーがたっぷり入ったフランツブレートヒェンは、クロワッサンを平たくつぶしたような形。ハンブルクの名物で、中央駅構内には専門の売店もある。食べるときは手がベトつくので、袋に入れたままかじりつこう。

中央駅の専門店

ひとつ€2ぐらいから

[R] ブレライ　Bullerei

気軽に楽しめる人気シェフの味

ドイツ屈指のスターシェフ、ティム・メルツァーの店。店内は、夜のみ営業のレストランと昼から営業のデリに分かれている。デリは木のテーブルが並びカジュアルな雰囲気で入りやすい。BIO牛肉を使った写真のチーズ・バーガー Cheese Burgerは€19.50。

インターナショナル料理 MAP ◆ P.456-A2
[住]Lagerstr 34b
☎(040)33442110
[URL]bullerei.com
[営]レストラン17:00～、デリ12:00～16：00
[カード][A][M][V]
[交]ⓈSternschanzeから徒歩約2分。

[C] ヴァッサーシュロス　Wasserschloss

「水の城」という名の紅茶専門店

れんが造りの建物が並ぶ倉庫街の端にあり、250種類以上のお茶を扱っている。1階は紅茶や雑貨のショップ、2階はティールーム兼レストラン。運河を眺めながら、優雅にお茶を味わえる。平日のランチはメイン€10～20前後。

ティールームレストラン MAP ◆ P.457-B4
[住]Dienerreihe 4
☎(040)558982640
[URL]wasserschloss.de
[営]ショップは火～日10:00～18:30、レストランは火～金12:00～21:00、土・日10：00～21：00
[カード][M][V]
[交][U]Meßbergから徒歩約5分。

[C] グレートヒェンズ・ヴィラ　Caf'e Gretchens Villa

地元女子の御用達カフェ

ミントグリーンを基調にした、メルヘン調のかわいい小さなカフェ。盛りつけがかわいい朝食セットで人気がある。手作りケーキのほか、月～金曜13：00～は焼きたてのワッフルも味わえる。

カフェ MAP ◆ P.457-B3
[住]Marktstr. 142
☎(040)76972434
[URL]www.gretchens-villa.de
[営]月～日10：00～18：00
[カード]不可
[交][U]Messehallenから徒歩約4分。

[C] ヘア・マックス　Herr Max

おいしいケーキならココ！

1905年創業の乳製品店を改装した自家製ケーキ店＆カフェ。壁には当時の白いタイルが残る。オーナーのマックス氏が店内の工房で作り出すケーキはハンブルクでいちばんおいしいと評する人も多い。注文、支払いはカウンターで。

カフェ MAP ◆ P.456-A2
[住]Schulterblatt 12
☎(040)69219951
[URL]herrmax.de
[営]10：00～18：00
[カード][M][V]
[交][U]ⓈSternschanzeから徒歩約10分。

[C] シュパイヒャーシュタット・カフェーレステライ　Speicherstadt Kaffeerösterei

焙煎所併設の本格コーヒーショップ

倉庫街の赤れんがの建物の中にあり、入口は目立たない。倉庫を改造した広い店内に入ると、コーヒーの香りがいっぱいに漂ってくるのは、焙煎所を併設しているから。入口近くのカウンターで注文をして料金を支払うセルフ方式。午後は混雑して行列ができていることも多いので、先に席をキープしてから注文したほうがよいかもしれない。コーヒープレス（シュテンペルカンネstempelkanne）で入れて飲むコーヒーは€6.50。ほかに豆を指定して注文できるエスプレッソ€2.90～、カプチーノ（小）€3.90。ケーキなどスイーツも揃っており、コーヒーと一緒に楽しめる。

カフェ MAP ◆ P.457-B3
[住]Kehrwieder 5
☎(040)537998510
[URL]speicherstadt-kaffee.de
[営]10：00～18：00
[カード][M][V]（€15以上から可）
[交][U]Baumwallから徒歩約8分。

コーヒープレスでたっぷり飲みたい

[MEMO] ハンブルクの名物飲料に、アルスターヴァッサー Alsterwasserがある。直訳すると「アルスター湖の水」だが、ビールをレモネードで割った飲み物のこと。夏の暑い日などにのどの渇きを癒やすために好んで飲まれる。

SHOPPING ✣ ハンブルクのショッピング

中央駅から市庁舎へ向かうメンケベルク通りMönkebergstr.やシュピターラー通りSpitalerstr.沿いにはデパートが並び、有名ブランドショップは市庁舎の北西のノイアー・ヴァルNeuer Wallという通りに集中している。ノイアー・ヴァルからゲンゼマルクトにかけては、7ヵ所も大きなショッピングアーケードがある。寒い冬や天気が悪い日でも楽に買い物ができるショッピングアーケードの充実ぶりは、北国ハンブルクならでは。

オイローパ・パッサージュ

Europa Passage

市内最大のショッピングモール

約3万㎡の床面積に、120以上の店舗が並ぶ、人気スポット。地下1階にはファストフード店が入っている。ブランドショップよりも若者向けの手頃な価格のブティックが多く、掘り出し物が見つかりそう。

ショッピングアーケード MAP ◆ P.457-B4
住Balindamm 40
☎(040) 30092640
URL www.europa-passage.de
営月〜土10:00〜20:00
休日・祝
カード A M V
交U S Jungfernstiegから徒歩約1分。

ハンゼ・フィアテル

Hanse Viertel

高級ショッピングアーケード

アーチ型のガラス天井から差し込む陽光の下でのウインドーショッピングは楽しい。しゃれたブティックや各種専門店、カフェ、レストラン、スタンドバー、輸入食材店、チョコレートショップなどが入っている。

ショッピングアーケード MAP ◆ P.457-B3
住Große Bleichen 30/36
URL www.hanseviertel.de
営月〜土10:00〜19:00
休日・祝
カード 店舗により異なる
交U S Jungfernstieg、
U 2 Gänsemarktから徒歩約5分。

おもな有名ブランドショップガイド

店　名	地図／住所	店　名	地図／住所
グッチ GUCCI	MAP ◆ P.457-B3 住Neuer Wall 34	モンブラン Montblanc	MAP ◆ P.457-B3 住Neuer Wall 52
フェラガモ Salvatore Ferragamo	MAP ◆ P.457-B3 住Neuer Wall 41	ルイ・ヴィトン LOUIS VUITTON	MAP ◆ P.457-B3 住Neuer Wall 37
ティファニー TIFFANY & Co.	MAP ◆ P.457-B3 住Neuer Wall 19	エルメス HERMES	MAP ◆ P.457-B3 住Neuer Wall 40

INFORMATION 日曜の朝は活気にあふれたフィッシュマルクト（魚市場）へ

魚市場 Fischmarkt といっても、果物や植物、衣料品もある。オランダから船で花を売りに来た人や、早口でまくしたてる果物売りのオジサンたちを見ているのは、言葉がわからなくても楽しい。市場の端の大きな建物**マルクトハレ Markthalle** には、ビアホールやシーフードレストランが入っており、魚市場

を楽しんだあとにひと休みできる。

毎日曜の5:00頃（10〜3月は7:00頃）〜9:30、場所は S U Landungsbrücken から徒歩約10分。または中央駅から2番のバスで Fischmarkt 下車すぐ。
◎Map P.456-B1〜B2

約300年以上の歴史がある魚市場

果物の投げ売りもある

MEMO ファッション界の「帝王」カール・ラガーフェルドはハンブルク生まれ。高級ブランド、ジル・サンダーはハンブルクが発祥の地。また、高級万年筆モンブランもハンブルクで創業された。

ニベア・ハウス

NIVEA HAUS

おなじみのニベア製品がぎっしり

日本でも愛用者が多いスキンケアクリーム、ニベアはハンブルク生まれ。日本未発売のボディケアやコスメのほか、ロゴ入りのタオルやエコバッグ、キーホルダーなど、おみやげにぴったりの品を探してみよう。

化粧品　**MAP ◆ P.457-B3**
⊞Jungfernstieg 51
☎(040) 49099222
URLwww.nivea.de
圏月～土10：00～19：00
困日・祝
カード M V
交S U Jungfernstiegから徒歩約2分。

ホットドッグス

HOT DOGS

ビンテージスニーカー&ウエアがぎっしり

1960～1980年代の古着や雑貨、アディダスやプーマのスニーカーやトレーニングウエアをはじめ、レトロな品がいっぱい。未使用品はタグの色で判別でき、オーナーが説明してくれる。マニアでなくても欲しくなりそう。

古着、ほか　**MAP ◆ P.457-B3**
⊞Marktstr. 38
☎(040) 4327415
圏月～金10：30～19：30
　　土　10：00～19：00
困日・祝
カード M V
交U 3 Feldstr.から徒歩約5分。

デンス・ビオマルクト

Denns Biomarkt

多彩なBIO食品が揃う

ドイツ・オーストリア最大のオーガニックスーパーマーケットチェーンで、ドイツ国内には約340店舗ある。各種品揃えも多く、チーズやパン売り場も充実。

スーパーマーケット **MAP ◆ P.456-A2**
⊞Schanzenstr. 119
☎(040) 23518808
URLwww.biomarkt.de
圏月～土8：00～21：00
困日・祝
カード A M V
交U S Sternschanzeから徒歩約3分。

INFORMATION

ヨーロッパでいちばん長い屋外マーケット

U 3のホーエルフトブリュッケHoheluftbrückeとエッペンドルファー・バウムEppendorfer Baum間の高架線路の下で開かれるイーゼマルクトIsemarkt（◉ Map P.457-A3）は、世界でいちばん長い、屋外マーケット。

全長はなんと約600mもあり、野菜や果物、花、肉、パン、チーズ、BIOフーズ、手作りボンボン、日用雑貨、アクセサリーなど、200軒を超えるさまざまな店が並んでいる。港町ならではの魚屋さんは、長大なトレーラーをそのまま店にしていて圧巻だ。

開催は火曜と金曜の8：30～14：00頃。

新鮮な魚を売る超ロングトレーラーはマーケットの名物

上／歩き疲れたら、スナックやコーヒーを売る屋台でひと休み。高架橋の両側には緑が美しい並木道が続く
左／日用品の買い出しにはエコバッグ持参が基本

MEMO Uバーン（地下鉄）のFeldstr.とMessehallenの間のマルクト通りMarktstr.は、紹介した以外にも古着やアンティークなどの個性的なショップが多く、サブカルチャーファンは必見。

HOTEL ハンブルクのホテル

ホテル街は中央駅のキルヒェンアレー Kirchenallee出口側周辺に広がっている。キルヒェンアレー通りからアルスター湖畔には高級ホテルが並び、裏通りに安宿やペンションがある。安宿は当たり外れがあるので要注意。ハンブルクは国際見本市開催都市でもあるので、大きな見本市の開催中は料金がかなり値上がりするホテルが多い。なおハンブルクではひとり1泊につき宿泊料金に応じた宿泊税が加算される。

H フィーア・ヤーレスツァイテン Fairmond Hotel Vier Jahreszeiten

眺望も雰囲気も超一流

1897年創業の由緒ある高級ホテル。カジノもあり、19世紀末の古きよきヨーロッパのムードが漂う。内アルスター湖に面しており眺めもよい。テラス席が人気のミシュランの2つ星レストランHaerlinは火〜土曜のディナーのみ営業。

最高級ホテル MAP ◆ P.457-B3

[住]Neuer Jungfernstieg 9-14 D-20354
☎(040) 34940
[URL]www.hvj.de
[料]Ⓢ€420〜 Ⓣ€451〜 朝食別€39
[カード] [A][D][J][M][V]
[Wi-Fi] 無料
[交][U]ⓈJungfernstiegから徒歩約5分。

H ホテル・アトランティック Hotel Atlantic Hamburg

ハンブルクを代表する名ホテル

外アルスター湖畔に建つ白亜の高級ホテル。エレガントな高級家具に囲まれて、優雅に滞在できる。週末割引あり。ヘルシーな魚料理が味わえる「アトランティック・グリル＆ヘルス」は評判がいい。

最高級ホテル MAP ◆ P.457-B4

[住]An der Alster 72-79 D-20099
☎(040) 28880
[URL]brhhh.com/atlantic-hamburg
[料]ⓈⓉ€329〜 朝食別€42
[カード] [A][D][J][M][V]
[Wi-Fi] 無料
[交]中央駅から徒歩約5分。

H ザ・ウェスティン・ハンブルク The Westin Hamburg

コンサートホールの建物に泊まる

倉庫街の先端にそびえるエルプフィルハーモニーの建物内にある。港の眺めがすばらしい部屋とコンサートホール側の部屋がある。屋内プール、スパ、北ドイツ料理のレストランと眺めのいいバーあり。

最高級ホテル MAP ◆ P.457-B3

[住]Platz der Deutschen Einheit 2
☎(040) 8000100
[URL]www.marriott.com
[料]ⓈⓉ€320〜 朝食別€34
[カード] [A][D][J][M][V]
[Wi-Fi] 無料
[交][U]Baumwall（Elbphilharmonie）から徒歩約10分。

H ルネッサンス・ハンブルク・ホテル Renaissance Hamburg Hotel

ショッピングエリアの高級ホテル

ショッピングアーケードのハンゼ・フィアテルに隣接する近代的な高級ホテル。高級ブランド店が並ぶノイアー・ヴァルにも近く、ショッピングには最適のロケーション。サービスも高評価。

高級ホテル MAP ◆ P.457-B3

[住]Große Bleichen D-20354
☎(040) 349180
[URL]www.marriott.com
[料]Ⓢ€239〜 Ⓣ€259〜 朝食別€35
[カード] [A][D][J][M][V]
[Wi-Fi] 共有エリアは無料、客室は有料
[交][U]ⓈJungfernstiegから徒歩約5分。

FESTIVAL ハンブルガー・ドームって何？

かつての歳の市が転じて、にぎやかな祭りとなった。移動式遊園地や食べ物、飲み物の屋台が [U]3 の St. Pauli と Feldstr. の間の会場ハイリゲンガイストフェルト Heiligengeistfeld (➲Map P.456-B2) にズラリと並ぶ。年に3回春、夏、冬に開催される。

2024年は3/22〜4/21、7/26〜8/25、11/8〜12/8の開催予定。15：00〜23：00オープン。

年に3回開催されるハンブルガー・ドーム

[MEMO] ショッピング好きなら郊外の大型ショッピングセンター、アルスタータールEinkaufszentrum Alstertalへ行こう。200軒以上のショップ、デパートなどが入っている。Ⓢ1の終点Poppenbüttelから徒歩約1分。日・祝休業。

[H] ラディソン・ブルー・ハンブルク Radisson-Blu Hotel Hamburg

ダムトーア駅のそばの高層ホテル

プランテン・ウン・ブローメン公園に面しており緑の眺めがよい。見本市会場と会議センターに隣接しているためビジネス客の利用が多い。ジム、スチームバス、サウナ、パノラマテラス付きのスパなどの施設もある。

高級ホテル MAP ◆ P.457-A3

[住]Congressplatz 2　D-20355
☎(040) 35020
[URL]www.radissonhotels.com
[料]Ⓢ€213～　Ⓣ€225～　朝食別€26
[カード] [A][D][J][M][V]
[Wi-Fi] 無料
[交]ダムトーア駅から徒歩約5分。

[H] ハーフェン Hotel Hafen Hamburg

港の眺めがロマンティック

港を見下ろす丘の上に建ち、かつて船員用住居だった旧館と明るくモダンな新館からなる大型ホテル。Landungsbrücken駅からは近いが、階段をかなり上らなくてはならない。眺めのいいレストランも人気。

高級ホテル MAP ◆ P.456-B2

[住]Seewartenstr. 9　D-20459
☎(040) 311130
[URL]www.hotel-hafen-hamburg.de
[料]ⓈⓉ€155～
朝食別€27
[カード] [A][M][V]
[Wi-Fi] 無料
[交][U] 3 St. Pauliから徒歩約8分。

[H] マリオット Hamburg Marriott Hotel

ショッピングに便利な立地

中心部にありながらフィットネスルームやプールなど完備のホテル。ショッピングにも最高の立地。キャスト・アイアン・グリル・レストランではインターナショナルな料理を味わえる。全館禁煙。

高級ホテル MAP ◆ P.457-B3

[住]ABC-Str. 52　D-20354
☎(040) 35050
[URL]www.mariott.com
[料]Ⓢ€239～　Ⓣ€259～　朝食別€35
[カード] [A][D][J][M][V]
[Wi-Fi] 無料
[交][U] 2 Gänsemarktから徒歩約3分。

[H] インターシティーホテル InterCityHotel Hauptbahnhof

鉄道の旅に便利

中央駅から近いので、何かと便利。同チェーンのホテルのなかでもランクが上の4つ星クラスなので設備がよい。そのぶん、ほかのインターシティーホテルより料金が高い。ビジネス客が多い。

中級ホテル MAP ◆ P.457-B4

[住]Glockengießerwall 14/15　D-20095
☎(040) 248700
[URL]www.intercityhotel.de
[料]Ⓢ€139～　Ⓣ€159～　朝食別€17
[カード] [A][D][J][M][V]
[Wi-Fi] 無料
[交]中央駅から徒歩約3分。

[H] マイニンガー MEININGER Hamburg City Center

アルトナ駅から近いホステル

3つ星クラスのホテルと、ドミトリーのホステルがひとつの建物に入っている。ファミリールームもある。新しい設備で快適。全室禁煙。ロッカー、コインランドリー、レンタサイクルあり。チェックインは15：00～。

中級ホテル&ホステル MAP ◆ P.456-B1

[住]Goetheallee 11　D-22765
☎(040) 28464388
[URL]www.meininger-hotels.com
[料]Ⓢ€88～　Ⓣ€96～
ドミトリー 1人€35～
朝食別€11.90
[カード] [M][V]　[Wi-Fi] 無料
[交]アルトナ駅から徒歩約3分。

[JH] ユーゲントヘアベルゲ・アウフ・デム・シュティントファング Jugendherberge Auf dem Stintfang

24時間オープンで交通至便

眺めがいいユースホステルで、食堂からハンブルク港が一望できる。交通の便もよい。コインランドリー、キッチン、各個人の鍵付きロッカーもある。ドミトリーの部屋は通常男女混合。チェックインは15：00～。12/23～26休業。

ユースホステル MAP ◆ P.456-B2

[住]Alfred-Wegener-Weg 5　D-20459
☎(040) 5701590
[URL]www.djh.de
[料]26歳まで€31～、Ⓣ€91～
[カード] [M][V]
[Wi-Fi] 共有エリアのみ可（無料）
[交]Ⓢ1、Ⓢ3のLandungsbrücken下車。駅の真上にある。

"バルト海の女王"と呼ばれた古都

リューベック

Lübeck

旧市街の入口にそびえるホルステン門

13～14世紀のハンザ同盟が栄えた頃に、その中心として最も繁栄を極めたのがリューベック。バルト海や北海から荷揚げされたニシンなどの海産物の取引場だったこの町へ、各地から商人が訪れた。ここから南へ約80kmほどの所にある塩の産地リューネブルクから、海産物を運搬するための塩が運ばれ、その塩はリューベックを経てロシアや北欧へと輸出された。塩がたどった通商路は古い塩の道Alte Salzstraßeとも呼ばれている。

リューベックは3人のノーベル賞受賞者、トーマス・マン、ギュンター・グラス（ともに文学賞）、ウィリー・ブラント（平和賞）を輩出している。

🎯 歩き方 ～～～～～

リューベックの旧市街は、トラヴェ川とトラヴェ運河に囲まれた中の島にある。見どころはこの中に集まっているので、観光は徒歩で可能。

中央駅は町の西側。市中心部方面出口Ausgang Stadtmitteを出て、K.-Adenauer-Str.を進めば、正面にこの町のシンボル、**ホルステン門Holstentor**が見えてくる。現在内部は**市歴史博物館Stadtgeschichtliches Museum**になっている。門をくぐった右側すぐの所には、16～18世紀に建てられたれんが造りの塩の倉庫が並んでいる。

緩やかな坂になっている**ホルステン通りHolstenstr.**を歩き、町の中心である**マルクト広場Markt**へ行ってみよう。途中、**聖ペトリ教会St. Petrikirche**が見える。

濃い艶出しれんがの重厚な市庁舎

名物のマジパン細工

★リューベック
ベルリン●
●フランクフルト
ミュンヘン●

MAP ◆ P.448-A2

人 口	24万6600人
市外局番	0451

ACCESS
鉄道：ハンブルク中央駅からRE快速で約45分。

❶リューベックの観光案内所
🏠Holstentorplatz 1
D-23552 Lübeck
◎Map P.472-B1
☎(0451)8899700
🌐www.luebeck-tourismus.de
🕐復活祭～10月
月～金 9：30～18：00
土・日・祝 10：00～15：00
他シーズンは短縮あり
🚫11月～復活祭の日曜、12/24・25、1/1

🌐 世界遺産

リューベック旧市街
（1987年登録）

聖ペトリ教会の塔上は眺めがよく、エレベーターで上れる

●聖ペトリ教会の塔
◎Map P.472-B1～B2
🌐www.st-petri-luebeck.de
🕐1・2月 11：00～17：00
3～12月 10：00～19：00
最終入場は閉館30分前まで
💴エレベーター€5

この教会の塔へ上れば、ホルステン門や市街の様子がよく見渡せる。

さてマルクト広場へ出たら、まず堂々と建つ立派な**市庁舎Rathaus**に注目。

マルクト広場の北側に建つれんが造りの大きな教会は、**マリエン教会Marienkirche**。通りを挟んでその北側の**メンク通りMengstr.**は、かつてのハンザ商人たちの館が建ち並ぶ味わい深い通りとなっている。4番地には、トーマス・マンの小説『ブッデンブローク家の人々』の舞台となった**ブッデンブロークハウスBuddenbrookhaus**がある。『ブリキの太鼓』で知られるノーベル文学賞作家グラスの記念館、**ギュンター・グラス・ハウスGünter Grass Haus**も歩いて5分ほどの場所にある。

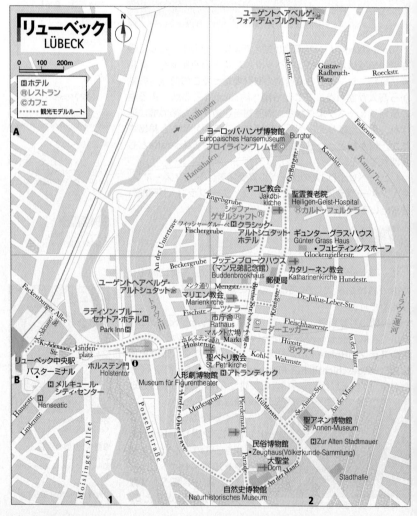

リューベック
LÜBECK

Ⓗ ホテル
Ⓡ レストラン
Ⓒ カフェ
⋯ 観光モデルルート

商店街に沿って**ブライテ通りBreite Str.**を北へ行くと、右側に船員のための教会**ヤコビ教会Jakobikirche**、そのほぼ真向かいに、リューベックが貿易で栄えた頃ににぎわった**船員組合の家Haus der Schiffergesellschaft**（現在はレストランとして営業→P.475）がある。ヤコビ教会の先にある**聖霊養老院Heiligen-Geist-Hospital**は、13世紀に建てられた福祉施設（救貧院兼病院）で、内部も一部見学できる。

旧市街の南側には、**大聖堂Dom**をはじめ、**聖アネン博物館St. Annen-Museum**などの見どころがある。

おもな見どころ

リューベックのシンボル、ホルステン門
Holstentor ★★★

重厚感あふれる門

どっしりとしたふたつの塔からなる市城門で1464～1478年に建てられた。厚さが3.5mにもなる部分がある壁の重みで、建築中からすでに地盤の弱い地面にめり込んでしまったという。よく見ると塔が傾いているのがわかる。入口の上に書かれた金色の文字"CONCORDIA DOMI FORIS PAX"はラテン語で「内は（＝リューベックは）団結、（門の）外には平和を」という意味。

内部は市歴史博物館で、町の模型や帆船模型、中世の武器や拷問具などを展示している。

ハンザ都市らしい風格がある市庁舎
Rathaus ★★★

リューベック特有の黒れんが造りで、釉薬がかけられているためいっそう重厚な感じを受ける。ハンザ同盟の盟主であった当時の扉が今も残っている。最も古い13世紀に建てられた南側の破風や、風を通すための大きな丸穴の開いた壁も特徴的。内部はガイドツアーで見学できる。

マルクト広場に面した市庁舎

オルガンの音色にバッハも酔いしれたマリエン教会
Marienkirche ★★★

1250年から1350年にかけて造られたゴシック様式の巨大な教会。バルト海沿いの都市には、この教会を手本として建てられた教会が数多くある。また、8512本のパイプをもつ、世界最大級のパイプオルガンがあることでも有名だ。この教会のオル

見事なれんが建築の船員組合の家

●大聖堂
⊞Map P.472-B2
🖥www.domzuluebeck.de
🕘10：00～16：00
　（礼拝やコンサートの間は見学不可）

●ホルステン門
　（市歴史博物館）
⊞Holstentorplatz
⊙Map P.472-B1
🖥museum-holstentor.de
🕘4～12月
　月～日　　10：00～18：00
　1～3月
　火～日　　11：00～17：00
🈲1～3月の月曜、12/24・25・31、1/1
🈹€8、学生€4

●市庁舎（ガイドツアー）
⊞Breite Str. 62
⊙Map P.472-B2
🕘月～金　11：00、12：00、15：00、土・日　12：00スタート。ドイツ語のみ。市の行事開催時は中止。
🈹€5

●マリエン教会
⊞Marienkirchhof 1
⊙Map P.472-B2
🕘4～9月　10：00～18：00
　10～3月　10：00～16：00
日曜の10：00～11：30は礼拝のため見学不可。ほか、行事で見学不可の場合あり。
🈹€4、学生€2（教会維持費としての寄付金）

マリエン教会の内部

●ブッデンブロークハウス
⊞Mengstr. 4
⌖Map P.472-B2
🔗buddenbrookhaus.de
2025年頃まで改修のため閉館中。

●カタリーネン教会
⊞Königstr. 27
⌖Map P.472-B2
🕐4月上旬〜10月下旬
　木〜日　12：00〜16：00
🎫€2

❶トラヴェミュンデの
　観光案内所
⊞Am Leuchtenfeld 10a
　D-23570 Travemünde
☎(0451)8899700
🔗www.visit-travemuende.com
🕐6〜8月
　月〜金　　9：30〜18：00
　土・日　11：00〜17：00
　他シーズンは変更あり。冬
　期の土・日は休業。
🎫12/24・25、1/1

1911年に建造された
パッサート号

ガニスト、ブクステフーデの奏でるオルガンの音色に感激して、バッハは無断で休暇を延ばしてまでもこの教会に通いつめた。

　1941年の英軍の空襲で破壊され、戦後復元されたが、2本の塔

マリエン教会（左）とマルクト広場

の真下には、戦災で地面にめり込んで割れたままの鐘が、平和への願いを込めて今もそのままの姿で残されている。

ブッデンブロークハウス（マン兄弟記念館）　★★
Buddenbrookhaus Heinrich und Thomas Mann-Zentrum

　ここはノーベル文学賞作家トーマス・マンが、4歳年上の作家ハインリヒ・マンとともに頻繁に訪れた祖父母の家。1841〜1914年までマン家の所有だった。戦争で前壁と地下室を残して破壊されたが、1993年からはマン兄弟記念館として、マン家の人々ゆかりの品が数多く展示されている。ちなみにトーマス・マンの生家は、ここからほど近いBreite Str. 38番地。

白亜の美しい館

バーラッハの彫刻が見もの カタリーネン教会　★
Katharinenkirche

　入口上部の外壁にバーラッハの彫刻が見られる美しい教会。内部は宗教美術の博物館になっており、ティントレットの絵なども観られる。教会の隣にはトーマスとハインリヒ・マン兄弟が通った、創立400年を超える名門のギムナジウム（高等学校）がある。

 近郊の見どころ

バルト海の保養地、トラヴェミュンデ
Travemünde
MAP◆P.448-A2

　リューベックから北東へ約20km、バルト海を望む海水浴場として夏には多くの人でにぎわう。豪華ヨットが係留されたヨットハーバーや、白亜のカジノもあり、優雅な雰囲気に満ちている。リューベックから普通列車で約25分、またはバス（40番）で40分、トラヴェミュンデ・シュトラント駅Travemünde Strandまで行き、駅前から延びるBerltingstr.を歩くと、ビーチに出る。

　海岸沿いのプロムナードStrandpromnadeから、35階建ての高層ホテル、マリティムのほうへ歩いていくと、ウンタートラヴェUntertrave川沿いの遊歩道になる。向こう岸につながれた美しい帆船パッサート号Passatを眺めながら5分ほど歩くと、古い町並みのVorderreiheという通りと、フェリー港に出る。

おすすめのレストラン ✦ RESTAURANT

ハンブルクとエリカ街道・北ドイツ ▼ リューベック

R シッファーゲゼルシャフト
Historische Gaststätte Schiffergesellschaft MAP ◆ P.472-A2
住Breite Str. 2 ☎(0451)76776
URLschiffergesellschaft.com
営12：00～22：00（料理は～21：00）
休月、12/24 カード M V

1535年に建てられた由緒ある「船員組合の家」にあり、船具や帆船模型で飾られている。おいしい魚料理中心の北ドイツ料理を味わえるリューベックの名所。値段はやや高め。週末や夜は予約をしたほうが安心。ラプスカウスCpt's Labskaus €23、グリルした3種の魚盛り合わせ、マスタードソースとポテト添え
Pannfisch €26。

R ヴァイ
VAI MAP ◆ P.472-B2
住Hüxstr. 42 ☎(0451)4008083
URLrestaurant-vai.de
営12：00～16：00、17：30～21：00、日は夜のみ営業 休水・木
カード M V

ショッピングエリアにあるやや高級なレストランで、地元の人も多く利用する。メニューはイタリア料理とドイツ料理がミックス。魚料理も多い。一品料理のほか、3品コース€65、4品コース€75。魚料理がメインの4品コースは€79～。ワインはイタリア、フランス産が多く用意されている。

R ラーツケラー
Ratskeller zu Lübeck MAP ◆ P.472-B2
住Markt 13 ☎(0451)72044
URLwww.ratskeller-zu-luebeck.de
営12：00～15：00、18：00～21：30(L.O.20：00)
休日、祝、12/24 カード M V

市庁舎の地下にあるアンティークなインテリアのレストラン。4人掛けのボックス席がいくつかあって、トーマス・マンの写真や資料で飾られたボックスもある。料理の種類も多い。写真は名物のリューベック風グリルフィッシュ・トリオLübecker Bratfisch Trio €26。

R カルトッフェルケラー
Kartoffelkeller MAP ◆ P.472-A2
住Koberg 8 ☎(0451)76234
URLwww.kartoffel-keller.de
営12：00～22：00(L.O.21：00) 休日・月、冬期に不定休あり
カード M V

聖霊養老院Heiligen-Geist-Hospitalの脇の道を入っていった奥にある。カルトッフェルとはジャガイモのことで、バラエティ豊かなジャガイモ料理がメインだが、ステーキや魚料理もある。天気のいい日は、前庭にテーブルが並ぶ。魚のグラタンGratin Hochseefischer €19.90。

Specialty

リューベック名物はマルチパンと赤ワイン

マルチパン（＝マジパン）とはアーモンドの粉で作った砂糖菓子。チョコレートの中に入っていたり、人形や動物の形をしていたり、さまざまな種類があり、リューベックのおみやげとして人気の品だ。市庁舎近くの**ニーダーエッガー Niederegger**（住Breite Str. 89 ●Map P.472-B2 URLwww.niederegger.de）はリューベックでいちばん有名な店。店内は甘い香りでいっぱい。2階はカフェになっていて、ケーキ（名物はマルチパントルテ）とコーヒーでひと休みできる。

さて、リューベックはワインの産地ではないのになぜ赤ワインが名物なのか？ 昔々ハンザ同盟の頃、リューベックの帆船がニシン用の塩をフランスのボルドーに運び、帰りは空の木樽にボルドー産の赤ワインを詰めて持ち帰った。これをリューベックのワインケラーで熟成させて飲んでみると、なんとフランス本国のものよりおいしくなっていたというわけ。**ロートシュポン Rotspon**と呼ばれるこのワイン、ロートは赤、シュポンは木樽という意味からきている。現在でもリューベックのロートシュポンはフランスの赤ワインを熟成させて瓶に詰めて売られている。地元のレストランでも気軽に味わえるのでご賞味あれ。

いろいろな形をしたマルチパンも

おすすめのホテル ✤ HOTEL

[H] ラディソン・ブルー・セナトア・ホテル
Radisson Blu Senator Hotel MAP◆P.472-B1

[住]Willy-Brandt-Allee 6　D-23554　☎(0451)1420
[URL]www.radissonhotels.com
[料]ⓈⓉ€183～　朝食別€24　[カード][A][D][J][M][V]
[Wi-Fi]無料

ホルステン門に近い大型高級ホテル。ビジネス、グループ客向き。

[H] アトランティック
Atlantic MAP◆P.472-B2

[住]Schmiedestr. 9-15　D-23552
☎(0451)384790
[URL]www.atlantic-hotels.de/luebeck
[料]Ⓢ€169～　Ⓣ€199～　[カード][A][D][M][V]　[Wi-Fi]無料

旧市街にあり観光に便利な全135室の高級ホテル。

[H] クラシック・アルトシュタット・ホテル
Klassik Altstadt Hotel MAP◆P.472-A2

[住]Fischergrube 52　☎(0451)702980
[URL]www.klassik-altstadt-hotel.de
[料]Ⓢ€126～　Ⓣ€154～　朝食別€15.50　[カード][A][M][V]
[Wi-Fi]無料

旧市街の静かな一角にある落ち着いたホテル。シングルの部屋は狭いが、設備は整っている。朝食もおいしい。

[H] メルキュール・シティ・センター
Mercure Hotel Lübeck City Center MAP◆P.472-B1

[住]Hansestr. 3　D-23558　☎(0451)88090
[URL]all.accor.com
[料]Ⓢ€88～　Ⓣ€108～　[カード][A][D][J][M][V]
[Wi-Fi]無料

中央駅に近いチェーンホテル。3つ星クラスながら多くの部屋がエアコン付き。

[JH] ユーゲントヘアベルゲ・フォア・デム・ブルクトーア
Jugendherberge Vor dem Burgtor MAP◆P.472-A2

[住]Am Gertrudenkirchhof 4　D-23568　☎(0451)33433
[URL]www.jugendherberge.de/jugendherbergen/luebeck-burgtor
[料]€33～、27歳以上€38.50～
[カード][M][V]　[Wi-Fi]無料

駅前から3、11、12番などのバスでGustav-Radbruch-Platz下車後、徒歩約5分。全49室、210ベッド。チェックインは15：00～22：00。12月下旬～1月上旬休業。

[JH] ユーゲントヘアベルゲ・アルトシュタット
Jugendherberge Altstadt MAP◆P.472-B1

[住]Mengstr. 33　D-23552
☎(0451)7020399
[URL]www.jugendherberge.de/jugendherbergen/luebeck-altstadt
[料]€33～、27歳以上€38.50～　[カード][M][V]
[Wi-Fi]無料

中央駅から徒歩約15分。バスを利用する場合は3、12番でBeckergrube下車、徒歩約3分。チェックインは15：00～22：00。旧市街の中にあってどこへ行くにも便利。シングル5室、ツイン16室、3人室3室、4人室8室、6人室1室と小規模なので夏期は満室のことが多い。全館禁煙、禁酒。12月中旬～1月上旬は休業。

トラヴェミュンデのホテル

※1人1泊につき€3の保養税が加算。

[H] マリティム・シュトラントホテル
Maritim Strandhotel MAP◆地図外

[住]Trelleborgallee 2　D-23570 Travemünde
☎(04502)890
[URL]www.maritim.de
[料]Ⓢ€105～　Ⓣ€155～
[カード][A][D][J][M][V]　[Wi-Fi]無料

トラヴェミュンデで最高級のホテル。海の眺望がすばらしい。

[H] ホテル・シュトラントシュレスヒェン
Hotel Strandschlösschen MAP◆地図外

[住]Strandpromenade 7, D-23570 Travemünde
☎ (04502)75035
[URL]www.hotel-strandschloesschen.de
[料]Ⓢ€109～　Ⓣ€119～　朝食別€15.90
[カード][A][M][V]　[Wi-Fi]無料

Travemünde Strand駅から徒歩約5分、ビーチ・プロムナードに面している。名前は「海辺の小城」という意味で、個人経営の3つ星クラスホテル。31室。泊まるなら、割高になってもやはり海側の部屋をリクエストしたい。

湖上に浮かぶ中世の町
ラッツェブルク

Ratzeburg

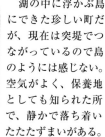
れんがが美しい大聖堂

湖の中に浮かぶ島にできた珍しい町だが、現在は突堤でつながっているので島のようには感じない。空気がよく、保養地としても知られた所で、静かで落ち着いたたたずまいがある。

4つの湖に囲まれた島

駅から町の中心までは、駅の北側の踏切の通りBahnhofsalleeという広い道を東へ真っすぐ歩いて25～30分。バスの便もある。

見どころは、13世紀に完成した**大聖堂Dom**で、ロマネスク様式のれんが建築では北ドイツ最古のもの。独特の作風で知られる彫刻家バーラッハの作品を展示した**バーラッハ美術館Barlach-Museum**と、動物を使った社会風刺画で名高い**パウル・ヴェーバー美術館A. Pau-Weber- Museum**も見逃せない。

MAP ◆ P.448-A2

人　　口	1万4500人
市外局番	04541

ACCESS

鉄道：リューベックからリューネブルク行きのRE快速で約20分。

❶ラッツェブルクの観光案内所
🏠Unter den Linden 1
　D-23909 Ratzeburg
☎(04541) 8000886
🔗www. herzogtum-lauen
　burg.de
🕐月～金　　9：30～12：30
　　　　　 13：30～16：00

●**大聖堂**
🏠Domhof
🕐 5～9月　10：00～18：00
　10～4月　10：00～16：00
🚫10～4月の月曜

ティル・オイレンシュピーゲルゆかりの町
メルン

Mölln

オイレンシュピーゲル博物館

保養地メルンは、ドイツ人にはたいへんよく知られた伝説のないたずら者ティル・オイレンシュピーゲルTill Eulenspiegelゆかりの地。町なかには、そのティルのおどけた像や彼を記念した博物館があり、訪れる旅人を楽しい気分にさせてくれる。

町の見どころは、駅から続くメインストリートである**ハウプト通りHauptstr.**を左へ入った**マルクト広場Marktplatz**にすべて集まっている。見どころは、ティル・オイレンシュピーゲルの像、**ザンクト・ニコライ教会St. Nicolai-Kirche**（ティルの墓標がある）、**メルン博物館Möllner Museum**（旧市庁舎の中にあり、❶もこの建物内にある）と**オイレンシュピーゲル博物館Eulenspiegel-Museum**など。

ザンクト・ニコライ教会の下に
道化姿のティルの像がある

MAP ◆ P.448-A2

人　　口	1万9300人
市外局番	04542

ACCESS

鉄道：リューベックからリューネブルク行きのRE快速で約25分、Mölln (Lauenb)下車。

●**メルン博物館と内部の❶**
🏠Am Markt 12
🔗www.moelln-tourismus.de
🕐月～金　　10：00～18：00
　土・日　　10：00～16：00
　（9～4月は短縮あり）
💶€3、オイレンシュピーゲル
　博物館と共通券€5

●**オイレンシュピーゲル博物館**
🏠Am Markt 2
🕐5～10月
　月～金　　10：00～13：00
　　　　　 14：00～17：00
　土・日　　11：00～17：00
　11～4月
　月～金　　14：00～16：00
　土・日　　11：00～13：00
　　　　　 14：00～16：00
🚫メルン博物館と同じ

リューネブルク

Lüneburg

マルクト広場と市庁舎

リューネブルク ★
ベルリン ●
フランクフルト ●
ミュンヘン ●

MAP ◆ P.448-B2	
人　口	7万5300人
市外局番	04131

ACCESS

鉄道：ICE特急でハンブルクから約30分、ハノーファーからは約1時間。リューベックからRE快速で約1時間5分。

🛈 **リューネブルクの観光案内所**
🏠 Rathaus, Am Markt 1
　 D-21335 Lüneburg
☎ (0800) 2076620
🔗 www.lueneburg.info
🕐 5～10、12月
　 月～金　　9：30～18：00
　 土　　　 9：30～16：00
　 日　　　10：00～16：00
　 1～4、11月
　 月～金　　9：30～17：00
　 土　　　 9：30～16：00
　 日　　　10：00～14：00

● **市庁舎**
🏠 Am Markt
内部の見学は4～12月催行のガイドツアーのみ可。申し込みは観光案内所で。集合は市庁舎の入口Eingang L（Am Ochsenmarkt側）。
🎫 €5、学生€4

● **ドイツ塩博物館**
🏠 Sülfmeisterstr. 1
🔗 www.salzmuseum.de
🕐 10：00～17：00
🚫 月、12/24～26・31、1/1
🎫 €8、学生€4

● **給水塔**
🏠 Am Wasserturm 1
🔗 www.wasserturm.net
🕐 10：00～18：00（塔内は婚姻役場としても使用されるため14：30～16：00は閉鎖）冬期は短縮、閉鎖あり
🚫 12/24・31、1/1・6～31
🎫 €5、学生€4

イルメナウ川沿いのロマンティックなエリア

千年の昔から塩の産地として栄え、リューベックにいたる「塩の道」の出発点として名をはせたリューネブルクは、今はひっそりと静かに時の流れのなかに身を任せる町だ。れんが造りの家並みといくつかの博物館など見どころも多い。

📍 歩き方 〜〜〜〜〜〜〜〜〜〜

駅を出たら、北へ延びるバーンホーフ通り Bahnhofstr. を進み、突き当たりの Lünertorstr. を西へ折れて先へ行くと教会の尖塔が見えてくる。最初の川を渡った先は、古いクレーンやれんが造りの古い家並みがロマンティックで、絶好のフォトスポット。

さらに西へ進むと**マルクト広場 Marktplatz** に出る。正面の建物が 🛈 も入っている**市庁舎 Rathaus** で、塔の上にはマイセン焼のグロッケンシュピール（組鐘）が取り付けられている。

マルクト広場から南に延びる、歩行者天国の**グローセ・ベッカー通り Große Bäckerstr.** を進むと、**アム・ザンデ広場 Am Sande** に出る。中世には塩の取引が行われていたというこの広場を、立派なファサードの館が取り囲んでいる。

珍しい**ドイツ塩博物館 Deutsches Salzmuseum** にも行ってみよう。塩で栄えた町にふさわしく、塩についてのすべてがわかる博物館。

聖ヨハニス教会の南側に建つれんが造りの**給水塔 Wasserturm** には、エレベーターで一気に高さ56 mの屋上展望台に昇れる。れんが色の町並みや緑に囲まれた眺望を楽しもう。

1907年に建てられた給水塔に上ろう

近郊の見どころ

自然保護公園 リューネブルガー・ハイデ
Naturschutzpark Lüneburger Heide

MAP◆P.448-B2

夏になると、赤紫色のエリカ（英語ではヒースheath）の花で
あたり一面埋め尽くされる大原野リューネブルガー・ハイデ。こ
の大自然を乱開発から守るため、早くも1921年に自然保護地域
の指定を受けている。したがって、車の乗り入れは不可。

リューネブルク
LÜNEBURG

0 100 200m

●ハイデ周遊バス
🔗naturpark-lueneburger-heide.de
リューネブルガー・ハイデ巡りに便利な、ハイデ・シャトルリングという無料の周遊バスが例年7月中旬〜10月中旬頃に5ルート運行している。リューネブルクからはシャトルリング5が出ており途中で他のバスに乗り継ぐこともできる。

エリカの花 ©TMN / J. A. Fischer

紫の絨毯のようなエリカの花畑が続くリューネブルガー・ハイデ

おすすめの レストラン＆ホテル ✹ RESTAURANT & HOTEL

※宿泊料金の4%が観光宿泊税として加算される。

ℝ クローネ
Krone Bier-&Event-Haus **MAP◆P.479**
🏠Heiligengeiststr. 39-41 D-21335 ☎(04131) 2445050
🔗krone-lueneburg.de
🕚11：00〜（終業時刻は不定）[カード] MV

ビール醸造所だったれんがが造りの建物にある。
雰囲気のいいビアガーデンも併設している。食事
は12：00〜で、月〜金のみクイックランチもある。

ℍ ベルクシュトレーム
Bergström **MAP◆P.479**
🏠Bei der Lüner Mühle D-21335 ☎(04131) 3080
🔗www.dormero.de/bergstroem-hotel-lueneburg
🏨Ⓢ①€110〜 朝食別€24.90 [カード] MV [Wi-Fi] 無料

イルメナウ川に面したロマンティックなホテル。
人気のテラスレストランもあり。

ℍ ブレーマー・ホーフ
Bremer Hof **MAP◆P.479**
🏠Lüner Str. 12-13 D-21335 ☎(04131) 2240
🔗www.bremer-hof.de
🏨Ⓢ€90〜 ①€124〜 朝食別€17 [カード] ADJMV
[Wi-Fi] 無料
全室禁煙。町並みになじむ小さな宿。

ℍℙ ユーゲントヘアベルゲ
Jugendherberge **MAP◆P.479 外**
🏠Soltauer Str. 133 D-21335 ☎(04131) 41864
🔗www.jugendherberge.de/jh/lueneburg
🏨€36.70、27歳以上€40.70 [カード] ADMV
[Wi-Fi] 共有エリアのみ利用可（無料）

駅南側のZOB（バスターミナル）から5011番の
バスでScharnhorststraße/DJH下車。受付は8:00〜
22:00までオープン。クリスマスは休業。

MEMO リューネブルガー・ハイデで育つハイデシュヌッケンHeideschnuckenは、頭と足の先が黒い珍しい羊。この羊の蒸し焼きは、この地方の郷土料理。やや高級なレストランで味わえる。

旧市街で最も古い家

木組みの家がカラフルな "北ドイツの真珠"
ツェレ
Celle

MAP ◆ P.448-B2

人　口	6万9400人
市外局番	05141

ACCESS
鉄道：ICE特急でハンブルクから約1時間10分、リューネブルクから約40分。

❶ツェレの観光案内所
⊞Markt 14-16　D-29221 Celle
☎(05141) 70951195
🌐www.celle.de/Tourismus
🕐月～金　10：00～17：00
　　土　　9：00～13：00
🚫日・祝、12/25・26、1/1

美しい木組みの家々が並ぶ旧市街

　童話のなかから抜け出てきた町ツェレ。この町を歩けば誰もがそう感じるはず。ドイツではよく見かける木組みの家だが、ツェレの旧市街に並ぶそれは少し違う。まず色の美しさ、そしてその数。黄色やピンク、青や緑で塗られた家々が、どの通りをのぞき込んでもズラリと並んでいる。一つひとつがていねいに保存され、住んでいる人たちがいかに大切にしてきたかを感じさせる。ツェレが "北ドイツの真珠" と呼ばれるゆえんだ。

📍 歩き方

市教会の塔（左）と市庁舎

●市教会
⊞An der Stadtkirche 8
🕐火～土　11：00～17：00
教会塔（🕐火～土 11：00～15：30の好天日のみ）に上ると旧市街が一望できる。
🎫€2

　町の中心は駅から少し離れているが、歩いても15分ぐらいだ。**バーンホーフ通りBahnhofstr.** を東へ行くバスなら、どれに乗っても町の中心へ運んでくれる。歩いていく元気があれば、バスが走るバーンホーフ通りをひたすら真っすぐ東へ。途中左側に緑の広い公園が現れる。この中を、バーンホーフ通りに沿って歩いたほうが気持ちいい。小さな橋をふたつ越えてSchloss-platzにぶつかったら左へ。200mほど行くと城の正面入口に到着する。ここがバスターミナルになっている。❶は旧市街の中心、**市庁舎Rathaus**の中にある。

　城の正面から真っすぐ延びているStechbahnを行くと、左側に**市教会Stadtkirche**、その先に市庁舎がある。歩行者天国の**ツェルナー通りZöllnerstr.**に入ろう。観光客でにぎわうこの通りは、旧市街のメインストリート。その昔、公爵の馬車が護衛を従えて通った道だ。両側に色とりどりの木組みの家が軒を連ね、何度行き来しても楽しい。建物の横木、柱には、ドイツ語あるいはラテン

MEMO 市内をゆっくり走るミュラーズ・シティ・エクスプレスMüllers City Expressに乗ってみるのも楽しい。観光スポットでは撮影タイムもある。5～10月の火～日曜10：00～17：00の1時間ごとに城の橋前から出発、ひとり€4.50。

語で刻まれた家紋、屋号、建築年月日を見ることができる。

Poststr.とRundestr.の角に建つ、町でいちばん美しい木組みの家**ホッペナーハウスHoppener Haus**と、Am Heiligen Kreuz 26番地にある**旧市街で最も古い家**は必見。また、市教会に面した細い路地Kalandgasseも古い家並みが続き、趣がある。

城の近くの**ボーマン博物館Bomann Museum**は、この地方の農民や市民の生活を再現した民俗博物館。ボーマン博物館に隣接するモダンな建築は、「世界初の24時間オープン美術館」である**ツェレ美術館Kunstmuseum Celle**。24時間オープンといっても、夕方からは館内に入れず、大きな窓に施された光のアートを外から鑑賞するのみ。

美しいホッペナーハウス

おもな見どころ

ルネッサンスとバロックのふたつの様式が見られる城
Schloss ★★

リューネブルクの領主であったツェレの大公のために、17世紀に建てられたもの。ルネッサンスの原型に戻そうと行われた改修工事が途中で終わってしまったために、城の両端にある塔は、正面に向かって右がルネッサンス、左がバロックと、異なった様式になっている。内部は**レジデンツ博物館Residenzmuseum**となっており、居室や陶器コレクションなどを見学できる。礼拝堂や台所などは、城のガイドツアー（ドイツ語のみ）に参加しないと見学できない。

●ボーマン博物館
住Schlossplatz 7
URLwww.bomann-museum.de
開火～日　11:00～17:00
休月、12/24・25・31
料€8、学生€5、レジデンツ博物館とのコンビチケット€12、学生€8

●ツェレ美術館
住Schlossplatz 7
URLwww.kunst.celle.de
開火～日　11:00～17:00
休月、12/24・25・31
料€8、学生€5、レジデンツ博物館とのコンビチケット€12、学生€8

●城（レジデンツ博物館）
住Schlossplatz 1
URLwww.residenzmuseum.de
開5～10月
　火～日　10:00～17:00
　11～4月
　火～日　11:00～16:00
休12/24・26・31
料€8、学生€5、ガイドツアー付き€10、学生€8、上記博物館とのコンビチケット€12、学生€8

白壁とれんが屋根のコントラストが美しい城

MEMO 市庁舎のそばのマルクト広場Marktから西側のシュテッヒバーンStechbahn周辺で、水・土曜の8:00～13:30（夏は7:00～）に朝市Wochenmarktが開かれる。野菜や果物、花など、新鮮な品々が並んでいる。

ハンブルクとエリカ街道・北ドイツ ▼ ツェレ

近郊の見どころ

アンネ・フランク最期の地、ベルゲン・ベルゼン強制収容所跡
Gedenkstätte Bergen-Belsen

MAP◆P.448-B2

ツェレの北西、約20kmにベルゲン・ベルゼン強制収容所跡がある。『アンネの日記』で知られるアンネ・フランクは、アムステルダムの隠れ家で捕らえられた後、この収容所に移送され、15歳の短い生涯を終えた。

広大な跡地には、戦後建てられたユダヤ人記念碑や資料館などがあるが、収容所当時の施設は残っていない。説明はドイツ語、英語併記。オーディオガイドあり。

アンネと姉マルゴーの墓石

●ベルゲン・ベルゼン強制収容所跡
[行き方]ツェレから100番のバスで約40分のBergen, Bahnhofstr.下車、ここで110番のバスに乗り換えて約15分のBelsen, Gedenkstätte下車。またはツェレから900番のバスで約30分のWinsen, Küsterdamm下車、ここで110番のバスに乗り換える方法もある。各バスとも土・日の本数はとても少ないので要注意。時刻表上にALFの印があるバスは、出発時刻の1時間前までに電話で呼び出し(☎05141-2788200)が必要で、110番バスの土・日はすべて呼び出しとなる。
[URL]www.bergen-belsen.stiftung-ng.de
[開]4～9月　10：00～18：00
10～3月　10：00～17：00
[休]12/23～1/7
[料]無料

おすすめのレストラン&ホテル　RESTAURANT & HOTEL

※ハノーファーで見本市開催中は値上がりするので注意。

R ラーツケラー
Ratskeller

MAP◆P.481(市庁舎内)

[住]Markt 14　☎(05141) 29099
[URL]rk.celle.de
[営]火～土　11：30～15：00、17：30～21：00
[休]日(不定期で昼のみ営業の場合あり)・祝、月、冬期休業あり　[カード][A][J][M][V]

市庁舎の中にある、歴史を感じさせるレストラン。季節の素材を使ったドイツ料理が中心のメニュー。ポークフィレ・メダイヨンのラーツケラーテラー Ratskellerteller €24、ハイデの羊肉のロースト Heidschnuckenbraten "Nemitzer Heide" €28。魚料理もある。メニューは季節によって替わる。

H フュルステンホーフ
Althoff Hotel Fürstenhof

MAP◆P.481

[住]Hannoversche Str. 55/56　D-29221
☎(05141) 2010
[URL]www.althoffcollection.com
[料]Ⓢ€160～　Ⓣ€170～　朝食別€32
[カード][A][D][M][V]　[Wi-Fi]無料

歴史的な宮殿を改造したツェレいちばんの老舗ホテル。ホテル内にあるタベルナ&トラットリア・パーリオは高級イタリアンの店。アラカルトのメイン1品€25～。

H ツェラー・ホーフ
Celler Hof

MAP◆P.481

[住]Stechbahn 11　D-29221
☎(05141) 911960
[URL]www.cellerhof.de
[料]Ⓢ€95～　Ⓣ€144～
[カード][A][M][V]　[Wi-Fi]無料

駅からのバスが通るSchlossplatzもすぐそばで、ℹがある市庁舎も斜め向かいにあり、観光には絶好のロケーション。全46室とツェレでは部屋数が多いほう。3つ星ホテルで、団体旅行の宿泊にも利用されている。

H インターシティーホテル
InterCityHotel Celle

MAP◆P.481

[住]Nordwall 22　D-29221
☎(05141) 2000
[URL]www.intercityhotel.com
[料]Ⓢ€94～　Ⓣ€110～　朝食別€17
[カード][A][D][J][M][V]　[Wi-Fi]無料

旧市街の東部に建つチェーンホテル。駅前から9番などのバスでSchlossplatzまで行き、14番に乗り換えてNordwallで下車する。シャワー付き、ダブルベッドが基本の機能的な客室。自転車旅行者の利用にも向いている。

ライオンがシンボルの王の都

ブラウンシュヴァイク

Braunschweig

ダンクヴァルデローデ城

ロマネスク様式の大聖堂。1230 ～ 1250 年に描かれた天井画は必見

ブラウン
シュヴァイク
ベルリン
フランクフルト
ミュンヘン

MAP ◆ P.448-B2	
人　口	24万8600人
市外局番	0531

[ACCESS]
鉄道：ハノーファーからIC特急で約30分。

ブラウンシュヴァイクは、12世紀に北ドイツ一帯を支配したハインリヒ獅子公の居住地として栄えた。ライオンのような勇敢さで獅子公とたたえられたハインリヒは、自分のシンボルのライオン像を**大聖堂Dom**横の**ブルク広場Burgplatz**に立てた。ロマネスク様式の大聖堂もハインリヒ獅子公が建てたもので、高い八角形の2本の塔が印象的。内陣にはハインリヒ獅子公とイギリス人の妻マティルダの柩が並んでいる。ライオン像が向かっている側に建つのは**ダンクヴァルデローデ城Burg Dankwarderode**で、美しく再建されたホール、**リッターザールRittersaal**と**中世展示室Mittelaltersammlung**がある。

ブラウンシュヴァイクで見逃してならないのはダンクヴァルデローデ城から東へ500mほど行った公園の一角にある**アントン・ウルリヒ公博物館Herzog Anton Ulrich-Museum**で、レンブラント、クラーナハ、ジョルジョーネ、フェルメールの作品を所蔵する。工芸部門も充実しており、江戸時代の蒔絵小箱は、ヨーロッパのあでやかな陶器に交じっても見劣りしない美しさを放っている。

中世のいたずら者の物語の主人公として知られるティル・オイレンシュピーゲル（→P.477）。彼の生まれ故郷はブラウンシュヴァイク近郊とされ、町の外れにはティルの泉がある。

中央駅から町の中心部は離れている。M1、2の市電に乗って、大聖堂に近い**市庁舎Rathaus**という停留所で下車すると、市庁舎の西側がブルク広場。ℹは大聖堂の前にあり、同じ停留所から徒歩約3分。

フェルメール『ワイングラスを持つ娘』
Herzog Anton Ulrich-Museums
Braunschweig
Fotonachweis:Museumsfoto B.P.Keiser

ℹブラウンシュヴァイクの観光案内所
[住]Kleine Burg 14
D-38100 Braunschweig
☎(0531) 4702040
[開]月～金　10：00～18：30
土　10：00～16：00

●ダンクヴァルデローデ城
[住]Burgplatz 4
[URL]3landesmuseen-braunschweig.de
[開]火～日　10：00～17：00
[休]月、一部の祝日
[料]€5、学生€2.50

●アントン・ウルリヒ公博物館
[住]Museumstr. 1
[URL]3landesmuseen-braunschweig.de
[開]火～日　11：00～18：00
[休]月、一部の祝日
[料]€9、学生€7

おすすめのホテル

[H]アハト・ホテル
Achat Hotel
[住]Berliner Platz 3　D-38102
☎(0531) 70080
[URL]achat-hotels.com
[料]Ⓢ€99～　Ⓣ€119～
朝食別€19
[カード][A][D][M][V]
[Wi-Fi]無料
中央駅前の広場に建つ３つ星クラスのホテル。

[投稿]ブラウンシュヴァイクへは、ベルリンから日帰り旅行も可能です。アントン・ウルリヒ公博物館は落ち着いた雰囲気で、ゆっくりと鑑賞できます。有名な作品は数点ですが絵画も工芸品も見応えがあります。（神奈川県　K・K　'22）['24]

鮮やかな天井板絵

ヒルデスハイム★　ベルリン
フランクフルト●
ミュンヘン●

MAP ◆ P.448-B2
人　口　10万1000人
市外局番　05121

ACCESS
鉄道：ハノーファーから私鉄ERX（鉄道パス有効）で約25分。

❶ **ヒルデスハイムの
観光案内所**
🏠Rathausstr. 20
　D-31134 Hildesheim
☎(05121) 17980
🔗www.hildesheim-tourismus.de
🕐月～金　10：00～18：00
　土　　　10：00～15：00
🚫12/24～26・31、1/1～2

🌐 **世界遺産**
ヒルデスハイムの大聖堂と
聖ミヒャエリス教会
（1985年登録）

●**大聖堂**
🕐月～金　10：00～17：30
　土　　　10：00～16：00
　日　　　12：00～17：30

●**聖ミヒャエリス教会**
🏠Michaelisplatz 1
🕐10：00～16：00
　（日・祝は12：00～）
上記時間中でもミサと催事中は見学不可。

聖ミヒャエリス教会の天井板絵

美しい木組みの家が取り囲むマルクト広場

　中世都市として栄えたヒルデスハイムは、今も活気がある町だ。町のあちこちに、現在地とおもな見どころエリアを示す地図が掲げられていて歩きやすい。また中心部の歩道に描かれている白いバラはおもな見どころへの方向を示している。

　町の中心**マルクト広場 Marktplatz**は、目を見張るほど鮮やかなファサードの木組みの家とどっしりとした市庁舎で囲まれている。マルクト広場から南に600mほど行くと、世界遺産の**大聖堂Dom**が建つ。ここは後陣に茂る樹齢約1000年のバラの樹の伝説で有名で、第2次世界大戦でいったん焼失

大聖堂の後陣に巻きついている樹齢約1000年のバラの樹。野生種で5～6月に可憐な花が咲く

したが、すぐに根から再び枝が伸びてきたという。

　もうひとつの世界遺産である**聖ミヒャエリス教会St. Michaelis-Kirche**は、1010年に礎石が置かれ、ドイツロマネスク建築で最古の部類に入る。現在の建物は第2次世界大戦後の再建だが、内部に破壊を免れた13世紀の板絵、11世紀初頭のクリプタが残る。

ドイツで最も美しい初期ロマネスク教会といわれる聖ミヒャエリス教会

優美なバロック庭園と見本市の町

ハノーファー

Hannover

屋内市場マルクトハレの内部

宮殿のように美しいルネッサンス様式の市庁舎

18世紀にはイギリス国王も兼ねたハノーファー王家ゆかりの町で、優雅な王宮庭園が往時をしのばせてくれる。ニーダーザクセン州の州都で、見本市（メッセ）の町として世界中から人々が集まる国際都市でもある。

大都市といっても、ヘレンハウゼン王宮庭園やマッシュ公園など緑が豊かで、"緑の中の大都市Die Großstadt im Grünen"と呼ばれている。

歩き方

バーンホーフ通りに続く地下道

ハノーファーは大都市だが、中央駅から町の南側に位置する市庁舎ぐらいまでは十分歩いて観光できる。町の北西にあるヘレンハウゼン王宮庭園など、離れた見どころへ行くには市電Stadtbahnを利用するといい。市電は中央駅周辺では地下鉄（Uバーン）になっており、駅への入口はUと表示してある。中心部を少し出ると、地上を走り、停留所はHの字が目印となる。

市電の切符は自動販売機で購入する。市内1回乗車券Einzelkarteは€3.40、市内1日乗車券Tageskarteは€6.80。

マルクト教会と旧市街

町の中心は中央駅前から延びる**バーンホーフ通りBahnhofstr.**を行った**クレプケKröpcke**という広場。この広場の2ブロック東側には、美しい**オペラハウスOpernhaus**がある。ここから約10分の所にある**マルクト教会Marktkirche**は、高さ97mの塔をもつれんが造りの教会で14世紀に建てられた。教会の先で右側に行くと**ライネ城Leineschloss**の先に**歴史博物館Historisches Museum**があ

MAP ◆ P.448-B2	
人　口	53万4000人
市外局番	0511

[ACCESS]

鉄道：ICE特急でハンブルク中央駅から約1時間15分、ベルリン中央駅から約1時間40分。

空港と市内間のアクセス：ハノーファー空港と中央駅の間はSバーンⓈ5で所要約20分。

ⓘハノーファーの観光案内所
[住]Ernst-August-Platz 8
D-30159 Hannover
➲Map P.486-A2
☎(0511) 12345111
[URL]www.visit-hannover.com/
[開]月～金　9：00～17：30
土　10：00～15：00
[休]日・祝

●ハノーファーカード
HannoverCard
1日券€11、2日券€16、3日券€19。ⓘで買える。5人までのグループ用は1日券€21、2日券€28、3日券€36。有効期間中、バス・地下鉄などの市内交通に乗り放題（前日の19：00から使用開始できる）で、美術館、博物館、ヘレンハウゼン王宮庭園に割引で入場できるお得なカード。

サッカー・スタジアム情報

●HDIアレーナ
HDIarena
[住]Robert-Enke-Str. 1
➲Map P.486-B2
[URL]www.heinzvonheiden-arena.de
ハノーファー 96のホームスタジアム。
[行き方]町の南に位置し、ハノーファー中央駅から3番または7番のWettbergen行きの市電（地下乗り場）で所要3分のWaterloo下車。9番のEmpelde行きの市電も同停留所で下車。いずれも徒歩約5分。

[MEMO] 歴史博物館の北西側に位置するライネ川の岸辺Am Hohen Uferでは、3～10月の毎週土曜10：00～18：00に、のみの市が開催されている。約50年の歴史があるのみの市で、掘り出し物が見つかるかも？

り、ハノーファー王家の家具、馬車などのコレクションが並ぶ。町の南には堂々とした**市庁舎Rathaus**が建ち、マッシュ湖Maschseeのほとりに建つ**シュプレンゲル美術館Sprengel Museum**ではクレー、ピカソ、ベックマンなど19〜20世紀絵画が観られる。

最大の見どころの**ヘレンハウゼン王宮庭園Herrenhäuser Gärten**は、町の中心から少し離れた北西部にある。

 おもな見どころ

300年の歴史を誇るヘレンハウゼン王宮庭園
Herrenhäuser Gärten ★★★

17世紀に造られたバロック庭園。グローサー・ガルテン、ゲオルゲン・ガルテン、ヴェルフェン・ガルテン、ベルク・ガルテンの4つの庭園からできており、特にグローサー・ガルテンは圧巻。木立、花壇、噴水、そして彫刻の位置まで幾何学模様に配置され、その正確かつ整然とした様子には驚くだろう。

●歴史博物館
住Pferdestr. 6(入口はBurgstr.)
◯Map P.486-B2
URLhistorisches-museum.
hannover.de
※改修工事のため閉館中

●シュプレンゲル美術館
住Kurt-Schwitters-Platz
◯Map P.486-B2
URLwww.sprengel-museum.de
開 火　　10:00〜20:00
　 水〜日　10:00〜18:00
休月、一部の祝日
料€7、学生€4、金曜は無料、
　特別展は別途料金
行き方Kröpckeのバス停から
100番のバスでMaschsee/
Sprengel Museum下車。

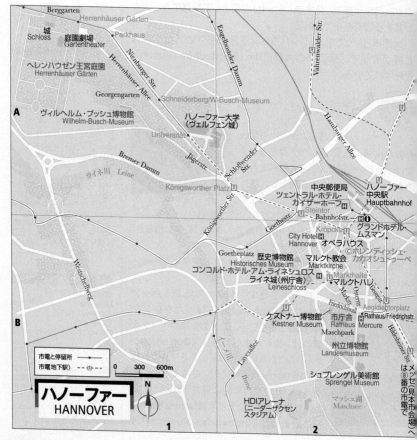

市電と停留所
市電地下駅

0　300　600m

N

ハノーファー
HANNOVER

城Schlossの一部は博物館Museumになっている。通りを挟んだベルクガルテンBerggartenには、植物園とハノーファー王家の霊廟がある。

ヘレンハウゼン王宮庭園の優雅な門

バロック様式の美しい庭園

外からも中からも眺めのよい 市庁舎
Rathaus ★★

1901～1913年に建てられた壮大な建物。1階の大ホールには、ハノーファーの発展の歴史を展示してある。

高さ約100mの眺めのいい丸屋根にエレベーターで昇れるのだが、このエレベーター、なんと丸屋根の傾斜に沿って斜めに上がっていくという世界でも珍しいエレベーター。

各分野にまたがる 州立博物館
Landesmuseum ★★

州立ギャラリーがあるほか、考古学、自然学、民族学の分野の膨大なコレクションを誇る。州立ギャラリーは、ヨーロッパの各時代の作品を所蔵するが、特にドイツ印象派と初期表現主義やフランス印象派の作品が充実。

19世紀の漫画家 ヴィルヘルム・ブッシュ博物館
Wilhelm-Busch-Museum ★

ヘレンハウゼン王宮庭園のゲオルゲン・ガルテン内にある、子供たちに人気の記念館。ヴィルヘルム・ブッシュは、ドイツではよく知られる『マックスとモーリッツ』の絵本の作者（→P.435）。

近郊の見どころ

アルフェルトのファグス靴型工場
Fagus-Werk, Alfeld
⊕ 世界遺産
MAP◆P.414-B2

バウハウスの建築家ヴァルター・グロピウスとアドルフ・マイヤーにより1911年に設計された、斬新な靴型工場。今も現役の工場として稼働している。工場の奥に建つ大倉庫が**ファグス・グロピウス展示室Fagus-Gropius-Ausstellung**として公開されている。

世界初の全面ガラス張りの工場

●ヘレンハウゼン王宮庭園
◐Map P.486-A1
皿www.hannover.de/herrenhausen
開5～8月　　　9：00～20：00
　4・9月　　　9：00～19：00
　3・10月　　　9：00～18：00
　11～1月　　　9：00～16：30
　2月　　　　9：00～17：30
　入園は閉園1時間前まで
　噴水は夏期の10：00～12：
　00、15：00（土・日は14：00）
　～17：00のみ
料€8（グローサーガルテン、
　ベルクガルテン、博物館に
　入場可）
　冬期は€6（月～水は€3.50）
行き方中央駅前から地下道に
入り、Uバーンのkröpcke駅へ。
ここからⓊ4または5番に乗り
Herrenhäuser Gärten下車。

●市庁舎
住Trammplatz 2
◐Map P.486-B2
開エレベーター
　4～10月
　月～金　　　9：30～17：30
　土・日　　10：00～17：30
休11～3月
料€4（エレベーター）

●州立博物館
住Willy-Brandt-Allee 5
◐Map P.486-B2
皿www.landesmuseum-
hannover.de
開火～日　　10：00～18：00
休月、一部の祝日
料€5、金曜の14：00～18：00
は無料。
行き方Ⓤ Aegidientorplatz下
車。

●ヴィルヘルム・ブッシュ博物館
住Georgengarten 1
◐Map P.486-A1
皿www.karikatur-museum.de
開火～日　　11：00～17：00
休月、12/24・31
料€7、学生€5
行き方Ⓤ4または5番でSchnei-
derberg/Wilhelm-Busch-
Museum下車。

⊕ 世界遺産
アルフェルトの
ファグス靴型工場
（2011年登録）

行き方ハノーファーからME（私
鉄、鉄道パス有効）で約35分、
アルフェルトAlfeld(Leine)下車。
駅から工場へは、Hanno-
versche Str.を北西へ約500m。

●ファグス・グロピウス展示室
住Hannoversche Str. 58
皿www.fagus-werk.com
開10：00～17：00（11～3月は
　～16：00）
休12/24・25・31、1/1
料€9、学生€8

487

行き方 ヴォルフスブルクへはハノーファーからICE特急で約30分。

●アウトシュタット
駅から徒歩約5分。
住 Stadt Brücke, Wolfsburg
URL www.autostadt.de
開 10：00～18：00
休 12/24・31
料 €18、学生€14

●フェーノ
住 Willy-Brandt-Platz 1
URL www.phaeno.de
開 火～金　　9：00～17：00
　　土・日・祝　10：00～18：00
　（入場は閉館の1時間前まで）
休 月、12/24・31
料 €15、学生€12

サッカー・スタジアム情報

●フォルクスワーゲンアレーナ
Volkswagen Arena
URL www.vfl-wolfsburg.de/en/stadium/volkswagen-arena
VFL ヴォルフスブルクの本拠地。
行き方 ヴォルフスブルク駅から線路に沿うように東へ徒歩約20分。

ヴォルフスブルク
Wolfsburg

MAP◆P.448-B2

本社工場（左）に隣接するVWのテーマパーク、アウトシュタット

VWのロゴでおなじみのフォルクスワーゲンの本社がある町だけに、最大の見どころは本社工場敷地内にある**アウトシュタットAutostadt**（クルマの町、という意味）という広大なテーマパーク。博物館の**ツァイトハウスZeitHaus**には、歴史的名車が並ぶ。VWグループの体感型パビリオンやホテル、レストランもあり、1日中楽しめる。

また、ヴォルフスブルク駅のすぐ南側には、ザハ・ハディド設計の**フェーノPhaeno**という斬新な科学博物館がある。体験、実験型のラボ展示が中心で、課外授業でやってくるドイツの学生グループの姿が多い。科学好きにおすすめ。

ツァイトハウスに展示されているゴージャスなケーファー

おすすめのレストラン＆ホテル ❋ RESTAURANT & HOTEL

※ひとり1泊につき宿泊料金に応じた宿泊税が加算される。

C ホレンディッシェ・カカオシュトゥーベ
Holländische Kakao-Stube　MAP◆P.486-B2

住 Ständehausstr. 2　☎(0511)304100
URL www.hollaendische-kakao-stube.de
営 月～土10：00～18：30
休 日・祝　カード J M

バウムクーヘンの名店として日本のデパートにも出店しているが、実は「オランダ風ココアの部屋」と店名にあるようにホットチョコレートが名物。特にポット入りのWiener Schokoladen €9.40は絶品。食事メニューもあり、ゆったりくつろげる。

H ツェントラル・ホテル・カイザーホーフ
Central Hotel Kaiserhof　MAP◆P.486-A2

住 Ernst-August-Platz 4　D-30159
☎(0511)36830
URL centralhotel.de
料 S€139～　T€159～　朝食別€25
カード M V　Wi-Fi 無料

中央駅前に建つ4つ星ホテル。

H コンコルド・ホテル・アム・ライネシュロス
Concorde Hotel Am Leineschloß　MAP◆P.486-B2

住 Am Markte 12　D-30159
☎(0511)357910
URL www.concordehotel-am-leineschloss.de
料 S€157～　T€183～
カード A D J M V　Wi-Fi 無料

ライネ城に近く、マルクト教会に面した中心部にあるので観光にとても便利。全81室。中央駅からUバーンで2駅目のMarkthalle下車すぐ。中央駅から徒歩でも約15分。

H グランドホテル・ムスマン
Grand Hotel Mussmann　MAP◆P.486-A2

住 Ernst-August-Platz 7　D-30159　☎(0511)36560
URL www.grandhotel.de
料 S€114～　T€144～　朝食別€22　カード A M V
Wi-Fi 無料

中央駅のすぐ向かいに建つ高級ホテル。客室はフローリングの床で、大きなテーブルやソファなどの家具が配置されている。バスルームも広い。

MEMO 屋内市場のマルクトハレMarkthalle（◆Map P.486-B2）は、野菜、肉などの生鮮食品を売る店だけでなく、その場でソーセージやビールなどが味わえるスタンド式の店も多く入っている。午前中から活気がある。休 日・祝

ドイツ第2の貿易港で潜水艦を体験する

ブレーマーハーフェン
Bremerhaven

北海へと注ぐヴェーザー川

旧港に浮かぶ潜水艦と、斬新な建築のミュージアム「クリーマハウス」（右奥）

北海への出入口といわれるブレーマーハーフェンとブレーメンは、ふたつの町でひとつの州をなしている。港町の顔に加えて、世界自然遺産に登録されている干潟ヴァッテン海観光の拠点となる町としても注目されている。

歩き方

見どころが集まる港周辺へは、中央駅からバス（502、504、505、506番）で約5分、バス停Havenweltenで下車すると、ショッピングセンターのコロンブスセンター Columbus-Centerが近くにある。この中を通り抜ければ、**ドイツ船舶博物館 Deutsches Schiffahrtsmuseum**の別館である本物の潜水艦**ヴィルヘルム・バウアー号**（U2540）が浮かぶ**旧港Alter Hafen**に出られる。

ここから南に行くとドイツ船舶博物館の本館があり、北へ向かうと世界の気候を体感できる**クリーマハウスKlimahaus**のガラス張りの建物や、**海の動物園Zoo am Meer**がある。❶はクリーマハウスの隣にある。

コロンブスセンターの向かいに建つシュミット市長記念教会

ハンブルクとエリカ街道・北ドイツ ▼ ブレーマーハーフェン

★ ブレーマーハーフェン
ベルリン
フランクフルト
ミュンヘン

MAP ◆ P.448-B1

人 口	11万3600人
市外局番	0471

ACCESS
鉄道：ブレーメンからRE快速で約35分、私鉄NWB（NordWestBahnの略、鉄道パス有効）で約45分。

❶ブレーマーハーフェンの観光案内所
住H.-H.-Meier-Str. 6
D-27568 Bremerhaven
☎(0471) 414141
URLwww.bremerhaven.de
開月〜日　　9：30〜17：00
休一部の祝日

■市内交通
バスの1回乗車券EinzelTicketは€2.70。

ブレーマーハーフェン
BREMERHAVEN

海の動物園
Zoo am Meer
クリーマハウス
Klimahaus
潜水艦
コロンブスセンター
Columbus-Center
Theodor-Heuss-Platz
市立劇場
Stadttheater
ドイツ船舶博物館
Deutsches
Schiffahrtsmuseum
歴史博物館
Morgenstern-Museum
Elbinger Pl.
中央駅
Hauptbahnhof
郵便局

0　200　400m

おもな見どころ

クリーマハウス
Klimahaus
★★

ブレーマーハーフェンが位置する東経8度の地球上に展開する、さまざまな気候を再現したスペースを旅する体験型ミュージアム。蒸し暑いジャングルや砂漠、極寒の氷河などをバーチャル体験できる。

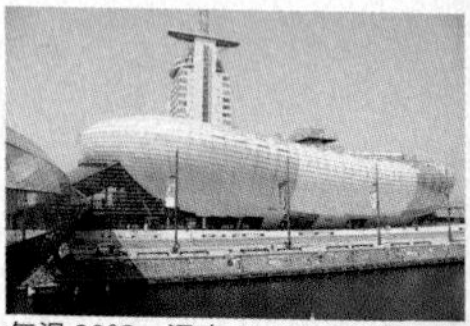
気温 38℃、湿度 100%の気候も体験できる

ドイツ船舶博物館
Deutsches Schiffahrtsmuseum
★★★

船舶の歴史や構造がわかる博物館で、旧港にも歴史的な船舶が係留されている。※本館は改修工事のため一部閉鎖中。歴史的な船舶は見学できる(冬期は閉鎖)。

海の動物園
Zoo am Meer
★★

北極グマやペンギン、アザラシなど、海と海辺の生物に会える動物園&水族館。2019年に誕生した北極グマの双子の姉妹、アナとエルザが人気。

近郊の見どころ

ヴァッテン海
Wattenmeer
世界遺産
MAP◆P.448-A1

ヴァッテン海とはドイツ語で干潟のことで、ドイツとオランダ、デンマークの北海沿岸に広がる地域。

干潮時に現れる干潟は大自然の宝庫。アザラシをはじめ、岩礁の貝殻や泥土のカニ、湿原には海藻などが生息し、珍しい渡り鳥や海鳥が飛び交う。

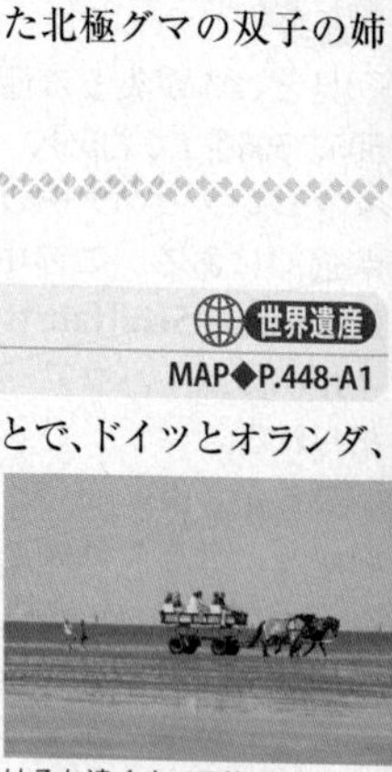
はるか遠くまで干潟が続く

旅行者に人気なのは干潮時に現れる広大な干潟ウオーキングと、**ヴァットヴァーゲンWattwagen**という馬車の干潟ツアー。

クックスハーフェンCuxhavenの駅前から1006、1007番バスで約25分のドゥーネンDuhnen, Mitteは人気のビーチ(ビーチ入場料€3.90)で、**干潟ガイドツアー Wattführung**も催行。

沖に浮かぶ**ノイヴェアク島Insel Neuwerk**まで約12kmを干潮時には歩いて渡れる(下記MEMOの注意参照)。馬車はとても人気が高く事前予約が必要で、ドゥーネンやザーレンブルクSahlenburgから出発している。

●クリーマハウス
住Am Längengrad 8
URLwww.klimahaus-bremerhaven.de
開月～日　10：00～18：00
休12/24・25・31、1/1
料時間指定チケットZeitfensterticket €22、フレックスチケットFlexticket(いつでも入場可)、15：00以降入場指定チケットNachmittagsticket€18。休暇シーズンは混雑するので、いずれのチケットも事前ネット予約推奨

●ドイツ船舶博物館
住Hans-Scharoun-Platz 1
URLwww.dsm.museum
開3月中旬～10月下旬
月～日　10：00～18：00
(船舶は～17:30)
10月下旬～3月中旬
火～日　10：00～18：00
(船舶は閉鎖)
休冬期の月、12/24・25・31
料€6

●海の動物園
住H.-H.-Meier-Str. 7
URLzoo-am-meer-bremerhaven.de
開4～9月　9：00～19：00
3・10月　9：00～18：00
11～2月　9：00～16：30
(入場は閉館30分前まで)
料€10、学生€7.50

世界遺産
ヴァッテン海
(2009年登録)

行き方ブレーマーハーフェンからヴァッテン海沿いの町、クックスハーフェンCuxhavenまで、私鉄EVB(Elbe-Weser-Bahn、鉄道パス有効)で約50分。ハンブルクからはREで約1時間45分。

❶クックスハーフェンの観光案内所
住Am Bahnhof 1　D-27472
URLwww.nordseeheilbad-cuxhaven.de

●ヴァットヴァーゲン
馬車の催行業者にはWattenpost(URLwattenpost.de)、Wattwagen-boldt (URLwattwagen-boldt.de)などがあり、要予約。ノイヴェアク島往復コースで、€50。4～10月催行。

MEMO 干潟ウオーキングは満潮や荒天時には命の危険もともなう。サイトやビーチ入口に掲示されている「Wattlaufzeit」または「Wattwanderzeiten(干潟歩行可能時間)」と天候を必ず確認し、適した装備で行うこと。

詩人シュトルムの故郷は北海に面した港町

フーズム

Husum

趣がある小さな港

港に面したハーフェン通りには魚料理のレストランが並ぶ

町の中心である**マルクト広場Marktplatz**へは駅から歩いて5分ほど。駅前から延びるヘルツォーク・アドルフ通りHerzog-Adolf-Str.を真っすぐ進み、Süderstr.で左折して、少し行った所にある。もう1本先のNorderstr.で左折してもマルクト広場に出る。ヘルツォーク・アドルフ通りには、**北海博物館Nordfriesland Museum**があり、北海の干潟、堤防、船による貿易の歴史などの展示が観られる。

マルクト広場の中央には、町のシンボルとして親しまれている**ティネTine**という漁師の女のブロンズ像が立っている。広場の東側には**マリエン教会Marienkirche**、北側には1601年に建てられた**旧市庁舎Altes Rathaus**が建ち並ぶ。また、マルクト広場の9番地には『みずうみ』や『白馬の騎士』などの作品で知られる詩人で作家の**テオドール・シュトルムの生家Theodor-Storm-Geburtshaus**が残っている。

美術館やカフェがあるフーズム城

旧市庁舎横のアーチをくぐりSchlossgangという通りを進むと、ルネッサンス様式の**フーズム城Schloss vor Husum**と庭園からなる**城地区Schlossviertel**に出る。

港は、マルクト広場の西側に位置している。港に面した**ハーフェン通りHafenstr.**には、昔の倉庫を改造したカフェやレストランがあり、新鮮な魚やカニ、エビを味わえる。

また、ハーフェン通りと並行して走るWasserreiheという通りの31番地はシュトルムが長く住んだ家で、現在は**シュトルム記念館Theodor-Storm-Zentrum**として公開されている。

ハンブルクとエリカ街道・北ドイツ ▼ フーズム

フーズム★
ベルリン
●フランクフルト
ミュンヘン

MAP ◆ P.448-A1

人　口	2万3200人
市外局番	04841

ACCESS

鉄道：ハンブルク・アルトナ駅からRE快速で約1時間50分。ハンブルク中央駅からIC特急で約2時間。

❶フーズムの観光案内所
マルクト広場のすぐ前にある。
住Großstr.27　D-25813 Husum
☎(04841) 89870
URLwww.husum-tourismus.de
開4〜10月
　月〜金　　9：00〜18：00
　土　　　10：00〜16：00
　11〜3月
　月〜金　　9：00〜17：00
　土　　　10：00〜16：00

●北海博物館
住Herzog-Adolf-Str. 25
URLwww.museumsverbund-nordfriesland.de
開火〜日　11：00〜17：00
休月、12/24〜26・31、1/1
料€7、学生€5.50

●フーズム城
住König-Friedrich-V.-Allee
URLwww.museumsverbund-nordfriesland.de
開火〜日　11：00〜17：00
休月、12/24〜26・31、1/1
料€7、学生€5.50

●シュトルム記念館
住Wasserreihe 31
URLwww.storm-gesellschaft.de
開4〜10月
　火〜金・日 14：00〜17：00
　土　　　　11：00〜17：00
　11〜3月
　火・木・土 14：00〜17：00
料€5、学生€3

北海に浮かぶドイツ最北のリゾートアイランド

ズュルト島

Sylt

空から見た島

★ズュルト

ベルリン●

フランクフルト●

ミュンヘン●

MAP ◆ P.448-A1

人 口	1万3800人
市外局番	04651

ACCESS

鉄道：ハンブルク・アルトナ駅からヴェスターラントまでRE快速で約3時間。ハンブルク中央駅からIC特急で約3時間15分。

❶ズュルト島の観光案内所
☎(04651)9980
🌐www.westerland.de
●ヴェスターラント駅前の❶
🏠Kirchenweg 1
D-25980 Sylt
🕐月〜日 9：00〜15：00
●フリードリヒ通りの❶
🏠Friedrichstr. 44
D-25980 Sylt
🕐月〜土 10：00〜16：00

●島内交通
島内バス1日乗車券€11.70、2日用用€21.90、3〜7日間用やファミリー用もある。

●レンタサイクル
ズュルト島はサイクリングに最適。ヴェスターラント駅周辺にレンタサイクル店が数軒あり、1日€10程度から借りられる。

●ズュルト自然体験センター
🏠Hafenstr. 37 List
🌐naturgewalten-sylt.de
🕐10：00〜18：00
💶€18（路線バスやクルーズとのコンビチケットあり）

●ズュルト博物館／アルトフリーズィッシェス・ハウス
🏠Am Kliff 19/13
🕐4〜10月
　月〜金 10：00〜17：00
　土・日 11：00〜17：00
　11〜3月
　木〜日 11：00〜15：00
💶各€8（ゲストカード所持者は€6）/€7（同€5）、両館€10

ヴェスターラントのビーチ

　ドイツ最北端に位置するズュルト島は、わずか99km²の小さな島。本土とはヒンデンブルクダムという築堤を通る鉄道によってのみ結ばれている。ドイツ人には人気の高い、高級リゾート地だ。

　中心となる町は、島の中央に位置する**ヴェスターラント Westerland**で、列車もここが終点。ヴェスターラント駅から西側に進むと歩行者天国の**フリードリヒ通りFriedrichstr.**が延びている。買い物の中心地で、この近辺の魚専門店では、魚のスープやフライなどが味わえる。フリードリヒ通りの先がビーチの入口で、夏の間はビーチの入場料金を徴収される（宿泊すると作ってもらえるゲストカードがあれば不要）。海岸沿いの室内プールセンター、**ズュルター・ヴェレFreizeitbad Sylter Welle**には、総合美容スパ**ズュルトネス・センター Syltness Center**も入っている。

　ヴェスターラント駅の裏側のバスターミナルから、島の各地へはバスの便がある。また、島の南端の**ヘルヌムHörnum**と北端の**リストList**の港からは、夏の間、近隣の島やアザラシが集まる保護区域を眺める半日〜1日クルーズが出ている。リストの港の近くには、**ズュルト自然体験センター Erlebniszentrum Naturgewalten Sylt**があり、ズュルト島と周辺の動植物を展示している。

　ヴェスターラントから鉄道かバスで東へ5kmほど行った所に**カイトゥムKeitum**という美しい村がある。この村には、たくさんの美しいかや葺きの家が残っている。また、家々の庭や入口の扉のデザインがたいへん美しい。天候が悪いときはこの村の散策

ズュルト博物館

がおすすめ。**ズュルト博物館 Sylt Museum**に島の歴史を示す展示とアートギャラリーがあり、**アルトフリーズィッシェス・ハウス Altfriesisches Haus**には古い家具・調度が再現されている。

キール

Kiel

活気あふれるキール中央駅

空から見たキールの町と港

MAP ◆ P.448-A2

人　口	24万1500人
市外局番	0431

ACCESS
鉄道：ハンブルク中央駅からICE特急で約1時間10分。リューベックからRE快速で約1時間10分。

❶キールの観光案内所
囲Stresemannplatz 1-3
D-24103 Kiel
☎(0431)679100
URLwww.kiel-sailing-city.de
開月～金　　9：30～18：00
　　土　　　10：00～18：00

●聖ニコライ教会
URLst-nikolai-kiel.de
開10：00～16：00
（礼拝中の見学は不可）

●海洋博物館
囲Wall 65(このほか展示館は計5カ所に点在)
開火～日　　10：00～18：00
休月
料無料

●ドイツ海軍記念館
囲Strandstr. 92
開4～10月　9：00～18：00
　11～3月 10：00～16：00
（入場は閉館の1時間前まで）
料€8、UボートU995は€7、コンビチケット€13

港町キールは、バルト海と北海を結ぶ運河の起点に位置しており、北欧への玄関口でもある。第2次世界大戦中、キールにはドイツ海軍のUボート(潜水艦)基地がおかれていた。今では、シュレスヴィヒ・ホルシュタイン州の州都として、海運や造船業で経済

かつてはキールの魚市場だった船舶博物館

的な発展を遂げている。毎年6月下旬(2024年は6/22～30)の**キール週間Kieler Woche**は約100年の歴史を誇り、世界中のヨットマンが参加するヨットレースが開催されて、町は華やかな雰囲気に包まれる。

　行き止まり式の中央駅を左(西)へ出ると道路をまたぐ通路があり、ショッピングセンターへ連絡している。この中を右(北)へ曲がり進んでいくと、歩行者天国の**ホルステン通りHolstenstr.**の手前に出る。近くに**新市庁舎Neues Rathaus**があり、一角に❶もある。

　ホルステン通りへ戻り、先へ進むと町の中心**アルター・マルクトAlter Markt**に出る。この広場に建つ**聖ニコライ教会St. Nikolai-Kirche**と、港のそばにあり船舶も公開されている**海洋博物館Stadt und Schiffahrtsmuseum**が重要な見どころ。

海軍記念塔

　キールまで来たら、さらに北へ約20kmの**ラボー Laboe**まで足を延ばそう。ラボーには、**ドイツ海軍記念館Marine-Ehrenmal**と、記念館前の海岸には実際に使われた**UボートU995**が保存されている。記念館へは、キール駅前のバス停からLaboe行きの14番(所要約50分)または102番(所要約25分)でLaboe Hafen下車。バス停から海岸沿いに10～15分ほど歩くと見えてくる、船首をかたどった高さ85mの茶色い**海軍記念塔**が目印。塔の頂上から見る、**キール峡湾Kieler Förde**の眺望もすばらしい。

ラボーの浜のUボート(潜水艦)

MEMO キール名物は、10cm以下の小さなニシンを燻製にした黄金色のキーラー・シュプロッテンKieler Sprotten。魚屋で平たい木箱入りや缶入りで売っている。値段も安く、ビールによく合うので、ぜひ試してみて！

グリュックスブルク城

★ フレンスブルグ
ベルリン
フランクフルト
ミュンヘン

フレンスブルク

Flensburg

MAP ◆ P.448-A1

人　口	8万9900人
市外局番	0461

ACCESS

鉄道：ハンブルク中央駅からRE快速で約2時間。キールからノイミュンスターNeumünster乗り換えで約1時間40分。

❶フレンスブルクの観光案内所
⌂Nikolaistr. 8
D-24937 Flensburg
☎(0461) 9090920
URL www.flensburger-foerde.de
開月〜金　10：00〜17：00
　　土　　10：00〜14：00
休日、12/24〜26、31、1/1

●船舶博物館
⌂Schiffbrücke 39
URL www.schifffahrtsmuseum-flensburg.de
開火〜日　10：00〜17：00
料€8

●グリュックスブルク城
行き方 フレンスブルク駅前から21番のバスで所要約40分、Schloss, Glücksburg下車、徒歩約10分。
⌂Schloss D-24960 Glücksburg
URL www.schloss-gluecksburg.de
開5〜10月
　　毎日　　11：00〜17：00
　　11〜4月
　　土・日　11：00〜16：00
　　（入場は閉館1時間前まで）
休12/24〜1/5
料€10、学生€6、ファミリー料金あり

れんがの建物が多い落ち着いた港町

　この町は400年以上もデンマーク王家の支配下にあったため、現在でも5人にひとりはデンマーク語を母語としている。歴史的な建物にも、デンマークの影響が色濃く残る。

　駅から町の中心にあるバスターミナルZOBまで北へ約1.5km。1または5番のバスで5分ほど。緩やかな坂道を歩いても15分ほどで着く。❶はZOBの近くのニコライ通りNikolaistr.にある。

重厚感あるマリエン教会

　ニコライ通りを西に進むと**ホルムHolm**という大通りに突き当たる。ここから北に進んだ歩行者天国の**グローセ通りGroße Str.**のあたりがフレンスブルクで最もにぎやかなショッピングエリア。さらに北へ進むと、右側に高い塔の**マリエン教会Marienkirche**があり、通りは**ノルダー通りNorderstr.**と名前を変える。この先で港へ下りて少し北へ進むと、**船舶博物館Schifffahrtsmuseum**がある。

 ## 近郊の見どころ

水面に映る白亜の城 グリュックスブルク城
Schloss Glücksburg
　　　　　　　　　　　　　　　　　　MAP◆P.448-A2

　フレンスブルクから北東へ約9km、水面に白亜の姿を映す城。1583〜1587年に建てられた。現在城を所有するグリュックスブルク家は、デンマークやノルウェー王室などと血筋がつながるヨーロッパでも指折りの名家。均整の取れたルネッサンス様式の城は、北ドイツでも特に人気が高い。

　石橋を渡ると城門があり、城内は民俗資料のコレクションなどを展示する博物館となっている。

MEMO 「モイン・モインmoin moin」は、フレンスブルクなど北ドイツ一帯の港町や島で用いられる「こんにちは」にあたる言葉。語感がかわいくて覚えやすく、1日中使えるから便利。使えば、地元の人にウケること間違いなし！

森と湖水に囲まれた華麗な城

シュヴェリーン

Schwerin

大聖堂とマルクト広場

町の中心マルクト広場。右上にシュヴェリーン城が見える

7つの湖の町Stadt der sieben Seenと呼ばれる、湖水地帯にある古都シュヴェリーン。戦後はメクレンブルク地方きっての産業、文化の中心地として発展した。

 歩き方

中央駅の広場を南に曲がり、市電やバスが通るWismarsche Str.または湖沿いのKarl-Marx-Str.を行くと中心部に出る。歩行者天国になっている広い**メクレンブルク通りMecklenburgstr.**を歩いていこう。見どころの方向を示す案内板が街角に立っているので、迷うことはないだろう。❶や**市庁舎Rathaus、大聖堂Dom**の建つ**マルクト広場Markt**が町の中心。大聖堂の塔に上ると、森と湖に囲まれた町の様子がよくわかる。

市庁舎には、建物の下をくぐり抜けられるようになっている部分がある。

落ち着いた町並みを「Schloss」の案内板に従って歩いていくと、大きな広場Alter Gartenの向こうに、**シュヴェリーン城Schloss Schwerin**が華麗な姿を見せてくれる。この広場には**州立劇場Staatstheater**と**州立博物館Staatliches Museum**が建っている。州立博物館の17世紀のオランダ・フランドル絵画コレクションは必見。

湖に浮かぶようにして建つ城へは、とても雰囲気のある橋を渡っていく。現在見るような姿となったのは1843〜1857年のことで、フランス・ロワール地方のシャンボール城をモデルとして建てられたというだけあって、何本もの塔が林立するさまはよく似ている。特に、**城庭園Schlossgarten**から見る姿は美しい。内部は、この城の主人であったメク

MAP ◆ P.449-A3

人　口	9万6000人
市外局番	0385

ACCESS

鉄道：ハンブルク中央駅からICE特急で約55分、RE快速で約1時間25分。ベルリンからRE快速で約2時間40分。

❶**シュヴェリーンの
観光案内所**
🏠Am Markt 14
　D-19055 Schwerin
☎(0385) 5925212
🌐www.schwerin.de
🕐月〜金　10：00〜18：00
　土・日　10：00〜16：00

●**大聖堂**
🕐4〜9月　　10：00〜17：00
　10〜3月　10：00〜15：00
　（塔は閉館45分前まで入場可）
🎫塔の入場は€2

●**シュヴェリーン城**
🏠Lennéstr. 1
🌐www.mv-schloesser.de/de/location/schloss-schwerin
🕐火〜日　　10：00〜18：00
　（10〜4月は〜17：00、入場は各閉館30分前まで）
🎫月
🎫€8.50、学生€6.50

フランス風の優美なシュヴェリーン城

●州立博物館
[住]Alter Garten 3
[URL]www.museum-schwerin.de
改修工事のため閉館中

●シュヴェリーン野外民俗博物館
[住]Alte Crivitzer Landstr. 13
[URL]www.schwerin.de/kultur-tourismus/kunst-kultur/bildende-kunst-museen/freilichtmuseum-schwerin-muess
[開]4〜10月
火〜日　10:00〜18:00
(10月は〜17:00)
[休]月、11〜3月
[料]€5、学生€3.50

レンブルク大公フリードリヒ・フランツ2世の玉座の間や大公妃の部屋、ギャラリーなどが見学できる。

時間があれば城庭園の南の**動物園Zoo**や、**シュヴェリーン野外民俗博物館Freilichtmuseum für Volkskunde Schwerin-Muess**にも足を延ばしてみたい。

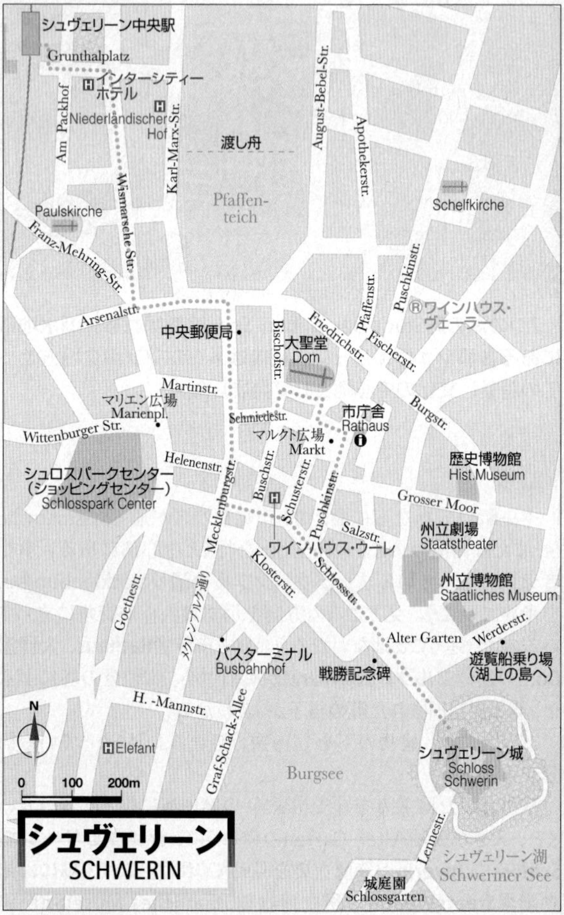

シュヴェリーン
SCHWERIN
シュヴェリーン中央駅
Grunthalplatz
インターシティーホテル
Niederländischer Hof
Am Packhof
Karl-Marx-Str.
Wismarsche Str.
August-Bebel-Str.
Apothekerstr.
渡し舟
Pfaffen-teich
Paulskirche
Schelfkirche
Franz-Mehring-Str.
Puschkinstr.
Pfaffenstr.
[R]ワインハウス・ヴェーラー
Arsenalstr.
中央郵便局
Bischofstr.
大聖堂
Dom
Friedrichstr.
Fischerstr.
Martinstr.
マリエン広場
Marienpl.
Wittenburger Str.
Schmiedestr.
市庁舎
Rathaus
マルクト広場
Markt
Burgstr.
歴史博物館
Hist.Museum
Helenenstr.
シュロスパークセンター
(ショッピングセンター)
Schlosspark Center
Buschstr.
Schusterstr.
Puschkinstr.
Grosser Moor
Mecklenburgstr.
Salzstr.
州立劇場
Staatstheater
ワインハウス・ウーレ
Klosterstr.
Schlossstr.
州立博物館
Staatliches Museum
Goethestr.
メクレンブルク通り
Alter Garten
Werderstr.
バスターミナル
Busbahnhof
戦勝記念碑
遊覧船乗り場
(湖上の島へ)
H. -Mannstr.
Graf-Schack-Allee
N
Elefant
0　100　200m
Burgsee
シュヴェリーン城
Schloss Schwerin
Lennestr.
シュヴェリーン湖
Schweriner See
城庭園
Schlossgarten

おすすめのレストラン

[R]ワインハウス・ヴェーラー
Weinhaus Wähler
[住]Puschkinstr. 26
☎(0385) 555830
[URL]www.weinhaus-woehler.de
[営]火・水　17:30〜22:00
木〜土　11:30〜22:00
[休]日・月、12/24、冬期休業あり(2月頃)
1819年創業の歴史あるワインレストラン。18世紀半ばの木組みの家が美しい。

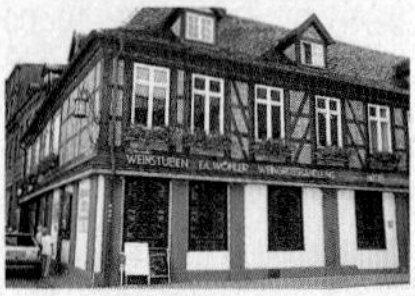

WEINSTUBEN

ホテルも併設している

おすすめのホテル HOTEL

※宿泊料金の5%が宿泊税として加算される。

ワインハウス・ウーレ
Weinhaus Uhle
MAP ◆ P.496
[住]Schusterstr. 13　D-19055　☎(0385) 48939430
[URL]www.weinhaus-uhle.de
[料][S]€215〜　[T]€150〜　朝食別€24　[カード][M][V]　[Wi-Fi]無料
中心部にあり、観光に便利なホテル。ワイン販売もしている。全室禁煙。

インターシティーホテル
InterCityHotel
MAP ◆ P.496
[住]Grunthalplatz 5-7　D-19053　☎(0385) 59500
[URL]hrewards.com　[料][S]€85　[T]€95〜　朝食別€15
[カード][A][D][J][M][V]　[Wi-Fi]無料
中央駅前に建つチェーンホテル。基本の部屋はダブルベッドでシャワー付き。

ハンザ都市の面影が残る小さな港町

ヴィスマール

Wismar

旧港には、魚の燻製や魚フライを売る船が浮かぶ

ヴィスマール ★ ベルリン
・フランクフルト
ミュンヘン・

マルクト広場と給水塔（左端）

リューベックなどからの移民が1229年に建設を開始。当時、たび重なる海賊の襲撃に対抗するため、1295年にヴィスマール、リューベック、ロストックの町が結んだ協定が、後のハンザ同盟の基礎となった。町は1648〜1803年にはスウェーデン王の手に落ち、ドイツに戻ったのは1903年のことだった。中心部には古い家並みも残るひなびた雰囲気のある港町だ。

歩き方

駅を出たら水路沿いのFrische Grubeを進み、シャッベルハウスが建つABCstr.で左折すれば、**市庁舎Rathaus**の斜め後ろの歩行者天国に出る。

市庁舎前の**マルクト広場Markt**は、きっかり100m×100mの広々とした正方形をしている。広場の周囲には歴史的な建物が建ち並ぶ。現在はレストランになっている**アルター・シュヴェーデAlter Schwede**という建物は、ヴィスマールで最も古い（1380年頃）歴史を誇る。

れんが色の建物が並ぶ旧港

マルクト広場から西へ**マリエン教会Marienkirche**の塔を目印に進む。中世以来ヴィスマールに入港する船舶の目標だった高さ80mの塔だけが今も残っている。その隣の**領主の館**（内部は見学不可）と**ゲオルク教会**の前から北上して旧港へ向かおう。

夏のシーズン中は**遊覧船Weissen Flotte**に乗る人でにぎわう旧港まで出たら、水路に沿って**ニコライ教会Nikolaikirche**へ戻ろう。1380〜1508年まで、フランスの大聖堂を手本に建てられ、中央身廊は高さ37mもある堂々たる教会だ。ニコライ教会の向かいの橋の

MAP ◆ P.449-A3	
人　口	4万2800人
市外局番	03841

ACCESS

鉄道：シュヴェリーンからRE快速で約25分、でロストックからRB（普通）約1時間10分。

❶ヴィスマールの観光案内所
🏠Lübsche Str. 23a
　D-23966 Wismar
☎(03841) 19433
🌐www.wismar.de
開4〜9月　　9：00〜17：00
　10〜3月　10：00〜16：00

世界遺産
ヴィスマールとシュトラールズントの旧市街
（2002年登録）

●ニコライ教会
開4月上旬〜10月下旬
　　　　10：00〜18：00
（6/15〜9/15は10：00〜19：00）
11月上旬〜3月下旬
　　　　11：00〜16：00
（日曜は礼拝後〜）
料€1〜（寄付金として）

ニコライ教会と運河沿いの道

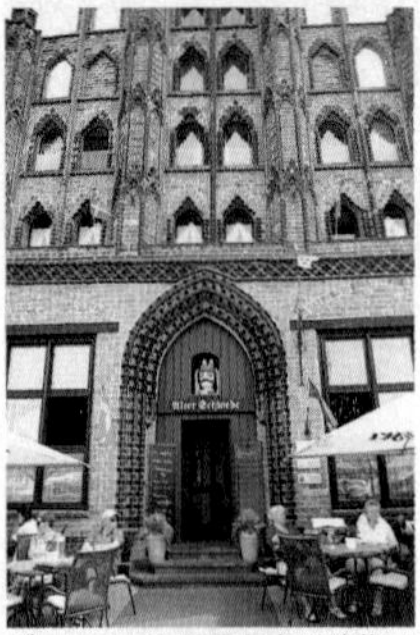
ヴィスマールで最も古い建物アルター・シュヴェーデ

●**シャッベルハウス(歴史博物館)**
[住]Schweinsbrücke 6/8
[開]10：00～18：00
(11～3月は～16：00)
[休]月(7～8月は開館)、12/24・31
[料]€6、学生€4

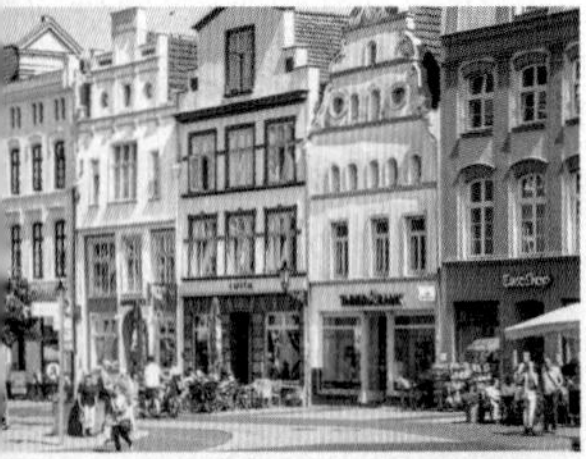
マルクト広場周辺の町並み

たもとには、**シャッベルハウスSchabbellhaus**という16世紀の館があり、**歴史博物館Stadtgeschichtliches Museum**になっている。

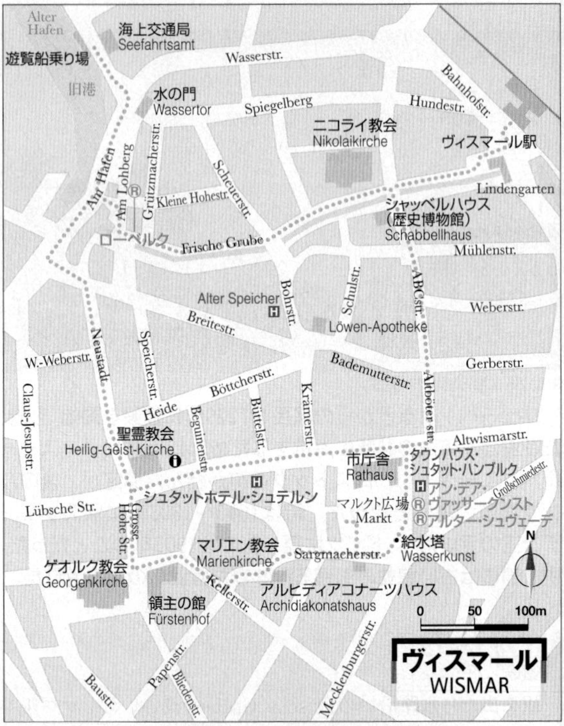
Alter Hafen
海上交通局
Seefahrtsamt
遊覧船乗り場
旧港
Wasserstr.
水の門
Wassertor
Spiegelberg
Hundestr.
Bahnhofstr.
ニコライ教会
Nikolaikirche
ヴィスマール駅
Am Hafen
Am Lohberg
Grützmacherstr.
Kleine Hohestr.
Scheuerstr.
Lindengarten
シャッベルハウス
(歴史博物館)
Schabbellhaus
ローベルク
Frische Grube
Mühlenstr.
Alter Speicher
Bohrstr.
Schulstr.
ABCstr.
Weberstr.
Breitestr.
Löwen-Apotheke
W.-Weberstr.
Neustadt
Speicherstr.
Bademutterstr.
Gerberstr.
Claus-Jesupstr.
Böttcherstr.
Heide
Beguinenstr.
Büttelstr.
Krämerstr.
Altböter str.
Altwismarstr.
聖霊教会
Heilig-Geist-Kirche
市庁舎
Rathaus
タウンハウス・シュタット・ハンブルク
Großschmiedestr.
シュタットホテル・シュテルン
アン・デア・ヴァッサークンスト
アルター・シュヴェーデ
Lübsche Str.
Grosse Hohe Str.
マルクト広場
Markt
マリエン教会
Marienkirche
給水塔
Wasserkunst
Sargmacherstr.
ゲオルク教会
Georgenkirche
Kellerstr.
アルヒディアコナーツハウス
Archidiakonatshaus
領主の館
Fürstenhof
N
0
50
100m
ヴィスマール
WISMAR
Baustr.
Papenstr.
Bliedenstr.
Mecklenburgerstr.

おすすめのレストラン&ホテル RESTAURANT & HOTEL

※宿泊料金の5%が宿泊税として加算される。

[R] アルター・シュヴェーデ
Alter Schwede
MAP◆P.498

[住]Am Markt 22 ☎(03841) 283552
[URL]www.alter-schwede-wismar.de
[営]12：00～21：00 [カード] [A][M][V]

マルクト広場に面して建ち、テラスからの眺めがよい。魚料理、肉料理が各種あり、気軽に楽しめる。写真のツァンダーフィレZanderfiletは、ツァンダーという白身魚のフィレのグリル。隣のレストラン、アン・デア・ヴァッサークンストAn der Wasserkunstは同経営で、気軽な雰囲気の店。

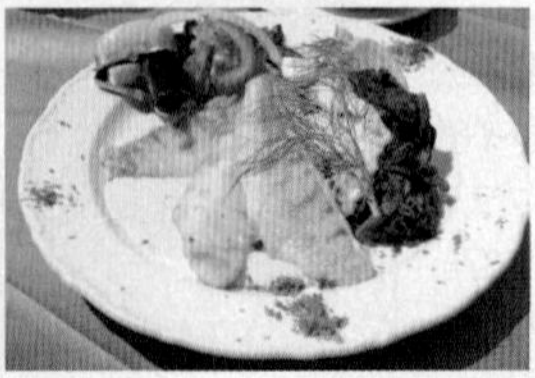

[H] タウンハウス・シュタット・ハンブルク
Town House Stadt Hamburg
MAP◆P.498

[住]Am Markt 24 D-23966
☎(03841) 2390 [URL]www.vagabondclub.com/wismar
[料]Ⓢ€120～ Ⓣ€140～ 朝食別€20
[カード] [A][M][V] [Wi-Fi] 無料

マルクト広場に面して建つ新しい高級ホテル。全103室。カフェ、レストラン、フィンランド風サウナもあり。

[H] シュタットホテル・シュテルン
Stadthotel Stern
MAP◆P.498

[住]Lübsche Str. 9 D-23968
☎(03841) 257740 [URL]www.stadthotel-stern.de
[料]Ⓢ€114～ Ⓣ€127～ 朝食別€15.90 [カード] [M][V]
[Wi-Fi] 無料

窓が大きく明るい部屋が多い。全31室。宿泊客が無料で利用できるサウナやジャクージなどのウエルネスエリアが好評。レストランも併設。

[MEMO] 港近くのビアレストラン、ローベルクBrauhaus am Lohberg([住]Kleine Hohe Str. 15 ➲Map P.498 [URL]www.brauhaus-wismar.de)は自家製ビールと魚料理がおすすめ。

さわやかな北欧の香りがするハンザ都市

ロストック

Rossock

クリスマスマーケット開催中のノイアー・マルクト広場

旧東独最大の港湾都市だが、旧市街はヴァルノウ川の河口から約15km遡った所に位置するため、港町という感じがまったくしない。たまにカモメが飛んでいるのを見かけるくらいだ。港湾施設や造船所などは、バルト海に直接面した町ヴァルネミュンデWarnemündeのほうにある。

旧市街は東西約1.5km、南北約1kmの楕円形をしていて、町を取り囲んでいた市壁の約3分の1と城門が残っている。旧市街の見物だけなら半日で十分。夏に訪れたなら、残りの半日は海水浴場としてもにぎわうヴァルネミュンデへ出かけてみたい。

 歩き方

中央駅から旧市街までは、徒歩で15分ほどかかる。駅の地下乗り場から市電でふたつ目の停留所が**シュタイン門Steintor**。中世の城壁にあった市門のひとつで、ここが旧市街の入口だ。

ノイアー・マルクト広場Neuer Marktに面した**市庁舎Rathaus**は7つの小さな尖塔がおもしろい。ノイアー・マルクト広場から延びる歩行者天国の**クレペリナー通りKröpeliner Str.**は、戦後に再建された美しい切妻屋根の落ち着いた建物が並んでいる。そのなかでひときわ目を引くのは、現在は市立図書館Stadtbibliothekとなっている15世紀末に建てられた**牧師館Pfarrhaus**。北ドイツ特有のれん

7つの尖塔が印象的な市庁舎と市電

ロストック大学前の広場で

ロストック★
ベルリン●
●フランクフルト
ミュンヘン●

MAP ◆ P.449-A3	
人　口	20万9100人
市外局番	0381

ACCESS

鉄道：ICE特急でシュトラールズントから約50分、シュヴェリーンから約55分、ハンブルクから約1時間50分、ベルリンからIC特急で約2時間。ヴィスマールからRB（普通）で約1時間10分。

❶ロストックの観光案内所
⊞Universitätsplatz 6
D-18055 Rostock
☎(0381) 3812222
URL www.rostock.de
開5〜10月
　月〜金　　10：00〜18：00
　土・日　　10：00〜15：00
　11〜4月
　月〜金　　10：00〜17：00
　土　　　　10：00〜15：00

●市内交通
市電の5番は中央駅〜シュタイン門〜ノイアー・マルクト広場〜クレペリナー塔を結んで走り、観光に便利な路線。
1回乗車券Einzelfahrausweisは€2.80。1日乗車券Tageskarteは刻印時〜翌3：00の間有効で、市中心部用は€7.10。5人まで乗れるグループ用1日乗車券は€20。

ショッピング客でにぎわうクレペリナー通り。れんが造りの建物は15世紀の牧師館

ハンブルクとエリカ街道・北ドイツ ▼ ロストック

MEMO 市庁舎の入口に近い柱の下には、ブロンズ製の蛇がいる。何度か作り直されていて、現在の蛇はヨハネスという名前がある。蛇は知恵の象徴で、訪れる人が頭をなでていくので、頭部はつるつるになっている。

499

●歴史文化博物館
住Klosterhof 7
URL www.kulturhistorisches-muse
um-rostock.de
開火～日　10：00～18：00
（入館は閉館30分前まで）
休月　料常設展無料。特別展
開催時は有料

●聖マリエン教会
URL www.marienkirche-rostock.de
開5～9月
　月～土　10：00～17：45
　日・祝　10：00～15：00
10～4月は短縮あり　料€3

●ペトリ教会
住Alter Markt
開10：00 ～ 18：00（10 ～ 4
　月は～ 16：00）
料塔へ上るエレベーターは€4

歴史文化博物館の入口

が造りのゴシック様式が見事。

　1419年創立の長い歴史を誇るロストック大学周辺は、中世の面影が残る一角。古い修道院の建物を利用した**歴史文化博物館Kulturhistorisches Museum**は必見。　クレペリナー通りから博物館へ向かう道の途中に❶もある。

　教会では見逃せないのが**聖マリエン教会St.-Marien-Kirche**。最も古い13世紀の部分が残り、以後400年にわたる建設期間中のさまざまな建築様式が見られる。内部にある1290年製の青銅洗礼盤と、1472年製の天文時計が見どころ。

　旧市街の北東部にある**アルター・マルクトAlter Markt**は、かつてロストックの中心だった広場。広場に面した高さ117mの塔がある**ペトリ教会Petrikirche**も訪れたい。

近郊の見どころ

ヴァルネミュンデ
Warnemünde

MAP◆P.449-A3

ロストックからSバーンで約20分。ヴァルノウ川がバルト海に注ぐ所にある港町。かつては小さな漁村だったが、今は地方色豊かなレストランやショップが並ぶリゾート地になっている。

　ヴァルネミュンデ駅を出たら、左側の運河に架かる橋を渡った所に❶がある。運河沿いの道を進むと、灯台の建つ広場に出る。ここから海岸沿いに**プロムナードSeepromenade**が延びている。

❶ヴァルネミュンデの
　観光案内所
住Am Strom 59
　D-18119 Rostock-Warne-
　münde
☎(0381) 3812222
URL www.rostock.de
開5～10月
　月～金　10：00～18：00
　土・日　10：00～15：00
11～4月
　月～金　10：00～17：00
　土　　　10：00～15：00

バート・ドーベラン
Bad Doberan

MAP◆P.449-A3

ロストックからヴィスマール行きの普通列車で約20分。バート・ドーベランからバルト海に面した海水浴場の**ハイリゲンダム Heiligendamm**を経由し、**キュールングスボルンKühlungsborn**までの約15kmを、狭軌の蒸気機関車が走っている。1886年以来走り続けてきた小型の蒸気機関車は**モリー Molli**の愛称で親しまれ、人気を集めている。

ℹは町の中心部の市庁舎の中にある。

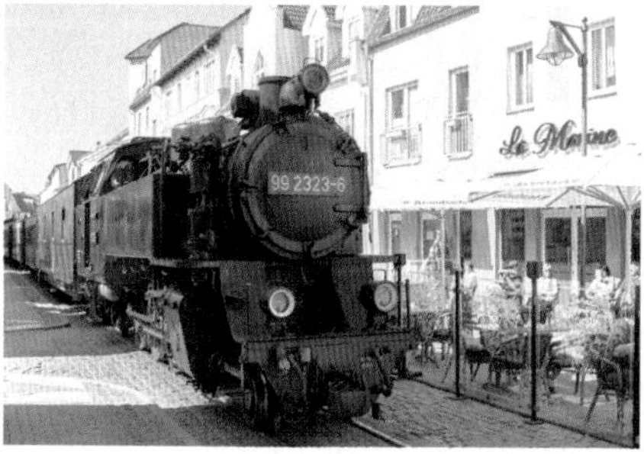

町のメインストリートをSLが走る

ℹバート・ドーベランの観光案内所
[住]Möllistr.10
D-18209 Bad Doberan
☎(038203) 420311
[URL]www.bad-doberan-heiligendamm.de
[開]5/15 ～ 9/15
月～金　9：00 ～ 18：00
土　10：00 ～ 15：00
9/16 ～ 5/14
月～金　9：00 ～ 16：00

●蒸気機関車モリー
Mecklenburgische Bäderbahn Molli
[住]Am Bahnhof
D-18209 Bad Doberan
☎(038293) 431331
[URL]www.molli-bahn.de
[運]4～10月は昼間1時間に1本、11～3月は昼間2時間に1本の運行。片道の所要は約45分。
[料]終点のKühlungsborn Westまで片道€12、往復€18

おすすめのホテル ✦ HOTEL

※1人1泊につき€3.70の観光税が加算される。

ヴィエナ・ハウス・ゾンネ
Vienna House by Windham Sonne Rostock MAP◆P.500

[住]Neuer Markt 2　D-18055　☎(0381) 49730
[URL]www.rostock.steigenberger.de
[料]ⓈⓉ€134～　朝食別€21　[カード] [A][D][J][M][V]
[Wi-Fi] 無料

市庁舎に近く、観光に便利な高級ホテル。

インターシティーホテル
InterCityHotel MAP◆地図外

[住]Herweghstr. 51　D-18055　☎(0381) 49500
[URL]www.intercityhotel.de
[料]Ⓢ€109～　Ⓣ€119～　朝食別€17　[カード] [A][D][J][M][V]
[Wi-Fi] 無料

中央駅を出てすぐ右側に建つので鉄道旅行者には何かと便利。

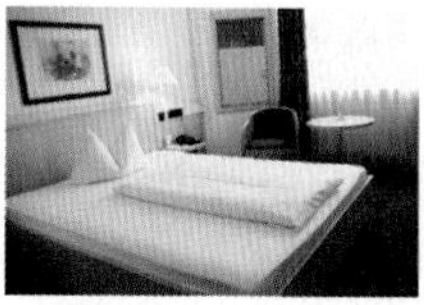

ペンタホテル
Pentahotel MAP◆P.500

[住]Schwaansche Str. 6　D-18055 Rostock
☎(0381) 49700
[URL]www.pentahotels.com
[料]ⓈⓉ€149～　朝食別€20　[カード] [A][D][M][V]　[Wi-Fi] 無料

モダンなインテリアの客室。サウナやフィットネスルームもある。全室禁煙なので注意。

ユーゲントヘアベルゲ・ヴァルネミュンデ
Jugendherberge Warnemünde MAP◆地図外

[住]Parkstr. 47　D-18119　Rostock-Warnemünde
☎(0381) 548170
[URL]www.warnemuende.jugendherberge.de
[料]€39～、27歳以上€45.50～
[カード] 不可　[Wi-Fi] 有料

ロストック中央駅からヴァルネミュンデ方面行きのSバーンでWarnemünde Werft下車。そこから36番のバスでWarnemünde-Strand下車すぐ。海辺のすぐそばにある。12/23～26は休業。

ハイリゲンダムのホテル

グランド・ホテル・ハイリゲンダム
Grand Hotel Heiligendamm MAP◆地図外

[住]Prof.-Dr.-Vogel-Str. 6　D-18209　Bad Doberan-Heiligendamm
☎(038203) 7400　[URL]www.grandhotel-heiligendamm.de
[料]Ⓢ€263～　Ⓣ€323～　[カード] [A][D][J][M][V]　[Wi-Fi] 無料

バルト海に面した白亜の高級リゾートホテル。サミット（G8首脳会議）会場にもなった。ビーチリゾートならではの贅沢を味わえる。スパ、エステ完備。

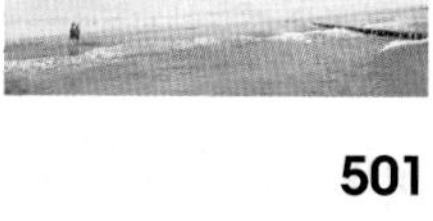

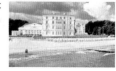

塔に上れるマリエン教会

石畳の路が続くバルト海の古都

シュトラールズント

Stralsund

シュトラールズント★
ベルリン
フランクフルト
ミュンヘン

MAP ◆ P.449-A4

人　口	5万9200人
市外局番	03831

ACCESS
鉄道：ICE特急でハンブルクから約2時間50分、シュヴェリーンから約1時間50分、ロストックから約50分、ベルリンから約2時間55分。

❶シュトラールズントの観光案内所
住Alter Markt 9
D-18439 Stralsund
☎(03831) 252340
URL www.stralsundtourismus.de
開5〜10月
　　月〜金　10：00〜18：00
　　土・日・祝 10：00〜15：00
　　11〜4月
　　月〜金　10：00〜17：00
　　土　　　10：00〜14：00

🌐 世界遺産
ヴィスマールとシュトラールズントの旧市街（2002年登録）

建物の調和が見事なアルター・マルクト

夏の観光シーズンには観光客に魚を売る船も浮かぶ

れんが色の建物群と白い水族館オツェアノイム

ドイツ人に人気の海浜リゾート地、リューゲン島Rügenやヒッデンゼー島Hiddenseeへ渡る拠点として、夏はにぎわう。ハンザ都市として繁栄した古い町並みが印象的だ。

📍 歩き方

駅を出たら東へ、**トリブゼーアー・ダム通りTribseer Damm**を300mほど進み、大きな交差点を渡った石畳のトリプゼーアー通

MEMO 旧市街南部に建つマリエン教会は13世紀末の創建。高さ104mの塔には、366段の階段とはしごで上れる。バルコニーからは、町の向こうに広がるバルト海やリューゲン島（→P.504）まで見渡せる。入場料€4。

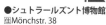
りTribseer Str.が旧市街の入口。

ノイアー・マルクトNeuer Marktという広場から北に延びるメン
ヒ通りMönchstr.に入るとシュトラールズント博物館Stralsund
Museumと海洋博物館Deutsches Meeresmuseumが隣り合っ
て建っている。どちらもカタリーナ修道院の建物を利用してお
り、独特の雰囲気がある。

買い物客でにぎわうオッセンレイヤー通り
Ossenreyerstr.を北へ進むと、れんが造りの
美しいファサードをもつ市庁舎Rathausが
建つ広場アルター・マルクトAlter Marktに
出る。市庁舎の東側には、堂々としたニコライ
教会Nikolaikircheがそびえている。

港に面した複合水族館オツェアノイムOze-
aneumは、建築的にも注目を浴びている。

双塔の屋根が異なる形をし
ているニコライ教会

おもな見どころ

オツェアノイム
Ozeaneum ★★★

2010年にヨーロッパのミュー
ジアム・オブ・ザ・イヤーを受
賞した、博物館と水族館からな
る複合施設。巨大なクジラの骨
格模型が浮かぶガラス張りのエ
ントランスが美しい。

巨大イカやクジラ、シャチの
原寸模型が泳ぐように浮かぶ4階
分の吹き抜けの下に寝転がると、
深海の底にいるようだ。もちろ
ん生きた魚の水槽展示も充実。

海底に横たわる気持ちになれる

●シュトラールズント博物館
住Mönchstr. 38
開火〜日　10：00〜17：00
休月、12/24・31
料€5、学生€2.50

●海洋博物館
住Mönchstr. 25-28
URL www.meeresmuseum.de
2025年頃まで改修のため閉
鎖中。

内陣部分に展示された巨大な骨
格模型

●オツェアノイム
行き方中央駅からHafen行きの
6番のバスでOzeaneum下車
すぐ。
住Hafenstr. 11
URL www.ozeaneum.de
開7・8月　　9：30〜20：00
　9〜6月　　9：30〜18：00
（入場は閉館1時間前まで）
休12/24　料€18、学生€14

長いエスカレーターに乗り、最
上階から展示がスタート

INFORMATION

ロケット開発の原点ペーネミュンデ

ドイツで2番目に大きいウーゼドム島 Insel
Usedom は、その東端はポーランド領となっている。
島の最北部に位置するペーネミュンデ Peenemünde
（●Map P.449-A4）は、第2次世界大戦中ドイツ軍の
ロケット実験場があったことで知られている。ここで
V2ロケットを開発したヴェルナー・フォン・ブラウンは、
終戦間際にアメリカへ投降し、後にNASAでアポロ計
画に携わった。現在、ペーネミュンデには歴史技術博
物館 Historisch-Technisches Museum Peenemünde
（URL museum-peenemuende.de）があり、全長12m
のV2ロケットなどが、旧発電所の敷地内に展示され
ている。

開10：00〜16：00（4〜9月は〜18：00）
休11〜3月の月、12/24〜26　料€10

ペーネミュンデに宿はあま
りないので、泊まるなら海水
浴客でにぎわう島の中心ヘリ
ングスドルフ Heringsdorf が
おすすめ。

ペーネミュンデへは、シュ
トラールズントから所要約2
時間5分（途中 Züssow と
Zinnowitz で乗り換えあり）。
V2ロケットの実物大模型

[行き方]シュトラールズントからビンツへはRE快速で50～55分（途中Lietzowで乗り換える場合あり）。ビンツの町にはDB（ドイツ鉄道）の駅Binz (Rügen)とSLの駅Binz LBがあり、両駅間は2kmほど離れている（バスの便あり）。リューゲン軽便鉄道([URL]ruegensche-baednerbahn.de)は鉄道パス利用不可。シュトラールズントからザスニッツへはDB（ドイツ鉄道）で約1時間。

ビンツのハウプト通り。海岸へ続く華やかなメインストリート

籐製のシュトラントコルブ（→P.450）が並ぶビンツのビーチ

近郊の見どころ

リューゲン島
Insel Rügen

MAP◆P.449-A4

白亜の切り立った崖はリューゲン島の代表的風景。高さ118mのケーニヒスシュトゥールを見に行く遊覧船が人気

ドイツ最大の島リューゲン島は、荒々しい断崖と砂浜が交互に続く、ドイツ人に人気のリゾート地。シュトラールズントとリューゲン島は長さ2.5kmの橋でつながっており、鉄道が通じている。観光の拠点には海岸に面した**ビンツBinz**がおすすめで、ホテルが集まっている。春～秋には**リューゲン軽便鉄道Rügensche Bäderbahn**というSLの運行もある。

ザスニッツ駅方面から海岸へ下りる橋

北部の港町**ザスニッツSassnitz**からは、リューゲン島の美しい海岸線を眺める観光船が運航している。

おすすめのホテル HOTEL

※宿泊料金の5%が宿泊税として加算される。

ヒッデンゼーア
Hotel Hiddenseer

MAP ◆ P.502 外

[住]Hafenstr. 12 D-18439
☎(03831) 2892390 [URL]hotel-hiddenseer.de
[料]ⓈⓉ€88～ 朝食別€18.50 [カード] [M][V] [Wi-Fi] 無料

オツェアノイムのすぐそば、港町情緒を味わえるホテル。

インターシティーホテル
InterCityHotel

MAP ◆ 地図外

[住]Tribseer Damm 76 D-18437 ☎(03831) 2020
[URL]hrewards.com [料]Ⓢ€89～ 朝Ⓣ€99～ 朝食別€17
[カード] [A][D][J][M][V] [Wi-Fi] 無料

シュトラールズントの中央駅を出てすぐ向かいに建つ便利なビジネスホテル。

INFORMATION

ナチスの巨大レジャー施設プローラがユースに

© Grabowski/ www.luftbildruegen.de

リューゲン島のビンツとザスニッツの間に広がる海水浴場プローラPроraには、ナチスが計画した巨大保養施設が残っている。長さ500mのビルが8棟、全長4km、2万人を収容できる壮大な計画だったが、第2次世界大戦の勃発により完成手前で建設は中断。戦後、頑丈で巨大過ぎるため解体できず廃墟となっていた。しかし、ようやく再開発が実現し、一部のブロックはベッド数約400のドイツ最大級のユースとなった。ユースと同じブロックには、プローラセンターProrazentrum（[URL]prora-zentrum.de [料]€4.50）があり、ナチスや東ドイツ時代の写真展などを随時開催している。

プローラのユースホステルJugendherberge ProraはビンツBinz（Rügen）駅から22番のバスで約15分、Prora, Jugendherberge下車すぐ。シュトラールズントからはRE快速で約45分のProra下車、さらにバス27番で約2分。

© Kurverwaltung Ostseebad Binz

海水浴客でにぎわう夏は大人気のユース

[投稿] ザスニッツの港地区にはカフェ、レストラン、みやげ物店などがある。白亜の切り立った崖(ケーニヒスシュトゥール)へは、約7kmの山道を歩いて行くことも可能(結構な山道のため、しっかりした装備を)。(在ドイツ Pride Berliner '22)['24]

ICE 特急が停車中のフランクフルト中央駅

ドイツを旅する準備と技術
Travel Information

笑顔で迎えてくれるホテルのス
タッフ

混雑することは少なく、
ゆったり見やすいドイツの美術館

旅の必需品

最も大切なパスポートのほか、海外旅行保険など手続きが必要なものがいろいろある。取得するのに時間がかかるものもあるので、準備は早めに。

パスポート

10年用のパスポート

パスポートは、住民登録している各都道府県のパスポート申請窓口に必要書類を提出して申請する。有効期間は5年用と10年用の2種類（18歳未満は5年用旅券のみ）。子供もひとり1冊のパスポートが必要。

申請後、土・日曜、祝日、年末年始を除き、1週間ほどで発給される。受け取りは、旅券名義の本人が、窓口まで行く。

申請に 必要なもの	1．一般旅券発給申請書 1通 2．戸籍謄本 1通 3．写真1枚（タテ4.5cm×ヨコ3.5cm） 4．身元を確認するための書類 ※運転免許証は1点だけでよいが、写真のない健康保険証などの場合は、社員証や年金手帳なども1点必要。 ※住基ネットワークシステムの利用を希望しない人、住民登録をしていない都道府県で申請する人は住民票の写しが1通必要。
受け取りに 必要なもの	1．旅券引換書（申請時に窓口で渡されたもの） 2．発給手数料 収入印紙と都道府県証紙：5年用1万1000円、 10年用1万6000円） ※収入印紙などは窓口近くの売り場で販売されている。

海外旅行保険

旅行中に病気やけがをした場合や盗難に遭った場合に備えて、出発前に海外旅行保険にはぜひとも加入しておこう。

海外旅行保険には、基本的な補償があらかじめセットされた「セット型」とニーズと予算に合わせて必要な補償を自分で選ぶ「オーダーメイド型」がある。保険の申し込みは各保険会社のサイトで受け付けている。出発当日に空港で入ることもできるが、海外旅行保険は旅行出発日に自宅を出てから空港までの間も補償されるので、早めの加入が望ましい。

クレジットカードに海外旅行保険が付帯しているものもあるが、補償の付帯条件や内容、トラブル時のサポートが十分でない場合もあるので、できれば別に海外旅行保険に加入することをおすすめする。加入の際には、保険商品の特徴や保険料の違い、現地連絡事務所の有無、日本語救急サービスの充実度などをよく検討しよう。

■ビザ
ドイツを含むEUシェンゲン協定加盟国（→P.517）を観光目的で訪問する場合、最長90日以内の滞在ならビザは不要。観光目的以外のビザ申請等はドイツ大使館または総領事館に要確認。

■ドイツ大使館/総領事館
🌐japan.diplo.de/ja-ja

■2025年にETIAS導入予定
2025年より、日本国民がビザなしでEUシェンゲン協定加盟国（→P.517）に入国する際、ETIAS電子認証システムへの申請が必須となる予定。

■パスポートの残存有効期間
ドイツを含むEUシェンゲン協定加盟国の出国時に3ヵ月以上必要。新しいパスポートへの切り替え申請は期限切れの1年前からできるので、残存有効期間が1年を切ったら、早めに切り替え申請をしておきたい。切り替えの申請には、古いパスポートも必要。

■パスポートに関する情報
各都道府県のパスポート申請窓口のほか、外務省のホームページ内、渡航関連情報を参照。
🌐www.mofa.go.jp/mofaj/toko/passport

■国際学生証（ISICカード）
ドイツの観光ポイントや美術館には、学生割引料金が適用されるところが多数ある。学生であることを証明するには、国際学生証が必要。申請方法等は下記サイトを参照。
・ISIC Japan
🌐www.isicjapan.jp

■海外旅行保険会社
・損保ジャパン
🌐www.sompo-japan.co.jp
・東京海上日動火災保険
🌐www.tmn-hoken.jp/
・AIG損害保険
🌐www.aig.co.jp/sonpo
・三井住友海上保険
🌐www.ms-ins.com/

■「地球の歩き方」ホームページで海外旅行保険について知ろう
「地球の歩き方」ホームページでは海外旅行保険情報を紹介している。保険のタイプや加入方法の参考に。
🌐www.arukikata.co.jp/web/article/item/3000681/

MEMO パスポートの更新、発行手続きが一部オンライン化された。申請できるのは一部の府県のみだが、更新手続き（有効期間が1年未満になった場合や、査証欄の余白が3ページ以下になった場合）は全国で可能。いずれもマイナポータルとマイナンバーカードが必要。

服装と持ち物

　ドイツは日本よりもかなり北に位置している。緯度で比較すると、ドイツ南部のミュンヘン（北緯48度）は、北海道よりも北の樺太付近に当たる。冬場の服装は、北海道よりもやや寒いつもりで用意するといいが、夏はかなりの猛暑となる期間もあり、変化が激しい。同じ時期でも年によって違うので、出発直前にドイツの天気サイト（→P.509）などで天気傾向をチェックしておこう。

動きやすい服装がいちばん！

　日中の観光は歩きやすさを第一に考えたラフな服装で。高級そうなものを身につけていると、スリのターゲットになる。オペラ鑑賞や高級レストランなどへ行く予定の人は、男性はジャケットにネクタイ、女性はシンプルなワンピースにアクセサリーなどで変化をつければ、荷物もさほど増えない。

　旅先では、身軽に動けることがいちばん。たいていのものはドイツで調達できる。ただし、胃薬や風邪薬などの常備薬は、飲み慣れたものを忘れずに持参したほうがいいだろう。

荷物チェックリスト

貴重品	パスポート		水着（必要な場合のみ）	
	クレジットカード		傘、レインコート	
	現金（ユーロ）	薬品・雑貨	常備薬	
	現金（日本円）		洗剤	
	航空券(eチケット控え)		マスク	
	交通パス（鉄道パスなど）		生理用品	
	海外旅行保険契約書		文房具、ノート	
	IDカード類（国際学生証など）		裁縫用具	
	パスポートのコピー		ツメ切り＆耳かき	
洗面具関係	シャンプー、コンディショナー		プラスチックの食器、スプーン、フォーク、割り箸	
	歯ブラシ			
	タオル		ポリ袋、エコバッグ	
	ヒゲソリ、カミソリ		スリッパ、ビーチサンダル	
	化粧用品		サングラス	
	ポケットティッシュ		防寒具（携帯用カイロなど）	
	携帯用ウェットティッシュ		カギ（南京錠）	
衣類	シャツ		腕時計、目覚まし時計	
	下着、くつ下		電池、Cタイプのプラグ	
	セーター（トレーナー）		カメラ、充電器	
	手袋・帽子		スマートフォン、充電器	
	室内着	本類	会話集、電子辞書（アプリ）	
	パジャマ		ガイドブック類	

■電圧と周波数

ドイツの電圧は230V。周波数は50Hz。日本で使っている電気製品は、AC100-240Vと表示してあるもの以外は、変圧器が必要だ。

Cタイプのプラグ

プラグの差し込み口

■肌の乾燥対策

ドイツは乾燥しているので、肌の乾燥対策は必須。特に冬場はボディ用の保湿乳液やクリーム、ハンドクリームは欠かせない。また、硬水で髪がゴワつくため、シャンプー後にリンスやコンディショナーも必要。

■町歩きのための靴選び

ドイツの町は石畳が多いので、ヒールが高い靴はとても歩きにくい。また、薄いソールの平らなサンダルも、石畳からのダメージを受けて疲れやすい。靴底のしっかりしたウオーキングシューズやスニーカーがおすすめ。

■「地球の歩き方」公式LINEスタンプが登場！

旅先で出合うあれこれがスタンプに。旅好き同士のコミュニケーションにおすすめ。LINE STOREで「地球の歩き方」と検索！

旅好きにはたまらないラインアップ

地球の歩き方スタンプショップはこちら

ドイツを旅する　準備と技術　旅の必需品

❄冬 **Winter**

朝は8時過ぎまで暗く、夕方は16時過ぎから暮れ始める。雪は南部のバイエルンアルプスや東部のエルツ山地などで多く積もる。厚手のコートに手袋、帽子など完璧な防寒対策が必要。路面が凍ることもあるので、滑りにくい靴底の靴を。

ローテンブルクの冬景色

✳春 **Frühling**

4月の天気は晴れたと思ったら雨が降ったり、1日のなかでも変化が激しい。数日の間に夏のようになったり、冬のようになったり。花々が咲き出して、春らしくなるのは5月の中旬を過ぎてから。そしてドイツならではのビアガーデンの季節がやってくる。

バンベルクの新宮殿のバラ園

日の出	**1** 8：24	**2** 8：00	**3** 7：08	**4** 7：02	**5** 6：01	**6** 5
日の入	16：32	17：17	18：07	19：56	20：43	21
月	1月	2月	3月	4月	5月	6月

気温

（ベルリンの過去30年間のデータ）

40
30
20
10
0
-10
-20
-30

時差	日本時間より－8時間	サマータイム中（3月最終

ブンデスリーガ開催期間	冬休み ← 後半戦	地元ファンと一緒に熱い応援を！	シーズン終了 夏休み

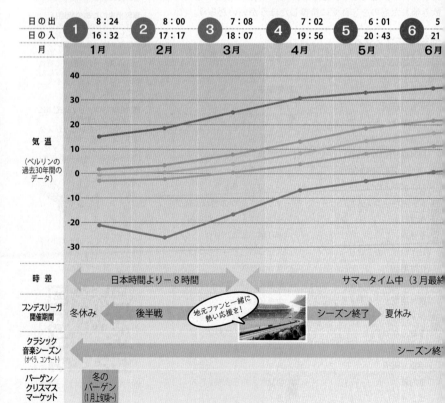

クラシック音楽シーズン（オペラ、コンサート）		シーズン終

バーゲン／クリスマスマーケット	冬のバーゲン（1月上旬頃〜）	

ドイツを旅する　準備と技術　旅のシーズン

■**日本で知るドイツの天気予報**
インターネットでドイツの天気予報を知ることができる。服装や持ち物の参考にしよう。
●日本気象協会 🔲tenki.jp/world/1/125　●ドイツ気象局 🔲www.dwd.de（ドイツ語、英語）

夏　**Sommer**

梅雨はなく、日本より乾燥している。温暖化の影響か、最近は30度を超える暑さが続く年もある。中級ホテル以下では、冷房完備のホテルは少ない。反対に、真夏でも雨が降るとかなり冷えるので、カーディガンかジャケットが1枚は必要。

秋　**Herbst**

秋の訪れは早く、9月になると気温が下がり、朝夕の冷え込みが厳しくなる。10月になると日照時間もぐっと減り、日も短くなる。実りの秋、ブドウの収穫祭がワインの産地で開催され、紅葉も一瞬の輝きを見せる。

バルト海に面したリューゲン島のビーチ

ブドウ畑が色づき始めるリューデスハイム

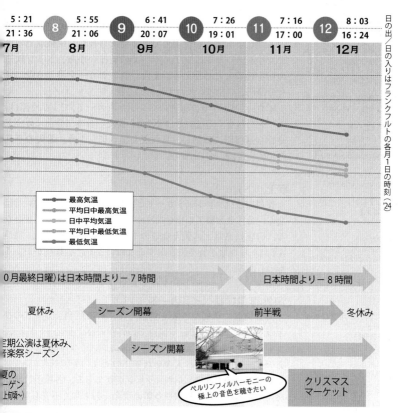

日の出	5：21	5：55	6：41	7：26	7：16	8：03
日の入り	21：36	21：06	20：07	19：01	17：00	16：24
	7月	8月	9月	10月	11月	12月

日の出／日の入りはフランクフルトの各月1日の時刻（'24）

凡例：
- 最高気温
- 平均日中最高気温
- 日中平均気温
- 平均日中最低気温
- 最低気温

10月最終日曜）は日本時間より－7時間　　日本時間より－8時間

夏休み　　シーズン開幕　　前半戦　　冬休み

定期公演は夏休み、音楽祭シーズン　　シーズン開幕

夏のバーゲン（7月上旬～）

ベルリンフィルハーモニーの極上の音色を聴きたい

クリスマスマーケット

旅のお金と予算

■最新換算レートをチェック
・地球の歩き方ホームページ
URL www.arukikata.co.jp/rate

■おもなクレジットカード
会社(新規申し込み)
・アメリカン・エキスプレス
URL www.americanexpress.
com/ja-jp
・ダイナースクラブカード
URL www.diners.co.jp
・JCBカード
URL www.jcb.co.jp
・マスターカード
URL www.mastercard.co.jp
・VISA
URL www.visa.co.jp

■クレジットカードで
キャッシング
クレジット会社またはその提携金融機関の現金自動支払い機ATM(ドイツ語でゲルトアウトマートGeldautomatまたはバンコマート Bankomat)でキャッシュを引き出すこともできる。大きな駅の中や銀行の入口付近に設置されており、機械の操作の手順は画面上に英語でも表示される。自分の持っているクレジットカードが、海外で使用できるかどうか出発前に確認しておくこと。なお、キャッシングには手数料のほかに金利も付く。

■海外ATMの操作方法を知る
一般的な海外ATMの操作方法をにガイドしている。
・マスターカード
URL www.mastercard.co.jp/
ja-jp/personal/get-support/
overseas-travel-tips.html
・VISA
URL www.visa.co.jp/travel-
with-visa/atm_info.html

■おもなデビットカード
・JCBデビット
URL www.jcb.jp/products/
jcbdebit
・VISAデビット
URL www.visa.co.jp/pay-with-
visa/find-a-card/debit-cards.html

■おもな海外専用プリペイドカード
・アプラス発行
「GAICA ガイカ」
「MoneyT Global マネーティーグローバル」
・トラベレックスジャパン発行
「Multi Currency Cash Passport マルチカレンシーキャッシュパスポート」

通貨の単位

　通貨単位はユーロ€、補助通貨単位はセント¢。それぞれのドイツ語読みは「オイロEuro」「ツェントCent」となる。ユーロ通貨の種類→P.8

　€1 ＝ 100¢＝約170円(2024年6月1日現在)

お金の持っていき方

現金

　日本円からユーロへの両替は日本でもドイツでもできるが、ドイツ到着後、すぐに交通費などが必要となるので、日本出国前に、市中銀行や空港の両替所でユーロの現金を手に入れておくと安心だ。**レートはドイツより日本で両替するほうが有利な場合が多い。**なお、多額の現金を持ち歩くことは避けたいので、クレジットカードなども上手に利用しよう。

クレジットカード

　両替の手間もなく、大金を持ち歩かずに済むので安全面でのメリットも大きい。利用できる場所も多く、中級以上のホテルやレストラン、ブティックでの支払いから、ドイツ鉄道の切符の購入にも使える。また、レンタカーを借りる際には身分証明書の役割も果たすために必携。

　ICカード(ICチップ付きのクレジットカード)で支払う際は、サインではなく暗証番号(PIN)が必要だ。日本出発前にカード発行金融機関に確認し、忘れないようにしよう。紛失や不具合に備えて2枚あると安心。

デビットカード

　使用方法はクレジットカードと同じだが支払いは後払いではなく、発行金融機関の預金口座から即時引き落としが原則となる。口座残高以上に使えないので予算管理をしやすい。現地ATMから現地通貨を引き出すこともできる。手数料がかかるものもある。

海外専用プリペイドカード

　外貨両替の手間や不安を解消してくれる便利なカードのひとつだ。多くの通貨で日本国内での外貨両替よりレートがよく、カード作成時に審査がない。出発前にコンビニATMなどで円をチャージ(入金)し、入金した残高の範囲内で渡航先のATMで現地通貨の引き出しやショッピングができる。各種手数料が別途かかるが、使い過ぎや多額の現金を持ち歩く不安もない。

MEMO　海外でクレジットカードを使用する際、決済通貨が現地通貨ではなく、日本円というケースがある。不利な為替レートが設定されていることもあるので注意。ホテルや店で「日本円にしますか?」と聞かれる場合もあるが、何も言われず日本円換算になる場合もある。必ず通貨を確認しよう。

ドイツを旅する　準備と技術　旅のお金と予算

上手な両替

　日本円からユーロへの両替は、**銀行Bank、両替所Geldwechsel**、大きなホテルなどでできる。

　一般に最もレートがよいのは銀行で、営業時間は店によって多少の違いはあるが、月～金曜9：00～16：00（昼休みをとる支店もある）で、土・日曜・祝日は休業。

　空港や大きな駅の中央駅構内などにある両替所は営業時間が長くて便利だが、レートはあまりよくない場合もある。

　両替には手数料がかかるので、なるべく両替する回数を少なくするほうが経済的だが、あまり多額の現金を持ち歩くのもリスクが大きいので、クレジットカードで支払う予定のホテル代などを除いて、数日間必要な金額を、下記の「旅の予算」から概算しておくとよい。その際、銀行が休みとなる週末や祝日がいつ来るかカレンダーを見てチェックしておくことも大切。

旅の予算

　旅先の支出は、宿泊代、食費、交通費、博物館などの入場料などの雑費。このうち都市間移動の交通費は旅のルートと期間によって差が出る。市内交通は、1日乗車券と博物館などのおもな見どころの入場料がセットになったツーリスト向けのチケットを用意している町が多いので、うまく利用するといい。

　ここでは現地で最も支出割合の高い宿泊費と食費の予算がどのくらいになるかを考えてみよう。

　一般的な目安としてふたつのコースを想定してみた。ひとつは、せっかくの旅行だから貧乏くさいのはいや、だけど予算にもかぎりがあるのでメリハリのある旅をエンジョイしたいという標準コース。もうひとつは多少ハングリーでもかまわない、節約第一、という節約コース。

　下の表の宿泊費と食費に、雑費（入場料や市内交通費など）を合計すると、標準コースでひとり1日€190（≒3万1000円）ぐらい、節約コースで€120（≒2万円）ぐらいになる。

	標準コース	節約コース
宿泊費	都市部の中級ホテルのシャワー・トイレ付きのシングルは€85～、ツインは€110～。田舎ではシングル€80～、ツイン€100～が目安。なお、ドイツのホテルは朝食代込みの所と別料金の所がある。	シャワー、トイレはフロア共同のものを利用するホテルやペンション、ガストホーフに泊まる場合、シングルは€65～、ツインは€75～。ユースホステルやプライベートホステルは1泊朝食付きでドミトリー€40ぐらい。
食費	昼はお手頃なレストランでランチメニュー約€20、夜は1日おきに郷土料理のレストランやビアホールなどで€40ほど。カフェでケーキとお茶を楽しむとチップ込みで€15程度。レストランに入らない日は、インビスのソーセージやケバブで軽く済ませたりしてちょっぴり節約も。平均すると1日€75ぐらい。	昼はサンドイッチやソーセージなどと飲み物で€8～10くらい。夜もファストフードやテイクアウトの店で総菜、サラダなどを調達しホテルで食べたり、ユースのキッチンで自炊すれば€15ぐらい。こればかりでは味気ないので3日に一度はレストランに入るとして、平均すると1日€25ぐらい。

■両替に役立つドイツ語（レート表示の中で）

Kurs（クルス）レート
Gebühr（ゲビューア）手数料
Ankauf（アンカウフ）外貨の買い取りレート
日本円をユーロに両替する場合のレートはこの金額をチェックする。
Verkauf（フェアカウフ）外貨の販売レート
ユーロを日本円に再両替する場合のレートはここをチェックする。

各国通貨のレート表示

主要駅などに設置されている現金自動支払い機

■ユーロ参加国

アイルランド、フランス、ベルギー、ルクセンブルク、オランダ、ドイツ、オーストリア、スペイン、ポルトガル、イタリア、ギリシア、クロアチア、フィンランド、スロヴァキア、スロヴェニア、マルタ、キプロス、エストニア。ほかにモナコやヴァチカン、サンマリノ、アンドラなどでも流通。

■高額紙幣より小額紙幣

両替すると、€100などの高額紙幣で渡されることが多いが、€10や€20にしてもらったほうがいい。高額紙幣は自動券売機には使えないし、小額の買い物ではおつりがないと言って断られることもある（偽札を疑われている場合も）。たとえ財布がかさばっても常に細かいお金を用意しておきたい。

■キープしておきたいコイン

€0.50、€1、€2のコインは、駅や美術館のコインロッカー、トイレなどに必要で、ないと困ることがあるので、常に各1～2枚はお財布にキープしておきたい。

投稿 ドイツは、観光地でもほかのヨーロッパの国に比べるとクレジットカードが使用できませんでした。レストランや買い物のときには、先に確認したほうがよいです。（神奈川県　かずえり　'23）['24]

旅の情報収集

■海外再出発!
**ガイドブック最新＆更新
情報海外旅行の最旬情報
はここで!**
「地球の歩き方」ホームページ。海外在住特派員の現地最新ネタ、ホテル予約など旅の準備に役立つコンテンツ満載。
URL www.arukikata.co.jp

■更新・訂正情報をチェック
本書に掲載している情報で、発行後に変更されたものについては「地球の歩き方」ホームページの「更新・訂正情報」で可能なかぎり最新の情報に更新(ホテル、レストランの料金変更などは除く)。旅立つ前に確認を。
URL www.arukikata.co.jp/travel-support

■ドイツ観光局公式サイト
URL www.germany.travel
日本語の公式ツイッターアカウント@GermanyTravelJPをはじめ、具体的な旅行の予定がなくても、ドイツに興味がある人には楽しく読める情報が満載なのでおすすめ。

日本での情報収集

　日本でドイツの情報を得られる公式機関として、ドイツ観光局がある。旅行情報は、インターネットやメールマガジンなどオンライン媒体で提供している。さらに詳しい現地の最新情報が欲しい場合は、本書に掲載している各町の観光案内所のウェブサイトにアクセスしてみよう。

ドイツでの情報収集

　ドイツの各町には観光案内所(ツーリストインフォメーション)があり、観光客のために見どころのパンフレット、地図、ホテルリストなどを用意している。それらは無料でくれる町もあるが、有料(簡単なもので€0.50〜1程度)の場合もある。カウンターに並ぶパンフレット類が欲しい場合は、「これをもらってもいいですか?」とひと言係員に尋ねよう。日本語の資料を用意している町もある。

ミュンヘン中央駅近くの観光案内所

INFORMATION
旅のお役立ちアプリ

　下記に紹介したアプリをスマホにインストールして使い方に慣れておくと、旅の途中で知りたい情報がすぐに入手できておすすめ。

●DB Navigator(英語、ドイツ語)
鉄道の旅をする人に便利。列車の時刻検索はもちろん、現在の運行情報(遅れや混雑程度も)もわかる。登録しておけば最安値のチケット購入も可能。

●Lufthansa(日本語)
自分が利用する予定のエアラインのアプリを入れておくと、オンラインチェックインもできる。登録しておけば、搭乗予定機に出発予定の変更があった場合などに連絡も得られる。

●Google翻訳(日本語)
レストランのメニューにカメラをかざすと即座に翻訳してくれる。日本語で話しかけると現地語で返してくれる機能もあり、旅に便利。

●Google Maps(日本語)
目的地へのルート検索など、旅に必須。かなり詳細で店舗やホテルの位置もわかる。

●Booking.com(日本語)
ホテルの予約に利用したブッキングサイトのアプリを必ず入れていこう。予約証明書としても利用できる。

●海外安全アプリ(日本語)
ここから「たびレジ」に登録すると、滞在先の最新の安全情報、感染症危険情報などが得られる。災害や大規模な事件や事故などの緊急事態には、在外公館からの緊急メールを受信できる。ドイツではストライキ、サッカーイベントなどでの注意喚起など、領事メールもアップされており要チェック。

MEMO ドイツの町の観光局で入手できる地図は有料のものが増えてきている。そのような場合は、ホテルに常備されているフリーペーパーなどの地図を手に入れるのも一案。ホテルによっては地図のコピーをくれる場合もある。

 Travel Information　ドイツへのアクセス

日本からドイツへのフライト

直行便（ノンストップ便）

　2024年6月現在、日本からドイツにノンストップの直行便を運航しているのは、**ルフトハンザ ドイツ航空（LH）**、**ANA（NH）**、**日本航空（JL）**の3社。所要時間は約12〜14時間（※注1）。

　ドイツへの直行便の路線は、成田／羽田〜フランクフルト、羽田／関空〜ミュンヘン（※注1）。

乗り継ぎ便

　直行便がないベルリンや、ドイツ各地方都市の空港へは、上記3社の直行便から乗り継ぐ以外にも、他の航空会社の乗り継ぎ便を利用する方法もある。他の航空会社の乗り継ぎ便なら、安い航空券が手に入りやすいのもメリットだ。その場合、まずその航空会社の本拠地となる都市まで飛び、そこで飛行機を乗り継いでドイツへ飛ぶことになる。例えばフィンエアーならヘルシンキ、ブリティッシュ・エアウェイズならロンドンで乗り換え、という具合だ。ヨーロッパ系の航空会社なら、ほとんどドイツ主要都市への同日乗り継ぎが可能。アジア系航空会社ではソウル経由の大韓航空や、ドバイ経由のエミレーツ航空も人気がある。ただし、便によっては乗り継ぎにかなりの時間がかかる場合もある。時間と料金のどちらを優先するかを考えて選ぶといい。

航空券の種類

　日本やヨーロッパ系の、いわゆるメジャー航空会社の航空券には、1年間有効で自由度の高い**正規航空券（ノーマルチケット）**のほかに、**正規割引航空券（PEX航空券）**と**格安航空券**がある。

ミュンヘンにも毎日直行便がある

　正規割引航空券とは、航空会社が独自に料金設定した割引運賃で、航空会社または旅行会社から購入することができる。航空会社によっては、早割や**WEB割引料金**なども設けており、予約と同時に座席指定ができるなどのメリットがある。

　格安航空券とは、おもに団体旅行用の航空券をバラ売りしているもので、旅行会社で販売している。旅行会社によって同じ便でも価格が異なるので、何社か当たって比較検討したい。

　なお、正規割引航空券や格安航空券では、航空券の購入期限や途中降機などに制約があり、発券後の予約の変更はできないなどの条件もあるので、よく確認し、納得のうえ購入したい。

■**ルフトハンザ ドイツ航空**
☎0570-089000（サービスセンター）
URL www.lufthansa.com

■**日本航空**
☎0570-025031（予約）
URL www.jal.co.jp

■**ANA**
☎0570-029333（予約）
URL www.ana.co.jp

（※注1）ウクライナ情勢により所要時間が通常より長くなる場合があります。また、新型コロナの影響で一部欠航中の路線もあります。最新情報は各航空会社の公式サイトで確認してください。

■**国際観光旅客税**
日本からの出国には、1回につき1000円の国際観光旅客税がかかる。原則として支払いは航空券代に上乗せされる。

■**燃油サーチャージとは**
航空会社は運賃に燃油サーチャージ（燃油特別付加運賃）を別途加算して販売している。これは燃油を仕入れた時点での原油価格を考慮して決定されるため、同じ行き先でも時期や航空会社によって金額が異なる。航空券購入の際には燃油サーチャージ込みの料金かどうかを必ず確認しよう。

■**マイレージサービス**
搭乗区間の距離をマイルでカウントし、規定のマイル数に到達すると、無料航空券や座席のアップグレードなどの特典が受けられるプログラムで、フリークエント・フライヤーズ・プログラム（FFP）ともいう。内容や条件は航空会社によって異なる。スターアライアンス、ワンワールド、スカイチームといった航空会社の提携グループがあり、グループ内の提携航空会社のマイルをまとめて貯めることも可能。サービス内容は毎年変更があるので要確認。

出入国手続き

■空港の問い合わせ先
成田国際空港 総合案内
☎(0476)34-8000
URL www.narita-airport.jp
羽田空港国際線 総合案内
☎(03)5757-8111
URL tokyo-haneda.com
関西国際空港 総合案内
☎(072)455-2500
URL www.kansai-airport.or.jp
中部国際空港 総合案内
☎(0569)38-1195
URL www.centrair.jp

■預け入れ荷物
スーツケースなど、チェックイン時に預ける大型の荷物は、航空会社によってサイズ、重量、個数の制限があるので、各航空会社の公式サイトなどでチェックしておこう。制限を超えると超過料金を支払わなくてはならない。なお、携帯電話などの予備用リチウムイオン電池(モバイルバッテリー)、ライター、マッチ、電子タバコは預け入れ荷物に入れるのは不可なので、機内持ち込み手荷物へ。貴重品も必ず機内持ち込みへ。

(※注1)
自動手荷物預け機(セルフ・バゲージ・ドロップ)を設置している航空会社もあり、自分で手続きをすることもできる。

■機内持ち込み手荷物
こちらも航空会社によって手荷物のサイズ、重量、個数に制限がある。おもな持ち込み制限品は以下のとおり。詳細は必ず搭乗予定の航空会社のサイトで確認を。
・液体物(飲料、ジェル類、エアゾール類も含む)は容量100mℓ以下の容器に入っているもののみ持ち込み可能。ただしジッパー付き無色透明プラスチック袋(1ℓ以下)に入れて、手荷物検査の際に検査員に提示すること。
・ナイフやはさみ、花火やクラッカーなどの危険物、一部の高圧ガススプレーは持ち込み不可。
・電子機器のモバイルバッテリー等は預け入れが禁止なので機内手荷物になるが、ワット時定格量が100〜160Whでひとり2個までの制限あり。

■出国スタンプが欲しい場合は
顔認証ゲートでは出国スタンプは押されないが、希望者はゲートのそばにあるカウンターで押してもらえる。

出国、入国の手続きはどこの国の空港もだいたい同じ。手続きの流れを覚えてしまえば難しいことはない。出発日、帰国日は早め早めに行動するよう心がけよう。

日本出国(出発)

空港には出発2時間前までに到着し、以下の手続きを行う。

1 搭乗手続き(チェックイン)

空港での受け付けは2〜3時間前から。チェックイン手続きは航空会社のカウンター、または自動チェックイン機、インターネットチェックインで行う。空港のカウンターではパスポートとeチケット控えを提示し、搭乗券(ボーディングパス)を受け取る。同時にスーツケースなどの大型荷物を預け、荷物引換証(バゲージ・クレーム・タグ)を受け取る。インターネットチェックインをした人も、荷物を預ける場合はカウンターで手続きをする(※注1)必要がある。

空港のチェックインカウンター

2 航空保安検査(セキュリティチェック)

機内持ち込み用手荷物のX線検査とボディチェックを受ける。機内に持ち込めないもの(左記)は、持ち込み手荷物内に入れないこと。間違って入れてしまった場合は、放棄させられる。

3 税関申告

外国製品(時計や貴金属、ブランド品など)を持っている人は、「外国製品持ち出し届」の用紙に記入し、現品とともに提出、確認印をもらう。これを怠ると、帰国時に国外で購入したものとみなされ、課税対象になることがある。該当品がない人は、素通りしてよい。

4 出国審査

以前は有人の出国審査カウンターで、パスポートと搭乗券を提出して出国スタンプを押してもらう方式だったが、現在は顔認証ゲートを設置している空港がほとんど。顔認証ゲートではパスポートを読み込ませて本人照合後通過するだけ。

以上で手続きは終了、搭乗ゲートへ向かう。

MEMO 羽田と成田のJALおよびANAのチェックインカウンターにはFace Expressという端末が設置されている。これにパスポートと顔を登録しておくと、手荷物預け入れ、保安検査、搭乗口をパスポートと搭乗券の代わりに顔認証で通

日本入国(帰国)

機内で配られる「携帯品・別送品申告書」(下記参照)に記入しておく。

1 入国審査

検疫通過後、日本人用の顔認証ゲートにパスポートをセットし本人照合を行う。

2 荷物の受け取り

搭乗した便名のターンテーブルで、預けた荷物をピックアップ。万一出てこなかったら(ロストバゲージ→P.516)荷物引換証を係員に提示して対応してもらう。

3 動植物検疫

検査証明書付きの果物や肉類、植物などをおみやげに買ってきた場合は、検疫カウンターで手続きをする。

4 税関申告

持ち込み品が免税範囲内の人は、緑のランプの検査台へ進む。免税範囲を超えていたり、別送品がある場合は、赤いランプの検査台へ進み検査を受ける。このとき、帰国便の機内で配られた「**携帯品・別送品申告書**」を提出する。別送品(国外から発送した荷物)がある人は、この申告書が2枚必要になるので、それぞれ記入しておくこと「Visit Japan Web」(→右記)を利用した場合は電子申請ゲートを利用する。

携帯品・別送品申告書　オモテ面／ウラ面

■検疫

植物や動物(肉製品等も含む)は、税関検査の前に所定の証明書類や検査が必要。ドイツの空港で購入したものでも、日本向け輸出許可取得済みの肉製品みやげはほとんどないので、ソーセージやハムなどは日本に持ち込めないと考えたほうがいい。詳しくは下記で確認を。
●**動物検疫所**
URL www.maff.go.jp/aqs
●**植物検疫所**
URL www.maff.go.jp/pps

■日本への持ち込み禁止品

麻薬、向精神薬、大麻、覚せい剤、拳銃、通貨や証券の模造品、わいせつ物、偽ブランド品、海賊版、コピー商品。家畜伝染病予防法、植物防疫法などで輸入が禁止されているもの。

■コピー商品の購入は厳禁!

旅行先では、有名ブランドのロゴやデザイン、キャラクターなどを模倣した偽ブランド品や、ゲーム、音楽ソフトを違法に複製した「コピー商品」を、絶対に購入しないように。これらの品物を持って帰国すると、空港の税関で没収されるだけでなく、場合によっては損害賠償請求を受けることも。「知らなかった」では済まされない。

■日本への持ち込みが規制されている品

ワシントン条約に該当する動植物・製品(象牙、ワニなどの皮革製品や毛皮)、事前に検疫検査の必要なもの(果物、切り花、野菜、ハムなど)、数量制限があるもの(医薬品、化粧品など)、猟銃、刀剣。

■「Visit Japan Web」の登録

日本入国時の手続き「入国審査」、「税関申告」をウェブで行うことができるサービス。
URL vjw-lp.digital.go.jp

■税関

URL www.customs.go.jp

ドイツを旅する　準備と技術　出入国手続き

INFORMATION

日本帰国時における免税範囲

以下の範囲を超えた場合は、既定の税金を払わなければならない。未成年者のたばこ、酒類の持ち込みは範囲内であっても免税にならない。
●たばこ　紙巻200本、葉巻50本、加熱式たばこ個包装等10個、その他のたばこ250gまで。
(注1)免税数量はそれぞれの種類のたばこのみを購入した場合の数量であり、複数の種類のたばこを購入した場合の免税数量ではない。
(注2)「加熱式たばこ」の免税数量は、紙巻たばこ200本に相当する数量となる。

URL www.customs.go.jp/kaigairyoko/cigarette_leaflet_j.pdf
●酒類　1本760mℓのもの3本。
●香水　2オンス(約56g)
※オー・デ・コロン、オー・ド・トワレは含めなくてよい。
●その他　海外市価の合計額20万円以内。
※一品目ごとの合計が海外市価で1万円以下のものは含めなくていい。(例:1本5000円のネクタイ2本)
※1個で20万円を超えるものはその全額が課税対象。

■ドイツ以外での入国審査
ドイツ以外のEUシェンゲン協定加盟国を経由してドイツに入国する場合は経由地の空港で入国審査を受けるので、原則としてドイツの空港での入国審査はない。EUシェンゲン協定加盟国は→P.517。

■ドイツ入国時の免税範囲
下記は空路で入国する満17歳以上の旅行者の免税範囲。すべて本人の携帯品であり、私用目的で使用する品にかぎる。
たばこ▶紙巻き200本、または葉巻50本、または細巻100本、または刻みたばこ250g。以上の数種類にまたがる場合は総重量250g以下。
酒類▶ワイン4ℓ（発泡性でないもの）、ビール16ℓ、および22度を超えるアルコール飲料1ℓ（22度以下なら2ℓ）
その他▶EU域外で購入した€430相当までの物品。
※上記の制限を超える品を持ち込む場合（免税額を超える高額なパソコン、カメラ、時計、ブランド品など）や、€1万以上の現金を持ち込み、また持ち出す場合は、税関への申告が義務づけられている。その他、詳細については、ドイツ大使館のサイト（URL www.japan.diplo.de）内の「ドイツ入国の際の税関手続きについて」のページをチェックしておこう。

■ロストバゲージに備えて
ターンテーブルから自分の荷物が出てこなかったら、荷物引き取り所エリアにあるロストバゲージ担当の窓口へ行き、荷物引換証を提示し、渡される用紙に必要事項を書き込む。あとは滞在先のホテル（復路の場合は自宅）に荷物が届くのを待つ。ホテルのチェックイン時に、スーツケースが航空会社から届く可能性があることを伝えておけば、受け取っておいてくれるだろう。ロストバゲージに備えて、機内持ち込み荷物の中には2日分程度の下着など最低限の日常品は入れておきたい。

■セルフチェックイン機
ルフトハンザドイツ航空のeチケット利用者は、ドイツの主要空港に設置されているセルフチェックイン機を利用すれば、行列に並ぶこともなく時間の節約になる。日本語表示も可能で、パスポートが手元にあれば、画面の指示に従って手続きできる。荷物は手荷物自動預かり機で預ける。

※ドイツ出国時における空港使用税は航空券の代金に含まれているので、現地で支払う必要はない。

ドイツ入国（到着）

目的地で飛行機を降りたら、以下の順で手続きを行う。

1 入国審査　Passkontrolle

EU加盟国パスポート所持者とそれ以外の窓口に分かれているので、日本人は**Non-EU**のほうに並び、パスポートを提出。何か質問されることはあまりないが、目的や滞在期間を聞かれたら「観光Sightseeing」「1週間One week」などと英語で答えればいい。

2 荷物の受け取り　Gepäckausgabe

搭乗した便名のターンテーブルで、預けた荷物をピックアップ。万一出てこなかったら（ロストバゲージ）、荷物引換証（バゲージ・クレーム・タグ）を係員に提示して対応してもらう。

3 税関申告　Zollkontrolle

出口の手前にある。持ち込み品が免税範囲内の人は、緑の表示がある検査台の前を通る。申告するものがある場合（右記参照）は、赤の表示の検査台へ進み検査を受ける。

ドイツ出国（出発）

空港には、出発3時間前までには到着すること。

1 免税手続き　USt.-Rückerstattung

免税還付金を受けられる金額の買い物をし、免税申告に必要な書類を持っている人のみ行う。手続きの詳細→P.540。

2 搭乗手続き（チェックイン）　Check-in

利用航空会社のカウンターで、パスポートとeチケット控えを提示し、搭乗券（ボーディングパス）を受け取る。スーツケースなど大型荷物を預け、荷物引換証を受け取る。

3 航空保安検査（セキュリティチェック）

機内持ち込み手荷物のX線検査とボデイチェックを受ける。どちらもとても厳しく時間がかかる。機内に持ち込めないものは日本出国時と同じ。

4 出国審査

パスポートと搭乗券を提示。何か聞かれることはまずないが、窓口が少なく時間がかかることが多い。

![Travel Information] 近隣各国とのルート

オランダ、ベルギー、ルクセンブルク、フランス、スイス、オーストリア、チェコ、ポーランド、デンマークと国境を接しているドイツの交通網は、1都市集中型ではなく主要なゲートウエイが分散しているのが特徴だ。いずれの主要都市からも、空路、アウトバーンと高速鉄道網の整備状況がヨーロッパの中でも飛び抜けていいので、気軽に隣国へと足を延ばせる。

空路で

下の図の飛行機マークは、日本からの直行便がある都市を示す。ドイツ周辺の都市へ日本から飛び、1回乗り換えてドイツ国内へ入るルートも考えたい。なお、ドイツとEUシェンゲン協定加盟国間のフライトは国内線扱いとなり、原則として出入国手続きは行われないが、パスポートは必携。

鉄道で

各国鉄自慢の高速列車の一部はドイツにも乗り入れている。特に国際高速列車ユーロスター Eurostarをはじめ、フランスのTGVやオーストリアのレイルジェットRailjetには一度は乗ってみたい。ヨーロッパならではの旅情が味わえる寝台車ナイトジェット（→P.525）も運行している。

ドイツと近隣各国を結ぶ鉄道ルートと所要時間

地図中の数字は◎印の都市間を結ぶ最短ルートを、最も早い列車で移動した場合の所要時間を表す（2024年4月現在）。（線路工事等のため遅れる場合あり）

✈ ……日本からの直行便が発着する空港（2024年6月現在。一部運休中の場合あり）

✈ ……デュッセルドルフ便は運休中（2024年6月現在）

■**EUシェンゲン協定加盟国**
ドイツ、スイス、アイスランド、イタリア、エストニア、オーストリア、オランダ、ギリシア、クロアチア、スウェーデン、スペイン、スロヴァキア、スロヴェニア、チェコ、デンマーク、ノルウェー、ハンガリー、フィンランド、フランス、ベルギー、ポーランド、ポルトガル、マルタ、ラトビア、リトアニア、ルクセンブルク、リヒテンシュタイン
（2024年4月現在、ブルガリアとルーマニアは空路と海路のみ加盟）

（2024年4月現在）
以上の協定加盟国間においては、国境審査を廃止、航空便は原則として国内線扱いとなる。日本から上記の国を経由してドイツへ行く場合、経由地の空港で入国審査が行われるため、ドイツでの審査は原則不要となる。
※政治的状況や治安状況の変化により、EUシェンゲン協定加盟国同士でも、国境でパスポート検査をする場合がある。国境を越える場合は必ずパスポートを携帯するように。

ミュンヘンに乗り入れているオーストリア国鉄のレイルジェット

■**予約が必要な国際列車**
ユーロスター、TGVは全席指定で予約が必要。

■**長距離バスで**
隣接各国はもちろん、ギリシアやスペイン、北欧、東欧間との間に多くの路線がある。鉄道より時間はかかるが、安い料金が魅力（→P.528）。

フリックスバスは国内外に長距離バス路線を拡張中

鉄道の旅

ドイツ鉄道DBの旅

ドイツの風景のなかを疾走する超特急ICE

ドイツ全土に路線網をもつドイツ最大の鉄道会社は**ドイツ鉄道Deutsche Bahn AG**（略称**DB**）という。旧西ドイツ国鉄と旧東ドイツ国鉄が1994年に合併、民営化して誕生以来、ドイツの旅に欠かせない交通機関だ。

主要路線の列車の多くは、1～2時間ごとに毎時同時刻で発車するダイヤになっており、利用しやすい。

■DBの公式サイト
URL www.bahn.de
URL www.bahn.com（英語）
列車の時刻や料金が検索できるほか、乗車券のオンライン購入も可能。早めに購入すれば割引料金が適用される場合もある。

ゆったりとしたICEの1等車内

■DB以外の鉄道会社
DB以外の路線や地方のローカル線には、近年、DBから第三セクターに経営が変わったり、別企業が新規参入しているところも一部にあるが、多くはDBと提携関係や、地方交通連合に加盟しており、鉄道パス（→P.526）で利用できる。ただし、DBと競合関係にある鉄道会社や、観光用の登山鉄道などは鉄道パスでは利用できない。

■フリックス鉄道FlixTrain
URL www.flixtrain.de
長距離バスの大手フリックスバスの子会社が運営する長距離列車サービス事業会社。線路や駅ホームはDBの設備を利用。ハンブルク～ミュンヘン、ライプツィヒ～ベルリン～ケルン～アーヘンなど主要都市を結ぶ数路線を運行するが、本数は多くない。DBより運賃が安く、所要時間はDBのICやICEと同程度。ただし車両は古いものが多い。チケットは公式サイト（上記）または公式アプリから購入する。鉄道パスでは利用できない。

DBのおもな列車の種類
※（）内は時刻表などの表示記号

●イーツェーエー InterCityExpress（ICE）

主要都市間を最高速度300kmで走る都市間超特急。フランス、オランダ、ベルギー、オーストリア、スイスなどへも乗り入れている。1・2等車連結。1等車では新聞サービス（ドイツ語のみ）あり。多くは食堂車またはビストロを連結している。

高速で快適な移動をするならICE特急

●オイロシティー EuroCity（EC）

スイス、イタリア、ハンガリー、オーストリア、チェコ、ポーランドなどヨーロッパ各国の主要都市間を結ぶ国際都市間特急列車。1・2等車連結。

ドレスデンに停車中のオイロシティー

●インターシティー InterCity（IC）

ドイツ国内の大都市や中都市を結ぶ、都市間特急。1・2等車連結。多くの場合、ビストロを連結している。

●インターレギオ・エクスプレスInter Regio Express（IRE）
地域間快速列車。地域快速列車よりも、長距離区間を走る。

●レギオナル・エクスプレス Regional Express（RE）
地域快速列車。

●レギオナル・バーン Regional Bahn（RB）
普通列車。

朝の通勤時間帯のレギオナル・エクスプレス

MEMO ドイツ鉄道の列車内はすべて禁煙。喫煙車はない。駅構内も、ホーム上に指定の喫煙コーナーがある場所以外は、禁煙になっている。

ドイツ鉄道特急運行図

ICE（都市間超特急）/ IC（都市間特急）/ EC（ヨーロッパ都市間特急）

＊運行路線や停車駅は毎年変更されます。
＊一部路線省略あり。詳しい IC / ICE 運行路線図は DB のホームページ URL www. bahn. de 内に掲載されています。
＊2023 年 12 月現在

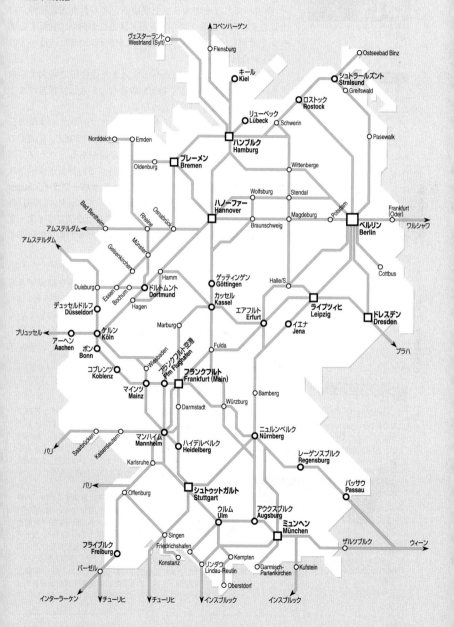

乗車券売り場はReisezentrum
と表示

注意！

列車には、必ず目的地までの
切符を購入してから乗車する
こと。改札がないからといっ
て、乗車後車内で精算する
と、手数料が加算される。場
合によっては無賃乗車とみな
されて罰金を取られることも
ある。

■日本の旅行会社で手配
EURO RAIL by World Compass
（株式会社ワールドコンパス）
（→P.526）をはじめ、いくつかの
旅行会社で予約・発券できる。

乗車券の選び方

乗車券にはさまざまな種類がある。まずは、スケジュールを
立てたうえで、どのような乗車券を、いつ、どこで買うかを検
討することになる。日本からの旅行者が利用できる乗車券は、「**鉄
道パス**」と「**区間乗車券**」の2種類に分けられる。

「鉄道パス」は使用エリアと期限が定められた周遊券で、自
由気ままに列車を乗り降りできる。鉄道をおおいに利用するプ
ランを計画しているなら、鉄道パスが便利でお得（鉄道パスの
種類と料金は→P.526）。

「区間乗車券」は、目的地への片道または往復で購入する乗
車券。長距離の移動がなく利用回数が少ない人は、鉄道パスよ
り区間乗車券のほうが当然安くなる。

現地およびDBの公式サイト、またはスマートフォン用の公
式アプリDB Navigatorから購入できる特急列車ICE、IC/ECの
区間乗車券には、おもに4種類の料金設定がある。ウェブで列
車時刻を検索すると、列車ごとにその時点での料金が表示され
る。安い順に、割引料金の①**スーパー・シュパープライスSuper
Sparpreis**、②**シュパープライスSparpreis**、フレックス（普通）料
金の③**フレックスプライスFlexpreis**、④**フレックスプライス・プ
ラスFlexpreis Plus**となる。利用条件（キャンセル、変更規定がそれ
ぞれ異なる）をよく確認してから購入しよう。

ICEの区間乗車券は、日本の一部旅行会社でも販売している。
現地では言葉の問題などで、希望どおりの乗車券を購入できる
かどうか心配、という人は日本の旅行会社に依頼するといい。
特に混雑する時期に乗車する予定の人は日本から予約していく
のが安心。ただし日本で購入する区間乗車券は、料金体系がド
イツと異なるため、現地の各種割引は適用されないし、手配手
数料もかかる。

INFORMATION

インターネットで乗車券を購入する

DBの公式サイト（🔳 www.bahn.de）またはアプ
リDB Navigatorで約3ヵ月前から乗車券の購入が
可能。表示はドイツ語または英語で、日本語はな
い。支払いはクレジットカードを使用する。

DBの公式サイトのトップページ（英語版）。時刻表検索
が便利

乗車券は、申し込み完了後PDFファイルで表示
されるOnline-Ticketの画面を自分でプリントア
ウトすればそれが乗車券。現地で乗車後、車内検
札のときに、プリントアウトしたQRコード入り
の乗車券（またはスマートフォンに保存した画面）
と、本人確認のため支払いに使用したクレジット
カードとパスポートを提示する。

なお、インターネット予約は乗車する日時、列車
を決めて、フレックスプライスFlexprice（普通料金）
か、シュパープライスSparpreis（割引料金）かを選択
したり、ドイツ人の多くが持っている**バーンカード
50**（→P.521）を使用するか否かを選択するなど、英
語かドイツ語が完全に理解できる語学力がないと、
トラブルになる場合もあるので、くれぐれも慎重に。
公式サイトは、まず最新の時刻表や運行状況をチェ
ックするツールとして利用するのがよいだろう。

投稿 ほぼ満席のICEの1等車に乗りました。後ろの席の人たちが「ここは私の席だ」ともめていて、車掌が来ました。車掌は「ダ
ブルブッキングだ」と言ってました。鉄道でダブルブッキングがあるのかと驚きました。（山梨県 みちる '20）

座席予約について

　DBの国内列車（夜行は除く）で、座席予約が必要な列車はない。日本のように、指定席車や自由席車という考え方はなく、すべての車両で、予約が入ったところから予約席となっていき、残りの席が自由席となる。予約席かどうかはICEでは荷物棚付近または座席のヘッドレスト脇に予約された区間がカードまたは電光表示されている。表示された区間外なら、座ってもかまわない。

　ICEは、混雑することが多い。特に1等車は平日の朝夕に出

張するビジネスマンで混むことが多いし、2等車は、夏休みやクリスマス、復活祭の休暇シーズンに行楽客や帰省客で混雑する。確実に座りたいなら、予約をおすすめする。座席予約は日本からDBの公式サイトまたはスマートフォン用の公式アプリDB Navigatorからできる（どちらもドイツ語または英語）。現地では主要駅の旅行センターの窓口で。

新型ICEの予約表示は座席のヘッドレスト脇

■座席予約料金
2等は€4.90。1等はフレックス料金、またはシュパープライスと同時に予約する場合は無料。モバイルタイプの鉄道パス所持者は€2（紙タイプのパスは€9）。

GGF. RESERVIERTとは「場合によっては予約済み」という意味で、直前予約した人が来る可能性がある席

■優先席表示
Vorrangplatzという表示は、身体障がい者、妊婦のための優先席なので該当する人が来たら譲ること。またBahn.bonus gold、Bahn.bonus Platinの表示がある席は、バーンカード（→下記）のBahnBonusポイント（DB Navigatorアプリを利用）のゴールドまたはプラチナのステイタスレベルの人のための優先席。

優先席 Vorrangplatz の表示

INFORMATION

DBのおもな割引システム&チケット

●バーンカード50 BahnCard50
　1年間有効のメンバー割引カードで、あらかじめ購入しておくとフレックスプライスFlexpreis運賃の50%割引、シュパープライスSparpreis（下記参照）からは25%割引となる。

　鉄道を利用するドイツ人の多くが持っているので、窓口でも自動券売機でも、支払いの際にこのカード所持者か必ず確認される。しかし、バーンカード自体の購入に、2等€244、1等€492かかるので、その倍以上の区間を乗車しなければモトは取れない。ドイツに長期滞在する人向け。

　フレックスプライスもシュパープライスも25%割引となるバーンカード25もあり、1等€125、2等€62.90。60歳以上、26歳以下（身分証明書提示必要）用のカードもある。なお、いずれも有効期限終了の6週間前までに解約を申請しておかないと、次の年に有効のカードが自動的に更新され、料金が請求されるので要注意。

●シュパープライス Sparpreis
　ICE、IC/ECの長距離列車限定割引乗車券で、乗車日の6ヵ月前から出発直前までウェブまたはアプリで購入できる。列車ごとに販売枚数が限定されており、インターネットで列車時刻を検索すると、列車ごとにその時点での適用可否と料金が表示される。キャンセルや変更規定は要チェック。なお、2等は列車は指定されていても、座席は予約されていない。

●国内1日乗り放題チケット Quer-durchs-Land-Ticket
　ドイツ国内乗り放題だが、乗車できるのはIRE、RE、RB、Sバーン、提携関係の私鉄および一部の路線バスの2等だけで、特急クラス（ICE、IC、EC）には乗車不可。ウェブまたは自動券売機で購入でき€46。最大4人まで同行できるが、2人目以降は各€9の追加料金が必要。利用者氏名を必ず記入する。パスポート必携。

●州ごとの割引チケット Länder-Ticket
　バイエルンチケットBayern-Ticket（2等€29、1等€41.50で、2人目以降は各€10（1等€22）の追加料金が必要。4人まで同行可）、ヘッセンチケットHessenticket（€38で5人まで有効。2等のみ）など、各州内の鉄道が乗り放題となる。州により利用条件が一部異なるが、1日乗り放題で、利用できる列車はIRE、RE、RBのみ。州によっては市内交通網にも利用できる。平日の使用開始は9：00〜、土・日曜・祝日は開始時刻の制限はなく、翌3：00まで有効。ウェブまたは自動券売機で購入。

MEMO　DBではWi-Fiの無料サービスがある。列車内で利用できるのはICE特急と、一部のIC特急やローカル線の新車など。また、約100を超える主要駅構内でもWIFI@DBのネットワークから利用できる。

521

■窓口と自動券売機の料金
旅行センターの窓口で予約をしたり、一部の割引チケット(→P.521)を購入する場合、自動券売機やインターネットで購入するより€2～3程度高い料金になる。これは窓口ではどのチケットにしたらいいかなどの相談ができるので、サービス料と考えたい。節約したい人は自動券売機や公式サイト、公式アプリで購入しよう。

■使用できるクレジットカード
アメックス、ダイナース、JCB、マスター、VISA

■ヨーロッパの日付の書き方
ヨーロッパでは、年月日を「日、月、年」の順で書く。例えば、「2024年12月11日」の場合は、「11/12/2024」となる。自分で書くときも、チェックをするときも注意すること。メモにするときは、混乱を避けるため、月の名(→P.546)は数字ではなくて、アルファベット名(例/11. Dezember)で書いたほうが確実。

■乗車券を買うためのドイツ語
出発駅
　Abfahrtsbahnhof
　アプファーツバーンホーフ
目的駅
　Zielbahnhof
　ツィールバーンホーフ
大　人
　Erwachsene
　エアヴァクセネ
子　供
　Kinder　キンダー
等　級
　Klasse　クラッセ
人　数
　Personen　ペルゾーネン
行　き
　Hinfahrt　ヒンファート
帰　り
　Rückfahrt
　リュックファート
すぐに
　ab sofort
　アプ　ゾフォート
今　日
　heute　ホイテ
明　日
　morgen　モルゲン
時　間
　Uhrzeit　ウーアツァイト
乗り継ぎ
　Verbindungen
　フェアビンドゥンゲン
通路側の席
　Gangplatz
　ガングプラッツ

窓口で乗車券を買う

大都市の中央駅の切符売り場は、**旅行センター Reisezentrum**といい、いくつもの窓口が並んでいる。大型駅では整理券方式を導入しており、切符を購入するには、まず入口付近に設置されている整理券発券機で整理券を取り、券面に記載された数字がモニターに表示されたら、その数字のあとに表示された番号の窓口へ行く。

大型駅の旅行センター前

一般に、ドイツ人は列車時刻や旅行経路についてあれこれ相談しながら買うので、ひとりにかかる時間が日本よりはるかに長い。自分の番が来るまでに、かなりの時間がかかることを想定して、できれば前日までに乗車券は購入しておきたい。乗車直前に買うことだけは避けよう。

なお、1等乗車券専用のカウンターを設けてある大型駅もあり、その場合1等乗客は整理券を取る必要はない。

また、語学に自信があっても、紙に書いて渡したほうが確実(→下記)。支払いは、クレジットカードも使える。乗車券を受け取ったら、間違いがないかどうか、必ずその場でチェックすること。

大型駅で整理券方式の場合は、モニター（写真右上）に自分の番号が表示されたら、指定の窓口へ行って対応してもらう

乗車券購入メモ例　Fahrkarte

10. September（9月10日）　必ず日、月の順で

1 Erwachsene（大人1枚）

2.Klasse（2等）　1等は1.Klasse

von Frankfurt Hbf.　7:54（フランクフルト中央駅から）

nach München Hbf.　11:06（ミュンヘン中央駅まで）

mit Platzreservierung（座席予約をする）　予約もする場合

Fensterplatz 窓際の席　希望する席がある場合

（希望に応じて左欄の「乗車券を買うためのドイツ語」を使って作成する）

投稿　DBの遅延は以前にも増してひどくなっている印象です。ICEは運休が多く、3本に1本ぐらいしか使えませんでした。遅延の場合は迂回ルートになっても別の列車に乗っていいと言われましたが、そっちも遅れてて大変でした。（東京都　Don '24）

ドイツを旅する　準備と技術　鉄道の旅

自動券売機の利用

窓口が混んでいて、時間がかかりそうなときは**自動券売機Fahrkartenautomat**を利用するといい。英語表示も選べる。あとは銀行のATMのように、タッチパネル方式で、画面ごとに希望する事項（出発駅、到着駅、出発日、時刻、等級、購入枚数など）を選択していく。最後に合計金額と、支払いに使用できる紙幣やクレジットカードが画面に表示される。支払い後に乗車券が出てくる。

現金もクレジットカードも利用できる自動券売機

自動券売機は、時刻表の検索機能もあり、調べた列車時刻をプリントアウトできるので便利。

駅に設置してある自動券売機

■駅の設備をチェック
DBのアプリ、Bahnhof liveに駅名を入力すると構内図や設備、列車の発車時刻表などが表示され、とても便利。

駅の設備

ベルリンやハンブルク、ライプツィヒなど大都市の中央駅には切符売り場（旅行センター）はもちろん、構内に数多くのショップやスーパーなどもありとても便利。しかし、地方の小さな駅では乗車券窓口も売店もなく、ホームに自動券売機があるのみということも多い。

コインロッカーは一部の大きな駅にしかないので、荷物を駅に預けて観光するということは地方の駅ではほぼ不可能。

コインロッカーの料金はサイズや駅により料金が異なり24時間€3〜6

INFORMATION

読者からの鉄道の旅情報

✉ DBの列車が遅れることは、以前の『地球の歩き方』に載っていた投稿やSNSなどの書き込みで見かけて知っていましたが、私も旅行中にたびたび遭遇しました。特にICE特急はひどくて、20〜30分程度の遅れは何度もありました。自分の乗る列車ではなかったのですが60〜90分遅れの表示が掲示板に出ているのもときどき目にしました。また、列車が突然運休（キャンセル、掲示板にはZug fällt ausなどと表示）してしまうこともあって驚きでした。これほど列車が遅れるのでは、予約をしても無駄なような気がすることもありました。なぜなら乗る予定だった1本前の同じ行き先の列車が50分ぐらい遅れてホームに入ってきたときには、その列車に乗ってしまったこともあったからです。
（愛知県　ケット　'24）

✉ ICE特急の食堂車を一度は利用してみたかったのですが、荷物を座席に置いていくのは心配です。貴重品が入ったバッグやリュックは持っていけても、スーツケースを食堂車に持っていくわけにはいきません。なので、万一持ち逃げされたりしても対応できるように、次の停車駅まで1時間ぐらいあるときを見計らってスーツケースはそのままにしていき、駅に着くまでに席に戻りました。車窓を流れる風景を眺めながら食事を楽しむのは、思い出に残る体験でした。荷物は無事でした。
（兵庫県　イオ　'24）

✉ ICE特急に乗るとき、乗降口には多くの人が一気に集まってきます（日本のように列は作りません）。乗車後、リュックのポケットのファスナーが開いていて、中に入れていたウェットティッシュや駅で買ったお菓子がなくなっていることに気がつきました。乗車時に盗られたのだと思います。後ろを注意することは難しいので、リュックやポケットに貴重品を入れるのは絶対やめようと思いました。
（東京都　S/Suzu　'24）

乗車時は要注意

列車は5〜10分程度の遅れで運行することもたびたびあるし、ドイツの駅のホームは長くて、隣のホームへ移る場合も時間がかかるため、乗り換え時間は20〜30分程度の余裕をもってプランを立てたい。列車が遅れている場合は、駅の時刻表示板に「10 Minuten später（10分遅れ）」などと表示される。

ポスター大の黄色い時刻表を探して発車ホームを確認

座席予約をしている場合は列車編成表をチェック

停車位置を示すセクター表示(上の写真ではC)をホームで確認

荷物棚の下に、予約区間を示す表示が出ている

列車の扉は手動またはボタン式。写真は手動式で、レバーを回転させて開ける。操作が不安だったら、他の乗客や車掌に頼んだほうがよい

列車の乗り方

　大都市の中央駅構内はとても広い。大きな荷物を持っての移動は時間がかかるので発車15分前には駅に着いていたい。改札はないので、乗車券や鉄道パスを持っているならそのままホームへ。

車掌が検札にきたら乗車券や鉄道パスを提示する

1 発車ホームの確認

　駅構内に掲示されているポスター大の黄色い発車時刻表で列車の発着**番線Gleis**を確認。大きな駅の場合は、出発掲示板でも必ず確認しよう。番線の急な変更や、遅延情報などがわかる。発車ホーム上にも出発案内板が掲示されているので、再チェック(1本前の列車が遅れている場合もときどきある)。

2 列車編成表の確認

　ローカル線なら不要だが、列車編成の長いICEやICはホーム上に設置されている**列車編成表Wagenstandanzeiger**で、自分の乗る車両を確認しよう。座席予約をしている場合や1等車は車両が少ないので、**セクター**（ホーム上にA、B、C……と表示)を目安にして、停車位置付近で列車を待とう。

3 列車に乗る

　列車がホームに停まっても、ドアは自動で開かない。乗客が自分でドアを開ける。ICEや新型車両はドア横の緑色のボタンを押す。旧型車両は取っ手を持って手動で開ける。閉まるのは自動。

4 座席を探す

　予約をしてあるなら、車両番号と座席番号で席を探す。予約をしていないなら、予約表示区間が入っていない席(→P.521)を探せばいい。車掌が検札に来たら、乗車券や鉄道パスを提示する。あとは、ゆっくり車窓を楽しもう。

5 下車の準備

　ICEやECでは次の停車駅が近づくと、ドイツ語と英語でアナウンスがあるので、忘れ物のないように荷物を持って乗降口へ。列車が完全に停車したら、ICEはTÜR AUFと書いてある緑色のボタンを押してドアを開ける。

ICEの車内からドアを開けるときは、扉横にある緑色のボタンを押す

投稿 ドイツの駅のホームには、日本のように車両の停車位置が地面に書かれてなくて、上にあるA、B、Cのセクター表示はかなりおおざっぱで、どの辺に停まるのかわからずとまどいました。また直前になって「今日は停車位置が変更さ▶

食堂車

　ライン川の古城やブドウ畑、メルヘンに出てくるようなドイツの風景を楽しみながらの食事は最高の贅沢。長距離のICE、EC、ICのほとんどに**食堂車Bord Restaurant**またはセルフサービスの**ビストロBistro**が連結されている。

ICEのビストロはセルフサービス

　食堂車では、午前中は朝食メニューが用意され、昼食や夕食時間には、しっかりとした食事メニューが味わえる。コーヒーやビール1杯で過ごしてもかまわない。支払いには、おつりの端数を切り上げて10%程度（€0.30〜1程度）のチップを加算して渡すのが一般的。

一度は体験してみたい食堂車

夜行列車

　ドイツを走る夜行列車の中でも、特に設備が整った寝台夜行列車は**ナイトジェットNightjet**という。ミュンヘン〜ハンブルクといったドイツ国内の長距離路線や、スイス、イタリア、オーストリア方面への国際路線を走っており、独特の旅情が味わえるうえ、移動時間の節約にもなる。

　ナイトジェットには、**寝台車Schlafwagen**と**クシェット（簡易寝台車）Liegewagen**、**座席車Sitzplatz**があり、すべて要予約。スナック、ドリンク、朝食もオーダーでき、自分の寝台がある部屋に運んでくれる。

　ナイトジェットを運行するのはオーストリア国鉄だが、予約等はドイツ鉄道のサイトやドイツ国内の駅窓口でも可能。

快適なふたり用の
寝台車

© ÖBB/Harald Eisenberger

■ナイトジェットのサイト
[URL]www.nightjet.com
列車の時刻や料金が検索でき、購入も可能。

■主要駅のトイレの利用の仕方
ベルリン、ミュンヘン、ハンブルク、マインツ、シュトゥットガルトなどの中央駅構内のトイレ（rail & fresh WCと表示）は有料で、入場時に€1を払うと自動的に€0.50のクーポン（ドイツ語でWert-Bon）が出てくる。出てきたクーポンは次回のトイレ使用の際の支払いに使ってもよいし、このトイレシステムの協賛店（駅構内のショップや飲食店。最低購入額の条件等あり）を利用する際に使えば、€0.50分の割引券となる。

INFORMATION

線路際を彩るクラインガルテンとは

　ドイツを鉄道で旅していると、都市郊外の線路際の土地が、小さく区切った花畑や野菜畑になっているのに気づく。畑のそばには木造小屋が建っており、「ずいぶんと小さな家に住む人もいるんだなあ」と思うかもしれない。これらはクラインガルテンという貸農園で、付属の小屋は庭作業の前後に休憩するためのもの。

　クラインガルテンは、19世紀半ばにシュレーバーという医師が、都市の狭い集合住宅に住む人々にも庭を与えることにより健康を回復することができると提唱し、ドイツ全土に広がったことから、シュレーバーガルテンとも呼ばれる。各地のクラ

インガルテン協会という非営利団体により運営されているので借地料も安い。ドイツ人は庭仕事が大好きなので、クラインガルテンはとても人気がある。

車窓から見えるクラインガルテン

鉄道パスの種類と料金

●ユーレイルジャーマンレイルパス

ドイツ国内のDBの列車および普通列車を運行している地方の民間鉄道会社にも利用できる周遊券。特急や急行に該当するインターシティー、ユーロシティーおよび高速列車ICEも利用可能。大都市圏のSバーンにも有効だが、Uバーン(地下鉄)には利用できない。

1ヵ月間の有効期間内で鉄道利用日を選ぶ「フレキシータイプ」と定期券のように有効期間単位で利用する「連続タイプ」の2種類がある。

料金は、大人、ユース(12〜27歳)の2種類。また大人料金パス所持者に同行する4〜11歳の子供2名までは、無料の鉄道パスが発行可能。

またユーレイルジャーマンレイルパスは、下記のDBが運行する国際列車も利用できる。

オーストリア方面

・ミュンヘン〜ザルツブルク間の普通列車およびレイルジェット、ユーロシティー
・ミュンヘン〜インスブルック間(Kufstein経由)のユーロシティー (DB ÖBB Eurocity)

イタリア方面

・ミュンヘン〜ヴェローナ〜ヴェネツィア/ボローニャ間を結ぶユーロシティー (オーストリアでの途中下車不可)(DB ÖBB Eurocity)

ベルギー方面

・ケルン〜リエージュ〜ブリュッセル間を結ぶICEが利用可能。タリスは利用不可。

スイス方面

・バーゼルのドイツ側の駅であるバーゼルバード駅(Basel Bad Bf)までの列車。

このほかにもドイツでは、ヨーロッパ33ヵ国で利用できる「ユーレイルグローバルパス」も利用できる。

フランクフルト空港駅に停車中のICE

●モバイルパスについて

ユーレイルジャーマンレイルパスやユーレイルグローバルパスなどのユーレイル系の鉄道パスおよびヨーロッパ在住者向けのインターレイルパスは、紙チケットタイプのものからスマートフォンやタブレットなどのモバイル端末で利用するモバイルパスに変更となった。

ユーレイルの専用アプリ「Eurail/Interrail Rail Planner」を自分のスマートフォンやタブレットにインストールして、アプリ内で購入した鉄道パスを起動して使うこととなる(※注1)。

鉄道パスを購入した際に、購入元から送られてくるチケット番号と購入時に登録した名前をアプリ内の鉄道パスに登録する。利用開始手続き(アクティベーション)も購入者自身で行うので、紙チケットタイプのように駅窓口に行き利用開始手続きをする必要がない。しかし、ユーレイルの専用アプリは日本語対応をしておらず、英語での操作となるので注意が必要。

(※注1)
「Eurail/Interrail Rail Planner」は2024年2月現在、iOSの場合はiOS15.0以上、Androidの場合、Android 6.0以上が必要。パス購入前に必ず利用する端末の起動要件を確認すること。

モバイルパスの見本

●ドイツの鉄道パスおよび鉄道チケットの購入

EURO RAIL by World Compass
(株式会社ワールドコンパス)

🔗 eurorail-wcc.com
📧 info@eurorail-wcc.com
🕐 月〜金 10：00〜17：00

ヨーロッパ鉄道手配経験豊富なスタッフが対応。鉄道パスおよびICE、ユーロスター、TGVなどのヨーロッパの鉄道チケットを取り扱う。ヨーロッパのホテルや空港送迎、専用車も手配可能。

■ユーレイルジャーマンレイルパス(モバイルパス) Eurail German Rail Pass

フレキシータイプ料金

クラス	1等		2等	
鉄道利用日数	大人	ユース	大人	ユース
3日/1ヵ月	€282	€226	€211	€170
4日/1ヵ月	€320	€256	€240	€192
5日/1ヵ月	€354	€283	€265	€212
7日/1ヵ月	€412	€330	€308	€247
10日/1ヵ月	€527	€422	€384	€307
15日/1ヵ月	€725	€580	€527	€422

通用日連続タイプ料金

クラス	1等		2等	
有効期間	大人	ユース	大人	ユース
3日	€267	€215	€200	€160
4日	€304	€243	€228	€183
5日	€336	€269	€252	€201
7日	€391	€314	€293	€234
10日	€474	€380	€345	€276
15日	€652	€521	€474	€380

※料金は2024年2月現在

MEMO 多くの旅行代理店で販売しているのはモバイルパスのみだが、ユーレイルのサイト🔗 www.eurail.com/ja (ユーレイルグローバルパスのみ)や、一部の代理店では以前のような紙タイプのパスを販売している(2024年2月現在)。

飛行機の旅

Travel Information

ドイツ国内を飛行機で移動する

　ドイツ国内の飛行機を利用すれば、かぎられた旅の時間をかなり節約できる。例えば、ベルリン～デュッセルドルフ間のように、鉄道で4時間以上の移動になる場合は、飛行機で時間を短縮することを考えたい。この区間は飛行機ならわずか所要1時間10分。空港まで行く時間やチェックインにかかる時間を加えてもまだ早い。

国内航空路線を利用する

ユーロウイングス機

　国内線を運航しているのは**ルフトハンザ ドイツ航空Lufthansa**が筆頭で、ほかに同じルフトハンザグループのユーロウイングスやルフトハンザ・シティラインなどがある。

　チケットは日本からも各航空会社の公式サイトやアプリで購入可能で、クレジットカードで支払う。購入画面または、予約確認メールのPDFファイルなどで表示されるチケットを自分でプリントアウトして（アプリの場合はQRコード画面）旅に持参し、空港のチェックインカウンターで、パスポート、支払いに使用したクレジットカードと一緒に提示すれば、搭乗券を入手できる（→※注1）。

　なお、格安航空の場合、チケットは座席指定でない航空会社が多いが、購入時に別途料金で指定できる場合もある。また、基本的にキャンセル不可、変更にはかなりの手数料がかかるなどの制限があるので注意したい。

チェックインやセキュリティチェックの行列に備えて空港へは早めに

ドイツのおもな空港

- ハンブルク
- ブレーメン
- ハノーファー
- ベルリン
- ライプツィヒ
- ドレスデン
- デュッセルドルフ
- ケルン
- フランクフルト
- ニュルンベルク
- シュトゥットガルト
- ミュンヘン
- フリードリヒス ハーフェン

■ドイツのおもな航空会社
・ルフトハンザ ドイツ航空
　URL www.lufthansa.com
・ユーロウイングス
　URL www.eurowings.com
・ルフトハンザ・シティライン
　URL www.lufthansacityline.com
以下はドイツ線の定期便はなく、ドイツ人に人気のリゾート地への路線がメインの航空会社。
・トゥイフライ
　URL www.tui.com
・コンドル航空
　URL www.condor.com

■格安航空利用の注意
・格安航空会社は、発着料が安いローカル空港を利用する場合があるので、予約の際に空港名やその空港までの行き方は要チェック。
・格安航空会社は、空港内の設備も不便な場所にあることが多い。カウンターが格安航空専門の別ターミナルにあったり、カウンターの数も少ないので、チェックインを完了するまでかなりの時間がかかる。搭乗ゲートから飛行機までは、バスや徒歩ということもよくある。空港にはできるだけ早めに行くことが大切。
・遅延やキャンセルなど、トラブルがあった場合は各自で対応しなくてはならないので、ある程度の語学力（英語、ドイツ語）が必要。

（※注1）オンラインチェックインやモバイル搭乗券などについては、各航空会社のサイトで確認を。

■ドイツ国内の主要空港
　（　）内はフランクフルトからのフライト所要時間の目安を表す。ベルリン（70分）、ハンブルク（65分）、ブレーメン（60分）、ハノーファー（50分）、デュッセルドルフ（50分）、ケルン／ボン（40分）、シュトゥットガルト（40分）、ミュンヘン（70分）、ニュルンベルク（45分）、ドレスデン（65分）、ライプツィヒ（55分）。
以上のほかに、フランクフルト・ハーン、ヴェスターラント、ミュンスター／オスナーブリュック、ドルトムント、エアフルト、ザールブリュッケンなどにもローカル空港がある。

バス、タクシーの旅

路線バスの旅

残念ながら鉄道は、本書で紹介したすべての町に通じているわけではない。でも路線バスは、ほとんどすべての町に通じている。ただしドイツの路線バスは基本的に地元の小、中学生や自動車のない人のための通勤、通学の足。だからほとんど朝、夕にしか走っていないような路線が多いうえに、週末はもちろん、学校が休校する夏休みなども運休してしまう場合があるので、注意が必要。

切符は乗るときに運転手に行き先を言って買う。ついでに自分の目的地に着いたら教えてくれるように頼んでおくとよい。

長距離バスの旅

ドイツでは、鉄道事業保護のため規制されていた長距離バス事業が2013年に解禁され、**長距離バスFernbus**を運行する会社が一気に増えた。ドイツの主要都市を結び、料金は鉄道と比較にならないほど安い。車内にはWi-Fiやトイレも完備し、シートなどの設備もよい。ただし、渋滞に巻き込まれると運行時刻が遅れることもよくあるのが難点といえる。発着場所は、事前にウェブで確認しておくこと。

フランクフルト中央駅に近いフリックスバスのバスターミナル

タクシーを上手に利用する

田舎町や、町から離れた城や修道院など、バスが1日に2〜3本しかないような所では、無理にそれに時間を合わせるより、タクシーを利用するほうが賢い。

料金メーターが室内ミラーに映るタクシーもある

タクシーはメーター制料金が普通だが、貸し切りの包括料金**パウシャールプライスPauschalpreis**で支払うこともできる。パウシャールプライスの場合は、乗車前にあらかじめ運転手に最終的な行き先と途中どこに寄りたいかを話して交渉する。運転手は距離とおよその時間で計算して料金を言うので、予算内なら利用する。

ベンツのタクシーが多く、乗り心地もいい

H (= Haltestelleの略) はバス停の印

■バスターミナルを示す記号
ドイツ語でバスターミナルは**ZOB** (Zentraler Omnibus Bahnhof中央バスターミナルの略) または**ROB** (Regionaler Omnibus Bahnhof地域バスターミナルの略) と示される。

■長距離路線バス会社
フリックスバスはドイツ国内外の主要都市間に路線網をもつバス会社。便によってかなりのディスカウント料金もある。チケットはサイトやアプリで購入できる。
・フリックスバス
Flixbus
URL www.flixbus.de

■タクシーの利用方法
ドイツでは「流し」のタクシーはなく、駅前などの所定のタクシー乗り場から乗るか、電話で呼び出す。
ドアは自動ではない。料金にはチップを10%程度(おつりの端数を切り上げるなどして€0.50〜1程度)加えて支払う。

■タクシー配車アプリ
世界的に広がる「ウーバーuber」だが、ドイツでは規制があるため、一部の大都市で営業しているもののあまり普及はしていない。代わりに「フリー・ナウFREE NOW」というアプリがある。トラブルの際は自分で交渉する必要があるので、海外でのスマホ操作、ドイツ語または英語での書き込みに慣れている人は利用を検討してもよいかもしれない。

レンタカーの旅

Travel Information

　ベンツ、BMW、ポルシェなど、憧れの車を生産するドイツ。そして現地では高速料金も取られないアウトバーン（高速道路）が整備されている。自動車王国ドイツに来たら、一度は自分でハンドル

フロントガラス越しに広がるバイエルン南部の山々

を握ってみたいもの。ドイツ人は決められたことは守る国民性だ。だから、交通法規もよく守るうえ、ドライブマナーも徹底しているから、初めてでもとても走りやすい。鉄道やバスではどうしても、その時刻表にしばられてしまうが、車があれば自分の気の向くままの旅ができる。ブドウ畑や菜の花畑の道ばたに車を停めてひと息ついたり、メルヘンに出てくるようなかわいい木組みの家を利用した郊外の宿に泊まったり。自分でハンドルを握って走り抜けるドイツの旅は、きっとすばらしい思い出になるに違いない。

レンタカーの借り方

　ドイツでレンタカーを借りるのに必要なものは、身分証明書としてのパスポートと国外運転免許証と日本の免許証、そして運転者名義のクレジットカード。

　ドイツのレンタカー会社は、**ハーツHertz、エイビスAvis、ヨーロッパカー Europcar、ジクストSixt**などの大手のほかに、中小のレンタカー会社がたくさんある。しかしサービス網や車種の幅の広さを考えれば、大手のレンタカー会社を利用したほうが安心だろう。

　ドイツで直接レンタカー会社に行って車を借りる場合は、大手のレンタカー会社なら英語の話せる担当者がいるはず。飛び込みでは、車種にかぎりがあるのは仕方がないこと。すぐに借りられる車があるかどうかを確

ミュンヘン空港のレンタカーオフィス

認して、借りる期間や車を返す都市（乗り捨てするかどうか）、保険（フルカバーしてもらえる**Vollkasko**にすること）、契約者以外の人が運転する場合はその旨など、契約書の各事項に記入して、サインする。カウンターを離れる前に、空港や町の中心部から出て目的地へ向かうにはまずどの方向へ行けばよいかをよく確認しておこう。

■国外運転免許証の取得
国外運転免許証は住民登録がしてある都道府県の運転免許センターに申請する。申請には現在有効な運転免許証、パスポート、写真1枚（縦4.50cm×横3.50cm）、手数料（証紙代2350円）が必要。国外運転免許証は取得日から1年間有効なので、日本の免許証の期限切れまで1年以上あることが原則。

■ドイツで運転する場合の免許証（短期滞在の場合）
日本人旅行者がドイツで運転する際は、日本の運転免許証と国外免許証、あるいは日本の運転免許証とそのドイツ語翻訳証明（在ドイツ日本大使館、総領事館に申請する）、パスポートがあれば、6ヵ月間運転できる。

■日本で予約できるおもなレンタカー会社
・ハーツレンタカー
URL www.hertz-japan.com
・エイビス
URL www.avis-japan.com

■レンタカーを借りるときの注意
各レンタカー会社とも、年齢、免許取得保有歴、車種クラスに応じた資格制限があるので、予約の際は確認を。ドイツでは日本よりマニュアル車が多い。高級車ではオートマティック車も増えてきたが、一般車はマニュアル車が多めなので、オートマ車を希望するなら早めの手配を。

■緊急の場合
レンタカーを借りている場合は、レンタカー会社によって事故や故障の対応方法が異なるので、最寄りのレンタカー会社の緊急サービスへ連絡して指示を受ける。
●警察・事故救助　☎110

■国外利用の場合
ドイツでレンタカーを借りて、ドイツ国外まで利用する場合は必ず申告する。特に、チェコやポーランドなどに乗り入れることができる車種はかぎられているので注意。

フランクフルト空港近くを走るアウトバーンA5

（※注1）12歳未満または身長150cm以下はチャイルドシートが必要。

■運転手付きレンタカー
ドイツでは運転に自信のない人のために運転手付きのレンタカー、ショフーアサービスChauffeurserviceというシステムのあるレンタカー会社もある。

■道路地図
詳しい道路地図は、ドイツ自動車協会ADAC（日本のJAFに当たる）発行のドイツ道路地図が使いやすい。ガソリンスタンドや書店で売っている。

最新版を入手しよう

■環境ゾーン規制
ドイツのおもな大都市では、一定の環境基準を満たさない自動車の市街地への進入を規制する環境ゾーンUmweltzonen制度が設けられている。環境ゾーン内は、排気ガス基準に応じて赤、黄、緑いずれかのステッカーを付けた車のみ走行でき、どの色のステッカーを付けた車がどの環境ゾーン内に入れるかを示した標識が立っている。該当しないゾーンを走行した場合、罰金の対象となる。ドイツ国内で借りるレンタカーには貼ってある。該当する都市とゾーンの詳細は次のサイトで調べられる。
URL www.umwelt-plakette.de

ドライブの注意点

レンタカー会社の駐車場で借りる車を見つけたら、まず、内外装のキズをチェック。ガソリンメーターや走行メーターが契約書と同じかどうかも確認すること。ウ

古城を見ながらドライブ

インカーやワイパーの位置、バックギアの入れ方やライトのスイッチ、給油口の位置と開け方も確認しておこう。**シートベルトの着用は前後座席とも義務づけ**られており、12歳以下の子供を助手席に座らせることは禁止されている（→※注1）。

ドイツは右側通行。頭ではわかっていてもいざ運転してみると、慣れるまでかなり気を使う。最初は交差点に差しかかるたびに「右側、右側」と意識しよう。猛スピードで直進してくる自転車にも注意。交通標識はとてもわかりやすく、国際的なものなのでおおむね共通。

市街地での速度制限は標識がなくても時速50km、都市部の住宅街では時速30km制限の所もある。市街地を出た一般道路は時速100kmになっている。アウトバーンや幹線道路から町の中心部へ入る場合は、ドイツ語でいずれも中心部を示す**ツェントルムZentrum**、**シュタットミッテStadtmitte**、**ミッテMitte**といった標識に従って進む。

駐車場は地図上でも標識でも、場所がわかりやすいように🅿で表示されている。

アウトバーンの走り方

ヨーロッパで最も整備された高速道路網を誇るドイツ。アウトバーンは、インターチェンジや出口付近での制限表示

一度は走ってみたいアウトバーン

がある場合以外は制限速度はあまりないが、**安全のため時速130kmの推奨速度**が設定されている。

　速度制限のない区間では、ほかの車につられて、気がつくと日本では経験したことのないような速度で走ってしまいがち。くれぐれも自分の運転技術と車の性能を考えて運転すること。

　アウトバーンのサービスエリアは、日本ほどの充実ぶりではないものの、ドリンクや食品の売店、セルフレストランなど必要な施設が入っている。トイレは有料。

アウトバーンのサービスエリア

ガソリンスタンド

　ガソリンスタンドTankstelleの給油機には、レギュラーガソリンSuper、レギュラーガソリン（バイオエタノール10％）Super E10、ハイオクガソリンSuper Plus（Premiumと表示するところもある）、ディーゼル（軽油）Dieselといった種類がある（石油会社によって名称表示が一部異なる）。また、ハイオクガソリンは石油会社によって独自の名称で販売している。車種によって入れる燃料が異なるので、必ず借りる際に確認しておくこと（ガソリンの入れ間違いに保険は適用されない）。また給油口の開け方と閉め方も意外にわかりにくいので、要確認。

　ガソリンスタンドはほとんどがセルフサービス。慣れれば簡単で、自分の車に合ったガソリンの給油ホースを取り、給油口に入れる。給油ホースの先に付いているホックをかけてそのままにしておけば、満タンになると自然に止まる。給油後は、スタンドショップへ行き、自分が使ったスタンドの番号をレジで告げて支払いを済ませる。スタンドショップでは、食べ物、飲み物、たばこ、地図などを売っている。このときトイレも済ませておくといい。

給油を終えたら、ショップで料金を支払う

■**サービスエリアのトイレ**
トイレは有料で、€1。ゲートでチケットが出てくるタイプのトイレでは、そのチケットが併設のショップで使える€0.50分のバウチャーになっている。

どのガソリンを入れるかレンタカーを借りるときに確認しておくこと

車の給水口にしっかりセット

■**駐車場**
ドイツでは屋内駐車場や地下駐車場が多い。利用方法は施設によって異なるが、一般的には、まず入口でチケットを受け取り駐車する。駐車場に車を取りに帰ったときに自動支払い機で支払いを済ませてから車に乗り、出口の機械にチケットを入れる方式が多い。

駐車場入口には残りの収容可能台数が表示される。満車のドイツ語表示はbesetzt

■ホテルでのチップについて

部屋の清掃とベッドメイクは、どんな安いホテルでもしてくれる。ツアーではメイドへのチップとして枕元のテーブルなどに€1程度のチップを置くようにすすめているが、特別なことを頼んだとき以外は必要ない。ただし、ポーターに部屋まで荷物を運んでもらったり、ルームサービスを頼んだ場合はホテルの格や頼んだ内容に応じて€1～5程度のチップを渡す。

頼りになるコンシェルジュがいるのは5つ星クラスの最高級ホテル

■タオル交換のシステム

連泊する場合、使用済みのタオルは、バスタブの中か、バスルームの床に置いておく。タオル掛けに戻しておくと、「まだ使うので交換しなくていいです」というサインなので、いつまでたっても新しいタオルに交換してくれない。これは、環境保護対策の一環としても取り入れられている習慣なので、覚えておきたい。

■貴重品の管理

ホテルの室内に現金やパスポートなどの貴重品を置いたままで外出しないこと。貴重品は部屋のクローゼットの中などに設置されているセーフティボックスを利用しよう。

部屋の暖房が弱いと感じたらヒーターが設置されている部屋ではダイヤルを調節してみよう（深夜は切れる場合あり）

▶ ドイツの宿の種類

ドイツのホテルは、政府機関による全国的なランクづけはされていないが、ドイツ・ホテルレストラン協会によって設備の観点から1～5つ星でランクづけされている。なお、ホテル以外にも、いろいろな宿の形態があるので知っておこう。

ホテル Hotel

ドイツのホテルの料金には朝食代も含まれるのが一般的だったが、最近は朝食を別料金としているホテルも増えている。コーヒーや紅茶などの飲み物と各種のパン以外に、スライスしたハムやチーズなどが付く。中級以上のホテルではビュッフェ（バイキング）式がほとんどで、自分で好きなものを好きなだけ食べることができる。

バスルームのアメニティは日本の同クラスのホテルよりも少ないところがほとんど。

なお、ホテルリストなどで「ホテル・ガルニHotel garni」と表示されているのはレストランのないホテルのこと（朝食用のホールはある）。

室料は、同じ内容でも田舎のほうが大都市よりもぐっと安い（お祭りやイベント期間は除く）。

古城ホテル Schlosshotel

ドイツは城の多い国。中世からの歴史があるお城のいくつかは、古城ホテルとして旅行者を迎え入れてくれる。かつての王侯貴族やお姫さまが暮らしていたお城はメルヘンの世界そのもの。外観は中世そのままでも、部屋の内部は近代的に改装され

ているからとっても快適。森の中や山の上にあるため交通の便が悪いが、このほうがかえって世間を忘れて夢の世界に浸れるというもの。人気があるので、早めに予約しておいたほうがよい。

シュロスホテル・ラインフェルスの客室

ガストホーフ Gasthof

1階はレストラン、2階以上が客室となっている小規模な宿。家族経営が多く、レストランがホテルのレセプションを兼ねているような気さくな雰囲気。室内にシャワー、トイレがない部屋もかなりあり、その場合はフロアにある共同のシャワー、トイレを使用する。安く泊まれてドイツの庶民感覚を知るには絶好の宿。

<u>MEMO</u> ホテルのビュッフェ式の朝食は料金が高め。朝から多くは食べられない、という人は町や駅構内のベーカリーへ行ってみては。セルフのイートインコーナーが併設されていて、好きなパンとコーヒーで€5～6程度なので節約できる。

ドイツを旅する｜準備と技術▶ドイツの宿泊施設

ペンジオン　Pension

　部屋数の少ない小規模な宿で、料金も安め。リゾート地にあるペンジオンは朝・夕食を提供してくれるところもある。都市部ではビルの中のワンフロアをペンジオンとしているところが一般的で、部屋は小さめ。朝食室はあるがレストランはない。

プリバートツィマー　Privatzimmer

　日本の民宿に近い感覚。普通の家庭が、空いている部屋を旅行者に貸している。リゾートや田舎に比較的多い。その家の家族が対応してくれる。できれば片言でもドイツ語ができたほうがよい。

ファームステイ　Urlaub auf dem Bauernhof

　農家のホームステイという形で、自然や動物と触れ合うことができるため、ファミリー旅行に人気がある。ブドウ栽培の農家や酪農家などがおすすめ。ただしほとんどの農家が最低でも1週間の滞在を希望している。ここでもドイツ語ができたほうが楽しい滞在になる。車もあったほうがよい。

ドイツの農家暮らしを体験できる宿

フェーリエンヴォーヌング　Ferienwohnung

　フェーリエンヴォーヌングは「休暇用の住居」という意味のとおり、夏休みや冬のスキーシーズンに長期滞在をするための施設で、休暇用アパートメントのようなタイプ、あるいは貸別荘タイプなどがある。おもに山や海、湖のリゾート地に多いが、ベルリンなどの大都市にもある。寝室がふたつ、キッチン、バスルーム付きのファミリータイプが主流、週単位で借りるのが原則。現地観光局のサイトで調べられる。

ユースホステル　Jugendherberge

　ユースホステル発祥の地はドイツ。それだけに設備の充実度はヨーロッパでもトップクラス。ユースホステルはドイツ語で**ユーゲントヘアベルゲJugendherberge**といい、シングルやツインの個室も備えたランクの高いユースは**ユーゲントゲステハウスJugendgästehaus**または**ユーゲントホテルJugendhotel**ともいう。利用するには、ユースホステル協会の会員になる必要がある。
　一般のユースホステルはほとんどが6～8人部屋で、共同のシャワールームを使用する。古城や歴史的な建物を利用したものもあれば、近代的なユースもある。夏の観光シーズンや、人気のあるユースは早めに予約をしておいたほうがよい。ほとんどのユースはネットで予約できる。なお、ユースホ

■ホテルのドアの開け方のコツ
多くのホテルはカード式のルームキーを使用しているが、鍵穴に差し込む鍵を渡された場合、古いホテルではうまく鍵が回ってくれないことがある。そんなときはドアを手前に引っ張りながら、鍵を回してみよう。これでたいていはうまくいくはず。また、多くの場合、鍵は2回転するようになっている。

■鍵の管理
外出するときは、カードキー以外は、鍵をレセプションに預けることになっているが、ペンジオンやガストホーフなどの小さな宿では常時レセプションに人がいるわけではなく、23：00ぐらいになると玄関も閉めてしまう。その場合は部屋の鍵が玄関のドアにも使用できたり、玄関用の鍵を渡されて、チェックアウトまで自分で持つことになる。

■カード式ルームキーの注意
カード式のルームキーを使用しているホテルでは、エレベーターを利用する際、このカードを通さないと宿泊階のボタンが押せない場合がある。部屋に入ったあとは、ドア付近にあるカードキーボックスにカードキーを差し込まないと、部屋の電気が使用できない。また、オートロックなので部屋から出る前には、キーを持ったかどうか必ず確認をすること。

■ホテルのWi-Fi
ドイツではWi-Fi（無線LAN）対応の宿が多い（→P.537）。なお、接続可能な部屋がかぎられていたり、無料で利用できるのはロビーだけということもあるので、利用予定の人は予約時に確認しておこう。

■ファームステイの情報
🔗www.bauernhofurlaub.de

■覚えておくと役立つホテルリストの略語と単語
EZ = Einzelzimmer
シングルルーム
DZ = Doppelzimmer
ダブルルーム
FW = mit fließendem Wasser
洗顔設備のみあり、トイレ・シャワーは付いていない部屋
Frühstück =朝食

533

■ドイツユースホステル協会
URL www.jugendherberge.de

■日本ユースホステル協会
URL www.jyh.or.jp

■ユースホステル利用の注意
ドイツのユースホステルは、町から離れた場所に建っていることが多い。初めての場所で、人通りが少ない場所をひとり歩きするのは心細い。少なくとも日が暮れる前に到着するのが鉄則。特に冬場は16：00ぐらいから暗くなるので気をつけたい。また、ユース内では特に貴重品管理に注意を払うこと。

■おもなプライベートホステル
下記はホテルとホステルが同居するタイプの大手チェーン。
・マイニンガー Meininger
URL www.meininger-hotels.com
・アー＆オー a&o
URL www.aohostels.com

■民泊サービスAirbnb
エアビーアンドビー Airbnbは、部屋を貸すホストと部屋を借りたい旅行者をつなぐウェブサービス。宿泊費が安く抑えられるのがいちばんの魅力だが、ホストが急用で連絡が取れず鍵を渡してもらえなかったなど、時にはトラブルもある。利用の際にはメールでホストと何度かやり取りして不安のないようにしておくことが大切。利用した人たちの口コミ評価をよく読み込んで慎重に選びたい。
URL www.airbnb.jp

ステルは10：00～15：00頃まで閉館し、夜も22：00以降は閉館するところが多い。チェックインの時間や閉館時間は、予約の際に必ず確認しておこう。

ユースホステルの魅力は、世界各国の若者たちとの出会いにもある。旅の情報交換をしたり、一緒にスポーツを楽しんだり、友達をつくるチャンスだ。しかしドミトリーでは相部屋になる人たちが夜中まで騒いだり、習慣の違いなどにより安眠できない場合もある。

プライベート・ホステル　Hostel

ユースホステルは、あらかじめ会員になっておく必要があり、場所も町の中心部から遠かったり、門限もあるなど利用しづらい点もある。こうした短所を改善したのがプライベート・ホステルで、ベルリンやミュン

ファミリールームが充実している（マイニンガー・ミュンヘン）

ヘン、フランクフルトなど大都市の中心部に増えている。

プライベート・ホステルは、宿代をできるだけ節約したい旅行者だけでなく、高校生ぐらいの団体が多く利用していて、夜中まで騒いでうるさかったりする。シングルやツインの個室を備えるホステルもあるが、メインは4～10人ほどのドミトリー（大部屋）。ドミトリーは、男女混合の部屋になることもあるので（ドイツではファミリーやペア利用が多いため）、抵抗がある人は予約の際によく確認しよう。シャワーやトイレは各フロアにある共同のものを使う。ユースもプライベート・ホステルも、基本的に眠るだけの場所と考えて、部屋の設備やサービスはホテルとはまったく異なることを理解しておきたい。

INFORMATION

オートロックのペンションで中に入るには

ビルのワンフロアだけを占めるペンションや、常時入口に人がいないプライベートな博物館などの建物入口は、防犯のためにオートロックのところが多い。

ドアの鍵を開けてもらうには、まず入口横にある入居者名のなかから、目的のペンション名などを探し、該当するブザーボタンを押す。中からインターフォンで人の声がしたら「予約している○○です」などと、用件と名前を名乗ればよい。すると中の人が施錠を解除してくれるブザー音が聞こえる。そうしたらすかさずドアを押して（引いて）中に入る。鍵はブザー音がしている間だけ解除されているのでボンヤリしていると入りそびれるので注意。目的のペンションのフロアに着いたら、そこにもまたドアがあって、再び同様の手順でドアを開けてもらうところもある。

階数の数え方

ドイツでは、ビルなどの階数を表すとき、1階は**Erdgeschoß**、つまり地上階といい、2階を**1.Etage**、3階を**2.Etage**と表すので覚えておこう。ホテルの場合、日本でいう1階にはフロントや出入口があるわけだが、日本のつもりでエレベーターで①のボタンを押してしまうと「あれっ、

違う？」ということになる。1階に行きたいならEまたはEGのボタンを押すこと。（ドイツでは2階以上の表示に**Stock**や**Obergeschoss**という語を用いている場合もある。使い方や意味はEtageと同様。）

出入口がある1階はEを押す。右側はカードキーをタッチする場所

■ 日本で予約する

　すでに旅行日程が決まっていたら、日本で予約を入れておきたい。自分で申し込むのは言葉の面で心配という人は、旅行会社に予約を依頼したり、有名ホテルチェーンの予約事務所に電話をして予約をしてもらうといい。ただし、かなり高いホテルが中心。

ホテルのサイトから

　最近はほとんどのホテルが公式サイトに英語での予約ページを備えているので、そこから直接予約申し込みできる。申し込みの際にはクレジットカード番号の入力が必要で、前もって料金が引き落としされる場合もある。

ブッキングサイトから

　インターネットのホテルブッキングサイトはとても便利。地方の小さなホテルまでカバーしており、日本語対応のサイトも多い。

　注意したいのは、同じホテル内の同じ日、同じレベルの部屋であっても、複数の料金が提示されている場合。最安値のほうは予約時にクレジットカードから即時に宿泊料金が引き落とされて、予約の変更や取り消しは一切できないという条件付き。より高いほうの料金は宿泊前日ぐらいまで予約の変更やキャンセルが可能で、支払いは現地でチェックアウト時（またはチェックイン時）にすればよいというもの。予定が流動的な場合は、多少高くても変更可能なほうのプランを選んだほうがいい。キャンセルポリシー（キャンセル料金に関わる条件）をよく読んだうえで利用しよう。

■ 予約の際に確認したいホテルの設備

　ドイツのホテルは、暖房設備は完備しているが、冷房はないホテルが多いので注意。4つ星クラスでも、古い建物を利用したヨーロッパタイプのホテルではエアコン（冷房）が付いていないこともある。近年は、地球温暖化の影響か、6月下旬ぐらいからかなり暑い日が続くこともあるので、暑さに弱い人はエアコンがある部屋かどうかを確認すること。

　また、中級クラスのホテルでは、エレベーターがない場合もある。スタッフが手伝ってくれる場合もあるが、小さなホテルで人手が足りない場合は頼めないこともある。自分のスーツケースを持って階段を上り下りする自信がない人は、エレベーターの有無を要確認。

バイエルンの民族衣装姿で迎えてくれるホテルも

■ 宿泊料金は常に変動する
宿泊料金は、宿泊日、朝食の有無、予約の仕方（宿泊前日までカードに引き落としか、予約と同時にカード引き落としなどの条件）などにより変動するので、詳細はホテルの公式サイトやホテル予約サイトで確認を。

■ キャンセル規定の確認
キャンセル料の規定はホテルによってまちまちなので、正式な予約を入れる前に確かめておこう。特に、クレジットカード番号を知らせてある場合にキャンセルをすると、規定に応じたキャンセル料をカードから引き落とされることを知っておこう。

■ 予約確認書を持参しよう
インターネットやeメールで予約した場合、予約先（ホテルや予約サイト）からの「予約確認書」はダウンロードするかプリントアウトして必ず持参すること。何らかの予約上の手違いがあった場合にも、この確認書があれば証拠になるし、チェックインの際に提示すれば、名前の確認などがスムーズに進む。

■ 日本語でドイツのホテル予約が可能なサイト
・エクスペディア
🔳 www.expedia.co.jp
・BOOKING.COM
🔳 www.booking.com
・ホステルワールド
🔳 www.japanese.hostelworld.com

■ 宿泊料金に加算される税金
保養税Kurtaxや宿泊税City Taxといった名目で、€2〜5程度の税金を、宿泊料金に加算して徴収する町が多い。提示されている宿泊料金が、これらの税込みか税抜き表示かは、宿泊施設によって異なる。

■ 現地でホテルを探す場合
観光案内所（ツーリストインフォメーション）で、ホテルの予約を頼む方法もある。その際€3〜5程度の紹介手数料や、その場で前金（デポジット）が必要な場合もある。現地で探す場合注意したいのは、メッセ（見本市）などの催しやお祭りがある日。これらにあたるとすべて満室の可能性もある。

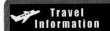
通信・郵便事情

電話

ドイツ旅行中に電話をかける場合、携帯電話あるいはホテルの部屋の電話を使うことになる。

公衆電話は廃止が決まり、2025年までにすべて撤去される予定。ホテルの部屋の電話を使う場合は、指定の外線番号(0の場合が多い)を最初に押すと外線につながる。ただし手数料が加算されるので、通話料金はかなり高くなる。

●ドイツから日本への電話のかけ方

直接相手につながるダイヤル直通通話をする場合は、まず国際電話識別通話「00」をダイヤル後、日本の国番号「81」そして「市外局番／携帯電話の最初の0を除いた相手の電話番号」をダイヤルする。

国際電話識別番号 00	+	日本の国番号 81	+	市外局番／携帯電話の最初の0を除いた相手の番号

例：日本の(03)1234-5678にかける場合

00-81-3-1234-5678

●日本からドイツへの電話のかけ方

＜事業者識別番号＞ NTTコミュニケーションズ：0033 ソフトバンク：0061 ＜携帯電話の場合は不要＞		
国際電話識別番号 010 ※	ドイツの国番号 49	相手の電話番号 (電話番号、携帯番号の最初の0は除く)

※携帯電話の場合は「0」を長押しして「＋」を表示させると、国番号からかけられる。
※ NTTドコモ(携帯電話)は事前にWORLD CALLの登録が必要。

例：ドイツの(089)1234567にかける場合

(事業者識別番号＋)010-49-89-1234567

インターネット

ドイツのインターネット接続は無線LAN(ドイツ語でW-LAN_{ヴェーラン}またはWi-Fi_{ヴィーフィー}ともいう)が主流。Wi-Fi対応のパソコン、スマートフォンなどを持参すれば、日本にいるときのように、インターネットにつないでメール、SNSなどを利用できる。

接続するには、次に紹介するようないくつかの方法がある。

■国内電話のかけ方(ドイツ国内)
市内へかける場合、市外局番は不要。市外へかける場合は市外局番からダイヤルする。

■日本語オペレーターに申し込むコレクトコール
KDDI ジャパンダイレクト
ドイツからオペレーターに相手の日本の番号を伝えて料金先方払い(コレクトコール)でつないでもらう。
🖥 www.kddi.com/phone/international/with-operator/

■携帯電話を紛失した際の、ドイツからの連絡先 利用停止の手続き。全社24時間対応)
au
(国際電話識別番号00)
+81+3+6670-6944 ※1
NTTドコモ
(国際電話識別番号00)
+81+3+6832-6600 ※2
ソフトバンク
(国際電話識別番号00)
+81+92-687-0025 ※3
※1 auの携帯から無料、一般電話からは有料。
※2 NTTドコモの携帯から無料、一般電話からは有料。
※3 ソフトバンクの携帯からは無料、一般電話からは有料。

■日本での国際電話の問い合わせ先
NTTコミュニケーションズ
☎0120-003300(無料)
🖥 www.ntt.com
ソフトバンク
☎0088-24-0018(無料)
🖥 www.softbank.jp
au (携帯)
☎0057
☎157(auの携帯から無料)
🖥 www.au.com
NTTドコモ(携帯)
☎0120-800-000
☎151(NTTドコモの携帯から無料)
🖥 www.docomo.ne.jp
ソフトバンク(携帯)
☎0800-919-0157
☎157(ソフトバンクの携帯から無料)
🖥 mb.softbank.jp

MEMO 日本で使用している携帯電話(海外対応機種)をドイツで使用する場合、日本国内におけるパケット通信料は適用外なので要注意。スマートフォンをWi-Fi環境で使用する場合は「データローミング」をオフにしておくと安心。

ホテルのWi-Fiを利用する

　最近は無料で利用できるホテルが多いが、一部のチェーン系の高級ホテルでは有料の場合もある。接続するには、ホテルのレセプションで教えてくれるパスワード等を入力する。最近はパスワードなしでも、利用条件を「OK」し、「Connect」をクリックすれば自動的につながるホテルも増えている。ただ、ホテルの無料Wi-Fiは通信速度が遅く、なかなか画面が表示されないなど使いにくい場合が多い。また、セキュリティ面で不安があるともいわれているので注意したい。

　Wi-Fi有料のホテルの場合は、そのホテルが契約しているプロバイダーに自動接続されるので、速度や利用時間を選び、料金はクレジットカード払いとなる。

公共スペースやカフェのフリーWi-Fiを活用する

　空港や大型駅構内、特急（ICE）など一部の列車では無料でWi-Fiが使える。特に移動中の列車内で利用できるフリーWi-Fiは便利だ。またフリーWi-Fiのカフェもある。パスワードはレシートに印字してあったり、スタッフに訪ねたりする。

■無料Wi-Fiのパスワードを教えてもらう
ホテルのレセプションやカフェなどのスタッフにパスワードを聞くなら英語では「What's the password for the Free Wi-Fi ?」でOK。

ドイツを旅する　準備と技術▶　通信・郵便事情

INFORMATION

ドイツでスマホ、ネットを使うには

　スマホ利用やインターネットアクセスをするための方法はいろいろあるが、一番手軽なのはホテルなどのネットサービス（有料または無料）、Wi-Fiスポット（インターネットアクセスポイント。無料）を活用することだろう。主要ホテルや町なかにWi-Fiスポットがあるので、宿泊ホテルでの利用可否やどこにWi-Fiスポットがあるかなどの情報を事前にネットなどで調べておくとよい。ただしWi-Fiスポットでは、通信速度が不安定だったり、繋がらない場合があったり、利用できる場所が限定されたりするというデメリットもある。そのほか契約している携帯電話会社の「パケット定額」を利用したり、現地キャリアに対応したSIMカードを使用したりと選択肢は豊富だが、ストレスなく安心してスマホやネットを使うなら、以下の方法も検討したい。

☆ 海外用モバイルWi-Fiルーターをレンタル

　ドイツで利用できる「Wi-Fiルーター」をレンタルする方法がある。定額料金で利用できるもので、「グローバルWiFi（【URL】https://townwifi.com/）」など各社が提供している。Wi-Fiルーターとは、現地でもスマホやタブレット、PCなどネットを利用するための機器のことをいい、事前に予約しておいて、空港などで受け取る。利用料金が安く、ルーター1台で複数の機器と接続できる（同行者とシェアできる）ほか、いつでもどこでも、移動しながらでも快適にネットを利用できるとして、利用者が増えている。

▼グローバルWiFi

　海外旅行先のスマホ接続、ネット利用の詳しい情報は「地球の歩き方」ホームページで確認してほしい。
【URL】http://www.arukikata.co.jp/net/

成田空港にあるWi-Fiレンタルの
カウンター

■おもな海外用モバイルWi-Fi
　ルーターレンタル会社
グローバルWiFi
⊕townwifi.com
イモトのWiFi
⊕www.imotonowifi.jp
WiFiBOX
⊕wifibox.telecomsquare.co.jp

●海外用モバイルWi-Fiルーターをレンタルする

　インターネットをいつどこででも利用したいという人に便利。海外用の小型ルーターを借りていけば、どこにいてもインターネットにつながる。ルーター1台で複数の機器に接続できるので（機種による）、グループ旅行で数人が使用すると安く済む。ルーターは各社のウェブサイトから予約し、出発する空港で受け取り（または宅配）、帰国日に空港で返却する。

●各携帯電話会社の海外データ定額を利用する

　ルーターを持ち歩く必要はなく、スマートフォンだけで使用できる。比較的低額で、日本で加入しているキャリアのデータ定額プランの容量を海外でも使用できる「海外データ定額サービス」（名称はキャリアによって異なる）を利用する方法がある。渡航前に自身の契約内容が海外で使用可能かどうか、確認しておこう。

●SIMカード

■SIMカードの購入
現地で購入できるが、amazonなどのECサイトでも購入できる。初めての人は、あらかじめカードの差し換え方、使い方などをよく確認しておきたい。

　SIMフリーのスマートフォンが必要。現地のキャリアに対応したプリペイド方式のSIMカードに差し替えることによって、通信を利用できる。通信料が現地の国内通話扱いになるので割安になり、プリペイド方式なので使い過ぎによる高額請求の心配も不要。海外に長期滞在する場合や渡航頻度の高いビジネスマンなどに向いている。

郵　便

　ドイツから日本へ手紙やはがきを出すには、宛名は日本語でもよいが、**国名JAPAN**と航空便**LUFTPOST**（または**PRIORITY**）だけは必ず欧文で、目立つように書くのを忘れずに。そして郵便局で切手**Briefmarke**を購入して貼り、黄色いポストに投函する。通常は4〜8日ぐらい（日曜、祝日は除く）で届く。

　ドイツの郵便は民営化され、駅のキオスクやショッピングセンターの一角で営業しているところもある。郵便業務に加えて文具などを販売しているところも多い。小包用やワイン用のボックスも販売しているので、増えた荷物やおみやげを日本に送ってしまうのもいい。小包部門は子会社のDHLと提携して取り扱っている（発送は郵便局でできる。日本では日本郵便が配達）。

■日本への郵便料金
⊕www.deutschepost.de
はがき　　　　　　　　€0.95
封書　　　50ｇまで€1.70
2kgまでの小型包装物
（ペックヒェン）　　€19.99
小包　　　5kgまで€48.99
　　　　　10kgまで€64.99

黄色いホルンのマークは、昔ながらの郵便局の目印

民営化され郵便業務専門の
郵便局は減少している

Travel Information ショッピング・免税手続き

ショッピングのマナー

ドイツの店のショーウインドーには、その店の自慢の商品が、趣向を凝らして飾られている。専門店の場合、ショーウインドーで気に入った物を先に見つけてから、店の中に入ったほうがいいだろう。

ディスプレイされている品が見たい場合は、店員に声をかけよう

ドイツで気持ちよく買い物がしたかったら、語学力があろうとなかろうと、「あいさつ」と「自分の希望をはっきり伝えること」がいちばん大切だ。

ブティックや専門店の中に入るときは、必ず「Guten Tag.（南ドイツではGrüß Gott.）」とあいさつしよう。店員が応対に来たら、自分の希望を言う。ショーウインドーの品物を指さして、「これを見せてくださいZeigen Sie mir das, bitte.」などと言えばよい。ほかの品物を見たい場合も、勝手に棚の品物に触ったりしないで、希望を伝えて、店員に出してもらうこと。もちろん、気に入らなかったら、断ればよい。ただし、応対してもらったのだから「（見せてもらって）ありがとう、さようならDanke schön. Auf Wiedersehen」ぐらいは、必ず言おう。

自分で店内をざっと見てみたいなら「ちょっと店内を見たいのです（見ているだけです）Ich möchte mich nur umsehen.」とか、英語で「Just looking.」と言えばよい。

■商店の営業時間

日曜、祝日は休み。大都市のブティックなどは一般的に月〜金曜10：00〜19：00、土曜10：00〜18：00というところが多いが、店によってさまざま。

■エコバッグ持参で

スーパーや野外市場などでは包装なしが基本。レジで「テューテ（袋いりますか）？」とか「ゲート・ゾー（このままでいい）？」と聞かれることもあるが、不要なら「ゲート・ゾー」と答えればいい。必要な場合は日本同様有料なので、できるだけエコバッグ持参で行こう。

■ペットボトルのリサイクル

ドイツではペットボトル飲料にはリサイクル容器代として€0.25加算されている。空になったボトルは、スーパーマーケットの店内に設置されている自動回収機Pfandflaschenautomatに入れると、本数分の金額が印字されたレシートがプリントされて出てくるので、これをレジで精算する（そのとき買い物した合計額から相殺も可）。回収機がない店では、レジで空ボトルを返却すればよい。

空ボトルを投入するとレシートが出てくる

INFORMATION

スーパーで買い物をするときの注意

スーパーマーケットでの買い物は楽しいものだが、日本とは利用の仕方が違う点もいくつかあるので、知っておきたい。

●入口と出口は決まっている

デパートの地下に入っている一部の店以外は、入口Eingangと出口Ausgangが厳密に決まっていて、入口の回転バーは入口側からしか回らない。買いたいものが何も見つからなかったので、そのまま店外へ出たいような場合でも、必ず人がいるレジ前を通過しないと出口へ行けないようになっている。その際、大きめのバッグを持っているときは、店の人から中身を見せるように言われる場合もある。

●レジ台ではちょっと忙しい

レジ台前に来たら、ショッピングカートや買い物籠から自分で商品を取り出して、ベルトコンベアー式の台に載せる（前の人の商品との間には、仕切りバーを置く）。使用した買い物籠はコンベアーの手前が所定位置となっていることが多いのでそこへ自分で戻す。レジ袋は有料で、希望するなら精算が完了する前に「アイネ・テューテ・ビッテEine Tüte, bitte」と言う。支払い後は、レジを通った商品を、袋に手早く詰める。そうしないとすぐに次の客が買った品が流れてきてしまう。

レジでは前の人の品物と混ざらないように、仕切りバーを置くといい

MEMO ドイツにコンビニはなく、休日には買い物ができず困ることがある。大都市ならば、中央駅構内の店は営業しているが、中都市以下ではそれも無理。そんなときはガソリンスタンドへ。食料品や基本的な日用品なら売っている。

539

■免税手続き代行会社

最大手のグローバルブルーや、プラネットなどがある。空港での払い戻しカウンターの場所は、代行会社によって異なり、下記サイトに案内されている。
・グローバルブルー
URL www.global-blue.com
・プラネット
URL www.planetpayment.com

■還付金の受け取り方法

還付金は現金、あるいはクレジットカード決済口座に払い戻しのどちらかを選択できるが、現金受け取りの場合は数ユーロの手数料がさらに差し引かれるので、クレジットカードへの払い戻しを選ぶ人が多い。クレジットカードに払い戻しを選んだ場合は、スタンプをもらった免税書類にクレジットカード番号などを記入し（レシートも添付）、購入店でもらった封筒に入れて免税払い戻し窓口の近くにある専用ポスト（上の写真）に投函すると、1～2ヵ月後に払い戻しされる。現金を選んだ場合は書類を持って払い戻し窓口へ。

免税払い戻し窓口

ドイツ出国時の免税手続きについて

ドイツの商品には、日本の消費税に相当する**付加価値税 Mehrwertsteuer**（**Mwst.**と略記。**Umsatzsteuer＝USt.**ともいう）がかけられている。税率は19％（食料品、書籍などは7％）。EU国外に居住する外国人旅行者は、規定の条件（下記の①～③）を満たし、所定の手続きをすれば、付加価値税は還付される。ただし、この手続きには免税手続き代行会社（→左記）が間に入って手数料を取るため実際には10％程度（食品、書籍などは2～3％程度）の還付額となる。なお、すべての商店が免税手続きを行っているわけではなく、デパートやブランドショップ、みやげ物店などがメイン。店の入口などに、免税手続き代行会社の加盟店であることを示すステッカーが張ってあるので確認しよう。

①免税手続きをする店で、一度に購入した商品の合計が€50.01以上であること。

②購入店で作成してもらった免税書類とレシート（クレジットカード明細やコピーは不可）が揃っていること。免税書類は店員に「タックス・フリー・ショッピング・チェック・プリーズ」と言って作成してもらう。書類作成にはパスポートの提示が必要なので忘れずに。

③購入した商品は未使用の状態でEU加盟国外へ持ち出すこと。

空港での手続き

(1) 免税対象商品を機内持ち込み手荷物とする場合

①航空会社のカウンターでチェックイン手続き後、機内持ち込み手荷物としてそのまま持ち、出国審査の先にある**税関Export Certification**（ワシのマークが目印）で対象商品、パスポート、搭乗券を提示してお店で作成してくれた免税書類にスタンプをもらう。

②免税手続き代行業者の**税金払い戻し窓口Tax Refund office**に書類を提出して、払い戻しを受ける（現金かクレジットカード決済口座に返金（→左記）のいずれかを選択）。

(2) 免税対象商品を機内預けの荷物に入れる場合

①航空会社のチェックインカウンターで搭乗手続きを行うとき、免税対象商品が入っているスーツケースなどは、この時点では機内預けの荷物にせずに、航空会社の職員に税金の払い戻し手続きをすることを伝えて、バゲージ・クレーム・タグだけ付けて手元に戻してもらう。

②次に税関へ行き、免税書類にスタンプをもらい、この税関の場所で免税対象商品が入ったスーツケースなどを預ける。

③免税手続き払い戻し窓口で、払い戻しを受ける（上記(1)-②と同じ）。

投稿 今回の旅の最終日6月8日（'23）は祝日で、どの店もほぼ休業。この日におみやげをまとめて購入する予定でしたので困りました。ドイツの祝日をしっかり調べて行くべきでした。（埼玉県 トコ '23）→ドイツの祝祭日P.10

旅のトラブルと安全対策

ドイツの治安

　ドイツの治安はヨーロッパの中でもかなりよいほうだ。それでもミュンヘンやフランクフルト、ベルリンなどの空港や大都市の中央駅周辺などでは置き引きやスリの被害が多いので気をつけよう。

　貴重品の入った荷物に気をつけることは日本でも普通にしていること。ほんの一瞬でも荷物を置いたままにしたり、買い物に気を取られているスキを狙われないようにしよう。

ミュンヘンのパトカー

盗難・紛失時の対処方法

●パスポートをなくしたら

①警察／役所に届ける

　最寄りの警察署に行き（場所はホテルなどで教えてもらう）、**盗難届出証明書Diebstahlanzeigebestätigung**を発行してもらう。紛失の場合は、**紛失物サービスFundservicestelle**へ行き、紛失届出証明書を発行してもらう場合もある。

②大使館で新規発給手続き

　日本大使館または総領事館へ行き、パスポートの失効手続きと、新規発給の手続きをする。交付されるのは申請の翌日から数えて4開館日以降。至急日本に帰国する必要がある人は、パスポートの代わりに**帰国のための渡航書**（日本に直行帰国するためだけに利用できる。交付は帰国日の前日）を発給してもらうこともできる。

必要書類および費用

■紛失届出

・紛失一般旅券等届出書（ダウンロード申請書または、大使館・総領事館に備え付けのもの）　1枚
・警察署の発行した紛失・盗難届出を立証する書類　1枚
・写真　1枚　※3

■発給手続き（上記の紛失届出後）

　新規旅券：一般旅券発給申請書、手数料（10年用旅券€107、5年用旅券€74）※1 ※2
・6ヵ月以内に発行された戸籍謄本　1通
・写真　1枚　※3

　帰国のための渡航書：渡航書発給申請書、手数料（€17）※2
・写真　1枚　※3
・6ヵ月以内に発行された戸籍謄本（原本）　1通
・旅行日程が確認できる書類（航空券e-Ticketの控え）

旅券の顔写真があるページのコピーと航空券（e-Ticket）の控えかツアーの場合は日程表のコピーもあると手続きが早い。コピーは原本とは別の場所に保管しておこう。

■緊急時の連絡先
●警察　☎110
●消防・救急　☎112

■渡航先で最新の安全情報を確認できる「たびレジ」に登録しよう
外務省の提供する「たびレジ」に登録すれば、渡航先の安全情報メールや緊急連絡を無料で受け取ることができる。出発前にぜひ登録しよう。
URL www.ezairyu.mofa.go.jp/index.htm

■日本大使館
Japanische Botschaft
ヤパーニッシェ・ボートシャフト
●ベルリン
☎(030) 210940
URL www.de.emb-japan.go.jp
住 Hiroshimastr. 6
　D-10785　Berlin
◎Map P.303-B4

■日本総領事館
Japanisches Generalkonsulat
ヤパーニッシェス・ゲネラールコンズラート
●フランクフルト
☎(069) 2385730
住 Friedrich-Ebert-Anlage 49
　Messe Turm 34.0G
　D-60327　Frankfurt
◎Map P.60-B1外
●ミュンヘン
☎(089) 4176040
住 Friedenstr. 6
　（4.Stockドイツ式4階）
　D-81671　München
◎Map P.251-B4外
●デュッセルドルフ
☎(0211) 164820
住 Breite Str. 27 D-40213
　Düsseldorf
◎Map P.124-B2
●ハンブルク
☎(040) 3330170
住 Domstr. 19　D-20095
　Hamburg
◎Map P.457-B4

※1：改正旅券法の施行により、紛失した旅券の「再発給」制度は廃止
※2：現地通貨の現金で支払い
※3：縦45mm×横35mm、撮影から6ヵ月以内。IC旅券作成機が設置されていない在外公館での申請では、写真が3枚必要

「旅券申請手続きに必要な書類」の詳細や「IC旅券作成機が設置されていない在外公館」は、外務省のウェブサイトで確認を。
URL www.mofa.go.jp/mofaj/toko/passport/pass_5.html

■万一に備えてメモしてお
くこと
・パスポート番号、発行日、
発行場所（コピーを貼ってお
くのもいい）
・クレジットカードの番号と
有効期限、緊急連絡先の電話
番号、旅行会社の現地連絡事
務所
・海外旅行保険の現地緊急連
絡先と日本の緊急連絡先

被害にあったら最寄りの警察署
へ行き届け出を

●クレジットカードをなくしたら

①カード会社に連絡、警察に届ける

速やかにカード会社に電話で連絡を取り、悪用されないために
カード無効の手続きをする。盗難の場合は、パスポートと同様の証
明書を警察署で発行してもらう。

②再発行

カード会社のサービスデスクなどで、パスポート、盗難/紛失届出
証明書を提示し、再発行してもらう。これらの手続きは、カード会
社によって異なるので、万一の場合の連絡先や手続き方法をチェッ
クしておくこと。カード番号を控えておくことも忘れずに。

●携行品をなくしたら

①警察に届ける

警察署で盗難届出証明書を発行してもらう。携行品補償が付帯さ
れている海外旅行保険に入っていれば、所定の手続き後、補償が
受けられる。ただし紛失や置き忘れは補償対象外。

②保険会社に連絡

帰国後、ただちに保険会社に連絡。加入している保険会社に提
出する必要書類を用意して、手続きを行う。

INFORMATION　　パスポート携行の義務

旅行者は官憲（警官等）から求められたら、パス
ポートを提示する義務がある。きちんと対応しな
いと検挙され、€1000以下の罰金を科されること
がある。市内観光の際、パスポートはホテルの金
庫に預けて、コピーを持ち歩いているときにチェッ
クを受けたら、警官がコピーで納得すればよい
が、だめなら保管場所まで取りに行って提示する。
警官の求めに誠実に対応しないと罰金が科される

場合があるが、その場で徴収されることはない。
支払いを求められたらニセ警官の可能性もあるの
で、できるだけひとめのある所で、警官の身分証
明書の提示を求めて確認し、領収書を受け取るこ
とが望ましい。
　国境付近の列車内では、しばしば抜き打ち的に
パスポートチェックが行われている。日帰りの列
車移動の際は忘れずにパスポートを携行すること。

INFORMATION　　最近のスリやトラブルの傾向を知っておこう

●ニセ警官にお金を取られた

麻薬捜査中の私服警官（2人組）を装い、パスポー
トや財布の提示を求めてくる。財布を渡すと巧妙
に中身をすり取られたり、持ち去られる。
→対策：パスポートの提示は本物の警官から求めら
れる場合があるが財布はまずない。絶対に渡さない。

●親切そうな人が実はスリ！

列車の乗車口で、重いスーツケースを持ち上げ
ようとしている人に「手伝いましょう」と言って
親切そうに手を貸す人が、実はスリ。たいてい2人
組で、スーツケースに気を取られているターゲッ
トの後ろに、もうひとりがぴったりと接近し、バ
ッグから財布を盗む。
→対策：列車の乗降中の被害が増えている。駅で
話しかけてくる人には最大限の注意を払い、貴重
品は貴重品袋などに入れて身につける。

●食事中にバッグや財布を持ち去られた

ホテルの朝食ビュッフェで、料理を取りに行っ
ている間に、椅子に置いたバッグが持ち去られた。
レストランの椅子にかけたジャケットのポケット
内の財布を抜き取られた。
→対策：ほんの一瞬でも携行品は体から離さない。

●募金の署名、アンケート詐欺

2～4人の子供がニコニコしながら駆け寄
ってきて、募金の署名やアンケートのような紙を
差し出してくることがある。これは、紙に書かれ
た内容に気を取られているスキに、別の仲間が財
布などを抜き取る、というスリの手口。ベルリン
のブランデンブルク門などの観光地近辺で多発し
ている。
→対策：話しかけられても完全に無視して離れる
こと。

投稿　日本人はスマホの新機種を使っている人が多いということで、ひったくりやスリのターゲットになりやすいそうです。スマ
ホを盗まれるととても困るので、旅行中はスマホにしっかりしたストラップ（手首や首用など各種あり）を付けて、体から♪

■病気、けがに備える

　時差や気候の違いなどの環境の変化に加えて、ハードなスケジュールで動き回っている間に、突然体調の変化が現れることもある。疲労を感じたら、無理をせずにゆっくり休養を取ることが大切。頭痛薬や胃腸薬程度のものは**薬局Apotheke**でも購入できるが、常備薬を持っていくほうが安心。

　なお、持病で服薬をしている人は、ストライキで帰国便の飛行機が飛ばない（ドイツではよくある）などの事態に備えて多めに持参すること。また、念のため英語の薬品名をウェブなどで調べておいたほうがよい。

大きな駅構内や町なかにある薬局

頭痛や腹痛程度の薬は薬局で買えるので相談を

●病院に行く

①病院を紹介してもらう

　持参した薬を飲んでも回復しなかったり、思わぬ大きなけがをしてしまったりしたら、海外旅行保険に入っている人は自分が加入している海外旅行保険会社の緊急連絡先へ電話をして、最寄りの保険会社の提携病院を紹介してもらう。提携病院で治療を受ければ、スムーズに対処をしてもらえるだろう。そのためにも、海外旅行保険への加入（→P.506）は必須といえる。

②診察・支払い

　医師は英語が話せるのが普通。診察、治療にかかった費用は、キャッシュレス診療が可能な提携病院以外は、いったん全額自己負担で支払うことになるが、診断書や領収書などの必要書類をもらっておけば、帰国後に治療費を保険会社に請求できる。

■緊急の場合

　急病や事故で動けない場合は、救急車を呼んでもらう。救急車はドイツの健康保険に加入している人以外は有料でかなり高額だが、海外旅行保険に入っている人はもちろんカバーされる。

　また、緊急時に海外旅行保険会社の指定病院以外で治療を受けた場合は、領収書や診断書などの必要書類を揃えておかないと、帰国後保険金がおりないこともあるので注意。

　万一の場合に備えて、保険会社の緊急連絡先電話番号と保険証書は常に携帯しよう。

■持病がある人は
ドイツの薬局アポテーケApothekeでは、風邪薬や頭痛薬など以外の医薬品は医師の処方箋がないと購入できない。持病がある人は、日本でかかりつけの医師に英文の診断書や常備薬の名前を作成してもらって持参すると、万一体調が悪化して病院にかかるときなどにも安心。

ドイツの薬局は赤いAのマークが目印

■日本人医師、日本語の通じる医師がいる病院を探す
URL www.mofa.go.jp/mofaj/toko/medi/europe/germany.html
外務省、世界の医療事情のページ内に、ドイツの各州ごとに紹介されている。

■海外旅行保険による新型コロナ感染症のカバー
医師の診察や入院費はカバーされるのが一般的。帰国を延期した場合の滞在費、航空券代などは、保険によってカバーされるかどうか異なるので、加入時によく確認しておくこと。

緊急時は救急車を呼んでもらおう

ドイツを旅する　準備と技術　旅のトラブル対策

▶ 離さないようにしましょう。歩きスマホや、レストランやカフェでテーブルの上に置きっぱなしにするようなこともやめたほうがいいです。特に大都市の観光地では要注意です。（東京都　まどか　'24）

　ドイツでは、都市部や観光客が多い町のホテルなどでは英語が比較的よく通じる。しかし、旧東ドイツ地域や年齢層が高くなると通じない場合もあるし、せっかくドイツまで来たのだから、ぜひドイツ語を使ってみよう。最初はあいさつやお礼の言葉だけでもいい。どんなに下手なドイツ語でも、わかるまで熱心に耳を傾けてくれるのが、ドイツ人の性分なのだから。

これだけは覚えておこう！

Ja. ヤー	はい	**Danke schön.** ダンケ・シェーン	ありがとうございます
Nein. ナイン	いいえ	**Bitte.** ビッテ	お願いします
Guten Morgen. グーテン・モーゲン	おはようございます	**Nein Danke.** ナイン・ダンケ	いいえ、けっこうです
Guten Tag. グーテン・ターク	こんにちは	**Bitte.** ビッテ	どういたしまして
Grüß Gott. グリュス・ゴット	こんにちは（南ドイツ地域で）	**Entschuldigung.** エントシュルディグング	ごめんなさい
Guten Abend. グーテン・アーベント	こんばんは	**Verzeihung.** フェアツァイウング	すみません（人にぶつかったときなど）
Gute Nacht. グーテ・ナハト	おやすみなさい	**Entschuldigung.** エントシュルディグング	すみません（人に呼びかけるとき）
Auf Wiedersehen. アウフ・ヴィーダーゼーエン	さようなら	**Ich verstehe.** イッヒ・フェアシュテーエ	わかりました
Tschüß. チュス	さようなら（くだけた感じ）	**Mein Name ist ○○.** マイン・ナーメ・イスト・○○	私の名前は○○です
Danke. ダンケ	ありがとう	**○○, bitte.** ○○、ビッテ	○○をください

トラブル

助けて！
Hilfe!
ヒルフェ

危ない！
Vorsicht!
フォアズィヒト！

財布を盗まれました
Mir wurde meine Geldbörse gestohlen.
ミア・ヴルデ・マイネ・ゲルトベルゼ・ゲシュトーレン

盗難／紛失証明書を発行してください
Können Sie mir eine Bescheinigung über den Diebstahl / Verlust schreiben?
ケネン・ズィー・ミア・アイネ・ベシャイニグング・ウーバー・デン・ディープシュタール／フェアルスト・シュライベン

列車にバッグを置き忘れました
Ich habe meine Tasche im Zug vergessen.
イッヒ・ハーベ・マイネ・タッシェ・イム・ツーク・フェアゲッセン

パスポートをなくしました
Ich habe meinen Pass verloren.
イッヒ・ハーベ・マイネン・パス・フェアローレン

ここはどこですか？
Wo bin ich?
ヴォー・ビン・イッヒ

トイレはどこですか？
Wo ist eine Toilette?
ヴォー・イスト・アイネ・トアレッテ

MEMO　ドイツにはワーキングホリデー制度がある。ドイツ入国時の年齢が18歳以上31歳未満の日本人を対象に、一定の条件を満たした場合に1年間有効の滞在ビザを発給するもので、詳細はワーキングホリデー協会圃 www.jawhm.or.jpへ。

ドイツを旅する　準備と技術　旅の言葉

移動

(座席の)予約の窓口はどこですか？
Wo ist der Reservierungsschalter?
ヴォー・イスト・デア・レゼルヴィールングスシャルター？

どこで乗り換えればよいですか？
Wo muss ich umsteigen?
ヴォー・ムス・イッヒ・ウムシュタイゲン？

ユーレイルグローバルパスで乗れますか？
Kann ich mit dem "Eurail Global Pass" fahren?
カン・イッヒ・ミット・デム・オイレール・グローバル・パス・ファーレン

この列車はドルトムントに停まりますか？
Hält dieser Zug in Dortmund?
ヘルト・ディーザー・ツーク・イン・ドルトムント

この席は空いていますか？
Ist dieser Platz frei?
イスト・ディーザー・プラッツ・フライ

タクシーを呼んでください
Können Sie bitte ein Taxi rufen.
ケネン・ズィー・ビッテ・アイン・タクシー・ルーフェン

単語集		
Abfahrt アプファート	出発
Ankunft アンクンフト	到着
Eingang アインガング	入口
Ausgang アウスガング	出口
Schliessfach シュリースファッハ	コインロッカー
Fahrplan ファーブラーン	時刻表
Einfach アインファッハ	片道
Hin- und Zurück ヒン・ウント・ツーリュック	往復
Umsteigen ウムシュタイゲン	乗り換え
Verspätung フェアシュペートウング	(列車の)遅延

ショッピング

見ているだけです
Ich möchte mich nur umsehen.
イッヒ・メヒテ・ミッヒ・ヌア・ウムゼーエン

それを見せてください
Können Sie mir dies zeigen?
ケネン・ズィー・ミア・ディース・ツァイゲン？

試着してもいいですか？
Kann ich das anprobieren?
カン・イッヒ・ダス・アンプロビーレン？

これにします
Ich nehme das.
イッヒ・ネーメ・ダス

クレジットカードは使えますか？
Akzeptieren Sie Kreditkarten?
アクツェプティーレン・ズィー・クレディートカルテン

単語集		
Kaufhaus カウフハウス	デパート
Supermarkt ズーパーマルクト	スーパー
Markt マルクト	市場
Buchhandlung ブーフハンドルング	本屋
Apotheke アポテーケ	薬局
Drogerie ドロゲリー	ドラッグストア
Kasse カッセ	レジ
Schaufenster シャウフェンスター	ショーウインドー

レストラン

英語のメニューはありますか？
Haben Sie die Speisekarte auf Englisch?
ハーベン・ズィー・ディー・シュパイゼカルテ・アウフ・エングリッシュ？

メニュー早わかり単語帳→P.27

注文をお願いします
Ich möchte bestellen.
イッヒ・メヒテ・ベシュテレン

何がおすすめですか？
Was empfehlen Sie?
ヴァス・エンプフェーレン・ズィー？

あれと同じ料理をください
Bringen Sie mir bitte das gleiche.
ブリンゲン・ズィー・ミア・ビッテ・ダス・グライヒェ

おいしかったです
Es hat gut geschmeckt.
エス・ハット・グート・ゲシュメクト

お勘定をお願いします
Zahlen, bitte.
ツァーレン・ビッテ

単語集		
Messer メッサー	ナイフ
Gabel ガーベル	フォーク
Löffel レッフェル	スプーン
Serviette ゼルヴィエッテ	ナプキン
Glas グラース	グラス
Salz ザルツ	塩
Senf ゼンフ	マスタード
Zucker ツッカー	砂糖

MEMO Google翻訳アプリはレストランのメニューにカメラをかざすと画面上で翻訳したり、音声で読み上げてくれる。また、日本語で話しかけると現地語の音声で返してくれるなど、旅に便利な機能がいろいろ。

ホテル

今晩空いている部屋はありますか？
Haben Sie ein Zimmer für heute Nacht frei ?
ハーベン・ズィー・アイン・ツィマー・フア・ホイテ・ナハト・フライ

朝食は何時から何時までですか？
Von wann bis wann kann man frühstücken?
フォン・ヴァン・ビス・ヴァン・カン・マン・フリューシュテュッケン？

鍵が開けられません
Ich kann die Tür nicht öffnen.
イッヒ・カン・ディー・テューア・ニヒト・エフネン

チェックアウトをお願いします
Ich möchte auschecken.
イッヒ・メヒテ・アウスチェッケン

クレジットカード／現金で支払います
Ich bezahle mit Kreditkarte/ Bar.
イッヒ・ベツァーレ・ミット・クレディートカルテ／バー

荷物を預かってもらえますか？
Können Sie mein Gepäck aufbewahren?
ケネン・ズィー・マイン・ゲペック・アウフベヴァーレン

単語集		
Einzelzimmer アインツェルツィマー	シングルルーム
Doppelzimmer ドッペルツィマー	ツインルーム
Bestätigung ベシュテーティグング	予約確認書
Anmeldeformular アンメルデフォルムラー	宿泊カード
mit Badewanne ミット・バーデヴァネ	バスタブ付き
mit Dusche ミット・ドゥーシェ	シャワー付き
Schlüssel シュリュッセル	鍵
Föhn フェーン	ドライヤー
Klimaanlage クリーマアンラーゲ	エアコン
Rechnung レヒヌング	領収書

数　字

Null ヌル	0	**zehn** ツェーン	10	**zwanzig** ツヴァンツィヒ	20
eins アインス	1	**elf** エルフ	11	**dreißig** ドライスィヒ	30
zwei ツヴァイ	2	**zwölf** ツヴェルフ	12	**vierzig** フィアツィヒ	40
drei ドライ	3	**dreizehn** ドライツェーン	13	**fünfzig** フュンフツィヒ	50
vier フィーア	4	**vierzehn** フィアツェーン	14	**hundert** フンダート	100
fünf フュンフ	5	**fünfzehn** フュンフツェーン	15	**tausend** タウゼント	1,000
sechs ゼクス	6	**sechzehn** ゼヒツェーン	16	**zehntauzend** ツェーンタウゼント	10,000
sieben ズィーベン	7	**siebzehn** ズィープツェーン	17	**hunderttauzend** フンダートタウゼント	100,000
acht アハト	8	**achtzehn** アハツェーン	18	**eine Million** アイネ・ミリオーン	1,000,000
neun ノイン	9	**neunzehn** ノインツェーン	19		

曜日／月

Montag モーンターク	月曜	**Feiertag** ファイアターク	祝日	**Juli** ユーリ	7月
Dienstag ディーンスターク	火曜	**Januar** ヤヌアー	1月	**August** アウグスト	8月
Mittwoch ミットヴォッホ	水曜	**Februar** フェブルアー	2月	**September** ゼプテンバー	9月
Donnerstag ドナースターク	木曜	**März** メアツ	3月	**Oktober** オクトーバー	10月
Freitag フライターク	金曜	**April** アプリル	4月	**November** ノヴェンバー	11月
Samstag ザムスターク	土曜	**Mai** マイ	5月	**Dezember** デツェンバー	12月
Sonntag ゾンターク	日曜	**Juni** ユーニ	6月		

MEMO ドイツでは学割だけでなく、ファミリー割引やシニア割引もある施設が多い。適用年齢は異なるので、「割引ありますか？ Gibt es eine Ermäßigung?」と聞いてみよう。年齢確認のためパスポートの提示が必要。

緊急時の医療会話

ホテルで薬をもらう

具合が悪い。
イッヒ フューレ ミッヒ クランク
Ich fühle mich krank.

下痢止めの薬はありますか？
ハーベン ズィー アイン メディカメント ゲーゲン ドゥルヒファル
Haben Sie ein Medikament gegen Durchfall?

病院へ行く

近くに病院はありますか？
ギプト エス ヒーア イン デア ネーエ アイン クランケンハウス
Gibt es hier in der Nähe ein Krankenhaus?

日本人のお医者さんはいますか？
ズィント ヒーア ヤパーニッシェ エルツテ
Sind hier japanische Ärzte?

病院へ連れていってください。
ヴュルデン ズィー ミッヒ インス クランケンハウス ブリンゲン
Würden Sie mich ins Krankenhaus bringen?

病院での会話

診察の予約をしたい。
イッヒ メヒテ アイネン ウンターズーフングステルミーン フェアアインバーレン
Ich möchte einen Untersuchungstermin vereinbaren.

○○ホテルからの紹介で来ました。
○○ ホテル ハット ミア ズィー エムプフォーレン
○○Hotel hat mir Sie empfohlen.

私の名前が呼ばれたら教えてください。
ビッテ タイレン ズィー ミア ミット ヴェン マイン
Bitte teilen Sie mir mit, wenn mein
ナーメ ゲルーフェン ヴィルト
Name gerufen wird.

診察室にて

入院する必要がありますか？
ムス イッヒ イム クランケンハウス アウフゲノメン ヴェアデン
Muss ich im Krankenhaus aufgenommen werden?

次はいつ来ればいいですか？
ヴァン ゾル イッヒ ヴィーダー コ メン
Wann soll ich wieder kommen?

通院する必要がありますか？
ムス イッヒ レーゲルメースィヒ インス クランケンハウス コ メン
Muss ich regelmäßig ins Krankenhaus kommen?

ここにはあと2週間滞在する予定です。
イッヒ ブライベ ヒーア ノ ホ ツヴァイ ヴォッヘン
Ich bleibe hier noch zwei Wochen.

診察を終えて

診察代はいくらですか？
ヴァス コステット ディー ウンターズーフング
Was kostet die Untersuchung?

今支払うのですか？
ゾル イッヒ ダス イェツト ベツァーレン
Soll ich das jetzt bezahlen?

保険が使えますか？
ヴィルト ダス フォン マイナー フェアズィッヒャルング アブゲデクト
Wird das von meiner Versicherung abgedeckt?

クレジットカードでの支払いができますか？
アクツェプティーレン ズィー クレディートカルテ
Akzeptieren Sie Kreditkarte?

保険の書類にサインをしてください。
ウンターシュライベン ズィー ビッテ ディー フェアズィッヒャルングスパピーレ
Unterschreiben Sie bitte die Versichrungspapiere.

新型コロナ感染症、一般の風邪、ケガなどの身体症状

※該当する症状があれば、チェックをして医師に見せよう

□ 熱 ·················Fieber	□ 頭痛 ··············Kopfschmerzen	□ ときどき·················manchmal
□ 脇の下で計った ··Sublinguale Temperaturmessung	□ 呼吸困難·····Atembeschwerden	□ 頻繁に ·····················häufig
□ 口中で計った ······Axillare Temperaturmessung ____℃	□ 胸部の痛み ······Schmerzen im Brustbereich	□ 絶え間なく·················dauernd
□ くしゃみ ·················Niesen	□ 関節痛 ·····Gelenkschmerzen	□ 風邪 ·······················Erkältung
□ 咳 ·······················Husten	□ 吐き気 ·················Übelkeit	□ 鼻づまり ····· verstopfte Nase
□ 痰 ·······················Sputum	□ 悪寒 ··············Schüttelfrost	□ 鼻水 ·················Nasenschleim
□ だるさ、疲労感···Müdigkeit	□ 食欲不振 ······Appetitlosigkeit	□ 血痰 ·················Blutauswurf
□ 味がしない ·····Verlust des Geschmackssinns	□ めまい ·················Schwindel	□ 耳鳴り ·······················Tinnitus
□ 匂いがしない ·····Verlust des Geruchssinns	□ 動悸 ··············Herzklopfen	□ 難聴 ·········Schwerhörigkeit
□ のどの痛み ········Halsschmerzen	□ 下痢 ·····················Durchfall	□ 耳だれ ·········Ohrenausfluss
	□ 便秘 ··············Verstopfung	□ 目やに·············Augenschleck
	□ 水様便 ···dünnflüssiger Stuhlgang	□ 目の充血··blutlaufende Augen
	□ 軟便 ·········weicher Stuhlgang	□ 見えにくい ······schwer zu sehen
	1日に__回········· __mal täglich	

※下記の単語を指さして医師に必要なことを伝えましょう（外傷等の場合）

▶けがをした

刺された・噛まれた
·············· gestochen/gebissen
切った ····················geschnitten
転んだ ··························fallen
打った ························schlagen
ひねった ·····················verdrehen
落ちた ·······················abstürzen

やけどした ············ sich verbrennen

▶痛み

ヒリヒリする··················brennend
刺すように·····················stechend
鋭く ································scharf
ひどく ·······························akut

▶原因

蚊 ······························· Mücke
ハチ ······························· Biene
アブ ······························· Bremse
リス ····················Eichhörnchen

547

ドイツの歴史

ゲルマン民族の登場

世界史の授業で最初に出てくるドイツ関係のできごとは、「375年、ゲルマン民族の大移動」だろうか。この大移動の結果として、西ローマ帝国は滅亡にいたり、ゲルマン部族によるフランク王国が誕生する。

「ドイツ」という語は、8世紀頃に使われ始めたものといわれるが、フランク王国の東部の「民衆」の間で使われていた言語を指すに過ぎなかった。西ヨーロッパ全域にまたがる領土を獲得したカール大帝（在位800〜814）の死後、フランク王国は「西フランク王国」と「東フランク王国」に分裂した。その国境が、ドイツ語とフランス語の境界線とほぼ一致していたため、東フランク王国の住民の間で、しだいに同族意識が芽生え始め、「ドイツ（民衆の言語、の意）」という語は、その言葉を使う人々、およびその人々が住む地域をも指すようになっていった。

帝国都市アウクスブルクの市庁舎

神聖ローマ帝国

東フランク王国はドイツ王国となり、962年にザクセン公国から出たオットー1世が、神聖ローマ皇帝に戴冠された。これがドイツ人による第一帝国「神聖ローマ帝国」の始まりであり、帝国はナポレオンによって解体される1806年まで、延々と存続していく。神聖ローマ帝国には首都がなく、皇帝はニュルンベルクやゴスラーなど帝国内の拠点にある城を移動しながら統治していた。皇帝は世襲ではなく、7人の「選帝侯」による選挙によって選出されたが、やがて形骸化し、1438年以降はハプスブルク家による世襲となった。

宗教改革と三十年戦争

ルターの宗教改革（1517）に端を発したプロテスタントとカトリックの領主や民衆の争いは、三十年戦争（1618〜48）という国際紛争にまで発展していく。この戦争によって、ドイツの国土は荒れ果て、人口は半減した。戦争終結後、ドイツでは300余りの諸侯と帝国都市に対して、独立国家としての権利が与えられた。これによって領邦国家と呼ばれる中小国が乱立する状態となった。このためドイツは、近代的統一国家を着々と形成していくイギリスやフランスに大きく遅れを取ったといわれる。だが、領邦国家ごとに、個性あふれる地方文化が育まれることになり、訪れる者の目を楽しませてくれるドイツ各地の多彩な魅力の源ともなっているのである。この伝統は、現在のドイツの連邦制にも引き継がれている。

ドイツ帝国の誕生とヴァイマール共和国

ナポレオンによるドイツ支配の時代、それまでのドイツ人のなかにはなかった民族意識が呼び起こされた。それまで、バイエルンとかヘッセンといった地方がイコール「国」であったわけだが、同じドイツ語を話す民族であるという意識が高まったのである。ナポレオン失脚後、ドイツは35の君主国と4つの自治都市によるドイツ連邦が形成された。その盟主の座を争ったのがハプスブルク家と新興勢力のホーエンツォレルン家だった。戦いに勝利したプロイセンのもとに、1871年にドイツ帝国が誕生した。近代国家の仲間入りを果たしたのもつかの間、第1次世界大戦の敗戦で、皇帝は退位、この帝国は半世紀ももたずに崩壊した。

ゲーテとシラー像（ヴァイマール）

君主制は廃止され、あとを受けて誕生した、議会制民主主義によるヴァイマール共和国は、第1次世界

大戦の巨額の賠償金やインフレなどで苦しんだが、1920年代に入ると、首都ベルリンは「黄金の20年代」と呼ばれる文化的繁栄を見た。

ナチスの台頭と敗戦

しかし吹き荒れる世界恐慌のなかで、政治経済は安定せず、ヒトラー率いるナチスが台頭し始める。1933年に政権の座に就くや、ヒトラーはオーストリアを併合、ポーランドやチェコへ侵攻を開始、第2次世界大戦(1939～45)が勃発した。この間に、600万のユダヤ人が強制収容所で殺戮された。

戦後ドイツの敗戦処理は、アメリカ、イギリス、フランス、ソ連の戦勝4ヵ国によってなされた。1948年にはソ連がベルリンを封鎖し、社会主義体制と自由主義体制の対立が激化した。

1949年、アメリカ、フランス、イギリスの占領地区にドイツ連邦共和国(西ドイツ)、ソ連の占領地区にドイツ民主共和国(東ドイツ)が成立した。

ザクセンハウゼン
強制収容所

戦後の冷戦とベルリンの壁

東西冷戦の最前線におかれたベルリンの町に、東ドイツの手によってベルリンの壁が一夜にして築かれた(1961年)。この壁は、西ドイツ側への人口流出を阻止するのが目的であった。

東ドイツはオリンピックで多くのメダルを獲得するなどスポーツの世界では華やかな活動が目立ったが、政治と経済は行き詰まっていた。1989年には民主化要求や、外国への旅行規制廃止などを求める国民が各地で抗議行動を展開した。そして11月9日の夜、ベルリンで突然の大量越境が起こった。ベルリンの壁がついに崩れたのである。そして1990年、東西ドイツは統一を果たした。統一後のドイツは、経済的な東西格差や失業問題、ネオナチによる外国人襲撃など、数々の問題を抱えつつも、EU加盟国の中心的役割を担っている。

1989年、ベルリンの壁が崩壊した

語源で知るドイツの地名の由来

**ドイツの地名には、ある共通の語源や地形などが隠れていることが多い。
その町の成り立ちを知る手がかりにもなるので、覚えておくとおもしろい。**

●**バート Bad** =バートは浴室、プールという意味だが、温泉や空気の澄んだ保養地として認定された町の頭に付けられる。バート・ヴィンプフェン、バート・メルゲントハイム、バート・ゾーデン・アレンドルフなど数多い。

●**ブルク Burg** =城、城塞。ハンブルク、ローテンブルク、ヴュルツブルク、フライブルクなど、とてもなじみ深い町が多い。

●**ベルク Berg** =山という意味だが、城は本来山の上に築かれたので、ブルクの意も。ハイデルベルク、バンベルクなど。

●**フルト Furt** =歩いて渡れる浅瀬、という意味。フランクフルト、エアフルトなど、川沿いの町。エアフルトのクレーマー橋が架かるあたりのゲラ川は、いまだにほんとに歩いて渡れそうな川だ。

●**ハイム heim** =現在では(施設としての)ホームという意味だが、「～の住む所、故郷」の意。リューデスハイム、マンハイムなど。

●**ハル Hall** =ケルト語で「塩」という意味。そのとおり、岩塩や製塩で栄えた所。中世まで、塩は"白い黄金"とたとえられるほど価値が高かった。シュヴェービッシュ・ハルやハレ、バート・ライヒェンハルなど。

ドイツ歴史略年表

	ドイツ
1〜3世紀	ゲルマン人、ガリアのローマ領内にしばしば侵入
375	ゲルマン民族のローマ領内への大移動 《メロヴィング朝 481〜751》
486	クローヴィス、フランク王国建国
714	カール・マルテル、宮宰となる
732	トゥール・ポワティエ間の戦い（カール・マルテル、イスラム軍を撃退） 《カロリング朝 751〜987》
751	カール・マルテルの子、小ピピン、フランク王国の国王となる
774	ピピンの子カール大帝、ロンバルド王国を征服
800	カール大帝、西ローマ皇帝となる
843	ヴェルダン条約によりフランク王国は、東フランク（後のドイツ）、西フランク（後のフランス）、ロータリンゲン（後のイタリアとロートリンゲン地方）に3分裂 《ザクセン朝 919〜1024》
962	オットー1世戴冠（神聖ローマ帝国の成立） 《フランコニア朝 1024〜1125》
1077	カノッサの屈辱（聖職叙任権闘争で、皇帝ハインリヒ4世が教皇グレゴリウス7世に謝罪、1122 ヴォルムス協約で解決）
1096	第1回十字軍（〜99）
1118	マインツの大聖堂建築始まる 《シュタウフェン朝 1138〜1254》 ロマネスク様式全盛、ゴシック様式始まる 宮廷・騎士文化の全盛期
1143	リューベック市建設
1190	ドイツ騎士団成立
1200頃	ヴァルター・フォン・デア・フォーゲルヴァイデ、ヴォルフラム・フォン・エッシェンバッハ等のミンネゼンガー（恋愛詩人）輩出、「ニーベルンゲンの歌」
1241	ハンザ同盟成立（〜17世紀まで）
1248	ケルンの大聖堂定礎式
1256	大空位時代（〜73）
1291	スイスの3州、ハプスブルク家に抵抗して同盟を結ぶ（スイス独立の初め） 《ルクセンブルク朝 1347〜1437》
1346〜51	全ヨーロッパにペスト流行、この頃から後期ゴシック様式（1500頃まで）
1356	カール4世、金印勅書（黄金文書＝皇帝選出の7選帝侯を確定）
1386	ハイデルベルク大学創立
1415	フス火刑

	日本
239	耶馬台国の卑弥呼、魏に遣使
538	仏教伝来（一説には552）
645	大化の改新
710	平城京遷都
752	東大寺大仏の開眼供養
794	平安京遷都
858	藤原良房、実質的に摂政
866	応天門の変
887	藤原基経、関白となる
905	『古今和歌集』
935	承平、天慶の乱
1053	平等院鳳凰堂建立
1083	後三年の役（〜87）
1086	院政政治
1124	中尊寺金色堂建立
1156	保元の乱（59 平治の乱）
1167	平清盛、太政大臣に
1185	平氏滅亡
1192	源頼朝、鎌倉幕府を開く
1221	承久の乱
1232	貞永式目制定
1274	元寇（1281も）
1324	正中の変
1338	足利尊氏、室町幕府を開く（位38〜58）
1341	天竜寺船派遣決定
1392	南北朝の合一
1404	明との通商（勘合貿易）始まる

ドイツ

1419	フス戦争 (～36)《ハプスブルク朝　1438～1918、1745～はロートリンゲン》
1450	グーテンベルク活版印刷術発明
1495	ヴォルムス国会 (ドイツ永久平和宣言)
1517	ルターの95ヵ条の論題、宗教改革
1521	ヴォルムス国会 (ルター喚問、その後ルターはヴァルトブルクで聖書のドイツ語訳をする)
1524	ドイツ農民戦争 (～25)
1555	アウクスブルクの宗教和議 (ルター派の公認、信仰を選ぶ権利)
618～48	三十年戦争 (32　スウェーデン王グスタフ・アドルフ戦死、34　ヴァレンシュタイン暗殺)
1648	ウェストファリア条約 (30年戦争講和条約)《ブランデンブルク・プロイセン》
1701	フリードリヒ1世、プロイセン王国の初代国王となる
720～30頃	ロココ様式始まる、啓蒙思想の時代
1740	プロイセンのフリードリヒ2世 (大王)、オーストリア継承戦争
1745	サンスーシ宮殿建設開始 (～47　ロココ様式)
1806	ナポレオンを盟主としてライン同盟成立、神聖ローマ帝国解体、ナポレオンのベルリン入城、プロイセン降伏
1814	ウィーン会議
1815	4国同盟成立、ドイツ連邦成立
1835	ニュルンベルク～フュルト間にドイツ最初の鉄道開通
1848	ベルリン3月革命
1862	プロイセンのヴィルヘルム1世のもと、ビスマルク首相に就任
1866	普墺戦争
1870	普仏戦争 (～71)
1871	ドイツ帝国成立、ヴィルヘルム1世がドイツ皇帝、ビスマルクは帝国宰相となる
1914	第1次世界大戦
1918	ドイツ革命、皇帝退位、ドイツ降伏
1919	ヴァイマール憲法制定
1933	ヒトラー首相就任、国際連盟脱退
1939	第2次世界大戦
1945	ドイツ無条件降伏、米英仏ソにより分割占領
1961	東西ベルリン間に壁建設
1989	壁崩壊
1990	東西ドイツ統一
1999	ドイツ連邦議会、ベルリンへ移転、ユーロ導入
2020	ドイツ統一30周年

日本

1467	応仁の乱 (～77)
1489	銀閣寺建立
1543	鉄砲伝来
1549	キリスト教伝来
1590	豊臣秀吉の全国統一
1600	関ヶ原の戦い
1603	江戸幕府を開く
1639	鎖国令
1649	慶安の御触書
1685	生類憐みの令
1716	享保の改革 (～45)
1774	杉田玄白『解体新書』
1787	寛政の改革 (～93)
1825	異国船打払令
1837	大塩平八郎の乱
1841	天保の改革 (～43)
1853	ペリー、浦賀来航
1860	桜田門外の変
1863	薩英戦争
1868	明治維新
1871	廃藩置県
1889	大日本帝国憲法制定
1904	日露戦争 (～05)
1923	関東大震災
1932	上海事変 (33　国際連盟脱退)
1941	太平洋戦争
1945	広島、長崎に原爆投下、無条件降伏
1972	沖縄返還
1995	阪神・淡路大震災
2011	東日本大震災
2019	平成から令和へ

地名索引インデックス

Index 地名索引インデックス

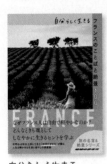

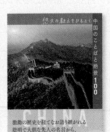

地球の歩き方 シリーズ一覧

2024年7月現在

*地球の歩き方ガイドブックは、改訂時に価格が変わることがあります。 *表示価格は定価（税込）です。 *最新情報は、ホームページをご覧ください。www.arukikata.co.jp/guidebook/

地球の歩き方 ガイドブック

A ヨーロッパ

A01 ヨーロッパ	¥1870
A02 イギリス	¥2530
A03 ロンドン	¥1980
A04 湖水地方&スコットランド	¥1870
A05 アイルランド	¥2310
A06 フランス	¥2420
A07 パリ&近郊の町	¥2200
A08 南仏プロヴァンス コート・ダジュール&モナコ	¥1760
A09 イタリア	¥2530
A10 ローマ	¥1760
A11 ミラノ ヴェネツィアと湖水地方	¥1870
A12 フィレンツェとトスカーナ	¥1870
A13 南イタリアとシチリア	¥1870
A14 ドイツ	¥2420
A15 南ドイツ フランクフルト ミュンヘン ロマンチック街道 古城街道	¥2090
A16 ベルリンと北ドイツ ハンブルク ドレスデン ライプツィヒ	¥1870
A17 ウィーンとオーストリア	¥2090
A18 スイス	¥2200
A19 オランダ ベルギー ルクセンブルク	¥2420
A20 スペイン	¥2420
A21 マドリードとアンダルシア	¥1760
A22 バルセロナ&近郊の町 イビサ島/マヨルカ島	¥1980
A23 ポルトガル	¥2200
A24 ギリシアとエーゲ海の島々&キプロス	¥1870
A25 中欧	¥1980
A26 チェコ ポーランド スロヴァキア	¥1870
A27 ハンガリー	¥1870
A28 ブルガリア ルーマニア	¥1980
A29 北欧 デンマーク ノルウェー スウェーデン フィンランド	¥2640
A30 バルトの国々 エストニア ラトヴィア リトアニア	¥1870
A31 ロシア ベラルーシ ウクライナ モルドヴァ コーカサスの国々	¥2090
A32 極東ロシア シベリア サハリン	¥1980
A34 クロアチア スロヴェニア	¥2200

B 南北アメリカ

B01 アメリカ	¥2090
B02 アメリカ西海岸	¥2200
B03 ロスアンゼルス	¥2090
B04 サンフランシスコとシリコンバレー	¥1870
B05 シアトル ポートランド	¥2420
B06 ニューヨーク マンハッタン&ブルックリン	¥2200
B07 ボストン	¥1980
B08 ワシントンDC	¥2420
B09 ラスベガス セドナ&グランドキャニオンと大西部	¥2090
B10 フロリダ	¥2310
B11 シカゴ	¥1870
B12 アメリカ南部	¥1980
B13 アメリカの国立公園	¥2640

B14 ダラス ヒューストン デンバー グランドサークル フェニックス サンタフェ	¥1980
B15 アラスカ	¥1980
B16 カナダ	¥2420
B17 カナダ西部 カナディアン・ロッキーとバンクーバー	¥2090
B18 カナダ東部 ナイアガラ・フォールズ メープル街道 プリンス・エドワード島 トロント オタワ モントリオール ケベック・シティ	¥2090
B19 メキシコ	¥1980
B20 中米	¥2090
B21 ブラジル ベネズエラ	¥2200
B22 アルゼンチン チリ パラグアイ ウルグアイ	¥2200
B23 ペルー ボリビア エクアドル コロンビア	¥2200
B24 キューバ バハマ ジャマイカ カリブの島々	¥2035
B25 アメリカ・ドライブ	¥1980

C 太平洋 / インド洋島々

C01 ハワイ オアフ島&ホノルル	¥2200
C02 ハワイ島	¥2200
C03 サイパン ロタ&テニアン	¥1540
C04 グアム	¥1980
C05 タヒチ イースター島	¥1870
C06 フィジー	¥1650
C07 ニューカレドニア	¥1650
C08 モルディブ	¥1870
C10 ニュージーランド	¥2200
C11 オーストラリア	¥2750
C12 ゴールドコースト&ケアンズ	¥2420
C13 シドニー&メルボルン	¥1760

D アジア

D01 中国	¥2090
D02 上海 杭州 蘇州	¥1870
D03 北京	¥1760
D04 大連 瀋陽 ハルビン 中国東北部の自然と文化	¥1980
D05 広州 アモイ 桂林 珠江デルタと華南地方	¥1980
D06 成都 重慶 九寨溝 麗江 四川 雲南	¥1980
D07 西安 敦煌 ウルムチ シルクロードと中国北西部	¥1980
D08 チベット	¥2090
D09 香港 マカオ 深圳	¥2420
D10 台湾	¥2090
D11 台北	¥1980
D13 台南 高雄 屏東&南台湾の町	¥1980
D14 モンゴル	¥2420
D15 中央アジア サマルカンドとシルクロードの国々	¥2090
D16 東南アジア	¥1870
D17 タイ	¥2200
D18 バンコク	¥1980
D19 マレーシア ブルネイ	¥2090
D20 シンガポール	¥1980
D21 ベトナム	¥2090
D22 アンコール・ワットとカンボジア	¥2200

D23 ラオス	
D24 ミャンマー（ビルマ）	
D25 インドネシア	
D26 バリ島	
D27 フィリピン マニラ セブ ボラカイ ボホール エルニド	
D28 インド	
D29 ネパールとヒマラヤトレッキング	
D30 スリランカ	
D31 ブータン	
D33 マカオ	
D34 釜山 慶州	
D35 バングラデシュ	
D38 ソウル	

E 中近東 アフリカ

E01 ドバイとアラビア半島の国々	
E02 エジプト	
E03 イスタンブールとトルコの大地	
E04 ペトラ遺跡とヨルダン レバノン	
E05 イスラエル	
E06 イラン ペルシアの旅	
E07 モロッコ	
E08 チュニジア	
E09 東アフリカ ウガンダ エチオピア ケニア タンザニア ルワンダ	
E10 南アフリカ	
E11 リビア	
E12 マダガスカル	

J 国内版

J00 日本	
J01 東京 23区	
J02 東京 多摩地域	
J03 京都	
J04 沖縄	
J05 北海道	
J06 神奈川	
J07 埼玉	
J08 千葉	
J09 札幌・小樽	
J10 愛知	
J11 世田谷区	
J12 四国	
J13 北九州市	
J14 東京の島々	
J15 広島	
J16 横浜市	

地球の歩き方 aruco

●海外

1	パリ	¥1650
2	ソウル	¥1650
3	台北	¥1650
4	トルコ	¥1430
5	インド	¥1540
6	ロンドン	¥1650
7	香港	¥1650
9	ニューヨーク	¥1650
10	ホーチミン ダナン ホイアン	¥1650
11	ホノルル	¥1650
12	バリ島	¥1650
13	上海	¥1320
14	モロッコ	¥1540
15	チェコ	¥1320
16	ベルギー	¥1430
17	ウィーン ブダペスト	¥1320
18	イタリア	¥1760
19	スリランカ	¥1540
20	クロアチア スロヴェニア	¥1430
21	スペイン	¥1320
22	シンガポール	¥1650
23	バンコク	¥1650
24	グアム	¥1320
25	オーストラリア	¥1760

26	フィンランド エストニア	¥1430
27	アンコール・ワット	¥1430
28	ドイツ	¥1760
29	ハノイ	¥1650
30	台湾	¥1650
31	カナダ	¥1320
33	サイパン テニアン ロタ	¥1320
34	セブ ボホール エルニド	¥1320
35	ロスアンゼルス	¥1320
36	フランス	¥1430
37	ポルトガル	¥1650
38	ダナン ホイアン フエ	¥1430

●国内

北海道	¥1760
京都	¥1760
沖縄	¥1760
東京	¥1540
東京で楽しむフランス	¥1430
東京で楽しむ韓国	¥1430
東京で楽しむ台湾	¥1430
東京の手みやげ	¥1430
東京おやつさんぽ	¥1430
東京のパン屋さん	¥1430
東京で楽しむ北欧	¥1430
東京のカフェめぐり	¥1480
東京で楽しむハワイ	¥1480

nyaruco 東京ねこさんぽ	¥1480
東京で楽しむイタリア&スペイン	¥1480
東京で楽しむアジアの国々	¥1480
東京ひとりさんぽ	¥1480
東京パワースポットさんぽ	¥1599
東京で楽しむ英国	¥1599

地球の歩き方 Plat

1	パリ	¥1320
2	ニューヨーク	¥1320
3	台北	¥1100
4	ロンドン	¥1650
5	ドイツ	¥1320
6	ホーチミン/ハノイ/ダナン/ホイアン	¥1540
7	スペイン	¥1320
8	バンコク	¥1540
9	シンガポール	¥1540
10	アイスランド	¥1540
11	マニラ セブ	¥1650
13	マルタ	¥1540
14	フィンランド	¥1320
15	クアラルンプール マラッカ	¥1650
16	ウラジオストク/ハバロフスク	¥1430
17	サンクトペテルブルク/モスクワ	¥1540
18	エジプト	¥1320
20	香港	¥1100
22	ブルネイ	¥1430

23	ウズベキスタン サマルカンド ブハラ ヒヴァ タシケント	
24	ドバイ	
25	サンフランシスコ	
26	パース/西オーストラリア	
27	ジョージア	
28	台南	

地球の歩き方 リゾートスタイル

R02	ハワイ島
R03	マウイ島
R04	カウアイ島
R05	こどもと行くハワイ
R06	ハワイ ドライブ・マップ
R07	ハワイ バスの旅
R08	グアム
R09	こどもと行くグアム
R10	パラオ
R12	プーケット サムイ島 ピピ島
R13	ペナン ランカウイ クアラルンプール
R14	バリ島
R15	セブ&ボラカイ ボホール シキホール
R16	テーマパーク in オーランド
R17	カンクン コスメル イスラ・ムヘーレス
R20	ダナン ホイアン ホーチミン ハノイ

地球の歩き方 関連書籍のご案内

ドイツとその周辺諸国をめぐるヨーロッパの旅を「地球の歩き方」が応援します!

地球の歩き方 ガイドブック

- **A01** ヨーロッパ ¥1,870
- **A02** イギリス ¥2,530
- **A03** ロンドン ¥1,980
- **A04** 湖水地方&スコットランド ¥1,870
- **A05** アイルランド ¥2,310
- **A06** フランス ¥2,420
- **A07** パリ&近郊の町 ¥2,200
- **A08** 南仏プロヴァンス コート・ダジュール&モナコ ¥1,760
- **A09** イタリア ¥2,530
- **A14** ドイツ ¥2,420
- **A15** 南ドイツ フランクフルト ミュンヘン ロマンティック街道 古城街道 ¥2,090
- **A16** ベルリンと北ドイツ ハンブルク ドレスデン ライプツィヒ ¥1,870
- **A17** ウィーンとオーストリア ¥2,090
- **A18** スイス ¥2,200
- **A19** オランダ ベルギー ルクセンブルク ¥2,420
- **A26** チェコ ポーランド スロヴァキア ¥1,870
- **A29** 北欧 デンマーク ノルウェー スウェーデン フィンランド ¥2,640

地球の歩き方 aruco

- **01** aruco パリ ¥1,650
- **06** aruco ロンドン ¥1,650
- **15** aruco チェコ ¥1,320
- **16** aruco ベルギー ¥1,430
- **17** aruco ウィーン ブダペスト ¥1,320
- **26** aruco フィンランド エストニア ¥1,430
- **28** aruco ドイツ ¥1,760
- **36** aruco フランス ¥1,430

地球の歩き方 Plat

- **01** Plat パリ ¥1,320
- **04** Plat ロンドン ¥1,650
- **06** Plat ドイツ ¥1,320
- **15** Plat フィンランド ¥1,320

地球の歩き方 名言&絶景

道しるべとなるドイツのことばと絶景 100 ¥1,650

あなたの**旅の体験談**をお送りください

「地球の歩き方」は、たくさんの旅行者からご協力をいただいて、
改訂版や新刊を制作しています。
あなたの旅の体験や貴重な情報を、これから旅に出る人たちへ分けてあげてください。
なお、お送りいただいたご投稿がガイドブックに掲載された場合は、
初回掲載本を1冊プレゼントします！（発送は国内に限らせていただきます）

ご投稿はインターネットから！

URL www.arukikata.co.jp/guidebook/toukou.html
画像も送れるカンタン「投稿フォーム」
※左記の二次元コードをスマートフォンなどで読み取ってアクセス！

または「地球の歩き方　投稿」で検索してもすぐに見つかります

 地球の歩き方　投稿　🔍 　検索👆

▶投稿にあたってのお願い

★ご投稿は、次のような《テーマ》に分けてお書きください。

《**新発見**》————ガイドブック未掲載のレストラン、ホテル、ショップなどの情報
《**旅の提案**》————未掲載の町や見どころ、新しいルートや楽しみ方などの情報
《**アドバイス**》————旅先で工夫したこと、注意したこと、トラブル体験など
《**訂正・反論**》————掲載されている記事・データの追加修正や更新、異論、反論など

> ※記入例「○○編20XX年度版△△ページ掲載の□□ホテルが移転していました……」

★**データはできるだけ正確に。**
　ホテルやレストランなどの情報は、名称、住所、電話番号、アクセスなどを正確にお書きください。
　ウェブサイトのURLや地図などは画像でご投稿いただくのもおすすめです。

★**ご自身の体験をお寄せください。**
　雑誌やインターネット上の情報などの丸写しはせず、実際の体験に基づいた具体的な情報をお
　待ちしています。

▶ご確認ください

※採用されたご投稿は、必ずしも該当タイトルに掲載されるわけではありません。関連他タイトルへの掲載もありえます。

※例えば「新しい市内交通バスが発売されている」など、すでに編集部で取材・調査を終えているものと同内容のご投稿をいただいた場合は、ご投稿を採用したとはみなされず掲載本をプレゼントできないケースがあります。

※当社は個人情報を第三者へ提供いたしません。また、ご記入いただきましたご自身の情報については、ご投稿内容の確認や掲載本の送付などの用途以外には使用いたしません。

※ご投稿の採用の可否についてのお問い合わせはご遠慮ください。

※原稿は原文を尊重しますが、スペースなどの関係で編集部でリライトする場合があります。

あとがき

ドイツ好きの皆さまからいただいた、数えきれない貴重な情報を積み重ねてこの本はできています。改訂ごとに新たな情報を載せて、お届けしています。ご協力をいただいた皆さまに、心より感謝いたします。この本と一緒に、ドイツの旅を存分にお楽しみください！

STAFF

制　作：保理江ゆり　Producer：Yuri Horie
編　集：合同会社アルニカ（鈴木眞弓）　Editor：Arnica（Mayumi Suzuki）
執　筆：若月伸一、若月節子、林真利子、野田隆、高島慶子、藤代幸一、ミュラー・柴山香、三知永・エバリング、鈴木眞弓（アルニカ）
　　　　Writers：Shinichi Wakatsuki、Mariko Hayashi、Takashi Noda、Keiko Takashima、Kouichi Fujishiro、Kaori Müller-Shibayama、Michie Eberling、Mayumi Suzuki
地　図：株式会社ジェオ、辻野良晃　Maps：Geo、Yoshiaki Tsujino
校　正：青谷匡美（東京出版サービスセンター）　Proofreading：Masami Aotani（Tokyo Shuppan Service Center）
デザイン：エメ龍夢　Designer：EME RYUMU
表　紙：日出嶋昭男　Cover Designer：Akio Hidejima
写　真：岩間幸司、上原浩作、宮崎万里奈、豊島正直、柏木孝文、宮本貴子、鈴木眞弓、ドイツ観光局、バーデン・ヴュルテンベルク州観光局、©iStock
　　　　Photographers：Koji Iwama、Kosaku Uehara、Marina Miyazaki、Masanao Toyoshima、Takafumi Kashiwagi、Takako Miyamoto、Mayumi Suzuki、Deutsche Zentrale für Tourismus e.V.（DZT）、Tourismus Marketing GmbH Baden-Württemberg、©iStock

本書の内容について、ご意見・ご感想はこちらまで
〒141-8425　東京都品川区西五反田 2-11-8
株式会社地球の歩き方
地球の歩き方サービスデスク「ドイツ編」投稿係
URL ▶ https://www.arukikata.co.jp/guidebook/toukou.html
地球の歩き方ホームページ（海外・国内旅行の総合情報）
URL ▶ https://www.arukikata.co.jp/
ガイドブック『地球の歩き方』公式サイト
URL ▶ https://www.arukikata.co.jp/guidebook/

地球の歩き方 A14
ドイツ 2025〜2026年版

2022年11月 1 日　初版第 1 刷発行
2024年 7 月16日　改訂第 2 版第 1 刷

Published by Arukikata. Co., Ltd.
2-11-8 Nishigotanda, Shinagawa-ku, Tokyo, 141-8425, Japan

著作編集　地球の歩き方編集室
発 行 人　新井邦弘
編 集 人　由良暁世
発 行 所　株式会社地球の歩き方
　　　　　〒141-8425　東京都品川区西五反田 2-11-8
発 売 元　株式会社Gakken
　　　　　〒141-8416　東京都品川区西五反田 2-11-8
印刷製本　株式会社ダイヤモンド・グラフィック社

※本書は基本的に 2023 年 9 月〜 2024 年 6 月の取材データに基づいて作られています。
発行後に料金、営業時間、定休日などが変更になる場合がありますのでご了承ください。
更新・訂正情報：https://www.arukikata.co.jp/travel-support/

●この本に関する各種お問い合わせ先
・本の内容については、下記サイトのお問い合わせフォームよりお願いします。
　URL ▶ https://www.arukikata.co.jp/guidebook/contact.html
・広告については、下記サイトのお問い合わせフォームよりお願いします。
　URL ▶ https://www.arukikata.co.jp/ad_contact/
・在庫については Tel ▶ 03-6431-1250（販売部）
・不良品（落丁、乱丁）については Tel ▶ 0570-000577
　学研業務センター 〒354-0045　埼玉県入間郡三芳町上富 279-1
・上記以外のお問い合わせは Tel ▶ 0570-056-710（学研グループ総合案内）